W0178844

Langenscheidt

Universal-Wörterbuch
Isländisch

Isländisch – Deutsch
Deutsch – Isländisch

Herausgegeben von der
Langenscheidt-Redaktion

Langenscheidt

Berlin · München · Wien · Zürich · New York

Die Nennung von Waren erfolgt in diesem Werk,
wie in Nachschlagewerken üblich, ohne Erwähnung etwa
bestehender Patente, Gebrauchsmuster oder Marken.
Das Fehlen eines solchen Hinweises begründet also nicht
die Annahme, eine nicht gekennzeichnete Ware
oder eine Dienstleistung sei frei.

Ergänzende Hinweise, für die wir jederzeit dankbar sind,
bitten wir zu richten an:
Langenscheidt Verlag, Postfach 40 11 20, 80711 München
redaktion.wb@langenscheidt.de

Bearbeitet von
Rita Duppler M. A. und Dr. Astrid von Nahl

© 1993 Langenscheidt KG, Berlin und München
Druck: Mercedes-Druck, Berlin
Bindung: Stein + Lehmann, Berlin
Printed in Germany
ISBN-13: 978-3-468-18171-9
ISBN-10: 3-468-18171-X

10 09 08 07 06

9. 10. 11. 12. 13.

Inhaltsverzeichnis
Efnisyfirlit

Vorbemerkungen
Formáli

1. Die Stichwörter sind streng alphabetisch geordnet ohne Rücksicht auf etymologische Zusammengehörigkeit.

2. Die Tilde (∼) ersetzt entweder den ganzen Titelkopf oder den vor dem Strich (|) stehenden Teil davon, z.B.:

bað, ∼a (= **baða**); ∼**föt** (= **baðföt**); **bjart|ur**, ∼**viðri** (= **bjartviðri**); **einstweil|en**, ∼**ig** (= **einstweilig**); **Schluß**, ∼**folgerung** (= **Schlußfolgerung**); **einhalten**: *etw.* ∼ (= *etw. einhalten*)

Die Tilde mit Kreis (≈) bezeichnet den jeweiligen Wechsel von Groß- in Kleinschreibung oder umgekehrt, z.B.:

bohr|en, ≈**er** (= **Bohrer**); **End|e**, ≈**en** (= **enden**).

3. Bei den Substantiven ist das Geschlecht angegeben: *m* (= Maskulinum, männlich), *f* (= Femininum, weiblich) und *n* (= Neutrum, sächlich); der Plural ist durch *pl.* angegeben. Bei Substantiven, die durch suffigierten Artikel

1. Uppflettiorð orðabókarinnar eru í réttri stafrófsröð án tillits til uppruna.

2. Endurtekningarmerkið (∼) táknar endurtekningu uppflettiorðsins eða þess hluta af því, sem stendur fyrir framan strikið (|), t.d.:

bað, ∼a (= **baða**); ∼**föt** (= **baðföt**); **bjart|ur**, ∼**viðri** (= **bjartviðri**); **einstweil|en**, ∼**ig** (= **einstweilig**); **Schluß**, ∼**folgerung** (= **Schlußfolgerung**); **einhalten**: *etw.* ∼ (= *etw. einhalten*)

Endurtekningarmerki með hring yfir (≈) er notað, þegar upphafsstafur orðsins breytist úr litlum staf í stóran eða öfugt, t.d.:

bohr|en, ≈**er** (= **Bohrer**); **End|e**, ≈**en** (= **enden**).

3. Kyn nafnorðanna er táknað með *m* (= maskulinum = karlkyn), *f* (= femininum = kvenkyn) og *n* (= neutrum = hvorugkyn). Fleirtala er táknuð með *pl.* (= pluralis). Kyn nafnorða er ekki tekið fram sérstaklega ef

5

oder Adjektiv eindeutig bestimmt sind, wurde auf die Genusangabe verzichtet.

4. Bei den Substantiven des isl.-dt. Teils stehen in Klammern die Endungen von Genitiv Singular und Nominativ Plural. Bei zusammengesetzten Wörtern ohne Angabe ist unter dem entsprechenden Eintrag des letzten Wortgliedes nachzuschlagen.

það er auðséð af viðskeyttum greini eða meðfylgjandi lýsingarorði.

4. Við nafnorðin í ísl.-þýska hlutanum standa í sviga beygingarendingar eignarfalls eintölu og nefnifalls fleirtölu. Samsett orð eru án beygingarendinga ef hægt er að fletta upp síðasta lið orðsins.

Abkürzungen

Skammstafanir

~, 2. | s. Vorbemerkungen, s. formáli

a. auch, einnig

Abk. Abkürzung, skammstöfun (skammst.)

acc. Akkusativ, Wenfall, þolfall

adj. Adjektiv, Eigenschaftswort, lýsingarorð

adv. Adverb, Umstandswort, atviksorð

Anat. Anatomie, líffærafræði

Arch. Architektur, Baukunst, byggingarlist

Bgb. Bergbau, námugröftur

best. bestimmt, ákveðið

bibl. biblisch, biblíumál

Biol. Biologie, Tierkunde, líffræði

Bot. Botanik, Pflanzenkunde, grasafræði

Chem. Chemie, efnafræði

chr. christlich, kristilegur

cj. Konjunktion, Bindewort, samtenging

comp. Komparativ, 1. Steigerungsstufe, miðstig

dat. Dativ, Wemfall, þágufall

dem. demonstrativ, hinweisend, ábendingar-

Dipl. Diplomatie, utanríkisþjónusta

e-ð eitthvað, etwas (nom. u. acc.)

e-a einhverja, eine (acc. f)

El. Elektrizität, rafmagn

e-m einhverjum (dat.), einem

e-n einhvern (acc.), einen

e-r einhverrar (gen.), einer

e-s einhvers (gen.), eines

Esb. Eisenbahn, járnbraut

etw. etwas, eitthvað (nom. u. acc.), einhverju *(dat.)*

e-u einhverju, etw. *(dat.)*

f Femininum, weiblich, kvenkyns

fam., F familiär, Umgangssprache, daglegt mál

fig. figurativ, übertragen, óeiginleg merking

Flgw. Flugwesen, flugmál

Fot. Fotografie, ljósmyndun

gen. Genitiv, Wesfall, eignarfall

Geogr. Geographie, landafræði

Gram. Grammatik, málfræði

Hdl. Handel, verslunarmál

hist. historisch, sögulegur

indef. indefinit, unbestimmt, óákveðinn

indekl. indeklinabel, nicht beugbar, óbeygjanlegur

interrog. interrogativ, fragend, spurningar-

isl. isländisch, íslenskur

j. jemand, einhver

j-m jemandem, einhverjum

j-n jemanden, einhvern
j-s jemandes, einhvers
Jur. Jura, Rechtswissenschaft, lögfræði
krch. kirchlich, kirkjulegur
m Maskulinum, *männlich,* karlkyns
Mar. Marine, Schiffahrt, siglingar, sjómannamál
Math. Mathematik, stærðfræði
Mech. Mechanik, vélfræði
Med. Medizin, læknisfræði
Meteor. Meteorologie, veðurfræði
Mil. Militär, hermennska
Mus. Musik, tónmennt
Myth. Mythologie, goðafræði
n Neutrum, *sächlich,* hvorugkyn, hvorugkyns
nom. Nominativ, Werfall, nefnifall
od. oder, eða
pers. pron. Personalpronomen, *pers. Fürwort,* persónufornafn
pl. Plural, Mehrzahl, fleirtala
Poet. poetisch, ljóðlistarlegur
Pol. Politik, stjórnmál
pop. populär, daglegt *od.* óvandað mál
poss. pron. Possessivpronomen, *besitzanzeig. Fürwort,* eignarfornafn
pron. Pronomen, *Fürwort,* fornafn
prp. Präposition, *Verhältniswort,* forsetning

refl. reflexiv, *rückbezüglich,* afturbeygileg(t)
Rel. Religion, trúarbrögð
rel. pron. Relativpronomen, *rückbezügl. Fürwort,* afturbeygt fornafn
s. siehe, sjá, samanber
s-e seine, hans, þess, sína(r)
sg. Singular, Einzahl, eintala
s-m seinem, hans, þess, sínu(m)
s-n seinen, sinn (acc.), hans
sn sein (Verb), vera
s-r seiner, hans, þess, sinni, sinnar
Tech. Technik, tæknimál
Thea. Theater, leikhús
Tlf. Telefonwesen, símamál
TV Television, Fernsehen sjónvarp
u. und, og
ung. ungefähr, hér um bil.
unregelm. unregelmäßig, óreglulegur
v/i. intransitives Verb, *Zeitwort,* áhrifslaus sögn
v. von af
v/r. reflexives Verb, *Zeitwort,* afturbeygð sögn
v/t. transitives Verb, *Zeitwort,* áhrifssögn
z. B. zum Beispiel, til dæmis
Zo. Zoologie, Tierkunde dýrafræði
zs. zusammen, saman
Zssg(n) Zusammensetzung(en), samsetning(ar), samsett orð

Zur Aussprache des Isländischen

Die Hauptbetonung eines Wortes fällt immer auf die erste Silbe, auch bei Komposita.

Die Vokale

Vokal vor einem einzelnen Konsonanten oder Vokal im Auslaut ist lang, sonst kurz.

Vo-kal	Buchstaben-verbindung	Aussprache	Ähnlich wie im dt.	Beispiele
a	allgemein	[a]	Vater	fara, band
	vor *ng/nk*	[au]	Auto	langur, banki
	vor *gi*	[ai]	Reifen	agi, magi
á	allgem.	[au]	faul	hás, ást
e	allgem.	[ɛ]	Bär	vera
			fällen	verra
	vor *ng/nk* u. *gi/gj* vereinzelt	[ei] [ei]	engl.: grey	lengi, skenkja dreginn, segja
	vor *ga/gu*	[ei]		mega, megu
é	allgem.	[jɛ]	jäh	ég, sérðu

i	allgem.	[i]	Leber	lifa, við
í	allgem.	[i]	Lid	bíða, síður
o	allgem.	[ɔ]	Loch	og, svo, boli
ó	allgem.	[ou]	Kohl; engl.: so	bók, bólga
u	allgem. vor ng/nk	[ö] [u]	Öl munter	gulur, kuldi þungur, munkur
ú	allgem.	[u:]	du	þú, rúst
y	allgem.	[I]	Leber	fyrir
ý	allgem.	[I]	Lid	dýr
ö	allgem. vor ng/nk/gi	[œ] [œy]	Löffel franz.: feuille od.	föt, köttur söngur, hönk
au	allgem.	[œy]	schwed.: möjlig	haus, raust
æ	allgem.	[ai]	Leid	dæmi, læknir
ei u. ey	allgem.	[ei]	engl.: grey	þreifa, leyfa steinn, eyra

Die Konsonanten

Stimmlose Konsonanten sind durch einen kleinen Kreis über (°) oder unter (͜) dem Aussprachezeichen kenntlich gemacht.
Präaspiration von p, t, k, l wird durch hochgestelltes ʰ kenntlich gemacht, z. B. (ʰp).

Konsonant	Buchstabenverbindung	Aussprache	Ähnlich wie im dt.	Beispiele
b	Silbenanlaut	[b]	Bruder	bati, atburður
	Wortauslaut nach *m*	[p]	Lampe	lamb
d	Silbenanlaut	[d]	Dame	dagur
	Wortauslaut	[t]	alt	öld, síld
ð	nach Vokal u. zw. *r* u. Vokal	[ð]	engl.: mother	leiða verða
	zw. *r* u. *n* od. *g* u. *s*	verstummt		orðnir, bragðs
f	Silbenanlaut	[f]	finden	fara, föt
	Silbenauslaut vor *f, s* u. *þ*	[f]	Abfall	afföll, ofsækja

	Phon.	Deutsch	Beispiele
Silbenauslaut sonst	[v]	Sklave	starf, þörf
zw. Vokalen.	[v]	Lawine	hafa, lifa
zw. Vokal u. ð, g			hafði, lifga
od. j, r			tefja, hafrar
zw. l, r und Vokal			treflar, nafn
vor l und n	[b]	Lob	gata, gos
Silbenanlaut vor	[g]	geben	gulur, grafa
a, á, o, ó, u, ú, ö,			glaður, gnótt
au, l, n, r			gefa, ginna
Silbenanlaut vor	[g]		gæfa, geysir
e, i, í, y, ý, æ, ei, ey, j			dagur, saga
zw. Vokalen od.	[y]	dänisch: dage	ögra, sagði
zw. Vokal u. r od. ð			sög, lag
Wortauslaut nach	[y]		
Vokal			
zw. Vokal und i, j	[j]	Koje	bogi, segja
zw. Vokal und l, n	[g]	Lage	ugla, gagn
			ögar, ólga
			margur
g zw. f, g, l, r und	[gv]		Guðni, Guðrún
Vokal			fylgdi, bólgna
in guð-			fylgsni, mergð
zw. r und d, t, n, s	verstummt		margt, morgnar
zw. r und ð, t, n			

Konsonant	Buchstabenverbindung	Aussprache	Ähnlich wie im dt.	Beispiele
h	Silbenlaut vor Vokal	[h]	heben	hefja, heimur
	hl, hr, hj, hn		stärker behaucht	hlaupa, hrafn, hjálpa, hnífur
	hv	[kv]	Quelle	hvalur, hvað
j	allgem.	[j]	Jacke	jata, eyja
k	Silbenanlaut vor a, á, o, ó, u, ú, ö, au, l, n, r	[kʰ]		kökkur, köttur, klútur, krakki
	Silbenanlaut vor e, i, í, y, æ, ei, ey, j	[kj]		kemur, kinn, kyn, kæna
	in sk- vor e, i, í, y, ý, æ, ei, ey	[kj]		skera, skæri, skeyti
	im Wortinneren allgem.	[k]	Fakir	leikur, akur
	zw. Vokal u. k, l, n	[ʰk]		sokkur, ökli
	zw. Vokal u. r od. s	[x]	nach	spakt, fíkta
l	allgem.	[l]	Leben	leita, mál

	vor p, t, k	[ʰl]		telpa, stúlka
	Wortlaut nach f, g, r, s	[l̥]	Gel	rugl, snarl rusl
=	zw. Vokalen u. zw. Vokal u. n, r	[dl]	ung.: Handel	fullur, milli hellna, allra
	Ausnahme: Kosenamen, Lehnwörter	[ll]	Pille	Kalli, Palli pilla, stell
	allgem.	[m]	Macht	máttur, rúm
E	vor p, t, k,	[m̥]	Sumpf	lampi, heimt
	allgem.	[n]	nieder	núna, lán
c	vor t	[n̥]	Kante	vanta
	Wortlaut nach f, g, r, s, t	[n̥]		stofn, þögn tákn, lausn
	nn des bestimmten Artikels u. nn nach kurzen Vokalen	[nn]	kann	brúnni kann, senn kinn, önn

Konsonant	Buchstaben-verbindung	Aussprache	Ähnlich wie im dt.	Beispiele
	nach langen Voka-len	[dn]	ung.: Laden	Spánn, brúnn grænn, hrénn
ng	allgem.	[ŋg]	Ingo	sóngur
	vor l/u.s	[ŋ]	Ding	dingla, ungs
	vor t	[n]		ungt
	Wortauslaut	[ŋk]	Anker	göng
nk	allgem.	[ŋk]	Tank	tankur
p	Silbenanlaut u. Wortauslaut	[pʰ]		póntun, pallur kaup
	zw. Vokalen und zw. Vokal u. j, r, s	[p]	Papa	sápa, sepi lepja, daprar
	zw. Vokal u. j, r, s nach l, m, r, s	[p]	Olpe	úlpa, hampur varpa, spil
	zw. Vokal u. l, n, p	[ᵖp]		epli, opna
	vor t	[f]	Lift	keypt, september

r	allgem.	[rr]	gerollt; ungef. wie im Bayr.	harpa, kort
	vor *p, t, k, s, f*	[r]		karl, snarl
rl	nach Vokal	[rdl]		örn, barn
rn	nach Vokal	[rdn]		
s	allgem.	[s]	Gras	gras, lesa
t	Silbenanlaut u. Wortauslaut	[tʰ]	Theo	tíu, tráppa burt, kort
	zw. Vokalen u. zw. Vokal u. *j, r, v, s,* nach Konsonanten	[t]	etwa	íta, pota vitja, sótra fésta, haltra
	zw. Vokal u. *l, n, t*	[ʰt]		ætla, vatna
v	allgem.	[v]	Zwerg	dvergur, svar
x	allgem.	[ks]	sechs	lax, kex
y u. ý	s. unter *i, í*			
þ	nur Silbenanlaut	[θ]	engl.: think	þú, þessi, þvottur

A

á *f* (*-r, -r*) Fluß *m*

á *prp. mit acc.* Ort: auf; an; in; **~ stólinn** auf den Stuhl; **~ vegginn** an die Wand; Zeit: an; in; pro; zu; **~ föstudaginn** am Freitag; **vorin** im Frühling; **~ morgun** morgens; **~ dag** pro Tag; **~ sama tíma** zur selben Zeit; **~ páskunum** zu Ostern, *mit dat.* Ort: auf; in; **~ bóndabænum** auf dem Bauernhof; **~ Íslandi** in Island; **nefið ~ mér** meine Nase; Zeit: an; in; innerhalb; **~ föstudögum** freitags; **~ tveimur vikum** in zwei Wochen; **~ einni viku** innerhalb einer Woche; **~ þenna(n) hátt** auf diese Weise; **~ þýsku** auf Deutsch; *adv.:* **~ meðan** solange; **mér liggur ~** ich habe es eilig

ábata|kaup *n/pl.* vorteilhaftes Geschäft; **~samur** vorteilhaft

abbadís *f* (*-ar, -ir*) Äbtissin *f*

áberandi auffallend

ábótavant mangelhaft

ábóti *m* (*-a, -ar*) Abt *m*

ábreiða *f* (*-u, -ur*) Decke *f*

áburður *m* (*-ar, -ir*) **1.** Salbe *f*; **2.** Dünger *m*, Mist *m*; **3.** Beschuldigung *f*

ábyggileg|a sicher, bestimmt; **~ur** zuverlässig

ábyrgð *f* (*-ar, -ir*) Verantwortung *f*; Garantie *f*; Bürgschaft *f*; **bera ~ á e-u** für etwas verantwortlich sein

ábyrgðar|bréf *n* Einschreib(e)brief *m*; **~laus** verantwortungslos; **~leysi** *n* (*-s*) Verantwortungslosigkeit *f*; **~mikill** verantwortungsvoll

ábyrg|jast verantworten; garantieren; Bürgschaft leisten; **~ur** verantwortlich; bevollmächtigt

ábætir *m* (*-s*) Nachtisch *m*; Nachspeise *f*

ádeila *f* Kritik *f*; Satire *f*

ádráttur *m* unbestimmtes Versprechen

ádrepa *f* (*-u, -ur*) scharfer Verweis

að 1. *prp. mit dat.* Ort: an; zu; **~ fjallinu** zum Berg; **~ landi** an Land; **~ húsinu** zum Haus; Zeit: an; in; nach; zu; **~ morgni** am Morgen; **~ hausti** im Herbst; **~ litlum tíma liðnum** nach kurzer Zeit; **~ lokum** zum Schluß; **~ svo búnu** danach; **vertu ekki ~ þessu** laß das!; **2.** *cj.* daß; **til þess ~** damit; **af því ~**

weil; **því ~** denn; **3.** (vor inf.)
zu; **~ ganga** zu gehen; **4.** adv.
~ norðan von Norden; **hvað
er ~?** Was ist los?; **vera kom-
minn langt ~** von weit herge-
kommen sein

aðal- in Zssgn haupt-; **~-
áhersla** f Hauptgewicht n;
Hauptbetonung f; **~atriði** n
Hauptsache f; Hauptfrage f;
~braut f Vorfahrtsstraße f;
~einkunn f (Schule) Gesamt-
note f, Gesamtzensur f;
~forstjóri m Generaldirek-
tor m; **~gata** f Hauptstraße f;
~hlutverk n Hauptrolle f;
~hugmynd f Grundgedanke
m; **~hugtak** n Grundbegriff m

aðall m (-s) Adel m

aðallega hauptsächlich

aðal|ræðismaður m Gene-
ralkonsul m; **~smaður** m
Adeliger m; **~umboð** n
Hauptvertretung f, General-
agentur f; **~vinningur** m
Hauptgewinn m

áðan soeben, eben; vorhin

aðdá|anlegur bewunderns-
wert; **~un** f (-ar) Bewunde-
rung f; **~unarverður** bewun-
dernswert

að|dráttarafl n Anziehungs-
kraft f; **~dróttun** f (-unar,
-anir) Beschuldigung f; Anspielung f

aðeins nur, bloß

aðfangadagskvöld n Heilig-
abend m; **á ~ið** am Heiligen
Abend

að|ferð f Methode f; Vorge-
hen n; **~finnsla** f (-u, -ur) Tadel m

að|flutning|sbann n Einfuhr-
verbot n; **~stollur** m Ein-
fuhrzoll m; **~ur** m Einfuhr f;
Zufuhr f

aðgangur m Eintritt m; Zu-
tritt m

að|gengilegur annehmbar;
zugänglich; **~gerð** f Med.
chirurgischer Eingriff; **~-
gerðir** f/pl. Maßnahmen pl.

að|greina trennen; unter-
scheiden; **~greining** f Trennung f; Abtrennung f; Unter-
scheidung f; **~gæsla** f
Achtsamkeit f; **~gætinn** vorsichtig; **~gætni** f Vorsicht f;
~göngumiði m Eintrittskarte f

aðili m (-a, -ar) Jur. Partei f;
Beteiligte m; Betreffende m

að|kallandi eilig; **~kominn**
fremd; **~komumaður** m
Fremde m

að|laðandi anziehend; sym-
pathisch; **~lögunarhæfni** f
Anpassungsvermögen n

aðrennsli n Zufluß m

aðsetur n Wohnsitz m, Aufenthaltsort m

að|sjáll sparsam; geizig;
~sjálni f (-i) Sparsamkeit f;
Geiz m; **~skilja** trennen;
~skilnaður m Trennung f;
~sókn f Zulauf m; (Theater-)
Besuch m; **mikil ~sókn** Andrang m

að|sópsmikill (Person) im-

ponierend; **~staða** f Lage f;
vera í örðugri ~stöðu in einer schwierigen Lage sein;
~standandi m Angehörige
m/f; **~standendur** m/pl. Angehörige pl.; **~stoð** f Hilfe f,
Beistand m, Unterstützung
f; **~stoða** helfen, beistehen,
unterstützen, assistieren; **~
stoðarmaður** m Assistent m

aðstreymi n (-s) Zustrom m

áður früher; **~ en** cj. ehe,
bevor; **~nefndur** schon erwähnt; obengenannt

aðvara warnen; **gera ~vart**
Bescheid geben; **~vörun** f
(-ar, -varanir) Warnung f

æeggjun f (-unar, -anir) Aufforderung f, Anregung f

af prp. mit dat. ab; aus; von;
talan fór ~ der Knopf ist ab;
barnið var spurt ~ kennaranum das Kind wurde vom
Lehrer gefragt; **vera kominn
~ barnsaldri** den Kinderschuhen entwachsen sein;
láta ~ e-u mit etw. aufhören;
það birtir ~ degi der Tag
bricht an; **~ hverju?** warum?; **~ því að** weil, denn

afabróðir m Großonkel m

áfall n Schaden m; Unglück n

afar- (als erstes Glied in Zssgn
verstärkend) harte Bedingungen

afbaka entstellen; **~borga**
abzahlen; **~borgun** f Rate f,
Teilzahlung f; Ratenzahlung f

afbrigðilegur anomal

afbrot n Vergehen n, Verbrechen n; **~amaður** m Verbrecher m

afbrýði f (-i) Eifersucht f;
~ssamur eifersüchtig; **~
semi** f Eifersucht f

afbökun f (-unar, -bakanir)
Entstellung f; **~drif** n/pl.
Schicksal n; **~drifaríkur** folgenschwer

áfengi n (-s) Alkohol m; **~isbann** n Alkoholverbot n;
~isverslun f Spirituosen-,
Weinhandlung f; **~ur** alkoholhaltig; **~ir drykkir** m/pl.
Spirituosen pl.

áfergj|a f (-u) Eifer m, Heftigkeit f; **~ulegur** eifrig, aufdringlich

af|fall n Ablauf m; **~föll** n/pl.
Rabatt m; Verlust

af|ferma abladen; (Schiff) löschen; **~ferming** f Abladen
n, Löschen n; **~gangs: vera ~
gangs** übrigbleiben; **~gangur** m Rest m

afgreiða bedienen; abfertigen; **~sla** f Bedienung f; Abfertigung f; Schalter m

af|henda abliefern, ausliefern; **~hending** f Ablieferung f; Auslieferung f;
~hjúpa enthüllen; **~hjúpun** f
(-ar) Enthüllung f; **~hrak** n
Abschaum m; **~hýða** schälen

afi m (-a, -ar) Großvater m

áfir f Buttermilch f

áfjáður eifrig; vorlaut

afkasta leisten; **~maður** m

Mann, der viel leistet; **~mik- ill** leistungsfähig

af|klippa f (-u, -ur) (Zeitungs-) Ausschnitt m; **~ klæða** ausziehen; **~kom- andi** m (-a, -endur) Nachkomme m; Sprößling m; **~ kvæmi** n (-s) Nachkommenschaft f; Brut f; **~köst** n/pl. (Arbeits-) Leistung f

afl n (-s, öfl) Kraft f, Stärke f; Gewalt f; **~a** (herbei)schaffen, erwerben; (Fischerei) fischen

aflabrögð n/pl. Fischfang m

aflaga in Unordnung bringen; entstellen; verderben; **hafa e-ð aflögu** etw. übrig haben

aflangur länglich

af|lát n Unterbrechung f; **án ~láts** ununterbrochen; **~ leiðing** f (-ar, -ar) Folge f; **~leiðsla** f (-u, -ur) Ableitung f

afleitur sehr schlecht, indiskutabel

afl|fræði f Mechanik f; **~gjafi** m Energie-, Kraftquelle f

afli m (-a, -ar) Fischfang m

aflog n/pl. Schlägerei f

aflraun f Anstrengung f; Kraftprobe f; **~amaður** m Athlet m

aflstöð f Kraftwerk n

af|lýsa absagen; **lýsing** f Absage f; **~læsa** abschließen; **~má** auswischen, tilgen; **~máning** f (-ar, -ar) Tilgung f; **~marka** abgrenzen;

~mynda verzerren, entstellen; **~mæli** n (-s,-) Geburtstag m; **~nám** n Abschaffung f; Aufhebung f

af|neita (ver)leugnen; **~neit- un** f Verleugnung f, Leugnen n; **~nema** abschaffen; **~not** n/pl. Gebrauch m, Benutzung f; **~notagjald** n Nutzungsgebühr f

áform n (-s,-) Absicht f, Plan m; **~a** beabsichtigen, planen

af|plána sühnen; **~ráða** beschließen; **~rakstur** m Ertrag m

áfram vorwärts; **hann var þar** ~ er blieb weiter dort; **~hald** n Fortsetzung f

af|rek n (-s) Leistung f; Tat f, Heldentat f; **~reka** leisten; ausführen; **~reksmaður** m tüchtiger Mann; Held m; **~reksverk** n Heldentat f; **~rennsli** n (-s,-) Abfluß m

af|rétt f (-ar, -ir), **~réttur** m Trift f, Hochweide f

Afríka f (-u) Afrika n

af|rit n Abschrift f, Kopie f; **~rita** abschreiben, kopieren; **~ritari** m Abschreiber m

áfrýj|a appellieren, Berufung einlegen; **~andi** m (-anda, -endur) Berufungskläger m; **~un** f (-ar) Appellation f, Berufung f

afrækja versäumen; vernachlässigen

af|saka entschuldigen; **~sak- anlegur** entschuldbar

afsalsbréf n Kaufbrief m,

Schenkungsurkunde f; Übertragungsurkunde f

af|slóis abseits; **~skammta** rationieren

af|skaplegur übermäßig, schrecklich; **~skekktur** abgelegen, entlegen; isoliert; **~skiptalaus** unbeteiligt, passiv, teilnahmslos; **~skipti** n (-s,-) Einmischung f

af|skræma verzerren; **~skræmi** n (-s) Ungeheuer n; **~sláttur** m Ermäßigung f, Rabatt m; (af) **~spurn** f (vom) Hörensagen (n)

af|staða f: taka **~stöðu** til e-s Stellung zu etw. nehmen; **~stýra** vorbeugen; **~sökun** f Entschuldigung f

aftaka f Hinrichtung f

aftan: að **~** von hinten; fyrir **~** e-n hinter j-m

aftan|n m (-ans, -nar) Abend m; **~roði** m Abendrot n

aftra (ver)hindern

aftur zurück; wieder; **~á bak** rückwärts; **~á móti** andererseits; fram og **~** hin und zurück; **~ og ~** immer wieder; dragast **~ úr** zurückbleiben

aftur|bati m Besserung f; **~beygilegur** rückbezüglich, reflexiv; **~elding** f Dämmerung f, Tagesanbruch m; **~för** f Verschlechterung f; **~ganga** f Gespenst n; **~hluti** m Hinterteil m (n); **~hvarf** n Rückkehr f; Reue f; **~kalla** widerrufen; **~kast** n Reaktion f; **~kippur** m Rückgang

m; **~koma** f Wiederkehr f; **~köllun** f Widerruf m; **~ljós** n (Auto) Rückstrahler m, Schlußlicht n; **~sæti** n Rücksitz m

afurðir f/pl. Erzeugnisse, Produkte n/pl.

afvegaleiða verleiten, verführen

af|vikinn abgelegen, entlegen; **~vopna** abrüsten; entwaffnen; **~þakka** (mit Dank) ablehnen

aga züchtigen; **~laus** undiszipliniert; **~legur** furchtbar, schrecklich

ágalli m Mangel, Fehler m

ágeng|ni f Übergriff m; Aufdringlichkeit f; Anmaßung f; **~ur** anmaßend, aufdringlich; **e-m verður ~** j-m gelingt es, etw. zu tun

ágerast zunehmen; sich verschlimmern

agi m (-a) Zucht f, Disziplin f

ágirn|ast begehren, trachten nach; **~d** f Habsucht f

á|giskun f (-unar, -anir) Vermutung f, Mutmaßung f; **~gjarn** habsüchtig, gierig

agn n (-s, ögn) Fischköder m; **~dofa** bestürzt; **~úi** m (-a, -ar) Widerhaken m; fig. Übelstand m; **það er ~úi á því** die Sache hat einen Haken

ágóði m (-a, -ar) Gewinn m

ágreining|satriði n Streitfrage f; **~ur** (-s, -ar) m Meinungsverschiedenheit f, Uneinigkeit f

ágrip n (-s,-) Abriß m; Auszug m, Kurzfassung f

ágúst m (indekl.) August m

ágæt|i n (-s) Vorzüglichkeit f; **~lega** vorzüglich, vortrefflich, hervorragend; **~ur** vorzüglich, ausgezeichnet

á|hald n Gerät n, Instrument n; **~hangandi** m (-anda, -endur) Anhänger m; **~hersla** f (-u, -ur) Betonung f, Nachdruck m; **leggja ~herslu á e-ð** etw. betonen; **~heyrandi** m (-anda, -endur) Zuhörer m; **~heyrn** f (-ar) Audienz f; Gegenwart f

áhlaup n Angriff m; **í fyrsta ~i** im ersten Anlauf

áhorf|andi m (-anda, -endur) Zuschauer m; **~endasvið** n Zuschauerraum m; Tribüne f

áhrif n/pl. Einfluß m; Eindruck m; **~agjarn** leicht zu beeinflussen; **~alaus** ohne Einfluß; **~amaður** m einflußreiche Person

áhræra angehen; betreffen

áhug|alaus gleichgültig; **~aleysi** n (-s) Gleichgültigkeit f, Mangel m an Interesse; **~amál** n Interessengebiet n; **~i** m (-a, -ar) Interesse n; **hafa ~á e-u** sich für etw. interessieren

áhyggj|a f Sorge f; **~ufullur** besorgt, bekümmert; **~ulaus** sorgenfrei; sorglos; unbekümmert

áhætt|a f Wagnis n, Risiko n; **~ulaus** ohne Risiko; **~usamur** riskant

áhöfn f Besatzung f

aka (Auto) fahren

ákaf|i m (-a) Eifer m; Heftigkeit f; **~lega** außerordentlich; **~ur** eifrig; heftig

ak|braut f Fahrdamm m; **~fær** fahrbar

ákjósanlegur wünschenswert

akkeri n (-s,-) Anker m

áklæði n (-s,-) Möbelüberzug m

akstur m (-urs) Fahren n

aktygi n/pl. Pferdegeschirr n

akur m (-urs, -rar) Acker m, Feld n; **~yrkja** f (-u) Ackerbau m

á|kveða beschließen, bestimmen; vereinbaren; **~kveðinn** entschlossen

akvegur m fahrbare Straße

ákvæði n/pl. Bestimmungen pl; **~ í lögum** Paragraph m

ákvæðis|verk n, **~vinna** f Akkordarbeit f; **~vinnumaður** m Akkordarbeiter m

ákvörðun f (-ar, ákvarðanir) Bestimmung f; **~arstaður** m Bestimmungsort m; Reiseziel n

ákæra 1. f Jur. Anklage f; Klage f; 2. anklagen, beschuldigen; **~ndi** m (-anda, -endur) Kläger m

ala v/t. säugen; (Vieh) mästen; **~ upp** erziehen

á|lag n (-s) Belastung f; Verwünschung f; **~lagning** f Preiszuschlag m

álas n Tadel m, Vorwurf m; **~a** tadeln; **~a e-m fyrir e-ð** j-m etwas vorwerfen

albúm n (-s,-) Album n

alda f (öldu, öldur) Welle f; **~hvörf** n/pl.: **valda ~hvörfum** Epoche machen; **~mót** n/pl. Jahrhundertwende f; **~randi** m Zeitgeist m

alda|vinur m alter, vertrauter Freund; **~öðli**: **frá ~öðli** von alters her, seit jeher

aldin n (-s,-) Frucht f; **~garður** m Obstgarten m; **~mauk** n (-s) Marmelade f

aldraður bejahrt, alt

aldrei nie(mals); **~ framar** nie wieder

aldur m (-s) Alter n; **á besta aldri** in den besten Jahren; **um ~ og ævi** für immer; **~smunur** m Altersunterschied m

álegg n (-s) Aufschnitt m

áleiðis vorwärts; auf dem Weg; **koma e-u ~** etw. übermitteln

aleiga f Hab und Gut n

aleinn (ganz) allein

áleit|inn zudringlich, aufdringlich; **~ni** f (-i) Zudringlichkeit f

á|lengdar von weitem; **~letrun** f (-unar, -anir) Inschrift f

álfa f (-u, -ur) Weltteil m

álfkona f Elfe f

alfræði(orða)bók f Enzyklopädie f

álft f (-ar, -ir) Schwan m

álfur m (-s, -ar) Elf m

algáður nüchtern

al|gengur allgemein, gewöhnlich; **~ger** vollkommen; **~gerlega** vollständig; **~heill** ganz gesund; unversehrt; **~heims-** international; **~heimur** m Weltall, Universum n; **~hliða** allseitig; **~hæfa** verallgemeinern

alíðinn spät

ali|dýr n Haustier n; **~fuglar** m/pl. Geflügel n

álíka ähnlich

alikálfur m Mastkalb n

álit n (-s,-) Ansicht f; Ansehen n; **við fyrsta ~** auf den ersten Blick; **vera í miklu ~i** hoch angesehen sn; **koma til ~a** in Betracht kommen

álíta v/t. meinen, denken, glauben

álit|amál n Ansichtssache f; **~legur** ansehnlich; vorteilhaft; vielversprechend; **~shnekkir** m Prestigeverlust m

alkunna f: **það er ~** es ist allgemein bekannt

áll m (-s, -ar) Aal m

allavega in jeder Hinsicht; **~litur** bunt, vielfarbig

all|góður ganz gut, brauchbar; **~oft** ziemlich häufig

allra|bestur der allerbeste; **~handa** allerlei, allerhand

alls insgesamt; **~ enginn** gar keiner; **~ nakinn** ganz nackt

alls|herjarverkfall m Generalstreik m; **~konar** allerlei; **~nægtir** f/pl. Überfluß m;

~staðar überall; *s. a.* **alstaðar**

allt: ~ að því fast, beinahe; **um fram** ~ vor allem

alltaf immer

allur *n;* ganz

allvel ganz gut

álma *f (-u, -ur) (Gebäude)* Flügel *m*

almanak *n (-s, -nök)* Almanach *m,* Kalender *m*

almannafæri *n:* á ~ in aller Öffentlichkeit

almannatrygging *f* Volksversicherung *f*

almáttugur allmächtig

almenni|lega richtig; anständig; ~**legur** freundlich, anständig

almenning|sálit *n* öffentliche Meinung; ~**ur** *m (-s, -ar)* Allgemeinheit *f*

almennur allgemein

almúg|amaður *m* einer aus dem Volk; ~**i** *m (-a)* das Publikum, das einfache Volk

al|myrkvi *m (-a)* totale Finsternis; ~**mætti** *n (-s,-)* Allmacht *f*

alpahúfa *f* Baskenmütze *f*

al|ræmdur berüchtigt; ~**skegg** *n* Vollbart *m;* ~**skipaður** vollbesetzt; ~**skýjaður** dicht bewölkt

al|staðar überall; ~**sæll** glücklich

altari *n (-s)* Altar *m;* **ganga til** ~**s** zum Abendmahl gehen; ~**sbrauð** *n* Oblate *f,* Abendmahlsbrot *n;* ~**stafla** *f* Altarbild *n*

alúð *f (-ar)* Herzlichkeit *f;* ~**arkveðja** *f* herzlicher Gruß; ~**legur** herzlich

al|vara *f* Ernst *m;* ~**varlegur** ernst(haft); ~**veg** ganz, ganz und gar, vollständig; ~**vörugefinn** ernst, ernsthaft

álykt|a folgern; ~**un** *f (-unar, -anir)* Schluß *m,* Schlußfolgerung *f;* Beschluß *m*

alþekktur allgemein bekannt

Alþing(i) *n* Althing *n;* ~ **Íslendinga** Islands Parlament *n*

alþingis|kona *f,* ~**maður** *m* Abgeordnete *m/f (im Althing)*

alþjóð *f* das ganze Volk; ~**aréttur** *m* Völkerrecht *n;* ~**legur** international

alþýð|a *f (-u, -ur)* Volk *n;* Allgemeinheit *f;* ~**legur** leutselig, freundlich

Alþýðuflokkurinn *m* Islands Sozialdemokratische Partei

alþýðu|fólk *n* einfache Leute; ~**lýðveldi** *n* Volksrepublik *f;* ~**skóli** *m* Volkshochschule *f*

álösun *f (-ar, álasanir)* Tadel, Vorwurf *m*

Ameríka *f (-u)* Amerika *n*

Ameri|kani, ~**kumaður** *m* Amerikaner *m*

amerískur amerikanisch

áminn|a erinnern, mahnen; ~**ing** *f* Mahnung *f*

amma *f (ömmu, ömmur)* Großmutter *f*

ámæl|a tadeln; **~i** n (-s, -) Tadel m; **~isverður** tadelnswert

án prp. mit gen. ohne

ánamaðkur m Regenwurm m

ánauð f (-ar, -ir) Unterdrückung f; Knechtschaft f

anda atmen; **~ður** tot, verstorben; **~rdráttur** m Atemzug m

andar|slitur n/pl. Todeskampf m; **~tæaugur** m Enterich m; **~tak** n Atemzug m; fig. Augenblick m

andast sterben

andatrú f Spiritismus m; **~armaður** m Spiritist m

and|i m (-a, -ar) Atem m; Geist m; **draga ~ann** Atem holen; **gefa upp ~ann** den Geist aufgeben

and|köf n/pl. Atemnot f; **taka ~köf** nach Luft schnappen; **~lát** n Tod m; Sterben n; **~laus** geistlos; **~legur** geistig; **~leysi** n (-s) Geistlosigkeit f

andlit n (-s,-) Gesicht n; **~sfall** n Gesichtsform f; **~smynd** f Porträt n

andmæl|a widersprechen, protestieren; **~i** n (-anda, -endur) Gegner m; **~i** n/pl. Einwand m; Widerspruch m

andrík|i n Geist, Witz m; **~ur** geistreich

andrúmsloft n Atmosphäre f; Luft f

and|skoti m (-a, -ar) Teufel m; **~spyrna** f (-u, -ur) Widerstand m; **~spænis** gegenüber; **~staða** f Widerstand m; Opposition f; **~streymi** n (-s) Schwierigkeit f; Widerwärtigkeit f; **~styggð** f Abscheu m, f; **~styggilegur** abscheulich, widerlich; **~stæða** f (-u, -ur) Gegensatz m; **~stæðingur** m (-s, -ar) Gegner m; **~úð** f (-ar) Abneigung f; **~vaka** f Schlaflosigkeit f; **verða ~vaka** eine schlaflose Nacht verbringen

andvana tot, leblos; **~fæddur** totgeboren

andvara|laus sorglos; **~leysi** n (-s,-) Sorglosigkeit f

and|vari m (-a) Wachsamkeit, Vorsicht f; Hauch m; **~varp** n (-s, vörp) Seufzer m; **~varpa** seufzen; **~virði** n (-s) Preis m, Wert m; **~vökunótt** f schlaflose Nacht

anga duften; **~n** f (-ar) Duft m; **~ndi** duftend, wohlriechend

angi m (-a, -ar) dünner Zweig m; fig. Winzling m

angist f (-ar, -ir) Angst f; **~arfullur** angsterfüllt, angstvoll

angurvær wehmütig; **~ð** f (-ar, -ir) Wehmut f

annar indef. pron. ander-; **~ ... hinn** der eine ... der andere; **~hvor** der andere von beiden; **annaðhvort ... eða** entweder ... oder; Zahlwort der Zweite

annars sonst; **~ staðar** anderswo

annast besorgen
ann|ríki n Geschäftigkeit f, Eile f; **~ríkt: eiga ~ríkt** viel zu tun haben, sehr beschäftigt sein
ansa antworten
ánæg|ður zufrieden; **~ja** f (-u) Zufriedenheit f
api m (-a, -ar) Affe m
apótek n (-s,-) Apotheke f; **~ari** m (-a, -ar) Apotheker m
appelsína f (-u, -ur) Apfelsine f
apríl m (indekl.) April m
ár 1. f (-ar, -ar) Ruder m, Riemen m; 2. n (-s, -) Jahr n
Arabi m (-a, -ar) Araber m
árabil n: **um ~** jahrelang
arabískur arabisch
aragrúi m (-a) Gewimmel n; Unmenge f
áramót n/pl. Jahreswechsel m
árangur m (-urs, -rar) Erfolg m; Ergebnis n; **~slaus** erfolglos; vergeblich; **~slaust** vergebens
árás f (-ar, -ir) Angriff m
árásargjarn angriffslustig, aggressiv
áratugur m Jahrzehnt n
árdegi n (-s, -) Vormittag m; **~s** vormittags
arðberandi, arðbær gewinnbringend
arð|laus unrentabel; **~rán** n Ausbeutung f; **~ræna** ausbeuten; **~ur** m (-s) Gewinn m, Ausbeute f
áreiðan|legur zuverlässig; **~leiki** m (-a) Zuverlässigkeit f

árekstur m Zusammenstoß m
áreynsla f Anstrengung f
árfarvegur m Flußbett n
arfgeng|i n Erblichkeit f; **~ur** erblich
arfi m (-a, -ar) 1. Vogelmiere f; Unkraut n; 2. Erbe m
arf|leiða vermachen; **~leiðsla** f Vermächtnis n; **~leiðsluskrá** f Testament n, letzter Wille; **~taki** m Jur. Erbnehmer m; **~ur** m (-s, -ar) Erbe n, Erbschaft f
árgangur m Jahrgang m
argur ärgerlich; schlecht
áríðandi wichtig; dringend
arinn m (-s, -ar) Herd m, Kamin m
áritun f (-unar, -anir) Vermerk m, Aufschrift f; Visum n
arkarbrot n Folio n
árla früh; **~ dags** früh am Tage
árlegur jährlich
armband n Armband n; **~súr** n Armbanduhr f
armur m (-s, -ar) Arm m
armæddur bekümmert
armæða f (-u) Kummer m
árnaðarósk f Glückwunsch m
áróður m Propaganda f, Agitation f
árrisull: hann er er ist Frühaufsteher
árroði m Morgenröte f
árs|fjórðungur m Vierteljahr n; **~tekjur** f/pl. Jahreseinkommen n; **~tíð** f Jahreszeit f; Saison f

áræð|a wagen; **~i** n (-s) Mut m; **~inn** mutig

ás m (-s, -ar) **1.** (Kartenspiel) As n; **2.** Balken m; Achse f; Welle f; **3.** Myth. Ase m

á|saka anklagen, beschuldigen; **~samt** samt, mit, nebst; **~sáttur** einig; zufrieden; **~setningur** m (-s, -ar) Vorsatz m, Absicht f

asi m (-a) Eile f, Hast f, Hetze f

ásig|kominn Beschaffenheit-, **~komulag** n Beschaffenheit f, Zustand m

ásjá f (-r) Hilfe f; **biðja e-n um** j-n um Hilfe bitten; **~andi** m (-anda, -endur) Zuschauer m; **~legur** ansehnlich

aska f (ösku) Asche f

áskilja vorbehalten

á|skorun f (-unar, -anir) Aufforderung f, Herausforderung f; **~skrifandi** m (-anda, -endur) Subskribent m; Abonnent m

askur m (-s, -ar) Esche f

áskurður m Aufschnitt m; (Holz) Gravur f, Fräsung f

áskynja gewahr werden, etw. merken

asna|legur dumm; **~skapur** m (-s) Dummheit f

asni m (-a, -ar) Esel m; fig. Dummkopf m

ást f (-ar, -ir) Liebe f

ástand n (-s) Zustand m; Lage f, Situation f

ástar|kveðja f herzlicher Gruß m; **~ljóð** n Liebesge-

dicht n; **~saga** f Liebesgeschichte f; Liebesroman m

ástatt: úr því svo(na) er ~ da es sich so verhält

ásteyting f (-ar) Anstoß m; **~arsteinn** m Stein m des Anstoßes

ást|fanginn verliebt; **~fólginn** innig geliebt, teuer; **~leitinn** kokett; **~leitni** f Koketterie f

Ástralía f (-u) Australien n

ástralskur australisch

ástríð|a f (-u, -ur) Leidenschaft f; **~ufullur** leidenschaftlich

ást|ríki n Liebe f; **~ríkur** liebevoll; **~sæll** beliebt, populär; **~úð** f (-ar, -ir) liebevolle Zuneigung f; **~úðlegur** liebevoll, zärtlich

ástundun f (-ar) Eifer m, Fleiß m; **~samur** fleißig, arbeitsam

ástæð|a f (-u, -ur) Grund m, Ursache f; **eftir ~um** den Umständen nach; **~ulaus** ohne Grund

ásækja verfolgen

ásæl|ast begehren, trachten nach; **~inn** anmaßend, eigennützig

ásökun f (-ar, -sakanir) Beschuldigung f, Vorwurf m

át n (-s,-) Fressen n, pop. Essen n

átak n Kraftanstrengung f; Ruck m; **~anlegur** ergreifend

atburður m (-ar, -ir) Ereignis n

atferli n (-s,-) Benehmen n; Verfahrensweise f

atgervi n (-s) Fähigkeit f

athafna|frelsi n Handlungsfreiheit f; **~maður** m tatkräftiger Mann; **~samur** energisch, tatkräftig

athuga beobachten; erwägen; **~leysi** n (-s) Unachtsamkeit f, Zerstreutheit f; **~semd** f (-ar, -ir) Bemerkung f

at|hugun f (-ar, -anir) Beobachtung f; Erwägung f; **~hvarf** n (-s, -hvörf) Zufluchtsort m; **~hygli** f (-) Aufmerksamkeit f; **~höfn** f Handlung f

atkvæða|greiðsla f Abstimmung f; **~mikill** bedeutend; einflußreich

atkvæði n Stimme f; Silbe f; **~greiða** ~ abstimmen; **~sbær** stimmberechtigt; **~smiði** n Stimmzettel m; **~sréttur** m Stimmrecht n

Atlantshaf n Atlantik m

atóm n (-s,-) Atom n; **~öld** f Atomzeitalter n

atork|a f Energie f, Tüchtigkeit f; **~usamur** energisch

atriði n (-s,-) Punkt m, Einzelheit f

átrúnað|argoð n Abgott m, Idol n; **~ur** m Glaube m, Religion f

átt f (-ar, -ir) Richtung f

átta: ~ **sig** sich orientieren; sich fassen

átta|villtur verirrt; **~viti** m Kompaß m

átt|hagar m/pl. Heimat f; **~ræður** achtzigjährig

atvik n (-s,-) Ereignis n; **~ast** sich zutragen, geschehen; **~sorð** n Adverb n

atvinn|a f Arbeit f; Beruf m; **~ugrein** f Erwerbszweig m; **~ulaus** arbeitslos; **~uleysi** n (-s) Arbeitslosigkeit f; **~uleysisstyrkur** m Arbeitslosenunterstützung f; **~urekandi** m (-anda, -endur) Arbeitgeber m; Unternehmer m; **~urekstur** m Gewerbebetrieb m; **~uvegur** m Erwerbszweig m

átylla f (-u, -ur) Vorwand m

auðga bereichern; **~st** reich werden

auð|kenna zeichnen, kennzeichnen, auszeichnen; **~kenni** n (-s,-) Kennzeichen n; **~kýfingur** m Erwerbszweig m; Kapitalist m; **~legð** f (-ar, -ir) Reichtum m; **~maður** m reicher Mann, Kapitalist m; **~magn** n Kapital n; **~meltur** leicht verdaulich; **~mjúkur** demütig; **~mýking** f (-ar, -ar) Demütigung f; **~mýkja** demütigen; **~mýkt** f Demut f

auðnast: e-m ~ e-ð j-m gelingt etw.

auðnuleysi n (-s) Mißerfolg m, Unglück n

auð|séður deutlich, offenbar; **~skilinn** leichtverständlich; **~sæld** f (-ar, -ir) Wohlstand, Reichtum m; **~sær** offenbar; **~trúa** leichtgläubig; **~ugur** reich, vermögend; **~ur** 1. m (-s, -ir) Reichtum m, Vermögen f; 2. leer, öde; **~vald** n Kapitalismus m; **~velda** erleichtern; **~veldur** leicht, einfach; **~virðilegur** verächtlich; **~vitað** natürlich, selbstverständlich; **~þekktur** leicht erkennbar; **~æfi** n/pl. Reichtum m

auga n (-a, -u) Auge n; **~unum** mit den Augen blinzeln; **~abragð** n Augenblick m; **~abrún** f Augenbraue f; **~asteinn** m Pupille f

aug|ljós klar, einleuchtend; **~lýsa** anzeigen, annoncieren; **~lýsing** f Anzeige f, Annonce f

augna|blik n Augenblick m; **~hár** n Wimper f; **~ráð** n Blick m

augn|læknir m Augenarzt m; **~veiki** f Augenkrankheit f

auk außer; **~ þess** außerdem; **þar að ~i** außerdem

auka vermehren; **~st** sich vermehren

auka|atriði n Nebensache f; **~kostnaður** m Nebenkosten pl.; **~merking** f Nebenbedeutung f; **~tekjur** f/pl. Nebenverdienst m, Nebeneinkünfte f/pl.

auk|nefni n (-s, -) Spottname

m; **~ning** f (-ar) Vermehrung f

auli m (-a, -ar) Tölpel m, Dummkopf m

auming|i m (-ja, -jar) Taugenichts m, armer Mensch m; **~jalegur** erbärmlich

aumkunarverður beklagenswert

aumur elend; besorgt; *fingurinn á mér er ~* der Finger tut mir weh

aur m (-s, -ar) Lehm m; Schmutz m

aurar pl. von **eyrir**

aurbretti n Kotflügel m

ausa 1. f (-u, -ur) Kelle f, Schöpflöffel m; 2. schöpfen

austan von Osten; **~við** östlich von; **~vindur** m Ostwind m

Austfirðir m/pl. die Ostfjorde auf Island

austfirskur zu den Ostfjorden gehörig

austur 1. n (-s) Osten m; 2. *adv.* nach Osten

Austur|land n Ost-Island n; **~ríki** n Österreich n

austurrískur österreichisch

ávallt immer

ávalur rund; konvex

á|vani m (schlechte) Angewohnheit f; **~varp** n Anrede f; Ansprache f; **~varpa** anreden, ansprechen

ávaxta verzinsen; *fig.* fruchtbar machen; **~hlaup** n Gelee n; **~mauk** n (-s) Marmelade f, Konfitüre f; **~tré**

Obstbaum m; ~**vín** n Obstwein m

á|verki m (-a, -ar) Wunde f; ~**vextir** pl. Obst m; ~**vinna**: ~ **sér** erwerben; ~**vinningur** m Gewinn m; **Vorteil** m; ~**virðing** f Versehen n; Vergehen n; ~**vísa** (Geld) anweisen; überweisen; ~**vísun** f (-unar, -anir) Scheck m; ~**víta** vorwerfen; ~**vísung-ur** m (-s, -ar) Andeutung f; Gerücht n; ~**vöxtun** f (-ar) Verzinsung f; ~**vöxtur** m Frucht f

ax n (-, öx) Ähre f

axarskaft n Axtstiel m; fig. Dummheit f

axla|breiður breitschultrig; ~**bönd** n/pl. Hosenträger m/pl.

á|þekkur ähnlich; ~**þreifanlegur** greifbar, handgreiflich; ~**ætla** berechnen, schätzen; ~**ætlun** f Berechnung f, Überschlag m; Plan m; ~**ætlunarbíll** m Omnibus m; Überlandbus m; ~**ætlunarflug** n Linienflug m

B

bað n (-s, böð) Bad n; ~**a**: ~ **sig** (sich) baden, ein (warmes) Bad nehmen; ~**föt** n/pl. Badeanzug m; ~**herbergi** n Badezimmer n; ~**ker** n Badewanne f

báðir beide

bað|mull s. bómull; ~**staður** m Badeort m, Bad n; **fara á** ~ zum Strand gehen; ~**stofa** f Wohn- u. Schlafzimmer auf einem isl. Bauernhof

bagalegur unbequem, ungelegen; lästig

bágborinn schlecht, elend

bág|indi n/pl. Not f, schwierige Umstände pl.; ~**staddur** notleidend; bedrängt

bak n (-s, bök) Rücken m; **fara á** ~ ein Pferd besteigen; **hafa**

mörg ár að ~**i** viele Jahre auf dem Rücken haben; **ganga á** ~ **orða sinna** sein Wort brechen; **stand e-m að** ~ hinter j-m zurückstehen; hinter j-m nicht messen können; **ganga aftur á** ~ rückwärts gehen, zurückgehen; **fara á** ~ **við e-n** etw. hinter j-s Rükken tun; **að fjalla** ~ hinter den Bergen

bak|a backen; ~**aleið** f Rückweg m; ~**ari** m (-a, -ar) Bäcker m; ~**arí** n (-s, -) Bäckereiladen m, Bäckerei f; ~**borð** n (-a, -) Backbord n

bakki m (-a, -) Dach, Böe; Flußufer n; Tablett n

bak|poki m Rucksack m; ~**stur** m (-s, -rar) Backen m; **heitur** ~**stur** warmer Umschlag; ~**sund** n Rückenschwimmen n; **~sæti** n Hintersitz m; **~tala** verleumden

bakteria f (-u, -ur) Bakterie f

bakvörður m (Sport) Verteidiger m

bál n (-s, -) Feuer n; **~för** f Einäscherung f; **~köstur** m (-kastar, -kestir) Scheiterhaufen m

ball n (-s, böll) Ball m; **~i** m (-a, -ar) Ballen m

bál|reiður wütend, rasend; **~viðri** n (-s) Orkan m

bana töten; **~lega**: liggja **~leguna** auf dem Sterbebett liegen; **~mein** n Todesursache f

banani m (-a, -ar) Banane f

bana|stríð n Todeskampf m; **~sæng** f Sterbebett n; **~tilræði** n Attentat n

band n (-s, bönd) Band n; **~alag** n Bündnis n; Koalition f; **~amaður** m Verbündete m; **~aríki** n Bundesstaat m

Bandaríkin n/pl. USA pl.

band|hnykill m Garnknäuel m,n; **~óður** fuchsteufelswild; **~vitlaus** völlig verrückt

ban|eitraður giftig (tödlich); **~hungraður** heißhungrig

bangsi m (-a, -ar) Teddybär m

bani m (-a) (gewaltsamer) Tod m

banka klopfen; **~bók** f Sparbuch n; **~stjóri** m (-a, -ar) Bankdirektor m

banki m (-a) (Geld) Bank f

bann n (-s, bönn) Verbot n; **~a** verbieten; **~færing** f (-ar) Exil n; **~helgi** f Tabu n; **~settur** verdammt

banvænn tödlich

bara nur

bára f (-u, -ur) Welle f, Woge f; sjaldan **er ein ~n stök** ein Unglück kommt selten allein

barátta f (-u,-ur) Kampf m

bardagamaður m Kämpfer m

bardagi m (-a, -ar) Kampf m; Schlägerei f

barkakýli n Kehlkopf m

barki m (-a, -ar) Kehle f; Luftröhre f

barma: **~ sér** sich beklagen

barmur m (-s, -ar) Busen m; Rand m

barn n (-s, börn) Kind n

barna ein Kind zeugen; **~barn** n Enkelkind n; **~heimili** n Kinderheim n, Kindergarten m; **~herbergi** n Kinderzimmer n; **~kennari** m Volksschullehrer m; **~legur** kindisch, naiv; **~læknir** m Kinderarzt m; **~skapur** m Kindlichkeit f, Naivität f; **~skóli** m Volksschule f; **~vagn** m Kinderwagen m; **~veiki** f Diphtherie f

barn|elskur kinderlieb; **~fóstra** f Kindermädchen n; **~góður** kinderlieb

barns|aldur m Kindesalter n; **~burður** m (-s, -ir) Geburt f, Entbindung f; **~hafandi**

schwanger; **~legur** kindlich; **~meðlag** n Alimente pl.

barnæska f Kindheit f

bárottur wellig

barr n (-s, *börr*) *Bot.* Nadeln pl.; **~tré** n Nadelbaum m

bárujárn n Wellblech n

basl n (-s) Schwierigkeit f; *fig.* Armut f; **~a** sich abmühen; sich mit etw. beschäftigen; *fig.* in Armut leben

bassi m (-a, -ar) Baß m

bast n (-s) Bast m

bátasmiður m Bootsbauer m

bati m (-a) *Med.* Besserung f, Genesung f

batna genesen; besser werden

bátur m (-s, -ar) Boot n

baug|fingur m Ringfinger m; **~ur** m (-s, -ar) Ring m; Kreis m

baula muhen

baun f (-ar, -ir) Linse f; Bohne f; Erbse f; **~akaffi** n Bohnenkaffee m; **~ir** f/pl. (gelbe) Erbsensuppe

beð n (-s,-) Beet n

beiðni f (-,-ir) Bitte f; Ersuchen n

bein n (-s,-) Knochen m; **~agrind** f Skelett n; **~amikill** knochig; **~brotna** sich einen Knochenbruch zuziehen; **~himnubólga** f Knochenhautentzündung f

beiningamaður m Bettler m; **bein|kröm** f Rachitis f; **~línis** unmittelbar, direkt

bein|n gerade; aufrecht; **~t** direkt

beiskja f (-u) Bitterkeit f

beisk|lega bitterlich; **~ur** bitter, herb

beisl|a bändigen; zäumen; **~i** (-s,-) Zaumzeug n

beit f (-ar) (Vieh-)Weide f; **vera á ~** weiden; **~a** f (-u, -ur) Köder m

beita auf die Weide treiben; weiden lassen; **~ e-n órétti** j-m ein Unrecht antun; **~ brögðum** List anwenden

beiti|lyng n Heidekraut n; **~ng** f (-ar) Weiden n; Anwendung f

beittur (*Messer*) scharf

bekkjar|bróðir m Klassenkamerad m; **~systir** f Klassenkameradin f

bekkur m (-s, -ir) Bank f; Sitzreihe f; (*Schule*) Klasse f

Belg|i m (-a, -ar) Belgier m; **~ía** f (-u) Belgien n

belg|ískur belgisch; **~ur** m (-s, -ir) Balg m; *leggja orð í ~* auch seine Meinung sagen

belti n (-s, -) Gürtel m; **~s-staður** m Taille f; Gürtellinie f

benda zeigen, deuten (á auf); **~ e-m á e-ð** j-n auf etw. aufmerksam machen

bending f (-ar, -ar) Wink m, Zeichen n

bensín n (-s) Benzin n; **~afgreiðsla** f Verkauf m von Benzin, Tankstelle f; **~geymir** m Benzintank m; **~sölustaður** m Tankstelle f

ber 1. *n* (-s,-) Beere *f*; **2.** *adj.* nackt, bloß

bera *v/t.* tragen; (*Kleider*) anhaben; *v/i.* (*Kuh*) kalben; ~ **e-ð á e-n** j-n e-r Sache beschuldigen; ~ **af e-m** j-n übertreffen; ~ **fram** (*Wort*) aussprechen; ~ (**á**) **móti e-u** etw. bestreiten; ~ **saman** vergleichen; ~ **e-ð til baka** dementieren; ~ **um** von etw. zeugen; ~ **e-n út** j-n verleumden; *v/i.* ~ **við** geschehen; *unpersönlich:* **þér ber að gera það** du sollst, du mußt es tun; **eins og vera ber** wie es sich gehört

berfættur barfuß

berg *n* (-s,-) Fels(en) *m*; ~**kvika** *f* (-u) Magma *n*; ~**mál** *n* Echo *n*; ~**mála** widerhallen; ~**málsdýptarmælir** *m* Echolot *n*; ~**tegund** *f* Gesteinsart *f*; ~**vatn** *n* Süßwasser *n*

ber|hendur ohne Handschuhe; ~**höfðaður** ohne Mütze

berja schlagen; klopfen; ~ **sér** klagen; ~**st** kämpfen

berklar *m/pl.* Tuberkulose *f*

berkla|hæli *n* Sanatorium *n* für Lungenkranke; ~**veiki** *f* Tuberkulose *f*

bernska *f* (-u) Kindheit *f*

berserkur *m* (-s, -ar) Berserker *m*

ber|orður die Wahrheit ins Gesicht sagen; ~**sýnilegur** deutlich, offenbar; ~**sögli** *f*

(*indekl.*) unverblümte Meinung *f*

betl *n* (-s) Betteln *f*; ~**a** betteln; ~**ari** *m* (-a, -ar) Bettler *m*

betur besser

beyging *f* (-ar, -ar) Beugung *f*; Deklination *f*; Konjugation *f*; ~**arending** *f* Deklinationsendung *f* ~**arfræði** *f* Flexionslehre *f*; ~**arkerfi** *n* Flexionssystem *n*

beygja 1. *f* (-u, -ur) Biegung, Kurve *f*; **2.** biegen; beugen; (*Straße*) abbiegen; ~**nlegur** biegsam; ~**st** sich biegen

beygur *m* (-s) Angst *f*

beyki *n* (-s) Buche *f*

bibl|ía *f* (-u, -ur) Bibel *f*; ~**uskýring** *f* Schriftauslegung *f*

bið *f* (-ar, -ir) Warten *n*; Wartezeit *f*

bíða warten (**eftir e-m** auf j-n); ~**ósigur** Niederlage erleiden; **biddu við!** *pop.* warte mal!; Moment mal!

bið|ill *m* (-ils, -lar) Freier *m*; ~**póstur** *m* postlagernd(e Sendung)

biðja bitten, ersuchen (**um** um); beten; ~ **til guðs** zu Gott beten; ~**st undan e-u** sich etw. verbitten

bið|lund *f* Geduld *f*; ~**röð** *f* Menschenschlange *f*; **standa í röð** Schlange stehen; ~**stofa** *f* Wartezimmer *n*; ~**stöð** *f* Haltestelle *f*; ~**ukolla** *f* (-u, -ur) Pusteblume *f*

bifa bewegen, rütteln

bifhjól n Motorrad n

bifreið f (-ar, -ir) Auto n; **~arstjóri** m Autofahrer m; **~astæði** n (-s,-) Parkplatz m

bifvél f Motor m; **~avirki** m (-ja, -jar) Autoschlosser m

bik n (-s) Pech n; **~a** teeren; **~ar** m (-s, -ar) Becher m; **~svartur** pechschwarz

bil n (-s,-) Zwischenraum m; Abstand m; **í ~í** im Augenblick; vorläufig; **um það ~** ungefähr; **~a** kaputtgehen, entzweigehen; versagen; **~aður** kaputt, defekt

bíla|braut f (-ar, -ir) Autobahn f; **~ferja** f Autofähre f; **~geymsla** f Parkhaus n; Garage f; **~leiga** f Autoverleih m; **~leigubíll** m Mietwagen m; **~sali** m (-a, -ar) Autohändler m; **~sími** m Autotelefon m; **~stæði** n Parkplatz m

bíl|l m (-s, -ar) Auto n; **~stjóri** m (-a, -ar) Autofahrer m

bilun f (-unar, -anir) Schaden m; pop. Panne f

binda binden; **~ um sár** eine Wunde verbinden; **~ vináttu við e-n** mit j-m Freundschaft schließen; **bundið mál** n Poesie f; **~ndi** verpflichtend

bindi n (-s,-) Band n; Krawatte f, Schlips m; **~ndi** n (-s) Enthaltsamkeit f; **hann er í ~ndi** er ist Abstinenzler; **~ndisfélag** n Abstinenzlervereinigung f

bíó n (-s,-) Kino n

birgðir f/pl. Vorrat m

birgur Vorrat habend

birkitré n Birke f

birna f (-u,-) Bärin f

birta 1. f (-u) Licht n, Schein m; Helligkeit f; **2.** hell werden; bekanntmachen; publizieren; **það birtir af degi** der Tag bricht an, es tagt; **~ upp** (Wetter) sich aufklären; **~st** erscheinen

birting f (-ar, -ar) Tagesanbruch m; Bekanntmachung f; Veröffentlichung f

biskup m (-s, -ar) Bischof m; (Schach) Läufer m; **~sdæmi** n Bistum n; Diözese f **~ssetur** n Bischofssitz m

bit n (-s,-) Biß m; (Messer) Schärfe f; **ég er alveg ~** ich bin sprachlos

bíta beißen; (Messer) scharf sein; **~ sundur** zerbeißen

biti m (-a, -ar) Bissen m; Stück n; Balken m

bitlaus stumpf

bitur bitter, barsch; (Messer) scharf; **~leiki** m (-a) Bitterkeit f

bjaga: ~ð (tungu)mál gebrochene Sprache

bjálk|ahús n Blockhaus n; **~i** m (-a, -ar) Balken m

bjalla f (bjöllu, bjöllur) **1.** Schelle f; Glöckchen n; **2.** Zo. Käfer m

bjáni m (-a, -ar) Dummkopf m

bjarg n (-s, björg) Fels(en) m;

~a (e-m) retten (j-n); **~ast** sich zu helfen wissen; sich durchschlagen

bjargvættur f (-ar, -ir) Schutzgeist m; pop. m Helfer m, Retter m

bjarmi m (-a) Schimmer m, Schein m; Glanz m

bjarn|dýr n Bär m; **~dýrs-feldur** m Bärenfell n

bjart|hærður blond; **~sýni** f Optimismus m; **~sýnn** optimistisch

bjart|ur hell; (Wetter) klar; **~viðri** n (-s) klares Wetter n

bjóða (an)bieten; einladen; befehlen; **e-m býður við e-u** j-n ekelt etw. an

bjór m (-s, -ar) **1.** Biber m; **2.** Bier n

bjúga n (-a, -u) (geräucherte) Wurst f

björg f (bjargar, bjargir) Hilfe f; Lebensmittel pl.; **~un** f (-ar) Rettung f

björgunar|bátur m Rettungsboot n; **~belti** n Rettungsgürtel m; **~maður** m Retter m

björn m (bjarnar, birnir) Bär m

bláber n Blaubeere f

blað n (-s, blöð) Blatt n; Zeitung f; **~adeila** f Zeitungspolemik f; **~agrein** f Zeitungsartikel m; **~a-maður** m Journalist m; **~a-mennska** f (-u) Journalistik f, Zeitungswesen n

blaðra **1.** f Blase f; **2.** schwat-

zen; **~ri** m (-a, -ar) Schwätzer m

blað|síða f (Buch) Seite f; **~ur** n (-s) Schwatzen n

blá|eyg(ð)ur blauäugig; **~fá-tækur** bettelarm; **~grýti** (-s) Basalt m

blakta wehen, flattern

blámaður m Neger m

blanda **1.** f (blöndu, blöndur) Mischung f; **2.** mischen; **~ saman** vermischen; vermischen; **~ sér í e-ð** sich in etw. einmischen

blankur pleite

blár 1. n: **út í bláinn** aufs Geratewohl; **2.** adj. blau

blása blasen, wehen; tönen; **~ri** m (-a, -ar) (Haar) Fön m

blástur m (-s, -rar) Blasen n; Wind m; **~shljóðfæri** n Blasinstrument n

blautur naß

bleikja bleichen

bleikur bleich; rosa

blek n (-s) Tinte f; **~fiskur** m Tintenfisch m

blekking f (-ar, -ar) Täuschung f; Betrug m; **~amaður** m Betrüger m

blekkja täuschen; betrügen

blendingur m (-s, -ar) Mischung f

bless! F auf Wiedersehen!, tschüß!

blessa segnen; komdu sæll, aður, ~uð (og sæll, sæl)! guten Tag!; vertu ~aður, ~uð! auf Wiedersehen!

blessun f (-ar) Segen m;

Glück *n*; **~arríkur** segensreich

blett|óttur fleckig; **~ur** *m* (*-s, -ir*) Fleck *m*; Makel *m*

bleyða *f* (*-u*) Feigling *m*

bleyta 1. *f* (*-u*) Nässe *f*; **2.** benetzen; anfeuchten

bleyti leggja í ~ (*Wäsche*) einweichen

blíð|a *f* (*-u*) Freundlichkeit *f*; Liebe *f*; **~alogn** Windstille *f*; **~lega** zärtlich; **~lyndi** *n* (*-s*) Sanftmut *f*; **~lyndur** sanftmütig

blíður sanft, mild

blika 1. *f* (*-u, -ur*) Regenwolke *f*; *litast ekki á* ~ *una* nicht geheuer vorkommen; **2.** (*Stern*) leuchten; glänzen

blikk *n* (*-s*) Blech *n*; **~dós** *f* Blechbüchse *f*; **~smiður** *m* Klempner *m*

blikna erbleichen; verwelken

blinda 1. *f* (*-u*) Blindheit *f*; **2.** blenden; erblinden

blind|andi mit geschlossenen Augen; **~fullur** besoffen; **~gata** *f* Sackgasse *f*; **~ingi** *m* (*-ja, -jar*) Blinde *m/f*; **~ur** blind

blíst|ra pfeifen; **~ur** *n* (*-s*) Pfeifen *n*; **~urhljóð** *n* Zischlaut *m*

bljúgur demütig; bescheiden

blóð *n* (*-s*) Blut *n*; *taka* ~ Blut abnehmen; **~dropi** *m* Blutstropfen *m*; **~eitrun** *f* Blutvergiftung *f*; **~flokkur** *m* Blutgruppe *f*; **~færsla** *f* (*-u, -ur*) Blutübertragung *f*; **~ga** verwunden; **~gjafi** *m* (*-a, -ar*) Blutspender *m*; **~gjöf** *f* Blutspende *f*; **~hlaupinn** blutunterlaufen; **~lát** *n* (*-s*) Blutverlust *m*; **~latur** sehr faul; **~laus** blutarm; **~leysi** *n* (*-s*) Blutarmut *f*; **~missir** *m* Blutverlust *m*; **~mör** *m* (*-s, -var*) (eine Art) Blutwurst *f*; **~nasir** *f/pl.* Nasenbluten *n*; **~rás** *f* Bluten *n*; Blutkreislauf *m*; **~rauður** blutrot; **~roðna** stark erröten, einen roten Kopf kriegen; **~sótt** *f* Ruhr *f*; **~suga** *f* (*-u, -ur*) Blautsauger *m*; *fig.* Wucherer *m*

blóðsúthelling *f* (*-ar, -ar*) Blutvergießen *n*

blóð|ugur blutig; **~þrýstingur** *m* Blutdruck *m*

blóm *n* (*-s,-*) Blume *f*; **~apottur** *m* Blumentopf *m*; **~avasi** *m* Blumenvase *f*; **~legur** blühend; **~stra** blühen; **~vöndur** *m* Blumenstrauß *m*

blossa flammen; **~ljós** *n* Blitzlicht *n*; **~upp** auflodern; **~viti** *m* Blinkfeuer *n*

blossi *m* (*-a, -ar*) Flamme *f*

blóta fluchen; opfern

blotna naß werden

blótsyrði *n* (*-s,-*) Fluch *m*

blunda schlummern

blúnda *f* (*-u, -ur*) Spitze *f*

blundur *m* (*-s, -ar*) Schlummer *m*

blússa *f* (*-u, -ur*) Bluse *f*

blý *n* (*-s*) Blei *n*; (*Drehbleistift*) Mine *f*; **~antur** *m* (*-s, -ar*)

Bleistift *m*; ~fastur unverrückbar

blygðast: ~ast *sín* sich schämen; ~un *f* (-ar) Scham *f*; ~unarleysi *n* (-s) Frechheit *f*; Schamlosigkeit *f*; ~unartilfinning *f* Schamgefühl *n*

blys *n* (-s,-) Fackel *f*; ~för *f* Fackelzug *m*

blæbrigði *n/pl.* Nuancen *pl.*

blæða bluten

blæðing *f* (-ar, -ar) Bluten *n*

blæja *f* (-u, -ur) Schleier *m*; ~logn *n* Windstille *f*

blær *m* (-s) Hauch *m*; (Farb-) Ton *m*; Schimmer *m*; Gepräge *n*

blæ|vængur *m* Fächer *m*; ~ösp *f* Zitterpappel *f*

blökkumaður *m* Neger *m*

blöndungur *m* (-s, -ar) Vergaser *m*

blöskra (e-ð) entsetzt sein

boð *n* (-s,-) Botschaft *f*; Einladung *f*; Befehl *m*; Angebot *n*

boða verkünd(ig)en; ~ *til fundar* e-e Versammlung einberufen

boð|beri *m* (-a, -ar) Bote *m*; ~háttur *m* Imperativ *m*; ~hlaup *n* Staffellauf *m*; ~orð *n* Gebot *n*

bófi *m* (-a, -ar) Gauner *m*

bogi *m* (-a, -ar) (Waffe) Bogen *m*; ~nn krumm; gebogen

bog|maður *m* Bogenschütze *m*; ~na *v/i.* biegen; *v/r.* sich biegen

bógur *m* (-s, -ar) Bug *m*; *á báða bóga* auf beiden Sei-

ten; *á hinn bóginn* andererseits

bók *f* (-ar, bækur) Buch *n*; *utan.ar* auswendig; ~a buchen; *láta ~a e-ð* etw. zu Protokoll geben; ~ahilla *f* Bücherregal *n*; ~ari *m* (-a, -ar) Buchhalter *m*; ~asafn *n* Bibliothek *f*; ~aútgáfa *f* Verlag *m*; ~averslun *f* Buchhandel *m*; Buchladen *m*; ~avörður *m* Bibliothekar *m*

bók|bindari *m* (-a, -ar) Buchbinder *m*; ~fell *n* Pergament *n*; ~færsla *f* (-u, -ur) Buchführung *f*; ~hald *n* Buchhaltung *f*; ~mál *n* Schriftsprache *f*

bókmennta|fræði *f* (*indekl.*) Literaturwissenschaft *f*; ~saga *f* Literaturgeschichte *f*

bók|menntir *f/pl.* Literatur *f*; ~sali *m* (-a, -ar) Buchhändler *m*; ~stafareikningur *m* Algebra *f*; ~staflegur buchstäblich; ~stafur *m* Buchstabe *m*

bókun *f* (-unar, -anir) Protokoll *n*; Buchung *f*

bóla *f* (-u, -ur) Pickel *m*; Reißzwecke *f*

bólga *f* (-u, -ur) Geschwulst *f*; Entzündung *f*

bólg|inn geschwollen; entzündet; ~na anschwellen; sich entzünden

boli *m* (-a, -ar) Bulle *m*, Stier *m*

bolli *m* (-a, -ar) Tasse *f*

bólstr|a polstern; **~un** f
(-unar, -anir) Polsterung f;
Polstern n

bolti m (-a, -ar) (Spiel) Ball m;
Bolzen m

bolur m (-s, -ir) (Baum)
Stamm m; Rumpf m; T-Shirt
n

bólu|setja impfen; **~setning**
f Impfung f

bómull f (-ar) Baumwolle f

bón f (-ar, -ir) Bitte f

bónda|bær m Bauernhof m;
~kona f Bäuerin f

bóndi m (-a, bændur) Bauer
m; Ehemann m

bón|góður hilfsbereit; **~orð** n
Brautwerbung f, Heiratsan-
trag m

bor m (-s, -ar) Bohrer m; **~a**
bohren

borð n (-s,-) Tisch m; Brett n;
~a essen

borð|dúkur m Tischdecke f;
~hald n Festessen n; **~stofa** f
Eßzimmer n; **~stokkur** m (-s,
-ar) Reling f

borg f (-ar, -ir) Stadt f; **~a**
(be)zahlen; **~aralegur** bür-
gerlich; **~arastyrjöld** f Bür-
gerkrieg m; **~arbúi** m (-a,
-ar) Stadtbewohner m;
~ardómari m Stadtrichter m
(in Reykjavik); **~arfógeti** m
(-a, -ar) Gerichtsvollzieher m
(in Reykjavik); **~arhluti** m
Stadtteil m; **~arstjóri** m (-a,
-ar) Bürgermeister m

borgun f (-unar, -anir) Zahlung f; **~arskilmálar** m/pl.
Zahlungsbedingungen pl.

borvél f Bohrmaschine f

bót f (-ar, -bætur) Heilung f;
Abhilfe f, Flicken m; **ráða ~
á e-u** abhelfen (dat.)

botn m (-s, -ar) Grund m, Boden m; **~langabólga** f Blind-
darmentzündung f; **~langi**
m (-a, -ar) Blinddarm m;
~varpa f Schleppnetz n;
~vörpungur m Trawler m,
Fischdampfer m

bráð f (-ar, -ir) Beute f; **verða
e-m að ~** j-m zum Opfer fallen; **í ~(ina)** für den Augenblick

bráðabirgð f: **til ~a** vorläufig;
provisorisch; **~alög** n/pl.
provisorisches Gesetz

bráð|duglegur besonders
tüchtig; **~gáfaður** hochbegabt; **~látur** ungeduldig;
~lega bald; **~læti** n Ungedul-
duld f

bráðum bald

bráðþroska frühreif

bragð n (-s, brögð) List f;
Geschmack m; **að fyrra ~i**
zuerst; **að kosta**, probieren; **~ast** v/i. schmecken;
~góður wohlschmeckend

braggi m (-a, -ar) Baracke f

brag|ur m (-s, -ir) Gedicht n;
Gepräge n, Ton m; **~snill-
ingur** m formvollendeter
Dichter

brak n (-s) Knarren n; **~a** krachen; knarren

bralla Spaß machen; feilschen; (unsaubere) Geschäfte machen; **~ri** m Possentreiber m; Geschäftemacher m

brandari m (-a, -ar) pop. Witz m

brask n (-s) Profitmacherei f; Schiebung f; **~ari** m Spekulant m

brátt bald

bratt|i m (-a) Steilheit f; **~lendi** n (-s) steiles Gelände; **~ur** steil

brauð n (-s,-,) Brot n; **~gerð** f Backen n; Bäckerei f; **~moli** m Brotkrume f; **~skorpa** f Brotkruste f; **~sneið** f (Brot-) Scheibe f od. Schnitte f

braut f (-ar, -ir) Straße f; Bahn f; **~arstöð** f Bahnhof m; **~ryðjandi** m (-anda, -endur) Bahnbrecher m

bréf n (-s,-) Brief m; Papier n; **~avióskipti** n/pl. Korrespondenz f; Briefwechsel m; **~beri** m (-a, -ar) Briefträger m; **~lega** brieflich; **~spjald** n Postkarte f

bregða schnell bewegen; **~st** v/i. versagen

breidd f (-ar, -ir) Breite f; **~arstig** n Breitengrad m

breiður breit

breikk|a breiter machen v/i. breiter werden; **~un** f (-unar, -anir) Verbreiterung f

brekk|a f (-u, -ur) Böschung f; Abhang m; **~usnigill** m Schnecke f

brems|a 1. f (-u, -ur) Bremse f; **2.** bremsen; **~uborði** m (-a, -ar) Bremsbelag m

brenna 1. f (-u,-ur) Brand m; Feuer n; **2.** v/i. brennen; v/t. verbrennen

brenni n (-s) Brennholz n; **~sóley** f Butterblume f; **~steinn** m Schwefel m; **~steinshver** m Schwefelquelle f

brennivín n Branntwein m

breskur britisch

brest|a bersten, zerspringen; **~ur** m (-s, -ir) Krach m; Riß m; Mangel m

Bret|i m (-a, -ar) Brite m; **~land** n Britannien n

breysk|leiki m (-a, -ar) (Moral) Schwäche f; **~ur** schwach

breyt|a (ver)ändern; handeln; **~ilegur** veränderlich; **~ing** f (-ar, -ar) Veränderung f; Wandel m

breytni f (-i) Handeln n; Benehmen n

brigsl n/pl. Beschuldigung f; **~a** beschuldigen

brim n (-s,-) Brandung f; **~bretti** n (-s,-) Surfbrett n; **~brjótur** m (-s, -ar) Wellenbrecher m

bring|a f (-u, -ur) Brust f; **~usund** n Brustschwimmen n

brjál|a in Unordnung bringen; **~ast** wahnsinnig werden; **~æði** n (-s) Geistesverwirrung f, Wahnsinn m

brjósk n (-s,-) Knorpel m

brjóst n (-s,-) Brust f; **~ahaldari** m (-a, -ar) Büstenhalter m; **~amjólk** f Muttermilch f; **~barn** n Säugling m; **~góður** barmherzig; **~kassi** m Brustkorb m; **~sviði** m Sodbrennen n; **~sykur** m Bonbon m; **~vit** n gesunder Menschenverstand

brjóta v/t. (zer)schlagen, (zer)brechen; **~ heilann um e-ð** sich den Kopf über etw. zerbrechen; **~ lög** das Gesetz übertreten; **~st:** **~st fram** hervorbrechen; **~st út** ausbrechen

brodd|borgari m Spießbürger m; **~ur** m (-s, -ar) Stachel m; **í broddi fylkingar** an der Spitze

bróð|erni n (-s,-) Brüderlichkeit f, Freundschaft f; **~ir** m (-ur, bræður) Bruder m; **~urdóttir** f Nichte f; **~urlegur** brüderlich; **~ursonur** m Neffe m

brók f (-ar, -ir) Unterhose f

brokk n (-s) Trab m; **~a** traben

bros n (-s, -) Lächeln n; **~a** lächeln; **~legur** lächerlich

brot n (-s,-) Bruch m; Vergehen n; (Kleid) Falte f; Buchformat n; **~areikningur** m Bruchrechnen n; **~hættur** zerbrechlich

brotna v/i. brechen

brotsjór m Brecher m

brott weg, fort; **~fall** n Wegfall m; **~för** f Abreise f; Abfahrt f

brú f (-ar, brýr) Brücke f; **~a** überbrücken; **~argerð** f Brückenbau m

brúða f (-u, -ur) Puppe f

brúð|argjöf f Hochzeitsgeschenk n; **~gumi** m (-a, -ar) Bräutigam m; **~hjón** n/pl. Brautpaar n; **~kaup** n Hochzeit f; **~kaupsferð** f Hochzeitsreise f; **~ur** f (-ar, -ir) Braut f

brugg n (-s,-) Gebräu n; Brauen n; **~a** brauen; **~ari** m (-a, -ar) Brauer m

brúk|a gebrauchen, anwenden; **~un** f (-unar, -anir) Gebrauch m; Anwendung f

brum n (-s,-) Knospe f; **~a** knospen

brún f (-ar, -ir) Kante f; Rand m; Augenbraue f

bruna|ábyrgð f Feuerversicherung f; **~bót** f Ersatz m für Brandschäden; **~bótafélag** n Feuerversicherungsgesellschaft f; **~bótatrygging** f Feuerversicherung f

bruna|hætta f Brandgefahr f; **~lið** n Feuerwehr f; **~tryggja** gegen Feuer(schaden) versichern

bruni m (-a, -ar) Brand m; Feuer n, Feuersbrunst f

brún|kol n/pl. Braunkohle f; **~n** braun

brunnur m (-s, -ar) Brunnen m

brúsi m (-a, -ar) Kanister m

brútto brutto; **~þyngd** f Bruttogewicht n

bryggja f (-u, -ur) Hafendamm m, Kai m; Anlegebrücke f

brýna wetzen, schleifen

brynja f (-u, -ur) Brünne f, Panzer m

brýnn wichtig

brynna (Tier) tränken; ~ músum weinen

bryti m (-a, -ar) Steward m

brytja zerstückeln

bræða v/t. schmelzen; ~nlegur schmelzbar

bræði f (indekl.) Wut f; Zorn m

bræðrungur m (-s,-ar) Vetter m

bræðslu|mark n Schmelzpunkt m; ~ofn m Schmelzofen m; ~vatn n Schmelzwasser n

brögðóttur listig

bú n (-s,-) Haushalt m; Gut n, Hof m; ~a wohnen; bewirtschaften; ~ e-ð til etw. herstellen; ~ sig vel sich warm anziehen; ~ um das Bett machen; ~ um e-ð etw. einwickeln

búálfur m Kobold m

budda f (-u, -ur) Portemonnaie n; Geldbörse f

búð f (-ar, -ir) Laden m, Geschäft n; ~armaður m Verkäufer m; ~arkona f Verkäuferin f; ~arverð n Ladenpreis m

búðingur m (-s,-ar) Pudding m

búfé n Vieh n

buff n (-s,-) Beefsteak n

buffall m (-als, -lar) Büffel m

búfræðingur m (-s, -ar) Landwirt m, Agronom m

búgarður n Gut n

bugða f (-u,-ur) Kurve f, Biegung f

bú|inn fertig; aufgebraucht; að svo ~nu danach, darauf; við svo ~ið unverrichteterdinge

bújörð f Bauernhof m

búkur m (-s,-ar) Rumpf m

bull n (-s,-) dummes Zeug; ~a dummes Zeug reden

bulla f (-u, -ur) Tech. Kolben m

bumba f (-u, -ur) Trommel f; Bauch m

buna f (-u, -ur) Wasserstrahl m

búnaðar|félag n Landwirtschaftsgesellschaft f; ~skóli m Landwirtschaftsschule f; ~þing n landwirtschaftlicher Kongreß

búningur m (-s,-ar) Kleidung f

bunki m (-a,-ar) Stapel m

búr n (-s,-) Vorratskammer f; Käfig m

burðargjald n Postgebühr f

bursla planschen

burst|a bürsten; ~i m (-a, -ar) Bürste f

burt weg, fort; ~fararpróf n Abgangsexamen n; ~för f Abreise f; Abfahrt f; ~vera f Abwesenheit f

búsafurðir f/pl. Landwirtschaftserzeugnisse pl.

bú|skapur *m* (-ar) Landwirtschaft *f*; Haushalt *m*; **~slóð** *f* Hausrat *m*; **~staður** *m* Ferienhaus *n*; Wohnstätte *f*

bux|nadragt *f* Hosenanzug *m*; **~naklauf** *f* (-ar, -ir) Hosenschlitz *m*; **~ur** *f/pl.* Hose *f*

býfluga *f* Biene *f*

bygg *n* (-s) Gerste *f*; **~ing** *f* (-ar, -ar) Bau *m*, Gebäude *n*; **~ingarlist** *f* Architektur *f*; **~ingarvörur** *f/pl.* Baumaterialien *pl.*

byggja bauen

bylgja *f* (-u, -ur) Woge *f*; Welle *f*

bylt|a *f* (-u, -ur) Fall *m*; **~ing** *f* (-ar, -ar) Revolution *f*; Umwälzung *f*

bylur *m* (-s) Windstoß *m*; Schneesturm *m*

byr *m* (-s) günstiger Wind; Rückenwind *m*

byrði *f* (-ar, -ar) Last *f*, Bürde *f*

byrja anfangen, beginnen; **~ndi** *m* (-anda, -endur) Anfänger *m*

byrjun *f* (-unar, -anir) Anfang *m*, Beginn *m*; **~arstig** *n* Anfangsstadium *n*; **~arörðugleikar** *m/pl.* Anfangsschwierigkeiten *pl.*

byrstur barsch

býsna ziemlich

byssa *f* (-u, -ur) Flinte *f*, Gewehr *n*

bæði: **~ ... og** sowohl ... als auch

bæjar|bókasafn *n* Stadtbücherei *f*; **~búi** *m* (-a, -ar) Stadtbewohner *m*; **~fulltrúi** *m* Stadtverordnete *m/f*; **~ráð** *n* Stadtrat *m*; **~skrifstofur** *f/pl.* Stadtkanzlei *f*; **~stjóri** *m* (-a, -ar) Bürgermeister *m*; **~stjórn** *f* Magistrat *m*

bækistöð *f* Quartier *n*; Aufenthaltsort *m*

bækl|aður behindert; **~ingur** *m* (-s, -ar) Broschüre *f*

bæn *f* (-ar, -ir) Gebet *n*; Bitte *f*; **~abók** *f* Gebetbuch *n*

bær *m* (-jar, -ir) Stadt *f*; Bauernhof *m*, Gut *n*, Farm *f*

bæta verbessern; ersetzen; **~ráð sitt** sich bessern

bætiefni *n* Vitamin *n*

böðull *m* (-uls, -lar) Henker *m*

böggla zerknüllen

bögglapóstur *m* Paketpost *f*

böggull *m* (-uls, -lar) Paket *n*

böl *n* (-s) Unglück *n*; **~sýni** *f* od. *n* Pessimismus *m*; **~sýnn** pessimistisch

bölv|a fluchen; verfluchen, verwünschen; **~un** *f* (-ar) Unglück *n*

börkur *m* (barkar, berkir) Rinde *f*

börur *f/pl.* Bahre *f*; Tragbahre *f*

D

dá 1. *n* (-s) Winterschlaf *m*; Scheintod *m*; Koma *n*; **2.** bewundern; **~st:** *~st að e-u* etw. bewundern

dádýr *n* Damhirsch *m*

dáð *f* (-ar, -ir) Tat *f*; Mut *m*

daðla *f* (*döðlu, döðlur*) Dattel *f*

daðra flirten

daður *n* (-s) Flirt *m*

dafna gedeihen

daga: *það ~r* der Tag bricht an; **~tal** *n* (-s, -töl) Kalender *m*

dagblað *n* Tageszeitung *f*; **~bók** *f* Tagebuch *n*

dagheimili *n* Kindergarten *m*; **~kaup** *n*, **~laun** *n/pl.* Tagelohn *m*; **~legur** täglich

dagrenning *f* (-ar) Tagesanbruch *m*; **~sbirta** *f* Tageslicht *n*

dagsetja datieren; **~setning** *f* (-ar, -ar) Datierung *f*; Datum *n*; **~setur** *n* Sonnenuntergang *m*; **~skrá** *f* Tagesordnung *f*; Programm(heft) *n*; **~sljós** *n* Tageslicht *n*

dagstjarna *f* Morgenstern *m*; **~stofa** *f* Wohnzimmer *n*

dagsverk *n* Tagewerk *n*

dagur *m* (-s, -ar) Tag *m*; *á daginn* am Tage, tagsüber; *í dag* heute; *í fyrradag* vorgestern; *eftir minn dag* nach meinem Tod

dáinn gestorben; tot

dáleiða hypnotisieren; **~leiðsla** *f* (-u, -ur) Hypnose *f*

dálítið ein wenig, etwas

dálkur *m* (-s, -ar) (Zeitungs-) Spalte *f*

dalur *m* (-s, -ir) Tal *n*; Taler *m*; Dollar *m*

dama *f* (*dömu, dömur*) Dame *f*

dánarbú *n* Nachlaß *m*; **~orsök** *f* Todesursache *f*; **~tala** *f* Sterblichkeit *f*; **~vottorð** *n* Totenschein *m*

Dani *m* (-a, -ar) Däne *m*; **~mörk** *f* (-merkur) Dänemark *n*

dans *m* (-, -ar) Tanz *m*; **~a** tanzen

danska *f* (*dönsku*) Dänisch *n*; **~ur** dänisch

dansleikur *m* Ball *m*, Tanz *m*; **~mær** *f* Tänzerin *f*; **~staður** *m* Tanzlokal *n*

dapur traurig, niedergeschlagen; **~leiki** *m* (-a) Trauer *f*, Kummer *m*

dásama bewundern; loben; **~samlegur** wunderbar

dauðadá *n* Scheintod *m*; **~dómur** *m* Todesurteil *n*; **~hegning** *f* (-ar, -ar) Todesstrafe *f*; **~stríð** *n* Todeskampf *m*

dauði *m* (-a) Tod *m*

dauðlegur sterblich; **~lúinn** todmüde; **~ur** tot; **~veikur** todkrank; **~þreyttur** todmüde

daufdumbur taubstumm

daufur matt

daun|a stinken; **~illur** stinkend; **~n** m (-s) Gestank m

deig n (-s,-) Teig m; **~la** f (-u, -ur) Tiegel m; Feuchtigkeit f, Nässe f

deigur feucht; ängstlich

deila 1. f (-u, -ur) Streit m; 2. streiten; teilen; dividieren

deild f (-ar, -ir) Abteilung f; Institut n (Uni); **~arstjóri** m (-a, -ar) Abteilungsleiter m

deiling f Math. Division f

deilurit n Streitschrift f

dekk n (-s,-) Deck n; Reifen m

demant(ur) m (-s, -ar) Diamant m

depill m (-ils, -lar) Punkt m; kleiner Fleck m

desember m (indekl.) Dezember m

detta fallen; stürzen; **e-m dettur e-ð í hug** j-m fällt etw. ein; **~ ofan á e-ð** auf etwas stoßen; **það er dottið úr mér** es ist mir entfallen

deyða töten

deyja sterben

digur dick; korpulent

díki n (-s,-) Sumpf m

dilk|akjöt n Lammfleisch n; **~ur** m (-s,-ar) Lamm n

dimma 1. f (-u) Dunkel n; 2. dunkel werden

dirfast sich erdreisten

dirfska f (-u) Kühnheit f; Mut m

dís f (-ar, -ir) Göttin f; Fee f

diskur m (-s, -ar) Teller m; **fljúgandi ~** fliegende Untertasse f, Ufo n

djákni m (-a, -ar) Küster m

djarfur mutig; kühn

djúp n (-s,-), Tiefe f; **~ur** tief; **~vitur** tiefsinnig

djöful|l m (-uls, -lar) Teufel m; **~óður** besessen

doktor m (-s, -ar) Doktor m

dóm|abók f Gerichtsprotokoll m; **~ari** m (-a, -ar) Richter m; (Sport) Schiedsrichter m; **~gerð** f Gerichtsverhandlung f; **~greind** f Urteilsvermögen n; **~gæsla** f Rechtspflege f; **~kirkja** f Dom m; **~nefnd** f Jury f, Preisrichterausschuß m

dómsdagur m das Jüngste Gericht

dómsmála|ráðherra m Justizminister m; **~ráðuneyti** n Justizministerium n

dóm|stóll m Jur. Gericht n; **~úrskurður** m Gerichtsbeschluß m

dómur m (-s, -ar) Urteil n; Gericht n; **að mínum dómi** meines Erachtens

dós f (-ar, -ir) Büchse f, Dose f; **~ahnífur** m Dosenöffner m; **~amatur** m Konserven pl.

dósent m (-s, -ar) Dozent m

dót n (-s) Gepäck n; Sachen pl.; Spielsachen pl.

dóttir f (-ur, dætur) Tochter f

draga ziehen; **~ á tálar** betrü-

dulbúinn

gen; verführen; ~ **frá** abziehen; ~ **fram** hervorziehen; ~ **saman** sammeln

dramb n (-s) Hochmut m; ~**samur** hochmütig

dráp n (-s,-) Totschlag m, Töten n

dráttar|afl n Zugkraft f; ~**taug** f Abschleppseil m; ~**vél** f Traktor m

draugur m (-s, -ar) Gespenst n

draum|óramaður m Träumer m, Schwärmer m; ~**ráðning** f Traumdeutung f; ~**ur** m (-s, -ar) Traum m

dreifa (e-u etw.) verteilen; zerstreuen, ausstreuen

drekka trinken; saufen; ~**ndi** trinkbar

drekkja ertränken

drenglyndi n (-s) Großmut f; Anständigkeit f

dreng|skaparbragð n edle Handlung; ~**skaparorð** n Ehrenwort n

drengur m (-s, -ir) Junge m; fig. edler Mensch

drepa töten; ~ **á dyr** anklopfen

dreym|a träumen; **mig dreymir** ich träume; ~**inn** träumerisch

drífa 1. f (-u, -ur) Schneegestöber n; **2.** treiben; schneien; ~ **sig** sich beeilen; ~**ndi** energisch

drifhjól n Tech. Getriebe n

drjúgur dünkelhaft; bedeutend

drjúpa tröpfeln, triefen

dropi m (-a, -ar) Tropfen m

drottinn m (-s) Herrgott m

drottn|a herrschen; ~**ing** f (-ar, -ar) Königin f (Schach) Dame f; ~**unargirni** f (indekl.) Herrschsucht f; ~**unargjarn** herrschsüchtig

drukkinn betrunken

drukkna ertrinken

druslulegur liederlich, schlampig

drýgja ausüben; begehen; ~ **glæp** ein Verbrechen begehen

drykkjarvatn n Trinkwasser n

drykkju|maður m Trinker m; ~**peningar** m/pl. Trinkgeld n; ~**skapur** m (-s) Trunkenheit f; Saufen n

drykkur m (-jar, -ir) Getränk n; **áfengir drykkir** m/pl. alkoholische Getränke pl.

drynja dröhnen

dúfa f (-u, -ur) Taube f

dufl n (-s, -) Boje f; pop. Flirt m

dúfnahús n Taubenschlag m

duft n (-s, -) Puder m; Pulver n

duga helfen; taugen; ausreichen

dug|legur tüchtig; ~**lítill** untüchtig; ~**naður** m (-ar) Tüchtigkeit f; Energie f

dúkka f (-u, -ur) Puppe f

dúkur m (-s, -ar) Tischdecke f; Stoff m

dularfullur geheimnisvoll; mystisch

dul|búa verkleiden; ~**búinn**

verkleidet; **~mál** n Kode m;
~málslykill m Kodeschlüssel m; **~nefni** n (-s,-) Pseudonym n; **~speki** f Esoterik f;
~spekingur m Esoteriker m;
~vitund f (-ar) Unterbewußtsein n

dulur verschlossen, reserviert
dún|n m (-s) Daune f; Flaum m; **~sæng** f Daunenbett n
duttlung|afullur launisch, launenhaft; **~ur** m (-s, -ar) Laune f
dúx m (-s, -ar) (Schule) Klassenbeste m f, Primus m
dvalarstaður m Aufenthaltsort m
dveljast sich aufhalten
dvergur m (-s, -ar) Zwerg m
dvína v/i. nachlassen; aufhören
dvöl f (dvalar, dvalir) Aufenthalt m
dýfa eintauchen (í in)
dyggð f (-ar, -ir) Tugend f; Treue f
dyggur treu
dylja verbergen; verhehlen
dýna f (-u, -ur) Matratze f
dynja ertönen; *hvað sem á dynur* was auch geschehen mag; **~ndi rigning** f Platzregen m
dýpi n (-s,-) Tiefe f
dýpka vertiefen; tiefer werden
dyr f/pl. Tür f; **~abjalla** f Türklingel f
dýr 1. n (-s,-) Tier n; **2.** teuer
dýra|fræði f Zoologie f

~fræðingur m (-s, -ar) Zoologe m; **~garður** m Zoo m, Zoologischer Garten; **~læknir** m Tierarzt m
dýravörður m Pförtner m
dýr f (-ar, -ir) Herrlichkeit f;
~legur herrlich
dýrgripur m (-s, -ir) Kleinod n; Kostbarkeit f; pl. Juwelen pl.
dýrka anbeten; vergöttern;
~ndi m (-anda, -endur) Anbeter m
dýrkun f (-unar, -anir) Anbetung f
dýr|legur herrlich, **~leiki** m hoher Preis; **~lingur** m (-s, -ar) Heilige m f; **~mætur** wertvoll, kostbar; **~slegur** tierisch; bestialisch
dýrtíð f Teuerung f
dægra|döl f **~stytting** f (-ar, -ir) Zeitvertreib m
dægurlag n Schlager m
dæla 1. f (-u, -ur) Pumpe f; Spritze f; **2.** pumpen; spritzen
dæld f (-ar, -ir) Niederung f; Vertiefung f
dæma ein Urteil sprechen od. fällen, Recht sprechen, urteilen; **~ um e-ð** etw. beurteilen; **~laus** unerhört, beispiellos
dæmi n (-s,-) Beispiel n; Math. Aufgabe f; **til ~s (t. d.)** zum Beispiel (z. B.);
~gerður typisch, **~saga** Fabel f; Gleichnis n
dögg f (daggar, daggir) Tau m

dögun f (-ar) Morgendämmerung f; Tagesanbruch m
dökk|blár dunkelblau; **~hærður** dunkelhaarig; **~na** dunkeln, dunkel werden; **~rauður** dunkelrot; **~ur** dunkel
dömubindi n Damenbinde f

E

eða oder; **annaðhvort ... ~** entweder ... oder
edik n (-s) Essig m
eðla f (-u, -ur) Eidechse f
eðli n (-s) Natur f; Beschaffenheit f; **~fræði** f Physik f; **~fræðingur** m (-s, -ar) Physiker m; **~hvöt** f Instinkt m
ef wenn, falls
ef|a zweifeln; **~agjarn** skeptisch; **~alaust** zweifellos; **~asemd** f (-ar, -ir) Zweifel m, Bedenken n; **~ast** zweifeln; **~i** m (-a) Zweifel m; **án efa** ohne Zweifel; **draga e-ð í efa** etw. bezweifeln
efl|a fördern; **~ing** f (-ar) Förderung f
efna erfüllen, halten; **~ loforð** ein Versprechen halten; **~breyting** f chemische Reaktion; Stoffwechsel m; **~ður** vermögend, wohlhabend; **~fræði** f Chemie f; **~fræðingur** m (-s, -ar) Chemiker m; **~greining** f (-ar, -ar) chemische Analyse
Efnahagsbandalag Évrópu Europäische Gemeinschaft
efna|hagsmál n/pl. Ökonomie f, Wirtschaft f; **~hags-** **vandamál** n Wirtschaftsproblem n; **~hagur** m ökonomische Verhältnisse pl.; **~laug** f chemische Reinigung; **~laus** arm
efni n (-s,-) Stoff m; Inhalt m; Material n; pl. Vermögen n; **hafa ekki ~ á e-u** sich etw. nicht leisten können; **~shyggja** f Materialismus m; **~shyggjumaður** m Materialist m; **~smaður** m ein vielversprechender Mann; **~syfirlit** n Inhaltsverzeichnis n
efri n obere; (Schule) der bessere
efstur der oberste; der beste
eftir nach, gemäß; **senda ~ e-m** nach j-m schicken; **~ tvo daga** nach (od. in) zwei Tagen; **sjá ~ e-u** etw. bereuen; **~ atvikum** den Umständen nach; **ár ~ ár** Jahr für Jahr; **~ á** hinterher; **á ~** nachher
eftirbátur m: **vera ~ e-s** hinter j-m zurückstehen; j-m unterlegen sein
eftirbreytnisverður vorbildlich, musterhaft
eftir|farandi folgend, nachstehend; **~för** f Verfolgung f
eftir|grennslun f (-unar,

-anir) Nachforschung f, Ermittlung f; **~herming** f (-ar, -ar) Nachahmung f; **~komandi** m (-anda, -endur) Nachkomme m; **~köst** n/pl. Nachwirkungen pl., Folgen pl.; **~látur** fügsam; **~laun** n/pl. Pension f, Rente f; **~líking** f Nachahmung f; **~lit** n (-s) Kontrolle f, Aufsicht f; **~litsmaður** m Aufseher m; **~læti** n (-s,-) Liebling m; Gunst f

eftir|maður m Nachfolger m; **~matur** m Nachspeise f; **~minnilega** nachdrücklich; **~mynd** f Abbild n, Ebenbild n; Nachbildung f; **~mæli** n/pl. Nachruf m; **~réttur** m Nachspeise f; **~rit** n Abschrift f; Kopie f; **~sóttur** gesucht, begehrt; **~spurn** f Nachfrage f; **~stöðvar** f|pl. Rückstände m; Rest m; **~tekt** f (-ar, -ir) Aufmerksamkeit f

eftirtektar|laus unaufmerksam; **~samur** aufmerksam; **~verður** beachtenswert

eftir|vinna f Überstunden pl.; **~vænting** f (-ar, -ar) Spannung f; Erwartung f; **~væntingarfullur** erwartungsvoll

ég ich

egg 1. n (-s,-) Ei n; **2.** f (-jar, -jar) (Messer) Schneide f; **~ing** f (-ar) Antrieb m, Aufforderung f; **~ja** anspornen; aufreizen, reizen

eggja|bikar m Eierbecher m; **~hvíta** f Eiweiß n; **~kaka** f

Eierkuchen m; **~rauða** f (-u, -ur) Eidotter m, n, Eigelb n; **~skurn** f od. n Eierschale f; **~stokkur** m (-s, -ar) Eierstock m; **~suðutæki** n Eierkocher m

egglaga eiförmig, oval

eið|festa beeiden; beschwören; **~ur** m (-s, -ar) Eid m, Schwur m; **vinna (sverja) eið** e-n Eid ablegen; **~svarinn** vereidigt

eiga 1. f (-u, -ur) Eigentum n, Besitz f; **2.** besitzen, haben; sollen; **~ndi** m (-anda, -endur) Besitzer m, Eigentümer m; Inhaber m

eigin|girni f (indekl.) Egoismus m, Selbstsucht f; **~gjarn** egoistisch; **~hönd:** með **eiginhendi** eigenhändig; **~kona** f Ehefrau f; **~lega** eigentlich; **~leiki** m (-a, -ar) Eigenschaft f; Eigenart f; **~maður** m Ehemann m

eiginn eigen; upp á eigin spýtur auf eigene Faust

eiginnafn n Eigenname m

eign f (-ar, -ir) Besitz m, Eigentum n

eignar|fall n Genitiv m; **~nám** n Enteignung f, Verstaatlichung f; **~réttur** m Eigentumsrecht n; **~skattur** m Eigentums- od. Vermögenssteuer f

eigna|st in den Besitz von etw. kommen; **~tjón** n Sachschaden m

eik f (-ar, -ur) Eiche f

eilífð f (-ar) Ewigkeit f
eilífur ewig
eim|reið f (-ar, -ir) Lokomotive f; **~skip** n Dampfschiff n; **~skipafélag** n Dampfschiffgesellschaft f
einangr|a isolieren; **~un** f (-unar, -anir) Isolation f, Isolierung f; **~unarband** n Isolierband n
einarður freimütig
ein|beiting f Konzentration f; **~beittur** entschlossen; **~býlishús** n Einfamilienhaus n, Villa f
ein|dreginn entschieden; **~faldur** einfach; einfältig; **~göngu** ausschließlich, nur; **~hliða** einseitig; **~huga** einig; **~hver** irgend(ein(er), -e; -gend) jemand; **~hvern tíma** irgendwann; **~hvern veginn** irgendwie; **~hvers staðar** irgendwo; **~hæfur** einseitig
eining f (-ar, -ar) Einigkeit f; Einheit f; Harmonie f
einka|barn n Einzelkind n; **~framtak** n Eigeninitiative f; **~leyfi** n Patent n; **~líf** n Privatleben n; **~mál** n Privatsache f; **~nlega** besonders; **~ritari** m Privatsekretär m, **~ritari** f Privatsekretärin f; **~sala** f Monopol n; **~umboð** n Alleinvertretung f
ein|kenna kennzeichnen; **~i** n (-s,-) Kennzeichen n; Eigenart f; Symptom n; **~legur** eigenartig, eigentümlich

einkennisbúningur m Uniform f
einkum besonders
einkunn f (-ar, -ir) (Schule) Zeugnis n; Prädikat n; Zensur f; **~arorð** n Wahlspruch m; Motto n
ein|kvæður einsilbig; **~lyftur: ~lyft hús** einstöckiges Haus; **~lægni** f (indekl.) Aufrichtigkeit f; **~lægur** aufrichtig; **~mana** einsam; **~mitt** adv. eben, gerade
einn allein(e); num. ein(s); **~a bestur** einer von den besten; **~ig** auch; **í einu** auf einmal; zugleich; **einu sinni** einmal
ein|okun f (-unar, -anir) Monopol n; **~radda(ður)** Mus. einstimmig; **~róma** (Wahl) einstimmig; **~ræði** n (-s) Diktatur f; **~ræðisherra** m Diktator m; **~rænn** menschenscheu
eins gleich; **alveg ~** völlig gleich; **~ og** sowie; **~ ... og** ebenso ... wie; **~og** sofort
einsamall allein(e)
eins|kis: til ~kis nutzlos; **~kisverður** wertlos; **~konar** eine Art von
einskorða beschränken; **~ sig við e-ð** sich auf etwas versteifen
ein|skær lauter, rein; **~staka** einzeln; **~staka sinnum** ab und zu; **~staklingur** m (-s, -ar) Individuum n; **~staður** einmalig; alleinstehend; **~söngvari** m Solist m; **~tak**

n Exemplar *n*; **~tal** *n* Monolog *m*; **~tómur** bloß; **~veldi** *n* (-s) Monarchie *f*; **~vera** *f* (-u) Einsamkeit *f*; Alleinsein *n*; **~vígi** *n* Duell *n*; **~þykkur** eigensinnig

eir *m* (-s) Kupfer *n*

eirðarlaus rastlos

eiröld *f* Bronzezeit *f*

eitill *m* (-ils, -lar) Drüse *f*; Mandel *f*

eitraður giftig

eitthvað etwas

eitur *n* (-s,-) Gift *n*

eiturlyf *n* Droge *f*; **~janeysla** *f* Drogenkonsum *m*; **~janeytandi** *m* Drogenkonsument *m*; **~jasjúklingur** *m* Drogenabhängige *m/f*; **~jasjúkur** drogenabhängig

ekki 1. *n* (-a, -ar) Schluchzen *n*; **2.** *adv.* nicht

ekkja *f* (-u, -ur) Witwe *f*; **~jumaður** *m* Witwer *m*

elda kochen; **~st** altern; **~vél** *f* Herd *m*

eldfastur feuerfest; **~fimur** leicht entzündbar, feuergefährlich; **~fjall** *n* Vulkan *m*; **~gígur** *m* Krater *m*; **~gos** *n* Vulkanausbruch *m*; **~hugi** *m* (-a) Enthusiasmus *m*, Begeisterung *f*; Enthusiast *m*; **~hús** *n* Küche *f*; **~húsvifta** *f* (-u, -ur) Dunstabzugshaube *f*

eldhætta *f* Feuergefahr *f*, Brandgefahr *f*

elding *f* (-ar, -ar) Blitz *m*; **~avari** *m* (-a, -ar) Blitzableiter *m*

eldrauður feuerrot; **~raun** *f* Feuerprobe *f*

eldsneyti *n* (-s) Brennstoff *m*; **taka ~** (auf)tanken

eldspýta *f* Streichholz *n*; **~spýtnastokkur** *m* (-s, -ar) Streichholzschachtel *f*

eldsvoði *m* Feuersbrunst *f*, Feuer *n*

eldtraustur feuerfest; **~unaraðstaða** *f* Kochgelegenheit *f*; Kochnische *f*; **~ur** *m* (-s, -ar) Feuer *n*

ella sonst

elli *f* (indekl.) hohes Alter; **~styrkur** *m* (Alters-)Rente *f*; **~ær** senil

elska 1. *f* Liebe *f*; Schatz *m*; **~n mín** mein Schatz; **2.** lieben

elskhugi *m* (-a, -ar) Liebhaber *m*; Geliebte *m*

elta verfolgen

embætti *n* (-s,-) Amt *n*; **~sbróðir** *m* Kollege *m*; **~skona** *f* Beamtin *f*; **~smaður** *m* Beamte *m*; **~spróf** *n* Staatsexamen *n*

en aber

enda beenden; *v/i.* enden, ausgehen; **~st** dauern; ausreichen

endalaus endlos, unendlich; **~i** *m* (-a, -ar) Ende *n*; **~anum** zum Schluß; **~ilega** unbedingt

endastöð *f* Endstation *f*

endingargóður dauerhaft; haltbar; reißfest; **~gæði** *n/pl.* Reißfestigkeit *f*; Haltbarkeit *f*

endir *m* (-s) Schluß *m*, Ende *n*
endur|borga zurück(be)zahlen; **~bót** *f* Rückzahlung *f*; **~bótamaður** *m* Reformer *m*; **~bæta** verbessern, reparieren; **~gjald** *n* Bezahlung *f*; **~gjalda** zurück(be)zahlen; **~greiðsla** *f* Rückzahlung *f*; **~hljóma** widerhallen; **~kast** *n* Reflexion *f*; **~minning** *f* Erinnerung *f*; **~nýja** erneuern; **~næring** *f* Erholung *f*; **~ómur** *m* Nachklang *m*; **~prenta** neu auflegen; **~rit** *n* Abschrift *f*; **~segja** nacherzählen; **~skipan** *f* Umgestaltung *f*; **~skoða** revidieren; **~skoðandi** *m* (-anda, -endur) Revisor *m*; **~taka** wiederholen; **~tekning** *f* (-ar, -ar) Wiederholung *f*

engi *n* (-s,-) Wiese *f*
engill *m* (-ils, -lar) Engel *m*
enginsaxneskur angelsächsisch
enginn niemand; kein(er)
engispretta *f* (-u, -ur) Heuschrecke *f*
England *n* England *n*; **~lendingur** *m* (-s, -ar) Engländer *m*
enn (**þá**) (immer) noch; **ekki ~** noch nicht; **~ betri** noch besser
enni *n* (-s,-) Stirn *f*
enskur adj *f* (-u) Englisch *n*; **~unám** *n* Anglistik *f*; **~ur** englisch
epli|atré *n* Apfelbaum *m*; **~i** *n* (-s,-) Apfel *m*

er 1. *cj.* wenn, als; **2.** *pron.* der (die, das); welche(-r, -s)
erfa erben
erfða|fjárskattur *m* Erbschaftssteuer *f*; **~réttur** *m* Erbrecht *n*; **~skrá** *f* Testament *n*; **~synd** *f* Erbsünde *f*; **~venja** *f* Tradition *f*
erfiði *n* (-s) schwere Arbeit; Mühe *f*; **~smaður** *m* Schwerarbeiter *m*; **~svinna** *f* Schwerarbeit *f*
erfiðleiki *m* (-a, -ar) Schwierigkeit *f*; **~ur** schwer, schwierig
erfingi *m* (-ja, -jar) Erbe *m*
erindi *n* (-s,-) Besorgung *f*; Auftrag *m*; Vortrag *m*; **~reki** *m* Agent *m*; Beauftragte *m*, Bevollmächtigte *m*
erindisleysa: hann fór erindisleysu er kam unverrichteterdinge zurück
erkibiskup *m* Erzbischof *m*
erlendis im Ausland; **~ur** ausländisch
Ermarsund *n* Ärmelkanal *m*
ermi *f* (-, -ar) Ärmel *m*
ern rüstig
erta 1. *f* (-u, -ur) Erbse *f*; **2.** *v/t.* reizen, necken
eski *n* (-s,-) Esche *f*
Eskimói *m* (-a, -ar) Eskimo *m*
éta (*Tier*) fressen
Evrópa *f* (-u) Europa *n*
evrópskur europäisch
Evrópumaður *m* Europäer *m*
ey *f* (-jar, -jar) Insel *f*
eyða 1. *f* (-u, -ur) Lücke *f*; **2.** verbrauchen; verschwenden;

(*Zeit*) verbringen; (*Land*) verwüsten

eyði|leggja vernichten; verwüsten; **~legur** wüst; einsam; **~mörk** f (*-merkur, -merkur*) Wüste f; **~ng** f (*-ar*) Verwüstung f; Vernichtung f

eyðisandur m Sandwüste f

eyðni f (*indekl.*) Aids n

eyðsla f (*-u*) Verbrauch m; Verschwendung f

eyðslusamur verschwenderisch

eyðublað n Formular n, Vordruck m

eyja f (*-u, -ur*) Insel f

Eyjahaf n Archipel m; Inselmeer n

eyja|klasi m Inselgruppe f; **~rskeggi** m (*-ja, -jar*) Inselbewohner m

eymd f (*-ar*) Elend n, Jammer m

eyra n (*-a, -u*) Ohr n; Henkel m; **reisa** *od.* **sperra eyrun** die Ohren spitzen

eyrarvinna f Hafenarbeit f

eyri f (*-ar, -ar*) Sandbank f; **~r** m (*-s, aurar*) (*Münze*) Öre m

eyrna|lokkur m Ohrring m; **~læknir** m Ohrenarzt m; **~verkur** m Ohrenschmerzen pl.

Eystrasalt n Ostsee f

eystri östlicher, weiter östlich

F

fá bekommen, erhalten; **~ e-m e-ð** j-m etw. übergeben; **~ e-u áorkað** etw. zustande bringen

fáanlegur erhältlich; erreichbar

fá|bjáni m Idiot m; **~breytni** f (*indekl.*) Einförmigkeit f; **~breyttur** einförmig; eintönig; **~brotinn** einfach, dürftig

fádæma außerordentlich

faðerni n (*-s*) Vaterschaft f

faðir m (*föður, feður*) Vater m

Faðirvorið das Vaterunser

faðm|a umarmen; **~lag** n Umarmung f; **~ur** m (*-s, -ar*) Arme pl.

fá|einir m/pl. (**~einar** f/pl., **~ein** n/pl.) einige pl.; **~**

fengilegur eitel; **~fróður** unwissend; **~fræði** f Unwissenheit f

fag n (*-s, fög*) Fach n

fág|a putzen; **~aður** fig. kultiviert

fagfélag n Gewerkschaft f

fagna **~ e-u** sich über etwas freuen

fagnaðar|boðskapur m od. **~erindi** n Evangelium n; **~læti** n/pl. Jubel m; **~tíðindi** n/pl. erfreuliche Nachricht

fagur schön; **~fræði** f Ästhetik f; **~fræðingur** m (*-s, -ar*) Ästhet m

fá|gætur selten; **~kunnandi** unwissend; **~kunnátta** f Unwissenheit f

faldur m (-s, -ar) Saum m
fálki m (-a, -ar) Falke m
fall n (-s, föll) Fall m, Sturz m;
Gram. Kasus m; **~a** fallen;
~beyging f Deklination f;
~beygja deklinieren; **~egur**
schön; **~hlíf** f Fallschirm m;
~valtur vergänglich
fálma (umher)tasten; **~ri** m
(-a, -ar) Fühler m
fals n (-) Falschheit f; Verfäl-
schung f; **~a** (ver)fälschen;
~ari m (-a, -ar) Fälscher m
falskur falsch
falur verkäuflich
fámáll wortkarg
fang|a ergreifen; **~abúðir**
f/pl. Konzentrationslager n;
~aklefi m Gefängniszelle f;
~amark n Monogramm n;
~elsi n (-s,-) Gefängnis n; **~i**
m (-a, -ar) Gefangene m/f
fáni m (-a, -ar) Fahne f, Flagge f
far n (-s, för) Fahrgelegenheit
f; Spur f; Abdruck m; Benehmen n
fár wenig; **fátt fólk** wenige
Leute
fara gehen, reisen; **~ að** mit
etw. beginnen; **~ að sofa**
schlafen gehen; **~ fram hjá**
(e-m) (an j-m) vorbei- _od._
vorübergehen; **~ í e-ð** sich
anziehen; **~ úr e-u** sich ausziehen; **~ eftir e-u** sich nach
etw. richten
faraldur m (-s) Epidemie f;
Seuche f
farangur m (-s) Gepäck n;

~sgeymsla f Gepäckaufbe-
wahrung f
farar|stjóri m (-a, -ar) Reise-
leiter m; **~tæki** n Beförde-
rungsmittel n
farfugl m Zugvogel m
farg n (-s) Druck m; schwere
Last
fargjald n Fahrgeld n, Fahr-
preis m
farmaður m Seefahrer m
farmgjald n Fracht f, Fracht-
geld n
farmiða|sala f Fahrkarten-
schalter m; **~i** m Fahrkarte f
farmskírteini n Frachtbrief m
farmur m (-s, -ar) Ladung f,
Schiffsladung f; Fracht f
far|seðill m Fahrkarte f;
~sótt f Epidemie f; **~sæld**
f (-ar) Glück n; **~sæll** glücklich; praktisch veranlagt;
~vegur m Flußbett n
fár|veikur schwer krank;
~viðri n (-s) Orkan m
farþega|aflutningur m Person-
nenbeförderung f, **~askip** n
Passagierschiff n; **~i** m (-a,
-ar) Passagier m, Fahrgast m
fas n (-) Wesen n, Haltung f,
Auftreten n
fást: **~ við e-ð** sich mit etw.
befassen _od._ beschäftigen
fasta 1. f (föstu, föstur) Fasten n; **2.** fasten
fasta|gestur m Stammgast
m; **~stjarna** f Fixstern m;
~svefn m tiefer Schlaf
fast|eign f Immobilien pl.;
~eignasali m (-a, -ar) Im-

mobilienmakler *m;* **~heldinn** konservativ; **~heldni** *f (indekl.)* Konservatismus *m*

fastur fest, unverrückbar; **~ fyrir** standhaft

fat *n (-s, föt)* Schüssel *f;* Faß *n;* *pl.* Kleidung *f*

fát *n (-s)* Verwirrung *f*

fata 1. *f (fötu, fötur)* Eimer *m;* **2.** einkleiden

fata|búð *f* Konfektionsgeschäft *n;* **~bursti** *m* Kleiderbürste *f;* **~efni** *n* Kleiderstoff *m;* **~geymsla** *f* Garderobe *f*

fata|skápur *m* Kleiderschrank *m;* **~snagi** *m* Kleiderhaken *m*

fatlaður behindert

fatnaður *m (-ar, -ir)* Bekleidung *f*, Kleider *pl.*

fátæklingur *m (-s, -ar)* Arme *m/f*

fátækra|framfæri *n (-s)* Armenfürsorge *f;* **~styrkur** *m* Armenunterstützung *f*

fá|tækt *f (-ar)* Armut *f;* **~tækur** arm

fá|vís unwissend; **~viska** *f* Unwissenheit *f*, Dummheit *f;* **~viti** *m (-a, -ar)* Idiot *m*

fax *n (-, föx)* Mähne *f;* Telefax(gerät) *n*

fé *n (fjár)* Vieh *n (besonders Schafe);* Geld *n*

febrúar *m (indekl.)* Februar *m*

feðg|ar *m/pl.* Vater und Sohn; **~in** *n/pl.* Vater und Tochter

feginn froh

fégirnd *f* Geldgier *f*

fegra verschönern

fegurð *f (-ar)* Schönheit *f*

fé|hirðir *m (-is, -ar)* Kassierer *m;* **~hirsla** *f (-u, -ur)* Kasse *f*

feigur dem Tode geweiht; dem Tode nahe

feim|inn schüchtern; scheu; **~ni** *f (indekl.)* Schüchternheit *f*

feit|i *f (indekl.)* Fett *n;* Schmalz *n;* **~ur** fett; dick; beleibt

fela verstecken

félag *n (-s, -lög)* Verein *m,* Vereinigung *f;* Gesellschaft *f;* **~i** *m (-a, -ar)* Mitglied *n;* Kamerad *m;* Gefährte *m*

félags|fræði *f* Soziologie *f;* **~legur** sozial; **~lyndi** *n (indekl.)* Gesellichkeit *f;* **~lyndur** gesellig; **~mál** *n/pl.* Sozialpolitik *f;* **~skapur** *m (-ar, -ir)* Kameradschaft *f;* Vereinigung *f*

félaus ohne Geld, arm

feldur *m (-s, -ir)* Fell *n*

fell *n (-s, -)* Berg *m*

fella fällen, zu Fall bringen

fellibylur *m* Orkan *m*

felmtraður erschrocken

felustaður *m* Versteck *n*

fen *n (-s,-)* Sumpf *m;* Morast *m*

ténaður *m (-ar)* Schafe *pl.;* Vieh *n*

fenna schneien

ferð *f (-ar, -ir)* Reise *f;* Fahrt *f*

ferða|ávísun *f* Reisescheck *m;* **~áætlun** *f* Reiseplan *m;*

Fahrplan m; **~bók** f Reiseschilderung f; **~bæklingur** m Reiseführer m; **~félag** Reiseveranstalter m; Reisegesellschaft f; **~félagi** m Reisegefährte m, **~kostnaður** m Reisekosten pl.; **~maður** m Reisende m; Tourist m; **~saga** f Reiseschilderung f; **~skrifstofa** f Reisebüro n

ferð|ast reisen; **~ataska** f Reisekoffer m; **~atékki** m Reisescheck m

ferfættur vierbeinig

ferja 1. f (-u, -ur) Fähre f; **2.** übersetzen (mit der Fähre)

ferju|maður m Fährmann m; **~staður** m Fährstelle f

fer|kílómetri m Quadratkilometer m; **~lígur** ungeheuerlich; **~líki** n (-s, -) Ungeheuer n

ferma konfirmieren; (Schiff) laden; (Wagen) beladen

fermetri m Quadratmeter m

ferming f (-ar, -ar) Konfirmation f; Beladung f eines Schiffes

fermingarbarn n Konfirmand(in f) m

fernskonar viererlei

ferskeytla f (-u, -ur) (in Island eine Art) Vierzeiler m

ferskja f (-u, -ur) Pfirsich m

ferskur frisch

fertug|ur vierzigjährig; **á ~s aldri** in den Dreißigern

festa 1. f (-u) Halt m; Festigkeit f; Bestimmtheit f; **2.** befestigen; festmachen

fest|i f (-ar, -ar) Kette f; Seil n; **~ing** f (-ar, -ar) Befestigung f; Firmament n; **~ulaus** haltlos

fésýslumaður m Geschäftsmann m

fet n (-s,-) Schritt m; (Maß) Fuß m

feykja fliegen lassen; **~ burt** v/t. wegwehen

fiðl|a f (-u, -ur) Geige f; **~uleikari** m Geiger m

fiðrildi n (-s,-) Schmetterling m

fiður n (-s) Gefieder m; Daunen pl.; **~sæng** f Daunenbett n

fíf|a f (-u, -ur) Wollgras n; **~ill** m (-ils, -lar) Löwenzahn m

fífl n (-s,-) Narr m, Tor m

fífl|dirfska f Waghalsigkeit f; **~djarfur** waghalsig

fíkja f (-u, -ur) Feige f

fíkn f (-ar) Begierde f, Gier f; **~iefnalögregla** f Drogenfahnder m; **~iefnavandamál** n Drogenprobleme pl.; **~iefni** n/pl. Drogen pl.

fíl|abein n Elfenbein n; **~l** m (-s, -ar) Elefant m

filma f (-u, -ur) (Kamera) Film m

fimleika|kennari m Turnlehrer m; **~r** m/pl. Turnen n

fimmtudagur m Donnerstag m

fimur geschmeidig; wendig; gelenkig

fingerður zart

fingraför n/pl. Fingerabdruck m

fingur m (-s,-) Finger m; **~björg** f Fingerhut m; **~gómur** m Fingerspitze f

fín|legur fein, elegant; **~n** fein, flott

finna finden; (Land) entdecken; **~ að e-u** etw. bemängeln; **~ til** fühlen; **~ upp** erfinden; **~ndi** m (-anda, -endur) Finder m; **~st** sich treffen; meinen; empfinden; gefunden werden

Finn|i m (-a, -ar) Finne m; **~land** n Finnland n

finn|ska f (-u) Finnisch n; **~skur** finnisch

firra f (-u, -ur) Unsinn m

fisk|a fischen; **~afli** m Fischfang m

fiski f (-jar) Fischerei f; **~bátur** m Fischerboot m; **~bein** n Gräte f; **~flök** n/pl. Fischfilets pl.; **~mið** n/pl. Fischgründe pl.; **~net** n Fischnetz n; **~róður** m Fischfang m; **~þorp** n Fischerdorf n

fisk|sali m (-a, -ar) Fischhändler m; **~ur** m (-s, -ar) Fisch m; **~veiðar** f/pl. Fischfang m

fita 1. f (-u) Fett n; **2.** mästen

fitna dick werden

fjaðurmagn n Elastizität f; **~aður** elastisch

fjall n (-s, fjöll) Berg m; **~agrös** n/pl. Isländisch-Moos n

fjandi m (-a, -ar) Teufel m

fjand|maður m Feind m;

~samlegur feindlich; **~semi** f (indekl.) Feindseligkeit f

fjara f (fjöru, fjörur) Ebbe f; Strand m

fjár|dráttur m (-ar) Unterschlagung f, Veruntreuung f; **~festing** f (-ar, -ar) Investition f

fjárhags|áætlun f Budget n; Haushaltsplan m; **~legur** ökonomisch, finanziell

fjár|hagur m Finanzen pl.; **~haldsmaður** m Vormund m; **~hirðir** m Schäfer m; Hirte m; **~hús** n Schafstall m; **~hæð** f Geldbetrag m

fjárkúgun f Erpressung f

fjar|lægð f Entfernung f; **~lægja** entfernen

fjár|lög n/pl. Staatshaushaltsgesetz n; **~magn** n Kapital n; **~málalega** finanziell; **~málamaður** m Finanzmann m; **~málaráðherra** m Finanzminister m; **~málaráðuneyti** n Finanzministerium m; **~munir** m/pl. Habe f; Habseligkeiten pl.; **~nám** n Jur. Pfändung f; Zwangsvollstreckung f; **~ráðamaður** m Vormund m; **~sjóður** m Schatz m

fjar|stæður absurd, paradox; **~sýnn** weitsichtig; **~vera** f Abwesenheit f; **~verandi** abwesend

fjárveitinganefnd f Haushaltsausschuß m

fjól|a f (-u, -ur) Veilchen n; **~ublár** violett

fjós n (-s,-) Kuhstall m

fjúk n (-s) Schneewetter n; **~a** aufwirbeln; wegwehen; wegfliegen

fjöður f (fjaðrar, fjaðrir) Feder f

fjöl f (fjalar, fjalir) Brett n; **~di** m (-a) Menge f; Zahl f

fjölg|a v/t. vermehren; v/i. sich vermehren, zahlenmäßig zunehmen; **~un** f (-unar,-anir) Vermehrung f, zahlenmäßige Zunahme

fjöl|hæfur vielseitig; **~kynngi** f (indekl.) Zauberkunst f

fjöll s. fjall; **uppi á ~** ins Gebirge; **uppi á ~um** im Gebirge

fjölleikahús n Varieté n

fjöllóttur gebirgig

fjöl|margur zahlreich; **~menni** n (-s,-) Menschenmenge f; **~rita** vervielfältigen; **~riti** m (-a, -ar) Kopierer m; **~skylda** f (-u, -ur) Familie f

fjör n (-s) Leben n; Lebhaftigkeit f; Kraft f; **~brot** n/pl. Todeskampf m

fjörður m (fjarðar, firðir) Fjord m

fjörefni n (-s,-) Vitamin n

fjörga beleben; erheitern

fjör|gamall uralt; **~legur** lebhaft, rege; **~ugur** lustig, lebhaft

fjötra fesseln, ketten

fjötur m (-urs, -rar) Fessel f; Kette f

flá schinden, abhäuten

flagari m (-a, -ar) Schürzenjäger m

flagg n (-s, flögg) Flagge f; Fahne f; **~a** flaggen; **~a í hálfa stöng** halbmast flaggen; **~stöng** f Fahnenmast m, (tragbar) Fahnenstange f

flagna abblättern, sich schälen

flak n (-s, flök) Wrack n; (Fisch-)Filet n

flakk n (-s, flökk) Umherstreifen n; **~a** umherstreifen; **~ari** m (-a, -ar) Landstreicher m

flasa f (flösu, flösur) (Haar) Schuppe f

flaska f (flösku, flöskur) Flasche f

flass n (-, flöss) Blitzlicht n; **~kubbur** m Blitzwürfel m

flatarmál n Flächenmaß n; Areal n, Flächeninhalt m; **~sfræði** f Geometrie f

flatkaka f Fladenbrot n

flatur flach, eben, platt

flauel n (-s,-) Samt m

flaustur n (-s) flüchtige Arbeit

flauta 1. f (-u, -ur) Pfeife f; Mus. Flöte f; 2. pfeifen

fleiri mehr

fleirtala f Mehrzahl f

fleki m (-a, -ar) Floß n

flekkóttur fleckig

flensa f (-u, -ur) Grippe f

flesk n (-s,-) Speck m

flestir die meisten

flet n (-s,-) schlechtes Bett; Pritsche f

flétta 1. f (-u, -ur) Flechte f; Zopf m; 2. flechten

fletta: **~ bók** ein Buch durchblättern; **~ ofan af e-u** etw. bloßstellen

fleygja wegwerfen

fleygur flügge

fleyta 1. *f* (-u, -ur) Boot *n*; 2. schwimmen lassen

flibbi *m* (-a, -ar) Hemdkragen *m*

flík *f* (-ar, -ur) Kleidungsstück *n*; Fliese *f*; Kachel *f*

flís *f* (-ar, -ar) Splitter *m*, Span *m*

fljót *n* (-s,-) Fluß *m*, Strom *m*

fljóta fließen, strömen

fljótur schnell; **á sér** unbesonnen; voreilig

fljúga fliegen

fló *f* (-ar, flær) Floh *m*

flóð *n* (-s, -) Überschwemmung *f*, Flut *f*, Hochwasser *n*; ~ **og fjara** Ebbe und Flut; **~garður** *m* Deich *m*, Damm *m*; **~gátt** *f* Schleuse *f*; **~ljós** *n*, **~lýsing** *f* Flutlicht *n*

flog *n* (-s,-) epileptischer Anfall; **~aveiki** *f* Epilepsie *f*; **~aveikur** epileptisch

flói *m* (-a, -ar) Bucht *f*

flókinn verwickelt, kompliziert

flokka klassifizieren, einteilen

flokks|blað *n* Parteiorgan *n*; **~foringi** *m* Parteiführer *m*; **~maður** *m* Parteimitglied *n*; Parteianhänger *m*

flokkur *m* (-s, -ar) Partei *f*; Gruppe *f*, Menge *f*; Schar *f*

flón *n* (-s,-) Dummkopf *m*; **~ska** *f* (-u, -ur) Dummheit *f*

flos *n* (-s, -) Plüsch *m*

flota|flugvél *f* Marineflugzeug *n*; **~foringi** *m* Admiral

m; **~stöð** *f* Flottenstützpunkt *m*

floti *m* (-a, -ar) Flotte *f*

flóttamaður *m* Flüchtling *m*

flótti *m* (-a) Flucht *f*

flug *n* (-s,-) Flug *m*; Fliegen *n*; **~a** *f* (-u, -ur) Fliege *f*; **~braut** *f* Lande- und Startbahn *f*; **~eldar** *m/pl.* Feuerwerk *n*; **~farþegi** *m* Fluggast *m*; **~floti** *m* Luftflotte *f*; **~freyja** *f* (-u, -ur) Stewardeß *f*; **~gáfaður** hochbegabt; **~hraði** *m* (-a) Fluggeschwindigkeit *f*; große Geschwindigkeit; **~leiðis** auf dem Luftweg, per Flugzeug; **~maður** *m* Flieger *m*, Pilot *m*; **~mál** *n/pl.* Luftfahrt *f*; **~miði** *m* Flugticket *n*; **~póstur** *m* Luftpost *f*; **~ríkur** steinreich; **~rit** *n* Flugschrift *f*; **~samgöngur** *f/pl.* Flugverkehr *m*; **~slys** *n* Flugzeugunglück *n*; **~stjóri** *m* (-a, -ar) Pilot *m*, Flugzeugführer *m*

flugfregn *f* Gerücht *n*

flugumferð *f* Luftfahrt *f* Flugverkehr *m*

flugvallarstjóri *m* (-a, -ar) Flughafendirektor *m*

flug|vél *f* (-ar, -ar) Flugzeug *n*; **~völlur** *m* Flugplatz *m*, Flughafen *m*; **~þerna** *f* Stewardeß *f*

flutninga|leið *f* Transport *m*; Transportmöglichkeit *f*; **~skip** *n* Frachtschiff *n*

flutnings|afgreiðsla *f* Güterabfertigung *f*; **~gjald** *n* Frachtkosten *pl.*; **~kostnaður**

m Transportkosten *pl.*; **~tæki** *n* Transportmittel *n*

flutningur *m* (*-s,-ar*) Umzug *m*; Transport *m*, Beförderung *f*; Frachtgut *n*

flyðra *f* (*-u, -ur*) Heilbutt *m*

flygill *m* (*-ils, -lar*) *Mus.* Flügel *m*

flýja fliehen

flýta: ~ sér (sich be)eilen; **vera að ~ sér** es eilig haben; **~ sér að e-u** sich mit etw. beeilen; **~ sér burt** forteilen; *flýttu þér! pop.* mach schnell!

flýtir *m* (*-s*) Eile *f*

flytja umziehen, die Wohnung wechseln; *v/t.* befördern; hersagen; deklamieren

flækingur *m* (*-s, -ar*) Landstreicher *m*, Obdachlose *f*

flækja in Unordnung bringen; verwickeln; **~st** umherstreifen

flæma: ~ burt fortjagen, vertreiben

flæmskur flämisch

flærð *f* (*-ar, -ir*) Falschheit *f*

flögra flattern

flögusteinn *m* Schiefer *m*

flökkumaður *m* Bettler *m*; Landstreicher *m*

flökra übel werden; **~ við e-u** sich ekeln

flökta flackern

flöt *f* (*flatar, flatir*) Rasen(platz) *m*; **~ur** *m* (*flatar, fletir*) Fläche *f*, Ebene *f*

fóðra füttern; **~run** *f* (*-ar*) Fütterung *f*, Füttern *n*; **~ur** *n* (*-s,-*) Futter *n*

fógeti *m* (*-a, -ar*) (*in Reykjavik ungefähr*) Gerichtsvollzieher *m*; Landrat *m*; Bezirksrichter *m*

foksandur *m* Flugsand *m*

folald *n* (*-alds, -öld*) Füllen *n*, Fohlen *n*

fólk *n* Leute *pl.*; **~sbifreið** *f*, **~sbíll** *m* Personenwagen *m*; **~sfjöldi** *m* Menschenmenge *f*; Einwohnerzahl *f*; **~sflutningur** *m* Personenbeförderung *f*

fólska *f* (*-u*) Brutalität *f*; **~ur** brutal

for *f* (*-ar*) Schmutz *m*; Schlamm *m*

for|boð *n* Verbot *n*; **~boði** *m* (*-a, -ar*) Vorbote *m*; Vorzeichen *n*; Anzeichen *n*

fordyri *n* (*-s,-*) (Haus-)Flur *m*

forða: ~ e-m j-n retten; **~ sér** flüchten; **~st** (*e-ð*) etw. vermeiden, e-r Sache ausweichen

forða|búr *n* Vorratskammer *f*; **~i** *m* (*-a, -ar*) Vorrat *m*

forðum einst, früher

foreldralaus elternlos

for|fallaður verhindert; **~fallalaus:** *að öllu ~fallalausu* wenn nichts dazwischenkommt; **~föll** *n/pl.:* *lögleg ~föll* Entschuldigungsgrund *m*; *án löglegra forfalla Jur.* unentschuldigt

forgang|ur *f* Leitung *f*; Initiative *f*; **~sréttur** *m* Vorrecht *n*

forgöngumaður *m* Urheber *m*; Anführer *m*;

foringi m (-ja, -jar) Führer m, Anführer m; Offizier m

forkaupsréttindi n/pl. Vorkaufsrecht n

forlag n Verlag m

for|lagatrú f Schicksalsglaube m; **~leikur** m Vorspiel n, Präludium n; Prolog m; **~lög** n/pl. Schicksal n, Geschick n

form n (-s,-) Form f, Formalität f

for|maður m (Ausschuß) Vorsitzende m/f; **~máli** m (-a, -ar) Vorwort n

formsatriði n Formalität f, Formsache f

fórn f (-ar, -ir) Opfer n; **~a** v opfern

fornafn n 1. Vorname m; 2. Gram. Pronomen n

fornbóka|sala f, **~verslun** f Antiquariat n

fórn|fús opferbereit; aufopfernd; **~fýsi** f (indekl.) Aufopferung f

forn|gripasafn n archäologisches Museum; **~gripur** m Antiquität f; **~íslenska** f Altisländisch n; **~íslenskur** altisländisch; **~leif** f (-ar, -ar) archäologischer Fund m; **~leifafræði** f Archäologie f; **~leifafræðingur** m (-s, -ar) Archäologe m; **~menntastefna** f Humanismus m; **~minjar** f/pl. Altertümer pl.; **~norræn** altnordisch; **~saga** f Saga m; **~sali** m (-a, -ar) Antiquar m; **~öld** f Altertum n

for|ráðamaður m Vormund m; **~réttindi** n/pl. Vorrecht n, Privileg n; **~ríkur** steinreich

for|senda f (-u, -ur) Voraussetzung f, Prämisse f; **~seti** m (-a, -ar) Präsident m; **~setning** f (-ar, -ar) Präposition f; **~sjón** f (-ar) Vorsehung f; **~skeyti** n Präfix n; **~skot** n Vorsprung m; **~smá** verachten; **~sóma** versäumen; **~spjall** n Einleitung f; **~stjóri** m (-a, -ar) Direktor m; **~stöðukona** f Vorsteherin f; **~stöðumaður** m Vorsteher m; **~sætisráðherra** m Ministerpräsident m; Kanzler m; **~tíð** f Vergangenheit f; **~tjald** n Vorhang m; **~tölur** f/pl. Ermahnung f; Überredung f

for|usta f (-u) Führung f; **~ustumaður** m Führungspersönlichkeit f; **~vextir** m/pl. Diskont m; **~vígismaður** m Vorkämpfer m; **~vitinn** neugierig; **~vitni** f (indekl.) Neugier f; **~ysta** f (-u, -ur) Führung f

foss m (-, -ar) Wasserfall m

fóstur n (-s,-) Pflege f; Embryo m; **~barn** n Pflegekind n

fóta|lag n Fußende n; **~tak** n Schritte pl.

fót|leggur m Bein n; **~ur** m (-ar, fætur) Fuß m; Bein n

frá 1. prp. mit dat. von; aus;

vera ~ sér von Sinnen sein; **segja ~** erzählen; **2.** *adv.*: **héðan í ~** ab jetzt; **~breytni** *f* (*indekl.*) Verschiedenheit *f*; **~brigðilegur** abweichend; **~brugðinn** verschieden; **~bær** hervorragend; **~dráttur** *m* Abzug *m*; Subtraktion *f*; **~fall** *n* Tod *m*

Frakki *m* (*-a, -ar*) Franzose *m*

frakki *m* (*-a, -ar*) Mantel *m*

Frakkland *n* Frankreich *n*

frakkur dreist; frech

fram vorwärts; **~ og aftur** hin und zurück; auf und ab; hin und her; **~með** entlang; **sitja ~ í** vorn sitzen

frama: ~ sig í e-u sich in etwas ausbilden

framan von vorn; **að ~** an der vorderen Seite; oben; **fyrir ~** davor (*örtlich*); **í ~** im Gesicht; **~di** fremd; **~greindur** *od.* **~taðar** obenerwähnt, obengenannt

fram|bjóðandi *m* (*-anda, -endur*) Kandidat *m*; **~boð** *n* Kandidatur *f*; **~burður** *m* (*-ar, -ir*) (*Zeuge*) Aussage *f*; Aussprache *f*; **~farir** *f/pl.* Fortschritt *m*; **~ferði** *n* (*-s*) Benehmen *n*; **~færa** ernähren, unterhalten; **~færsla** *f* (*-u*) Unterhalt *m*; **~færslueyrir** *m* Unterhaltsbeitrag *m*; **~færslukostnaður** *m* Lebenshaltungskosten *pl.*

fram|för *f* Fortschritt *m*; **~hald** *n* (*-s*) Fortsetzung *f*;

~handleggur *m* Unterarm *m*; **~herji** *m* (*-a, -ar*) (*Fußball*) Stürmer *m*; **~hjá** vorbei; vorüber; **~hjáhald** *n* Ehebruch *m*; **~hjátaka** *f* Seitensprung *m*

framhleypinn unbesonnen; übereilt; vorlaut

frami *m* (*-a*) Berühmtheit *f*; Karriere *f*

fram|kalla (*Film*) entwickeln; **~koma** *f* Benehmen *n*, Auftreten *n*; **~kvæma** durchführen, ausführen; **~kvæmd** *f* (*-ar, -ir*) Durchführung *f*; **~kvæmdamaður** *m* unternehmungslustiger und energischer Mann; **~kvæmdastjóri** *m* (*-a, -ar*) geschäftsführender Direktor; **~kvæmdastjórn** *f* Geschäftsleitung *f*; **~kvæmdavaldið** *n* die Exekutive

framköllun *f* (*-ar*) (*Foto*) Entwicklung *f*

fram|lag *n* Beitrag *m*; **~leiða** herstellen; erzeugen; **~leiðandi** *m* (*-anda, -endur*) Erzeuger *m*, Hersteller *m*; **~leiðsla** *f* (*-u, -ur*) Produktion *f*; **~leiðslumagn** *n* Produktionsmenge *f*; **~leiðslutæki** *n* Produktionsmittel *n*; **~lengja** verlängern

frammi vorn; **~staða** *f* Leistung *f*; Bedienung *f*

fram|orðið spät am Abend; **~reiða** (*beim Essen*) servieren, bedienen; **~reiðsla** *f* (*-u, -ur*) Bedienung *f*; **~selja**

(*Verbrecher*) ausliefern; (*Brief*) aushändigen

Framsóknarflokkurinn *m* die (*isl.*) Bauernpartei

fram|sóknarmaður *m* Mitglied *n od.* Anhänger *m der* (*isl.*) Bauernpartei; **~söguháttur** *m* Indikativ *m*; **~tak** *n* Initiative *f*, Energie *f*; **~tal** *n* Steuererklärung *f*; **~tíð** *f* Zukunft *f*; *Gram.* Futur(um) *n*; **~tíðarhorfur** *f/pl.* Zukunftsperspektive *f*; **~tönn** *f* Vorderzahn *m*

fram|vegis hier- *od.* danach; **og svo ~vegis** (*Abk.* **o. s. frv.**) und so weiter (*Abk.* usw.); **~þróun** *f* Entwicklung *f*, Evolution *f*

transk|a *f* (*frönsku*) Französisch *n*; **~ur** französisch

frá|rennsli *n* (*-s,-*) Abwasser *n*; **~** Abfluß *m*; **~skilinn** geschieden; **~sögn** *f* Erzählung *f*; Bericht *m*; **~tekinn** reserviert, vorbestellt; belegt

frauðplast *n* Schaumgummi *m*

frá|vera *f* Abwesenheit *f*; **~verandi** abwesend

freð|fiskur *m* Gefrierfisch *m*; **~inn** gefroren; **~kjöt** *n* Gefrierfleisch *m*; **~mýri** *f* Tundra *f*

fregn *f* (*-ar, -ir*) Nachricht *f*, Neuigkeit *f*; **~a** Nachricht bekommen; erfahren

freist|a: ~a e-s etw. versuchen; j-n in Versuchung führen; **~ing** *f* (*-ar, -ar*) Versuchung *f*

frekja *f* (*-u, -ur*) Frechdachs *m*; Unverfrorenheit *f*; Frechheit *f*

frekna *f* (*-u, -ur*) Sommersprosse *f*

frekur unverfroren; frech

frels|a befreien; erlösen; **~ari** *m* (*-a, -ar*) Befreier *m*; Erlöser *m*; Heiland *m*; **~i** *n* (*-s*) Freiheit *f*

frelsis|barátta *f* Freiheitskampf *m*; **~hetja** *f* Befreiungskämpfer *m*

frelsun *f* (*-ar*) Befreiung *f*; Erlösung *f*

fremja (*Verbrechen*) begehen

fremri vorderer

fremstur vorderster

fremur ziemlich, eher

frest|a aufschieben; **~un** *f* (*-ar*) Aufschieben *n*, Aufschiebung *f*; **~ur** *m* (*-s*) Aufschub *m*; Frist *f*

frétt *f* (*-ar, -ir*) Nachricht *f*; **~a** erfahren, hören; **~amaður** *m* Berichterstatter *m*; Reporter *m*; Korrespondent *m*; **~astofa** *f* Nachrichtenbüro *n*

freyð|a schäumen; **~ivín** *n* Schaumwein *m*; Sekt *m*

frí *n* (*-s, -*) Ferien *pl.*, Urlaub *m*; **~dagur** *m* schulfreier, dienstfreier Tag

friðar|hreyfing *f* Friedensbewegung *f*; **~kostir** *m/pl.* Friedensbedingungen *pl.*; **~samningur** *m* Friedensschluß *m*; **~skilmálar** *m/pl. s.* **~kostir**; **~umleitanir** *f/pl.* Friedensverhandlungen *pl.*

fræðikenning

frið̄helgur unverletzbar, un-
antastbar

frið̄|indi *n/pl.* Privileg *n*, Vor-
recht *n*; **~leiki** *m* (-*a*) Schönheit *f*

frið̄leysi *f* (-*s*) Friedlosigkeit
f, Rastlosigkeit *f*; **~samur**
friedlich; **~ur** *m* (-*ar*) Frie-
de(n) *m*

frið̄ur hübsch, schön

frí|hyggjumaður *m* Freiden-
ker *m*; **~kirkja** *f* Freikirche *f*

fríkka hübscher *od.* schöner
werden

frí|merki *n* Briefmarke *f*;
~merkja frankieren; **~**
merkjasafnari *m* Briefmar-
kensammler *m*, Philatelist
m; **~mínútur** *f/pl.* (*Schule*)
Pause *f*; **~múrari** *m* Frei-
maurer *m*

frír gratis

fríríki *n* Freistaat *m*

frísk|leiki *m* (-*a*) Keckheit *f*,
Kraft *f*; Gesundheit *f*; **~ur**
gesund; rasch

frístund *f* Freizeit *f*

frjáls frei; **~legur** freimütig,
frei; **~leiki** *m* (-*a*) Freisinn
m; Liberalität *f*; **Frjálslyndi**
Flokkurinn die (*isl.*) Liberale-
len; **~lyndur** liberal; **~ræði** *n*
(-*s*) Freiheit *f*

frjór fruchtbar

frjósa frieren; gefrieren

frjó|semd fruchtbar; **~semi**
f (*indekl.*) Fruchtbarkeit *f*

frjóvg|a befruchten; **~un** *f*
(-*unar*, -*anir*) Befruchtung *f*

froða (-*u*) Schaum *m*

fróð̄|legur interessant; **~**
leiksást *f* Wißbegierde *f*

froðuefni *n* Schaumstoff *m*

fróður gelehrt

froskur *m* (-*s*, -*ar*) Frosch *m*

frost *n* (-*s*) Frost *m*; **~mark** *n*
Gefrierpunkt *m*; **~rósir** *f/pl.*
Eisblumen *f*

frú (-*ar*, -*r*) Frau *f*

fruma *f* (-*u*, -*ur*) *Biol.* Zelle *f*

frum|afl *n* Urkraft *f*; **~byggi**
m (-*ja*, -*jar*) Ureinwohner *m*;
~drættir *m/pl.* Skizze *f*;
Grundzüge *pl.*; **~eind** *f* (-*ar*,
-*ir*) Atom *n*; **~hugsun** *f*
Grundgedanke *m*; **~kvæði** *n*
Initiative *f*; **~kvöðull** *m* (-*uls*,
-*lar*) Urheber *m*; Initiator *m*

frum|legur original; **~maður**
m Urmensch *m*; **~regla** *f*
Grundsatz *m*; **~rit** *n* Original
n; **~skilyrði** *n* Grundbedin-
gung *f*; **~skógur** *m* Urwald
m; **~stæður** primitiv;
~sýning *f* Erstaufführung *f*,
Premiere *f*; **~tala** *f* Grund-
zahl *f*; Kardinalzahl *f*

frumvarp *n* Gesetzesvorlage *f*

frýsa (*Pferd*) schnauben,
schnaufen

frysta *v/t.* einfrieren

frysti|hús *n* Gefrierhaus *n*,
Kühlhaus *n*; **~kista** *f* Gefrier-
truhe *f*; **~skápur** *m* Ge-
frierschrank *m*

fræ *n* (-*s*,-) Same(n) *m*; **~ða**
unterrichten, belehren

fræði *f* (*indekl.*) Wissenschaft
f; **~grein** *f* Wissenschaft *f*,
Fach *n*; **~kenning** *f* Theorie

_f_; **~kerfi** _n_ System _n_; **~legur** theoretisch; **~maður** _m_ Gelehrte _m_

fræðsl|a _f_ (-u) Unterricht _m_; Aufklärung _f_; **~umálastjóri** _m_ (-a, -ar) Direktor _m_ des Schul- und Erziehungswesens; Landesschulrat _m_

frægð _f_ (-ar) Berühmtheit _f_

frægur berühmt

frækorn _n_ Samenkorn _n_

frænd|fólk _n_ Verwandtschaft _f_; **~i** _m_ Vetter _m_; Onkel _m_; Verwandte _m_; **~kona** _f_ Verwandte _f_

frænka _f_ (-u, -ur) Tante _f_; Kusine _f_; Verwandte _f_

frömuður _m_ (-ar, -ir) Förderer _m_; Vorkämpfer _m_

fugl _m_ (-s, -ar) Vogel _m_; **~ager** _n_ (-s) Vogelschwarm _m_; **~ahræða** _f_ (-u, -ur) Vogelscheuche _f_; **~asöngur** _m_ Vogelgesang _m_; **~aveiði** _f_ Vogelfang _m_

fúinn morsch, verfault

fullkom|inn vollkommen; **~leiki** _m_ (-a) Vollkommenheit _f_; ~na vervollkommnen

fullnaðarpróf _n_ Hauptschulabschluß _m_

full|nægja zufriedenstellen, befriedigen; **~orðinn** erwachsen; **~trúi** _m_ (-a) Repräsentant _m_, Vertreter _m_; Bevollmächtigte _m/f_

full|ur voll; betrunken; **~valda** souverän; **~veðja** volljährig; **~veldi** _n_ (-s) Souveränität _f_; **~vissa 1.** _f_ (vol-

le) Gewißheit; Sicherheit _f_; **2.** versichern

full|yrða behaupten, versichern; **~yrðing** _f_ (-ar, -ar) Behauptung _f_

fund|arályktun _f_ Resolution _f_; **~arbók** _f_ (Sitzungs-)Protokoll _n_; **~argerð** _f_ Protokoll _n_; **~arlaun** _n_ Finderlohn _m_; **~arsamþykkt** _f_ Versammlungsbeschluß _m_; **~arstjóri** _m_ Tagungsleiter _m_; Sitzungsleiter _m_; **~ur** _m_ (-ar, -ir) Versammlung _f_; Sitzung _f_; Fund _m_; Entdeckung _f_

fura _f_ (-u, -ur) Kiefer _f_, Föhre _f_

furð|a 1. _f_ (-u, -ar) Wunder _n_; **2.:** ~ _sig á e-u_ sich über etw. wundern, über etw. staunen; **~ulegur** merkwürdig, erstaunlich

fursti _m_ (-a, -ar) Fürst _m_

furutré _n s._ fura

fús bereitwillig

fylgd _f_ (-ar, -ir) Begleitung _f_; **~arlið** _n_ Gefolge _n_; **~armaður** _m_ Begleiter _m_, Führer _m_

fylgi _n_ (-s) Anklang _m_, Beifall _m_, Zustimmung _f_; Anhängerschaft _f_; **~bréf** _n_ Frachtbrief _m_; **~skjal** _n_ Anlage _f_

fylgja begleiten; **~ndi** _m_ (-anda, -endur) Anhänger _m_; **~st** zusammengehen

fylgsni _n_ (-s,-) Versteck _n_

fyll|a füllen; **~ing** _f_ (-ar, -ar) Erfüllung _f_; Mine _f_

fynd|inn witzig; **~ni** f (*indekl.*) Witz *m*

fyrir 1. *prp. mit acc.* für; über; vor; *þetta er ~ þig* das ist für dich; *gera e-ð ~ e-n* für j-n etw. tun; *~ borð* über Bord; *~ hádegi* vormittags; *~ páska* vor Ostern; *mit dat.* für; vor; *sjá ~ e-m* für j-n sorgen; *vera ~ e-m* j-m im Wege sein; *~ löngum tíma* vor langer Zeit; *hafa ~ e-u* sich große Mühe machen; **2.** *adv.:* **~ innan** drinnen; **~ utan** draußen; **~ norðan** im Norden

fyrir|boði *m* (*-a, -ar*) Anzeichen *n*; Omen *n*; **~brigði** *n* (*-s,-*) Phänomen *n*, Erscheinung *f*; **~ferð** *f* Umfang *m*; **~ferðarmikill** umfangreich; **~fram** im voraus; **~framgreiðsla** *f* Vorschuß *m*; **~gefa** verzeihen, entschuldigen; **~gefið!** Verzeihung!, entschuldigen Sie!; **~gefning** *f* (*-ar, -ar*) Verzeihung *f*, Vergebung *f*; **~greiðsla** *f* Hilfe *f*, Beistand *m*

fyrir|heit *n* (*-s,-*) Versprechen *n*, Verheißung *f*; **~hugaður** vorgesehen; **~hyggja** *f* Fürsorge *f*, Vorsorge *f*

fyrir|höfn *f* Anstrengung *f*, Mühe *f*, Umstände *pl.*; **~komulag** *n* System *n*; Einrichtung *f*; Ordnung *f*; **~lesari** *m* (*-a, -ar*) Redner *m*; **~lestur** *m* Vortrag *m*; Vorlesung *f*; **~liggjandi** vorhanden; auf Lager; **~líta** verach-

ten; **~litning** *f* (*-ar*) Verachtung *f*; **~mynd** *f* Vorbild *n*; **~mæli** *n/pl.* Vorschrift *f*; **~rennari** *m* (*-a, -ar*) Vorgänger *m*; **~skipa** befehlen, verordnen; **~skipan**, **~skipun** *f* (*-unar, -anir*) Befehl *m*, Verordnung *f*; **~sláttur** *m* Vorwand *m*; **~spurn** *f* Anfrage *f*; **~sögn** *f* Überschrift *f*; Vorschrift *f*; **~tæki** *n* Firma *f*; Unternehmen *n*

fyrir|vari *m* (*-a, -ar*) Vorbehalt *m*; Frist *f*; **~ætlun** *f* Plan *m*, Absicht *f*

fyrr früher, eher; **~adag** vorgestern; **~nefndur** obengenannt; **~um** früher, ehemals; **~verandi** ehemalig

fyrst anfangs, zuerst; **~ og fremst** in erster Linie, vor allem

fyrtinn reizbar, empfindlich

týsn *f* (*-ar, -ir*) Begierde *f*; Lust *f*

fæða 1. *f* (*-u*) Nahrung *f*; **2.** gebären; ernähren; **~st** geboren werden

fæði *n* (*-s*) Kost *f*, Verpflegung *f*; **~ng** *f* (*-ar, -ar*) Geburt *f*; **~ngarár** *n* Geburtsjahr *n*; **~ngardagur** *m* Geburtstag *m*; **~ngarstaður** *m* Geburtsort *m*; **~ngarvottorð** *n* Geburtsschein *m*

fægja polieren

fækka an Zahl abnehmen

fær tüchtig, fähig

færa bringen; überbringen; ~ **í** anziehen; ~ **úr** ausziehen

Færeyingur m (-s, -ar) Färinger m, Faröer m

Færeyjar f/pl. die Faröer (Inseln) pl.

færeyskur färöisch

færi n (-s, -) Gelegenheit f; Angelschnur f; ~**band** n Fließband n

föður|bróðir m Onkel m, Bruder m des Vaters; ~**land** n Vaterland n, pop. lange Unterhose; ~**legur** väterlich; ~**systir** f Tante f, Schwester f des Vaters; ~**ætt** f Verwandtschaft f väterlicherseits

fögnuður m (fagnaðar) Freude f

fölna erbleichen; verwelken

fölur bleich, blaß

fönn f (fannar, fannir) Schnee m; Schneewehe f

för f (farar, farir) Reise f; Fahrt f

föru|nautur m (-s, -ar) Reisebegleiter m

föstudagur m Freitag m; ~**inn langi** Karfreitag m

föt n/pl. Kleider pl.

G

gá nachsehen; ~ **að sér** vorsichtig sein

gabba zum Narren haben, anführen

gadd|avír m Stacheldraht m; ~**ur** m (-s, -ar) Stachel m; Eiskälte f

gáfa f (-u, -ur) Gabe f, Begabung f; ~**ður** begabt

gaffall m (-s, -lar) Gabel f

gafl m (-s, -ar) Giebel m

gáfna|far n Intelligenz f; ~**próf** n Intelligenztest m

gagn n (-s, gögn) Nutzen m; Hilfsmittel pl.; Quellenmaterial n; ~**a** nützen; ~**auga** n Schläfe f; ~**fræðapróf** n mittlere Reife f; ~**fræðaskóli** m Realschule f; ~**gjör** total; ~**kvæmur** gegenseitig; ~**legur** nützlich; ~**rýnandi** m

(-anda, -endur) Kritiker m; ~**rýni** f (indekl.) Kritik f; ~**rýninn** kritisch; ~**rök** n/pl. Gegenargumente pl.; ~**semi** f Nutzen m

gagnslaus nutzlos

gagn|stæður entgegengesetzt; ~**sær** durchsichtig; ~**vart** gegenüber

gal n (-s) Krähen m; ~**a** krähen

gá|laus unvorsichtig; ~**leysi** n (-s) Unvorsichtigkeit f

galdra hexen, zaubern; ~**norn** f (-ar, -ir) Hexe f

galdur m (-urs, -rar) Zauber m, Zauberei f

gálgi m (-a, -ar) Galgen m

galinn verrückt; wütend

gall n (-s) Galle f; ~**aður** mangelhaft; fehlerhaft

gallalaus fehlerfrei; makellos

gall|hraustur kerngesund; **~i** *m* (-a, -ar) Fehler *m*

gals|afullur ausgelassen; **~i** *m* (-a) Ausgelassenheit *f*

galtómur vollständig leer

gamal|dags altmodisch; **~l** alt

gaman *n* (-s) Spaß *m*, Scherz *m*; **það er ~** es ist lustig; **gera að gamni sínu** spaßen; **~leikur** *m* Lustspiel *n*

gamlárskvöld *n* Silvesterabend *m*

ganga 1. *f* (göngu, göngur) Wanderung *f*; **2.** gehen, wandern; spazierengehen; **hvað gengur á?** was ist los?

gang|braut *f*, **~stétt** *f* Bürgersteig *m*; **~ur** *m* (-s, -ar) Gang *m*; Korridor *m*; Gangart *f*

gapa gaffen; offen stehen

garð|ávextir *m/pl.* Gartengemüse *n*; **~rækt** *f* Gartenbau *m*; **~ur** *m* (-s, -ar) Garten *m*; Erdwall *m*; **~yrkja** *f* Gärtnerei *f*; **~yrkjumaður** *m* Gärtner *m*

garga schreien

garn *n* (-s) Garn *n*

gárungi *m* (-a, -ar) Spaßvogel *m*; Schelm *m*

gas *n* (-s) Gas *n*; **~hitun** *f* Gasheizung *f*; **~lýsing** *f* Gasbeleuchtung *f*; **~stöð** *f* Gaswerk *n*

gat *n* (-s, göt) Loch *n*, Öffnung *f*

gát *f* Aufmerksamkeit *f*, Vorsicht *f*

gata 1. *f* (götu, götur) Straße

f; Weg *m*; Pfad *m*; **2.** durchlöchern

gáta *f* (-u, -ur) Rätsel *n*

gatnamót *n/pl.* Kreuzung *f*

gátt *f* (-ar, -ir) Türöffnung *f*

gaukur *m* (-s, -ar) Kuckuck *m*

gaumur *m* (-s) Aufmerksamkeit *f*; **gefa e-u gaum** etw. beachten

gedda *f* (-u, -ur) Hecht *m*

geð *n* (-s) Temperament *n*; Laune *f*; Gemütsart *f*; **~blær** *m* Stimmung *f*

geð|felldur sympathisch; **~góður** gutmütig; **~illur** übellaunig

geðjast: mér ~ að honum er gefällt mir

geð|læknir *m* Psychiater *m*; **~prúður** ruhig, beherrscht

geðshræring *f* (-ar, -ar) Gemütsbewegung *f*

geð|veiki *f* Geisteskrankheit *f*; **~veikur** geisteskrank; **~þótti** *m* Gutdünken *n*

gefa geben, schenken; **~ eftir** nachgeben; **~ í skyn** andeuten; **~ skýrslu** Bericht erstatten; **~ndi** (-anda, -endur) Geber *m*; Spender *m*

gefins gratis

geggjaður geisteskrank; *a. pop.* verrückt

gegn 1. *prp. mit dat.* gegen, wider; **2.** *adv.* durch, hindurch; **~a** antworten; gehorchen

gegndarlaus maßlos, unbeschränkt

gegndrepa durchnäßt

gegninn gehorsam

gegnsósa durchtränkt

gegnt gegenüber

gegnum durch

geig|laus unerschrocken; ~vænlegur drohend, schreck(en)erregend

geim|far n Raumschiff n; ~far til tunglsins Mondfähre f; ~fari m (-a, -ar) Astronaut m; ~ferðir f/pl. Raumfahrt f; ~ur (-s, -ar) Weltraum m; (großer) leerer Raum

geisa rasen

geisla strahlen, bestrahlen; ~baugur m Glorienschein m; ~diskur m Compactdisk f; ~lækning f Bestrahlung(stherapie) f; ~virkni f (indekl.) Radioaktivität f; ~virkur radioaktiv

geisli m (-a, -ar) Strahl m; Radius m

geislun f (-unar, -anir) Strahlung f

geispa gähnen; ~i m (-a, -ar) Gähnen n

geit f (-ar, -ur) Ziege f; ~hafur m Ziegenbock m

gelda kastrieren

gelgjuskeið n Pubertät f

gelt n (-s) Bellen n; ~a bellen

gengi n (-s) Glück n; Erfolg m; (Geld) Kurs m; ~sfelling f (-ar, -ar) (Währung) Abwertung f, Entwertung f; ~slækkun f s. ~sfelling

ger n (-s) Hefe f

gera machen, tun, ausrichten

gerð f (-ar, -ir) Handlung f;

Konstruktion f; Kfz-Modell n; Schlichtung f

gerða|bók f Protokoll n; ~rdómur m Schiedsgericht n

geril|l m (-ils, -lar) Bakterie f; ~sneyða pasteurisieren

Germani m (-a, -ar) Germane m

germanskur germanisch; **germönsk fræði** n/pl. Germanistik f

gersemi f (-, -ar) Kostbarkeit f, Kleinod n

gervi n (-s,-) Maske f; Verkleidung f; ~áburður m Kunstdünger m; ~efni n Kunststoff m; ~hnöttur m Satellit m; ~nafn n Pseudonym n; ~silki n Kunstseide f; ~tennur f/pl. künstliche Zähne pl.; Gebiß n; ~tungl n Satellit m

gest|gjafi m Gastgeber m; Gastwirt m; ~risinn gastfrei; ~risni f (indekl.) Gastfreiheit f; ~ur m (-s, -ir) Gast m

geta 1. f (-u) Fähigkeit f, Vermögen n; **2.** können; imstande sein; erwähnen; **3.** v/t. (er)zeugen

getgáta f Vermutung f; Mutmaßung f

getnað|arverja f (-u, -ur) Präservativ n, Kondom n; ~ur m (-ar, -ir) Empfängnis f

geyma aufbewahren, aufheben; **hafa að** ~ enthalten

geymir m (-s, -ar) Behälter m; Tank m

geymsla f (-u, -ur) Aufbewahrung f; Abstellraum m

geymslu|hólf n Banktresor m, Bankfach n; **~hús** n Lagerhaus n

gifs n (-) Gips m; **~mynd** f Gipsfigur f

gifta 1. f (-u) Glück n; **2.** verheiraten; trauen; **~ sig** heiraten, sich verheiraten; **~st** heiraten

gifting f (-ar, -ar) Heirat f; Trauung f; **~ardagur** m Hochzeitstag m; **~arhringur** m Trauring m

gígbarmur m Kraterrand m

gigt f (-ar) Gicht f; Rheuma n; **~veikur** rheumatisch

gígur m (-s, -ar) Krater m

gil n (-s,-) Kluft f; Schlucht f

gild|a gelten; soundso viel wert sein; **það ~ir einu** es ist gleichgültig; **~askáli** m Café n, Restaurant n; **~i** n (-s) Wert m; Feier f; **ganga í ~** in Kraft treten; **ganga úr ~** außer Kraft treten; (*Reisepaß*) ablaufen; ungültig werden; **~leiki** m (-a) Dicke f, Stärke f; **~na** dicker werden

gild|ra f (-u, -ur) Falle f; **~ur** dick; gültig; **~vaxinn** untersetzt, gedrungen

gimsteinn n Juwel n; Edelstein m

gin n (-s,-) Rachen m, Maul n

ginn|a verleiten, locken; **~ing** f (-ar, -ar) Lockung f

gír m (-s, -ar) (*Auto*) Gang m

girð|a einfrieden, einzäunen;

~ing f (-ar, -ar) Zaun m

girnast begehren

gird f (-ar, -ir) Begierde f, Wollust f; Verlangen n

girnilegur begehrenswert, (ver)lockend

gír|skipting f Schaltung f; **~stöng** f Schalthebel m

giska (er)raten; **á að ~** schätzungsweise

gist|a übernachten; **~ihús** n Hotel n; **~ing** f (-ar, -ar) Übernachtung f; **~istaður** m Nachtquartier n; Gasthof m

gítar m (-s, -ar) Gitarre f

gjá f (-r, -r) Kluft f; Schlucht f

gjafmild|i f Freigebigkeit f; **~ur** freigebig

gjaf|vaxta im heiratsfähigen Alter; **~verð** n od. **~virði** n Spottpreis m

gjald n (-s, gjöld) Bezahlung f; **~a** bezahlen; **~a e-s** für etw. büßen; **~andi** m (-anda, -endur) (Ein-)Zahler m; **~dagi** m (-a) Fälligkeitsdatum n; Zahlungstermin m; **falla í ~daga** fällig werden; **~eyrir** m Valuta f; Währung f; **erlendur ~eyrir** Devisen pl.; **~eyrisskipting** f Geldwechsel m; **~frestur** m Zahlungsfrist f; **~gengur** gültig, brauchbar; **~keri** m (-a, -ar) Kassierer m; **~miðill** m (-s, -lar) Zahlungsmittel n; Währung f; **~mælir** m Taxameter m; **~þrot** n (-s) Konkurs m; **~þrota** zahlungsfähig

gjarnan gern(e)

gjósa (*Vulkan*) ausbrechen; (*Geysir*) springen; (*Spring-brunnen*) sprudeln

gjóta 1. *f* (*-u, -ur*) Vertiefung *f*; **2.** Junge werfen; laichen

gjöf *f* (*gjafar, gjafir*) Geschenk *n*, Gabe *f*; **~ull** freigebig

gjör|breyta vollständig verändern; **~breyting** *f* vollständige Veränderung; **~ bylting** *f* vollständige Umwälzung

gjör|eyða vollständig verwüsten, vernichten; **~kunnug-ur: ~kunnugur e-u** mit etw. vertraut

gjörla vollständig, genau

gjörsamlega ganz (und gar), vollkommen

glað|legur munter, lebhaft; **~lyndi** *n* (*-s*) Heiterkeit *f*, Fröhlichkeit *f*; **~na:** *það ~nar til* es klärt sich auf; **~ur** froh; **~vakandi** wach

glampa blitzen, schimmern, glitzern; **~i** *m* (*-a, -ar*) Blitz *m*; Schimmer *m*, Glanz *m*

glamra rasseln, klirren

glamur *n* (*-s*) Klappern *n*

glanni *m* (*-a, -ar*) tollkühner Mensch

glappaskot *n* Fehlgriff *m*, Mißgriff *m*

glapræði *n* (*-s,-*) Mißgriff *m*, unüberlegte Handlung

glas *n* (*-s, glös*) (Trink-)Glas *n*; Fläschchen *n*

glata verlieren; **~st** verlorengehen

gleði *f* (*indekl.*) Freude *f*, Heiterkeit *f*; **~hrópa af** ~ jubeln; **~frétt** *f* erfreuliche Nachricht; **~laus** freudlos; **~legur** erfreulich; **~leikur** *m* Lustspiel *n*; **~tár** *n* Freudenträne *f*

gleðja freuen, erfreuen; j-m e-c Freude machen; **~st** sich freuen

glefsa (nach etw.) schnappen

glepja verführen, verwirren

gler *n* (*Material*) Glas *n*; **~augnafræðingur** *m* (*-s,-ar*) Optiker *m*; **~augnaverslun** *f* Optiker *m* (*Geschäft*); **~augu** *n/pl.* Brille *f*; **~brot** *n* Glasscherbe *f*; **~rúða** *f* Glasscheibe *f*; **~skeri** *m* (*-a, -ar*) Glaser(meister) *m*

gler|ungur *m* (*-s*) Email *n*, Emaille *f*; **~varningur** *m* Glaswaren *pl.*

glettinn schelmisch

gleym|a (*etw.*) vergessen; **~inn** vergeßlich; **~ni** *f* (*indekl.*) Vergeßlichkeit *f*; **~ska** *f* (*-u*) Vergessenheit *f*

gleypa verschlucken; verschlingen

glíma 1. *f* (*-u, -ur*) isländischer Ringkampf; **2.** ringen *a. fig*

glitra glitzern, blinken

gljá|andi blank; blendend; rein; **~fægður** blank, poliert

gljúfur *n* (*-s,-*) Schlucht *f*

gljúpur schwammig, porös

glóa glühen; scheinen; **~ð** *f* (*-ar, glæður*) Glut *f*; **~ðar-auga** *n fig.* blaues Auge; **~ðarsteikja** grillen

glóð|heitur glühend heiß; **~rauður** rotglühend; **~volgur** behaglich warm

glóhærður hellblond

glóp|ska f (-u) Dummheit f; Unbesonnenheit f; **~ur** m (-s,-ar) Narr m

glott n (-s,-) Grinsen n; **~a** grinsen

glugga|blóm n Zimmerpflanze f; **~kista** f Fensterbrett n; **~rúða** f Fensterscheibe f; **~tjald** n Fenstervorhang m, Gardine f

gluggi m (-a, -ar) Fenster n

glys n (-s,-) Flitter m

glæða entfachen; **~st** aufflackern; fig. zunehmen

glæfra|legur gewagt, gefährlich; **~maður** m Abenteurer m

glænýr ganz frisch

glæpa|maður m Verbrecher m; **~verk** n Verbrechen n

glæpsamlegur verbrecherisch

glæpur m (-s, -ir) Verbrechen n; **drýgja** (**fremja**) **glæp** ein Verbrechen begehen

glær durchsichtig, klar

glæsi|legur elegant, prächtig; **~menni** n (-s, -) eleganter Mann; **~mennska** f (-u) Eleganz f

glötun f (-ar) Verlust m; Verderben n

gnísta: **~ tönnum** mit den Zähnen knirschen

gnótt f (-ar, -ir) Überfluß m; Menge f

gnæfa ragen

gnægð f s. **gnótt**

goð n (-s,-) heidnischer Gott; Götze m; **~afræði** f Mythologie f

góð|fús wohlwollend; **~gerðir** f|pl. Bewirtung f; **~girni** f (indekl.) Wohlwollen n; **~gjarn** wohlwollend; **~gæti** n (-s,-) Leckerbissen m; **~hjartaður** gutherzig

góð|lyndi n (-s) Gutmütigkeit f, Sanftmut f; **~menni** n (-s,-) guter Mensch m; **~mennska** f (-u) Güte f, Gutmütigkeit f; **~meti** n (-s,-) Leckerbissen m

góðskáld n großer Dichter

goðsögn f Mythe f

góður gut; **góðan dag!** guten Tag!; **gott kvöld!** guten Abend!; **góða nótt!** gute Nacht!; **góðs viti** gutes Zeichen; **verði þér** (**ykkur**) **að góðu!** wohl bekomm's!

góð|verk n gute Tat; **~viðri** n (-s) gutes Wetter; **~vild** f (-ar) Wohlwollen n

gola f (-u) Lüftchen n; Brise f

gólf n (-s,-) Fußboden m

Golfstraumurinn m der Golfstrom

gólf|teppi n Teppich m; **~tuska** f Scheuerlappen m

góm|sætur lecker; **~ur** m (-s,-ar) Gaumen m; Fingerspitze f

góna gaffen

gormur m (-s, -ar) Spirale f

gort n (-s) Prahlen n; **~a** prahlen; **~ari** m (-a, -ar) Prahler m

gos n (-s,-) Vulkanausbruch m; pop. Limonade f; **~brunn‐ur** m Springbrunnen m; **~drykkur** m Limonade f; **~hver** m Geysir m

gotnesk|a f (-u) Gotisch n; **~ur** gotisch

gráða f (-u, -ur) Grad m

gráðostur m Edelpilzkäse m

grafa 1. graben; begraben, beerdigen; **2.** f (gröfu, gröfur) Schaufelbagger m

gráfíkja f Feige f

graf|kyrr totenstill; **~letur** n Grabschrift f

gráhærður grauhaarig

gramm n (-s, grömm) Gramm n

gramur ärgerlich

granda vernichten; zerstören

grandvar gewissenhaft; ehr‐ lich

grann|i m (-a, -ar) Nachbar m; **~kona** f Nachbarin f

grann|ur, ~vaxinn schlank; schmächtig gebaut; **~vitur** dumm, beschränkt

grár grau

gras n (-s, grös) Gras n; **~afræði** f Botanik f; **~afræðingur** m (-s, -ar) Bo‐ taniker m; **~flöt** f Rasenplatz m; **~lendi** n (-s,-) Wiese f; **~strá** n Grashalm m

grát|a weinen; **~bæna** anfle‐ hen; **~ur** m (-s) Weinen n

grautur m (-s, -ar) Grütze f, Brei m

greftr|a begraben; **~un** f (-un‐ ar, -anir) Begräbnis n

greiða 1. f (-u, -ur) Kamm m; **2.** bezahlen; **~ sér** sich käm‐ men; **~samur** hilfreich; **~semi** f (indekl.) Hilfsbereit‐ schaft f; **~sölustaður** m Gasthof m

greiði m (-a) Dienst m, Gefal‐ len m

greiðsl|a f (-u, -ur) Zahlung f; (Haar) Frisur f; **~frestur** m Zahlungsfrist f; **~ujöfnuður** m (jafnaðar) Zahlungsbilanz f; **~utími** m Zahlungstermin m

greif|afrú f Gräfin f; **~i** (-a, -ar) m Graf m

grein f (-ar, -ar) Ast m; Zweig m; (Zeitung) Artikel m; Jur. Paragraph m; (Schule) Fach n

greina unterscheiden; erken‐ nen; **~ frá e-u** etw. erzählen

greinar|merki n Satzzeichen n; **~munur** n Unterschied m; **~skil** n/pl. Absatz m

greind f (-ar) Intelligenz f; Begabung f; Verstand m; **~ur** begabt; intelligent

greinilegur deutlich; klar; ausführlich

greinir m (-s, -ar) Gram. Arti‐ kel m

gremj|a f (-u) Ärger m, Erbit‐ terung f; **~ulegur** ärgerlich

greni n (-s,-) Tanne f; Fuchs‐ bau m; **~skógur** m Tannen‐ wald m; **~tré** n Tannenbaum m

grenja heulen, weinen, schreien

grennast schlanker *od.* dünner werden

grennd *f (-ar)* Umgebung *f*, Nachbarschaft *f*

grennslast ~ *eftir e-u* sich nach etw. erkundigen

gresja *f (-u, -ur)* Steppe *f*, Prärie *f*

gretta *f (-u, -ur)* Grimasse *f*; ~ *sig* Gesichter schneiden

grið *n/pl.* Waffenstillstand *m*; Gnade *f*; ~**astaður** *m* Zufluchtsort *m*

Grikki *m (-ja, -ir)* Grieche *m*; ~**land** *n* Griechenland *n*

gríma *f (-u, -ur)* Maske *f*

grimmd *f (-ar, -ir)* Grausamkeit *f*; ~**ur** grausam; bissig

grind *f (-ar, -ir)* Gitter *n*; ~**hlaup** *n* Hürdenlauf *m*; ~**horaður** knochendürr; ~**verk** *n* Lattenzaun *m*

grípa (er)greifen; *(Ball)* auffangen

grípa|hús *n* Stall *m*; ~**safn** *n* Museum *n*

gripur *m (-s, -ir)* Gegenstand *m*; Kostbarkeit *f*; ein Stück Vieh

grís *m (-s, -ir)* Ferkel *n*

grisja lichten

gríska *f (-u)* Griechisch *f*; ~**ur** griechisch

grjón *n (-s,-)* Korn *n*; Körnchen *n*; Grieß *m*; Graupen *pl.*

grjót *n (-s,-)* Gestein *n*; ~**náma** *f* Steinbruch *m*

gró *n (-s,-) Bot.* Spore *f*; ~**a**

(Pflanze) wachsen; *(Wunde)* heilen

grobb *n (-s)* Prahlerei *f*; ~**a** prahlen; ~**inn** prahlerisch

gróði *m (-a, -ar)* Profit *m*; Gewinn *m*; Verdienst *m*

gróður *m (-urs)* Pflanzenwuchs *m*, Vegetation *f*; ~**hús** *n* Treibhaus *n*; ~**setja** pflanzen; ~**setning** *f* Pflanzen *n*

gróf|gerður, ~ur grob

grufl *n (-s)* Grübelei *f*; ~**a** grübeln

gruggugur trüb

gruna ahnen, vermuten; verdächtigen

grundvalla gründen; ~**rregla** *f* Grundsatz *m*

grundvöllur *m* Grundlage *f*

grunlaus nichts ahnend; ohne Verdacht

grunn *n (-s, -) (Meer)* Sandbank *f*; ~**fær** dumm, oberflächlich; ~**hyggin** einfältig, dumm; ~**ur 1.** *m (-s, -ar)* Grundlage *f*; *(Haus)* Fundament *n*; **2.** *adj. (Wasser)* seicht, flach

grun|samlegur verdächtig; ~**ur** *m (-s od. -ar)* Verdacht *m*; Ahnung *f*

grútsyfjaður schlaftrunken

grútur *m (-ar)* Tran *m*; Geizhals *m*

gryfja *f (-u, -ur)* Grube *f*

grýlukerti *n* Eiszapfen *m*

grýta steinigen

grýttur steinig

græða profitieren, verdienen; heilen

græðgi f (indekl.) Gier f

Græn|land n Grönland n; **~lendingur** m (-s, -ar) Grönländer m

grænmeti n (-s) Gemüse n

grænn grün

gröf f (grafar, grafir) Grab n; **~tur** m (graftar) Graben n; (Geschwür) Eiter m

gubba erbrechen, sich übergeben

Guð m (-s, -ir) Gott m; **Guði sé lof!** Gott sei Dank!

guðdómlegur göttlich

guð|faðir m Pate m; **~fræði** f Theologie f; **~fræðideild** f theologische Fakultät; **~fræðingur** m (-s, -ar) Theologe m; **~hræddur** gottesfürchtig, fromm; **~hræðsla** f Frömmigkeit f, **~last** n (-s) Gotteslästerung f, **~móðir** f Patin f; **~rækinn** fromm

guðs|hús Gotteshaus n; **~móðir** f Jungfrau Maria

guð|speki f Theosophie f; **~spjall** n (-s) Evangelium n; **~sþjónusta** f Gottesdienst m

gufa 1. f (-u, -ur) Dampf m; 2. dampfen

gufu|afl n Dampfkraft f; **~bað** n Dampfbad n; Sauna f; **~hvolf** n (-s) (Erde) Atmosphäre f; **~sjóða** dünsten; **~skip** n Dampfschiff n, Dampfer m

gull n (-s,-) Gold n; **~aldarklassisch**; **~aldarrit** n klassische Literatur f

gulleitur gelblich

gull|fallegur außerordentlich schön; **~hamrar** m/pl. Schmeichelei f, Kompliment n; **~inn** golden

gull|peningur m Goldmünze f; **~smiður** m Goldschmied m, Juwelier m; **~öld** f klassisches Zeitalter

gul|rófa f Steckrübe f, Kohlrübe f; **~rót** f Mohrrübe f, Karotte f; **~ur** gelb

gúm|bátur m Schlauchboot n; **~mí** n (-s) Gummi n od. m; **~místígvél** n (-s, -) Gummistiefel m

gunga f (-u, -ur) Angsthase m, Feigling m; **~uháttur** m Feigheit f

gusta blasen; **~ur** m (-s) Zug m, kalter Wind m

gutlari m (-a, -ar) Dilettant m

gyðingahatari m (-a, -ar) Antisemit m

gyðingur m (-s, -ar) Jude m

gyðja f (-u, -ur) Göttin f

gylla vergolden; **~ing** f (-ar, -ar) Vergoldung f, **~tur** vergoldet

gylta f (-u, -ur) Sau f

gys n (-s) Spott m, Hohn m; **gera ~ að** verspotten, verhöhnen

gæði n/pl. Güte f; Qualität f

gæðingur m (-s, -ar) gutes Reitpferd n

gæf|a f (-u) Glück n; **~ulaus** ohne Glück; **~usamur** glücklich

gægjast gucken, sehen; ~ **fram** hervorstehen

gæl|a kosen; **~unafn** n Kosename m

gær: í ~ gestern; **~a** f (-u, -ur) Schaffel n; **~dagur** m der gestrige Tag; **~kvöld** n: í **~kvöldi** gestern abend; **~morgun:** í **~morgun** gestern morgen

gæs f (-ar, -ir) Gans f; **~a-lappir** f/pl. Gänsefüßchen pl.; **~arsteggur** m Gänserich m

gæta bewachen; bewahren; ~ **sín** sich in acht nehmen; aufpassen; sich vorsehen

gæti|lega vorsichtig; ~ **~nn** vorsichtig, besonnen

gætni f (indekl.) Vorsicht f, Besonnenheit f

gætt f (-ar, -ir) Türöffnung f

gætur f/pl. Aufmerksamkeit f; **gefa e-u** ~ etw. beachten, auf etw. achtgeben

gæska f (-u) Güte f

gæsl|a f (-u) Bewachung f;

Arrest m; **~uvarðhald** n Untersuchungshaft f

göflu|leiki m (-a), **~lyndi** n (-s) Edelmut m; **~lyndur** edel, edelmütig; **~menni** n (-s) edler Mensch; **~mennska** f (-u) Edelmut m; **~ur** edel

göldróttur zauberkundig

göltur m (galtar, geltir) Eber m

göng n/pl. Gang m; Tunnel m; **~uferð** f Spaziergang m; **~uför** f Wanderung f; **~ustafur** m (Spazier-)Stock m

gönur f/pl. Irrwege pl.

görn f (garnar, garnir) Darm m

götóttur löcherig, durchlöchert

götu|auglýsing f (öffentlicher) Anschlag m, Plakat n; **~horn** n Straßenecke f; **~lýsing** f Straßenbeleuchtung f; **~ræsi** n Kloake f; Rinnstein m; **~sópari** m (-a, -ar) Straßenkehrer m; **~steinn** m Pflasterstein m

H

ha? bitte?, wie?

háð n (-s) Spott m, Hohn m; Ironie f

hádegi n (-s) Mittag m; **~sbaugur** m Meridian m; **~sverður** m (-s, -ir) Mittagessen m

háð|fugl m Spötter m; **~rit** n Schmähschrift f; **~skur, ~slegur** ironisch; **~syrði** n

(-s,-) Schmähwort n; **~ung** f (-ar) Schande f

háð|ur: ~**ur e-u** von etw. abhängig; auf etw. beruhen

haf n (-s, höf) Meer n, See f, Ozean m; **láta í** ~ in See stechen

hafa haben; ~ **e-ð fyrir satt** etw. als wahr ansehen; ~ **hátt** viel Lärm machen; ~ **í för**

með sér mit sich bringen; ~*í hyggju* beabsichtigen; ~ *ráð á e-u* sich leisten können; ~ *upp á e-u* etw. aufspüren *od.* ermitteln; ~ *vit á e-u* sich auf etw. verstehen; ~**st:** ~**st e-ð að** mit etw. beschäftigt sein

haf|djúp n Meerestiefe f; ~**flötur** m Meeresspiegel m; ~**ís** m Treibeis m

háfjara f tiefster Wasserstand bei Ebbe; ~**flóð** n Hochwasser n

haf|löður n (-s) Meeresschaum m; ~**meyja** f(-u, -ur) Wassernixe f

hafna ablehnen, abschlagen

hafnar|bakki m Kai m; ~**borg** f Hafenstadt f; ~**garður** m Hafenmole f, Mole f; ~**gerð** f Hafenbau m; ~**stjóri** m (-a, -ar) Hafenmeister m

hafnarverkamaður m Hafenarbeiter m

hafnsögumaður m Lotse m

hafra|grautur m Haferbrei m; ~**grjón** n/pl., ~**mjöl** n Haferflocken pl.

hafrannsóknir f/pl. Ozeanographie f

hafrar m/pl. Hafer m

haf|ræna f Seewind m; ~**sbotn** m Meeresboden m; ~**skip** n Ozeandampfer m, Überseedampfer m

hafur m (-urs, -rar) Bock m, Ziegenbock m

háfur m (-s, -ar) Reuse f

haga ordnen, einrichten; ~

sér sich benehmen; ~ *sér eftir e-u* sich nach etw. richten; ~**mús** f Feldmaus f; ~**nlegur** zweckmäßig

hag|fræði f Volkswirtschaftslehre f; Volkswirtschaft f; ~**fræðingur** m (-s, -ar) Volkswirt m

hagi m (-a) Weide f

hag|kerfi n Wirtschaftssystem n; ~**kvæmur** praktisch; zweckmäßig

hagl n (-s, högl) Hagel m; ~**abyssa** f Schrotflinte f

hag|legur kunstfertig, kunstvoll; ~**leikur** m Kunstfertigkeit f

haglél n (-s,-) Hagelschauer m

hagmæltur dichterisch begabt

hagn|aður m (-ar) Verdienst m; ~**ast af e-u** von etw. profitieren

hag|nýta verwerten, nutzbar machen; ~**nýting** f(-ar) Verwertung f; ~**nýtur** praktisch

hag|ræði n (-s) Nutzen m; Vorteil m; ~**rænn** ökonomisch

hag|skýrsla f statistischer Bericht, Statistik f; ~**stofa** f statistisches Büro n; Amt n

hagsmunir m Interessen pl.

hag|stæður günstig, vorteilhaft; ~**sýni** f praktischer Sinn; ~**sæld** f (-ar) Wohlstand m

hagur 1. m (-s) Umstände pl.;

Verhältnisse *pl.*; Vorteil *m*;
2. *adj.* kunstfertig, geschickt
haka *f (höku, hökur)* Kinn *n*
hákarl *m* Hai *m*; **~aveiði** *f*
Haifischfang *m*
haki *(-a, -ar) m* Hacke *f*; Haken *m*
hakkabuff *n (-s,-)* Frikadelle *f*
halastjarna *f* Komet *m*
hald *n (-s, höld)* Griff *m*; Henkel *m*; Nutzen *m*; **hafa ~ á e-u** etw. in seiner Gewalt haben; **vera í haldi** Gefangene(r) sein; **lúta í lægra haldi** unterliegen
halda glauben, denken; halten; behalten; **~ af stað** sich auf den Weg begeben; **~ áfram** fortsetzen; in etw. fortfahren; **~ fram** behaupten; **~ fund** *(Ausschuß)* e-e Sitzung abhalten; **~ hátíðlegan** feiern; **~ sér saman** den Mund halten; **~ e-u við** etw. aufrechterhalten; **~ við e-n** ein Verhältnis mit j-m haben; **vera þungt haldinn** schwer krank sein; **~st:** ~st **við e-s staðar** sich irgendwo aufhalten
háleitur *fig.* erhaben; **~lendi** *n (-s,-)* Hochland *n*
hálfa: *frá hans hálfu* seinerseits; *frá minni hálfu* meinerseits
hálfdagsvinna *f* Halbtagsarbeit *f*
hálfleikur *m (Sport)* Halbzeit *f*; **~ur** halb; **~u meira** doppelt so viel; **~vegis** halb-

wegs; **~viti** *m (-a, -ar)* Idiot *m*
hali *m (-a, -ar)* *(Rind)* Schwanz *m*
hálka *f (-u)* Glätte *f*; Glatteis *n*
háll *(Eis)* glatt; *þér verður hált á því* es kommt dir teuer zu stehen
halla lehnen; **~ sér** sich (an)lehnen; sich hinlegen; **~st** schief *od.* schräg stehen; **~mælir** *m* Wasserwaage *f*
halli *m (-a, -ar)* Abhang *m*; Neigung *f*; Verlust *m*; Defizit *n*
halloka: *fara ~* den kürzeren ziehen
hallæri *n (-s, -)* Hungersnot *f*; Mißernte *f*
hálmstrá *n* Strohhalm *m*; **~ur** *m (-s)* Stroh *n*
háls *m (-, -ar)* Hals *m*; *Geogr.* Höhenzug *m*; **~band** *n* Halsband *n*; **~bólga** *f* Halsentzündung *f*; **~höggva** enthaupten, köpfen; **~kirtill** *m* *Anat.* Mandel *f*; **~klútur** *m* Halstuch *n*
halt|ra hinken; **~ur** hinkend
hamar *m (-ars, -rar)* Hammer *m*
hámark *n* Höhepunkt *m*; **~sverð** *n* Höchstpreis *m*
hamast rasen, toben
haming|ja *f (-u)* Glück *n*; **~uósk** *f* Glückwunsch *m*; **~usamur** glücklich
hamla *f (hömlu, hömlur)* Bremse *f*; *fig.* Hemmschuh *m*, Schranke *f*

hampur m (-s) Hanf m

hamra hämmern; **~gjá** f Felsenschlucht f

handa prp. mit dat. für; **~hóf** n: af **~hófi** zufällig; aufs Geratewohl; **~lögmál** n/pl. Handgemenge n; **~n: fyrir ~n 1.** prp. mit gen. jenseits, auf der anderen Seite; **2.** adv. jenseits; drüben; **~rbak** n Handrücken m; **~rhald** n Henkel m; **~rkriki** m (-a, -ar) Achselhöhle f

hand|avinna f Handarbeit f; **~bolti** m Handball m; **~bremsa** f Handbremse f; **~fang** n (-s, -föng) Griff m; Henkel m; **~fylli** f (indekl.) Handvoll f; **~hafi** m (-a) Inhaber m

hand|iðn f Handwerk n; **~iðnaðarmaður** m Handwerker m; **~klæði** n (-s,-) Handtuch n; **~knattleikur** m Handball m; **~laug** f Waschbecken n; **~leggur** m Arm m; **~læknir** m Chirurg m; **~rið** n (-s,-) Geländer n; **~rit** n Handschrift f, Manuskript n; **~sama** verhaften, festnehmen

hand|snyrting f Maniküre f, Handpflege f; **~sprengja** f Handgranate f; **~tak** n Händedruck m; **~taka 1.** f (-töku, -tökur) Verhaftung f; **2.** verhaften; **~taska** f Handtasche f

hanga v/i. hängen

hangikjöt n geräuchertes

Lamm- od. Hammelfleisch

hani m (-a, -ar) Hahn m

hann er

hanski m (-a, -ar) Handschuh m

happ n (-s, höpp) Glücksfall m; **~drætti** n (-s, -) Lotterie f; **~drættismiði** m Los n, Lotterielos n

hár 1. n (-s,-) Haar n; **2.** hoch; **~alitur** m Haarfarbe f; **~bursti** m Haarbürste f

harð|brjósta hartherzig; **~fiskur** m Stockfisch m; **~leikinn** brutal; **~lífi** n (-s) Verstopfung f; **~ræði** n (-s) Tyrannei f; **~soðinn** hartgekocht; **~sperrur** f/pl. Muskelkater m; **~stjóri** m (-a, -ar) Tyrann m; **~stjórn** f Tyrannei f, Despotie f; **~ur** hart; abgehärtet

háreysti f (indekl.) Lärm m, Schrei m

hár|finn haarfein; **~flétta** f Haarflechte f, Haarzopf m; **~greiða** f Kamm m; **~greiðsla** f Frisur f; **~greiðsludama** f Friseuse f; **~greiðslustofa** f Frisiersalon m; **~klipping** f Haarschneiden n

harka f (hörku) Härte f, Strenge f

hár|kolla f (-u, -ur) Perücke f; **~lakk** n Haarspray n, Haarlack m; **~los** n (-) Haarausfall m

harm|a beklagen; **~a e-n** j-m nachtrauern; **~afregn** f

Trauerbotschaft f; **~kvæði** n
Trauerlied n; **~leikur** m Tragödie f, Trauerspiel m

harmoníka f (-u, -ur) Zieh-
harmonika f, Akkordeon n

harmur m (-s, -) Trauer f;
Kummer m

hárnál f Haarnadel f

harpa f (hörpu, hörpur) Harfe
f

hár|réttur vollkommen rich-
tig; **~sár** fig. empfindlich;
~skeri m (-a, -ar) Friseur m

hártog|a verdrehen; **~un** f
(-unar, -anir) Haarspalterei
f; **~þurrka** f (Haar) Fön m

hás heiser

háseti m (-a, -ar) Matrose m

háskalegur gefährlich; **~i** m
(-a, -ar) Gefahr f

háskóla|borgari m Akade-
miker m; **~deild** f Fakultät f;
~deildarfulltrúi m Dekan m;
~kennari m Professor m;
~rektor m Hochschulrektor
m; (Titel) Rector magnificus
m; **~ritari** m (Island) Univer-
sitätssekretär m

háskóli m (-a, -ar) Universität f, Hochschule f

há|slétta f Hochebene f;
~speki f Metaphysik f;
~spenna f Hochspannung f

hass n (-) Haschisch n

há|stig n Gram. Superlativ m;
höchster Grad m; **~stökk** n
Hochsprung m; **~sumar** n
Hochsommer m; **~sæti** n
Thron m, erhöhter Sitz

hata hassen

há|talari m (-a, -ar) Lautspre-
cher m; **~tíð** f Feier f; Fest n;
~tíðlegur feierlich; **~tign** f
Majestät f; **~tindur** m Gip-
felpunkt m

hátt zu Bett gehen; **~a sig**
sich ausziehen; **~atími** m
Schlafenszeit f; **~semi** n (-s)
Benehmen n; **~settur** hoch-
gestellt, von hohem Rang

hattur m (-s, -ar) Hut m

háttur m (-ar, hættir) Art und
Weise f; Gewohnheit f; á e-n
hátt auf irgendeine Weise

hátt|virtur (An-
rede) sehr geehrter; **~vís**
taktvoll; **~vísi** f (indekl.)
Taktgefühl n

hatur n (-s) Haß m

haukur m (-s, -ar) Habicht m

haus m (-s, -ar) Kopf m,
Haupt n; **~kúpa** f (-u, -ur)
Schädel m

haust n (-s,-) Herbst m;
~kvöld n Herbstabend m

há|vaði m (-a) Lärm m;
~þrýsti n (-s) Hochdruck m;
~þrýstisvæði n Hochdruck-
gebiet n, Hoch n; **~þýska** f
Hochdeutsch n

hebresk|a f (-u) Hebräisch n;
~ur hebräisch

héðan von hier; **~ í frá** von
jetzt ab

hefð f (-ar, -ir) Brauch m;
Tradition f; **~bundinn** Jur.
althergebracht; traditionell

hefill m (-ils, -lar) Hobel m

hefja heben; beginnen

hefla hobeln

hefna rächen; ~ **sín á e-m** sich an j-m rächen

hefnd f (-ar, -ir) Rache f; ~ **argirni** f Rachsucht f; ~ **arskyn** n: í ~ **arskyni** aus Rache

hefnigjarn rachsüchtig

hefti n (-s,-) Heft n

hegð|a: ~ **a sér** sich benehmen; ~ **un** f (-unar, -anir) Betragen n, Benehmen n

hegn|a bestrafen; ~ **ing** f (-ar, -ar) Strafe f, Bestrafung f; ~ **ingarlög** n/pl. Strafgesetz n; ~ **ingarverður** strafbar

heiðar|legur ehrlich; ~ **leiki** m (-a, -ar) Ehrlichkeit f

heiði f (-ar, -ar) Heide f; ~ **ngi** m (-ja, -jar) Heide m; ~ **nn** heidnisch

heiðlóa f Goldregenpfeifer m

heið|ra ehren; ~ **skír** (Himmel) klar; ~ **ur 1.** m (-s) Ehre f; **2.** adj. (Himmel) klar

heiðurs|borgari m Ehrenbürger m; ~ **félagi** m Ehrenmitglied n; ~ **merki** n Orden m; Ehrenzeichen n

heift f (-ar, -ir) tödlicher Haß; Raserei f; Heftigkeit f; ~ **arfullur** haßvoll, gehässig; ~ **rækinn** rachsüchtig

heigul|l m (-uls, -lar) Feigling m; ~ **sháttur** m Feigheit f

heila|blóðfall n Schlaganfall m; ~ **brot** n/pl. Kopfzerbrechen n

heilagfiski n (-s) Heilbutt m

heilag|leiki m (-a) Heiligkeit f; ~ **ur** heilig

heila|himna f Gehirnhaut f;

~ **hristingur** m Gehirnerschütterung f; ~ **spuni** m Hirngespinst n, Einbildung f

heilbrigð|i n (-s) Gesundheit f; ~ **ismál** n/pl. Gesundheitswesen n; ~ **isvottorð** n Gesundheitsattest n; ~ **isyfirvöld** n/pl. Gesundheitsbehörde f; ~ **ur** gesund

heild f (-ar) Ganzheit f, Gesamtheit f; ~ **arútgáfa** f Gesamtausgabe f; ~ **sala** f Großhandel m; ~ **sali** m (-a, -ar) Großhändler m

heili m (-a, -ar) Gehirn n; **brjóta heilann um e-ð** sich den Kopf über etw. zerbrechen

heill 1. f (-ar) Glück n; **2.** adj. ganz, komplett; ~ **a** bezaubern, entzücken; ~ **andi** entzückend; interessant; ~ **aósk** f Glückwunsch m; ~ **aóskaskeyti** n Glückwunschtelegramm n

heil|margir ziemlich viele; ~ **næmur** heilsam; gesund; ~ **ræði** n (-s,-) guter Rat

heilsa 1. f (-u) Gesundheit f; **2.** (be)grüßen; **ég bið að** ~ ich lasse grüßen

heilsu|fræði f Gesundheitslehre f; ~ **hæli** n Sanatorium n; ~ **vernd** f Gesundheitspflege f

heim heim; nach Hause; **a** zu Hause; **eiga** ~ **a** wohnen; **hvar áttu** ~ **a**? Wo wohnst du?; **standa** ~ **a** stimmen, richtig sein

heiman|fylgja f Aussteuer f;
~**mundur** m (-ar, -ir) Aussteuer f; Mitgift f

heima|verkaefni n Hausauf-
gaben pl.; ~**vistarskóli** m In-
ternat n

heim|boð n Einladung f;
~**ferð** f Heimreise f, Heim-
fahrt f

heimild f (-ar, -ir) (literari-
sche) Quelle f; Erlaubnis f,
Befugnis f; ~**arleysi** n (-s): í
~**arleysi** ohne Erlaubnis;
~**armaður** m; Gewährsmann
m; ~**arrit** n Quellenschrift f,
Quelle f

heimili n (-s,-) Heim n; Wohnung f; ~**staður** m Familien-
vater m; ~**sfang** n (-s, föng)
Adresse f; ~**sfastur** wohn-
haft; ~**slíf** f Familienleben n;
~**slæknir** m Hausarzt m;
~**sstarf** n Hausarbeit f

heims|álfa f Erdteil m;
~**bókmenntirnar** f/pl. die
Weltliteratur; ~**borgari** m
Weltbürger m; ~**endir** m
Weltuntergang m; ~**frægur**
weltberühmt

heimska f (-u, -ur) Dummheit
f

heimskaut n (-s,-) Pol m;
~**afari** m (-a, -ar) Polarfahrer
m; ~**aís** m Polareis n; ~**a-
könnuður** m Polarforscher
m; ~**sbaugur** m Polarkreis
m; ~**shaf** n Polarmeer n

heimsk|ingi m (-ja, -jar)
Dummkopf m, Tor m; ~**u-
legur** töricht; ~**upör** n/pl.

Dummheiten pl.; ~**ur** dumm

heims|maður m Weltmann
m; ~**markaður** m Welt-
markt m; ~**met** n Weltre-
kord m

heim|sókn f Besuch m; ~
speki f Philosophie f; ~
spekideild f philosophische
Fakultät; ~**spekingur** m
Philosoph m

heims|ríki n Weltreich n;
~**skoðun** f Weltanschauung
f; ~**styrjöld** f Weltkrieg m;
~**sýning** f Weltausstellung f

heimsækja besuchen

heimt|a fordern, verlangen;
~**ing** f (-ar, -ar) Anspruch m,
Forderung f; ~**ufrekur** anspruchsvoll

heim|ur m (-s, -ar) Welt f;
~**þrá** f Heimweh n

heit n (-s,-) Versprechen n;
Gelübde n; ~**a** versprechen;
heißen

heit|i n (-s,-) Name m; Be-
zeichnung f; ~**ur** heiß,warm

hekla häkeln

hektari m (-a, -ar) Hektar m

hel f (-jar) Totenreich n

héla f (-u) Rauhreif m, Reif m

heldur lieber; **ekki ~** auch
nicht

helg|i 1. f (indekl.) Heiligkeit
f; **2.** f (-ar, -ar) Wochenende
n; ~**idagur** m Feiertag m;
~**idómur** m Heiligtum n;
~**isaga** f Legende f; ~**söngur** m Hymne f; ~**ur** heilig

hell|a 1. f (-u, -ur) flacher
Stein; **fyrir neðan allar ~ur**

unter aller Kritik; **2.** gießen; **~ir** m (-s, -ar) Höhle f; **~l-righing** f Platzregen m

Hellusund n Bosporus m

hellubak n Schieferdach n

helming|a halbieren; **~ur** m (-s, -ar) Hälfte f

helvíti n (-s) Hölle f

hem|ill m (-ils, -lar) Bremse f; **~la** bremsen; **~laborði** m Bremsbelag m; **~lavega-lengd** f Bremsweg m

hempa f (-u, -ur) Talar m

hend|a werfen, pop. schmeißen; **~ing** f (-ar, -ar) Zufall m

hengi|brú f Hängebrücke f; **~rúm** n Hängematte f

hengja v/t. hängen; **~ sig** sich erhängen

hent|a passen, recht sein; **~ugur** praktisch, zweckmäßig

hepp|inn glücklich; erfolgreich; **~nast** glücken, gelingen; **~ni** f (indekl.) Glück n; Erfolg m

her m (-s, -ir) Heer n, Armee f; Militär n; **~afli** m Streitkräfte pl.; **~bergi** n (-s,-) Zimmer n; **~búðir** f/pl. Mil. Lager n; Kaserne f

hér hier; **~ um bil** (Abk. h. u. b.) ungefähr, etwa

herað n (-s, héruð) Gegend f; Bezirk m; **~sdómari** m Amtsrichter m; **~sdómur** m Amtsgericht n; **~slæknir** m Kreisarzt m; **~sskóli** m Bezirks(internats)schule f

her|búnaður m (-ar, -ir) Mil.

Rüstung f; **~dómur** m Kriegsgericht n

herða härten, hart machen; **~breiður** breitschultrig; **~kistill** m (-ils, -lar) Buckel m; **~r** f/pl. Schultern pl.; **~tré** n Kleiderbügel m

herfa 1. f Scheusal n; fig. Vogelscheuche f; **2.** eggen

her|fangi m Kriegsgefangene m/f; **~floti** m Kriegsflotte f

héri m (-a, -ar) Hase m

hér|lendis hierzulande; **~lendur** einheimisch

herlið n Mil. Truppe f

herma berichten; **~ eftir** nachahmen

her|maður m Soldat m; **~málaráðherra** m Verteidigungsminister m

hermdarverk n Sabotage f

hérna hier; **~ megin** auf dieser Seite, diesseits (prp. mit gen.); **þessi ~** dieser

her|nám n Besetzung f; **~nema** (Land) besetzen

heróín n (-s) Heroin n

herra m Herr m; (Anschrift) Abk. **Hr.** Herrn

hershöfðingi m Feldherr m; General m

her|skip n Kriegsschiff n; **~skylda** f Wehrpflicht f; **~væðing** f (-ar, -ar) Aufrüstung f; **~þjónusta** f Militärdienst m; **~æfingar** f/pl. Manöver n

hest|afl n (Abk. ha., pl. hest-öfl, Abk. hö.) Pferdestärke f (Abk. PS); **~aleiga** f Pferde-

verleih m; **~bak** n Pferderük-
ken m; **fara á ~bak** reiten;
~hús n Pferdestall; **~ur**
(-s, -ar) m Pferd n

hetj|a f (-u, -ur) Held m;
~ukvæði n Heldenlied m;
~öld f Heldenzeitalter n

hett|a f (-u, -ur) Kapuze f;
~usótt f Med. Ziegenpeter
m; Mumps m

hey n (-s) Heu n; **~bólstur** m
Heuschober m

heyja Heu machen, heuen; **~
stríð** Krieg führen

heykvísl f (-ar, -ir) Forke f;
Heugabel f

heyra hören; **~ndi** m (-anda,
-endur) Zuhörer m; **~legur**
hörbar

heyrn f (-ar) Gehör n; **~ar-
laus** taub; **~artæki** n Hörge-
rät n

hey|skapur m (-s), **~vinna** f
Heuarbeit f

híbýli n/pl. Heim n, Haus n;
Wohnstätte f

hífaður angeheitert

hik n (-s) Zögern n; Schwanken n; **~a** zögern; schwanken; **~laust** ohne Zögern

hiksta schlucken; **~** m (-a,
-ar) Schluckauf m

hill|a f (-u, -ur) Fach n, Regal-
bord n; **~ingar** f/pl. Luft-
spiegelung f

himin|geimur m Weltraum
m; **~hvelfing** f Himmelsge-
wölbe n; **~n** m (-ins, -nar)
Himmel m; **~tungl** n (-s,-)
Himmelskörper m

himna f (-u, -ur) Häutchen f;
~för f Himmelfahrt f; **~ríki** n
Himmelreich n

himneskur himmlisch

hind f (-ar, -ir) Hirschkuh f;
~ra (ver)hindern; **~run** f
(-unar, -anir) Hindernis n;
Verhinderung f; **~runar-
hlaup** n Hindernisrennen n;
~urvitni n Aberglaube m

hingað hierher; **~ til** bisher

hinn (hin, hitt) dem. pron. der
(die, das); **hins vegar** dagegen, andererseits; **hinum
megin** auf der anderen Seite,
jenseits (prp. mit gen.)

hirð f (-ar, -ir) Hof m; **~a**
(Vieh) warten, pflegen; **~ingi**
m (-ja, -jar) Nomade m; **~líf** n
Hofleben n; **~læknir** m Leib-
arzt m

hirðu|laus nachlässig; **~leysi**
n (-s) Nachlässigkeit f; **~
semi** f (indekl.) Sorgfalt f

hirta tadeln; bestrafen; **~
ing** f (-ar, -ar) Züchtigung f; Be-
strafung f

hispurslaus schlicht, einfach; unbefangen

hissa erstaunt

hita wärmen, erwärmen;
~belti n Tropen pl.; **~beltis**
tropisch; **~brúsi** m (-a, -ar)
Thermosflasche f; **~eining**
f (-ar, -ar) Kalorie f; **~kast** n
Fieberanfall m; **~laus** fieber-
frei; **~leiðsla** f Warmwas-
serleitung f; **~mælir** m (-s,
-ar) Thermometer n; **~poki**
m Wärmflasche f; **~stig** n

Wärmegrad *m*; **~stillir** *m* (*-s, -ar*) Thermostat *m*; **~veita** *f* (*-u, -ur*) Warmwasserheizung *f*; Fernheizung *f*

hit|**i** *m* (*-a, -ar*) Wärme *f*; *Med.* Fieber *n*; (*Haus*) Heizung *f*; **~na** warm werden

hitt|**a** treffen; **~ast** sich treffen; **~jófyrra** *n*: í **jófyrra** vor zwei Jahren; **~inn** treffsicher

hitun *f* (*-unar, -anir*) Erwärmung *f*; Heizung *f*

hjá *prp. mit dat.* bei; neben; vorbei; **~guð** *m* Abgott *m*, Götze *m*; **~kátlegur** komisch; **~kona** *f* Geliebte *f*

hjálmur *m* (*-s, -ar*) Helm *m*

hjálp *f* (*-ar*) Hilfe *f*; **~ í viðlögum** Erste Hilfe; **~a** helfen; **~argagn** *n* Hilfsmittel *n*; **~arlaus** hilflos; **~arleysi** *f* (*-s*) Hilflosigkeit *f*; **~arsögn** *f* Hilfsverb *n*; **~arþurfi** hilfsbedürftig; **~fús** hilfsbereit; **~fýsi** *f* (*indekl.*) Hilfsbereitschaft *f*; **~legur** behilflich; **~samur** hilfsbereit

hjarðþjóð *f* Hirtenvolk *n*

hjáróma disharmonisch; *Mus.* falsch

hjarta *n* (*-, hjörtu*) Herz *n*; **~bilun** *f* (*-ar*) Herzfehler *m*; **~góður** gutherzig; barmherzig; **~kast** *n* Herzanfall *m*; **~nlegur** herzlich; **~slag** *n* Herzinfarkt *m*

hjart|**næmur** herzergreifend; **~sláttur** *m* Herzklopfen *n*; **~veiki** *f* Herzkrankheit *f*;

Neurasthenie *f*; **~veikur** herzkrank

hjá|**trú** *f* Aberglaube *m*; **~trúarfullur** abergläubisch; **~verk** *n* Nebenbeschäftigung *f*; **gera e-ð í ~verkum** etw. in seiner Freizeit arbeiten; eine Nebenbeschäftigung haben

hjól *n* (*-s,-*) Rad *n*; Fahrrad *n*; **~a** radfahren, *pop.* radeln; **~askautar** *m*|*pl.* Rollschuhe *pl.*; **~barði** *m* (*-a, -ar*) (*Auto*) Reifen *m*; **~beinóttur** O-beinig; **~börur** *f*|*pl.* Schubkarre(*n m*) *f*; **~reiðarmaður** *m* Radfahrer *m*

hjón *n*|*pl.* Eheleute *pl.*; Ehepaar *n*; **~aband** *f* Ehe *f*; **~askilnaður** *m* Ehescheidung *f*; **~avígsla** *f* (*-u, -ur*) Trauung *f*

hjú *n* (*-s,-*) Dienstboten *pl.*

hjúkra pflegen; **~krun** *f* (*-ar*) Krankenpflege *f*; **~krunarkona** *f* Krankenschwester *f*

hjúskaparbrot *n* Ehebruch *m*

hjúskapur *m* (*-ar*) Ehe *f*

hjörð *f* (*hjarðar, hjarðir*) Herde *f*

hjörtur *m* (*hjartar, hirtir*) Hirsch *m*

hlað *n* (*-s*) Hof(platz) *m*; **~a 1.** *f* (*hlöðu, hlöður*) Scheune *f*; **2.** laden, beladen; **~i** *m* (*-a, -ar*) Stapel *m*

hlakka: **~ til e-s** sich auf etw. freuen

hlána (auf)tauen

hland n (-s) Urin m

hlass n (-, *hlöss*) Fuhre f

hlátur m (-urs, -rar) Lachen n, Gelächter n; **~mildur** lachlustig

hlaup n (-s,-) Lauf m, Laufen n; **~a** laufen; springen; (*Stoff*) einlaufen; **~ábóla** f Windpocken pl.; **~ár** n Schaltjahr n; **~ari** m (-a, -ar) (*Sport*) Läufer m; **~ársdagur** m Schalttag m

hlé n (-s,-) Unterbrechung f; Pause f; *Mar.* Lee(seite) f; **~borði** m (-a) Leeseite f; **~drægur** zurückhaltend

hleðsla f (-u, -ur) Ladung f; Schicht f

hleifur m (-s, -ar) Brotlaib m

hlekkur m (-s, -ir) Fessel f, Kette f

hlera lauschen; **~i** m (-a, -ar) Fensterladen m; **~unartæki** n Abhörgerät n, Wanze f

hlessa erstaunt; befremdet

hleypa (*Pferd*) laufen lassen; **~ inn** (her)einlassen; **~ e-m upp** j-n böse (*od.* wütend) machen

hleypidóm|alaus vorurteilsfrei; **~ur** m Vorurteil n

hlið 1. f (-ar, -ar) Seite f; 2. n (-s, -) Tor n; **við ~ (ina á) mér** an meiner Seite, neben mir

hlíð f (-ar, -ar) Abhang m, Berghang m, Hang m

hliðar|dyr f/pl. Seitentür f; **~gata** f Seitenweg m, Nebenstraße f

hlið|hollur günstig; wohlgesinnt; **~sjón** f (-ar): **með ~sjón af e-u** mit Rücksicht auf etw.; **~stæða** f (-u, -ur) Gegenstück n; Parallele f

hlíf f (-ar, -ar) Schutz m; Deckung f; **~a schonen; ~a við e-u** j-n mit etw. verschonen; **~ð** f (-ar, -ar) Schonung f; **~ðarlaus** schonungslos

hljóð n (-s,-) Geräusch n; Laut m; Schrei m; Schall m; f einu **~i** einstimmig; **~a** lauten; schreien; **~alda** f Schallwelle f

hljóð|fræði f Phonetik f, Lautlehre f; **~færi** n Musikinstrument n; **~himna** f Trommelfell n; **~múr** m Schallmauer f; **~myndun** f (-ar) Artikulation f; **~nemi** m Mikrofon n; **~skipti** n Ablaut m

hljóð|stafur m Vokal m, **~tákn** n Lautzeichen n; **~ur** leise; **~varp** n Umlaut m

hljóm|a lauten; klingen; tönen; **~burður** m Akustik f; **~kviða** f (-u, -ur) Symphonie f; **~leikahús** n Konzerthaus n; **~leikar** m/pl. Konzert n; **~list** f Musik f; **~plata** f Schallplatte f; **~sveit** f/n Orchester n, Kapelle f; **~sveitarstjóri** m (-a, -ar) Dirigent m; Kapellmeister m; **~ur** m (-s,-) Klang m

hljóta erreichen; erhalten; müssen, sollen

hlóðir f/pl. Feuerstelle f

hlotnast zufallen

hlusta zuhören; horchen; ~ndi *m* (-anda, -endur) Zuhörer *m*; ~rverkur *m* Ohrenschmerzen *pl*

hluta|bréf *n* Aktie *f*; ~fé *n* Aktienkapital *n*; ~félag *n* Aktiengesellschaft *f*; ~velta *f* Tombola *f*

hlut|deild *f* Anteil *m*; ~drægni *f* (indekl.) Parteilichkeit *f*; ~drægur parteiisch; ~fall *n* Verhältnis *n*, Proportion *f*; í ~falli við það im Verhältnis dazu; ~fallslegur verhältnismäßig, relativ; ~hafi *m* (-a, -ar) Aktionär *m*

hlut|i *m* (-a, -ar) Teil *m* (*n*); ~meiri ~i Majorität *f*; ~minni ~i Minorität *f*; ~kesti *n* (-s,-) Losen *n*, Auslosung *f*; ~laus neutral; ~leysi *n* (-s) Neutralität *f*; ~lægni *f* (indekl.) Objektivität *f*; ~lægur objektiv; ~skipti *n* Los *n*; Schicksal *n*; ~stæður konkret; ~taka *f* (-töku, -tökur) Teilnahme *f*; ~takandi *m* (-anda, -endur) Teilnehmer *m*; ~tekning *f* (-ar, -ar) Mitgefühl *n*, Beileid *n*; ~ur *m* (-ar, -ir) Ding *n*, Sache *f*; Anteil *m*; Gegenstand *m*; ~verk *n* Aufgabe *f*; *Thea.* Rolle *f*

hlýð|a gehorchen; zuhören; ~a yfir examinieren, abhören; ~inn gehorsam; ~ni *f* (indekl.) Gehorsam *m*

hlý|indi *n/pl.* Wärme *f*; warmes Wetter; ~ja 1. *f* (-u)

Wärme *f*; 2. wärmen (e-m j-n)

hlykk|jast (Weg) sich winden; ~jóttur gewunden, verschlungen; ~ur *m* (-s, -ir) Windung *f*, Krümmung *f*

hlýna wärmer werden

hlýr warm

hlægilegur lächerlich

hlæja lachen; ~ að e-m über j-n lachen

hnakk|i *m* (-a, -ar) Nacken *m*; Hinterkopf *m*; ~ur *m* (-s, -ar) Sattel *m*

hnapp|agat *n* Knopfloch *n*; ~ur *m* (-s, -ar) Knopf *m*

hnattlíkan *n* (-ans, -ön) Globus *m*

hné *n* (-s,-) Knie *n*

hnefa|fylli *f* (indekl.) Handvoll *f*; ~leikur *m* Boxen *n*

hnefi *m* (-a, -ar) Faust *f*

hnéfiðla *f* Cello *n*

hneggja wiehern

hneig|ð *f* (-ar, -ir) Neigung *f*; ~ur: vera ~ur fyrir Gefallen an etw. finden; begabt für etw. sein

hneig|ing *f* (-ar, -ar) Verbeugung *f*; Knicks *m*; ~ja: ~ja sig sich verbeugen

hneisa *f* (-u, -ur) Schande *f*, Schmach *f*

hnekkir *m* (-s) Schaden *m*; Verlust *m*; Rückschlag *m*

hnéliður *m* Kniegelenk *n*; ~skel *f* Kniescheibe *f*

hneppa knüpfen; ~ að knöpfen; ~ frá aufknöpfen

hnerr|a niesen; ~i *m* (-a, -ar) Niesen *n*

hnet|a f (-u, -ur) Nuß f; **~u-brjótur** m (-s, -ar) Nußknacker m

hneyksl|a Anstoß erregen; **~anlegur** skandalös, anstößig; **~ast: ~ast á e-u** Anstoß an etw. nehmen; **~i** n (-s,-) Skandal m; **~unarhella** f Stein des Anstoßes

hnífur m (-s, -ar) Messer n

hníga fallen, hinsinken; (Sonne) untergehen

hnign|a zurückgehen; **e-m ~ar** mit j-m geht es bergab; **~un** f (-ar) Rückgang m; Verfall m

hnjóta stolpern, straucheln

hnjúk|abeyr m (-s) Föhn m; **~ur** m (-s, -ar) Berggipfel m, Bergspitze f

hnoða kneten

hnoss f (-,-) Kostbarkeit f; **~gæti** n (-s) Leckerbissen m

hnuggin niedergeschlagen

hnúi m (-a, -ar) (Faust) Knöchel m

hnupla stehlen, pop. klauen

hnútur m (-s, -ar) (Schnur) Knoten m

hnykill m (-ils, -lar) (Garn) Knäuel m

hnykkur m (-s, -ir) Ruck m

hnýs|inn neugierig; **~ni** f (indekl.) Neugier f

hnýta knüpfen, knoten; **~ saman** zusammenknüpfen (od. -binden)

hnött|óttur kugelförmig; **~ur** m (hnattar, hnettir) Erdball m; Himmelskörper m

hof n (-s, -) Tempel m

hóf n (-s,-) Maß n; Fest n, Schmaus m; **fram úr ~i** über alle Maßen; **í ~i** mit Maßen; **~adynur** m (-s) Hufschlag m, Pferdegetrampel m

hóf|laus maßlos; **~legur** maßvoll; passend; **~samur** enthaltsam; mäßig; sparsam

hófur m (-s, -ar) Pferdehuf m

hóg|látur ruhig; **~lífi** n Bequemlichkeit f; **~vær** sanftmütig; **~værð** f (-ar) Sanftmut f

hól n (-s,-) Lob n

hola f (-u, -ur) Loch n

hold n (-s,-) Fleisch n; **~gun** f (-ar) Inkarnation f; **~legur** sexuell

holds|veiki f Aussatz m, Lepra f; **~veikur** aussätzig

hold|ugur korpulent; **~votur** durchnäßt

hólf n (-s,-) (Schub-)Fach n, Lade f

hóll m (-s, -ar) Hügel m

Holl|and n Holland n; **~endingur** m (-s, -ar) Holländer m

holl|enska f (-u) Holländisch n; **~enskur** holländisch

hollur wohlgesinnt, wohlwollend; (Essen) gesund

hólmganga f Zweikampf m, Duell n

hol|skurður m Unterleibsoperation f; **~spegill** m Hohlspiegel m; **~ur** hohl

hopa zurückweichen

hóp|a gruppieren; **~ast: ~ast**

saman sich gruppieren; **~ferð** f Gruppenreise f; **~ganga** f Demonstration f

hopp n (-s,-) Hüpfen n, Springen n; **~a** hüpfen, springen

hópur m (-s, -ar) Gruppe f; Haufen m, Menge f; Schwarm m

horaður mager

horfa sehen, den Blick (gegen etw.) richten; **~ á e-n** j-n ansehen; **það horfir vel fyrir honum** es sieht gut für ihn aus

horfinn verschwunden

horfur f/pl. Aussichten pl.; Perspektive f

horn n (-s,-) Horn n; Math. Winkel m; Ecke f; **~afræði** f Trigonometrie f

horn|auga n Seitenblick m; **gjóta ~auga til e-s** nach etw. schielen; **líta e-n ~auga** j-n schief ansehen; **~himna** f Hornhaut f; **~klofar** m/pl. eckige Klammern pl.; **~steinn** m Grundstein m

hortugur unverschämt

hóst|a husten; **~akast** n Hustenanfall m; **~i** m (-a) Husten m

hót|a drohen; **~el** n (-s,-) Hotel n; **~un** f (-unar, -anir) Drohung f

hraða beschleunigen; **~ sér** eilen; **~mælir** m (-s, -ar) Geschwindigkeitsmesser m; Tachometer m

hrað|boði m (-a, -ar) Eilbote m; **~bréf** n Eilbrief m; **~i** m

(-a) Geschwindigkeit f, Eile f; **~lest** f Eilzug m; Schnellzug m

hrað|rita stenografieren; **~ritari** m Stenograf m; **~ritun** f (-ar) Stenografie f; **~skeyti** n Eiltelegramm n; **~ur** schnell, geschwind

hráefni n Rohstoff m

hrafn m (-s, -ar) Rabe m; **~aspark** n (-s) Gekritzel n; **~svartur** rabenschwarz; **~tinna** f (-u, -ur) Obsidian m; Glaslava f

hrakför f Niederlage f

hráki m (-a) Spucke f

hrakningar m/pl. Strapazen pl.; Seenot f

hráolía f Rohöl n; Heizöl n

hrap n (-s, hröp) Fall m; Absturz m

hrapa abstürzen

hrár roh

hrasa stolpern; sündigen

hraun n (-s, -) Lava(feld n) f; **~flóð** n Lavastrom m; **~leðja** f Lavamasse f

hraust|byggður kräftig, robust; **~ur** gesund; stark; tapfer

hreðka f (-u, -ur) Rettich m

hreiður n (-s, -ur) Nest n

hreifur fröhlich; angeheitert

hreim|fagur klangvoll, wohllautend; **~ur** m (-s) Tonfall m; Akzent m

hreindýr n Ren(tier) n

hrein|gerning f (-ar, -ar) Reinemachen n, Saubermachen n; **~legur** reinlich, sauber;

~lyndi n (-s) Aufrichtigkeit f;
~lyndur aufrichtig; **~læti** n
(-s) Reinlichkeit f; Hygiene
f; **~lætisvörur** f/pl. Wasch-
u. Putzmittel pl.

hreinn rein, sauber; **~gróði** m
Nettoverdienst m

hrein|sa reinigen; **~skilinn**
aufrichtig; **~skilni** f (indekl.)
Aufrichtigkeit f, Offenheit f;
zigkeit f; **~sun** f (-unar, -anir)
Reinigung f; **~sunareldur** m
Fegefeuer m

hreistur n (-s) Fischschuppe f

hrekja (Argument) widerle-
gen; **~ burtu** wegjagen

hrekkja: ~ e-n j-m e-n Streich
spielen; **~bragð** n Streich m;
~lómur m (-s, -ar) Schelm m

hreppa erhalten, bekommen

hrepp|snefnd f Gemeinderat
m; **~stjóri** m (-a, -ar) (ungefähr) Gemeindevorsteher m;
~ur m (-s, -ar) (Land-)Ge-
meinde f, (in Island kleinster)
Verwaltungsbezirk

hress frisch; fröhlich; **~a** er-
frischen; beleben; **~andi** er-
frischend; **~ast** genesen;
~ing f (-ar, -ar) Erfrischung f

hreyf|a bewegen; **~anlegur**
beweglich; **~ast** sich bewegen; **~ill** m (-ils, -lar) Propeller m; Motor m; **~ing** f (-ar,
-ar) Bewegung f; **~ingarlaus**
regungslos; unbeweglich

hreykinn stolz

hreysti f (indekl.) Tapferkeit
f; Gesundheit f; Kraft f;
~dáð f Heldentat f

hríð f (-ar, -ir) Schneesturm
m; Zeitspanne f; pl. Geburts-
wehen pl.; **nokkra ~** eine
Zeitlang; **~arbylur** m,
~arveður n Schneesturm m;
~skotabyssa f Maschinen-
gewehr n

hrífa 1. f (-u, -ur) Rechen m,
Harke f; **2.** bezaubern; be-
geistern; **~ndi** fesselnd, reizend

hríf|inn begeistert; **~ning** f
(-ar) Begeisterung f

hrifsa an sich reißen; (nach
etw.) schnappen

hrikalegur (Landschaft)
großartig; wild

hrím n (-s) Rauhreif m

hrína schreien

hrind|a stoßen

hring|ferð f Rundfahrt f;
~iða f (-u, -ur) Strudel m;
~ing f (-ar, -ar) Läuten n;
Klingeln n; **~ja** (Glocke) läuten; **~ja í e-n** j-n anrufen;
~jari m (-a, -ar) Glöckner m;
Küster m

hringla 1. f (-u, -ur) Rassel f;
2. (Kette) klirren; rasseln;
fig. wankelmütig sein

hring|leikahús n Zirkus m;
~myndaður rund, kreisför-
mig; **~rás** f Kreislauf m;
~torg n Kreisverkehr m; **~ur**
m (-s, -ar) Ring m; Math.
Kreis m

hrís n (-s) Zwergbirke f; Reisig n; **~grjón** n/pl. Reis m

hrísla f (-u, -ur) Zweig m

hrist|a schütteln; **~ast** zit-

tern; **~ingur** m (-s) Schütteln n; Zittern n
hrjóstrugur unfruchtbar, steinig
hrjóta schnarchen
hrjúfur grob; uneben; rauh; (*Person*) barsch; unfreundlich
hroðalegur schrecklich
hróð|ugur triumphierend; **~ur** m (-s) Ruhm m
hrogn n (-s,-) Rogen m; (Fisch-)Laich m; **~amál** n Kauderwelsch n
hrok|afullur hochmütig; **~i** m (-a) Arroganz f; Hochmut m; **~kinhærður** kraushaarig; **~kinn** lockig
hrókur m (-s, -ar) (*Schach*) Turm m; **~ alls fagnaðar** Partylöwe m
hrollur m (-s) Schauder m; Frösteln n; **það fer ~ um mig** ich schaudere
hróp n (-s,-) Schrei m; Ruf m; **~a** rufen
hrós n (-s,-) Lob n; **~a** loben
hross n (-,-) Pferd n; **~arækt** f Pferdezucht f
hrott|alegur brutal; **~askapur** m Brutalität f; **~i** m (-a, -ar) Rohling m
hrúga f (-u, -ur) Haufen m
hrukk|a f (-u, -ur) Runzel f; Furche f; **~óttur** gerunzelt; gefurcht; zerknittert
hrumur altersschwach
hrun n (-s,-) Einsturz m; Zusammenbruch m; *Hdl.* Konkurs m

hrútur m (-s, -ar) Widder m
hryðjuverk n Greueltat f; Kriegsverbrechen n
hrygg|brjóta fig. j-m einen Korb geben; **~dýr** n Wirbeltier n
hryggð f (-ar) Trauer f; Schmerz m
hryggja betrüben
hryggur m (-s, -ir) Rücken m; Rückgrat n; Wirbelsäule f; **2.** adj. traurig
hrygla f (-u) Röcheln n
hrygna laichen
hryll|a: mig hryllir við e-u etw. ekelt mich an; **~ingur** m (-s) Schauder m; Grauen n
hrynja einstürzen; fallen; **~ndi** m (-a) (a. f [indekl.]) Rhythmus m
hryssa f (-u, -ur) Stute f
hræ n (-s,-) Kadaver m; Aas n
hræða v/t. erschrecken; **~st** v/i. erschrecken
hræðilegur furchtbar, fürchterlich
hræðsl|a f (-u) Furcht f; Angst f; **~ugjarn** furchtsam; **~ulaus** unerschrocken
hræddur bange; erschrocken
hrækja spucken
hrær|a bewegen; umrühren; **~igrautur** m fig. Durcheinander n; Chaos n; **~ivél** f Küchenmaschine f
hræsna heucheln; **~ri** m (-a, -ar) Heuchler m
hræsni f (indekl.) Heuchelei f
hrökkbrauð n Knäckebrot n

hrökkva: ~ *sundur* zerspringen; ~ *við* zusammenfahren

hrörlegur (*Haus*) baufällig; (*Mensch*) gebrechlich

hrörn|a verfallen; ~**un** f (*-ar*) Verfall m

húð f (*-ar, -ir*) Haut f, Fell n; ~**keipur** m (*-s, -ar*) Kajak m

húfa f (*-u, -ur*) Mütze f

huga: ~ *að e-u* nach etw. sehen; ~**ður** mutig

hugar|ástand n Gemützustand m; ~**burður** m (*-ar*) Einbildung f; **þetta er ~ í** ~**lund** sich etw. vorstellen; ~**órar** m|pl. Wahnvorstellung f; ~**(r)eikningur** m Kopfrechnen f; ~**æsing** f (*-ar*) od. ~**æsingur** m (*-s*) Gemütsbewegung f

hug|blær m Stimmung f; ~**boð** n Vorahnung f

hug|deigur feige; ~**detta** f (*-u, -ur*) plötzlicher Einfall; ~**dirfska** f Mut f; ~**djarfur** mutig

hugðarefni n Lieblingsthema n; Interesse n

hugfallast: *láta* ~ den Mut verlieren

hugg|a trösten; ~**ulegur** gemütlich; gut aussehend; ~**un** f (*-ar*) Trost m

hug|hraustur mutig; ~**hreysta** trösten; ~**hreysti** f Mut m; ~**hvarf** n: *telja e-m* ~**hvarf** j-n überreden

hug|kvæmast: *mér* ~**kvæmist e-ð** mir fällt etw. ein; ~**kvæmur** erfinderisch; ~**laus** feige; mutlos; ~**leiða** überlegen, erwägen; ~**leiðing** f (*-ar, -ar*) Überlegung f, Erwägung f; **gera sér e-ð í** ~**lund** sich etw. vorstellen; ~**leysa** n (*-ja, -jar*) Feigheit f; ~**leysingi** m (*-ja, -jar*) Feigling m

hugmynd f Idee f, Vorstellung f; *hafa ekki* ~ *um e-ð* keine Ahnung von etw. haben; ~**aflug** n Phantasie f; ~**aríkur** ideenreich

hug|rakkur mutig; ~**rekki** n (*-s*) Mut m

hugs|a denken; glauben, meinen; ~**a sig um** sich etw. überlegen, nachdenken; ~**a um e-ð** an etw. denken; **ég** ~**a það** das glaube ich; ~**anlegur** denkbar

hugsi nachdenklich

hugsjón f Ideal n; Idee f; ~**amaður** m Idealist m

hugsun f (*-unar, -anir*) Gedanke m; ~**arháttur** m Denkart f; ~**arlaus** gedankenlos; ~**samur** aufmerksam

hug|sýki f Schwermut f; Melancholie f; ~**sæisstefna** f Idealismus m; ~**tak** n (*Wort*) Begriff m; ~**ur** m (*-ar, -ir*) Sinn m; Geist m; Gemüt f; *mér dettur í hug* es fällt mir ein; *vera annars* ~ zerstreut sein; *herða upp* ~**ann** Mut fassen

hugvit n Genialität f; ~**smaður** m Erfinder m

huldufólk n Elfen pl.

hulstur n (-s,-) Futteral n

húm n (-s) Dämmerung f; **~a** dämmern

humall m (-als, -lar) Hopfen m

humar m (-ars, -rar) Hummer m

hún sie (sg.)

hunang n (-s) Honig m; **~s-fluga** f Biene f

hunda|heppni f Glücksfall m; **~líf** n Hundeleben n; **~ól** f Hundeleine f; **~æði** n Tollwut f

hundleiðinlegur furchtbar langweilig

hundrað n (-aðs, -uð) Hundert n; **~asti** hundertster; **~shluti** n Prozent n

hund|ur m (-s, -ar) Hund m; rauðir **~ar** Röteln pl.

hungraður hungrig; **~ur** n (-s) Hunger m

hurð f (-ar, -ir) Tür f; **~arhúnn** m (-s, -ar) Türgriff m, Klinke f

húrrahróp n Hurraruf m, Hochruf m

hús n (-s, -) Haus n; **~(a)gerðarlist** f Architektur f; **~akynni** n/pl. Wohnung f; **~aleiga** f Miete f; **~ameistari** m Architekt m; **~askjól** n Unterkunft f; **~asmiður** m Zimmermann m

hús|bóndi m Herr m des Hauses, Hausherr m; **~búnaður** m (-ar, -ir) Mobiliar n, Möbel pl.; **~dýr** n

Haustier n; **~dýraáburður** m Dünger m, (Stall-)Mist m; **~eigandi** m Hausbesitzer m; **~gagn** n (-s, -gögn) Möbelstück n; **~gagnasmiður** m Möbeltischler m; **~móðir** f Hausfrau f; **~mæðraskóli** m Haushaltsschule f

hús|númer n Hausnummer f; **~næði** n (-s,-) Wohnung f; **~næðisskortur** m Wohnungsnot f; **~ráðandi** m (-anda, -endur) Hauswirt m; **~vörður** m Hausmeister m; Pförtner m

hvað interrog. pron. was?; bitte?; **~ segir þú?** wie bitte?; wie geht es?; **~ þá heldur** geschweige denn; **~ eftir annað** wiederholt; **~ er klukkan?** Wie spät ist es?; **~an** woher?; von wo?

hvaða interrog. pron. was für ein(er), was für eine, was für ein(es)?

hval m (-s, -ir) Wal m; **~veiði** f Walfang m

hvar wo?; **víðast ~** fast überall

hvarf n (-s, hvörf) Verschwinden n; **~baugur** m Wendekreis m

hvarvetna überall

hvass scharf; (Wetter) stürmisch

hvat|amaður m Initiator m, Anstifter m; **~ning** f (-ar) Anregung f, Ermutigung f; **~ur** schnell, rasch; **~vís** unbesonnen; übereilt; vorlaut

hve: að ~ miklu leyti? inwiefern?

hveiti n (-s) Weizen m; **~brauð** n Weißbrot n; **~brauðsdagar** m/pl. Flitterwochen pl.

hvelfing f (-ar, -ar) Gewölbe n; Wölbung f

hvellur m (-s, -ir) Knall m

hvenær wann?

hver 1. m (-s, -ar od. -ir) heiße Quelle f; **2.** interrog. pron. wer?, welcher?; indef. pron. jeder; **~ eftir annan** einer nach dem anderen

hverfa verschwinden; wenden; umkehren

hverfi n (-s, -) Stadtteil m, Viertel n, Siedlung f

hverf|lyndur wankelmütig; **~ull** vergänglich; **~ulleiki** m (-a) Vergänglichkeit f

hvergi nirgends

hvernig wie?

hvers: ~ konar allerlei; welcher Art?; **~ vegna?** warum?

hversdags|föt n/pl. Alltagskleider pl.; **~legur** alltäglich

hvers|kyns, ~lags was für ein(-e, -es)?

hversu: ~ gamall? wie alt?

hvert wohin?

hvetja aufmuntern; ermutigen; anregen

hví warum?

hvíða f (-u -ur) Windstoß m; Anfall m

hvik|a wanken; (zurück-)weichen; **~lyndi** n (-s) Wan-

kelmut m; **~ull** flüchtig; unbeständig

hvíla 1. f (-u, -ur) Bett n; **2.** ruhen; **~ sig** sich ausruhen; **~st** ausruhen;

hvíld f (-ar, -ir) Ruhe f; Pause f; Rast f; **~ardagur** m Feiertag m; **~arlaus** ruhelos; **~arstóll** m Liegestuhl m

hvílíkur welch; was für ein

hvína sausen; heulen

hvinur m (-s) Sausen n; Heulen n

hvirfil|l m (-ils) Scheitel m; **~punktur** m Scheitelpunkt m; **~vindur** m Wirbelwind m; Wirbelsturm m

hvísl n (-s) Flüstern n; **~a** flüstern

hvíta f (-u) Weiß n; Eiweiß n; **~björn** m Eisbär m; **~sunna** f (-u) Pfingsten pl. od. n; **~sunnudagur** m Pfingstsonntag m; **~sykur** m Streuzucker m

hvít|kál n Weißkohl m; **~na** weiß werden; **~ur** weiß; **~vín** n Weißwein m; **~voðungur** m (-s, -ar) Säugling m

hvolf n (-s,-) Gewölbe n; **~a** umkippen; **bátnum hvolfir** das Boot kentert; **~þak** n Kuppel f

hvolpur m (-s, -ar) Welpe m

hvor interrog. pron. welcher?, wer?; indef. pron. jeder (von beiden); **öðru ~u** hin und wieder

hvorki: ~ ... né weder ... noch

hvort ob; ~ *sem er* sowieso; ~**tveggja** beides

hvorugkyn *n* Neutrum *n*; ~**s** sächlich

hvorugur keiner von beiden

hvæs *n* (-s,-) Zischen *n*; Fauchen *n*; ~**a** zischen; fauchen

hvöt *f* (*hvatar, hvatir*) Anregung *f*, Antrieb *m*; Trieb *m*

hýði *n* (-s,-) Schale *f*, Hülse *f*; Schote *f*

hygg|indi *n/pl.* Klugheit *f*; ~**inn** klug, verständig

hyggja 1. *f* (-u, -ur) Sinn *m*; Meinung *f*; *að minni hyggju* meiner Meinung nach; *hafa í hyggju* beabsichtigen; **2.** glauben, denken; ~**st:** ~**st fyrir** im Sinn haben

hýjungur *m* (-s) Flaum *m*

hyldýpi *n* Abgrund *m*

hylja verbergen; (zu)decken; *fara huldu höfði* fig. untertauchen

hylki *n* (-s,-) Futteral *n*, Etui *n*; Kapsel *f*

hyll|a (*König*) huldigen; (*Sänger*) feiern; ~**i** *f* (*indekl.*) Gunst *f*

hylma hehlen; ~**ri** *m* (-a, -ar) Hehler *m*

hypja: ~ *sig* sich aus dem Staub machen; verschwinden

hýr lächelnd; freundlich; angeheitert

hyrndur gehörnt

hýsa beherbergen; unterbringen

hyski *n* (-s) Pack *n*, Gesindel *n*

hæð *f* (-ar, -ir) Hochhranzgebiet *n*; Anhöhe *f*, Hügel *m*; (*Wuchs*) Größe *f*; (*Stock-werk*) *n*, Etage *f*; *fyrsta* ~ Erdgeschoß *n*; *önnur* ~ erster Stock; ~**a** verhöhnen; ~**adrög** *n/pl.* Höhenzug *m*; ~**inn** ironisch; ~**ni** *f* (*indekl.*) Ironie *f*; ~**óttur** hügelig

hæfa treffen; passen

hæfi|legur angemessen; ~**leiki** *f* (-a, -ar) Fähigkeit *f*, Begabung *f*; Talent *n*; ~**nn** treffsicher

hæfni *f* (*indekl.*) Qualifikation *f*; Treffsicherheit *f*

hæfur qualifiziert; fähig; *vera* ~ *til* e-s zu etw. fähig (*od.* geeignet) sein

hægðir *f/pl.* Stuhlgang *m*

hægða|leysi *n* (-s) *od.* ~**tregða** *f* (-u) Verstopfung *f*; ~**lyf** *n od.* ~**meðal** *n* Abführmittel *n*

hægindastóll *m* Lehnstuhl *m*, Sessel *m*

hægri recht; ~**i hönd** *f* Rechte *f*, die rechte Hand; *til* ~ rechts; ~**a megin** rechts, rechterhand; ~**isinnaður** Pol. konservativ

hægur leicht; bequem; langsam; möglich; *ef hægt er* wenn möglich; *það er hægt* es ist möglich, es läßt sich machen

hækja *f* (-u, -ur) Krücke *f*

hækk|a (*Preis*) steigen; *v/t.* erhöhen; ~**a gengi** Geld auf-

werten; **~un** f (*-unar, -anir*)
Erhöhung f

hæla loben

hæli n (*-s,-*) Sanatorium n;
Zufluchtsort m

hæll m (*-s, -ar*) (Schuh-)Absatz m; (Fuß) Ferse f; **um
hæl** umgehen

hæna 1. f (*-u, -ur*) Huhn n,
Henne f; **2.: ~ að** locken, anziehen; **~st: ~st að e-m** sich
durch j-n angezogen fühlen

hænsna|hús n od. **~kofi** m
Hühnerstall m

hænsni n/pl. Hühner pl.

hænu|egg n Hühnerei n;
~ungi m Küken n

hæpinn unsicher; zweifelhaft; fraglich

hær|ast grau- od. weißhaarig
werden; **~ður** grauhaarig;
behaart

hæsi f (*indekl.*) Heiserkeit f

hæstiréttur m Oberstes Gericht

hæstvirtur hochgeehrt

hætta 1. f (*-u, -ur*) Gefahr f; **2.**
aufhören (**e-u** mit etw.); etw.
riskieren; **~ við e-ð** etw.
aufgeben; **~ á e-ð** etw. wagen

hættu|laus gefahrlos; ungefährlich; **~legur** gefährlich;
~merki n Alarmzeichen n;
(*Verkehr*) Warnsignal n;
gefa ~merki Alarm schlagen; alarmieren; **~svæði** n
Gefahrenzone f

hæversk|a f (*-u*) Bescheidenheit f; **~ur** bescheiden

höfða: ~ mál gegn e-m (ein)

gerichtliches Verfahren gegen j-n anstrengen

höfðalag n (*Bett*) Kopfende n

höfði m (*-a, -ar*) Kap n; Vorgebirge n

höfðing|i (*-ja, -jar*) m Häuptling m; fig. freigebiger
Mann; **~legur** vornehm; aristokratisch; freigebig, großzügig

höfn f (*hafnar, hafnir*) Hafen
m, Hafenanlage f

höfnun f (*-ar, hafnanir*) Ablehnung f

höfuð n (*-s,-*) Kopf m; **~atriði**
n Hauptsache f; **~borg** f
Hauptstadt f; **~fat** n Kopfbedeckung f; **~klútur** m Kopftuch n; **~kúpa** f (*-u, -ur*)
Schädel m; **~skepna** f Element n

höfuðsmaður m Hauptmann
m

höfuð|staður m Hauptstadt f;
~stóll m Kapital n; **~verkur** m Kopfschmerzen pl.

höfund|arréttur m Urheberrecht n; **~ur** m (*-ar, -ar*) Verfasser m

högg n (*-s,-*) Schlag m;
~mynd f Skulptur f; **~staður**
m: **gefa ~stað á sér** sich
bloßstellen

höggva hauen; **skipið hegg-
ur** das Schiff stampft

högni m (*-a, -ar*) Kater m

höku|skegg n Kinnbart m;
~toppur m Spitzbart m

höll f (*hallar, hallir*) Schloß n;
Palast m

hönd f (handar, hendur) Hand f; **bera e-ð undir hendinni** etw. unter dem Arm tragen; **borga út í ~** bar (be)zahlen; **borgun til í ~** Barzahlung f; **fyrir ~ félagsins** im Namen des Vereins; **taka e-n ~um** j-n verhaften od. festnehmen

hör m (-s) Flachs m

hörfa zurückweichen

hörkulegur barsch, bissig

hörmu|legur tragisch; jämmerlich; katastrophal; **~ng** f (-ar, -ar) Katastrophe f, Unglück n; Elend n; **~ngartíðindi** n/pl. traurige Nachricht

hörpudiskur m Kammuschel f, Jakobsmuschel f

hörpusláttur m Harfenspiel n

hörund n (-s) (Menschen-) Haut f; **~sár** empfindlich

höstugur barsch

hött|ur m: **svara út í ~** e-e ausweichende Antwort geben; **e-ð er út í ~** etw. ist an den Haaren herbeigezogen

I

í prp. mit dat. Ort: in; **~ töskunni** in der Tasche; Zeit: in; auf; **allt ~ einu** auf einmal; **~ heilu lagi** im ganzen; mit acc. Ort: in; hinein; **~ töskuna** in die Tasche; Zeit: in; während; **~ langan tíma** für lange Zeit; **~ dag** heute; **~ morgun** heute morgen; **~ nótt** heute nacht

íbúar m/pl. Einwohner pl.; **~tala** f Einwohnerzahl f

íbúð f (-ar, -ir) Wohnung f; **~arhús** n Wohnhaus n

íbúi m (-a, -ar) Bewohner m

íburðar|laus bescheiden, einfach; **~mikill** (Stíl) schwülstig; prachtvoll

iða sich unruhig bewegen

iðgjald n (-s) (Versicherungs-) Prämie f

iðinn fleißig

iðj|a f (-u) Beschäftigung f; Arbeit f; **~uhöldur** m (-s, -ar) Fabrikant m; Industrielle m; **~ulaus** untätig; unbeschäftigt; **~uleysi** n (-s) Müßiggang m; **~ulangur** m (-ja, -jar) Müßiggänger m; **~usamur** arbeitsam; **~uver** n Fabrik f

iðka ausüben; (be)treiben

iðn f (-ar, -ir) Handwerk n, Fach n; **~aðarborg** f Industriestadt f; **~aðarfélag** n Handwerkerverein m; **~aðarmaður** m Handwerker m; **~aðarvara** f Industrieware f; **~aður** m (-ar) Industrie f

iðn|fræðingur m (-s, -ar) Techniker m; **~fræðiskóli** m Technikum n; **~fyrirtæki** n Industrieunternehmen n

iðni f (indekl.) Fleiß m

iðn|nemi m Lehrling m; **~skóli** m Berufs-, Gewerbe-

schule f; ~væðing f (-ar) In-
dustrialisierung f

iðr|ast bereuen; ~un f (-ar)
Reue f

iðu|lega häufig

ídýfa f (-u, -ur) Soße f

íhald n Konservatismus m;
~sflokkur m Rechtspartei f;
~smaður m Konservative
m; ~ssamur konservativ

íhlutun f (-ar) Einmischung f

íhug|a erwägen; ~ull nach-
denklich; ~un f (-ar) Erwä-
gung f

íkorni m (-a, -ar) Eichhörnchen n

íkveikj|a f (-u) Anzünden n;
Brandstiftung f

il f (-jar, -jar) Fußsohle f

ílát n (-s,-) Gefäß n

illa schlecht

ill|girni f (indekl.) Schaden-
freude f; Bosheit f; ~gjarn
boshaft; schadenfroh; ~
gresi n (-s) Wildkraut n, Unkraut n; ~kvittinn boshaft;
gehässig; ~kvittni f (indekl.)
Boshaftigkeit f; ~kynjaður
Med. bösartig; ~mennska f
(-u) Niedertracht f; ~mælgi
f (indekl.) Verleumdung f;
~ræmdur verrufen

illska f (-u) Bosheit f; Wut f

ill|sviti m schlechtes Zeichen;
~ur schlecht; böse, zornig;
mér er ~t mir ist schlecht;
~viðri n (-s,-) Unwetter n;
~viljaður böswillig, böse-
gesinnt; ~virki 1. m (-ja, -jar)
Übeltäter m, Verbrecher m;

2. n (-s,-) Untat f; Verbrechen n; ~yrði n (-s,-)
Schimpfwort n

ilm|a duften; ~an f (-ar) Duft
m; Geruch(sinn) m; ~andi
wohlriechend; ~ur m (-s)
Duft m; ~vatn n Parfüm n

ílöngun f (-ar) Begierde f

ímynd f Symbol n, Sinnbild n;
~a: ~a sér sich einbilden;
~un f (-ar) Einbildung f;
~unarafl n Phantasie f

Indíáni m (-a,-ar) Indianer m

Indverji m (-a, -ar) Inder m

indverskur indisch

indæll schön, herrlich; süß

inn hin- od. herein; ~an 1. prp.
mit gen. binnen, innerhalb
(a. lokal). 2. adv.: að ~an inwendig, von innen (heraus)

innan|borðs an Bord;
~lands inländisch, einhei-
misch; ~ríkisráðherra m In-
nenminister m; ~ríkisversl-
un f Binnenhandel m;
~stokksmunir m/pl. Möbel
pl.; ~verður inwendig

inn|blástur f (-s) Inspiration
f; ~borgun f Einzahlung f;
~brot n Einbruch m; ~brot-
spjófnaður m Einbruchs-
diebstahl m; ~eign f Gutha-
ben n; ~flutningsbann n Ein-
fuhrverbot n; ~flutnings-
höft n/pl. Einfuhrbeschrän-
kungen pl.; ~flutningur m Einfuhr f; Einwanderung f;
~flytjandi m (-anda, -endur)
Importeur m; Einwanderer
m; ~fæddur eingeboren

inn|ganga f Eintritt m; (Schule) Aufnahme f; **~gangseyrir** m Eintrittsgeld n; **~gangur** m Eingang m, Tür f; Zutritt m; **~heimta 1.** f (-u) Inkasso n; **2.** einkassieren; **~heimtumaður** m Kassierer m; **~herji** m (-a, -ar) (Fußball) Innenstürmer m; **~hverfur** nach innen gekehrt; fig. in sich gekehrt

inni innen; **~falinn** einbegriffen; allt ~falið eingegriffen; **~hald** n Inhalt m; **~halda** enthalten; **~legur** herzlich, innig; **~skór** m/pl. Hausschuhe pl.

inn|kaup n Einkauf m; **~kaupsverð** n Einkaufspreis m; **~kulsa** erkältet; **~leiða** einführen; einleiten; **~lendur**, **~lenskur** inländisch, heimisch; **~lima** einverleiben; eingliedern; **~rás** f Invasion f; **~reið** f Einzug m

inn|rita einschreiben; immatrikulieren; **~ritun** f (-ar) Einschreibung f; Immatrikulation f; **~ræta** einprägen; **~ræti** n (-s) Charakter m

inn|sigla versiegeln; **~sigli** n (-s,-) Siegel n; **~stunga** f El. Stecker m; **~stæða** f (-u, -ur) Guthaben n; **~tökupróf** n Aufnahmeprüfung f; **~vortis** innerlich, intern; **~yfli** n/pl. Eingeweide pl.; **~öndun** f Einatmen n

Ír|i m (-a, -ar), **~lendingur** m (-s,-ar) Ire m; **~land** n Irland n

ír|ska f (-u) Irisch n; **~skur** irisch

ís m (-s, -ar) Eis n; **~björn** m Eisbär m; **~brjótur** m (-s, -ar) Eisbrecher m; **~fiskur** m Fisch auf Eis m; **~hús** n Kühlhaus n; **~ing** f (-ar) Vereisung f; Glatteis n; **~jaki** m (-a, -ar) Eisscholle f; **~kaldur** eiskalt

ískra quietschen

ís|land n Island n; **~lendingasaga** f Isländersaga f; **~lendingur** m (-s, -ar) Isländer m

ís|lenska f Isländisch n; **~lenskur** isländisch

ísskápur m Kühlschrank m
ístað n (-s, -stöð) Steigbügel m
ístöðu|laus, **~lítill** charakterschwach
ísöld f Eiszeit f

ítal|i m (-a, -ar) Italiener m; **~ía** f (-u) Italien n
ítal|ska f Italienisch n; **~skur** italienisch

ítarlega ausführlich
ítrek|a wiederholen; **~un** f (-unar, -anir) Wiederholung f

ívitnun f (-unar, -anir) Zitat n
íþrótt f (-ar, -ir) Sport m; **~afélag** n Sportverein m; **~amaður** m Sportler m; **~amót** n Sportfest n; **~asvæði** n Stadion n; **~avöllur** m (-vallar, -vellir) Sportplatz m

íþyngja (Gewissen) belasten; belästigen

J

ja ja (*als Ausdruck der Verwunderung*); ~ **hérna!** Was du nicht sagst!

já ja; **segja** ~ bejahen

jaðar m (-s, -rar) Rand m, Kante f

jafn gleich; stets; ~ **og þétt** ständig; immer mehr

jafna 1. f (jöfnu, jöfnur) Math. Gleichung f; **2.** ausgleichen, ebnen; (*Streit*) schlichten; ~ **saman** vergleichen; ~ **sig** sich erholen

jafnaðar|maður m Sozialdemokrat m; ~**mennska** f (-u) Gerechtigkeitssinn m; Sozialismus m; ~**reikningur** m Bilanz f, Rechnungsabschluß m; ~**stefna** f Sozialdemokratie f

jafn|aldra gleichaltrig; ~**aldri** m (-a, -ar) Altersgenosse m; ~**an** immer, stets; fast immer

jafnast: ~ **á við e-n** sich mit j-m messen können

jafn|dægri n/pl. Tagundnachtgleiche f; ~**framt** gleichzeitig; zugleich; ~**gilda** entsprechen; ~**gildi** n (-s) Gegenwert m; Äquivalenz f; ~**harðan** sofort, sogleich

jafningi m (-ja, -jar); ~ **minn** meinesgleichen; ~ **okkar** unseresgleichen

jafn|nær ebenso klug; ebenso weit; ~**óðum** nach und nach; je nachdem; ~**rétthár** gleich-

berechtigt; ~**rétti** n (-s) Gleichberechtigung f; ~**skjótt sem** od. **og** cj. sobald; ~**straumur** m El. Gleichstrom m; ~**tefli** n (-s) (*Schach*) Remis n; ~**vel** ebensogut; sogar; ~**vægi** n (-s) Gleichgewicht n; **missa** ~**vægið** das Gleichgewicht verlieren

jaki m (-a, -ar) Eisscholle f

jakki m (-a, -ar) Jacke f; **stakur** ~ Blazer m

jákvæði n (-s) Zustimmung f, Einwilligung f; ~**ur** zustimmend; positiv

janúar m (*indekl.*) Januar m

Japan n (-s) Japan n; ~**i** m (-a, -ar) Japaner m

japan|ska f (japönsku) Japanisch n; ~**skur** japanisch

jarða begraben, beerdigen; ~**rber** n Erdbeere f; ~**rför** f Begräbnis n

jarð|eðlisfræði f Geophysik f; ~**eldur** m Vulkanausbruch m; ~**fræði** f Geologie f; ~**fræðingur** m (-s, -ar) Geologe m; ~**gas** n Erdgas n; ~**göng** n/pl. Tunnel m; ~**hneta** f Erdnuß f; ~**líkan** n Globus m; ~**setja** bestatten; ~**setning** f Bestattung f; ~**skjálfti** m (-a, -ar) Erdbeben n; ~**vegur** m Boden m; Erde f; ~**ýta** f (-u, -ur) Bulldozer m; Planierraupe f

jarma blöken

járn n (-s, -) Eisen n; pl. Ketten f/pl.; **~a** (Pferd) beschlagen; **~bentur:** **~bent steinsteypa** f Eisenbeton m; **~braut** f Eisenbahn f; **~brautarlest** f (Eisenbahn-) Zug m; **~brautarstöð** f Bahnhof m

járn|karl m Brechstange f; **~smiður** m Schmied m; **~steypa** f Eisengießerei f; Gußeisen n; **~öld** f Eisenzeit f

jata f (jötu, jötur) Krippe f

ját|a zugeben; bejahen; (Glaube) bekennen; **~ning** f (-ar, -ar) Geständnis n; Bejahung f; Bekenntnis n

jaxl m (-s, -ar) Backenzahn m

jeppi m (-a, -ar) Jeep m

Jesúbarn n Christkind n

jógúrt n (-s, -) Joghurt m

jól n/pl. Weihnachten pl.; **~adagur** m erster Weihnachtstag; **annar í ~um** zweiter Weihnachtstag; **~afasta** f Advent m;

Weihnachtsgeschenk n; **~kvöld** n Weihnachtsabend m; **~asveinn** m Weihnachtsmann m; **~atré** n Weihnachtsbaum m

jómfrú f Jungfrau f

Jónsmess|a f Johannistag m; Sommersonnenwende f

jórt|ra wiederkäuen; **~urðr** n Wiederkäuer m

jú ja, doch

júgur n (-s) Euter n

júlí m (indekl.) Juli m

júní m (indekl.) Juni m

jurt f (-ar, -ir) Pflanze f; **~afæða** f Pflanzenkost f; **~aolía** f Pflanzenöl n; **~apottur** m Blumentopf m; **~aríki** n Pflanzenwelt f; **~aæta** f (-u, -ur) Vegetarier m

jæja aha; na; also

jökull m (-s, -r) Gletscherfluß m; **~l** m (-s, -r) Gletscher m

jörð f (jarðar, jarðir) Erde f; Boden m; Grundbesitz m

jötunn m (-uns, -nar) Riese m

K

kaðal|l m (-als, -lar) Tau n, Seil n; **~stigi** m Strickleiter f

káeta f (-u, -ur) Kajüte f, Kabine f

kaf n (-s): **fara í ~** untertauchen (v/i.); **~a** tauchen; **önnum ~inn** sehr beschäftigt; **~ari** m (-a, -ar) Taucher m; **~bátur** m Unterseeboot n, U-Boot m

kaffi n (-s) Kaffee m; **~hús** n

Café n; **~vél** f Kaffeemaschine f

kafli m (-a, -ar) Kapitel n; Stück n; Abschnitt m

kafna ersticken

kaka f (köku, kökur) Kuchen m

káka pfuschen

kakó n (-s) Kakao m

kál n (-s) Kohl m

kaldakol n/pl. Vernichtung f, Zerstörung f, Ruin m

kaldlynd|i *n* (-s) Gefühlskälte *f*; **~ur** gefühllos; kaltherzig

kaldur kalt; *mér er kalt* ich friere

kaleikur *m* (-s, -ar) Kelch *m*

kálf|i *m* (-a, -ar) Wade *f*; **~ur** *m* (-s, -ar) Kalb *n*

kálgarður *m* Gemüsegarten *m*

kalk *n* (-s) Kalk *m*; **~ipappír** *m* Kohlepapier *n*

kall *n* (-s, *köll*) Ruf *m*; Berufung *f*; **~a** rufen; nennen; *vera vel (illa) fyrir ~aður* gut (schlecht) aufgelegt sein

kallfæri *n* (-s) Rufweite *f*

kálmeti *n* (-s) Gemüse *n*

kampavín *n* Sekt *m*, Champagner *m*

kandís *m* (-s) Kandiszucker *m*

Kani *m* (-a, -ar) *pop.* Ami *m*, Amerikaner *m*

kanill *m* (-ils) Zimt *m*

kanína *f* (-u, -ur) Kaninchen *n*

kanna 1. *f* (*könnu, könnur*) Kanne *f*; **2.** erforschen; untersuchen

kan|nski vielleicht; **~slari** *m* (-a, -ar) Kanzler *m*

kantur *m* (-s, -ar) Kante *f*, Rand *m*

kápa *f* (-u, -ur) Mantel *m*

kapalsjónvarp *n* Kabelfernsehen *n*

kapella *f* (-u, -ur) (*Kirche*) Kapelle *f*

kapítalisti *m* (-a, -ar) Kapitalist *m*

kapp *n* (-s,-) Eifer *m*, Energie *f*; **~akstur** *m* Autorennen *n*;

~hlaup *n* Wettlauf *m*

kappi *m* (-a, -ar) Held *m*, Krieger *m*

kapp|reiðar *f/pl.* Pferderennen *n*; **~róður** *m* Ruderregatta *f*; **~ræða** *f* Wortstreit *m*; **~ræður** *pl.* Diskussion *f*; **~samur** eifrig; **~sigling** *f* Segelregatta *f*; **~smál** *n* (-s,-) Herzenssache *f*; **~smáli** sich für etw. einsetzen

kardináli *m* (-a, -ar) Kardinal *m*

karfa *f* (*körfu, körfur*) Korb *m*

karfi *m* (-a, -ar) Rotbarsch *m*

karl *m* (-s, -ar) Mann *m*; Alte *m*; **~kyn** *n* Maskulinum *n*; **~maður** *m* Mann *m*; **~mannlegur** mannhaft, männlich; **~mennska** *f* (-u) Mannhaftigkeit *f*; Tapferkeit *f*

kartafla *f* (*-töflu, -töflur*) Kartoffel *f*

kartöflu|garður *m* Kartoffelacker *m*; **~mjöl** *n* Kartoffelmehl *n*; Speisestärke *f*

kassi *m* (-a, -ar) Kiste *f*; Kasten *m*; Karton *m*

kast *n* (-s, *köst*) Wurf *m*; *Med.* Anfall *m*; **~a** werfen; **~ali** *m* (-a, -ar) Festung *f*; (*Mittelalter*) Burg *f*

kátína *f* (-u) Heiterkeit *f*

kátur heiter, munter; fröhlich, lustig

kaup *n* (-s,-) Lohn *m*, Gehalt *n*; *pl.* Kauf *m*; **~a** kaufen; **~andi** *m* (-anda, -endur)

Käufer *m*; **~bréf** *n* Kaufvertrag *m*; **~félag** *n* Genossenschaft *f*; **~gjald** *n* Arbeitslohn *m*; **~greiðsla** *f* Lohnauszahlung *f*; **~hækkun** *f* Gehaltserhöhung *f*; **~höll** *f* Börse *f*

kaupmaður *m* Kaufmann *m*

kaupmáli *m* (*-a, -ar*) Gütertrennungsvertrag *m*

Kaupmannahöfn *f* Kopenhagen *n*

kaup|máttur *m* Kaufkraft *f*; **~samningur** *m* Kaufvertrag *m*

kaup|staður *m* Kleinstadt *f*; **~stefna** *f* (*Handel*) Messe *f*; **~sýslumaður** *m* Geschäftsmann *m*; **~tún** *n* Handelsplatz *m*; **~verð** *n* Kaufpreis *m*; Einkaufspreis *m*

kaþólsk|a *f* (*-u*) Katholizismus *m*; **~ur** katholisch

keðja *f* (*-u, -ur*) Kette *f*

keil|a *f* (*-u, -ur*) Kegel *m*; **~ubraut** *f* Kegelbahn *f*; **~uleikur** *m* Kegeln *n*; **~umyndaður** kegelförmig

keisar|adæmi *n* Kaiserreich *n*; **~askurður** *m* Kaiserschnitt *m*; **~i** *m* (*-a, -ar*) Kaiser *m*

kelda *f* (*-u, -ur*) Sumpf *m*, Morast *m*

kelta *f* (*-u, -ur*) Schoß *m*

Keltar *m/pl.* Kelten *pl.*

kelt|neskur keltisch; **~rakki** *m* Schoßhund *m*

kenj|ar *f/pl.* Launen *pl.*; **~óttur** launenhaft

kenna unterrichten, lehren; **~ e-m um e-ð** j-n beschuldigen (wegen *gen.*); j-m etw. zuschreiben; **~ til** Schmerzen fühlen; **~rafundur** *m* Lehrerkonferenz *f*; **~raháskóli** *m* Pädagogische Hochschule; **~ri** *m* (*-a, -ar*) Lehrer *m*

kenndur angeheitert

kenni|ng *f* (*-ar, -ar*) Lehre *f*; Theorie *f*; Behauptung *f*; **~setning** *f* Dogma *n*; **~teikn** *n* (*-s,-*) Kennzeichen *n*

kennsl|a *f* (*-u, -ur*) Unterricht *m*; **~ubók** *f* Lehrbuch *n*; **~ufræði** *f* Pädagogik *f*; **~ugrein** *f* Unterrichtsfach *n*, Lehrfach *n*; **~ukona** *f* Lehrerin *f*; **~umál** *n/pl.* Schulwesen *n*; **~umisseri** *n* Semester *n*; **~ustofa** *f* Klassenzimmer *n*; Hörsaal *m*; **~ustund** *f* (Unterrichts-)Stunde *f*

kepp|a: **~a að e-u** nach etw. streben; **~a við e-n** mit j-m wetteifern; **~ast**: **~ast við** eifrig (an etw.) arbeiten; **~inautur** *m* (*-s, -ar*) Konkurrent *m*

keppni *f* (*indekl.*) Wettkampf *m*; Konkurrenz *f*

ker *n* (*-s, -*) Bottich *m*; (Bade-)Wanne *f*

kerfi *n* (*-s, -*) System *n*; **~sbundinn** systematisch

kergja *f* (*-u*) Trotz *m*

kerlaug *f* Wannenbad *n*

kerling *f* (*-ar, -ar*) Alte *f*, alte Frau

kerra *f* (*-u, -ur*) Karre(n) *f(m)*

kjölur

kerta|ljós n Kerzenlicht n;
~**stjaki** m (-a, -ar) Kerzen-
halter m

kerti n (-s,-) Kerze f

ketill m (-s, katlar) Kessel m

kettlingur m (-s, -ar) Kätzchen n

kex n (-, -) Keks m

keyr|a fahren; ~**i** n (-s, -) Peit-
sche f; ~**sla** f (-u, -ur) Fahren
n

kíghósti m Keuchhusten m

kíkir m (-s, -jar) Fernrohr n,
Fernglas n

kíló n (-s, -) Kilo n; ~**metri** m
Kilometer m

kím|inn spöttisch, satirisch;
~**ni** n (indekl.) Humor m

Kína n (-) China n

kind f (-ar, -ur) Schaf n

kinka ~ **kolli til e-s** j-m zu-
nicken

kinn f (-ar, -ar) Wange f, Bak-
ke f; ~**hestur** m Ohrfeige f

Kínverji m (-a, -ar) Chinese m

kín|verska f (-u) Chinesisch
n; ~**verskur** chinesisch

kippur m (-s, -ir) Ruck m; í
kippum ruckweise

kirkja f (-u, -ur) Kirche f

kirkju|garður m Friedhof m;
~**turn** m Kirchturm m;
~**þing** n Synode f

kirsiber n Kirsche f

kirt|ill m (-ils, -lar) Drüse f;
(Hals) Mandel f; ~**labólga** f
Mandelentzündung f

kisa f (-u, -ur) Kätzchen n

kista f (-u, -ur) Truhe f; Sarg
m

kitla kitzeln; kitzlig sein

kítt|a (ver)kitten; ~**i** n (-s) Kitt
m

kjaftur m (-s, -ar) Maul n

kjálki m (-a, -ar) Anat. Kiefer
m

kjallari m (-a, -ar) Keller m

kjalta f (kjöltu) Schoß m

kján|askapur m (-s) Dummh-
eit f; ~**i** m (-a, -ar) Narr m,
Tor m

kjara|bætur f/pl. Lohnerhö-
hung f, Gehaltserhöhung f;
~**skerðing** f Lohn-
senkung f, Gehaltskürzung f

kjark|laus mutlos, verzagt;
~**leysi** n (-s) Mutlosigkeit f,
Verzagtheit f; ~**ur** m (-s) Mut
m

kjarn|i m (-a, -ar) Kern m,
~**orka** f Kernenergie f;
~**orkusprengja** f Atombom-
be f; ~**orkuver** n Kernkraft-
werk n; ~**orkuvopn** n/pl.
Kernwaffen pl.; ~**yrtur** lako-
nisch, kurz und bündig

kjarr n (-s) Gebüsch n,
Strauchwerk n

kjass n (-) Liebkosung f; ~**a**
liebkosen

kjóll m (-s, -ar) Kleid n; Frack
m

kjósa wählen; ~ **heldur** vorziehen; ~**ndi** m (-anda, -end-
ur) Wähler m

kjúklingur m (-s, -ar) Küken n

kjök|ra jammern; ~**ur** n (-s)
Winseln n, Jammern n

kjöl|far n Kielwasser n; ~**ur**
m (kjalar, kilir) Kiel m

kjör 104

kjör n (-s, -) Wahl f; pl. (finanzielle) Verhältnisse pl.; ~**barn** n Adoptivkind n; ~**dagur** m Wahltag m; ~**dæmi** n Wahlkreis m; ~**frjáls** wahlfrei; ~**gengi** n Wählbarkeit f; ~**gengur** wählbar; ~**gripur** m Kostbarkeit f; ~**orð** n Losungswort n; ~**seðill** m Stimmzettel m; ~**skrá** f Wahlliste f; ~**sókn** f Wahlbeteiligung f; ~**tímabil** n Wahlperiode f

kjöt n (-s) Fleisch n; ~**bolla** f Klops m; ~**réttur** m Fleischgericht n; ~**seyði** n, ~**soð** n Fleischbrühe f, Bouillon f; ~**súpa** f Fleischsuppe f

kláði m (-a) Med. Krätze f; Jucken n

klaga verklagen; petzen

klaki m (-a, -ar) Eis n

klapp n (-s) Beifall m; Händeklatschen n; ~**a** streicheln, tätscheln (e-m j-n); klatschen, applaudieren

klár m (-s, -ar) Gaul m

klarínetta f (-u, -ur) Klarinette f

klasi m (-a, -ar) Büschel m (n)

klauf|dýr n Paarhufer m; ~**i** m (-a, -ar) Tölpel m; ~**ska** f (-u) Ungeschicktheit f

klaustur n (-s, -) Kloster n

klefi m (-a, -ar) Zelle f, Kammer f; Abteil n (Schiff) Kabine f; Kajüte f

kleina f (-u, -ur) Schmalzgebäck n

klerkur m (-s, -ar) Pfarrer m

klessa f (-u, -ur) Klecks m; **fara í ~u** Totalschaden erleiden

klettaey|ja f Felseninsel f **Klettafjöll** n/pl. Felsengebirge n

kletta|strönd f Fels(en)küste f; ~**veggur** m Fels(en)wand f

klettur m (-s, -ar) Fels(en) m

klifra klettern

klípa 1. f (-u, -ur) Klemme f; Dilemma n; **2.** zwicken, kneifen

klipp|a (Haar) scheren; (Schaf) scheren; ~**ing** f (-ar) Haarschneiden n; (Schaf-) Schur f

klístra kleben; ankleben

kljúfa spalten

kló f (-ar, klær) Klaue f; ~**sett** n (-s) Klo(sett) n; ~**settpappír** m Toiletten- od. pop. Klopapier n

klof n (-s, -) (Hose) Schritt m; ~**na** sich spalten; ~**ning** f (-ar, -ar) Spaltung f

klóra kratzen

klukk|a f (-u, -ur) Uhr f; Glokke f; **hvað er ~an?** Wieviel Uhr ist es?; ~**ustund** f od. ~**utími** m Stunde f

klunni m (-a, -ar) Tölpel m

klúr grob; obszön

klútur m (-s, -ar) Tuch n; (Putz-)Lappen m

klæð|a kleiden; bekleiden; ~**a sig** sich anziehen; ~**a sig úr** sich ausziehen; ~**naður** m (-ar, -ir) Kleidung f; Anzug m; ~**skeri** m (-a, -ar) Schneider m

klæja jucken

klækir m/pl. Ränke pl.

klökkur (zu Tränen) gerührt

klöpp f (klappar, klappir) Klippe f

knapi m (-a, -ar) Rennreiter m, Jockei m; Reiter m

knattspyrn|a f (-u, -ir) Fußball m (Spiel); **~umaður** m Fußballspieler m

kné n s. **hné**

knipplingar m/pl. Spitzen pl.

knyja zwingen

knæpa f (-u, -ur) Kneipe f

knöttur m (knattar, knettir) (Sport) Ball m

koddi m (-a, -ar) Kopfkissen n

kofi m (-a, -ar) Hütte f

kok n (-s, -) Kehle f; Rachen m

kokkur m (-s, -ar) Koch m

kókó n (-s) pop. Kakao m

kol n/pl. Kohle f; **~aframleiðsla** f Kohlenförderung f; **~anáma** f Kohlengrube f

koli m (-a, -ar) (Fisch) Scholle f

koll|ur m (-s, -ar) Kopf m; Scheitel m; Hocker m; **~varpa** umstoßen, umstürzen

kólna kälter werden; erkalten

kol|sýra f Kohlensäure f; **~vetni** n (-s) Kohle(n)hydrat n

koma 1. f (-u) Ankunft f; 2. kommen, ankommen; **~ að** anlegen; þegar að því kemur wenn es soweit ist; **~ af** (ab-)stammen von; það kemur af því es beruht darauf; **e-ð kemur á daginn** etw. stellt sich heraus; **~ e-u**

fram etw. durchsetzen; **~ fram** in Erfüllung gehen; **~ vel (illa) fram** sich gut (schlecht) aufführen; **~ fyrir** geschehen; **hvað sem fyrir kann að ~** was auch geschehen mag; auf alle Fälle; **e-m á óvart** j-n (bei etw.) überraschen; **~ í lag** in Ordnung bringen; **~ í ljós** sich herausstellen; zum Vorschein kommen; **í veg fyrir e-ð** etw. verhindern; **~ út** (Buch) erscheinen; **~ vel saman** sich gut verstehen; **e-ð kemur e-m við** etw. geht j-n an

komast kommen, erreichen; **~ áfram** fig. sich durchsetzen, vorwärtskommen; **~ upp** entdeckt werden; (Schule) versetzt werden

komma f (-u, -ur) Komma n

kommóða f (-u, -ur) Kommode f

kommúnis|mi m (-a) Kommunismus m; **~ti** m (-a,-ar) Kommunist m

komutími m Ankunftszeit f

kona f (-u, -ur) Frau f; Ehefrau f

kóng|uló f (-ar, -lær) Spinne f; **~ur** m (-s, -ar) m (Schach) König m

koníak n (-s) Kognak m

konsúll m (-úls, -lar) Konsul m

konuefni n Verlobte f; Braut f

konung|legur königlich; **~sríki** n Königreich n; **~s-**

sonur *m* Prinz *m*; **~sætt** *f* Königshaus *n*; **~ur** *m* (-s, -ar) König *m*

kopar *m* (-s) Kupfer *n*; **~þráður** *m* Kupferdraht *m*

koppur *m* (-s, -ar) Nachttopf *m*

kór *m* (-s, -ar) Chor *m*; **~all** *m* (-s, -lar) Choral *m*; Koralle *f*

korn *n* Korn *n*; Getreide *n*

kór|óna 1. *f* (-u, -ur) Krone *f*; **2.** krönen; **~söngur** *m* Chorgesang *m*

korr *n* (-s) Röcheln *n*; **~a** röcheln

kort *n* (-s, -) Karte *f*; Landkarte *f*

kortér *n* (-s) Viertelstunde *f*

kosning *f* (-ar, -ar) Wahl *f*; **~abarátta** *f* Wahlkampf *m*; **~alög** *n/pl.* Wahlgesetz *n*; **~a(r)réttur** *m* Wahlrecht *n*

koss *m* (-, -ar) Kuß *m*

kosta (*Preis*) kosten

kost|gæfni *f* (*indekl.*) Sorgfalt *f*; **~naðarlaus** gratis; **~naðarsamur** teuer; **~naður** *m* (-ar) Kosten *pl.*; Ausgaben *pl.*

kostur *m* (-ar, -ir) Vorteil *m*; Möglichkeit *f*; Bedingung *f*; Verpflegung *f*; Kost *f*

kot *n* (-s, -) Kate *f*, Hütte *f*; **~bóndi** *m* Kleinbauer *m*

krá *f* (-r, -r) Wirtshaus *n*; Kneipe *f*

krabb|amein *n* Med. Krebs *m*; **~i** *m* (-a, -ar) Krebs *m* (a. Med.), Krabbe *f*

krafa *f* (*kröfu, kröfur*) Forderung *f*, Anspruch *m*

kraftaverk *n* Wunder *n*

kraftur *m* (-s, -ar) Kraft *f*; *pl.* Kräfte *pl.*, Stärke *f*

kragi *m* (-a, -ar) Kragen *m*

krakk|alegur kindlich; **~i** *m* (-a, -ar) Kind *n*

krákuskel *f* Miesmuschel *f*

krampi *m* (-a, -ar) Krampf *m*

krani *m* (-a, -ar) Kran *m*; Wasserhahn *m*

krans *m* (-, -ar) Kranz *m*; **~æðastífla** *f* Herzinfarkt *m*

krefja fordern, verlangen; **~ e-n um e-ð** von j-m etw. fordern; **~st:** **~st e-s** etw. verlangen

kreista drücken, pressen

krem *n* (-s, -) Creme *f*

kremja zerquetschen; **~ sundur** zerdrücken

kreppa 1. *f* (-u, -ur) Schwierigkeit *f*; (*Wirtschafts-*)Krise *f*; **2.** (*Faust*) ballen; **skórinn kreppir að mér** der Schuh drückt mich

kringla *f* (-u, -ur) Scheibe *f*; (*Gebäck*) Brezel *f*; (*Sport*) Diskus *m*

kringl|óttur rund; **~ukast** *n* Diskuswerfen *n*

kringum 1. *prp. mit acc.* um … herum; **2.** *adv.* rundherum; etwa, ungefähr

kringumstæður *f/pl.* Umstände *f*; Lage *f*

kristall *m* (-als) (*geschliffenes Glas*) Kristall *n*; **~ur** *m* (-als, -allar) Chem. Kristall *m*

krist|ilegur christlich; **~**

indómur *m* Christentum *n*; **∼inn** christlich; **∼inn maður** Christ *m*; **∼in kona** Christin *f*; **∼na** taufen; christianisieren; **∼ni** *f* (*indekl.*) Christentum *n*; **∼niboð** *n* Mission *f*; **∼niboði** *m* (*-a*, *-ar*) Missionar *m*

Kristur *m* (*-s*) Christus *m*

krít *f* (*-ar*) Kreide *f*

krjúpa knien

krókur *m* (*-s*, *-ar*) Haken *m*; Ecke *f*; Umweg *m*

króna *f* (*-u*, *-ur*) (*Münze*) Krone *f*

kross *m* (*-*, *-ar*) Kreuz *n*; Orden *m*; **Rauði krossinn** Rotes Kreuz; **∼ferð** *f* Kreuzzug *m*; **∼festa** kreuzigen; **∼gáta** *f* Kreuzworträtsel *n*; **∼götur** *f* *pl.* Kreuzweg *m*; Kreuzung *f*; Scheideweg *m* (*a. fig.*); **∼viður** *m* Sperrholz *n*

krufning *f* (*-ar*) Obduktion *f*

krukka *f* (*-u*, *-ur*) Krug *m*

krulla 1. *f* (*-u*, *-ur*) Locke *f*; **2.** kräuseln

krump|a zerknittern; **∼ufrír** knitterfrei

krydd *n* (*-s*) Gewürz *n*, Würze *f*; **∼a** würzen

kryfja obduzieren; sezieren; **∼ til mergjar** einer Sache auf den Grund gehen

krýn|a krönen; **∼ing** *f* (*-ar*) Krönung *f*

kryppa *f* (*-u*, *-ur*) Buckel *m*

kröfu|ganga *f* Demonstration *f*; (*Massen-*)Kundge-

bung *f*; **∼harður** anspruchsvoll

kúaból|usetning *f* Pockenschutzimpfung *f*; **∼a** *f* Pokken *pl.*

kuðungur *m* (*-s*, *-ar*) Schnekkengehäuse *n*

kúg|a unterdrücken, zwingen; **∼un** *f* (*-ar*) Unterdrückung *f*

kul *n* (*-s*) Brise *f*; kaltes Lüftchen

kúla *f* (*-u*, *-ur*) Kugel *f*

kuldalegur kalt; abweisend

kuldi *m* (*-a*, *-ar*) Kälte *f*

kúlu|lega *f* (*-u*, *-ur*) Kugellager *n*; **∼penni** *m* Kugelschreiber *m*; **∼varp** *n* Kugelstoßen *n*

kunna können; wissen; **∼ til e-s**, **∼ lag á e-u** sich auf etw. verstehen; **∼ e-ð utanbókar** etw. auswendig können

kunn|átta *f* (*-u*) Kenntnis *f*; **∼gera** bekanntmachen; **∼ingi** *m* (*-ja*, *-jar*) Bekannte *m*; **∼ingjakona** *f* Bekannte *f*; **∼ingsskapur** *m* (*-ar*) Bekanntschaft *f*

kunnugur bekannt; **eins og kunnugt er** wie bekannt, bekannterweise

kunnur bekannt; **vera ∼ að e-u** für etw. bekannt sein

kúpling *f* (*-ar*, *-ar*) Kupplung *f*

kúptur konvex

kurteis höflich; **∼i** *f* (*indekl.*) Höflichkeit *f*

kusk *n* (*-s*) Staub *m*

kústur m (-s, -ar) Besen m
kvak n (-s) Zwitschern n; **~a** zwitschern
kvala|fullur schmerzvoll; **~laus** schmerzfrei
kvalræði n (-s, -) Plage f
kvarta klagen; sich beschweren (**yfir e-u** über etw.)
kveða singen; dichten; sagen
kveðja 1. f (-u, -ur) Gruß m; **2.** sich verabschieden
kveðskapur m (-ar) Poesie f
kvef n (-s) Schnupfen m; Erkältung f; **~aður** erkältet; **~ast** sich erkälten
kveik|ing f (-ar, -ar) (Auto) Zündung f; Anzünden n; **~ja** (an)zünden; **~ja upp** Feuer machen; **~jari** m (-a, -ar) Feuerzeug n
kvein n (-s) Jammern n; **~a** jammern
kveisa f (-u) Kolik f
kveld n s. **kvöld**
kvelja quälen, peinigen
kven|fólk n Frauen pl.; **~hetja** f Heldin f; **~kyn** n Femininum n; **~kyns** weiblich; **~maður** m Frau f; Mädchen n; **~mannsföt** n/pl. Frauenkleider pl.
kvenna|búr n Harem m; **~klósett** n Damentoilette f; **~skóli** m Mädchenschule f
kven|réttindakona f Frauenrechtlerin f; **~réttindi** n/pl. Gleichberechtigung f (der Frauen); **~sjúkdómafræði** f Gynäkologie f; **~sjúkdómafræðingur** m (-s, -ar)

Gynäkologe m, Frauenarzt m
kver n (-s, -) Büchlein n; Katechismus m
kverkar f/pl. Kehle f
kvíð|a ängstlich sein; besorgt sein
kvið|arhol n (-s) Unterleib m; **~dómandi** m Geschworene m/f
kvíði m (-a) Sorge f
kviðslit n Med. Bruch m
kvika sich rühren; **~silfur** n Quecksilber n
kvik|fjárrækt f (-ar) Viehzucht f; **~mynd** f (Kino) Film m; **~mynda** filmen; **~myndahús** n Kino n; **~myndastjarna** f Filmstar m
kvikna entflammen; **það er ~ð** f es brennt
kvilli m (-a, -ar) Krankheit f
kvísl f (-ar, -ar) Flußarm m; Forke f
kvist|óttur knorrig; **~ur** m (-s, od. -ar, -ir) Zweig m; Knorren m
kvitt|a quittieren; **~un** f (-unar, -anir) Quittung f; **~ur 1.** m (-s, -ir) loses Gerücht; **2.** adj. quitt
kvongast (nur von Männern) heiraten
kvóti m (-a, -ar) Quote f
kvæða|bók f, **~safn** n Gedichtsammlung f
kvæði n (-s, -) Gedicht n; Lied n
kvæn|ast s. **kvongast**; **~tur** (von Männern) verheiratet

kvöl f (kvalar, kvalir) Qual f, Pein f

kvöld n (-s, -) Abend m; **annaÐ ~** morgen abend; **á ~in** abends; í **~ heute abend; í fyrra~** vorgestern abend; **gott ~!** guten Abend!; **~a:** **ÞaÐ ~ar** es wird Abend

kvöld|matur m Abendessen n; **~róÐi** m (-a) Abendrot n; **~rökkur** n Abenddämmerung f; **~skóli** m Abendschule f; **~vaka** f bunter Abend; **~verÐur** s. **~matur**

kvörtun f (-ar, kvartanir) Klage f, Beschwerde f

kylfa f (-u, -ur) Gummiknüppel m

kýli n (-s, -) Geschwür n

kyn n (-s, -) Geschlecht n; Art f; Gram. Genus n; **alls ~s** allerlei; **Þess ~s** derart; **~blendingur** m (-s, -ar) Mischling m; **~bætur** f/pl. Zucht f; Vered(e)lung f

kynd|a heizen; **~ill** m (-ils, -lar) Fackel f; **~ing** f Heizung f; **~ingarolía** f Heizöl n

kynfæri n/pl. Geschlechtsorgane pl.

kynna bekannt machen, vorstellen; **~ sér e-Ð** sich informieren über etw.; **~st** sich kennenlernen

kynn|i n/pl. Bekanntschaft f; **~ing** f (-ar) Bekanntmachung f; Bekanntschaft f

kynsjúkdómur m Geschlechtskrankheit f

kyn|slóÐ f Generation f; **~villa** f Homosexualität f; **~Þáttur** m Rasse f

kýr f (unregelm.) Kuh f

kyrkja erwürgen; erdrosseln

kyrr still; **láta e-Ð kyrrt** etw. sein lassen; **sitja ~** ruhig sitzen

Kyrrahaf n Pazifik m

kyrrÐ f (-ar) Stille f; Ruhe f

kyssa küssen

kæf|a 1. v/t. ersticken; **2.** f (-u, -ur) Pastete f

kæl|a abkühlen; **~ing** f (-ar, -ar) Abkühlung f; Kühlhaltung f; **~ir** m (-s) Kühlanlage f; (Auto) Kühler m; **~i-skápur** m Kühlschrank m

kænn listig; klug

kær lieb; **~a 1.** f Anklage f; **2.** Anklage erheben (gegen j-n); **j-n anklagen; ~ sig ekki um e-Ð** etw. nicht mögen; **~asta** f (-ustu, -ustur) Verlobte f; **~asti** m (-a, -ar) Verlobte m; **~kominn** willkommen; **~lega** herzlich; **~leikur** m Liebe f; **~ulaus** nachlässig, gleichgültig

kæti f (indekl.) Heiterkeit f, Freude f

köfnun f (-ar) Erstickung f; **~arefni** n Stickstoff m

kögur n (-s) Franse f

kökubúÐ f Konditorei f

kölkun f (-ar) Med. Verkalkung f

köllun f (-ar) fig. Berufung f

könguló f (-ar, -lær) Spinne f

könnun f (-ar) Forschung f,
Untersuchung f
körfuknattleikur m Korbball
m

L

lá: ~ e-m e-ð j-m wegen etw.
Vorwürfe machen; ~e-m e-ð
ekki j-m etw. nicht verden-
ken können; ~**st: e-m láist
að gera e-ð** j. unterläßt od.
vergißt, etw. zu tun
labba spazierengehen; langsam gehen; zu Fuß gehen
lafa herunterhängen, baumeln
lag n (-s, lög) Zustand m;
Form f; Mus. Melodie f;
Geol. Schicht f; **allt í ~i** pol.
alles in Ordnung; **koma í ~**in
Ordnung bringen; **í fyrsta**
erstens; (Zeit) frühestens; **í
mesta ~i** höchstens; **sæta ~i**
die Gelegenheit nutzen; **vera
í ~i** in Ordnung sein
laga in Ordnung bringen; in-
stand setzen; ~ **kaffi** Kaffee
kochen; ~ **sig eftir e-u** sich
nach etw. richten; ~ **til** aufräumen
laga|ákvæði n gesetzliche
Bestimmung f; ~**brot** n Gesetzesübertretung f; ~**deild** f
juristische Fakultät; ~**frumvarp** n Gesetzesvorlage f;
~**legur** juristisch; gesetzlich
lag|hentur, ~**inn** geschickt,
fingerfertig; ~**laus** unmusi-
kalisch; ~**legur** hübsch

kös f (kasar, kasir) Haufen m;
~**tur** m (kastar, kestir) (Holz)
Stoß m
köttur m (kattar, kettir) Katze f

lág|lendi n (-s) Tiefland n; ~
mark n Minimum n; ~
marksverð n Mindest-
preis m
lagningarvökvi m Haarfesti-
ger m
lág|ur niedrig; **bera lægri
hlut** unterlegen sein; ~
vaxinn klein (von Wuchs);
~**þrýstisvæði** n Tief(druckgebiet) n; ~**þýska** f Nieder-
deutsch n
lak n (-s, lök) Laken n, Bett-
tuch n
lakk n (-s, lökk) Lack m; ~**a**
lackieren; (Brief) versiegeln
lamb n (-s, lömb) Lamm n;
~**akjöt** n Lammfleisch n
lampi m (-a,-ar) Lampe f
lán n (-s, -) Anleihe f, Darle-
hen n; Glück n; ~**a** leihen,
borgen; gutschreiben; ~**ar-
drottinn** m Gläubiger m;
~**ast** gelingen; ~**astofnun** f
Kreditanstalt f
land n (-s, lönd) Land n; Staat
m; **nema** ~ Land besiedeln
landa|bréf n Landkarte f; At-
las m; ~**fræði** f Geographie
f; ~**kort** n Landkarte f; ~
merki n/pl. Grenzscheide f;
~**mæri** n/pl. (Landes-)Gren-
ze f

látast

land|búnaðarráðherra *m*
Minister *m* für Landwirtschaft; **~búnaður** *m* (*-ar*)
Landwirtschaft *f*; **~fræð-**
ingur *m* (*-s, -ar*) Geograph *m*
land|göngubrú *f* Schiffs-
planke *f*; **~helgi** *f* Hoheitsge-
wässer *n*; **~lið** *m* (*-a, -ar*)
Landsmann *m*; **~könnuður**
m (*-ar, -ir*) Entdecker *m*;
~mæling *f* Landvermessung
f; **~mælingar** *f/pl.* Geodäsie
f, Vermessungskunde *f*;
nám *n* Besiedlung *f*, Koloni-
sation *f*; **~námsmaður** *m*,
~nemi *m* Siedler *m*; **~plága**
f Landplage *f*; **~ráð** *n/pl.*
Hochverrat *m*; **~ráðamaður**
m Hochverräter *m*

lands|banki *m* Nationalbank
f; **~bókasafn** *n* Landes-,
Staats-, Nationalbibliothek
f; **~byggð** *n* ländliche Gegend *f*; **~hornamaður** *m*
Landstreicher *m*; **~lag** *n*
Landschaft *f*; **~lið** *n* Natio-
nalmannschaft *f*; **~lýður** *m*
(*-s*) Bevölkerung *f*

landvistarleyfi *n* Einreise-
u./od. Aufenthaltsgenehmi-
gung *f*

langa wollen, wünschen; **~ í**
e-ð Verlangen nach etw. haben; Appetit auf etw. haben;
~ til e-s Lust zu etw. haben
lang|afi *m* Urgroßvater *m*;
~amma *f* Urgroßmutter *f*;
~atöng *f* Mittelfinger *m*;
~bestur weitaus der beste;
~bylgja *f* (*Radio*) Langwelle

f; **~dreginn** *fig.* weitschwei-
fig, langwierig; **~ferðabíll** *m*
Reisebus *m*; **~línusamtal** *n*
Ferngespräch *n*

lang|lundargeð *n* Nachsicht
f, Langmut *f*; **~stökk** *n* Weit-
sprung *m*; **~ur** lang, weit;
~varandi langwierig; an-
dauernd; **~vinnur** langwie-

lán|samur glücklich; **vera**
~samur Glück haben; **~**
straust *n* Kredit *m*; **~takandi**
m (*-anda, -endur*) Darlehens-
nehmer *m*; **~veitandi** *m*
(*-anda, -endur*) Darlehensge-
ber *m*

láréttur waagerecht
lárvið|arkrans *m* od. **~ar-**
sveigur *m* Lorbeerkranz *m*;
~ur *m* Lorbeer *m*

lás *m* (*-s, -ar*) (*Tür*) Schloß *n*
lasinn unwohl, leicht krank
last *n* (*-s*) Tadel *m*; **~a** tadeln;
~afullur lasterhaft

lát *n* (*-s*) Todesfall *m*; Unterbrechung *f*

láta lassen; setzen, stellen, legen; **~ að ósk e-s** j-s Wunsch
nachkommen; **~ eftir sig** hin-
terlassen; **~ ganga eftir sér**
sich nötigen lassen; **~ hjá líða**
unterlassen; **~ í ljós** zum Ausdruck bringen; **~ lífið** ums
Leben kommen; **~ sig** nachgeben; **~ e-n um e-ð** j-m etw.
überlassen; **~ undan** nachgeben; **~ vita** benachrichtigen
láta|læti *n/pl.*: **vera með**
~læti Theater machen; **~st**

vorgeben, (so) tun, als ob ...; sterben

latína f (-u) Latein n

látlaus schlicht, einfach; ununterbrochen

latneskur lateinisch

latún n (-s) Messing n

latur faul

lauf n (-s, -) Laub n; **~græna** f (-u) Chlorophyll n, Blattgrün n; **~tré** n Laubbaum m

laug f (-ar,-ar) Bad n; warme Quelle; Schwimmbad n; **~ardagur** m Sonnabend m

laukur m (-s, -ar) Zwiebel f

laum|a zustecken; schleichen; **~ast: ~ast burt** davonschleichen; **~ufarþegi** m blinder Passagier m

laun n/pl. Gehalt n; **~a** belohnen; **~ahækkun** f (-unar, -anir) Lohnerhöhung f, Gehaltsaufbesserung f

launung f (-ar) Heimlichkeit f

laus m; locker; frei; ledig; **~afregn** f Gerücht n; **~aleiksbarn** n uneheliches Kind; **~látur** leichtlebig

lausn f (-ar, -ir) Lösung f; Befreiung f; Abschied m vom Dienst

lausnar|fé n Lösegeld n; **~i** m (-a) m Erlöser m

lausung f (-ar) Leichtsinn m, Frivolität f

laut f (-ar, -ir) (Erdboden) kleine Vertiefung f

lax m (-, -ar) Lachs m; **~á** f Lachsfluß m; **~veiði** f Lachsfang m

leðja f (-u) Schlamm m

leður n (-s) Leder n; **~blaka** f (-blöku, -blökur) Fledermaus f

lega f (-u, -ur) Lage f; Liegen n; *Tech.* Lager n

leggja legen, stellen, setzen; **~ af stað** aufbrechen; **~ á borð** den Tisch decken; **~ á flótta** die Flucht ergreifen; **~ e-ð í hættu** etw. riskieren; **~ í mörkum** (zu) Bett bringen; **~ e-ð fyrir e-n** j-m etw. vorlegen; **~ saman** zusammenlegen; *Math.* addieren; **~ til** beitragen; vorschlagen; **~ undir sig** erobern

leggjast sich hinlegen; *fig.* krank werden

leggur m (-jar, -ir) Unterschenkel m; (*Blume*) Stiel m

leggöng f/pl. *Med.* Scheide f

leg|steinn m Grabstein m; **~ubekkur** m Schlafsofa n

leið f (-ar, -ir) Weg m; Route f; **á ~inni** unterwegs; **um ~ og** *cj.* indem

leiða leiten, führen; an der Hand führen; **~ af sér** zur Folge haben, mit sich führen; **~ til e-s** in etw. resultieren

leiðangur m (-urs, -rar) Expedition f

leiðar|i m (-a, -ar) Leitartikel m; **~vísir** m Gebrauchsanweisung f; Wegweiser m; Prospekt m

leiðast Hand in Hand gehen; sich langweilen

leir

leiðbein|a beraten, anleiten, führen; **~andi** m (*-anda,* *-endur*) Berater m; Instrukteur m; *Thea.* Regisseur m; **~ing** f (*-ar, -ar*) Anweisung f; Beratung f

leiði 1. m (*-a*) Überdruß m, Unlust f; **2.** n (*-s, -*) Grab n

leiðind|averk n langweilige Arbeit; **~i** n/pl. Langeweile f; Ärger m

leiðinlegur langweilig; gemein

leiðrétt|a berichtigen; (*Schulheft*) korrigieren; **~ing** f (*-ar, -ar*) Berichtigung f; Korrektur f

leiðsla f (*-u, -ur*) (Wasser-) Leitung f; Ekstase f; Entzückung f

leiðsögn f Reiseleitung f; Führung f; Anleitung f

leiðsögumaður m Reiseleiter m

leið|togi m (*-a, -ar*) Anführer m; **~ur** überdrüssig; traurig; *það er mér leitt* wie schade; *mér þykir leitt* es tut mir leid; *verða ~ur á e-r* Sache müde od. überdrüssig werden

leifa übriglassen; **~r** f/pl. Reste pl.; Überbleibsel n

leiftr|a blitzen; **~ur** n (*-s, -*) Blitz m; **~urhraði** m Blitzesschnelle f

leig|a f (*-u, -ur*) Miete f; *herbergi til ~u* Zimmer zu vermieten; *taka á ~u* vermieten; **~ja** leihen; vermieten;

~jandi m (*-anda,* *-endur*) Mieter m; Untermieter m; **~ubíll** m Taxe f, Taxi n; **~ubílstjóri** m Taxifahrer m; **~uflug** n Charterflug m; **~uíbúð** f Mietwohnung f

leik|a *Thea.* aufführen; spielen; behandeln; zurichten; *grunur ~ur á* es besteht der Verdacht; *~a á e-n* j-n an der Nase herumführen; *~a sér* spielen; **~ari** m (*-a, -ar*) Schauspieler m

leik|fang n (*-s, -föng*) Spielzeug n; **~fimi** f (*indekl.*) Turnen n; **~fimikennari** m Turnlehrer m; **~hús** n Theater n; **~húsgestur** m Theaterbesucher m; **~hússtjóri** m (*-a, -ar*) Intendant m; **~inn** geschickt; routiniert; **~kona** f Schauspielerin f; **~maður** m Laie m

leik|ni f (*-s, -föng*) Fertigkeit f, Geschicklichkeit f; **~rit** n Drama n; Theaterstück n; (*Radio*) Hörspiel n; **~skóli** m Kindergarten m; **~skrá** f Programm n; **~stjóri** m (*-a, -ar*) Regisseur m; **~svið** n Bühne f; Schauplatz m; **~sýning** f *Thea.* Aufführung f; **~tjald** n Kulisse f; **~ur** m (*-s, -ir*) Spiel n; (*Schach-*) Zug m; *á nýjan leik* aufs neue; *skerast í ~inn* sich einmischen; **~vangur** m (*-s, -ar*) Sportplatz m; Stadion n; **~völlur** m Spielplatz m

leir m (*-s*) Lehm m, Ton m;

~keragerð f Keramik f; **~vörur** f/pl. Keramik f, Tonwaren pl.

leit f (-ar, -ir) Suche f; Nachforschung f; **~a** suchen; **~a til e-s** sich an j-n wenden; **~ast: ~ast við** versuchen, sl n (-s, -) Hügel m; Erhebung f

lek|a triefen; leck sn; **~i** m (-a, -ar) Leck n; **~tor** m (-s, -ar) Lektor m; **~ur** leck

lélegur schlecht, mittelmäßig

lemja schlagen; prügeln

lend f (-ar, -ar) Lende f; **~a** landen; **~i e-u** in etw. geraten, etw. erleben; **~ing** f (-ar, -ar) Landung f; **~ingarbraut** f Landebahn f; **~ingarleyfi** n Landeerlaubnis f

lengd f (-ar, -ir) Länge f; **til ~ar** auf die Dauer; **~arbaugur** m; **~arstig** n Längengrad m

leng|i lange; **~ing** f (-ar) Verlängerung f; **~ja** verlängern

leppríki n (-s, -) Satellitenstaat m

léreft n (-s, -) Leinen n

lesa lesen; studieren; pflükken; **~ upp** vorlesen; **~ndi** m (-anda, -endur) Leser m

les|bók f Lesebuch n; **~efni** n Lektüre f; **~kafli** m Lesestück n; **~mál** n Text m

lest f (-ar, -ir) Esb. Zug m; (Schiff) Laderaum m; (Gewicht) Tonne f; **~arstjóri** m (-a, -ar) Zugführer m

lestrar|bók f Lesebuch n; **~fýsn** f Leselust f; **~salur** m Lesesaal m

lestur m (-s od. -rar, -rar) Lesen n

let|i f (indekl.) Faulheit f; **~ingi** m (-ja, -jar) Faulpelz m; **~ja** abraten

létt|a aufhellen; nachlassen; lindern; **~ast** abnehmen, sich m (-s) Erleichterung f, Hilfe f

letur n (-s, -) Schrift f; (Schreibmaschine) Typen pl.; **færa í ~** aufzeichnen

leyf|a erlauben; **~i** n (-s, -) Erlaubnis f; Bewilligung f, Genehmigung f, Lizenz f; Urlaub m

leyna verheimlichen

leynd f (-ar) Heimlichkeit f; **með ~** heimlich, insgeheim; **~ardómsfullur** geheimnisvoll, mysteriös; **~ardómur** m Geheimnis n; **~armál** n Geheimnis n

leyni n (-s) Versteck n; **í ~** im Versteck; heimlich; **~legur** heimlich; **~lögregla** f Kriminalpolizei f; Geheimpolizei f; **~lögreglumaður** m Kriminalbeamte m; **~þjónusta** f Geheimdienst m

leys|a lösen; befreien; **~ upp** auflösen; **~ úr e-u** etw. enträtseln; **~ing** f (-ar, -ar) Tauwetter n

leyti n (-s): **að mestu ~** zum größten Teil; **fyrir mitt ~** was mich betrifft, meinerseits; **að nokkru ~** zum Teil; **að öðru ~** im übrigen; **um sama ~** zur gleichen Zeit; **um þetta ~** um diese Zeit

lið n (-s, -) Heer n; Truppen pl.; Hilfe f; **ganga í ~ með e-m** sich j-m anschließen; **verða að ~i** nützen; **~a** gliedern; kräuseln

líða vergehen, verrinnen; schweben, gleiten; **hvernig líður þér?** wie geht es dir?; **tíminn líður** die Zeit vergeht; dulden; erleiden; **~ e-ð** etw. dulden; **~ þjáningar** Schmerzen erleiden

líðan f (-ar) Befinden n

liðlegur hilfsbereit

liðsforingi m Offizier m; Leutnant m

liðsinna helfen

liðugur geschmeidig; **~ur** m (-ar, -ir) Gelenk n; Glied n; Teil m; **~veisla** f Hilfe f; Beistand m

líf n (-s, -) Leben n; **halda í ~i** am Leben erhalten; **taka af ~i** hinrichten; **vera á ~i** am Leben sein

lifa leben; erleben; überleben; **~ndi** lebendig

lífeðlisfræði f Physiologie f; **~ingur** m (-s, -ar) Physiologe m

lífefnafræði f Biochemie f

lífeyrir m Pension f; **~isþegi** m (-ar, -ar) Rentner m; **~iðjóð** f Biologie f; **~ærafræði** f Anatomie f; **~æri** n (-s, -) Organ n

lífga beleben; wiederbeleben; **~un** f (-unar, -anir) Belebung f; Wiederbelebung f (e-s Ertrinkenden); **~unar-**

tilraun f Wiederbelebungsversuch m; **~himna** f Bauchfell n; **~láta** hinrichten; **~legur** lebhaft

lifna wiederaufleben; (Natur) erwachen; **~ við** ins Leben zurückkehren

lífnaður m (-ar) Lebensweise f

lifrar/kæfa f (-u) Leberwurst f; Leberpastete f; **~pylsa** f Leberwurst f

lífrænn organisch

lífs/ábyrgð f Lebensversicherung f; **~glaður** lebensfroh; **~háski** m od. **~hætta** f Lebensgefahr f; **~leiði** m Lebensüberdruß m; **~mark** n Lebenszeichen n; **~nauðsyn** f Lebensnotwendigkeit f; **~orka** f Vitalität f; **~reynsla** f Lebenserfahrung f; **~skilyrði** n Lebensbedingung f; **~skoðun** f Lebensanschauung f; **~speki** f Lebensweisheit f; **~starf** n Beruf m

líftrygging f Lebensversicherung f; **~ja e-e** Lebensversicherung abschließen

lifur f (-rar, -rar) Leber f

líf/vera f Lebewesen n; Geschöpf n; **~æð** f Schlagader f; Pulsader f

liggja liegen; **~ í rúminu** das Bett hüten; **mér liggur á** ich habe Eile; **það liggur illa (vel) á e-m** j. ist schlechter (guter) Laune; **það liggur við** es ist fast so

lík n (-s, -) Leiche f; **~a 1.** leiden mögen, gefallen; **mér**

~ar það es gefällt mir; **2.** *adv.* auch

líkam|i *n* (-a, -ar) Körper *m*; **~legur** körperlich; **~sbygging** *f* Körperbau *m*

líkan *n* (-ans, -ön) Modell *n*; Skulptur *f*

lík|brennslustofa *f* Krematorium *n*; **~fylgd** *f* Trauerzug *m*; **~indi** *n/pl.* Wahrscheinlichkeit *f*; **~ing** *f* (-ar, -ar) Ähnlichkeit *f*; Gleichnis *n*; *Math.* Gleichung *f*

líkja: **~ eftir e-u** etw. nachahmen; **~ e-m við e-n** j-n mit j-m vergleichen; **~st: ~st e-m** j-m gleichen *od.* ähneln

líkjör *m* (-s, -) Likör *f*

lík|kista *f* Sarg *m*; **~legur** wahrscheinlich

líkn *f* (-ar) Gnade *f*, Barmherzigkeit *f*; **~eski** *n* (-s, -) Statue *f*, Standbild *n*; **~samur** gnädig, barmherzig

lík|ræða *f* Leichenrede *f*; **~skoðun** *f* Leichenschau *f*; **~skurður** *m* Sektion *f*; **~ur 1.** *f/pl.* Wahrscheinlichkeit *f*; *Jur.* Indizien *pl.*; **2.** *adj.* ähnlich; **~þorn** *n* (-s, -) Hühnerauge *n*

lilja *f* (-u, -ur) Lilie *f*

lím *n* (-s) Leim *m*, Kleister *m*; **~a** kleben; leimen; kleistern

limur *m* (-s, -ir) Glied *n*

lín *n* (-s) Leinen *n*; **~a** *f* (-u, -ur) Linie *f*

lind *f* (-ar, -ir) Quelle *f*; **~itré** *n* Linde *f*

líndýr *n* Weichtier *n*

linsa *f* (-u, -ur) (*Optik*) Linse *f*

linsoðinn weichgekocht

linur weich; schlaff

línurit *n* Diagramm *n*, Kurve *f*

lipur geschmeidig, geschickt

lirfa *f* (-u, -ur) Larve *f*, Raupe *f*

list *f* (-ar, -ir) Kunst *f*; **~áháskóli** *m* Kunstakademie *f*; **~amaður** *m* Künstler *m*; **~asafn** *n* Kunstmuseum *n*; **~asýning** *f* Kunstausstellung *f*; **~averk** *n* Kunstwerk *n*

list|dómari *m* Kunstkritiker *m*; **~fræði** *f* Kunstgeschichte *f*; **~i** *m* (-a, -ar) Liste *f*; Leiste *f*; **~iðnaður** *m* Kunstgewerbe *n*; **~málari** *m* Kunstmaler *m*, Maler *m*; **~rænn** künstlerisch; **~sýning** *f* Kunstausstellung *f*

lita färben; **~st: ~st um** sich blicken; **~st upp** (*Stoff*) verbleichen

líta sehen; **~ aftur** zurückblicken; **~ eftir e-u** nach etw. sehen; **~ vel út** gut aussehen

lit|blindur farbenblind; **~bogahimna** *f* Regenbogenhaut *f*; **~brigði** *n/pl.* Farbenspiel *n*

lítil|l klein, unbedeutend; wenig; **~látur** bescheiden; **~lækka** demütigen; **~læti** *n* (-s) Bescheidenheit *f*; **~mótlegur** unbedeutend, gering; **~svirða** geringschätzen; verachten; **~svirðing** *f* Geringschätzung *f*, Verachtung f; **svirtur** geringschätzig

litlaus farblos

litlifingur m der kleine Finger

lítri m (-a, -ar) Liter m

lit|rof n (-s) Spektrum n; **skrúð** n (-s) Farbenpracht f; **un** f (-ar) Färbung f; **ur** m (-ar, -ir) Farbe f

ljár m (-s, -ir) Sense f

ljóð n (-s, ∼) Gedicht n, Lied n; **abók** f (-ar) Gedichtsammlung f; **agerð** f Lyrik f; **lína** f Vers m; **mæli** n/pl. Gedichte pl.; **rænn** lyrisch; **skáld** n Lyriker m

ljóma strahlen, scheinen; **i** m (-a) Glanz m

ljón n (-s, ∼) Löwe m

ljós 1. n (-, ∼) Licht n; **koma í ∼** erscheinen; sich herausstellen; ans Licht kommen; **láta í ∼** seine Meinung äußern; **2.** adj. hell, licht; klar, deutlich; **það er ∼t** es ist klar

ljósa|króna f Kronleuchter m; **pera** f Glühbirne f

ljós|ár n Lichtjahr n; **avél** f Lichtmaschine f; **blár** hellblau; **brot** n Lichtbrechung f; **fræði** f Optik f; **fælinn** lichtscheu; **geisli** m Lichtstrahl m

ljós|hærður blond; **ker** n Laterne f; **merki** n Lichtsignal n; **móðir** f Hebamme f, Geburtshelferin f; **mynd** f Fotografie f; **mynda** fotografieren; **myndari** m (-a, -ar) Fotograf m; **∼**

myndavél f Fotoapparat m, Kamera f

ljósop n (Foto) Blende f

ljós|rák f Lichtstreifen m; **rit** n Fotokopie f; **ta** schlagen

ljóstra: **∼ upp** verraten

ljós|vaki m (-a) Äther m; **viti** m Leuchtfeuer n

ljótur häßlich

ljúf|fengur lecker, wohlschmeckend; **mennska** f (-u) Liebenswürdigkeit f; **ur** nett

ljúga lügen

ljúka beenden; zu Ende bringen; fertig machen; **∼ prófi** Examen machen; **∼ upp** aufmachen, öffnen

lóa f (-u, -ur) Goldregenpfeifer m

lóð 1. f (-ar, -ir) Baugrundstück n, Grundstück n; **2.** n (-s, ∼) (Standuhr) Gewicht n; Lot n; **rétt** senkrecht

loða: ∼ við klebenbleiben; anhaften

loðfeldur m Pelzmantel m, Pelz m

loðinn zottig; (Hand) behaart

loðkápa f Pelzmantel m

lof n (-s, ∼) Lob n; Beifall m; **a** (e-u etw.) versprechen; rühmen; loben; (e-ð etw.) erlauben

lófaklapp n Applaus m, Beifall m

lófi m (-a, -ar) Handfläche f

lof|orð n Versprechen n; **ræða** f Lobrede f; **söngur** m Hymne f

loft n (-s, -) Luft f; (Haus) Boden m, Dachboden m; (Zimmer-)Decke f; **~ liggja upp í ~** auf dem Rücken liegen; **~árás** f Luftangriff m; **~leið** f Flugstrecke f od. -linie f; **~leiðis** mit Luftpost; **~net** n Antenne f, **~ræsting** f Ventilation f

loftskeyt|amaður m Funker m; **~astöð** f Funkstation f; **~i** n Funktelegramm n, Funkspruch m

loftslag n Klima n, Witterung f

loft|vog f Barometer n; **~ þéttur** luftdicht; **~ þrýstingur** m Luftdruck m

log|a flammen, brennen; **~i** m (-a, -ar) Flamme f; **eins og ~i yfir akur** wie ein Lauffeuer; **~n** n (-s) Windstille f; **~sjóða** schweißen; **~suða** f Schweißen n

lok n (-s, -) Deckel m; pl. a. Abschluß m, Schluß m; **að ~um** endlich; **líða undir ~** sterben; zugrunde gehen; **~a 1.** f (-u, -ur) Riegel m; **2.** schließen; zumachen; abschließen; **~apróf** n Abschlußprüfung f; **~aæfing** f Generalprobe f; **~i** m (-a, -ar) Ventil n

lokk|a (ver)locken; **~ast** sich locken od. ringeln; **~ur** m (-s, -ar) Locke f

lok|s(ins) endlich; **~un** f (-un-ar, -anir) Schließung f; Ladenschluß m

lón n (-s, -) Haff n, Lagune f

lop|apeysa f Isländerpullover m; **~i** m (-a, -ar) isl. Schafswolle f

loppa f (-u, -ur) Pfote f, Tatze f

los|a losreißen, losmachen; lockern; sich lösen; **~na við e-ð** etw. loswerden

lostafullur wollüstig

lota f (-u, -ur) (Sport) Runde f

lotning f (-ar) Ehrfurcht f; **~arfullur** ehrfürchtig

lúð|a f (-u, -ur) Heilbutt m; **~rasveit** f Blasorchester n; **~ur** m (-urs, -rar) Trompete f; **~urblástur** m Trompetenstoß m

lúi m (-a) Müdigkeit f; **~nn** müde

lukk|a f (-u) Glück n; **~ulegur** glücklich

lukt f (-ar, -ir) Laterne f, Lampe f

lund f (-ar) Sinn m, Gemüt n; **á sömu ~** auf die gleiche Weise; **~arfar** n (-s) Gemüt n, Sinn m; Temperament n; **~erni** n (-s) Gemüt n; **~góður** umgänglich u. ruhig; **~i** m (-a, -ar) Papageientaucher m; **~illur** mürrisch u. schwierig im Umgang; **~ur** m (-ar, -ir) Wäldchen n

Lundún|aborg f, **~ir** f/pl. London n

lung|a n (-a, -u) Lunge f; **~nabólga** f Lungenentzündung f; **~nakvef** n Bronchitis f

lúpulegur beschämt

lús f (-ar, lýs) Laus f

lúters|kur lutherisch; **~trúar** evangelisch

lýð|frjáls demokratisch; **~háskóli** m Volkshochschule f; **~hylli** (indekl.) f Popularität f; **~ræði** n (-s) Demokratie f; **~ræðislegur** demokratisch; **~skrumari** m (-a, -ar) Demagoge m; **~ur** m (-s, -ir) Volk n; Pöbel m; vera við ~i bestehen(bleiben); **~veldi** n Republik f

lyf n (-s, -) Arznei f, Medizin f, Medikament n; **~jabúð** f Apotheke f; **~jafræði** f Pharmazie f; **~jafræðingur** m (-s, -ar) Pharmazeut m; **~læknir** m Internist m; **~sali** m (-a, -ar) Apotheker m; **~seðill** m Rezept n

lyfta 1. f (-u, -ur) Fahrstuhl m; **2.** (er)heben; **~ sér upp** sich amüsieren

lyga|laupur m (-s, -ar), **~ri** m (-a, -ar) Lügner m

lygi f (-, -ar) Lüge f; **~legur** unglaublich, unwahrscheinlich; **~nn** lügnerisch

lygn (Wasser, Wetter) still, ruhig; **~a: það ~ir** der Wind legt sich

lyk|ill m (-ils, -lar) Schlüssel m; **~lakippa** f (-u, -ur) Schlüsselbund n

lykt 1. f (-ar) Geruch m; **2.** f (-ar, -ir) Schluß m; **að ~um** zum Schluß; **leiða til ~a** beenden

lykta riechen; enden; aufhören; **~rlaus** geruchlos

lyndiseinkunn f Charakter m

lyng n (-s) Heidekraut n

lýsa leuchten, beleuchten; beschreiben, schildern; **~ eftir e-u** nach etw. fahnden; **~ yfir** erklären

lýsi n (-s) Tran m; **~ng** f (-ar, -ar) Beleuchtung f; Schilderung f; **~ngarháttur** m Partizip n

lyst f (-ar) Lust f; Appetit m; **~arlaus** appetitlos; **~arleysi** n Appetitlosigkeit f

lyst|hafandi m (-anda, -endur) Kauflustige m; Interessent m; **~isnekkja** f (-u, -ur) Jacht f; **~ugur** appetitlich; eßlustig

lýta entstellen

lægð f (-ar, -ir) Vertiefung f; Meteor. Tief(druckgebiet) n

lægi n (-s) Ankerplatz m, Reede f

lægja: það lægir der Wind legt sich od. nimmt ab

lækk|a sinken; fig. abnehmen; (Preis) fallen; v/t. senken; **~un** f (- unar, -anir) (Preis) Senkung f, Herabsetzung f; (Gehalt, Lohn) Kürzung f

lækn|a heilen; **~adeild** f medizinische Fakultät; **~ing** f (-ar, -ar) Heilung f; **~ingastofa** f Klinik f; **~ir** m (-s, -ar) Arzt m; **~isfræði** f Medizin f; **~islyf** n Arznei f; **~isskoðun** f ärztliche Untersuchung; **~isvitjun** f (-unar,

-anir) ärztlicher Besuch, Konsultation f; **~isvottorð** n ärztliches Zeugnis, ärztliche Bescheinigung

lækur m (-jar, -ir) Bach m

lær|a lernen; **~a utanbókar** auswendig lernen; **~dómur** m Gelehrtheit f; Wissen n; **~ður** gelehrt

læri n (-s, -) Oberschenkel m; Keule f

lærisveinn m Lehrling m; Rel. Jünger m

læs|a (ab)schließen, verschließen; **~ing** f (-ar, -ar) Schloß n; Schließung f

læti n/pl. Krawall m; Lärm m

lævís hinterlistig; **~vísi** f (indekl.) Hinterlist f, Tücke f

löðrungur m (-s, -ar) Ohrfeige f

lög n/pl. Gesetz n; **~aldur** m Volljährigkeit f; **~brot** n Gesetzesübertretung f; **~fræði** f Rechtswissenschaft f; **~fræðingur** m (-s, -ar) Jurist m

lög|gilda legalisieren; autorisieren; **~gjafarvald** n Legislative f, gesetzgebende Gewalt; **~gjöf** f Gesetzgebung f; **~hald** n Beschlagnahme f, Konfiskation f; **leggja ~hald á e-ð** Jur. etw. beschlag-

nahmen; **~heimili** n fester Wohnsitz; Heimatort m; **~legur** gesetzlich; **~mál** n (Natur-) Gesetz n

lög|nám n Pfändung f, Zwangsvollstreckung f; **~regla** f Polizei f; **~reglurannsókn** f (polizeiliche) Ermittlungen pl.; **~reglusamþykkt** f Polizeiverordnung f; **~reglustöð** f Polizeibehörde f; Polizeirevier n; **~regluþjónn** n Polizeibeamte m; Polizist m; **~sækja** gerichtliches Verfahren gegen j-n anstrengen; **~sögn** f Gerichtsbarkeit f; Gerichtsbezirk m; **~tak** n Pfändung f

lög|un f (-ar) Form f; **~ur** m (lagar) Flüssigkeit f; **~venja** f Gerichtspraxis f; **~verndaður** gesetzlich geschützt (Abk. ges. gesch.); **~villa** f Justizirrtum m; **~þing** n Parlament n

lömun f (-ar) Lähmung f; Kinderlähmung f

löngun f (-ar) Sehnsucht f; Drang m, Bedürfnis n; Lust f

löpp f (lappar, lappir) Pfote f; Tatze f

löstur m (lastar, lestir) Laster n

M

maðkur m (-s, -ar) Made f; Vía f

maður 1. m (unregelm.) Mensch m; Mann m; **á mann**

pro Kopf; **2.** indef. pron. man, einer

máfur m (-s, -ar) Möwe f

mag|asár n Magengeschwür

n; **~i** m (-a, -ar) Magen m; Bauch m

mágkona f Schwägerin f

magn n (-s) Menge f, Masse f, Quantität f; Kraft f; **~ari** m (-a, -ar) Verstärker m; **~laus** kraftlos; erschöpft

mágur m (-s, -ar) Schwager m

magur mager, dünn

maí m (indekl.) Mai m

maki m (-a, -ar) Ehegatte m od. -gattin f; **~ndi** n/pl. Bequemlichkeit f

maklegur wohlverdient

mál n (-s, -) Sache f, Angelegenheit f; Prozeß m; Sprache f; Äußerung f; Rede f; Maß n; **miðla ~um** vermitteln; **e-ð skiptir engu ~i** etw. spielt keine Rolle; **fara í ~ við e-n** j-n verklagen; **flytja ~** e-e Sache vor Gericht vertreten; **vera á ~i** e-s j-s Meinung teilen; **það kemur ekki til ~a** es kommt nicht in Frage; **það er ~ til komið** es ist Zeit

mal|a mahlen; (Katze) schnurren; **~ari** m (-a, -ar) Müller m; **~bera** mit Kies beschütten; **~bika** asphaltieren

mála malen; n/pl. Prozeß m; **~færslumaður** m Rechtsanwalt m; **~ri** m (-a, -ar) Maler m; **~vextir** m/pl. Sachverhalt m

mál|band n Bandmaß n; **~efni** n Sache f, Angelegenheit f; **~efnislegur** sachlich; **~far** n Stil m; Sprache f;

~flutningur m Beweisführung f; **~frelsi** n Redefreiheit f; **~fræði** f Grammatik f; Philologie f; **~fræðilegur** grammatisch; **~fræðingur** m (-s, -ar) Grammatiker m, Philologe m; **~gagn** n (Zeitung) Organ n; **~gefinn** geschwätzig, redselig; **~hvíld** f Sprechpause f; **~laus** stumm; **~leysingi** m (-ja, -jar) Taubstumme m/f; **~lýska** f (-u, -ur) Mundart f, Dialekt m

málm|grýti n (-s) Erz n; **~ur** m (-s, -ar) Metall n

málning f (-ar) Anstrich m; Farbe f

málrómur m (-s) Stimme f; Stimmvolumen n

máls|aðili m Jur. Partei f; **~bætur** f/pl. mildernde Umstände pl.; **~grein** f Abschnitt m; **~háttur** m Sprichwort m; **~höfðun** f (-ar) Klage f; Klageerhebung f; **~kostnaður** m Prozeßkosten pl.

málsvari m (-a, -ar) Fürsprecher m; Verteidiger m

málsverður m (-ar, -ir) Mahlzeit f

mál|tak n Sprichwort n; (Stil) Redensart f; **~tíð** f Mahlzeit f; **~tæki** n Redensart f; **~venja** f Sprachgebrauch m

mál|verk n Gemälde n; **~villa** f Sprachfehler m; **~vísindamaður** m Sprachwissenschaftler m; Linguist m; **~**

vísindi *n/pl.* Linguistik *f*; **~vöndun** (*-ar*) Sprachpflege *f*

mamma *f* (*mömmu, mömmur*) Mutter *f*, Mam(m)a *f*, Mutti *f*

mana anspornen; herausfordern

mánaðar|dagur *m* Datum *n*; **~legur** monatlich

mánaskin *n* Mondschein *m*

mandla *f* (*möndlu, möndlur*) (*Frucht*) Mandel *f*

mangari *m* (*-a, -ar*) Schacherer *m*

máni *m* (*-a, -ar*) Mond *m*

manna|legur männlich; wichtigtuerisch; **~mót** *n* Zusammenkunft *f*; **~siðir** *m/pl.* Manieren *pl.*

mann|ást *f* Menschenliebe *f*; **~aumingi** *m* armer Kerl; **~blendinn** gesellig; **~dómur** *m* Kraft *f*, Mannhaftigkeit *f*; **~elskur** (*Tier*) zahm; **~eskja** *f* (*-u, -ur*) Mensch *m*; **~fjöldi** *m* Menschenmenge *f*; **~fræði** *f* Anthropologie *f*; Genealogie *f*; **~fælinn** menschenscheu; **~gerð** *f* Menschentyp *m*; Charakter *m*; **~gildi** *n* Persönlichkeit *f*; **~kyn** *n* Menschheit *f*

mann|kynssaga *f* Weltgeschichte *f*; **~kærleiki** *m* Menschenliebe *f*; **~legur** menschlich; **~orð** *n* (*guter od. schlechter*) Ruf; **~réttindi** *n/pl.* Menschenrechte *pl.*

manns|aldur *m* Menschenal-

ter *n*; **~lát** *n* Todesfall *m*; **~líf** *n* Menschenleben *n*; **~ævi** *f s.*

mann|tafl *n* Schach *n*; **~tal** *n* Volkszählung *f*; **~talsskrifstofa** *f* Einwohnermeldeamt *n*; **~tegund** *f* Menschentyp *m*; **~úð** *f* Humanität *f*; **~úðlegur** human; **~vera** *f* menschliches Wesen; **~vinur** *m* Menschenfreund *m*; **~vit** *n* Menschenverstand *m*; **~þekkjari** *m* Menschenkenner *m*; **~æta** *f* (*-u, -ur*) Kannibale *m*

mánu|dagur *m* Montag *m*; **~ður** *m* (*-aðar, -uðir*) Monat *m*; **hálfur ~uður** vierzehn Tage

mar *n* (*-s*) Quetschung *f*; **~arbotn** *m* Meeresboden *m*

marblettur *m* blauer Fleck *m*

marg|breytilegur vielfältig; **~brotinn** verwickelt, kompliziert; **~falda** multiplizieren; **~faldur** zahlreich; vielfältig; **~földun** *f* (*-ar*) Multiplikation *f*; **~földunartafla** *f* Einmaleins *n*; **~ir** *m/pl.* viele; manche; **~litur** bunt; **~ur** mancher

mark *n* (*-s, mörk*) (*Fußball*) Tor *n*; (*Geld*) Mark *f*; **~aður** *m* (*-ar, -ir*) Markt *m*; **~mið** *n* (*-s, -*) Ziel *n*, Zweck *m*; **~viss** zielbewußt

marmari *m* (*-a*) Marmor *m*

marr *n* (*-s*) Knarren *n*; Knistern *n*; **~a** knarren; (*Schnee, Sand*) knirschen

mars *m (indekl.)* März *m*

martröð *f (-traðar, -traðir)* Alptraum *m*

mas *n (-)* Plaudern *n;* **~a** plaudern, schwatzen

mastur *n (-s, möstur)* Mast *m*

mat *n (-s)* Würdigung *f;* Schätzung *f;* Gutachten *n;* **~arlyst** *f* Appetit *m;* **~arveisla** *f* Festessen *n;* **~ast** essen

mát *(Schach)* matt; **~a** matt setzen; *(Kleider)* anprobieren

mat|jurtagarður *m* Gemüsegarten *m;* **~málstími** *m* Essenszeit *f;* **~reiða** kochen; **~reiðsla** *f (-u)* Kochen *n;* **~reiðslubók** *f* Kochbuch *n;* **~reiðslukona** *f* Köchin *f;* **~sala** *f* Speiselokal *n;* **~seðill** *m* Speisekarte *f;* **~skeið** *f* Löffel *m*

mat|sverð *n* Schätzwert *m;* **~sölustaður** *m* Restaurant *n;* **~ur** *m (-ar, -ar)* Essen *n*

mátt|farinn entkräftet, erschöpft; **~laus** kraftlos; *laus gagnvart e-u* machtlos e-r Sache gegenüber; **~leysi** *n (-s)* Schwäche *f;* Kraftlosigkeit *f;* **~ur** *m (-ar)* Kraft *f;* Vermögen *n;* Macht *f; af öllum mætti* aus allen Kräften; *minni máttar* unterlegen; *reyna af öllum mætti* sein Bestes tun

mat|vara *f* Nahrungsmittel *n;* Lebensmittel *pl.;* **~væli** *n/pl.* Lebensmittel *pl.;* **~vörubúð**

f, **~vöruverslun** *f* Lebensmittelgeschäft *n*

maur *m (-s, -ar)* Ameise *f;* Milbe *f*

með *prp. mit dat. u. acc.* mit, durch; *fara ~ e-ð* etw. mitnehmen; *fara ~ e-m* mit j-m zusammen hingehen; *~ þessum hætti* auf diese Weise; *~ því* dadurch, dadurch; *vera ~ hinum fyrstu* unter den ersten sn; *fara vel (illa) ~ e-n* j-n gut (schlecht) behandeln

meðal 1. *n* Arznei *f,* Medizin *f;* **2.** *prp. mit gen.* unter; *~ annarra orða* *fig.* apropos, nebenbei bemerkt; übrigens; *~ annars (Abk. m. a.)* unter anderem *(Abk. u. a.)*

meðal|hár mittelgroß; mittelhoch; **~hiti** *m* Durchschnittstemperatur *f;* **~lag** *n* Durchschnitt *m;* **~tal** *n* Durchschnitt *m; að ~tali* im Durchschnitt; **~vegur** *m* Mittelweg *m,* Kompromiß *m;* **~verð** *n* Durchschnittspreis *m*

meðan *cj.* während, solange

meðaumkun *f (-ar)* Mitleid *n,* Mitgefühl *n;* **~arlaus** erbarmungslos, unbarmherzig

með|borgari *m* Mitbürger *m;* **~ferð** *f* Behandlung *f;* **~fram** *adv.* zugleich, auch; *prp. mit dat.* längs; **~fæddur** angeboren; **~ganga** (ein-)gestehen; bekennen; **~göngutími** *m* Schwangerschaftszeit *f*

hjálpari m (-a, -ar) Küster m; **~höndla** behandeln; **~limur** m Mitglied n; **~mæli** n/pl. Empfehlung f; **~sekur** mitschuldig; **~talinn** einbegriffen; einschließlich; **~vitund** f (-ar) Bewußtsein n; **~vitundarlaus** bewußtlos

mega dürfen; **~ til að gera e-ð** etw. tun müssen; **~ vera að e-u** Zeit zu etw. haben

megin adv.: **báðum ~** von beiden Seiten; **hérna ~** diesseits; **hinum ~** jenseits

megin|atriði n Hauptsache f; **~hluti** m der größte Teil; **~land** n Festland m, Kontinent m; **~regla** f Prinzip n, Grundsatz m

megr|ast (Gewicht) abnehmen; **~un** f (-unar, -anir) Abmagerungskur f; Diät f

meiða verletzen; **~ sig** sich verletzen

meiðsli n (-s, -) Verletzung f

meiðyrði n/pl. Beleidigung f

mein n (-s, -) Schaden m; **verða e-m að ~i** j-m etw. zuleide tun

meina meinen; glauben; **~ a e-m e-ð** j-m etw. verwehren od. verbieten; **~ing** f (-ar) Meinung f; **~laus** harmlos; **~leysi** n (-s, -) Gutmütigkeit f; **~loka** f fixe Idee; **~lætamaður** m Asket m; **~særi** n (-s) Meineid m

meir mehr; **síðar ~** später; **~a** adj. mehr; **~a að segja** sogar, obendrein

meirihluti m Mehrheit f

meistari m (-a, -ar) Magister m; (Handwerk) Meister m

meit|ill m (-ils, -lar) Meißel m; **~la** meißeln

mél n. s. **mjöl**

mel|fluga f Motte f; **~óna** f (-u, -ur) Melone f; **~rakki** m (-a, -ar) Fuchs m

melt|a verdauen; **~ing** f (-ar) Verdauung f; **~ingarfæri** n/pl. Verdauungsorgane pl.

melur m (-s, -ar) Sand- od. Kieshügel m

menning f (-ar) Kultur f; **~arlegur** kulturell; **~arsaga** f Kulturgeschichte f; **~arstig** n Kulturstufe f

mennta ausbilden, heranbilden; bilden; **~ður maður** gebildeter Mann; **~maður** m Gelehrte m; **~skóli** m Gymnasium n; **~skólakennari** m (Ober-)Studienrat m; **~stofnun** f Bildungsstätte f

menntun f (-ar) Ausbildung f, Bildung f

mergð f (-ar, -ir) Menge f

mergur m (-s) Mark n

merki n (-s, -) Zeichen n; Signal n; Symptom n; **~legur** interessant; bemerkenswert; **~ng** f (-ar, -ar) Bedeutung f

merkja kennzeichnen; bedeuten; (Paket) adressieren

merkur bedeutend

messa 1. f (-u, -ur) Gottesdienst m; Messe f; 2. den Gottesdienst halten

millilandaflug

mestur der größte; ~ **hluti** der
größte Teil; *í mesta lagi*
höchstens

met *n* (-s, -) Rekord *m*; *þungt
á* ~ **unum** schwerwiegend;
~ **a** (ab)schätzen; ~ **askál** *f*
Waagschale *f*

metnaðargirni *f* (*indekl.*)
Ehrgeiz *m*; ~ **argjarn** ehrgeizig; ~ **armál** *n* Ehrensache *f*;
~ **ur** *m* (-ar) Ehrgeiz *m*, Ambition *f*

metorð *n/pl.* Ansehen *n*;
Rang *m*; ~ **agjarn** ehrgeizig

metr|amál *n* Metersystem *n*;
~ **i** *m* (-a, -ar) Meter *m*

mettur satt, gesättigt

mey(ja) *f* (-jar, -jar) Jungfrau
f

meyr mürbe; (*Braten*) gar

mið *n* (-s, -) Mitte *f*; Ziel *n*;
Zielen *n*; *Mar.* Peilung *f*; *pl.*
Fischgründe *pl.*; *taka* ~ *á e-ð*
fig. auf etw. zielen, etw. aufs
Korn nehmen; *í* ~ *ið* in der
Mitte; ~ **a** zielen; ~ **a vel
áfram** gut vorankommen

mið|aldir *f/pl.* Mittelalter *n*;
~ **baugur** *m* Äquator *m*;
~ **dags-**, ~ **degismatur** *m*
Mittagessen *n*; ~ **depill** *m*
Mittelpunkt *m*

mið|flóttaafl *n* Zentrifugalkraft *f*; ~ **i** *m* (-a, -ar) Zettel
m; Eintrittskarte *f*; Fahrkarte *f*; ~ **ja** *f* (-u) Mitte *f*;
~ **jarðarbaugur** *m* Äquator
m

mið|la: *Ja málum* vermitteln; ~ **lari** *m* (-a, -ar) Vermittler *m*; ~ **lun** *f* (-unar,
-anir) Vermittlung *f*; ~ **nætti**
n (-s) Mitternacht *f*; ~ **nætursól** *f* Mitternachtssonne *f*;
~ **stig** *n* Komparativ *m*; ~
stöð *f* Zentrale *f*; Heizraum
m; ~ **stöðvarhitun** *f* Zentralheizung *f*; ~ **stöðvarofn** *m*
Heizkörper *m*; ~ **stöð vi 1.** *comp.
v.* **lítt** kleiner, geringer,
schlechter; *því* ~ **leider; 2.**
mitten, mittel-; *á miðri leið*
halbwegs; *um miðjan dag*
mitten am Tage; ~ **vikudagur** *m* Mittwoch *m*

mig mich

mikið sehr, viel

mikil|fenglegur großartig; ~ **l**
groß, viel; ~ **látur** stolz;
~ **sháttar**, ~ **svarðandi**, ~ **sverður** wichtig; von großer
Bedeutung; ~ **vægi** *n* (-s)
Wichtigkeit *f*, Bedeutung *f*;
~ **vægur** wichtig, bedeutsam

míla *f* (-u, -ur) Meile *f*

mildi *f* (*indekl.*) Milde *f*,
Sanftheit *f*; Barmherzigkeit *f*

mildur mild(e)

milli 1. *prp. mit gen.* unter;
zwischen; *á* ~ zwischen; **2.**
adv. dazwischen; *okkar á* ~
unter uns; *sín á* ~ untereinander, unter sich

milli|bil *n* Zwischenraum *m*,
Abstand *m*; Zwischenzeit *f*;
~ **landaflug** *n* internationaler Flugverkehr *m*; ~ **landa-**

skip n Überseedampfer m; **~liður** m Zwischenglied n; Mittler m

millímetri m Millimeter m

milli|ríkjasamningur m = internationaler Vertrag; **~skyrta** f (Ober-) Hemd n

milljón f (-ar, -ir) Million f; **~amæringur** m (-s, -ar) Millionär m

milti n (-s, -) Milz f

minja|gripur m Andenken n; Souvenir n; **~r** f/pl. Andenken n, Erinnerungen f/pl.; **fornar ~** Spuren alter Kulturen

minn (mín, mitt) mein; **~ast** e-s sich erinnern; **~ e-n á** e-ð j-n an etw. erinnern; **~ast: ~ast e-s** sich an etw. od. j-n erinnern; **~ast á e-ð** etw. zur Sprache bringen

minni 1. n (-s) Gedächtnis n; **skrifa sér e-ð til ~s** sich etw. notieren; **2.** kleiner; **~hluti** m Minderheit f; **~ng** f (-ar, -ar) Erinnerung f; **til ~ngar in memoriam**; zum Andenken (an); **~ngargripur** m Andenken n

minnis|bók f Notizbuch n; **~stæður** unvergeßlich; **~varði** m (-a, -ar) Denkmal n

minnk|a herabsetzen; vermindern, beschränken; v/i. abnehmen; **~un** f (-ar) Verminderung f; Entwürdigung f

mínúta f (-u, -ur) Minute f

mis|beita mißbrauchen (e-u etw.); **~beiting** f (-ar) Mißbrauch m; **~bjóða** beleidigen; kränken; **~gerð** f Vergehen n, Verstoß m; **~grip** n/pl. Irrtum m, Versehen n; **~gripum** aus Versehen, versehentlich; **~heppnast** mißglücken, fehlschlagen; **~heyrast** sich verhören; **~indismaður** m berüchtigte Person; **~jafn** ungleich; uneben; **~klíð** f (-ar, -ar) Uneinigkeit f

miskunn f (-ar) Barmherzigkeit f, Gnade f; **~a: ~a sig yfir e-n** sich j-s erbarmen; **~arlaus** schonungslos, erbarmungslos; **~samur** barmherzig, gnädig; **~semi** f (indekl.) Barmherzigkeit f; Gnade f

mis|líka mißfallen; **~lyndur** launisch; **~minni** n Vergeßlichkeit f, Irrtum m; **~munandi** verschieden; **munur** m Unterschied m; (Rechnung) Saldo m; **~mæla: ~mæla sig** sich versprechen; **~nota** mißbrauchen; **~notkun** f (-ar) Mißbrauch m

missa verlieren; fallen lassen; **~ af e-u** etw. verpassen; **~fótanna** stolpern; **~sjónar af e-u** etw. aus den Augen verlieren

miss|eri n (-s, -) Halbjahr n; Semester n; **~ir** (-s) Verlust m

mis|skilja mißverstehen; **~skilningur** m Mißverständnis n; **~sýnast** falsch sehen;

~sætti n (-s) Uneinigkeit f;
~takast mißglücken, mißlingen

mistur n (-s) Dunst m

mis|tök n/pl. Fehlgriff m;
Fehler m; **~virða:** **~virða e-ð
við e-n** j-m etw. übelnehmen; **~þyrma** mißhandeln

mitti n (-s) Taille f

mjallhvítur schneeweiß

mjálma miauen

mjalta melken

mjókka dünner od. schmäler
werden

mjólk f (-ur) Milch f; **~a** melken; Milch geben; **~urbúð** f
Milchladen m; **~urframleiðsla** f Milchproduktion f;
~urhyrna f (-u, -ur) Milchtüte f; **~urkýr** f Milchkuh f;
~ursala f Milchverkauf m;
~ursamlag n Molkereigenossenschaft f; **~ursamsala**
f Meierei f; **~ursýra** f Molke
f

mjór schmal, dünn

mjúkur weich

mjöðm f (mjaðmar, mjaðmir)
Hüfte f

mjög sehr; **~ mikilvægur** sehr
wichtig

mjöl n (-s) Mehl n

móar m/pl. hügelige Wiesen

móberg n (-s) Tuff m

móðga beleidigen; kränken;
~andi ausfallend, beleidigend; **~un** f (-unar, -anir) Beleidigung f, Kränkung f

móðir f (-ur, mæður) Mutter

Mutterliebe f; **~urbróðir** m
Onkel m; **~urmál** n Muttersprache f; **~ursystir** f Tante f

moka schaufeln

molasykur m Würfelzucker
m

mold f (-ar) Erde f; **~varpa** f
(-vörpu, -vörpur) Maulwurf
m

moli m (-a) ein kleines
Stück; **fara í mola** zerbrechen, pop. kaputtgehen

mont n (-s) Eingebildetheit f,
Wichtigtuerei f; **~a (sig)**
(sich) wichtig tun; **~inn** eingebildet

mór m (-s) Torf m

mora wimmeln

mórauður hellbraun

morð n (-s) Mord m; **~ingi**
m (-ja, -jar) Mörder m

morgun|blað n Morgenblatt
n; **~matur** m Frühstück n

morgunn m (-uns, -nar) Morgen m; **á morgun** morgen; **í
morgun** heute morgen; **til
morguns** bis morgen; bis
morgens

morgun|roði m Morgenrot n;
~verður m (-ar, -ir) Frühstück n

mosi m (-a, -ar) Moos n

mót 1. n (-s, -) Treffen n; Zusammenkunft f; Versammlung f; Form f, Tiegel m; **á ~s
við** gegenüber von; **koma til
~s við** entgegen kommen (a.
fig.); **með því ~i** auf die Art
und Weise; **mæla sér ~** sich
verabreden; **2.** prp. mit dat.

~i; á ~i; í ~i gegen; entgegen; zuwider; **aftur á ~i** dagegen; **beint á ~i** direkt gegenüber
móta formen; prägen; modellieren
mót|bára f Einwand m; **vera með ~bárur** Einwände machen; **~eitur** n Gegengift n; **~gangur** m Mißgeschick n; **~læti** n Unglück n; **~mæla** widersprechen; **~mælandi** m (-anda, -endur) Protestant m; **~mælendatrú** f Protestantismus m; **~mæli** n/pl. Protest m; Dementi n
mótor m (-s, -ar) Motor m; **~bátur** m Motorboot n; **~hjól** n Motorrad n
mót|setning f Gegensatz m; **~spyrna** f, **~staða** f Widerstand m; **veita ~stöðu** Widerstand leisten; **~stöðuafl** n Widerstandskraft f; **~stöðumaður** m Gegner m; **~sögn** f Widerspruch m; **~taka** f (-töku, -tökur) Empfang m
mót|takandi m (-anda, -endur) Empfänger m; **~vindur** m Gegenwind m; **~þrói** m (-a) Trotz m, Widerspenstigkeit f
múgur m (-s) Masse f, Menge f; Pöbel m
múlasni m Maulesel m
muna 1. unterschiedlich sein; **það ~ engu** es macht keinen Unterschied; 2. sich erinnern (**eftir e-u** an etw.)
munað|arlaus verwaist; ~

arleysingi m (-ja, -jar) Waise f; **~arvara** f Genußmittel n; **~ur** m (-ar) Genuß m, Luxus m
munir m/pl. Sachen pl., Dinge pl.; **fyrir alla muni** um jeden Preis; **fyrir enga muni** um keinen Preis
munkur m (-s, -ar) Mönch m
munn|biti m Bissen m; **~harpa** f Mundharmonika f; **~ur** m (-s, -ar) Mund m; **~vatn** n Speichel m, Spucke f (-s, -) Mundwinkel m
munu (Hilfsverb) werden
munur m (-s) Unterschied m; **því ... þeim mun ...** je ... desto ...
múr m (-s, -ar) Mauer f; **~a** mauern; **~ari** m (-a, -ar) Maurer m; **~grindarhús** n Fachwerkhaus n; **~húða** verschalen; **~steinn** m Ziegel(stein) m; **~veggur** m Mauer f
mús f (-ar, mýs) Maus f; **brynna ~um** weinen
musteri n (-s) Tempel m
múta 1. f (-u, -ur) Bestechung f; 2. bestechen (**e-m** j-n)
mútur f/pl. Stimmbruch m; **vera í mútum** im Stimmbruch sein
mý n (-s, -) Mücke f; **~bit** n Mückenstich m; **~fluga** f Mücke f
mygla 1. f (-u) Schimmel m; 2. schimmeln
mykja f (-u) Kuhmist m
mýkt f (-ar) Weichheit f
mylja zermahlen

myll|a f (-u, -ur) Mühle f;
~uhjól n Mühl(en)rad n

mynd f (-ar, -ir) Bild n, Porträt n, Fotografie f; **~a** bilden; fotografieren; **til að ~a** zum Beispiel; **~aalbúm** n Fotoalbum n; **~agáta** f Bilderrätsel n; **~amót** n Klischee n; **~asafn** n Gemäldegalerie f; Kunstmuseum n

mynda|st entstehen, sich bilden; **~vél** f Kamera f

mynd|band n Videokassette f; **~höggvari** m (-a, -ar) Bildhauer m; **~list** f (Kunst) Malerei f; **~ugur** mündig, volljährig

mynni n (-s, -) Mündung f

mynt f (-ar, -ir) Münze f; Währung f; **~sími** m Münzfernsprecher m

myrða ermorden

mýri f (-ar, -ar) Moor n; Sumpf m

myrkur 1. n (-s, -) Dunkelheit f; Finsternis f; **2.** adj. dunkel, finster

mysuostur m Molkenkäse m

mæða 1. f (-u) Mühsal f, Kummer m; **2.** ermüden (j-n); **~st** außer Atem kommen

mæðg|in n/pl. Mutter u.

Sohn (Söhne); **~ur** pl. Mutter u. Tochter (Töchter)

mæla 1. sprechen, reden; **~ með e-m** j-n empfehlen; **2.** messen; **~borð** n Armaturenbrett n; **~nlegur** meßbar

mæli|kvarði m (-a, -ar) Maßstab m; **~tæki** n Meßinstrument n

mælsk|a f (-u, -ur) Beredsamkeit f; **~ur** beredt

mæna 1. f (-u, -ur) Rückenmark n; **2.** starren (á auf)

mænuveiki f Kinderlähmung f

mær f (meyjar, meyjar) Jungfrau f

mæt|a begegnen; erscheinen; **~ast** sich begegnen

mögla murren

mögu|legur möglich; **~leiki** m (-a, -ar) Möglichkeit f

möl f (malar) Kies m; **~brjóta** zerschlagen; **~ur** (-s, melir) Motte f; **~va** zerschlagen; zertrümmern

möndull m (-uls, -lar) Achse f

mörður m (marðar, merðir) Marder m

möskvi m (-a, -ar) Masche f

mötuneyti n (-s, -) Kantine f; **~ stúdenta** Mensa f

N

ná erreichen; reichen (v/i.); einholen; **~ sér** sich erholen, genesen; **~ yfir** umfassen; **~anlegur** erreichbar

nábúi m (-a, -ar) Nachbar m

náð f (-ar, -ir) Gnade f; **leita á ~ir e-s** j-n um Hilfe bitten;

~a begnadigen; **~arsamur** gnädig

naðra f (nöðru, nöðrur) Natter f; Schlange f

náð|ugur gnädig; **~un** f (-unar, -anir) Begnadigung f; Amnestie f

nafli m (-a, -ar) Nabel m

nafn n (-s, nöfn) Name m; **að ~i** namens; **~bót** f Titel m; **~i** m (-a, -ar) Namensbruder m; **~laus** anonym; **~númer** n Nummer f des Personalausweises; **~orð** n Substantiv n; **~skírteini** n Personalausweis m; **~spjald** n Visitenkarte f

náfölur totenblaß

nag|a nagen; **~a sig í handarbökin yfir e-u** sich über etw. ärgern; **~dýr** n Nagetier n

nagl|abursti m Nagelbürste f; **~abjöl** f Nagelfeile f; **~bítur** m (-s, -ar) Kneifzange f; **~i** m (-a, -ar) Nagel m; **hitta ~ann á höfuðið** den Nagel auf den Kopf treffen

ná|granni m (-a, -ar) Nachbar m; **~grenni** n (-s) Umgegend f; Umgebung f; Nachbarschaft f

ná|inn nahestehend; intim; **~ið samband** intime Beziehung

nakinn nackt, bloß

ná|kvæmni f (indekl.) Genauigkeit f; **~kvæmur** genau; sorgfältig

nál (-ar, -ar) Nadel f; **~adofi** m: **ég hef ~adofa í hægri fætinum** das rechte Bein ist mir eingeschlafen; **~arauga** n Nadelöhr n

nálgast sich nähern

ná|lægð f Nähe f; **~lægur** nahe gelegen, benachbart; fig. naheliegend

nám n (-s, -) Studium n; **vera við ~** studieren; **~a** f (-u, -ur) Bergwerk n, Mine f, Grube f; **~fús** lernbegierig; **~fýsi** f (indekl.) Lerneifer m

náms|efni n Pensum n; **~gáfur** f/pl. Begabung f, Fassungsvermögen n; **~grein** f Unterrichtsfach n

námskeið n (-s, -) Lehrgang m; Kursus m

náms|maður m Schüler m; Student m; Studierende(r) m; **~styrkur** m Stipendium n; **~tími** m Studienzeit f; Lehrzeit f

námu|göng n/pl. Schacht m; **~maður** m Grubenarbeiter m, Bergmann m

nánast im ehesten

nánd f (-ar) Nähe f; **í ~ við** in der Nähe von

náskyldur nahe verwandt

nátt|föt n/pl. Schlafanzug m, Pyjama m; **~hemd** n Nachthemd n

náttúr|a f (-u) Natur f; **~lega** natürlich; **~ufegurð** f Naturschönheit f; **~ufræði** f Naturwissenschaft f (Schulfach) Naturkunde f; **~ufræðingur** m (-s, -ar) Naturforscher m; **~ugripasafn**

n Naturkundemuseum *n*; ~
uhvöt *f* Naturtrieb *m*; ~
uverndarsvæði *n* Natur-
schutzgebiet *n*; **~uvísindi**
n/pl. Naturwissenschaft(en
pl.) *f*

nauð *f* (*-ar*, *-ir*) Not *f*; Schwierigkeit *f*; **~ga** vergewaltigen;
~gun *f* (*-unar*, *-anir*) Verge-
waltigung *f*; **~lenda** notlan-
den; **~lending** *f* Notlandung
f

nauðsyn *f* (*-jar*, *-jar*) Not-
wendigkeit *f*; **~legur** notwendig

nauð|ugur gezwungen, wi-
derwillig; **~ungaruppboð** *n*
Zwangsversteigerung *f*; **~**
ungarvinna *f* Zwangsarbeit
f

naum|ast kaum, knapp;
~indi *n/pl.*: *með ~indum* mit
Mühe und Not; **~ur** knapp;
geizig

náungi *m* (*-a*, *-ar*) Kerl *m*;
Nächste *m/f*

naust *n* (*-s*, *-*) Bootsschuppen
m

naut *n* (*-s*, *-*) Stier *m*, Bulle *m*;
~aat *n* (*-s*) Stierkampf *m*;
~abani *m* Stierkämpfer *m*;
~akjöt *n* Rindfleisch *n*; ~
griparækt *f* Rinderzucht *f*;
~gripur *n* Rind *n*

nautn *f* (*-ar*, *-ir*) Genuß *m*;
~amaður *m* Genießer *m*;
~avara *f* Genußmittel *n*

ná|vígi *n* Nahkampf *m*; **~vist**
f (*-ar*, *-ir*) Gegenwart *f*, An-
wesenheit *f*

né: *hvorki ... ~* weder ...
noch

neðan *prp. mit gen.* unter-
halb; ~ *frá* von unten; *fyrir ~*
unten; **~jarðar** unterirdisch;
~jarðarbraut *f*, **~jarðarlest**
f Untergrundbahn *f*, U-
Bahn *f*; **~máls** in Fuß-
noten; **~sjávar** untersee-
isch

neðri der untere

neðstur unterste(r)

nef *n* (*-s*, *-*) Nase *f*; Schnabel
m; **~hljóð** *n* Nasal(laut) *m*;
~kirtlar *m/pl.* Rachenmandel *f*, Polypen *pl.*

nefna nennen; erwähnen; **~ri**
m (*-a*, *-ar*) Nenner *m*

nefnd *f* (*-ar*, *-ir*) Komitee *n*;
Ausschuß *m*; **~arálit** *n* Be-
schluß *m*; Ausschußbericht
m; **~arfundur** *m* Ausschuß-
sitzung *f*

nefnifall *n* Nominativ *m*

nefnilega nämlich

negla nageln

negri *m* (*-a*, *-ar*) Neger *m*

nei nein; **~kvæði** *n* Veto *n*;
~kvæður negativ

neinn: *ekki ~* niemand, keiner; *það er ekki til neins* es
hat keinen Zweck

neisti *m* (*-a*, *-ar*) Funke *m*

neit|a verneinen; leugnen;
ablehnen; **~un** *f* (*-unar*, *-anir*)
Nein *n*; abschlägige Ant-
wort; Ablehnung *f*

nekt *f* (*-ar*) Nacktheit *f*; Blöße *f*

nema 1. (*Summe*) betragen;

lernen; nehmen; **~ land** ein
Land besiedeln; **~ lög úr
gildi** ein Gesetz aufheben; **2.**
cj. es sei denn . . .; ausgenom-
men; außer; bis auf

nem|andi *m* (*-anda, -endur*)
Schüler *m*; Student *m*; **~ar**
(*-a, -ar*) Schüler *m*; Student
m; Lehrling *m*

nenna mögen; Lust haben;
ég nenni því ekki ich habe
keine Lust dazu

nepja *f* (*-u*) beißende Kälte

nes *n* (*-s, -*) Landspitze *f*

nesti *n* (*-s*) Proviant *m*; Reise-
verpflegung *f*

net *n* (*-s, -*) Netz *n*

neyð *f* (*-ar, -ir*) Not *f*; Zwang
m; **~a** zwingen; **~ardyr** *f/pl.*
Notausgang *m*; **~arkall** *n*
SOS-Ruf *m*; **~armerki** *n*
Notsignal *n*; **~aróp** *n* Not-
schrei *m*; **~arvörn** *f* Notwehr
f; **~ast: ~ast til** sich (zu etw.)
gezwungen sehen

neyta genießen, verbrauchen;
~ndi *n* (*-anda, -endur*) Ver-
braucher *m*

neysl|a *f* (*-u*) Verbrauch *m*;
~uvatn *n* Trinkwasser *n*

neytendafélag *n* Konsumgenossenschaft *f*

niða rieseln, rauschen

nið *n* (*-s*) Schmähworte *pl.*,
Schmähreden *pl.*; **~a** verleumden; schmähen, ver-
höhnen; **~ingslegur** nieder-
trächtig; **~ingsverk** *n* (*-s, -*)
Schandtat *f*; **~kvæði** *n*
Schmähgedicht *n*

niðji *m* (*-a, -ar*) Nachkomme *m*

niðra tadeln; verleumden;
~ndi herabsetzend

niðri unten; **ná sér ~ á e-m**
sich an j-m rächen

niður 1. *m* (*-ar*) Rauschen *n*;
Rieseln *n*; **2.** hinunter, nach
unten; **~dreginn** niederge-
schlagen; **~gangur** *m*
Durchfall *m*; **~greiðsla** *f*
Subvention *f*

niðurjöfnun *f* (*Steuern*) Veranlagung *f*, Einschätzung *f*

niður|lag *n* (*Buch; Abhand-
lung*) Schluß *m*; **~læging** *f*
(*-ar, -ar*) Erniedrigung *f*, De-
mütigung *f*; **~lægja** erniedri-
gen, demütigen

Niðurlönd *n/pl.* Niederlande
pl.

niður|rif *n* (*-s*) Abbruch *m*;
fig. Zerstörung *f*; **~röðun** *f*
od. **~skipan** *f* (*indekl.*) Ordnung *f*; Gliederung *f*; **~staða**
f Ergebnis *n*; Resultat *n*;
~suða *f* Einkochen *n*; Ein-
machen *n*; **~suðudós** *f* Kon-
servendose *f*; **~suðuvörur** *f/
pl.* Konserven *pl.*

nirfill *m* (*-ils, -lar*) Geizhals *m*

nísk|a *f* (*-u*) Geiz *m*; **~ur** gei-
zig

nístingskuldi *m* beißende
Kälte

njósn|a spionieren; **~ari** *m*
(*-a, -ar*) Spitzel *m*, Spion *m*;
~ir *m* Spionage *f*

njóta genießen (*e-s* etw.)

nóg genug; **~ur** genügend, genug

nuddari

nokkrir einige; *þó ~* mehrere, verschiedene

nokkuð etwas; *~ góður* ziemlich gut

nokkur ein gewisser, jemand; *~ hagnaður* gewisser Vorteil; *nokkrum sinnum* einige Male; *~ tími* einige Zeit; *~n veginn* einigermaßen; *~s konar* eine Art; *~s staðar* irgendwo; *ekki ~* kein(er); niemand

norðan von Norden; *~átt* f Nordwind m; *~verður* nördlich; *~vindur* m Nordwind m

norð|austur m Nordost(en) m; *~lenskur* von Nordisland; *~lægur* nördlich

Norðmaður m Norweger m

norður 1. n (-s) Norden m; **2.** nach Norden

Norður-Afríka f Nordafrika n; *~álfa* f Europa n; *~álfumaður* m Europäer m; *~Ameríka* f Nordamerika n

norður|heimskaut n Nordpol m; *~heimskautsbaugur* m nördlicher Polarkreis; *~hlið* f Nordseite f

Norðurland n Nord-Island n; *~amaður* m Skandinavier m

norður|landamál n skandinavische Sprache; *~ljós* n/pl. Nordlicht n

Norðurlönd n/pl. Skandinavien n, nordische Länder pl.

norðurpóll m Nordpol m

Norðursjór m Nordsee f

norður|stjarna f Polarstern m; *~þýskur* norddeutsch

Norður-Þýskaland n Norddeutschland n

Noregur m (-s) Norwegen n

norræn|a f (-u) Altisländisch n, Altnordisch n; *~n* altisländisch, altnordisch

norsk|a f (-u) Norwegisch n; *~ur* norwegisch

not n/pl. Gebrauch m; Nutzen m; *~a* gebrauchen, benutzen; verwenden; ausnutzen, ausnützen; *~agildi* n (-s) Nutzungswert m, Nutzen m

nota|legur behaglich; bequem; gemütlich; angenehm; *~réttur* m Nutz(ungs)recht n; Nießbrauch m

not|færa benutzen; *~færa sér* Gebrauch von etw. machen; *~hæfur* brauchbar; *~kun* f (-ar) Gebrauch m, Anwendung f; *taka í ~kun* in Gebrauch nehmen; *vera í ~kun* in Gebrauch sein

nótna|bók f Notenbuch n; *~borð* n Klaviatur f; *~hefti* n Notenheft n

nótt f (nætur, nætur) Nacht f; *á ~unni, á næturnar* in der Nacht, nachts; *í ~* heute nacht; *um ~ina* in der Nacht; *um miðja ~ina* mitten in der Nacht

nóvember m (indekl.) November m

nú jetzt, nun; zur Zeit

nudd n (-s) Massage f; Reibung f; *fig.* Quengelei f; *~a* massieren; reiben; *~ari* m

(-a, -ar) Masseur m; **~kona** f Masseurin f (-u, -ur); pl. Massage(behandlung) f

núðla f (-u, -ur) Nudel f

núgildandi jetzt geltend od. gültig

núll n (-s, -) Null f

númer n (-s, -) Nummer f

núna jetzt

núningur m (-s) Reiben f; Reibung f

nunn|a f (-u, -ur) Nonne f; **~uklaustur** n Nonnenkloster n

nurla sparen; **~ saman** zusammensparen; **~ri** m (-a, -ar) Geizhals m

nú|tíð f Präsens n, Gegenwart f; **~tími** m Gegenwart f; **~verandi** jetzig, gegenwärtig

ný|ár n Neujahr n; **~ársdagur** m Neujahrstag m; **~ársósk** f Neujahrswunsch m; **~breytni** f Neuerung f; **~bygging** f Neubau m

nýjung f (-ar, -ar) Neuheit f; **~kominn** soeben eingetroffen; **~lega** neulich, kürzlich; **~legur** neuwertig; **~lenda** f (-u, -ur) Kolonie f; **~lenduvörur** f/pl. Lebensmittel pl.

ný|meti n (-s) frische Lebensmittel pl.; **~móins** modern; **~myndun** f Neubildung f

nýr neu; frisch; **~a** n (-a, -u) Niere f

nýrnaveiki f Nierenleiden n

ný|rækt f Neuland n; **~ræktun** f Urbarmachung f;

~stárlegur neu; neumodisch; **~stofnaður** soeben errichtet

nyt f (-jar, -jar) Nutzen m; Milchertrag m einer Kuh; **færa sér e-ð í ~** sich etw. zunutze machen

nýt|a verwerten; **~inn** ökonomisch

nýtískulegur modern, neuzeitlich

nýtni f (indekl.) Sparsamkeit f

nyt|samur nützlich; **~semi** f (indekl.) Nützlichkeit f; Nutzen m

nýtur nützlich, anwendbar; (Person) tüchtig

ný|verið neulich; **~yrði** n (-s, -) Gram. Neuschöpfung f, Neubildung f

næ|ði n (-s) Ruhe f; **~ngur** m (-s, -ar) kalter Wind

næg|ilegur genügend, ausreichend; **~ja** genügen; **láta sér e-ð ~ja** sich mit etw. begnügen; **~janlegur** ausreichend, genügend; **~jusamur** anspruchslos; **~jusemi** f (indekl.) Anspruchslosigkeit f; **~ur** genügend, genug

nægtir f/pl. Überfluß m

næla f (-u, -ur) Brosche f

nælon n (-s) Nylon n

næm|geðja empfindlich, empfindsam; **~ja** genügen; **~ur** begabt, gelehrig; **~ur fyrir e-u** aufnahmefähig für etw.; auf etw. empfindlich reagieren

næpa f (-u, -ur) Kohlrübe f

nær näher; fast, beinahe

nær|a nähren, ernähren; **~ast** essen; **~buxur** f/pl. Unterhose f; **~föt** n/pl. Unterwäsche f; **~gætinn** rücksichtsvoll, taktvoll, schonend; **~göngull** zudringlich; aufdringlich; frech, beleidigend; **~ing** f (-ar) Nahrung f; **~ingarefni** n Nährstoff m; **~ingargildi** n Nährwert m

nærri beinahe, fast, nahe

nær|skyrta f Unterhemd n; **~staddur** gegenwärtig, anwesend; **~sýnn** kurzsichtig; **~vera** f Anwesenheit f, Gegenwart f, Beisein n

næst am nächsten; **því ~** darauf; danach; **~ stærstur** der zweitgrößte; **~ur** am nächsten

nætur- nächtlich

nætur|gali m (-a, -ar) Nachtigall f; **~gisting** f Übernachtung f; **~líf** n Nachtleben n; **~læknir** m Bereitschaftsarzt m; **~staður** m Nachtquartier n; Nachtlokal n; **~vakt** f Nachtschicht f, -wache f; **~vörður** m Nachtwächter m

nögl f (naglar, neglur) Fingernagel m

nöld|ra meckern, nörgeln; **~ur** n (-s) Murren n

nöp f; **vera í ~ við e-n** Groll auf j-n haben

nös f (nasar, nasir) Nasenloch n

nötra zittern, beben

Ó

ó- un-

ó! ach!

óa: **mig ~r við e-u** es schaudert mich od. mir schaudert vor etw.

óað|finnanlegur einwandfrei; **~gætinn** unachtsam, achtlos; **~gætni** f (indekl.) Unachtsamkeit f, Achtlosigkeit f; **~skiljanlegur** untrennbar; unzertrennlich

óáfengur alkoholfrei

óafmáanlegur unauslöschlich

óafsakanlegur unverzeihlich

óafturkallanlegur unwiderruflich

óafvitandi unbewußt

óákveðinn unschlüssig, un-

entschlossen; unbestimmt

óalgengur ungewöhnlich

óálitlegur unansehnlich, unscheinbar

óánægður unzufrieden; **~ja** f (-u) Unzufriedenheit f

óáreiðan|legur unzuverlässig; **~leiki** m (-a) Unzuverlässigkeit f

ó|beðinn ungebeten; **~beinlínis, ~beinn** indirekt; **~beit** f (-ar) Antipathie f; **~betranlegur** unverbesserlich; **~bifandi, ~bifanlegur** (a. fig) unerschütterlich; **~bilgirni** f (indekl.) Rücksichtslosigkeit f; **~bilgjarn** rücksichtslos

obláta f (-u, -ur) Oblate f
ó|boðinn ungeladen; ~
bótamaður m Verbrecher
m; **~bótaverk** n Verbrechen
n, Untat f; **~botnandi** bodenlos; **~breytanlegur** unveränderlich; **~breytt** unverändert; einfach; **~brjót-
andi** unzerbrechlich; **~brot-
inn** einfach, schlicht; **~byggð-
ur** unbewohnt; **~byggilegur**
un(be)wohnbar; **~bærilegur**
unerträglich; **~bætanlegur**
unersetzlich

ódagsettur undatiert
ódauð|legur unsterblich; ~
leiki m (-a) Unsterblichkeit f
ódaunn m Gestank m
odd|ur m (-s, -ar) Spitze f;
leika á ás oddi sich mit aufgeräumt sn; **~viti** m Vorsitzende m des Gemeinderats
ódrekkandi nicht trinkbar,
ungenießbar
ódreng|legur gemein, niederträchtig; **~lyndi** n Niederträchtigkeit f
ódrukkinn nüchtern
ódug|legur untüchtig;
~naður m Untüchtigkeit f
ó|dyggð f Untugend f; **~dædi**
n (-s, -), **~dæðisverk** n Verbrechen n; Schandtat f;
~ðli n Unnatur f; **~ðli-
legur** unnatürlich; **~dýr** billig
óðalsbóndi m Erbbauer m
óður wild, rasend; **óðs
manns æði** n fig. purer
Wahnsinn

ó|efaður unzweifelhaft, zweifellos; **~eigingirni** f Selbstlosigkeit f; **~eigingjarn**
selbstlos, uneigennützig; **~
eiginlegur** (Bedeutung) übertragen; **~einlægur** unaufrichtig; **~eirð** f (-ar, -ir) Unruhe f; pl. Krawall m; Aufruhr m; **~endanlegur** unendlich; **~endanleiki** m (-a)
Unendlichkeit f
of (all)zu; ~ **mikið** zu viel
ó|fáanlegur nicht zu haben;
nicht erhältlich; **~fagur** unschön; **~falsaður** unverfälscht, ungefälscht
ofan hinunter; **~að** ~ von oben;
fyrir ~ oberhalb; ~ **á**
obendrauf; ~ **í** hinein; ~ **í
móti** hierdurch; ~ **til** oben; am
oberen Teil; **taka** ~ den Hut
abnehmen
ofan|greindur od. **~nefndur**
obengenannt
ofar weiter oben
ófari f|pl. Niederlage f
ófarnaður m (-ar) Unglück n
of|át n Fresserei f; **~aukin:**
e-u er **~aukið** etw. ist überflüssig; **~beldi** n (-s) Gewalt
f; **beita e-n ~beldi** j-m Gewalt antun; **~beldisfullur**
gewalttätig
of|birta f zu starke Beleuchtung, zu starkes Licht; **tá
~birtu í augun** geblendet
werden; **~bjóða sér** sich
überanstrengen; **mér ~býður
e-ð** etw. geht mir zu weit;
~boð n Bestürzung f; Ver-

　　　　　　　　　ofurselja

wirrung f; **~boðslegur**
furchtbar; **~drykkja** f (-u)
Trunkenheit f; **~drykkju-**
maður m Alkoholiker m,
Trinker m

ófélagslyndur ungesellig

ó|fimlegur, **~fimur** unge-
schickt, plump

ofkæl|ast sich erkälten; **~ing**
f (-ar, -ar) Erkältung f

ó|flekkaður unbefleckt; fig.
unbescholten; **~fleygur** nicht
flügge

ofmeta überschätzen

of|metnaður m Hochmut m;
~mæltur übertrieben

ofn m (-s, -ar) Ofen m

ofneysla f übermäßiger Genuß; **~ áfengis** Alkoholmiß-
brauch m

ofnæmi n (-s) Allergie f; Über-
empfindlichkeit f; **hafa ~**
fyrir e-u überempfindlich od.
allergisch gegen etw. sein

ófor|sjáll unvorsichtig, **~**
svaranlegur unverantwortlich

ófram|færinn schüchtern;
zurückhaltend; **~kvæm-**
anlegur unausführbar

ofraun f Überanstrengung f;
það er honum ~ es übersteigt
seine Kräfte

ó|frelsi n Unfreiheit f, Zwang
m; **~freskja** f (-u, -ur) Ungeheuer n; **~friðartími** m
Kriegszeit(en pl.) f; **~friður**
m Krieg m; Streit m, Unfrie-
de m; **~fríður** unschön

ó|frísk schwanger; **~frjór** un-

fruchtbar; **~frjósemi** f
Unfruchtbarkeit f; **~fróðleg-**
ur uninteressant; **~fróður** unkundig; unwissend; **~**
frægja verleumden;
schlechtmachen

ofsa|fenginn heftig; unge-
stüm; **~hræðsla** f Panik f;
~kátur ausgelassen; **~kæti** f
Ausgelassenheit f; **~veður** n
heftiger Sturm

ofsi m (-a) Heftigkeit f; Unge-
stüm n

ofsjón|ir f/pl. Sinnestäu-
schung f; **sjá ~um yfir e-u**
neidisch sein

of|skynjun f Halluzination f,
Sinnestäuschung f; **~sókn** f
Verfolgung f; **~stæki** n (-s)
Fanatismus m; **~stækisfull-**
ur fanatisch; **~stækismað-**
ur m Fanatiker m; **~sækja**
verfolgen; **~sækjandi** m
(-anda, -endur) Verfolger m

oft oft; **~ast** in der Regel

ófull|kominn unvoll-
kommen; **~nægjandi** ungenügend; unbefriedigend;
(Kenntnisse) unzulänglich;
~ráða unmündig; **~r** nüchtern; **~veðja** minderjährig

ofur|efli n (-s) Übermacht f;
~hugi m (-a, -ar) Wagehals
m; Held m; **~kapp** n (-s)
Dummdreistigkeit f; Überei-
fer m; **~lið n: bera e-n ~liði**
j-n besiegen, überwältigen;
~mannlegur übermensch-
lich; **~menni** n (-s,-) Über-
mensch m; Held m; **~selja**

preisgeben; ausliefern; **~ölvi** stark betrunken

ófús unwillig

ofviðri n (-s) Orkan m

ófyrir|gefanlegur unverzeihlich; **~leitinn** frech, unverfroren; **~leitni** f (indekl.) Frechheit f; Unverfrorenheit f; **~séður** unvorhergesehen; **~sjáanlegur** unvoraussehbar; **~synja** f: að ~synju ohne Grund, ohne Ursache

of|þreyta 1. f Überanstrengung f, Erschöpfung f; **2.** überanstrengen; **~þroskaður** überreif

ó|fæddur ungeboren; **~fær** unmöglich; hilflos; unfähig; (Gebirge) unzugänglich; unwegsam; unpassierbar; (Straße) unbefahrbar; það er ~fært da geht nicht an

og und; bæði ... og sowohl ... als (auch); eins ... wie; als ob

ó|gagnsær undurchsichtig; **~gát** f: í ~gáti versehentlich, aus Versehen; **~geð** n Widerwille m, Antipathie f; hafa ~geð á e-u etw. ekelt j-n an; **~geðfelldur** unsympathisch; **~geðslegur** abscheulich, ekelhaft; **~gegninn** ungehorsam; **~gerlegur** unmöglich; undurchführbar; **~gerningur** m (-s) Unmöglichkeit f; **~gestrisinn** (Mensch) ungastlich; **~giftur** unverheiratet, ledig; **~gilda** für ungültig erklären; annul-

lieren; **~gilding** f (-ar) Annullierung f

ó|gildur ungültig; **~gjarna(-n)** ungern; **~glatt:** mér verður ~glatt mir wird übel od. schlecht; **~gleði** f (indekl.) Niedergeschlagenheit f; Übelkeit f, Brechreiz m; **~gleymanlegur** unvergeßlich; **~glöggur** undeutlich, unklar

ógn f (-ar, -ir) Schrecken m; **~a** (be)drohen; **~aröld** f Schreckenszeit f; **~un** f (-unar, -anir) Drohung f; Bedrohung f

ó|goldinn (Geld) ausstehend; unbezahlt; **~greiddur** ungekämmt; unbezahlt; **~greiðvikinn** ungefällig; **~greindur** unbegabt; **~greinilegur** undeutlich; **~grynni** n (-s) Unmenge f; **~græðandi** unheilbar; **~guðlegur** gottlos; **~guðrækinn** ungläubig

ógæf|a f Unglück n; til allrar ~u unglücklicherweise; **~usamur** unglücklich

ó|gætinn unvorsichtig, unbesonnen; **~nn** unbedacht, unvorsichtig

ó|gætni f Fahrlässigkeit f, Unbedachtsamkeit f

ó|háður unabhängig, frei; **~hagganlegur** unerschütterlich; **~hagkvæmur** unpraktisch; unvorteilhaft; **~hagstæður** ungünstig; **~hagsýni** f Mangel m an praktischem Sinn; **~hagsýnn**

unökonomisch; (Mensch) unpraktisch; ungeschickt; **~hagur** m Nachteil m; **~hamingja** f Unglück n; **~hamingjusamur** unglücklich; **~happ** n Pech n; **~heiðarlegur** unehrlich; **~heilnæmur** ungesund; **~ heimill** unerlaubt; **hemjuskapur** m (-ar od. -s) Unbändigkeit f; **~heppinn: vera ~heppinn** Pech haben; **~heppni** f Unglück n, pop. Pech n; **~hikað** ohne Bedenken, ohne Zögern; **~hirða** f (-u) Verwahrlosung f, Vernachlässigung f; **~hjákvæmilegur** unweigerlich; unvermeidlich, notwendig

ó|hlífinn schonungslos; **~ hlutdrægni** f Unparteilichkeit f; **~hlutdrægur** unparteiisch; **~hlutkenndur**, **~ hlutstæður** abstrakt; **~hlutvandur** unehrlich; **~hlutvendni** f (indekl.) Unehrlichkeit f; **~hlýðinn** ungehorsam; **~hlýðni** f Ungehorsam m; **~hóf** n (-s) Luxus m; Überfluß m; Unmäßigkeit f; **~hóflegur** unmäßig, maßlos; **~hófsamur** verschwenderisch; üppig; **~hófsemi** f (indekl.) Luxus m; Üppigkeit f; Verschwendung f; **~hollur** (Essen) ungesund; **~hraustur** kränklich, schwach; **hreinindi** n/pl. Schmutz m; **~hreinka** beschmutzen; **~hreinlátur** unreinlich, un-

sauber; **~hreinlæti** n Unreinlichkeit f, Unsauberkeit f

óhrein|n schmutzig, dreckig; **~skilinn** unaufrichtig; falsch; **~skilni** f Unaufrichtigkeit f

óhrekjanlegur unwiderlegbar

ó|hreyfanlegur unbeweglich; **~hróður** m (-s) Verruf m; Verleumdung f; **~huggandi** untröstlich; **~hugulegur** ungemütlich; unheimlich; **~hugnanlegur** unheimlich; **~hugsandi**, **~hugsanlegur** undenkbar; **~hultur** sicher, geborgen; **~hyggilegur**, **~hygginn** unklug; **~hæfa** f (-u) Ungebührlichkeit f; **~hæft** ungefährlich

ó|jafn ungleich; uneben; **~jöfn tala** ungerade Zahl; **~jöfnuður** m (-jafnaðar) Ungerechtigkeit f; **~keypis** gratis

ok n (-s) Joch n

okkar unser; **húsið ~** unser Haus

okkur uns

ókostur m Nachteil m

okra wuchern; **~ri** m (-a, -ar) Wucherer m

ókristilegur unchristlich

oktöber m (indekl.) Oktober m; **~lok** n/pl. Ende Oktober

ókunn|ugur fremd; unbekannt; **~ur** unbekannt

okur n (-s) Wucher m; **~vextir** m/pl. Wucherzinsen pl.

ókurteis unhöflich; **~i** _f_ Unhöflichkeit _f_

ókyrrð _f_ Unruhe _f_

ól _f_ (_-ar_, _-ar_) Lederriemen _m_

ólag _n_ Mißstand _m_; Unordnung _f_; **~inn** ungeschickt

ólán _n_ Unglück _n_; **~samur** unglücklich; **~smerki** _n_ Unglückszeichen _n_

ó|lastanlegur untadelig; **~látabelgur** _m_ (_-s_, _-ir_) Schelm _m_; **~látast** Possen treiben

ó|lesandi unlesbar, unleserlich; **~léttur: konan er ~létt** die Frau ist schwanger; **~leyfi: í ~leyfi** ohne Erlaubnis; **~leyfilegur** unerlaubt; **~leysanlegur** unlösbar

ólga 1. _f_ (_-u_) Brausen _n_; Gärung _f_; **2.** brausen; gären

olía _f_ (_-u_, _-ur_) Öl _n_

ó|lífrænn anorganisch; **~líklegur** unwahrscheinlich; **~líkur** ungleich; verschieden; **~listfengur** unkünstlerisch

olíu|kynding _f_ Ölheizung _f_; **~málverk** _n_ Ölgemälde _n_

ó|ljós unklar; **~loft** _n_ schlechte Luft

olnboga|barn stiefmütterlich behandeltes Kind; **~abót** _f_ Armbeuge _f_; **~i** _m_ Ell(en)bogen _m_

ólund _f_ schlechte Laune _f_; **~arsvipur** _m_ saure Miene

ó|lykt _f_ Gestank _m_

Olympíuleikar(nir) _m/pl._ die Olympischen Spiele

ó|lýsanlegur unbeschreib-

lich; **~lyst** _f_ Appetitlosigkeit _f_; **~lystugur** appetitlos; (_Speise_) unappetitlich; **~læknandi** unheilbar; **~læs** des Lesens unkundig; **~læs** (_og ~skrifandi_) _maður_ Analphabet _m_; **~læsilegur** unleserlich; **~löglegur** ungesetzlich, rechtswidrig; **~lögmætur** ungesetzlich

óma tönen

ó|mak _n_ (_-s_) Mühe _f_, Bemühung _f_; **~a** bemühen; **~legur** ungerecht; **~slaun** _f/pl._ Provision _f_; Trinkgeld _n_

ó|mann|aður barbarisch, unkultiviert; (_Schiff_) unbemannt; **~úð** _f_ Unmenschlichkeit _f_; **~úðlegur** unmenschlich

ó|megin _n_ (_-s_) Ohnmacht _f_; **~mengaður** unverfälscht; (_Umwelt_) sauber; **~menni** _n_ (_-s_) Lump _m_; **~menntaður** ungebildet; **~merkilegur** unbedeutend; kleinlich; **~metanlegur** unschätzbar; **~minnugur** vergeßlich; **~miskunnsamur** unbarmherzig; **~missandi** unentbehrlich; **~mótmælanlegur** unwiderlegbar; **~mótstæðilegur** unwiderstehlich; **~móttækilegur** unempfänglich

ómur _m_ (_-s_, _-ar_) Ton _m_, Klang _m_

ó|mútuþægur unbestechlich; **~myndugur** unmündig; **~mögulegur** unmöglich;

möguleiki *m* Unmöglichkeit *f*; **~náð** *f* (*-ar*) Ungnade *f*; **~náða** stören; begnadigen; **~nafngreindur** ungenannt, anonym; **~nákvæmni** *f* Ungenauigkeit *f*; **~nákvæmur** ungenau; **~náttúra** *f* Unnatur *f*; **~nauðsynlegur** unnötig, überflüssig; **~neitanlegur** unbestreitbar; **~nógur** ungenügend; unzulänglich; unbefriedigend; **~notaður** unbenutzt, ungebraucht

ó|notalegur mürrisch, verdrießlich; unbehaglich; **~nothæfur** unbrauchbar; **~nýta** zerstören; verderben; zugrunde richten; **~nýtur** unbrauchbar, unnütz; *pop.* kaputt; **~næði** *n* Störung *f*; **~næmistæring** *f* (*-ar*) Aids *n*

ó|næmur unempfindlich; **~nærgætinn** rücksichtslos, taktlos; **~nærgætni** *f* Rücksichtslosigkeit *f*

op *n* (*-s*, *-*) Öffnung *f*, Mündung *f*

óp *n* (*-s*, *-*) Schrei *m*

ópersónulegur unpersönlich

opinber öffentlich; offiziell; **~a** veröffentlichen; eine Verlobung bekanntgeben; **~un** *f* (*-unar*, *-anir*) Veröffentlichung *f*; Verlobung *f*

opin|**n** offen; (*Straße*) frei; **~skár** aufrichtig; offenherzig

opna öffnen; aufmachen;

(*Konto*) eröffnen; **~st** sich öffnen

óprentaður ungedruckt

óra: *mig* **~r** *fyrir e-u* ich ahne etw.

óraddaður *Gram.* stimmlos

óráð|**inn** unentschlossen; **~legur** unratsam; unverniftig; **~vandur** unehrlich; **~vendni** *f* Unehrlichkeit *f*

ó|rakaður unrasiert; **~rannsakaður** unerforscht; unuersucht; **~rannsakanlegur** unerforschlich; **~raunverulegur** unwirklich

orð *n* (*-s*, *-*) Wort *n*; Vokabel *f*; Äußerung *f*; (guter, schlechter) Ruf *m*; *hafa gott* **~** *á sér* einen guten Ruf haben; *koma ekki upp* **~***i* kein Wort herauskriegen können; *hafa mikið* **~** *á sér* angesehen *od.* berühmt sein; *meðal annarra* **~***a* nebenbei bemerkt, beiläufig gesagt; *ganga á bak* **~***a sinna* sein Wort brechen; **~***um aukið* übertrieben

orða 1. *f* (*-u*, *-ur*) Orden *m*; **2.** erwähnen; formulieren; **~bók** *f* Wörterbuch *n*; **~forði** *m* Wortschatz *m*; **~lag** *n* Ausdrucksweise *f*; *eftir* **~***lagi(u)* dem Wortlaut nach; **~leikur** *m* Wortspiel *n*; **~röð** *f* Wortfolge *f*; **~safn** *n* Glossar *n*; **~samband** *n* Wortverbindung *f*; **~tiltæki** *n* (*-s*, *-*) Ausdruck *m*, Wendung *f*; Redensart *f*

orð|færi n Ausdrucksweise f, Stil m; **~heldinn** treu, zuverlässig; **~heldni** f (indekl.) Zuverlässigkeit f; **~lagður** bekannt; berühmt; **~laus** sprachlos verblüfft; **~myndun** f Wortbildung f; **~réttur** wörtlich, wortgetreu; **~rómur** n Gerücht n; **~sending** f Botschaft f, schriftliche Mitteilung

orðskviður m (-ar, -ir) Sprichwort n; Sprechweise f

orð|skýring f Worterklärung f; pl. a. Kommentar m; **~stír** m (-s) Ruhm m, (guter) Ruf

óregl|a f Unordnung f; Trunksucht f; ausschweifendes Leben; **~ulegur** unregelmäßig; **~umaður** m Trinker m; **~usamur** unsolide

órétt|látur ungerecht; **~læti** n Ungerechtigkeit f; **~mætur** unberechtigt; **~ur 1.** m Unrecht n; **2.** adj. unrichtig

óreyndur unerfahren

organleikari m Organist m, Orgelspieler m

orgel n (-s, -) Orgel f

ork|a f 1. m (-s, -ar) Kraft f, Energie f; **2.** vermögen; **~ tvímælis** zweifelhaft sein

orku|eyðsla f Energieverbrauch m; Energieverschwendung f; **~gjafi** m (-a, -ar) Kraftquelle f; **~sparnaður** m Energieeinsparung f; **~ver** n (-s, -) Elektrizitätswerk n, Kraftwerk n

orlof n (-s) Ferien pl., Urlaub

m; **~sfé** n Urlaubsgeld n

ormur m (-s, -ar) Wurm m

óró f Unruhe f; **~legur** unruhig; **~leiki** m (-a) Unruhe f

orsaka verursachen; **~samband** n Kausalitätsverhältnis n, Ursächlichkeit f

orsök f Ursache f, Grund m

orust|a f (-u, -ur) Schlacht f; **~uskip** n Schlachtschiff n, Kriegsschiff n

óræktf Brachland n

órökstuddur unbegründet

ós 1. m (-s, -ar) Flußmündung f; **2.** n (-s) Ruß m; **~a** qualmen, schwelen

ó|saltaður ungesalzen; **~samboðinn** unpassend, unwürdig; **~samdóma** nicht gleicher Meinung; **~samhljóða** nicht übereinstimmend; **~samkomulag** n Uneinigkeit f; **~samkvæmur** inkonsequent, folgewidrig; **~samlyndi** n Uneinigkeit f; **~sammála** uneinig; **~samræmi** n Ungereimtheit f; **~samþykkur** nicht einverstanden

ó|sannanlegur unbeweisbar; **~sanngirni** f Ungerechtigkeit f; **~sanngjarn** ungerecht; **~sannindi** n/pl. Unwahrheit f; **~sannsögli** f (indekl.) Unwahrhaftigkeit f; **~sannsögull** lügenhaft; **~sannur** falsch, gelogen

ósátt f Uneinigkeit f; **komast í ~ við e-n** sich mit j-m überwerfen; ~**fús** unversöhnlich; ~**ur** uneinig; unversöhnt

ó|**seðjandi**, ~**seðjanlegur** unersättlich; ~**seljanlegur** unverkäuflich; ~**sennilegur** unwahrscheinlich; ~**sérhlífinn** selbstlos; unverdrossen; ~**sérplæginn** uneigennützig, selbstlos; ~**sérplægni** f (indekl.) Selbstlosigkeit f

ó**shólmar** m/pl. (Fluß-)Delta n

ó|**siðlegur** unsittlich; ~**siðlæti** n (-s, -) Unsittlichkeit f; ~**siður** m Unsitte f, Unart f; ~**sigraður** unbesiegt; ~**sigrandi** unbesiegbar; ~**sigur** m Niederlage f; ~**sjaldan** oft; ~**sjálfbjarga** hilflos; ~**sjálfráður** unbewußt; unwillkürlich; unmündig; ~**sjálfstæði** n Unselbständigkeit f; ~**sjálfstæður** unselbständig

ó**sk** f (-ar, -ir) Wunsch m; ~**a** wünschen; ~**a til hamingju** gratulieren (**með** zu)

ó**skaðlegur** unschädlich

ó|**skaplegur** furchtbar, gewaltig; ~**skapnaður** m (-ar) Chaos n; Ungeheuer n

ó|**skeikull** ~**skeikulleiki** m (-a) Unfehlbarkeit f; ~**skelfdur** unerschrocken; ~**skemmdur** unverdorben, unbeschädigt; ~**skemmtilegur** langweilig, ermüdend; ~**skertur** ganz; unvermindert; ~**skert mannorð** n Unbescholtenheit f

ó|**skilgetinn** außerehelich; ~**janlegur** unbegreiflich, unfaßbar

ó|**skiptanlegur** unteilbar; ~**skiptur** ungeteilt; ~**skipulegur** unordentlich, chaotisch; ~**skír** undeutlich, unklar; (Metall) unrein; ungereinigt; ~**skreyttur** ungeschmückt; ~**skrifaður** ungeschrieben; ~**skrifandi** des Schreibens unkundig; ~**skyldur** nicht verwandt; ~**skynsamleggur** unvernünftig, dumm; ~**skýr** undeutlich; unklar; ~**sköp 1.** n/pl. Ungeheuerlichkeiten pl.; **2.** ungeheuerlich; ~**slétta** f Unebenheit f; ~**sléttur** uneben; ~**smekklegur** taktlos, geschmacklos; ~**snortinn** unberührt; ~**snyrtilegur** schlampig; ~**sparsamur** unwirtschaftlich; ~**spilltur** unverdorben; ~**spurður** ungefragt; ~**staðfestur** unbeständig; ~**stilltur** unbeherrscht; unruhig

ostra f (-u, -ur) Auster f
ó**stundvís** unpünktlich
ostur m (-s, -ar) Käse m
ó**styrkur** schwach; nervös
óstöðu|**lyndi** n (-s) Wankelmut m; ~**ur** unbeständig; unstet

ó|**svífinn** unverschämt; ~**svífni** f (indekl.) Unverschämtheit f; ~**svikinn** echt; ~**sýnilegur** unsichtbar; ~**sæmilegur** unpassend, unanständig; **~takmarkaður** unbeschränkt, unbegrenzt; **~teljandi** unzählig, zahllos; **~temjuskapur** m (-ar) Unbändigkeit f; **~tilkvaddur** unaufgefordert; ungenannt; **~tiltekinn** unbestimmt; ungenannt; **~trauður** unverzagt, **~trú** f Mißtrauen n; **~trúlegur** unglaublich; **~trúr** treulos, **~tryggð** f Untreue f, Treulosigkeit f; **~tryggður** unversichert; **~tryggur** unzuverlässig; treulos

ótta|laus furchtlos; **~legur** furchtbar; **~sleginn** erschrocken; **~st** fürchten, sich fürchten

ótti m (-a) Furcht f, Angst f; **otur** m (-urs, -rar) (Fisch-)Otter m

ó|tvírætt zweifellos; **~tæmandi** unerschöpflich; **~umflýjanlegur** unvermeidlich; **~umræðilegur** unsagbar, unbeschreiblich; **~undirbúinn** unvorbereitet; **~uppfylltur** unerfüllt; **~útkljáður** unentschieden; **~útreiknanlegur** unberechenbar; (Folgen) unabsehbar

ó|vanalegur ungewöhnlich; **~vandvirkni** f Nachlässigkeit f; **~vandvirkur** nachlässig; **~varkár** unvorsichtig; **~varkárni** f Unvorsichtigkeit f; **~vátryggður** unversichert; **~veður** n Unwetter n; **~velkomin** unwillkommen; **~venjulegur** unge-

wöhnlich; **~verðskuldaður** unverdient; **~verðugur**, **~verðandi** unwürdig; **~verjandi** unverantwortlich; **~verulegur** unbedeutend, unwesentlich; **~viðeigandi** unpassend; **~viðfelldinn** unsympathisch, unangenehm; **~viðjafnanlegur** unvergleichlich; **~viðunandi** unbefriedigend; **~vilhallur** unparteiisch; **~viljandi** ohne Absicht, unabsichtlich

ó|vinátta Feindschaft f; **~vinnufær** arbeitsunfähig; **~vinsæll** unbeliebt, unpopulär; **~vinur** m Feind m; **~virða** geringschätzen, entwürdigen; passiv; **~virkur** unwirksam; passiv; **~viss** unsicher; **~vissa** f Unsicherheit f; Ungewißheit f; **~vistlegur** (Zimmer) ungemütlich; **~viti** (-a, -ar) Säugling m; Kleinkind n; **~vitur** unklug, unverständig; **~von** f: upp á von og ~von auf gut Glück; **~væginn** schonungslos; **~væntur** unerwartet

ó|þarfur unnötig, überflüssig; **~þefur** m Gestank m; **~þekktur** unbekannt; **þekkur** (Kind) schwierig; unartig; **~þéttur** undicht; **~þjóðalýður** m Pöbel m, Pack m; **~þjóðlegur** unpatriotisch; **~þolandi** unerträglich; **~þolinmóður** ungeduldig; **~þolinmæði** f Ungeduld f; **~þreytandi** unermüdlich; **~þrifinn** unreinlich, unsauber; **~þrifnaður** m Unreinlichkeit f, Unsauberkeit f; **~þrjótandi** unerschöpflich; **~þroskaður** unreif

ó|**þýðanlegur** unübersetzbar; **~þverri** m (-a) Schmutz m; **~þægilegur** unbequem, unangenehm; **~æfður** ungeübt; untrainiert; **~ætur** ungenießbar

P

pabbi m (-a, -ar) Vater m; pop. Papa m, Vati m

Páfagarður m Vatikan m

páfagaukur m (-s, -ar) Papagei m

páfi m (-a, -ar) Papst m

pakk|a (ein)packen; **~hús** n Lagerhaus n; **~i** m (-a, -ar) Paket n

pallur m (-s, -ar) Podest n; (Treppen-)Absatz m; Plattform f

pálma|sunnudagur m Palmsonntag m; **~viður** m, **~i** m (-a, -ar) Palme f

panna f (pönnu, pönnur) Pfanne f

panta bestellen

papp|akassi m Pappschachtel f, Karton m; **~i** m (-a, -ar) Pappe f; **~ír** m (-s, -ar) Papier n; **~írsörk** f (Brief-)Bogen n

par n (-s, pör) Paar n

paradís f (-ar) Paradies n

pardusdýr n Panther m

partur m (-s, -ar) Teil m

páska|dagur m Ostersonntag m; **~hátíð** f Osterfest n; **~leyfi** n Osterferien pl.; **~r** m pl. Ostern pl. (a. n.)

pass|a hüten; (Hut) passen;

~a sig vorsichtig sein; **~i** m (-a, -ar) (Reise-)Paß m

pat n (-s, -) Gestikulation f; **~a** gestikulieren

patti m (-a, -ar) kleiner Junge

peð n (-s, -) (Schach) Bauer m; fig. kleiner Bursche

pel|abarn n Flaschenkind n; Säugling m; **~i** m (-a, -ar) (Baby-)Flasche f; Fläschchen n, Schnapsflasche f; ein Viertelliter m

pelíkani m (-a, -ar) Pelikan m

pels m (-, -ar) Pelz m; Pelzmantel m

pening|abudda f Geldbörse f, Portemonnaie n; **~alaus** ohne Geld, pop. pleite; **~ar** m/pl. Geld n; **~asekt** f Geldstrafe f; **~askápur** m Geldschrank m, Tresor m; **~avandræði** n/pl. Geldverlegenheit f; **~aveski** n Brieftasche f; **~ur** m (-s, -ar) Geldstück n, Münze f

penn|ateikning f Federzeichnung f; **~avilla** f Schreibfehler m; **~i** m (-a, -ar) Füller m; Füll(feder)halter m

pensill m (-ils, -lar) Pinsel m

pera f (-u, -ur) Birne f; El. Glühbirne f

perl|a f (-u, -ur) Perle f; **~uband** n Perlenschnur f; **~ufesti** f Perlenkette f; **~uskel** f Perlenmuschel f; **~uveiðar** f/pl. Perlenfischerei f

persón|a f (-u, -ur) Person f; Persönlichkeit f; **~udýrkun** f Personenkult m; **~ugervi** n Verkörperung f; **~ugreina** charakterisieren; **~ulegur** persönlich; **~uleiki** m (-a, -ar) Persönlichkeit f; **~usamband** n Personalunion f

perutré n Birnbaum m

pési m (-a, -ar) Broschüre f

pest f (-ar, -ir) Pest f; Seuche f; Epidemie f; Gestank m

pex n (-) Wortstreit m; Zank m; **~sa** sich zanken

peysa f (-u, -ur) Pullover m; hneppt **~** Strickjacke f

píanó n (-s, -) Klavier n

pílagrím|sferð f, **~sganga** f Pilgerreise f, Wallfahrt f; **~ur** m (-s, -ar) Pilger m

pilla f (-u, -ur) Pille f; fig. Anspielung f

pils n (-, -) (Damen-)Rock m

piltur m (-s, -ar) Junge m; Jüngling m

pína 1. f (-u, -ur) Pein f, Qual f; **2.** quälen; foltern

pínulítill sehr klein; winzig

pípa f (-u, -ur) Pfeife f; Rohr n

pipar m (-s) Pfeffer m; **~mey** f alte Jungfer; **~sveinn** m Junggeselle m

pípu|hattur m (Hut) Zylinder m; **~lagningamaður** m Rohrleger m; Installateur m

písk|ra flüstern; **~ur** n (-s) Flüstern n

píslar|vottur m Märtyrer m; **~vættisdauði** m Märtyrertod m

plága f (-u, -ur) Plage f; Quälgeist m

plagg n (-s, plögg) Dokument n; Unterlage f

planki m (-a, -ar) Planke f

planta 1. f (plöntu, plöntur) Pflanze f; **2.** pflanzen

plantekra f (-u, -ur) Plantage f

pláss n (-, -) Raum m; Dorfkern m; **~leysi** n Raummangel m

plast n (-s), **~efni** n Kunststoff m; Plastik n

plástur m (-urs, -rar) Med. Pflaster m

plata f (plötu, plötur) Platte f; Schallplatte f

plóg|far n (-s, -för) Furche f; **~ur** m (-s, -ar) Pflug m

plokka rupfen; pflücken

plóma f (-u, -ur) Pflaume f

plús m (-s, -ar) Plus n

plæg|ing f (-ar, -ar) Pflügen n; **~ja** pflügen

plöntu|feiti f Pflanzenfett n; **~fita** f Pflanzenfett n

poka|buxur f/pl. Kniebundhose f; **~dýr** n Beuteltier n

poki m (-a, -ar) Sack m; Beutel m

pólitík f (-ur) Politik f; **~tískur** politisch

póll *m* (-s, -ar) Pol *m*

Pólland *n* (-s) Polen *n*

pollur *m* (-s, -ar) Pfütze *f*; Tümpel *m*

pólsk|a *f* (-u) Polnisch *n*; **~ur** polnisch

Pólverji *m* (-a, -ar) Pole *m*

portúgalsk|a *f* (-u) Portugiesisch *n*; **~ur** portugiesisch

póst|afgreiðsla *f* Postamt *n*; Postabfertigung *f*; **~afgreiðslumaður** *m* Postbeamte *m*; **~ávísun** *f* Postanweisung *f*; **~hólf** *n* Postfach *n*; **~hús** *n* Postamt *n*; *fara með bréf í* (*pop.* á) **~húsið** e-n Brief zur Post bringen

póst|kassi *m* Briefkasten *m*; **~kort** *n* Postkarte *f*; Ansichtskarte *f*; **~krafa** *f* Nachnahme *f*; **~maður** *m* Postbeamte *m*; **~mál** *pl.* Postwesen *n*; **~sending** *f* Postsendung *f*; **~stofa** *f*, **~stöð** *f* Postamt *n*

postuli *m* (-a, -ar) Apostel *m*

postulín *n* (-s) Porzellan *n*

póst|umdæmi *n* Postbezirk *m*; **~ur** *m* (-s *pop.* á) Post® *f*; **~þjónn** *m* Postangestellte *m*

pott|réttur *m* Eintopf *m*; **~ur** *m* (-s, -ar) Kochtopf *m*

prakkar|astrik *n* Schelmenstreich *m*; **~i** *m* (-a, -ar) Schelm *m*

prédikar|i predigen; **~ari** *m* (-a, -ar) Prediger *m*; **~un** *f* (-unar, -anir) Predigt *f*; **~unarstóll** *m* Kanzel *f*

prent *f* (-s) Druck *m*; **~a** drucken; **~að mál** *n* Druck-

sache *f*; **~ari** *m* (-a, -ar) (Buch-)Drucker *m*; Typograf *m*; **~frelsi** *n* Pressefreiheit *f*; **~list** *f* Buchdruckerkunst *f*; **~smiðja** *f* Druckerei *f*; **~un** *f* (-unar, -anir) Druck *m*; Drucklegung *f*; **~unarkostnaður** *m* Druckkosten *pl.*; **~vél** *f* Druckerpresse *f*; **~villa** *f* Druckfehler *m*

press|a pressen; (*Kleider*) bügeln; **~un** *f* (-unar, -anir) Pressen *n*; Bügeln *n*

presta|kall *n* Pfarre *f*, Pfarramt *n*; **~stefna** *f* Synode *f*; **~stétt** *f* Geistlichkeit *f*, geistlicher Stand

prestssetur *n* Pfarrhaus *n*; Pfarrhof *m*

prestur *m* (-s, -ar) Pfarrer *m*; Priester *m*; Pastor *m*

pretta betrügen; anführen

prik *n* (-s, -) Stab *m*, Stecken *m*, Stock *m*

príla klettern

prímus *m* (-s, -ar) Primuskocher *m*

prins *m* (-, -ar) Prinz *m*; **~essa** *f* (-u, -ur) Prinzessin *f*

prjóna stricken; **~vörur** *f/pl.* Strickwaren *pl.*

prjónn *m* (-s, -ar) (*Hut*) Nadel *f*; Stricknadel *f*

próf *n* (-s, -) Examen *n*, Prüfung *f*; **~a** examinieren, prüfen; probieren; **~arkalesari** *m* (-a, -ar) Korrektor *m*; **~arkalestur** *m* Korrekturlesen *n*

prófastur *m* (-s, -ar) Probst *m*

prófdómari m (*Schule*) Prüfungsbeisitzer m

prófessor m (-s, -ar) Professor m; **~sembætti** n Professur f

próf|gjald n Examensgebühr f; **~skírteini** n Prüfungszeugnis n; **~vottorð** n s. **~skírteini**; **~örk** f Korrekturbogen m; Korrekturfahne f

prósenta f (-u, -ur) Prozent n

prúðmenni n (-s, -) höflicher Mensch; Gentleman m

prufa 1. f (-u, -ur) Probe(exemplar) f(n), a. Med.; **2.** versuchen, kosten

prýð|a schmücken, zieren; **~i** f (*indekl.*) Zier(de) f; Schmuck m; **~ilegur** ausgezeichnet, prächtig, glänzend; **~isgóður** vortrefflich

púði m (-a, -ar) (*Sofa*) Kissen n

púð|ra pudern; **~ur** n (-s) Pu-

der m; Schießpulver n

púl n (-s) Mühsal f; Schufterei f; **~a** schuften

pumpa 1. f (-u, -ur) Pumpe f; **2.** pumpen

pund n (-s, -) Pfund n

punktur m (-s, -ar) Punkt m

púrlaukur m Lauch m, Porree m

pylsa f (-u, -ur) Wurst f

pynding f s. **pynting**

pyngja f (-u, -ur) Geldbörse f, Portemonnaie n

pynt|a martern, foltern; **~ing** f (-ar, -ar) Marter f, Folter f

pýramídi m (-a, -ar) Pyramide f

pækill m (-s) Salzlake f

pönnukaka f (hauchdünner) Pfannkuchen m

pöntun f (-unar, pantanir) Bestellung f; **~arfélag** n Konsumgenossenschaft f

pössunarsamur sorgfältig, wachsam

R

rabarbari m (-a, -ar) Rhabarber m

rabba plaudern

radar m (-s, -ar) Radar m, n

raddaður Gram. stimmhaft

radd|bönd n/pl. Stimmbänder pl.; **~setja** vertonen

radísa f (-u, -ur) Radieschen n

radíus m (-uss, -usar) Radius m

ráð n (-s, -) Rat m, Ausweg m; Mittel n; Einverständnis n;

Vernunft f; **gera ~ fyrir e-u** etw. annehmen; **hafa ~ á e-u** sich etw. leisten können; **staðfesta ~ sitt** heiraten; **ekki með réttu ~i** von Sinnen; **bera saman ~ sín** beratschlagen, beraten

ráða aufstellen; ordnen; aufreihen; **~ niður** (ein)ordnen; (ein)reihen; (ver)stauen; **~ upp** aufstellen

ráða anstellen; bestimmen;

deuten; herrschen; ~ e-n j-n einstellen; ~ e-m e-ð j-m etw. raten; ~ **bót** á e-u e-r Sache abhelfen; ~ **draum** e-n Traum deuten; ~ **frá** abraten; ~ **yfir** e-u etw. beherrschen; über etw. verfügen

ráða|gerð f Plan m; **~hagur** m (Ehe) Partie f; **~laus** n (-s) Unschlüssigkeit f, Ratlosigkeit f

ráðast: ~ **á** angreifen, überfallen

ráðdeild f Sparsamkeit f; Wirtschaftlichkeit f

ráð|færa: ~**færa sig við** e-n sich von j-m beraten lassen; ~**gast: ~gast við** e-n sich mit j-m beraten

ráð|gáta f Rätsel n; **~gera** planen; **~gjafi** m (-a, -ar) Ratgeber m, Berater m; ~**herra** m (-, -ar) Minister m; **~leggja** (an)raten, empfehlen; **~legur** ratsam; **~leysi** n (-s) Ratlosigkeit f

ráðning f (-ar, -ar) Prügel pl.; (Traum) Deutung f; (Aufgabe) Lösung f; (Arbeit) Anstellung f; **~arskrifstofa** f Arbeitsvermittlungsbüro n, Arbeitsamt n

ráðs|kona f Haushälterin f; Wirtschafterin f; **~maður** m Verwalter m; Gutsverwalter m

ráðstafa ordnen; bestellen; ~ e-u über etw. verfügen od. disponieren

ráðstefna f (-u, -ur) Konferenz f

Ráðstórnarríkin n/pl. hist. Sowjetunion f

ráð|stöfun f (-unar, -stafanir) Verfügung f; Maßnahme f; **gera ~stafanir** Maßnahmen treffen

raðtala f Ordnungszahl f

ráðu|nautur m (-s, -ar) (sachverständiger) Berater; **~neyti** n (-s, -) Ministerium n

ráð|vandur redlich, rechtschaffen; **~vendni** f (indekl.) Redlichkeit f, Ehrlichkeit f; **~villtur**, **~þrota** ratlos; verwirrt

raf n (-s) Bernstein m

ráfa umherstreifen

raf|all m (-als, -lar) Generator m; **~eind** f (-ar, -ir) Elektron n; **~fræðingur** m (-s, -ar) Elektrotechniker m; **~geymir** m El. Batterie f; Akku(mulator) m; **~hlaða** f (-hlöðu, -hlöður) Batterie f; **~kerti** n Zündkerze f; **~ljós** n elektrisches Licht; **~lögn** f (-lagnar, -lagnir) elektrische Leitung; elektrische Installation; **~magn** n Elektrizität f; Strom m

rafmagns|notandi m (-anda, -endur) Stromverbraucher m; **~notkun** f Stromverbrauch m; **~pera** f Glühbirne f; **~rakvél** f Elektrorasierer m; **~stöð** f Elektrizitätswerk n; **~verkfræði** f Elek-

trotechnik f; **~verkfræð-ingur** m Elektroingenieur m
raforka f Elektroenergie f; **~uver** n Elektrizitätswerk n, Kraftwerk n
rafsegul l m Elektromagnet m; **~magn** n Elektromagnetismus m
rafsjá f (-r, -r) Elektroskop n; **~stöð** f Elektrizitätswerk n; **~veita** (-u) Stromversorgung f; **~virki** m (-ja, -jar) Elektriker m; **~virkjameistari** m Elektroinstallateur m; **~væða** elektrifizieren
ragur feige
rák f (-ar, -ir) Rand m; Streifen m
raka rasieren; rechen; ~ **sig** sich rasieren
rakamælir m Hygrometer n, Feuchtigkeitsmesser m
rakar|astofa f Herrenfriseursalon m; **~i** m (-a, -ar) (Herren-)Friseur m
rak|blað n Rasierklinge f; **~bursti** m Rasierpinsel m; **~hnífur** m Rasiermesser n; **~i** m (-a) Feuchtigkeit f; **~leiðis** geradeweges, direkt; **~sápa** f Rasierseife f; **~spíri** m (-a, -ar) Rasierwasser n; **~stur** (-urs, -rar) Rasieren n; **~ur** feucht; **~vél** Rasierapparat m
rammi m (-a, -ar) Rahmen m
rammur scharf, bitter
rámur heiser
rán n (-s, -) Raub m, Plünderung f; **~dýr 1.** n Raubtier m;

2. adj. unverschämt teuer; **~fugl** m Raubvogel m
rang|eygður, ~eygur schielend; **hann er ~eygður** er schielt; **~látur** ungerecht; **~læti** n (-s) Ungerechtigkeit f; **~ur** unrichtig, verkehrt; falsch
rani m (-a, -ar) Rüssel m
rann|saka untersuchen; erforschen; **~sókn** f Untersuchung f
rannsóknar|aðferð f Methode f; **~dómari** m Untersuchungsrichter m; **~leiðangur** m Expedition f; **~löggæsla** f Kriminalpolizei f; **~stofa** f Laboratorium n; **~stofnun** f Institut n
rányrkja f (-u) Raubbau m
rás f (-ar, -ir) Lauf m; Rinne f; (Radio-, Fernseh-)Programm n; ~ **tvö** zweites Programm
rass m (-, -ar) Hintern m
rat|a den Weg finden; **~sjá** f (-r, -r) Radar m, n
rauð|a f (-u, -ur) Dotter m, n; **~hærður** rothaarig
Rauðikrossinn Rotes Kreuz
rauð|kál n Rotkohl m; **~rófa** f rote Bete f; **~skinni** m (-a, -ar) Rothaut f; **~ur** rot; **~vín** n Rotwein m
raula leise singen, summen
raun f (-ar, -ir) Prüfung f, Erfahrung f; Kummer m; **í ~ og veru** in Wirklichkeit, in der Tat; **~alegur** traurig; **~ar** zwar; ganz sicher; **~sæis-**

stefna f Realismus m; Rationalismus m; **~sær** realistisch; **~verulegur** wirklich; tatsächlich; **~veruleiki** m Wirklichkeit f

raup n (-s) Prahlen n; **~a** prahlen; **~samur** prahlerisch

rausnarlegur großzügig, freigebig

raust f (-ar, -ir) Stimme f

refs|a strafen; bestrafen; **~ing** f (-ar, -ar) Strafe f; Bestrafung f

refur m (-s, -ir) Fuchs m

regl|a f (-u, -ur) Regel f; Ordnung f; **~ubundinn** regelmäßig; **~ugerð** f Verordnung f, Dienstvorschrift f; **~usamur** ordentlich; enthaltsam, mäßig; **~semi** f (indekl.) Ordnung f; Abstinenz f; **~ust(r)ika** f (-u, -ur) Lineal n

regn n (-s) Regen m; **~bogi** m Regenbogen m; **~hlíf** f Regenschirm m; **~kápa** f Regenmantel m; **~skúr** f Regenschauer m; **~vatn** n Regenwasser n

reið f (-ar, -ir) Ritt m; **~ast** zornig werden; **~hestur** m Reitpferd n; **~hjól** n Fahrrad n; **~i** f (indekl.) Zorn m; **~maður** m Reiter m; **~túr** m (-s, -ar) Ausritt m; **~ubúinn** bereit; **~ufé** n, **~upeningar** m/pl. Bargeld n; **~ur** zornig, böse

reika wandeln; schwanken; **~ fram og aftur** umherschweifen

reikistjarna f Planet m

reikn|a rechnen; **~ingsdæmi** n Rechenaufgabe f; **~ingsskil** n/pl. Rechenschaft f; **gera ~ingsskil** Rechenschaft ablegen; **~ingur** m (-s, -ar) Rechnung f; (Hdl. a.) Konto n; (Schule) Rechnen m

reim f (-ar, -ar) Riemen m; Schnürsenkel m; **~leikar** m/pl. Spuk m; **~t: það er ~t hérna** es spukt hier

reip/dráttur m Tauziehen n; **~i** n (-s, -) Seil n, Tau n; **~rennandi** (sprechen) fließend; **~tog** n (-s, -) Tauziehen n

rek|a 1. f (-u, -ur) Spaten m; 2. treiben; jagen, kündigen (e-n j-m); **~a burt** wegtreiben; **~ald** n (-s, -öld) Treibgut n; Wrack n; **~ast: ast á e-ð** gegen etw. stoßen; anprallen; fig. auf etw. stoßen; zusammenstoßen; **~aviður** m Treibholz n

rek|i m (-a, -ar) Strandgut n; **~ja** auf- od. abwickeln; **~ja spor** eine Spur verfolgen; **~ja upp** aufribbeln

rekstrarfé n Betriebskapital n

rekstur m (-rar od. -urs, -rar) Betrieb m; **~sfé** n Betriebskapital n; **~shalli** m Unterbilanz f

rektor m (-s, -ar) Rektor m; (Gymnasium) Oberstudiendirektor m

rén|a abnehmen, nachlassen;

~un f (-ar) Abnahme f, Rückgang m

rengja in Frage stellen; be-, anzweifeln; anfechten

renna f (-u, -ur) Rinne f; **2.** v/i. fließen; rinnen; gleiten; **~niður** (ver)schlucken; **sólin rennur upp** die Sonne geht auf; **3.** a. v/t fließen lassen, laufen lassen, Tech. drehen

rennblautur patschnaß

renni|hurð f Schiebetür f; **~lás** m Reißverschluß m; **~tjald** n Rollo n

rent|a f (-u, -ur) Zins m; **~urentur** f/pl. Zinseszinsen pl.

rétt recht; **~áðan** soeben, gerade; **~a 1.** f (-u, -ur) rechte Seite (Stoff); **2.** reichen; geraderichten; korrigieren; **~a sig upp** sich aufrichten; **~a úr sér** sich ausstrecken

réttar|far n Gerichtswesen n; **~hald** n Gerichtsverhandlung f

rétt|hyrndur rechtwinklig; **~hyrningur** m (-s, -ar) Rechteck n; **~indi** n/pl. Berechtigung f, Recht n; (behördliche) Erlaubnis; **~látur** gerecht; **~læta** rechtfertigen; **~læti** n (-s) Gerechtigkeit f; **~læting** f (-ar) Rechtfertigung f; **~mætur** berechtigt; wohlverdient; **~ritun** f Rechtschreibung f; **~ur 1.** m (-ar, -ir) Recht n; Berechtigung f; Gericht n; Speise f; **2.** adj. richtig; **~vísi** f (indekl.) Gerechtigkeit f

reyk|elsi n (-s) Weihrauch m; **~háfur** m (-s, -ar) Schornstein m; **~ja** rauchen; räuchern; **~tóbak** n Pfeifentabak m; **~ur** m (-jar, -ir) Rauch m

Reykvíkingur m (-s, -ar) Einwohner m von Reykjavik

reykvískur adj. aus Reykjavik

reyn|a erfahren; versuchen; **~a sig** sich anstrengen; **~ast** sich bewähren; **~d** f (-ar, -ir) Erfahrung f; Wirklichkeit f; **~dar** zwar; gewiß; übrigens

reyni|ber n Vogelbeere f; **~r** m (-s) Eberesche f

reynsl|a f (-u, -ur) Erfahrung f; **til ~u** auf Probe; **~ulaus** unerfahren; **~uleysi** n (-s) Unerfahrenheit f; **~utími** m Probezeit f; Jur. Bewährungsfrist f

reyr m (-s) Rohr n, Schilf n; **~a** festbinden

rifs|ber n Johannisbeere f; **~berjarunnur** m Johannisbeerstrauch m

riddari m (-a, -ar) Ritter m; (Schach) Springer m

riða zittern; wanken

ríða reiten; **það ríður á e-u** etw. ist wichtig

riðstraumur m Wechselstrom m

rif n (-s, -) Rippe f; Mar. Sandbank f; **~a** f (-u, -ur) Riß m; (Holz) Spalte f

rífa v/t. (zer)reißen; abreißen;

~niður zerstören; **~ upp** aufreißen, öffnen; **~st** sich zanken, sich streiten

riffill *m* (*-ils, -lar*) Gewehr *n*

riflegur reichlich

rifna *v/i.* (zer)reißen, bersten, platzen

rift|a annullieren; (*Versprechen*) brechen; **~ing** *f* (*-ar*) Annullierung *f*; (*Versprechen*) Bruch *m*

rign|a regnen; **~ing** *f* (*-ar, -ar*) Regen *m*; **~ingarlegur:** *það er ~ingarlegt* es sieht nach Regen aus; **~ingarvatn** *n* Regenwasser *n*

ríki *n* (*-s, -*) Staat *m*, Reich *n*; **~sarfi** *m* Kronprinz *m*, Thronerbe *m*; **~sborgararéttur** *m* Staatsangehörigkeit *f*; **~sborgari** *m* Staatsangehörige *m/f*; **~ssjóður** *m* Staatskasse *f*; **~sstjórn** *f* Regierung *f*; **~sstyrkur** *m* staatliche Unterstützung *od.* Beihilfe; **~svald** *n* Staatsgewalt *f*

ríkja herrschen; **~samband** *n* Staatenbund *m*

ríkur reich; wohlhabend

rím *n* (*-s*) Reim *m*; **~a** reimen

rimlagluggatjald *n* Jalousie *f*

Rín *f* (*-ar*) Rhein *m*

ring|laður verwirrt; **~ulreið** *f* (*-ar*) Chaos *n*

risa sich erheben; (*Stadt*) entstehen

ris|avaxinn riesengroß; **~hæð** *f* Dachgeschoß *n*; **~i** *m* (*-a, -ar*) Riese *m*

risna *f* (*-u*) Repräsentation *f*

rissa skizzieren

rista ritzen; toasten; **~ð brauð** *n* Toast *m*

rit *n* (*-s, -*) Schrift *f*; **~a** schreiben; verfassen; **~ari** *m* (*-a, -ar*) Sekretär(in *f*) *m*; **~dómari** *m* Kritiker *m*, Rezensent *m*; **~frelsi** *n* Pressefreiheit *f*; **~föng** *n/pl.* Schreibwaren *pl.*; **~gerð** *f* Aufsatz *m*; Abhandlung *f*; **~höfundur** *m* Schriftsteller *m*; **~hönd** *f* Handschrift *f*; Schrift *f*

ritning *f* (*-ar, -ar*) Bibel *f*; *heilög ~* die Heilige Schrift

rit|safn *n* gesammelte Werke *pl.*; **~sími** *m* Telegraf *m*; **~skoðun** *f* Zensur *f*; **~stjóri** *m* (*-a, -ar*) Redakteur *m*; **~stjórn** *f* Redaktion *f*; **~stjórnargrein** *f* Leitartikel *m*; **~vél** *f* Schreibmaschine *f*; **~villa** *f* Rechtschreibfehler *m*

rjóður 1. *n* (*-s, -*) Lichtung *f*; **2.** rotbackig

rjómi *m* (*-a*) Sahne *f*, Rahm *m*; *þeyttur ~* Schlagsahne *f*

rjúka rauchen; dampfen; fahren; **~á e-n** auf j-n losfahren; **~ af stað** fortstürzen; **~ upp** auffahren; **~ndi** dampfend; *vita ekki sitt ~ndi ráð* weder aus noch ein wissen

rjúpa *f* (*-u, -ur*) Schneehuhn *n*

ró 1. *f* (*-ar*) Ruhe *f*; **2.** *f* (*-ar, rær*) *Tech.* Schraubenmutter *f*; **~a 1.** *v/i.* rudern; **2.** *v/t.*

beruhigen; **~andi** beruhigend; **~andi lyf** n Beruhigungsmittel n

roð|**i** m (-a, -ar) Morgenröte f; Abendrot n; **~na** erröten

róður m (-ar, -rar) Rudern n; Fangfahrt f

rófa f (-u, -ur) Schwanz m; (Gemüse) Rübe f

rofi m (-a, -ar) El. Schalter m

rógber|**a** verleumden; **~i** m (-a, -ar) Verleumder m

rógburður m (-ar) Verleumdung f

rok n (-s, -) heftiger Sturm; **~hvíða** f heftiger Windstoß

rokkur m (-s, -ar) Spinnrad n

róla 1. f (-u, -ur) Schaukel f; **2.** schaukeln

ró|**legur** ruhig; **gera ~legan** beruhigen; **~lyndi** n (-s) Gemütsruhe f; **~lyndur** phlegmatisch, ruhig

Rómaborg f Rom n

rómanskur romanisch

rómantí|**k** f (-ur) Romantik f; **~skur** romantisch

romm n (-s) Rum m

rómur m (-s) Stimme f; **einum rómi** einstimmig

róni m (-a, -ar) Stadtstreicher m; pop. Trunkenbold m

rop|**a** aufstoßen; rülpsen; **~i** m (-a, -ar) Aufstoßen n

rós f (-ar, -ir) Rose f; **~akál** n Rosenkohl m

roskinn: **~ maður** älterer Herr

rostungur m (-s, -ar) Walroß n

rot n (-s) Bewußtlosigkeit f; **slá e-n í ~** j-n bewußtlos schlagen

rót f (-ar, rætur) Wurzel f; **~gróinn** fig. verwurzelt; **~laus** entwurzelt; **~tækur** radikal

rotna verfaulen, verwesen; verrotten

rott|**a** f (-u, -ur) Ratte f

rotvarnarefni n Konservierungsmittel n

rudd|**alegur** brutal, grob; **~i** m (-a, -ar) Rohling m

rúð|**a** f (-u, -ur) Fensterscheibe f; **~ugler** n Fensterglas n

rúgbrauð n Schwarzbrot n; Roggenbrot n

rugga v/i. schlingern; v/t. (Kind) wiegen

ruggustóll m Schaukelstuhl m

rugl n (-s) Unsinn m

rugla verwirren, durcheinanderbringen; **~ður** verwirrt; fig. umnebelt

ruglingur m (-s) Unordnung f; Durcheinander n

rúg|**mjöl** n Roggenmehl n; **~ur** m (-s) Roggen m

rukk|**a** mahnen; (e inn (Geld) eintreiben; **~ari** m (-a, -ar) Geldereintreiber m; **~un** f (-unar, -anir) Mahnung f

rúllur f/pl. Lockenwickler pl.

rúm n (-s, -) Bett n; Platz m, Raum m; **liggja í ~inu** das Bett hüten; **ryðja sér til ~s** sich durchsetzen; **~fatnaður** n

m, **~föt** n/pl. Bettzeug n;
~fræði Geometrie f; **~góður**
geräumig; **~lega** etwas
mehr; **~lega 10** kurz nach 10
Uhr; **~lest** f Mar. (Register-)
Tonne f; **~mál** n Hohlmaß n;
~metri m Kubikmeter m;
~sjór m: úti á **~sjó** auf hoher
See; **~tak** n Rauminhalt m;
Volumen n; **~ur** geräumig
rún f (-ar, -ir) Rune f; **~aletur**
n Runenschrift f; **~asteinn**
m Runenstein m
runn|i m (-a, -ar), **~ur** m (-s,
-ar) Gebüsch n; Busch m
rúsína f (-u, -ur) Rosine f
rusl n (-s) Müll m; Abfall m;
Schund m; Gerümpel n;
~afata f Mülleimer m;
~akompa f (-u, -ur) Rumpel-
kammer f; **~atunna** f Mülltonne f
Rúss|i m (-a, -ar) Russe m;
~land n Rußland n
rúss|**neska** f (-u) Russisch n;
~neskur russisch
rúst f (-ar, -ir) Ruine f; **~ir** pl.
Trümmer pl.
rút|a f (-u, -ur) Route f; Reise-
bus m; Überlandlinienbus
m; **~ubíl** m Reisebus m
ryð n (-s) Rost m; **~ga** rosten;
~gaður rostig; verrostet;
(Stimme) rauh
ryðja wegräumen; roden; **~**
e-u braut Bahn anbahnen; **~**
e-u úr vegi etw. aus dem
Wege räumen
ryk n (-s) Staub m
rykkur m (-s, -ir) Ruck m

ryk|**suga** f (-u, -ur) Staubsau-
ger m; **~ugur** staubig
rým|a räumen; **~a fyrir e-m**
j-m Platz machen; **~a til**
Platz machen; aufräumen;
~ingarsala f Ausverkauf m
rýr klein; gering, schmal;
(Vieh) mager; **~a** Gehalt
kürzen; **~na** abnehmen; ein-
schrumpfen
rýtingur m (-s, -ar) Dolch m
ræða 1. f (-u, -ur) Rede f; Predigt f; **halda ræðu** e-e Rede
halten; **2.** sprechen, reden
ræðis|**maður** m Konsul m;
~mannsskrifstofa f Konsu-
lat n
ræðu|**maður** m Redner m;
~pallur m, **~stóll** m Redner-
pult n
rægja verleumden
rækilegur gründlich, tüchtig
rækja 1. f (-u, -ur) Garnele f,
Krabbe f; **2.** pflegen; wah-
ren; (Amt) versehen
rækt f (-ar) Pflege f; Anbau
m; Zucht f; **~a** züchten;
(Korn) (an)bauen; (Land) ur-
bar machen; **~un** f (-unar,
-anir) Züchtung f; Anbau m;
Urbarmachung f
ræn|**a 1.** f (-u) Bewußtsein n;
2. rauben, plündern; **~ingi**
m (-ja, -jar) Räuber m; **~ulaus**
bewußtlos
ræsi n (-s, -) Rinnstein m;
Entwässerungsrinne f; Kloa-
ke f; Abwässerkanal m; **~r** m
(-s, -ar) Mech. Anlasser m;
Starter m

ræskja: ~ *sig* sich räuspern

ræsti|duft n Scheuerpulver n; **~ng** f (-ar) Reinemachen n; **~ngarkona** f Reinemachefrau f; Putzfrau f

rætast in Erfüllung gehen

rödd f (raddar, raddir) Stimme f

röð f (raðar, raðir) Reihe f

röðun f (-ar) Aufstellung f; Ordnung f

rök n/pl. Gründe pl., Argumente pl.; **~fræði** f Logik f; **~færsla** f (-u, -ur) Beweisführung f

rökkur n (-s) Dämmerung f, Zwielicht n

rök|réttur logisch; **~ræða** diskutieren, **~styðja** motivieren, begründen

rönd f (randar, rendur) Kante f, Rand m; Streifen m; **~óttur** gestreift

rör n (-s, -) Rohr n

röskur rasch, energisch

S

sá 1. (*sú, það*) *dem. pron.* der (die, das); **2.** säen

saddur satt

sáð n (-s) Samen m; Saat f

saðning f (-ar) Sättigung f

saf|amikill saftig; **~i** m (-a, -ar) Saft m

safn n (-s, söfn) Sammlung f; Museum n; **~a** sammeln; einsammeln; **~ari** m (-a, -ar) Sammler m; **~gripur** m Museumsstück n; Exponat n; **~heiti** n Gram. Kollektiv n; **~hús** n Museumsgebäude n; **~vörður** m Museumsleiter m; Museumswärter m

saft f (-ar) Fruchtsaft m

saga 1. f (sögu, sögur) Geschichte f; Erzählung f; Roman m; Saga f; **2.** sägen

saggi m (-a) (Gebäude) Feuchtigkeit f

sagna|ritari m Geschichtsschreiber; Chronist m; **~**

ritun f Geschichtsschreibung f

sagnfræði f Geschichtsforschung f; **~legur** historisch; **~ngur** m (-s, -ar) Historiker m

saka anklagen; schaden; ~ e-n um e-ð j-n e-r Sache beschuldigen; það ~ ekki es schadet nicht; **~dómari** m Strafrichter m; **~mál** n Strafprozeß m; Strafsache f; **~málsrannsókn** f Untersuchung f; **~raðili** m Jur. Partei f

sak|bera anklagen; **~borningur** m (-s, -ar) Angeklagte m/f; **~laus** unschuldig; **~leysi** n (-s) Unschuld f; **~na** (e-s etw.) vermissen; nachtrauern

sak|sókn f Strafverfolgung f; (gerichtliche) Klage; **~sóknari** m (-a, -ar) Kläger *m*, Ankläger *m*; **~sóknari ríkisins** Staatsanwalt *m*

sál *f* (*-ar*, *-ir*) Seele *f*; **~ast** sterben

sala *f* (*sölu*, *sölur*) Verkauf *m*, Absatz *m*

salat *n* (*-s*, *-löt*) Salat *m*

salerni *n* (*-s*, *-*) Toilette *f*

sál(ar)|fræði *f* Psychologie *f*; **~fræðingur** *m* (*-s*, *-ar*) Psychologe *m*; **~greining** *f* (*-ar*, *-ar*) Psychoanalyse *f*

sálmur *m* (*-s*, *-ar*) Psalm *m*

sál|sjúkur gemütskrank; **~sýkisfræði** *f* Psychiatrie *f*

salt *n* (*-s*, *sölt*) Salz *n*; **~a** salzen; pökeln; **~fiskur** *m* Klippfisch *m*; **~kjöt** *n* Pökelfleisch *n*; **~síld** *f* Salzhering *m*; **~ur** salzig

sálugur selig, gestorben

salur *m* (*-s od. -ar*, *-ir*) Saal *m*

sam|ábyrgð *f* Solidarität *f*; **~ábyrgur** solidarisch; **~an** zusammen; **~anbera** vergleichen; **~anburður** *m* (*-ar*, *-ir*) Vergleich *m*; **~andreginn** kurzgefaßt; **~anlagður** zusammengelegt; zusammengerechnet; *að öllu samanlögðu* alles in allem; alles zusammengerechnet; **~anstanda** bestehen (*af aus*)

samastaður *m* Aufenthaltsort *m*; Zufluchtsort *m*

samband *n* Verbindung *f*; Bund *m*; Union *f*

Sambandslýðveldi þýskalands Bundesrepublik Deutschland (*Abk.* BRD)

sambands|ríki *n* Bundesstaat *m*; **~þing** *n* Bundestag *m*

sam|borgari *m* Mitbürger *m*; **~búð** *f* Zusammenleben *n*; **~býli** *n* (*-s*, *-*) Hausgemeinschaft *f*; **~bærilegur** vergleichbar; **~dægurs** am gleichen Tag; **~eiginlegur** gemeinsam; **~eina** verein(ig)en, zusammenfügen

Sameinuðu þjóðirnar *f/pl.* die Vereinten Nationen *pl.*

sam|farir *f/pl.* Geschlechtsverkehr *m*; **~ferðamaður** *m* Mitreisende *m*; **~ferðafólk** *n* Mitreisende *pl.*; **~fylgd** *f* (*-ar*, *-ir*) Begleitung *f*; **~göngumál** *n/pl.* Verkehrswesen *n*; **~göngumálaráðherra** *m* Verkehrsminister *m*; **~göngur** *f/pl.* Verkehr *m*; **~heldni** *f* (*indekl.*) Zusammenhalt *m*; Solidarität *f*; **~hengi** *n* (*-s*, *-*) Zusammenhang *m*; **~hljómur** *m* Harmonie *f*; **~i** derselbe; **~keppni** *f* Konkurrenz *f*; **~koma** *f* Versammlung *f*; **~komuhús** *n* Versammlungshaus *n*

samkomulag *n* Übereinkommen *n*; Verständnis *n*; Vereinbarung *f*

sam|kvæmi *n* (*-s*, *-*) Party *f*, Festlichkeit *f*, Gesellschaft *f*; **~kvæmt** gemäß, nach, entsprechend, laut, kraft; **~lagning** *f* (*-ar*, *-ar*) Addition *f*; **~landi** *m* Landsmann *m*; **~líking** *f* Vergleich *m*; **~loka**

f (*-u, -ur*) Doppelschnitte *f*,
Sandwich *n*; **~lyndi** *n* (*-s*) Einigkeit *f*; **~mála** einig
samning|saðili *m* Vertrags-
schließende *m/f*; **~** Verhand-
lungspartner *m*; **~srof** *n* Ver-
tragsbruch *m*; **~ur** *m* (*-s, -ar*)
Vertrag *m*
sam|rit *n* Duplikat *n*; **~ræða**
f/pl. Unterhaltung *f*, Gespräch *n*; **~ræmi** *n* (*-s*) Über-
einstimmung *f*; **~setning** *f*
Zusammensetzung *f*; **~sinna**
zustimmen, beipflichten; **~**
skonar gleichartig; **~starf**
n Zusammenarbeit *f*; **~**
steypustjórn *f* Koalitions-
regierung *f*; **~stundis** sofort;
gleichzeitig; **~svara** entspre-
chen; **~svarandi** entspre-
chend
samt trotzdem; **~ sem áður**
indessen, jedoch
sam|tal *n* Gespräch *n*; **~tals**
insgesamt; **~tíðarmaður** *m*
Zeitgenosse *m*; **~tímis** parallel (*zeitl.*); **~tök** *n/pl.*
Verein *m*; Zusammen-
schluß *m*; **~úð** *f* (*-ar*) An-
teilnahme *f*, Sympathie *f*;
~ur gleich, derselbe; *mér er*
~a es ist mir gleichgültig;
~vera *f* Zusammensein *n*;
~vinna *f* Zusammenarbeit *f*;
~vinnufélag *n* Genossenschaft *f*
samvisk|a *f* (*-u*) Gewissen *n*;
~ubit *n* Gewissensbiß *m*
(*meist pl.*); **~ulaus** gewissen-
los; **~usamur** gewissenhaft;

~usemi *f* (*indekl.*) Gewissen-
haftigkeit *f*
sam|vist *f* (*-ar, -ir*) Zusam-
menleben *n*; Zusammen-
wohnen *n*; **~þykki** *n* (*-s*) Zustimmung *f*; **~þykkja** zustimmen; einwilligen; geneh-
migen; **~þykkur** einverstan-
den
sand|alda *f* Düne *f*, Sandhü-
gel *m*; **~auðn** *f* Sandwüste *f*;
~blástur *m*, **~fok** *n* (*-s*) Sand-
sturm *m*; **~ur** *m* (*-s, -ar*) Sand
m; Sandküste *f*; Strand *m*;
Sandwüste *f*
sanna beweisen; **~rlega**
wahrlich, wirklich
sann|færa überzeugen; **~**
færing *f* (*-ar, -ar*) Überzeu-
gung *f*; **~girni** *f* (*indekl.*)
Gerechtigkeit *f*; **~gjarn** gerecht; angemessen; **~indi**
n/pl. Wahrheit *f*; Beweis *m*;
~leiksást *f* Wahrheitsliebe *f*;
~leikur *m* Wahrheit *f*;
~orður, **~sögull** die Wahrheit sagend; **~trúaður** recht-
gläubig; **~ur** wahr
sáp|a *f* (*-u, -ur*) Seife *f*;
~ukúla *f* Seifenblase *f*
sár 1. *n* (*-s, -*) Wunde *f*; 2.
schmerzhaft; verwundet; *fig.*
verbittert; **~fátækur** bettel-
arm; **~na** sich grämen; **~s-**
auki *m* (*-a*) Schmerz *m*
sátt *f* (*-ar, -ar/-ir*) Versöhnung *f*, *Jur.* Vergleich *m*;
~asemjari *m* (*-a, -ar*) *Jur.*
(*bei Streiks*) Schlichter *m*;
~fús versöhnlich; **~fýsi** *f*

(indekl.) Versöhnlichkeit *f*; **~ur** versöhnt; zufrieden

sauð|argæra *f (-u, -ur)* Schaffell *n*; **~fé** *n*, **~fénaður** *m* Schafe *pl.*; **~fjárrækt** *f* Schafzucht *f*; **~kind** *f* Schaf *n*; **~ur** *m (-ar, -ir)* Hammel *m*

saum|a *schw.*: **~adót** *n* Nähzeug *n*; **~akona** *f* Näherin *f*; **~askapur** *m (-ar)* Nähen *n*; **~avél** *f* Nähmaschine *f*; **~nál** *f* Nähnadel *f*; **~ur** *m (-s, -ar)* Naht *f*

saur *m (-s)* Schmutz *m*; Kot *m*, Exkrement *n*; **~beschmutzen**; entehren; **~lífi** *n (-s)* Unzucht *f*; **~ugur** schmutzig

saxa hacken

Sax|elfur *f* Elbe *f*; **~i** *m (-a, -ar)* Sachse *m*; **~land** *n* Sachsen *n*

saxneskur sächsisch

seð|ill *m (-ils, -lar)* Zettel *m*; (Bank-)Note *f*, Schein *m*; **~ja** sättigen; **~labanki** *m* Notenbank *f*; **~laveski** *n* Brieftasche *f*

sef *n (-s)* Schilf *n*; **~a** beruhigen; **~ja** suggerieren; **~jun** *f (-unar, -anir)* Suggestion *f*

segja sagen, bemerken, äußern; mitteilen; **~ frá** erzählen; **~ til vegar** den Weg erklären; **~ e-m upp** j-m kündigen; j-n entlassen

segl *n (-s, -)* Segel *n*; **~bátur** *m* Segelboot *n*; **~skip** *n* Segelschiff *n*

segul|afl *n* Magnetismus *m*;

~l *m (-uls, -lar)* Magnet *m*; **~magn** *n s.* **~afl**

seiði *n (-s, -)* Fischbrut *f*

seigur zäh *(a. Fleisch)*; ausdauernd, beharrlich

seilast: **~ eftir e-u** nach etw. greifen

seinastur der letzte, letzter

seinka verspäten; **~ klukkunni** die Uhr zurückstellen; **klukkan ~ sér** die Uhr geht nach

seinkun *f (-unar, -anir)* Verspätung *f*

seinn spät; langsam; **það má ekki ~a vera** es ist höchste Zeit

sekkur *m (-jar, -ir)* Sack *m*

sekt *f (-ar, -ir)* Schuld *f*; Strafe *f*; **~a: ~a e-n** j-n zu e-r Geldstrafe verurteilen

sekúnd|a *f (-u, -ur)* Sekunde *f*; **~uvísir** *m* Sekundenzeiger *m*

sekur schuldig; **dæma sekan** für schuldig erklären

selja verkaufen; **~ á leigu** verpachten; **~ upp** erbrechen, sich übergeben; **~ndi** *m (-anda, -endur)* Verkäufer *m*; **~nlegur** verkäuflich

selta *f (-u)* Salzgehalt *m*

sel|ur *m (-s, -ir)* Seehund *m*, Robbe *f*; **~veiði** *f* Robbenfang *m*

sem 1. *rel. pron.* der (die, das), welcher (welche, welches); **2.** *cj.* wie; als ob

sement *n (-s)* Zement *m*

semíkomma *f* Semikolon *n*

semja ausarbeiten; verfassen; verhandeln; ~ **frið** Frieden schließen; ~ **lag** komponieren

senda schicken, senden; ~ **eftir e-m** nach j-m schicken; **~ndi** m (-anda, -endur) Absender m

sendi|boði m (-a, -ar) Bote m; **~bréf** n Brief m; **~ferð** f Mission f; Besorgung f; Botengang m; **~fulltrúi** m Dipl. Geschäftsträger m; **~herra** m Botschafter m; **~kennari** m Lektor m; **~ll** m (-ils, -lar) Laufbursche m; **~nefnd** f Abordnung f, Delegation f; **~ng** f (-ar, -ar) Sendung f; Lieferung f

sendiráð n Botschaft f; **~s-ritari** m Botschaftssekretär m

senni|legur wahrscheinlich; **~leiki** m (-a) Wahrscheinlichkeit f

sentimetri m Zentimeter m

september m (indekl.) September m; **~lok** n/pl. Ende September

sér refl. pron. sich; **af sjálfu ~** von allein; **~ herbergi** n Zimmer n für sich allein; **~ í lagi** besonders

séra (indekl.) (Anrede u. Titel) Pastor; Hochwürden

sér|fróður sachverständig; **~fræðingur** m (-s, -ar) Sachverständige m/f, Spezialist m; **~góður** selbstsüchtig; **~grein** f Fachgebiet n, Spezialgebiet n; **~hlífinn** wer sich selbst schont; **~hljóð** n, **~hljóði** m (-a, -ar) Vokal m; **~hver** jeder; **~hæfa** spezialisieren; **~kenni** n (-s, -) Eigenart f; Kennzeichen n; **kennilegur** eigentümlich; charakteristisch

sér|leyfi n Sondergenehmigung f, Konzession f; **~menntun** f Spezialisierung f, Fachausbildung f; **~nám** n Fachstudium n; **~prentun** f Sonderdruck m; **~réttindi** n/pl. Privileg n; **~staða** f Sonderstellung f; **~staklega** insbesondere, besonders; **~trúarflokkur** m Sekte f

servíetta f (-u, -ur) Serviette f

sérvitur eigenbrötlerisch; originell

sérþekking f Spezialkenntnisse pl.

sessa f (-u, -ur) Sitzkissen n

setja setzen, stellen; legen; **~st** sich setzen; (Sonne) untergehen; **~st að** sich niederlassen; **~ri** m (-a, -ar) Setzer m

setning f (-ar, -ar) Satz m; Eröffnung f; **~arfræði** f Syntax f; **~armerki** n Satzzeichen n

setu|lið n Besatzung f, Besatzungstruppen pl.; **~t** n (-s, -) Sitz m, Residenz f

sí- in Zssg(n) stets, ständig

sía 1. f (-u, -ur) Sieb n; Filter m; **2.** sieben; filtern, filtrieren

síða erziehen; **~bót** f Reformation f

síð|an 1. cj. nachdem; seit (-dem); **2.** adv. dann, darauf; **3.:** ~ að fyrir prp. mit acc. seit

síðaskipti n/pl. Reformation f

síð|degi n (-s, -) Nachmittag m; **~degis** nachmittags

síð|fágaður kultiviert, zivilisiert; **~ferði** n (-s) Moral f; **~ferðilegur** moralisch; **~fræði** f Ethik f; **~fræðilegur** ethisch; **~gæði** n Sittlichkeit f, Moral f

síðla spät

síð|leysi n (-s, -) Barbarei f; Unsittlichkeit f; **~menning** f Zivilisation f; **~spilla** demoralisieren; **~spilling** f Sittenverfall m; **~ur** m (-s od. -ar, -ir) Brauch m, Sitte f

síður 1. adj. lang; **~ kjóll** langes Kleid, Abendkleid n; **2.** adv. weniger, geringer; weniger gern; **eigi að ~** nichtsdestoweniger

sig refl. pron. sich; **út af fyrir ~** an sich; für sich

síga sinken; **láta undan ~** nachgeben

sígaretta f (-u, -ur) Zigarette f

sígauni m (-a, -ar) Zigeuner m

sigð f (-ar, -ir) Sichel f

sígildur klassisch; **~höfundur** m Klassiker m

sígrænn immergrün

sigla (Schiff) fahren; (Sport) segeln; **~ing** f (-ar, -ar) Fahrt

f; Seereise f; Segeln n; pl. a. **~ingar** Schiffahrt f

sig|ra (be)siegen; **~rihrósandi** triumphierend; **~ur** m (-urs, -rar) Sieg m; **~urvegari** m (-a, -ar) (Sport) Sieger m, Gewinner m

síki n (-s, -) Kanal m, Graben m

síld f (-ar, -ir) Hering m; **~veiðar** f/pl. Heringsfang m

silfur n Silber n; **~pappír** m Alufolie f

silki n (-s) Seide f; **~tvinni** m Nähseide f

silungur m (-s, -ar) Forelle f

síma telefonieren; **~klefi** m (-a, -ar) Telefonzelle f; **~númer** n Telefonnummer f; **~skrá** f Telefonbuch n

sím|i m (-a, -ar) Telefon n, Fernsprecher m; **~leiðis** telefonisch; telegrafisch; **~skeyti** n Telegramm n; **~stöð** f Telefonzentrale f; **~tal** n Telefongespräch n

sin f (-ar, -ar) Sehne f

sindra Funken sprühen

sinn 1. poss. pron. sein; **~ hvorum megin** jeder auf seiner Seite. **2.** n (-s, -) Mal n; í **þetta ~** diesmal; **um ~** eine Zeitlang; **einhverju ~í** (irgend)einmal; **einu ~í** einmal, einst

sinnep n (-s) Senf m

síst am allerwenigsten

sitja sitzen; **~ á sér** sich beherrschen; **~ndi** m (-a) Gesäß n

sítróna f (-u, -ur) Zitrone f

sí|ungur ewig jung; **~valningur** m (-s, -ar) Zylinder m; **~valur** zylinderförmig

sjá sehen; einsehen, verstehen; **~ aftur** wiedersehen; **~ eftir** bereuen; **~ til** abwarten; **~ um e-ð** für etw. sorgen, etw. besorgen; **~aldur** n (-aldurs, -öldur) Pupille f; **~anlegur** sichtbar, (Vorteil) ersichtlich; erkennbar

sjal n (-s, sjöl) Schultertuch n

sjald|an adv. selten; **~gæfur** selten, rar

sjálf|blekungur m (-s, -ar) Füllfederhalter m, Füller m; **~boðaliði** m (-a, -ar) Freiwillige m/f; **~krafa** spontan, automatisch; **~menntaður** selbstgebildet, selbstgelehrt; **~menntaður maður** m Autodidakt m; **~ræði** n (-s) Unabhängigkeit f; Eigenwille m; **~sagður** selbstverständlich; **~sali** m (-a, -ar) Automat m

sjálfs|álit n Selbstbewußtsein n; **~bjargarhvöt** f Selbsterhaltungstrieb m; **~blekking** f Selbstbetrug m; **~elska** f (-u) Egoismus m; **~elskur** egoistisch; **~forræði** n (-s) Selbstverwaltung f; **~morð** n Selbstmord m; **~sefjun** f Autosuggestion f; autogenes Training n; **~stjórn** f Selbstverwaltung f; Selbstbeherrschung f; **~traust** n Selbstvertrauen n

sjálfstæði n Selbständigkeit f; Unabhängigkeit f

sjálfstæður selbständig; unabhängig

sjálfs|virðing f Selbstachtung f; **~vörn** f Selbstverteidigung f; **~ævisaga** f Autobiographie f

sjálf|ur selbst, selber; **~viljugur** freiwillig; **~virkur** automatisch

sjást sich sehen, treffen, gesehen werden

sjávar|afli m Fischfang m; **~afurðir** f/pl. Fischereiprodukte pl.; **~botn** m Meeresboden m; **~flötur** m Meeresspiegel m; **~háski** m Seenot f; **~mál** n Meeresspiegel m; **~pláss** n Fischerdorf n; **~strönd** f Meeresstrand m; **~útvegur** m (-s) Fischerei f; **~þorp** n Fischerdorf n

sjóða kochen; sieden

sjóð|ur m (-s, -ir) Fonds m; Kasse f; **eiga peninga í ~** Geld auf der Bank haben; **~þurrð** f (-ar) Fehlbetrag m, Defizit n

sjó|farandi m (-anda, -endur) Seefahrer m; **~ferð** f Seereise f; **~fræði** f Navigation f; **~gangur** m Seegang m; **~her** m Marine f; **~kort** n Seekarte f; **~leiðis** auf dem Seewege; **~liði** m (-a, -ar) Matrose m; **~maður** m Seemann m; **~míla** f Seemeile f

sjón f (-ar, -ir) Sehvermögen n; Anblick m; (Vision) Erscheinung f; **~arhorn** n Blickwinkel m, Gesichtspunkt m; **~armið** n Standpunkt m, Ansicht f; **~arsvið** n Schauplatz m; **~arvottur** m Augenzeuge m

sjón|auki m (-a, -ar) Fernrohr n, Fernglas n; **~dapur** schwachsichtig; **~deildarhringur** m Horizont m; **~hverfingamaður** m Zauberer m; **~laus** blind; **~leikur** m Schauspiel n, Theaterstück n; Mar. Sicht f; **~mál** n Gesichtskreis m; Fernsehen n; **~varp** n Fernsehen n, Fernseher m; **~varpa** (e-u etw.) ausstrahlen (Fernsehen); **~varpsskermur** m (-s, -ar) Bildschirm m; **~stæki** n Fernseher m

sjóor(r)usta f Seeschlacht f
sjó|r m (-s od. -ar) See f, Meer n; **~réttur** m Seerecht n; **~ræningi** m (-ja, -jar) Seeräuber m; **~skaði** m, **~tjón** n Havarie f, Seeschaden m; **~veiki** f Seekrankheit f; **~veikur** seekrank

sjúga saugen; **gefa að ~** stillen, säugen

sjúkdóm|afræði f Pathologie f; **~seinkenni** n Symptom n, Krankheitszeichen n; **~sgreining** f Diagnose f; **~ur** m (-s, -ar) Krankheit f

sjúklingur m (-s, -ar) Kranke m/f; Patient(in f) m

sjúkra|bíll m Krankenwagen m; **~börur** f/pl. Kranken-

bahre f; **~hús** n Krankenhaus n; **~leikfimi** f Heilgymnastik f; **~samlag** n Krankenkasse f; **~samlagslæknir** m Kassenarzt m; **~trygging** f Krankenversicherung f; **~vitjun** f Krankenbesuch m

sjúkur krank

ská: á ~ schräg

skaða schaden, schädigen; **~bótakrafa** f Schadenersatzanspruch m; **~bætur** f/pl. Schadenersatz m

skað|i m (-a, -ar) Schaden m; **~laus** schadlos; **~legur** schädlich; **~semi** f (indekl.) Schädlichkeit f

skaf|a schaben; abkratzen; **~l** m (-s, -ar) Schneewehe f

skaft n (-s, sköft) Stiel m; (Messer) Heft n

skagi m (-a, -ar) Halbinsel f; Landzunge f

skák f (-ar, -ir) Schach n; **tefla ~** Schach spielen; **~maður** m Schachspieler m; **~mót** n Schachturnier n

skakkur schief, verkehrt

skál f (-ar, -ar) Schüssel f, Schale f; **~!** Prosit!; zum Wohl!; **~a** anstoßen; **~a við e-n** j-m zutrinken

skáld n (-s, -) Dichter m; **~kona** f Dichterin f; **~saga** f Roman m; **~skapur** m Dichtung f

skalli m (-a, -ar) Glatze f

skamma beschimpfen, ausschimpfen; **~rlegur** schändlich; **~ryrði** n Schimpfwort n; **~st** schimpfen; **~st sín** sich schämen

skamm|byssa f Pistole f; Revolver m; **~hlaup** n El. Kurzschluß m; **~stafa** abkürzen; **~stöfun** f Abkürzung f

skammtur m (-s, -ar) Portion f; Ration f; Med. Dosis f

skamm|ur kurz; **~vinnur** kurz, von kurzer Dauer

skap n (-s) Humor m, Stimmung f, Laune f; Temperament n; *vera e-m að skapi* j-m gefallen; *vera í góðu (illu od. vondu)* **~i** guter (schlechter) Laune sein; **~a** schaffen, bilden; **~ari** m (-a) Schöpfer m; **~gerð** f Charakter m; **~raun** f Ärger m; Verdruß m; **~rauna** ärgern

skápur m (-s, -ar) Schrank m

skár adv. gut

skarð n (-s, skörð) Gebirgspaß m; Scharte f

skarlatssótt f Med. Scharlach m

skarp|skyggn scharfsinnig; **~skyggni** f (indekl.) Scharfsinn m; **~ur** scharf; begabt

skárri adj. comp. etwas besser

skart n (-s) Schmuck m; **~gripasali** m (-a, -ar) Juwelier m; **~gripur** m Schmuckstück n, Juwel m

skáti m (-a, -ar) Pfadfinder m

skattaframtal n Steuererklärung f

skatt|frjáls steuerfrei; **~greiðandi** m (-anda, -endur)

Steuerzahler m; **~skyldur** steuerpflichtig; **~stofa** f Finanzamt n; **~ur** m (-s, -ar) Steuer f; **~þegn** m Steuerzahler m

skaut n (-s, -) Schoß m; El. Pol m; **~ahlaup** n Schlittschuhlaufen n; **~amaður** m Schlittschuhläufer m; **~i** m (-a, -ar) Schlittschuh m

ske geschehen

skef|jar f/pl.: *halda sér í ~jum* sich beherrschen

skegg n (-s, -) Bart m; **~jaður** bärtig

skeið 1. f (-ar, -ar) Löffel m; **2.** n (-s, -) (Sport) Lauf m; Strecke f; Zeitraum m; (Pferd) Paßgang m; **~klukka** f Stoppuhr f; **~völlur** m (Trab-)Rennbahn f

skeif|a f (-u, -ur) Hufeisen n; **~ulaga(ður)**, **~umyndaður** hufeisenförmig

skeika sich irren; fehlschlagen

skekkja 1. f (-u, -ur) Fehler m; Abweichung f; **2.** verzerren; schief machen

skel f (-jar, -jar) Muschel f

skel|fa erschrecken; **~fdur** erschreckt, erschrocken; **~filegur** furchtbar; entsetzlich; **~fing** f (-ar) Schrecken m, Furcht f; Panik f; **~kaður** erschrecken; **~kur** m: *skjóta e-m skelk í bringu* j-m e-n Schrecken einjagen

skelli|hlátur m schallendes Gelächter; **~naðra** f Moped n; Zo. Klapperschlange f

skellur m (-s, -ir) Schlag m; Knall m

skelplata f Perlmutt n

skemill m (-ils, -lar) Schemel m

skemm|a v/t. verderben; **~d** f (-ar, -ir) Schaden m; Beschädigung f; **~darverk** n Sabotage f

skemmt|a unterhalten; **~ sér** sich amüsieren; **~anaskattur** Vergnügungssteuer f; **~iferð** Ausflug m; **~iferðamaður** Tourist m; **~iferðasigling** f Kreuzfahrt f; **~iferðaskip** n Kreuzfahrtschiff n, Traumschiff n; **~iganga** f Spaziergang m; **~igarður** m Park m; **~ikraftur** m Unterhaltungskünstler m; **~ilegur** lustig, unterhaltend; interessant; **~istaður** m Tanzlokal n; Vergnügungslokal n; **~un** f (-unar, -anir) Unterhaltung f; Vergnügen n; **vera e-m til ~unar** j-m Gesellschaft leisten

skenkja einschenken

skepn|a f (-u, -ur) Kreatur f, Tier n; **~ufóður** n Viehfutter n

sker n (-s, -) Schäre f; Riff n; **~a** schneiden; **~a upp** ernten; **~a upp sjúkling** n Kranken operieren; **~a út** e-u etw. entscheiden; **~a út** schnitzen; **~ast: ~ast í leikinn** sich einmischen

skerða vermindern; Ruhm

schmälern; **~ing** f (-ar) Verminderung f; Gehalt Kürzung f

skerfur m (-s) Beitrag m, Scherflein n

skeyt|a saman zusammenfügen; **~ um e-ð** sich um etw. kümmern

skeyti n (-s, -) Telegramm n

skeytingar|laus nachlässig; gleichgültig; **~leysi** n (-s) Nachlässigkeit f

skíða|ferð f Skilaufen n; **~maður** m Skiläufer m

skíði n (-s, -) Ski m

skífa f (-u, -ur) Scheibe f

skikkanlegur anständig

skikkja f (-u, -ur) Umhang m, Robe f

skil n/pl. Grenze f; Unterschied m; Pflichterfüllung f; **heimta ~ af e-m** j-n zur Rechenschaft ziehen; **standa í ~ um** s-e Verpflichtungen erfüllen; **kunna góð ~ á e-u** gut Bescheid mit od. über etw. wissen; **~a** zurückgeben; **~a kveðju frá e-m** von j-m grüßen

skila|boð n/pl. Botschaft f; Meldung f; **~grein** f Rechenschaft(sbericht) m

skilgrein|a definieren; **~ing** f (-ar, -ar) Definition f

skilja verstehen, begreifen, einsehen; trennen; Ehe scheiden; **~ e-ð eftir** etw. liegen lassen, zurücklassen; überriglassen; **~ íslensku** Islän

disch verstehen; **~nlegur**
verständlich

skilmáli m (-a, -ar) Bedingung f

skiln|aður m (-ar, -ir) Abschied m; Ehescheidung f; Trennung f; **að ~aði** zum Abschied; **~ingarvit** n Sinn m; Sinnesorgan n; **~ingarvitin** frem die fünf Sinne pl; **~ingsgóður** verständnisvoll; **~ingslaus** verständnislos; **~ingur** m (-s, -ar) Verständnis n, Sinn m; **það er ~ingi mínum ofvaxið** das geht über meinen Verstand

skilorð n Bedingung f; **~sbundinn** bedingt; **~sbundinn dómur** Bewährungsfrist f

skilríki n/pl. Ausweispapiere pl.

skilti n (-s, -) Schild n; Plakat n

skil|veggur m Trennwand f; **~vinda** f Zentrifuge f; Schleuder f; **~yrði** n (-s, -) Bedingung f, Voraussetzung f; **~yrðislaus** bedingungslos; unbedingt

skima spähen

skin n (-s) Schein m

skína (Sonne) scheinen

skinhoraður knochendürr

skinn n (-s, -s) Fell n, Haut f; **~avara** f Pelzwaren pl.; **~handrit** n Pergamenthandschrift f

skip n (-s, -) Schiff n; Boot n

skipa befehlen; ernennen; **~**

fyrsta sæti den führenden Platz einnehmen; **~ e-n í embætti** j-n in ein Amt berufen; **~ upp** Schiff löschen; **~ út** (Schiff) laden, einschiffen; **hafa á að ~** zur Verfügung haben; **~afgreiðsla** f Schiffsexpedition f; **~kví** f (-ar, -ar) Dock n; **~lest** f Konvoi m

skipa|skurður m Kanal m; **~smíðastöð** f Schiffswerft f; **~smíði** f (indekl.) Schiffbau m; **~smiður** m Schiffbauer m; **~stigi** m Schleuse f; **~stóll** m Flotte f; **~útgerð** f Reederei f

skipbrot n Schiffbruch m; **~smaður** m Schiffbrüchige(r) m

skip|gengur schiffbar; **~herra** m Kapitän m

skips|bátur m Beiboot n; **~farmur** m Schiffsladung f; **~fjöl** f: **stíga á ~fjöl** an Bord gehen; **~höfn** f Besatzung f, Mannschaft f; **~læknir** m Schiffsarzt m

skip|stjóri m (-a, -ar) Kapitän m; **~strand** m (-s) Stranden n

skipta teilen; tauschen; (Geld) wechseln; **~ sér af e-u** sich einmischen; **~ um föt** sich umziehen; **~forstjóri** m Testamentsvollstrecker m; **~ráðandi** m (-anda, -endur) Nachlaßverwalter m

skipti n (-s, -) Mal n; **í fyrsta ~** zum ersten Mal; **í hvert ~** jedesmal; **í þetta ~** diesmal; **til ~s** abwechselnd; **~borð** n El.

Schaltbrett n; **~mynt** f Kleingeld n; **~ng** f (-ar, -ar) Teilung f, Einteilung f; Halbierung f; **~stöng** f (Auto) Schalthebel m

skipu|lag n Organisation f; System n; Stadtplanung f; **~leggja** organisieren; planen; **~legur** geordnet, organisiert

skipun f (-unar, -anir) Befehl m; Ordnung f; Ernennung f

skipverji m (-a, -ar) Matrose m

skír (Metall) rein; klar; **~a** taufen; **~dagur** m Gründonnerstag m; **~lífi** n (-s) Keuschheit f; **~lífur** keusch; **~n** f (-ar, -ir) Taufe f

skírnar|nafn n Vorname m; **~vottorð** n Taufschein m; **~vottur** m Pate m, Patin f

skírteini n (-s, -) Zertifikat n; Bescheinigung f; Mitgliedsausweis m

skitna schmutzig werden

skítu|gur schmutzig; **~r** m (-s) Dreck m, Schmutz m; Exkrement n

skjal n (-s, skjöl) Dokument n, Aktenstück n; **~afalsari** m Urkundenfälscher m; **~afölsun** f Urkundenfälschung f; **~asafn** n Archiv n; **~ataska** f Aktenmappe f

skjala|vörður m Archivar m; **~þýðandi** m Übersetzer m; Dolmetscher m; **löggiltur ~þýðandi** vereidigter Dolmetscher

skjaldarmerki n Wappen n

skjald|baka f (-böku, -bökur) Schildkröte f; **~kirtill** m Schilddrüse f

skjálf|a zittern, beben; **~ti** m (-a, -ar) Zittern n, Beben n

skjall n (-s) Schmeichelei f; **~a** schmeicheln

skjallegur schriftlich; urkundlich

skjátlast: mér ~ ich irre mich

skjól n (-s, -) Schutz m; Zuflucht f; **~stæðingur** m (-s, -ar) Klient m, Mandant m; Schützling m

skjóta schießen; **~ e-u á frest** etw. aufschieben; **~ inn** einschieben; **~st** schlüpfen, huschen

skjótur schnell, geschwind; schleunig

skjöl n/pl. Papiere pl., Dokumente pl.

skjöldur m (skjaldar, skildir) Schild m

sko! sieh!, schau!; **það er þannig** das ist (ja) eben der Fall

skóáburður m Schuhcreme f

skoða betrachten; besichtigen; sich (etw.) ansehen; **~nafrelsi** n Meinungsfreiheit f; **~nakönnun** f (-unar, -kannanir) Meinungsumfrage f; Befragung f; **~namunur** m Meinungsverschiedenheit f

skoðun f (-unar, -anir) Meinung f; Besichtigung f; Med. Untersuchung f; **ég er þeirr-**

ar *~ar* ich bin der Meinung *od.* Ansicht

skófatnaður *m* Schuhwaren *pl.*

skófla *f* (*-u, -ur*) Schaufel *f*; Spaten *m*

skógar|högg *n* Holzfällen *n*; **~vörður** *m* Förster *m*

skógerð *f* (*-ar, -ir*) Schuhfabrik *f*

skógrækt *f* Aufforstung *f*; **~arfræði** *f* Forstwissenschaft *f*; **~arfræðingur** *m* (*-s, -ar*) Forstwissenschaftler *m*; **~arstjóri** *m* (*-a, -ar*) (*Island*) Direktor *m* des Forstamtes

skógur *m* (*-ar, -ar*) Wald *m*

skola spülen

skóla|barn *n* Schulkind *n*; **~bróðir** *m* Schulkamerad *m*; **~frí** *n* Schulferien *pl.*; **~ganga** *f* Schulbesuch *m*; **~mál** *n/pl.* Schulwesen *n*; **~skylda** *f* Schulpflicht *f*; **~stjóri** *m* (*-a, -ar*) Schulleiter *m*; **~vist** *f* (*-ar,-ir*) Schulzeit *f*

skóli *m* (*-a, -ar*) Schule *f*; **vera í ~a** zur Schule gehen

skólp *n* (*-s*) Abwasser *n*

skór *m* (*-s, -r*) Schuh *m*

skora 1. *f* (*-u, -ur*) Kerbe *f*; Rille *f*; **2.** (*Fußball*) ein Tor schießen; **~ á e-n** j-n ansspornen; **~st: ~st undan e-u** sich weigern

skordýr *n* Insekt *n*

skorpa *f* (*-u, -ur*) (*Brot*) Kruste *f*; **~na** (*Haut*) (ein)schrumpfen

skorsteinn *m* Schornstein *m*

skort|a fehlen; entbehren; **~ur** *m* (*-s*) Entbehrung *f*; Mangel *m*

skoskur schottisch

skó|smiður *m* Schuhmacher *m*; **~sóli** *m* Schuhsohle *f*; **~sverta** *f* (*-u, -ur*) schwarze Schuhcreme

skot *n* (*-s, -*) Schuß *m*; Ecke *f*, Nische *f*; Verliebtheit *f*; **eins og ~** sofort, augenblicklich; **~fimur** treffsicher; **~færi** *n* Schußweite *f*; *pl.* Munition *f*; **~gröf** *f* Schützengraben *m*; **~hylki** *n* Patrone *f*

Skot|i *m* (*-a, -ar*) Schotte *m*; **~land** *n* Schottland *n*

skot|mark *n* Schießscheibe *f*; *fig.* Zielscheibe *f*; **~spónn** *m* *fig.* Zielscheibe *f*

skott *n* (*-s, -*) (*Hund, Katze*) Schwanz *m*; Kofferraum *m*; **~ulæknir** *m* Quacksalber *m*, Kurpfuscher *m*

skotvopn *n* Schußwaffe *f*

skrá *f* (*-r, -r*) Verzeichnis *n*; (*Tür*) Schloß *n*; **2.** auf-, verzeichnen; schreiben; **~ skipshöfn** *Mar.* anmustern; **~argat** *n* Schlüsselloch *n*

skraddari *m* (*-a, -ar*) Schneider *m*

skrafa plaudern

skran *n* (*-s*) Plunder *m*, Kram *m*, Gerümpel *n*

skratti *m* (*-a, -ar*) Teufel *m*; **hver ~nn!** zum Teufel!

skraut *n* (*-s*) Schmuck *m*

legur prachtvoll, prächtig; **~lýsa** illuminieren

skref n (-s, -) Schritt m

skreið f (-ar) getrockneter Fisch; (eine Art) Stockfisch m

skreppa kurz hingehen; ~ **saman** zusammenschrumpfen

skreyt|a schmücken; **~ing** f (-ar, -ar) Dekoration f; Ausschmückung f; **~ni** f (indekl.) Unwahrheit f, Lüge f

skriða f (-u, -ur) Erdrutsch m; Geröllhaufen m (am Berg)

skríða kriechen; ~ **á fjórum fótum** auf allen vieren kriechen; **láta til skarar** ~ zur Tat schreiten

skrið|dreki m (-a, -ar) Panzer m, Panzerwagen m; **~dýr** n Kriechtier m; **~jökull** m Gletscher m; **~sund** n Kraulen m (Schwimmstil)

skrifa schreiben; **~ e-ð hjá sér** sich etw. notieren; ~ **undir** unterschreiben; **~st: ~st á við e-n** mit j-m korrespondieren

skrif|borð n Schreibtisch m; **~finnska** f (-u) Bürokratie f

skrif|föng n/pl. Schreibwaren pl.; **~legur** schriftlich; **~pappír** n Schreibpapier n; **~stofa** f Büro n; **~stofumaður** m Büroangestellte m; **~stofustúlka** f Büroangestellte f; **~stofustörf** n/pl. Büroarbeit(en pl.) f

skrift f (-ar) Schrift f; Schrei-

ben n; **~a** beichten; **~afaðir** m Beichtvater m; **~astóll** m Beichtstuhl m

skríl|blað n Schundzeitung f; **~l** m (-s) Pöbel m; Mob m

skrímsli n (-s, -) Ungeheuer n

skrín n (-s, -) Schrein m

skringilegur drollig, schnurrig

skripa|læti n/pl. Albernheiten pl.; **~mynd** f Karikatur f

skrítinn komisch; sonderbar

skrítla f (-u, -ur) Witz m

skrjáfa rasseln, rauschen

skrjóður m (-s, -ar) altes Auto

skrokkur m (-s, -ar) Körper m

skrópa schwänzen

skrúðganga f Festzug m

skrúf|a 1. f (-u, -ur) Schraube f; Propeller m; **2.** schrauben; **~járn** n Schraubenzieher m; **~lykill** m Schraubenschlüssel m; **~nagli** m Schraubenbolzen m

skrugga (-u, -ur) Donner m

skrumari m (-a, -ar) Prahler m

skrýða schmücken

skrækja heulen

skrælingi m (-ja, -jar) Barbar m; (Sagazeit) Eskimo m

skrökva erfinden; lügen

skrölta rasseln

skúffa f (-u, -ur) Schublade f, Fach n

skugga|hlið f Schattenseite f; **~legur** düster, finster; unheimlich; verdächtig; **~mynd** f Lichtbild n; Dia n; Silhouette f; **~myndavél**

Projektionsgerät n, Bildprojektor m; Diaprojektor m

skuggi m (-a, -ar) Schatten m

skuggsæll schattig

skuld f (-ar, -ir) Schuld f; **~a** schulden; **~abréf** n Pfandbrief m, Schuldverschreibung f

skuld|binda verpflichten; **~binding** f (-ar, -ir) Verpflichtung f; **~ugur** schuldig; **mjög ~ugur** verschuldet

skulu sollen; werden; *það ~m við gera* das wollen wir tun, laß(t) uns das tun

skunda eilen

skúr 1. f (-ar, -ir) u. m (-s, -ar) Regenschauer m; **2.** m (-s, -ar) Schuppen m

skurð|aðgerð f Med. Operation f; **~arborð** n Operationstisch m; **~goð** n Götze m; **~læknir** m Chirurg m; **~punktur** m Schnittpunkt m; **~stofa** f Operationssaal m; **~ur** m (-s, -ir) Graben m; Schnitt m

skurn f (-ar, -ir) od. n (-s, -) Eierschale f

skutla 1. f (-u, -ur) Papierflieger m; **2.** werfen

skutull m (-uls, -lar) Harpune f

ský n (-s, -) Wolke f; **~ í auga** grauer Star; **~jabólstur** m Wolkenbank f; **~jaborg** f Luftschloß n; *reisa ~jaborgir* Luftschlösser bauen; **~glópur** m Phantast m; Träumer m; **~jakljúfur**

(-s, -ar) Wolkenkratzer m; Hochhaus n

skyggnuvél f Diaprojektor m

skylda 1. f (-u, -ur) Pflicht f; **2.** verpflichten

skyld|fólk n Verwandte pl., Verwandtschaft f; **~leiki** m (-a, -ar) Verwandtschaft f; **~menni** n (-s, -) Verwandtschaft f; **~ugur** verwandt; **~unám** n Schulpflicht f; **~urækinn** pflichtbewußt; **~urækni** f (indekl.) Pflichtbewußtsein n; **~utilfinning** f Pflichtgefühl n

skylm|ast fechten; **~ingar** f/pl. Fechten n

skyn n (-s, -) Verstand m; Absicht f; *bera ~ á e-ð* sich auf etw. verstehen; *í því ~i* in der Absicht

skyndi n (-s): *í ~* schnell! **~hjálp** f Erste Hilfe f; **~lega** plötzlich

skyn|færi n pl. Sinnesorgan n, pl. a. Sinne pl.; **~ja** wahrnehmen; fassen, verstehen; **~jun** f (-unar, -anir) Wahrnehmung f

skyn|samur vernünftig; intelligent; **~semi** f (indekl.) Vernunft f; Intelligenz f; **~semisstefna** f Rationalismus m; **~villa** f Sinnestäuschung f

skyr n (-s) (eine Art) Quark m

skýr deutlich, klar; intelligent; **~a** erklären, erläutern; **~a frá** mitteilen, erzählen

skyrbjúgur m (-s) Skorbut m

skýring f (-ar, -ar) Erklärung f; Erläuterung f; **gefa ~u á e-u** etw. erklären; **~arrit** n Kommentar m

skyrpa ausspucken

skýrsla f (-u, -ur) Bericht m; Referat n; Mitteilung f

skyrta f (-u, -ur) Hemd n; á **~unni** in Hemdsärmeln; **~uhnappur** m Manschettenknopf m

skyssa f (-u, -ur) Fehler m

skytta f (-u, -ur) Schütze m

skækja f (-u, -ur) Hure f

skæla weinen, heulen; **~ sig** Gesichter schneiden

skær klar; (Farbe) grell

skæri n/pl. Schere f; **~uliði** m (-a, -ar) Mil. Partisan m

sköllóttur kahlköpfig

skömm f (skammar, skammir) Schande f; **hafa ~ af e-u** etw. verachten

skömmtun f (-ar) Rationierung f

sköp n/pl. Schicksal n; **eigi má ~um renna** s-m Schicksal kann niemand entgehen od. entrinnen; **~un** f (-ar) Schöpfung f

skör f (skarar, skarir) Kante f; **~ungur** m (-s, -ar) tatkräftiger Mensch

slá 1. f (Straße) Schlagbaum m; Esb. Schranke f; Querbalken m; **2.** schlagen; Gras mähen; **~ e-u á frest** etw. aufschieben; **~ upp** Buch aufschlagen; **~st** sich schlagen

slafneskur slawisch

slag n (-s, slög) Herzschlag m; Schlaganfall m; **annað ~ið** ab und zu; **~ari** m (-a, -ar) Schlager m, Gassenhauer m

slagsmál n/pl. Schlägerei f

sláni m schlaksiger Kerl

slappur schlapp; unwohl

slarka ein wildes od. ausschweifendes Leben führen

slasast verunglücken

slátra schlachten; **~ri** m (-a, -ar) Fleischer m, Metzger m

sláttu|r m (-ar, -) Heuernte f; Mähen n; **~vél** f Mähmaschine f

slátur n (-s, -) Blutwurst f u. Leberwurst f vom Schaf (Nationalgericht)

slaufa f (-u, -ur) Schleife f; Querbinder m, pop. Fliege f

sleðli m (-a, -ar) Schlitten m; **renna sér á ~a** rodeln

sleggjukast n Hammerwerfen n

sleif f (-ar, -ar) Küchenlöffel m, Rührlöffel m

sleik|lfingur m Zeigefinger m; **~ja** lecken; **~julegur** schmeichlerisch, kriecherisch

sleipur glatt, glitschig

sleitulaus ununterbrochen, unablässig

sleppa 1. v/t. loslassen, gehen lassen; **2.** v/i. davonkommen; entkommen

sletta 1. f (-u, -ur) Spritzer m; **2.** spritzen

slétta 1. f (-u, -ur) Ebene f; **2.** ebnen; glätten

sléttur eben; flach

slíkur solch, so ein

slím n (-s) Schleim m

slit n (-s, -) Abnutzung f; Verschleiß m

slíta v/t. (zer)reißen; losreißen; abtragen; abnutzen

slit|inn abgetragen; zerrissen; (Redewendung) banal; **~na zerreißen, reißen**; (Maschine) abgenutzt werden; (Kleider) abgetragen werden; **~róttur** unterbrochen; unzusammenhängend

sljór stumpf; abgestumpft

sljóvga stumpf machen; fig. abstumpfen

slóð f (-ar,-ir) Spur f; Fährte f; Pfad m; pl. a. Gegend f

slokkna v/i. erlöschen, ausgehen

sloppur m (-s, -ar) Kittel m; Bademantel m

slóra faulenzen

slota (Regen) nachlassen

slóttugur listig, schlau; verschlagen

slúður n (-s) Quatsch m, Gewäsch n, dummes Zeug; übles Gerede

slydda f (-u) Schneeregen m

slyngur geschickt; rasch, tüchtig

slys n (-s, -) Unfall m; Unglück n, Katastrophe f; **verða fyrir ~i** verunglücken; **~atrygging** f Unfallversicherung f; **~avarðstofa** f

Unfallstation f; **~avarnafélag** n **Íslands** Rettungsgesellschaft f, entspr. der dt. Bergwacht und DLRG; **~ni** f (indekl.) Pech n

slæða f (-u, -ur) Schleier m; (seidenes) Kopftuch

slægð f (-ar) List f; Hinterlist f; Schlauheit f; **~ur** hinterlistig; schlau

slæmur schlimm, schlecht

slæp|ast herumlungern; faulenzen; **~ingi** m (-ja, -jar) Faulenzer m, Müßiggänger m; **~ingsháttur** m Faulenzen n

slökkv|a löschen, ausmachen; **~ari** m (-a, -ar) El. Schalter m; **~iðæla** f Feuerspritze f; **~ilið** n Feuerwehr f; **~istöð** f Feuerwache f

smá verschmälern; ablehnen; **~atriði** n (-s, -) Nebensache f, Kleinigkeit f; **~barn** n Kleinkind n; **~borg** f, **~bær** m Kleinstadt f

smákaka f Kleingebäck n

smakka kosten, probieren

smal|a (Schafe) eintreiben; **~i** m (-a, -ar) Schäfer m, Hirt m

smálest f Tonne f

smásaman nach und nach, allmählich

smámunа|samur kleinlich, pedantisch; **~asemi** f (indekl.) Kleinlichkeit f, Pedanterie f; **~ir** m/pl. Kleinigkeit f, Bagatelle f

smán f (-ar, -ir) Schande f; **~a** verhöhnen; **~arlegur**

schändlich; **~aryrði** n (-s)
Schimpfwort n

smá|peningar m/pl. Kleingeld n; **~r** klein; **í ~um stíl** im
kleinen; **smátt og smátt**
nach und nach; **~saga** f Novelle f; **~sala** f Kleinhandel
m; **~sjá** f (-r, -r) Mikroskop
n; **~vaxinn** klein von Wuchs;
~vegis gering, etwas;
~vindill m Zigarillo m

smekk|laus fig. geschmacklos; **~legur** geschmackvoll;
~ur m (-s) Geschmack m;
~vís geschmackvoll; **~vísi** f
(indekl.) (guter) Geschmack,
Takt m

smell|a 1. f (-u, -ur) Druckknopf m; **2.** knallen; zudrücken; **~lás** m Schnappschloß
n; **~ur** m (-s, -ir) Knall m

smeykur ängstlich

smíða bearbeiten; verfertigen; Haus bauen; Metall
schmieden; Holz schreinern

smíð|ja f (-u, -ur) Schmiede f;
~ur m (-s, -ir) Schreiner m,
Tischler m; Schmied m;
Schlosser m

smit|a Med. anstecken; **~andi** ansteckend; **~hætta** f
Ansteckungsgefahr f; **~un** f
(-ar) Ansteckung f

smjaðra schmeicheln

smjaður n (-s) Schmeichelei f

smjatta schmatzen

smjúga durchschlüpfen,
durchkriechen

smjör n (-s) Butter f; **~líki** n

(-s) Margarine f; **~ pappír** m
Butterbrotpapier n

smuga f (-u, -ur) Schlupfloch
n

smurolía f Schmieröl n

smygla schmuggeln; **~ri** m
(-a, -ar) Schmuggler m

smyrja Maschine schmieren; Brot mit Butter bestreichen

smyrsl n (-is) Salbe f

smækka kleiner werden, abnehmen; v/t. verkleinern

snagi m (-a, -ar) Haken m,
Kleiderhaken m

snar rasch, flink; **~a** f (snöru,
snörur) Schlinge f; Lasso n;
~brattur sehr steil; **~ka** prasseln, knistern; **~ráður** geistesgegenwärtig; **~ræði** n
(-s) Geistesgegenwart f; **~vitlaus** ganz verrückt

snauður arm

snauta: ~ burt sich fortmachen

sneið f (-ar, -ar) Scheibe f,
Schnitte f; fig. Anspielung
f; **~a** in zwei Scheiben
schneiden; **~a hjá e-m** j-n
meiden

snekkja f (-u, -ur) Segelboot
n; Yacht f

snemma früh

snert|a berühren, anfassen;
að því er mig ~ir was mich
angeht; **~ilínsa** f Kontaktlinse f; **~ing** f (-ar, -ar) Berührung f, Kontakt m

sneyptur beschämt

snið n (-s, -) (Kleid) Schnitt m;

Schnittmuster n; Form f; **~ugur** schlau; lustig; praktisch

sníða zuschneiden; **~ sér stakk eftir vexti** sich nach der Decke strecken

snigill m (-ils, -lar) Schnecke f

snik|ill m (-ils, -lar) Biol. Parasit m, Schmarotzer m; **~ja** betteln; **~juðýr** n Parasit m, fig. Schmarotzer m

snilld f (-ar) Genialität f; **~arlegur** genial, meisterhaft; **~arverk** n Meisterwerk n, Meisterstück n

snillingur m (-s, -ar) Meister m; Genie n

snjall genial; ausgezeichnet; klug; **~ræði** n (-s) gute Idee

snjó|a schneien; **það ~ar** es schneit; **~flóð** n Schneelawine f; **~flygsa** f (-u, -ur) Schneeflocke f; **~glerauga** n/pl. Schneebrille f; **~hvítur** schneeweiß; **~karl** m Schneemann m; **~keðjur** f/pl. Schneeketten pl.; **~koma** f Schneefall m; **~korn** n Schneeflocke f; **~r** m (-s, -ar) Schnee m; **~skafl** m Schneewehe f; **~ýta** f (-u, -ur) Schneepflug m

snotur hübsch

snúa wenden, drehen; **~ e-u við** umdrehen; **~ sér að e-m** sich j-m zuwenden; **~ sér til e-s** sich an j-n wenden; **~ á sér fótinn** den Fuß verstauchen; **~st** sich drehen; beschäftigt sein; **~st hugur**

seine Meinung ändern; **~ við e-u** Stellung zu etw. nehmen

snuð n (-s, -) Schnuller m

snúðra (herum)schnüffeln; stöbern

snúningur m (-s, -ar) Drehung f; Umdrehung f; Windung f

snúra f (-u, -ur) Schnur f; Band n; Wäscheleine f

snyrti|herbergi n Toilette f; **~legur** ordentlich, sauber; **~ng** f (-ar, -ar) Schönheitspflege f, Toilette f; **~stofa** f Kosmetiksalon m; **~vörur** f/pl. Toilettenartikel pl.; Kosmetik f

snæð|a essen; **~ingur** m (-s) Essen n, Mahlzeit f

snælda f (-u, -ur) (Tonband-)Kassette f; Spindel f

snæri n (-s, -) Schnur f, (grober) Bindfaden m

snögg|lega unerwartet; **~ur** schnell, rasch; plötzlich

snökta schluchzen

sóa verschwenden, vergeuden; pop. verpulvern

sódavatn n Sodawasser n

sóðaskapur m (-s) Unreinlichkeit f, Unsauberkeit f

sóði m (-a, -ar) unreinliche Person

sofa schlafen

sófa|borð n Couchtisch m; **~sett** n (-s, -) Polstergarnitur f

sófi m (-a, -ar) Sofa n

sofna einschlafen

sog|a saugen; pumpen;

spaði

dæla f Saugpumpe f; **æð** f Lymphgefäß n

sokk|abuxur f/pl. Strumpfhose f; **ur** m Strumpf m, Socke f

sókn f (-ar, -ir) Gemeinde f, Kirchspiel n; Anklage f

sól f (-ar, -ir) Sonne f; **in kemur upp** die Sonne geht auf; **in sest** die Sonne geht unter; **a** (Schuhe) besohlen; **argeisli** m Sonnenstrahl m; **arhringur** m ein Tag und eine Nacht (24 Stunden); **arlag** n Sonnenuntergang m; **arorka** f Sonnenenergie f; **arupprás** f Sonnenaufgang m

sól|bað n Sonnenbad n; **baðstofa** f Solarium n; **brenndur** braungebrannt; **bruni** m Sonnenbrand m; **gleraugu** n/pl. Sonnenbrille f

sól|hlíf f Sonnenschirm m; **hvörf** n/pl. Sonnenwende f; **kerfi** n Sonnensystem n; **myrkvi** m (-a, -ar) Sonnenfinsternis f; **setur** n Sonnenuntergang m; **skin** n Sonnenschein m; **stunga** f Sonnenstich m; **stöður** f/pl. Sonnenwende f

soltinn (sehr) hungrig

sóma|a: **sér vel** sich gut ausnehmen; **asamlegur** anständig; zufriedenstellend; **atilfinning** f Ehrgefühl n; Stolz m; **i** m (-a) Ehre f

sonar|dóttir f Enkelin f; **sonur** m Enkel m

sónn m (-s) Tlf. Wählton m

sonur m (unregelm.) Sohn m

sópa fegen, kehren

sopi m (-a, -ar) Schluck m

sópur m (-s,-ar) Besen m

sorg f (-ar, -ir) Trauer f, Kummer m; **arbúningur** m Trauerkleidung f; **arleikur** m Tragödie f; **bitinn** traurig, betrübt; **legur** traurig

sorp n (-s) Abfall m, Müll m; **hreinsun** f Müllabfuhr f

sósa f (-u, -ur) Tunke f, Soße f

sósíal|ismi m (-a) Sozialismus m; **isti** m (-a, -ar) Sozialist m

sót n (-s) Ruß m; **ari** m (-a, -ar) Schornsteinfeger m

sótt f (-ar, -ir) Krankheit f; Durchfall m; **arsæng** f Krankenbett n; **hiti** m Fieber n; **hreinsa** desinfizieren; **hreinsaður** desinfiziert, keimfrei; **hreinsun** f Desinfektion f; **hætta** f Ansteckungsgefahr f; **kveikja** f Krankheitserreger m; **kví** f Quarantäne f

sótugur rußig

sóun f (-ar,-ur) Verschwendung f, Vergeudung f

spá 1. f (-r, -r) Wettervorhersage f; Prophezeiung f; **2.** wahrsagen, prophezeien, vorhersagen

spádómur m Wahrsagung f, Prophezeiung f

spaði m (-a, -ar) Spaten m;

Schaufel f; (*Kartenspiel*) Pik n

spak|mæli n Aphorismus m; **~ur** (*Pferd*) zahm; (*Mensch*) weise

spámaður m Prophet m; Wahrsager m

Spánn m Spanien n

spánska f (-u) Spanisch n

Spánverji m (-a, -ar) Spanier m

spar|a sparen; **~ibaukur** m Sparbüchse f; **~iföt** n/pl. Sonntagskleider pl.; **~i-sjóðsbók** f Sparbuch n; **~isjóður** m Sparkasse f; **~ka:** **~ka í e-n** j-n (mit Füßen) treten; j-m e-n Fußtritt geben; **~samur** sparsam; **~semi** f (*indekl.*) Sparsamkeit f

spaug n (-s) Scherz m; Spaß m; **~a** scherzen, spaßen; **~samur** scherzhaft, spaßhaft

spegil|l m (-ils, -lar) Spiegel m; **~mynd** f Spiegelbild n

spegla spiegeln; **~ sig** sich spiegeln

speki f (*indekl.*) Weisheit f; **~ngur** m (-s, -ar) Weise m/f

spékoppur m Grübchen n

spell n (-s) Schaden m; **~virki** **1.** m (-ja, -jar) Saboteur m; **2.** n (-s) Rowdytum n, Zerstörung f

spendýr n Säugetier n

spengilegur schlank

speni m (-a, -ar) (*Tier*) Zitze f

spenna 1. f (-u, -ur) Haarnadel f; Spannung f (a. El.); **2.** spannen; **~ greipar** die Hände falten; **~ndi** spannend

spenn|ir m (-s) Transformator m; **~tur** gespannt; **~ubreytir** m Transformator m

spergil|kál n Broccoli m; **~l** m (-s) Spargel m

sperra 1. f (-u, -ur) Sparren m; Schlagbaum m; **2.** absperren; **~ sig** pop. sich anstrengen; sich brüsten

spik n (-s) Speck m; **~feitur** sehr fett

spil n (-s, -) Spielkarte f; Kartenspiel n; **~a** Mus. spielen; Karten spielen

spila|borg f Kartenhaus n; **~dós** f Spieldose f; **~víti** n Spielhölle f

spill|a vernichten; verderben; verschütten; **~ing** f (-ar) Verderbtheit f; Korruption f; **~tur** verdorben; korrupt

spínat n (-s) Spinat m

spinna spinnen

spítala|læknir m Krankenhausarzt m; **~l** m (-a, -ar) Krankenhaus n

spjaldskrá f Kartei f

spjalla plaudern

spjót n (-s, -) Speer m; **~kast** n Speerwerfen n

spói m (-a, -ar) Regenbrachvogel m

spóla 1. f (-u, -ur) Spule f; **2.** spulen

spón|leggja furnieren; **~n** m (-s, -ar) Span m; Furnier n

spor n (-s, -) (Fuß-)Spur f; Fährte f; **vera í ~um e-s** an j-s Stelle sn; **~baugur** m Ellipse *f*; **~braut** *f* elliptische Bahn

sporður *m* (-s, -ar) Fischschwanz *m*; *standa e-m á sporði* sich mit j-m messen können

sporna: ~ *við e-u* sich etw. widersetzen

sporvagn *m* Straßenbahn *f*

sport *n* (-s) Sport *m*; **~bíll** *m* Sportwagen *m*

sporöskjulagaður oval

spott *n* (-s) Spott *m*; Hohn *m*; **~a** verspotten; verhöhnen; **~i** *m* (-a, -ar) ein Stück Bindfaden *m*; e-e (kurze) Wegstrecke

sprauta 1. *f* (-u, -ur) Spritze *f*; **2.** spritzen; lackieren

sprengi|efni *n* Sprengstoff *m*; **~hættur** explosiv; **~kúla** *f* Granate *f*; **~ng** *f* (-ar, -ar) Sprengung *f*, Explosion *f*

sprengja 1. *f* (-u, -ur) Bombe *f*; **2.** sprengen

sprengjuárás *f* Bombenangriff *m*

spretta 1. *f* (-u, -ur) Graswuchs *m*; Ernte *f*; **2.** keimen; sprießen; (*Saat*) aufgehen; *~ á fætur* aufspringen; **~ upp** (*Naht*) auftrennen

sprett|hlaup *n* Schnellauf *m*, Kurzstreckenlauf *m*; **~hlaupari** *m* Kurzstreckenläufer *m*; **~ur** *m* (-s) Galopp *m*; Hetze *f* (*a. fig.*)

springa bersten, reißen; explodieren; (*Reifen*) platzen

sprunga *f* (-u, -ur) Riß *m*; Spalte *f*; Kluft *f*

spun|i *m* (-a, -ar) Spinnen *n*; *vera stuttur í ~a* kurz angebunden sein

spurn *f* (-ar, -ir), **~ing** *f* (-ar, -ar) Frage *f*; **~ingarmerki** *n* Fragezeichen *n*

spurull neugierig

spúa speien

spyrja fragen; **~st:** *~st fyrir* sich erkundigen

spýta 1. *f* (-u, -ur) ein (kleines) Stück Holz; Streichholz *n*; **2.** ausspucken

spænsk|a *f* (-u) Spanisch *n*; **~ur** spanisch

spöl|korn *n* (-s), **~ur** *m* (-s) e-e (kurze) Wegstrecke

spörfugl *m* Sperling *m*, F Spatz *m*

staða *f* (*stöðu, stöður*) Position *f*; Stellung *f*, Amt *n*; Beruf *m*; **~lýsing** *f* Topographie *f*; **~rákvörðun** *f* Ortsbestimmung *f*; **~rnafn** *n* Ortsname *m*

stað|deyfing *f* örtliche Betäubung; **~festa** *f* Standhaftigkeit *f*; Stabilität *f*; **2.** bestätigen, bekräftigen; **~festing** *f* Bestätigung *f*; **~gengill** *m* (-ils, -lar) Stellvertreter *m*; **~góður** solide; (*Essen*) kräftig; **~greiða** bar bezahlen; **~greiðsla** *f* Barzahlung *f*; **~hæfa** behaupten; **~hæfing** *f* (-ar, -ar) Behauptung *f*; **~hættir** *m/pl.* örtliche Verhältnisse *pl.*; **~leysa** *f* (-u) Unsinn *m*, Geschwätz *n*

stað|na stagnieren; **~næm-ast** stehenbleiben; (*Wagen*) halten); **~reynd** f Tatsache f; **~ur** m (-ar, -ir) Platz m; Ort m; Punkt m; **alls ~ar** überall; **alls ~ar að** (von) überallher; **annars ~ar** anderswo; **annars ~ar frá** anderswoher; **eiga sér ~** stattfinden; **leggja (fara) af ~** sich auf den Weg machen; starten; **fyrst í ~** anfangs; **í ~ e-s** an j-s Stelle; **í ~inn fyrir** anstatt; **í ~ þess** dafür; statt dessen; **sums ~ar** an manchen Stellen

stafa buchstabieren; **~ af** od. **frá e-u** auf etw. beruhen, von etw. herrühren

stafla (auf)stapeln

stafn m (-s, -ar) Steven m; **hafa e-ð fyrir ~í** sich mit etw. beschäftigen

stafróf n (-s) Alphabet n; **~sröð** f alphabetische Ordnung; **í ~sröð** alphabetisch

staf|setja buchstabieren; **~setning** f Rechtschreibung f

stafur m (-s, -ir) Stock m; Buchstabe m

staga flicken, stopfen

stakk|askipti n/pl. Veränderung f; **~ur** m (-s, -ar) Joppe f

stakur einzeln; einzig; einmalig; **stök tala** ungerade Zahl; **stöku sinnum** nur selten

stál n (-s) Stahl m; **~hraustur** kerngesund; **~past** heranwachsen; **~verksmiðja** f Stahlwerk n

stam n (-s) Stottern n; **~a** stottern; stammeln

stampur m (-s, -ar) Kübel m, Zuber m

stand n (-s) Zustand m; **~a** stehen; **~a á sama** gleichgültig sein; **~a e-n að e-u** bei j-n etw. ertappen; **~a e-n að verki** j-n auf frischer Tat ertappen; **~a heima** stimmen; **~a í e-m** sich verschlucken; **~a kyrr** stehenbleiben; **~a sig** sich behaupten; **~a til** bevorstehen; **~a upp** aufstehen; **~a við orð sín** Wort halten; **sem stendur** zur Zeit (z. Z.); **~a yfir** (etw.) bestehen, aushalten; **~ast** (etw.) bestehen, aushalten; **~ast próf** ein Examen bestehen

standmynd f Statue f

stangar|leyfi n (-s, -) Angelerlaubnis f; **~stökk** n Stabhochsprung m; **~veiði** f Angeln n

stans n (-s) Halten n; Stopp m; **~a** stoppen; halten; stehenbleiben; haltmachen; **~laust** ununterbrochen

stappa stampfen

star|a starren; **~blína** (an)gaffen; **~blinda** f Med. Star m

starf n (-s, störf) Arbeit f; Beruf m; Dienst m; Tätigkeit f; **~a** arbeiten; **~a að e-u** an etw. arbeiten; **~samur** arbeitsam

starfs|bróðir m Kollege m; **~fólk** n Personal n; **~kraftar** m/pl. Arbeitskräfte pl.; **~**

systir f Kollegin f; **~tími** m Arbeitszeit f

startari m (-a, -ar) (Auto) Anlasser m

staup n (-s, -) Schnapsglas n; (ein) Schnaps m

staur m (-s, -ar) Pfahl m

steðji m (-a, -ar) Amboß m

stefna 1. f (-u, -ur) Richtung f, Kurs m; (Literatur) Schule f; Jur. Vorladung f; **2.** Richtung nehmen; auf etw. zugehen (od. zulaufen); (Schiff) steuern; Jur. vorladen; **~ndi** m (-anda, -endur) Kläger m

stefnd|i m (-a), **~ur** m (-s, -ir) Angeklagte m

stefnu|breyting f Kursänderung f; **~fastur** zielbewußt; **~laus** planlos; **~ljós** n (Auto) Blinker m; **~mót** n Stelldichein n, Verabredung f

steggur m (-s, -ar) (Vogel) Männchen n; Enterich m

steik f (-ar, -ir) Braten m; **~ja** braten

steinafræði f Mineralogie f

stein|bítur m (-s, -ar) Seewolf m; **~gervingur** m (-s, -ar) Versteinerung f; Fossil n; **~gleyma** ganz vergessen; **~gólf** n Steinfußboden m; Betonfußboden m; **~hissa** ganz erstaunt; **~híjóð** n Totenstille f; **~kast** n Steinwurf m; **~n** m (-s, -ar) Stein m; **~olía** f Petroleum m; **~snar:** það er ekki **~snar** þangað es liegt ganz in der Nähe; **~steypa** f Beton m; **~upp-**

gefinn ganz erschöpft; **~öld** f Steinzeit f

stél n (-s, -) (Vogel) Schwanz m

stela stehlen; **~st** etw. heimlich tun

stelling f (-ar, -ar) Stellung f; Pose f; Haltung f

stelpa f (-u, -ur) Mädchen n

stelsýki f Kleptomanie f

stemmning f (-ar) (Party) Stimmung f

steppa f (-u, -ur) Steppe f

sterk|byggður kräftig gebaut, robust; **~ur** stark

stétt f (-ar, -ir) Klasse f, Stand m; Bürgersteig m; **~abarátta** f Klassenkampf m; **~arbróðir** m Kollege m; **~arfélag** n Gewerkschaft f; **~arþjóðfélag** n Klassengesellschaft f

steypa (e-ð) etw. gießen; etw. betonieren; **~ e-u** etw. umwerfen, stürzen; **~ur** tauchen, hineinspringen; **~st** stürzen

steypi|bað n Brausebad n, Dusche f; **~regn** n Platzregen m

steypuvinna f Betonarbeit f

stífl|a 1. f (-u, -ur) Damm m, Deich m (Rohr) Verstopfung f; **2.** dämmen, stauen; **~urgarður** m Deich m; Staudamm m

stíf|ni f (indekl.) Starrsinn m; **~ur** steif, starrsinnig

stig n (-s, -) Grad m; Stufe f; Ausmaß n; (Bewertung)

Punkt *m*; Stadium *n*; (*Bildung*) Niveau *n*

stiga steigen, treten, zunehmen; ~ **á e-ð** etw. betreten

stiga|rim *f* (*-ar, -ir*) Leitersprosse *f*; **~prep** *n* Treppenstufe *f*

stig|hækkun *f* fortschreitende Steigerung; ~ **í m** (*-a, -ar*) Leiter *f*; Treppe *f*; **~munur** *m* Gradunterschied *m*

stig|ur *m* (*-s, -ar*) Pfad *m*; **~vél** *n* Stiefel *m*

stikilsber *n* Stachelbeere *f*

stíla schreiben; adressieren; ~ **e-ð vel** etw. (schriftlich) gut formulieren; **~bók** *f* (Schreib-)Heft *n*

stíl|l *m* (*-ils, -lar*) Stil *m*; Aufsatz *m*, **~snillingur** *m* glänzender Stilist

still|a beruhigen, einstellen; *Mus.* stimmen; (*Blut*) stillen; **~a til friðar** Streit schlichten; **~tur** ruhig; beherrscht; gefaßt; (*Wetter*) ruhig; still

stimpill *m* (*-ils, -lar*) Stempel *m*

stimpl|a stempeln

stinga stechen; *fig.* stecken; ~ **e-n af** j-n im Stich lassen; ~ **í stúf við e-ð** gegen etw. abstechen; ~ **sér** Kopfsprung machen; ~ **upp á e-u** etw. vorschlagen

stinnings|gola *f* frische Brise; **~kaldi** *m* (*-a*) steifer Wind; **~mál** *n/pl.* steife Brise

stirð|geðja mürrisch, verdrießlich; **~leiki** (*-a, -ar*)

Steifheit *f*; **~na** steif werden; (vor *Kälte*) erstarren; **~ur** steif; ungelenk(ig)

stjarfur erstarrt

stjarn|a *f* (*stjörnu, stjörnur*) Stern *m*

stjórn *f* (*-ar, -ir*) Leitung *f*, Vorstand *m*; Regierung *f*; Selbstbeherrschung *f*; **~a** regieren; lenken; leiten; *Mus.* dirigieren; steuern; **~andi** *m* (*-anda, -endur*) Leiter *m*; **~arandstaða** *f* Opposition *f*; **~arblað** *n* (*Zeitung*) Regierungsorgan *n*; **~arbylting** *f* Revolution *f*; **~ardeild** *f* Ministerium *n*; **~arerindreki** *m* Diplomat *m*; **~arfar** *n* Regierungsform *f*; **~arflokkur** *m* Regierungspartei *f*; **~arfyrirkomulag** *n* Regierungsform *f*; **~arkreppa** *f* Regierungskrise *f*; **~arráð** *n* Regierungssitz *m*; **~arskrá** *f* Grundgesetz *n*; Verfassung *f*; **~artíð** *f* Regierungszeit *f*; **~völd** *n/pl.* Staatsgewalt *f*

stjórnborð|i *m Mar.* Steuerbord *n*; **á ~a** nach Steuerbord

stjórn|frelsi *n* politische Freiheit; **~leysi** *n* (*-s*) Anarchie *f*; **~mál** *n/pl.* Politik *f*

stjórnmála|flokkur *m* politische Partei; **~fundur** *m* politische Versammlung; **~maður** *m* Politiker *m*

stjórn|skipulag *n*, **~skipun** *f* Verfassung *f*

stjúp|a *f* (*-u, -ur*) Stiefmutter *f*

f; **~barn** n Stiefkind m; **~dóttir** f Stieftochter f; **~faðir** m Stiefvater m; **~móðir f ~a;** **~sonur** m Stiefsohn m

stjörnu|bjartur sternklar; **~fræði** f Astronomie f; **~fræðingur** m (-s, -ar) Astronom m; **~hrap** n (-s, -hröp) Sternschnuppe f; **~kíkir** n Teleskop n; **~spámaður** m Astrologe m; **~spekingur** m Astrologe m; **~turn** m Sternwarte f

stó f (-r, -r) Feuerstelle f

stoð f (-ar, -ir) Stütze f, Hilfe f; Pfosten m; **~a** stützen, helfen

stofa f (-u, -ur) Stube f, Wohnzimmer n

stofn m (-s, -ar) Stamm m; Bestand m; **~a** errichten, bilden, gründen; **~andi** m (-anda, -endur) Stifter m; Gründer m; **~fé** n Kapital n; **~un** f (-unar, -anir) Anstalt f; Einrichtung f; Institution f; Gründung f

stóll m (-s, -lar) Stuhl m

stólpi m (-a, -ar) Pfosten m

stólræða f Predigt f

stolt n (-s) Stolz m; **~ur** stolz (**af** od. **yfir e-u** auf etw.)

stopp|a stehenbleiben, anhalten; stopfen; **~ustöð** f Bushaltestelle f

stór groß; hochgewachsen

stóra f (Fluß) Strom m

Stóra-Bretland n Großbritannien n

stór|bóndi m Großbauer m; **~borg** f Großstadt f; **~borg-**

~arlegur großstädtisch; **~brotinn** großzügig; **~fenglegur** großartig; **~gerður** grob; **~glæpamaður** m Schwerverbrecher m; **~hættulegur** sehr gefährlich; **~iðnaður** m Großindustrie f; **~kaupmaður** m Großkaufmann m; **~kostlegur** großartig

storkur m (-s, -ar) Storch m

stormasamur stürmisch, windig

stór|mennskubrjálæði n Größenwahn m; **~orður** heftig, grob

stormur m (-s, -ar) Sturm m; Wind m

stór|skuldugur verschuldet; **~slys** n schwerer Unfall; Katastrophe f; **~streymi** n (-s) Springflut f; **~tjón** n großer Schaden; **~veldi** n Großmacht f; **~viðburður** m Sensation f; **~virki** n Großtat f; **~vægilegur** (sehr) wichtig; **þvottur** m große Wäsche

strá 1. n (-s, -) Halm m; **2.** streuen, ausstreuen; **~hattur** m Strohhut m

strák|legur burschikos; jungenhaft; **~ur** m (-s, -ar) Junge m, Bursche m; Schelm m

strand n (-s) Stranden n; Scheitern n (a. fig.); **~a** stranden; scheitern (a. fig.); **~ferðir** f/pl. Küstenschifffahrt f; **~lengja** f (-u) Küstenstrecke f

strang|lega streng; **~lega bannað** strengstens verboten; **~ur** streng

strau|ja plätten, bügeln; **~járn** n Bügeleisen n

straum|breytir m (-s, -ar) El. Transformator m; **~lða** f (-u, -ur) Stromschnelle f; **~ur** m (-s, -ar) Strom

strax sofort, gleich

strápak n Strohdach n

streita f (-u) Anstrengung f; Stress m

streng|jahljóðfæri n Saiteninstrument n; **~ur** m Saite f; Seil n; Kabel n

streyma strömen; **~ gegnum** durchströmen

stríð n (-s, -) Krieg m; Neckerei f; **heyja ~** Krieg führen; **segja e-m ~ á hendur** j-m den Krieg erklären

stríð|a necken, reizen; **~a við e-ð** mit etw. kämpfen; **~inn** neckisch; **~ni** f (indekl.) Neckerei f

stríðs|ár n/pl. Kriegsjahre pl.; **~byrjun** f Kriegsbeginn m; **~lok** n/pl. Kriegsende n; **~maður** m Krieger m; **~yfirlýsing** f Kriegserklärung f

stríður (Wind) steif; (Haar) borstig; (Strom) reißend

strigi m (-a) Sackleinen n

strik n (-s, -) Strich m; Linie f; **~a** linieren

strit n (-s) schwere od. anstrengende Arbeit, pop. Schufterei f; (Schule) Anstrengung f; **~a** schwer arbeiten; **~vinna** f schwere körperliche Arbeit

strjál|byggður dünn besiedelt; **~l** (Gebäude) zerstreut; (Höfe) verstreut

strjúka streichen; streicheln; desertieren; ausreißen; durchbrennen

strok|a radieren; **~hljóðfæri** n (-s, -) Streichinstrument n

strokk|a buttern; **~ur** m (-s, -ar) Butterfaß n; Tech. Zylinder m

strok|leður n Radiergummi m; **~umaður** m Deserteur m; Ausreißer m

strompur m (-s, -ar) Schornstein m; Rauchfang m

strútur m (-s, -ar) (Vogel) Strauß m

strýt|a f (-u, -ur) Kegel m; **~ulagaður** kegelförmig

stræti n (-s, -) Straße f; **~svagn** m Omnibus m, Bus m

strönd f (strandar, strendur) Küste f, Strand m

stubbur m (-s) Stumpf m; (Zigarre) Stummel m; (Zigarette) Kippe f

stúdent m (-s, -ar) Student(in f); **~spróf** n Reifeprüfung f, Abitur n

stuðari m (-a, -ar) Stoßstange f

stuðl|a: **~a að e-u** zu etw. beitragen; **~ningur** m (-s) Unterstützung f, Hilfe f

stuggur m (-s) Angst f

stúka f (-u, -ur) Loge f

stuldur m (-ar, -ir) Diebstahl m

stúlka f (-u, -ur) Mädchen n

stuna f (-u, -ur) Seufzer m

stund f (-ar, -ir) Stunde f; Zeit f; Weile f; **á ~inni** sofort, augenblicklich; **góða ~** eine Weile; **um ~** für einige Zeit; **~a** lernen; betreiben; **~a nám** studieren; **~afjöldi** m Stundenzahl f; **~arfjórðungur** f Viertelstunde f; **~arkorn** n Augenblick m

stund|askrá f Stundenplan m; **~um** zuweilen; **~vís** pünktlich; **~vísi** f (indekl.) Pünktlichkeit f

stunga f (-u, -ur) Stich m

sturlaður geisteskrank

sturta f (-u, -ur) Dusche f

stutt|buxur f/pl. kurze Hose f; **~bylgja** f Kurzwelle f; **~ur** kurz; **~ur í spuna** kurz angebunden

styðja stützen; unterstützen

styggjðaryrði n/pl. kränkende Worte pl.; **~ur** (Pferd) scheu

stykki n (-s, -) Stück n

stynja stöhnen; seufzen

stýr|a steuern; lenken; **~i** n (-s, -) Lenker m; Lenkrad n; Steuer n, Ruder n; **~imaður** m Steuermann m; **~imannaskóli** m Seefahrtsschule f

styrj|aldarár n Kriegsjahr m; **~aldartími** m Kriegszeit f; **~öld** f Krieg m

styrk|beiðni f Antrag m auf (finanzielle) Unterstützung;

~ja stärken; unterstützen; **~ur** m (-s, -ir) Unterstützung f; Stipendium n; **~þegi** m (-a, -ar) Stipendiat m

stytta 1. f (-u, -ur) Statue f; Figur f; **2.** verkürzen; **~ sér aldur** sich das Leben nehmen; **~ upp** aufhören zu regnen; **~st** kürzer werden

stæði n (-s, -) Parkplatz m; **~ur** gestellt; **illa ~ur** arm

stækja f (-u) Gestank m

stækk|a vergrößern; (Unternehmen) ausbauen; v/i. wachsen, zunehmen; **~un** f (-unar, -anir) Vergrößerung f; Ausbau m; Zunahme f; Wachstum n; **~unargler** n Vergrößerungsglas n

stæl|a abhärten, stählen; nachahmen, nachäffen; sich zanken; **~ing** f (-ar, -ar) Abhärtung f; Nachahmung f; Parodie f; **~tur** abgehärtet

stærð f (-ar, -ir) Größe f, Quantität f; Dimension f; **~fræði** f Mathematik f; **~fræðideild** f (Gymnasium) mathematisch-naturwissenschaftlicher Zweig; **~fræðingur** m (-s, -ar) Mathematiker m

stöð f (-var, -var) Station f; **~ugjald** n Parkgebühr f; **~ugleiki** m (-a) Standhaftigkeit f; Gleichgewicht n; **~ugur** beständig; (Ärger) ständig; konstant; stabil; **~umælir** m Parkuhr f; **~uvatn** n See m; **~va** v/t.

(an)halten; stoppen; (*Motor*) ausschalten; **~vunarmerki** *n* Haltesignal *n*

stöfun *f (-ar)* Buchstabieren *n*

stökk *n (-s, ~)* Sprung *m*; (*Pferd*) Galopp *m*; **~breyting** *f* Mutation *f*; **~pallur** *m* Sprungbrett *n*; **~ur** (*Material*) spröde, zerbrechlich

stökkva springen

stöng *f (stangar, stengur od. stangir)* Stange *f*; Angelrute *f*; Fahnenmast *m*; **flagga í hálfa ~** halbmast flaggen; **~ull** *m (-uls, -lar)* Stengel *m*

suð *n (-s)* Summen *n*; Brummen *n*; Quengeln *n*

suða 1. *f* Kochen *n*; Sausen *n*; **2.** summen; rauschen; quengeln

suð|lægur südlich; **~rænn** südländisch; **~umark** *n* Siedepunkt *m*

suður 1. *n (-s)* Süden *m*; **2.** *adv.* südwärts, nach Süden

suðurheim|skautið *n* der Südpol

Suðurland *n* Süd-Island *n*

suðurströnd *f* Südküste *f*

súgur *m (-s)* (Luft-)Zug *m*; **það er ~** es zieht

súkkulaði *n (-s)* Schokolade *f*

súla *f (-u, -ur)* Säule *f*; Pfosten *m*

súld *f (-ar)* Sprühregen *m*

sulta *f (-u)* Marmelade *f*; Gelee *n*; Sülze *f*

sultar|laun *n/pl.* Hungerlohn *m*; **~líf** *n* elendes Leben

sultu|r *m (-ar)* Hunger *m*;

~tau *n (-s)* Marmelade *f*, Eingemachte *n*

sumar *n (-ars, -ur)* Sommer *m*; **~bústaður** *m* Ferienhaus *n*; **~dagur** *m* Sommertag *m*; **~dagurinn fyrsti** „der erste Sommertag" (*Feiertag in Island*); **~frí** *n* Sommerferien *pl.*; **~lag: að ~lagi** im Sommer; **~leyfi** *n* Sommerurlaub *m*; **~sólhvörf** *n/pl.*, **~sólstöður** *f/pl.* Sommersonnenwende *f*

sumir einige; **~ ... aðrir** die einen ... die anderen

sum|ur manch einer; **að ~u leyti** zum Teil (*Abk. z. T.*); **~s staðar** mancherorts

sund *n (-s, ~)* Schwimmen *n*; Meerenge *f*, Sund *m*; Gäßchen *n*; **~bolur** *m* Badeanzug *m*; **~föt** *n/pl.* Badeanzug *m*; **~höll** *f* Hallenbad *n*; **~laug** *f* Freibad *n*; Schwimmbecken *n*; **~ra** zersplittern, zerstreuen; **~skýla** *f (-u, -ur)* Badehose *f*

sundur entzwei; **~greina** analysieren; **~liða** spezifizieren; **~liðun** *f (-ar)* Spezifikation *f*; **~lyndi** *n (-s)* Zwietracht *f*, Uneinigkeit *f*; **~skilja** trennen; **~skipting** *f* Teilung *f*; **~þykki** *n (-s)* Uneinigkeit *f*; **~þykkur** uneinig

sunnan *adv.* von Süden; **fyrir ~** in Reykjavik, in Süd-Island; **~átt** *f* Südwind *m*; **~verður** südlich; **~vindur** *m* s. **~átt**

Sunnlendingur m (-s, -ar)
Person f aus Süd-Island
sunnlenskur vom Südland
sunnudag|sköld n Sonntagsabend m; **~ur** m Sonntag m
súp|a f 1. f (-u, -ur) Suppe f; 2. trinken; **~udiskur** m tiefer Teller m
súr sauer; **~efni** n Sauerstoff m; **~kál** n Sauerkraut m; **~mjólk** f Sauermilch f; Dickmilch f
sút|a gerben; **~un** f (-ar) Gerben n
svaðilför f gefahrvolle Reise
svakalegur furchtbar, fürchterlich
svala 1. f (svölu, svölur) Schwalbe f; **2.** (Durst) löschen, stillen
svali m (-a) Kühle f, Frische f; **~r** f/pl. (Theater) Rang m
svall n (-s) Ausschweifungen pl.
svalur kühl
svampur m (-s, -ar) Schwamm m
svangur hungrig
svanur m (-s, -ir) Schwan m
svar n (-s, svör) Antwort f; Erwiderung f; **~a** antworten; (Brief) beantworten; **~amaður** m Trauzeuge m
Svartahaf n Schwarzes Meer
svartamyrkur n (tiefste) Finsternis f
svart|hol n pop. Gefängnis n; **~hærður** schwarzhaarig

svartidauði m Pest f; pop. isländischer Branntwein
svartsýn|i Pessimismus m; **~n** pessimistisch
svartur schwarz
svefn m (-s) Schlaf m; **í fasta ~i** im tiefen Schlaf; **tala upp úr ~inum** im Schlaf reden; **~friður** m Nachtruhe f; **~herbergi** n Schlafzimmer n; **~laus** schlaflos; **~leysi** n (-s) Schlaflosigkeit f; **~lyf** n, **~meðal** n Schlafmittel n; **~poki** m Schlafsack m; **~purka** f (-u, -ur) fig. Schlafmütze f; **~ró** f Nachtruhe f; **~vagn** m Esb. Schlafwagen m
svei! pfui!
sveif f (-ar, -ar) Kurbel f; **~la 1.** f (-u, -ur) Schwung m; Schwingung f; **2.** schwingen; schwenken; **~last** v/r. sich schwingen, (Preise) schwanken
sveigja 1. f (-u, -ur) Krümmung f; Biegung f; (Straße) Kurve f; **2.** krümmen; biegen; **~ til hliðar** zur Seite biegen
sveigur m (-s, -ar) Kranz m; Bogen m
sveim|hugi m (-a, -ar) Schwärmer m
svein|n m (-s, -ar) Bursche m, Junge m; Geselle m; **~sbréf** n Gesellenbrief m; **~spróf** n Gesellenprüfung f
sveip|a hüllen; **~ur** m (-s, -ir) Strudel m, Wirbel m (a. Haare)

sveit f (-ar, -ir) Gegend f; Gemeinde f; Mannschaft f, Trupp m; **fara á ~ina** auf die öffentliche Fürsorge angewiesen sn; **uppi í ~** auf dem Lande; **~abær** m Bauernhof m; **~afólk** n Landbevölkerung f; **~alegur** provinziell; **~alíf** n Landleben n

sveitar|félag n Landgemeinde f; **~málefni** n/pl. kommunale Angelegenheiten pl.; **~styrkur** m Sozialhilfe f

sveitaþorp n Dorf n

sveittur verschwitzt; **ég er ~** ich schwitze

svelgja verschlingen; **~st: ~st á** sich verschlucken

svell n (-s, -) Glatteis n

svelta 1. v/i. hungern; 2. v/t. aushungern

svengd f (-ar) Hunger m

sveppur m (-s, -ir) Pilz m

sver dick

sverð n (-s, -) Schwert n

sverfa feilen

sverja schwören

svertingi m (-ja, -jar) Neger m

sveskja f (-u, -ur) Backpflaume f

svið n (-s, -) Gebiet n; Thea. Bühne f; n/pl. gesengter Schafskopf m (Nationalgericht)

svíða (Schmerz) brennen; weh tun; (ver)sengen

sviðalykt f Brandgeruch m

sviði m (-a) (Wunde) Brennen n; **~setning** f Inszenierung f

svífa schweben

svifnökkvi m (-a, -ar) Luftkissenboot n

svig n (-s) (Sport) Slalom m, Torlauf m; **~ i** m (-a, -ar) Parenthese f, Klammer f; **~rúm** n Spielraum m

Sví m (-a, -ar) Schwede m

svik n/pl. Betrug m; **~ari** m (-a, -ar) Betrüger m; Verräter m; **~inn** verfälscht; unecht; betrogen; **~ráð** n Verrat m; **~semi** f (indekl.) Unzuverlässigkeit f; **~ull** treulos; unzuverlässig

svíkja betrügen

svima: mig ~r ich werde schwindlig

svín n (-s, -) Schwein n

svipa (-u, -ur) Peitsche f; **~aður** ähnlich; **~brigði** n/pl. Mienenspiel n; **~laus** ausdruckslos; **~mikill** ausdrucksvoll; **~stund** f Augenblick m; **~ta** wegnehmen, wegreißen; **~ur** m (-s, -ir) Miene f; Ähnlichkeit f; **í ~** im Augenblick

Sviss f (indekl.) Schweiz f; **~lendingur** m (-s, -ar) Schweizer m

svissneskur schweizerisch

svit|i m (-a) Schweiß m; **~na** schwitzen

svívirð|a 1. f (-u) Schande f; 2. entehren; **~ing** f (-ar, -ar) Schmach f; Verleumdung f

Svíþjóð f (-ar) Schweden n

svo so; dann; **gerðu ~ vel!** bitte!; **~ leiðis** in der Weise,

~lítið ein wenig; **~na** so; **~nefndur** sogenannt

svunta f (-u, -ur) Schürze f

svæði n (-s, -) Gebiet n; Platz m; Bezirk m

svæf|**a** einlullen; Med. betäuben; **~ill** m (-ils, -lar) kleines Kopfkissen; **~ing** f (-ar, -ar) Betäubung f, Narkose f

syðri südlicher

syfja schläfrig werden; **~ður** schläfrig

syki f (indekl.) Krankheit f; **~ll** m (-ils, -lar) Bakterie f; Bazille f, Bazillus m; **~ng** f (-ar) Ansteckung f; **~garhætta** f Ansteckungsgefahr f

sýkja anstecken; **~st** angesteckt werden; erkranken

sýkn unschuldig; freigesprochen; **~a** freisprechen; **~un** f (-unar, -anir) Freispruch m

sykur m (-s) Zucker m; **~kar** n, **~ker** n Zuckerdose f; **~moli** m Würfelzucker m; **~sýki** f Zuckerkrankheit f

sýn f (-ar, -ir) Sichtweite f; **~a** zeigen; vorweisen; ausstellen; aufführen; **~a fram á e-ð** etw. nachweisen; **~ast** vorkommen, scheinen

synd f (-ar, -ir) Sünde f; **~a** schwimmen; **~aflóð** n Sintflut f; **~ari** m (-a, -ar) Sünder m

syngja singen

sýni n (-s, -) Med. Probe f

sýnilegur sichtbar; offenbar

sýning f (-ar, -ar) Vorstellung f; Aufführung f; Ausstellung f; **~arstúlka** f Mannequin n, Modell n; **~arvél** f Projektor m

sýnishorn n Warenprobe f, Muster n

synja (Bitte) abschlagen; (Vorschlag) ablehnen

sýra f (-u, -ur) Säure f; Molke f

syrgja trauern

sýsla 1. f (-u, -ur) (Island) Kreis m, Verwaltungsbezirk m; Beschäftigung f; **2.** sich beschäftigen, arbeiten

sýslumaður m (Island) Kreisrichter m

syst|**ir** f (-ur, -ur) Schwester f; **~kini** n/pl. Geschwister pl.

systur|**dóttir** f Nichte f; **~sonur** m Neffe m

sæði n (-s) Samen m; Saat f

sægum m (-s) Menge f, Haufen m

sækja holen; (Schule) besuchen; **~ um e-ð** etw. beantragen; sich um etw. bewerben; **~ndi** m (-anda, -endur) Jur. Kläger m; **~st**: **~st eftir e-u** nach etw. streben

sæla f (-u) Glück n; Seligkeit f

sælgæti n (-s) Leckereien m; Süßwaren pl., Bonbons pl.

sæll glücklich; selig; **komið þið sælir** (sæl, sælar), **komdu ~** (sæl)! sei willkommen!; guten Tag!; sei gegrüßt!; **verið þið sælir** (sælar)! **vertu ~** (sæl)! auf Wiedersehen!

sællífi n (-s) Wohlleben n

sæm|a auszeichnen; ziemen; **~d** f (-ar) Ehre f

sæmileg|a einigermaßen, leidlich; **~ur** ziemlich gut

sæng f (-ur, -ar) Oberbett n; Bettdecke f; **liggja á ~** fig. im Wochenbett liegen; **~urföt** n/pl. Bettzeug n; Bettwäsche f; **~urkona** f Wöchnerin f

sænsk|a f (-u) Schwedisch n; **~ur** schwedisch

sær|a verwunden; kränken; (Haare) Spitzen abschneiden; **~ fram** heraufbeschwören; **~ður** verletzt (a. fig.); gekränkt; **~I** n (-s, -) Verschwörung f, Komplott n; **~ing** f (-ar, -ar) Beschwörung f

sæsími m Überseekabel n

sæti n (-s, -) Sitzplatz m; Sitz m; **~ndi** n/pl. Süßwaren pl.

sætt f (-ar, -ir) Versöhnung f; **~a** versöhnen; **~a sig við e-ð** sich mit etw. abfinden

sætur süß; lieblich

söðla satteln; **~smiður** m Sattler m

söfnuður m (safnaðar, söfnuðir) Kirchengemeinde f; **mikill ~** Massenversammlung f

sög f (sagar, sagir) Säge f; **~n** f (sagnar, sagnir) Bericht m; Sage f; Verb n; **~ulegur** historisch; **~uljóð** n Epos n

sök f (sakar, sakir) Schuld f; Vergehen n; Ursache f

sökkva sinken; v/t. versenken

sök|nuður m (saknaðar) Trauer f; **~um** prp. mit gen. wegen; auf Grund (von)

söltun f (-ar) Einsalzen n

sölu|maður m Handelsreisende m; **~skatt-ur** m Mehrwertsteuer f; **~turn** m Kiosk m; **~verð** n Verkaufspreis m

sömuleiðis gleichfalls, ebenfalls

söng|bók f Liederbuch n; **~elskur** sangesfreudig; **~kennari** m Gesanglehrer m; **~kona** f Sängerin f; **~leikur** m Musical n; Operette f; **~rödd** f Singstimme f; **~skemmtun** f Konzert n; **~skrá** f Konzertprogramm n; **~stjóri** m (-a, -ar) Chorleiter m; **~ur** m (-s, -var) Gesang m; Lied n; **~vari** m (-a, -ar) Sänger m

sönnun f (-ar, sannanir) Beweis m; **~argagn** n Beweismittel n

---

T

tá f (unregelm.) Zehe f; **ganga á ~num** auf Zehenspitzen gehen [unverzüglich]

tafarlaus augenblicklich, }

tafl n (-s, töfl) Schachspiel n; **~a** f (töflu, töflur) Tabelle f; Wandtafel f; Tablette f; **~borð** n Schachbrett n;

~maður *m* Schachfigur *f*; Schachspieler *m*

tág *f (-ar, -ar) Bot.* Weide *f*; **~akarfa** *f* Weidenkorb *m*

tagl *n (-s, tögl)* (Pferde-)Schwanz *m*

tak *n (-s, tök)* Griff *m*; *pl.* Möglichkeiten *pl.*; *til ~s* zur Hand

taka nehmen, (er)greifen, fassen; **~ e-ð að sér** etw. übernehmen; **~ e-n af lífi** j-n hinrichten; **~ á móti e-u** etw. empfangen; **~ eftir** (be)merken; **~ fram** hervorheben; **~ skýrt fram** betonen; **~ í höndina á e-m** j-m die Hand drücken; **~ með sér** mitnehmen, mitbringen; **~ til** aufräumen; **~ til máls** das Wort ergreifen; **~ við e-u** etw. empfangen; **~st** gelingen

takk! danke sehr!

takki *m (-a, -ar)* Knopf *m*, Taste *f*

takmark *n* Ziel *n*; Grenze *f*; **~a** begrenzen; beschränken; **~alaus** grenzenlos, unbegrenzt

takmörkun *f (-unar, -markanir)* Begrenzung *f*; Beschränkung *f*

tákn *n (-s, -)* Zeichen *n*; Symbol *n*; **~a** bezeichnen; symbolisieren; **~rænn** symbolisch; typisch

taktur *m Mus.* Takt *m*

tal *n (-s, töl)* Sprechen *n*; Gespräch *n*; *á ~i (Telefon)* besetzt

tala 1. *f (tölu, tölur)* Knopf *m*; Zahl *f*; Ziffer *f*; **2.** sprechen; reden; **~ saman** miteinander sprechen; **~ við e-n** mit j-m sprechen

tálkn *n (-s, -)* Kieme *f*

tal|mál *n* Umgangssprache *f*; **~sháttur** *m* Redensart *f*

tal|sins insgesamt; **~stöð** *f* Sprechfunkgerät *n*; **~sverður** beträchtlich, erheblich

tálvon *f* Illusion *f*

taminn zahm; gezähmt

tangi *m (-a, -ar)* Landzunge *f*, Landspitze *f*

tankur *m (-s, -ar)* Tank *m*

tann|bursti *m* Zahnbürste *f*; **~ krem** *n* Zahnpasta *f*; **~ læknir** *m* Zahnarzt *m*; **~pína** *f* Zahnschmerzen *pl.*

tap *n (-s, töp)* Verlust *m*; **~a** verlieren; unterliegen; **~a af** e-u etw. verpassen

tapp|atogari *m* Korkenzieher *m*; **~i** *m (-a, -ar)* Pfropfen *m*, Kork(en) *m*

tár *n (-s, -)* Träne *f*; **~ast**, **~fella** Tränen vergießen, weinen

taska *f (tösku, töskur)* Tasche *f*, Koffer *m*; (Schul-, Akten-) Mappe *f*

tau *n (-s)* Zeug *n*, Stoff *m*

taug *f (-ar, -ar)* Nerv *m*; Seil *n*; **~aáfall** *n* Nervenzusammenbruch *m*; **~agigt** *f* Neuralgie *f*; **~ahæli** *n* Nervenheilanstalt *f*; **~akerfi** *n* Nervensystem *n*; **~aóstyrkur** nervös; **~asjúkdómur** *m* Ner-

venkrankheit f; **~aveiki** f
Typhus m; **~aveiklaður** ner-
venschwach

taum|ur m (-s, -ar) Zügel m;
taka í ~ana einschreiten

tauta brummen, murmeln

te n (-s) Tee m

tefja hindern, aufhalten; **~st**
aufgehalten werden

tefla Schach spielen; **~ á tvær
hættur** etw. wagen

tegund f (-ar, -ir) Sorte f, Art
f; Typ m

teikn n (-s, -) Vorzeichen n; **~a**
zeichnen; **~ibóla** f Reißzwecke f; **~iborð** n Reißbrett
n; **~ing** f (-ar, -ar) Zeichnung
f; Zeichnen n

tekanna f Teekanne f

tekju|afgangur m Überschuß
m; **~halli** m Defizit n; Fehl-
betrag m; (Fabrik) Verlust
m; **~lind** f Einnahmequelle f;
~r f/pl. Einnahme f; Einkommen n; Einkünfte pl.;
færa til tekna gutschreiben;
~skattur m Einkommen-
steuer f, Lohnsteuer f

tékki m (-a, -ar) Scheck m

Tékki| m (-a, -ar) Tscheche
m; **~óslóvakía** f (-u) Tsche-
choslowakei f

tékkur (a. tjakkur) m (Auto)
Wagenheber m

telja zählen; meinen; glauben; **~ e-n á að gera e-ð** j-n
zu etw. überreden; **~ e-n af
e-u** j-m etw. ausreden; **~ri** m
(-a, -ar) Math. Zähler m; **~st:
~st vera** als etw. gelten

telpa f (-u, -ur) Mädchen n

temja zähmen; bändigen;
dressieren; **~ sér e-ð** sich
etw. angewöhnen

tempra regulieren; temperie-
ren

tengda|dóttir f Schwieger-
tochter f; **~faðir** m Schwie-
gervater m; **~móðir** f
Schwiegermutter f; **~sonur**
m Schwiegersohn m

tengdir f/pl. Schwägerschaft f

tengi|kló f Stecker m; **~ll** m
(-ils, -lar) Steckdose f

tenging f (-ar, -ar) Verbindung f; El. Schaltung f;
Gram. Konjunktion f

tengja verbinden; El. schal-
ten

teningur m (-s, -ar) Würfel m

teppa verhindern; **~a um-
ferðina** den Verkehr stören;
~i n (-s, -) Decke f, Bettdecke
f; Teppich m

terta f (-u, -ur) Torte f

tesía f Teesieb n

teskeið f Tee-, Kaffeelöffel m

texti m (-a, -ar) Text m

teyga in vollen Zügen trinken

teygja 1. f (-u, -ur) Elastizität
f; Gummiband n; **2.** (aus-)
strecken; **~ sig** sich strecken
od. recken; **~nlegur** elastisch; dehnbar

teygur m (-s) (trinken) Zug m

teyma am Zügel führen

tíð f (-ar, -ir) Zeit f; Gram.
Tempus n; Wetter n; **í tæka ~**
rechtzeitig; **með ~ og tíma**
mit der Zeit; **í þá ~** damals;

~arandi m Zeitgeist m; **~ar-
far** n Witterung f; **~indi** n/pl.
Neuigkeit f; **kast** üblich
sein; **~ni** f (indekl.) Frequenz
f; **~um** oft; **~ur** häufig

tífaldur zehnfach

tíg|inn vornehm; **~n** f (-ar, -ir)
Hoheit f; Würde f; Rang m;
~na verehren

tígrisdýr n Tiger m

tígul|l m (-uls, -ar) Raute f;
(Kartenspiel) Karo n;
steinn m Ziegel m; Back-
stein m

tík f (-ar, -ur) Hündin f

tíkall m (-s, -ar) pop. zehn
Kronen

til prp. mit gen. zu; nach; an; ~
þín zu dir; ~ **Þýskalands**
nach Deutschland; ~ **þess
að** cj. damit, um . . . zu; **ertu
~ ?** bist du bereit?; **framan
~** vorne; **~ dæmis** zum Beispiel
(Abk. t. d. z. B.); ~ **baka** zurück

til|beiðsla f (-u) Anbetung f,
Verehrung f; **~biðja** anbeten, verehren; **~boð** n Angebot n; **~breyting** f Abwechs-
lung f; **~breytingarlaus** ein-
förmig; **~búinn** fertig; bereit; **~búinn áburður** m
Kunstdünger m; **~búin föt** n/
pl. Konfektionsanzug m;
~búningur m (-s) Phantaste-
rei f

til|dröig n/pl. Anlaß m, Ursa-
che f; **~efni** n Anlaß m; ~
efni af anläßlich; **~efnis-
laus** ohne Grund; **~einka**

widmen; **~einkun** f Wid-
mung f; **~felli** n (-s, -) Fall m

tilfinn|anlegur empfindlich,
fühlbar; **~ing** f (-ar, -ar) Gefühl n, Empfindung f; ~
ingamál n Gefühlssache f;
~ingamaður m Gefühls-
mensch m; **~ingasamur** sentimental; **~ingasemi** f (indekl.) Sentimentalität f

til|gangslaus sinnlos, zweck-
los; **~sleysi** n (-s) Sinnlosig-
keit f; **~ur** m Absicht f,
Zweck m; Sinn f

tilgáta f (-u, -ur) Annahme f,
Mutmaßung f; Hypothese f

til|greina anführen, nennen;
~heyra dazugehören; ~
hlaup n Anlauf m; **~hliðrun**
f (-ar) Entgegenkommen n;
~hlýðilegur gebührend,
passend; **~hlökkun** f (-ar)
frohe Erwartung; Spannung f;
~hneiging f Neigung f;
(Spiel) Hang m; **~hugsun** f
Vorstellung f; **~kall** n Anspruch m; **gera ~kall til e-s**
Anspruch auf etw. erheben;
~komulítill gering, unbedeutend; **~komumikill** impone-
rend, bedeutend

til|kostnaður m Unkosten
pl.; **~kynna** mitteilen, (von
etw.) unterrichten; **~kynn-
ing** f Mitteilung f; Meldung
f; Bekanntmachung f; **~laga**
f (-lögu, -lögur) Vorschlag
m; **~lit** n (-s, -) Blick m;
Hinsicht f; Rücksicht f; ~
litsamur rücksichtsvoll

tilraun f Versuch m; Probe f; Experiment n; **~aðýr** n Versuchstier n; fam. Versuchskaninchen n; **~astofa** f Laboratorium n

til|ræði n (-s,-) Attentat n; **~skipun** f Verordnung f, Anordnung f; **~svar** n Antwort f; **~svarandi** entsprechend; **~sögn** f Anleitung f; **~tölulega** verhältnismäßig; **~vera** f Dasein n, Sein n, Existenz f; **~vik** n (-s, -) Ereignis n; Fall m; **~viljun** f (-unar, -anir) Zufall m; **~vitnunarmerki** n Anführungszeichen n; **~vonandi** künftig; **~ætlun** f Absicht f

tíma|bil n Zeitalter n; Zeitraum m; **~kaup** n Stundenlohn m; **~nlega** rechtzeitig; **~rit** n Zeitschrift f; **~tal** n Zeitrechnung f; **~töf** f Zeitverlust m; Zeitverschwendung f

timbur n (-s) Holz n, Bauholz n; **~menn** pl. pop. Katzenjammer m, Kater m

tími m (-a) Zeit f; Stunde f; það er kominn **~** til es wird Zeit

tin n (-s) Zinn n

tína (Blume) pflücken; **~ saman** sammeln

tindra strahlen, leuchten, funkeln

tindur m (-s, -ar) Gipfel m

tíska f (-u, -ur) Mode f

tísta zwitschern

tit|ill m (-ils, -lar) Titel m; **~ra**

zittern, beben; **~ringur** (-s) Zittern n, Beben n

títuprjónn m Stecknadel f

tjald n (-s, tjöld) Zelt n; Vorhang m; **~a** zelten; **~búður** f/pl. Zeltlager n; **~stæði** n Zeltplatz m

tjara f (tjöru) Teer m

tjón n (-s) Verlust m, Schaden m

tjörn f (tjarnar, tjarnir) Teich m; Weiher m

tóbak n (-s) Tabak m; **~versl- un** f Tabakgeschäft n

tófa f (-u, -ur) Fuchs m

toga ziehen; zerren; **~ri** m (-a, -ar) Trawler m

tól n (-s, -) Werkzeug n, Gerät n

tolla hängen- od. haftenbleiben; verzollen; **~ í tísku** mit der Mode gehen; **~ saman** zusammenbleiben

toll|afgreiðsla f Zollabfertigung f; **~eftirlit** n Zollkontrolle f; **~frjáls** zollfrei; **~skoðun** f Zollkontrolle f; **~skyldur** zollpflichtig; **~skýrsla** f Zolltarifserklärung f; **~svik** n/pl. Schmuggel m; **~ur** m (-s, -ar) Zoll m; **~vörður** m Zollbeamte(r) m

tómati m (-a, -ar) Tomate f

tóm|stund f Mußestunde f; Freizeit f; **~ur** leer

tón|leikar m/pl. Konzert n; **~list** f Musik f; **~listar- næmur** musikalisch

tonn n (-s, -) (Gewicht) Tonne f

tón|n m (-s, -ar) Ton m; ~**skáld** n Komponist m; ~**tegund** f Tonart f

topp|**lúga** f Schiebedach n; ~**ur** m (-s, -ar) Spitze f; Gipfel m; (Auto-) Dach n

torfær unwegsam; ~**a** f (-u, -ur) Hindernis n; schwer passierbare Stelle

torg n (-s, -) (Stadt) Platz m; Busbahnhof m

tor|**meltur** schwerverdaulich; ~**skilinn** schwerverständlich; ~**tíma** vernichten; ~**tíming** f (-ar, -ar) Vernichtung f; Untergang m; ~**tryggilegur** mißtrauisch; ~**tryggja** mißtrauisch; ~**tryggja** verdächtigen; mißtrauen; ~**tryggni** f (indekl.) Argwohn m; ~**velda** erschweren; ~**veldur** schwer, schwierig

traktor m (-s, -ar) Traktor m

trappa f (tröppu, tröppur) Treppe f; Stufe f

trassa f versäumen; ~**fenginn, ~legur** nachlässig

traust n (-s) Vertrauen n; ~**ur** zuverlässig, solide

tré n (-s, -) Baum m; Holz n

trefill m (-s, -lar) Wollschal m

trefja f (-u, -ur) Faser f

treg|**ða** f (-u) Trägheit f; Unlust f; ~**i** m (-a) Trauer f; ~**ur** unwillig, widerstrebend; langsam

trekt f (-ar, -ir) Trichter m

trélitur m Buntstift m

tré|**skurðarlist** f Holzschnitzerei f; ~**skurður** m Holzschnitt m; ~**smiður** m Tischler m, Schreiner m

treyja f (-u, -ur) Jacke f

treysta vertrauen; ~ **á e-ð** sich auf etw. verlassen

trilla f (-u, -ur) kleines, offenes Motorboot

tritla trippeln

trjá|**bolur** m Baumstamm m; ~**göng** n/pl. Allee f; ~**vörur** f/pl. Holzwaren pl.

troða treten; (hinein)stopfen; ~ **e-u upp á e-n** j-m etw. aufzwingen; ~ **niður** niedertreten; ~**st** sich vordrängel(n)

troðningur m (-s, -ar) Gedränge n; Andrang m; Fußpfad m

trú f (-ar) Glaube m, Religion f; Vertrauen n; Meinung f; **í góðri ~** in gutem Glauben; ~**a glauben**; ~**a e-m fyrir e-u** sich j-m anvertrauen; ~**aður** gläubig, religiös; ~**anlegur** glaubwürdig; ~**arbragðasaga** f Religionsgeschichte f; ~**arbrögð** n/pl. Religion f; ~**arflokkur** m Sekte f; ~**arjátning** f Glaubensbekenntnis n; ~**boð** n Mission f; ~**boði** m (-a, -ar) Missionar m

trufl|**a** stören; ~**un** f (-unar, -anir) Störung f

trú|**frelsi** n Glaubensfreiheit f; ~**hneigður** religiös; ~**laus** ungläubig; ~**legur** glaubhaft; ~**lofast**

~lofun f (-unar, -anir) Verlobung f

trumba f (-u, -ur) Trommel f

trúnað|ur m (-ar) Vertrauen n; **í fyllsta trúnaði** streng vertraulich; **~artraust** n Zuversicht f

trúr treu; zuverlässig

trúræk|inn religiös, fromm; **~ni** f (indekl.) Frömmigkeit f

tryggð f (-ar, -ir) Treue f; **~arof** n (-s) Treuebruch m

trygging f (-ar, -ar) Versicherung f; Sicherheit f; Garantie f; **~arfélag** n Versicherungsgesellschaft f

tryggja versichern; garantieren

trygg|lyndi n (-s) Treue f; **~ur** treu; sicher

tröll n (-s, -) Riese m; **~aukinn** kolossal, riesig

tug|ur m (-ar, -ir) Math. Zehner m; **~þraut** f Zehnkampf m

tukthús n Zuchthaus m

túlk|a dolmetschen; erklären; (Paragraph) interpretieren; auslegen; **~ur** m (-s, -ar) Dolmetscher m

tún n (-s, -) Hauswiese f; Feld n

tundur|dufl n Mil. Mine f; **~skeyti** n Torpedo m

tunga f (-u, -ur) Zunge f; Sprache f

tungl n (-s, -) Mond m; **~skin** n Mondschein m; **~sljós** n Mondlicht n

tungumál n Sprache f; **~a-**

kennsla f Sprachunterricht m; **~nám** n Sprachstudium n

tunna f (-u, -ur) Faß n, Tonne f

turn m (-s, -ar) Turm m

tuska f (-u, -ur) Lappen m

tútta f (-u, -ur) (Babyflasche) Sauger m

tví|baka f (-böku, -bökur) Zwieback m; **~buri** m (-a, -ar) Zwilling m; **~depill** m Doppelpunkt m; **~fari** m (-a, -ar) Doppelgänger m; **~hljóð** n Diphthong f; **~mælalaust** ohne Zweifel

tvinn|akefli n (-s) Zwirnrolle f; **~i** m (-a) Zwirn m; Nähgarn n

tví|rit n Kopie f, Duplikat n; Durchschlag m; **~ræður** zweideutig

tvístra zerstreuen; auseinanderbringen

tvisvar zweimal

tví|sýnn zweifelhaft, unsicher; **~taka** wiederholen; **~tugur** zwanzig Jahre alt; **~vegis** zweimal

tvö|falda verdoppeln; **~faldur** doppelt; fig. falsch

tygg|igúm(m)í n Kaugummi m; **~ja** kauen

tylft f (-ar, -ir) Dutzend n

týna verlieren; **~st** verlorengehen

Tyrk|i m (-ja, -jar) Türke m; **~land** n Türkei f

tyrk|neska f (-u) Türkisch n; **~neskur** türkisch

tæki n (-s, -) Gerät n, Apparat m, Instrument n; Werkzeug n; **færi** n Gelegenheit f; **færissinni** m (-a, -ar) Opportunist m

tækni f (indekl.) Technik f; **fræðingur** m (-s, -ar) Ingenieur m; **legur** technisch

tæla verführen, betrügen

tæma (-sa, -ent)leeren

tæp|lega adv. kaum, knapp; **ur** knapp

tær (Wasser) klar

tölva f (-u, -ur) Computer m

töf f (tafar, tafir) Verspätung f; Verzögerung f; Aufenthalt m; Aufschub m

töfra zaubern; bezaubern; **~**

fram hervorzaubern; **ndi** bezaubernd, reizend; **r** m/pl. Zauber m; Charme m, Reiz m

töku|barn n Pflegekind n; **orð** n Lehnwort n; Fremdwort n

tölfræði f Statistik f

tölu|blað n (Zeitung) Nummer f; **orð** n Zahlwort n; **stafur** n Ziffer f; **verður** beträchtlich

töng f (tangar, tangir) Zange f

tönn f (tannar, tennur) Zahn m

tötra|legur (Mantel) schäbig; zerlumpt; **r** m/pl. Lumpen pl.

U

úð|arigning f, **im** (-a) Nieselregen m, Sprühregen m

úfur m (-s,-ar) Zäpfchen n

uggi m (-a, -ar) Flosse f

ugg|la f (-u, -ur) Eule f; **laust** adv. sicher, unzweifelhaft; **ur** m (-s) Angst f

úld|inn (Fisch, Fleisch) (ver)faul(t); **na** verfaulen

úlfaldi m (-a, -ar) Kamel n

úlfur m (-s, -ar) Wolf m

ull f (-ar) Wolle f; **arpeysa** f Wollpullover m; **arteppi** n Wolldecke f

úlnliður m Handgelenk n

úlpa f (-u, -ur) Winterjacke f

um 1. prp. mit acc. um; an; durch; über; um ... herum; wegen; vor; **allan líkam-**

ann am ganzen Körper; **allt land** über (durch) das ganze Land; **daginn** vor einigen Tagen; **leið og** cj. indem; **nóttina** die Nacht hindurch; in der Nacht; **hver sig** jeder für sich; **þú það** das ist deine Sache; **hvað er að vera?** was ist los?; **það bil, hér bil** (Abk. h. u. b.) etwa, ungefähr, zirka (Abk. ca.); **2.** adv. ungefähr

umboð n Agentur f; (Handel) Vertretung f; Vollmacht f; Kommission f; Provision f; **slaun** n/pl. Provision f; **smaður** m Vertreter m; **ssala** f Handelsvertretung f; Kommission f

umbót f Reform f; ~**amaður** m Reformer m

umbúðir f/pl. Verpackung f; Verband m

umburðar|bréf n Rundschreiben f; ~**lyndi** n (-s) Nachsicht f; ~**lyndur** nachsichtig; tolerant

um|bylting f Umwälzung f; ~**bæta** verbessern; ~**deildur** umstritten; ~**dæmi** n Bezirk m; ~**fangsmikill** umfangreich; ~**ferð** f Verkehr m; Runde f; ~**ferðarmerki** n Verkehrszeichen n

umfram 1. adv. übrig; 2. prp. mit acc. vor; außer; ~ **allt** vor allem; in erster Linie

um|gangast verkehren mit; ~**gengni** f (indekl.) Ordnung f; Umgang m

um|gerð f (-ar, -ir) Rahmen m; Einfassung f; ~**getinn** obengenannt; ~**heimur** m Außenwelt f; ~**hugsun** f Überlegung f; ~**hugsunarfrestur** m Bedenkzeit f; ~**hverfi** n Umgebung f; ~**hverfis** 1. prp. mit acc. rund herum, um ... herum; 2. adv. ringsum; ~**hyggja** f (-u) Sorgfalt f; Fürsorge f; ~**hyggjusamur** umsichtig; ~**komulaus** hilflos; ~**kringja** umringen; umgeben; ~**kvörtun** f Beschwerde f, Klage f

umla murmeln

um|lykja umgeben, umschließen; ~**mál** n Umfang m;

~**mynda** umbilden; ~**mæli** n/pl. Äußerung f; ~**ráð** n/pl. Verfügung f; ~**rita** umarbeiten; umschreiben; ~**ræða** f Diskussion f, Verhandlung f; ~**ræddur** obengenannt; besprochen; ~**sát** f (-ar, -ir) Belagerung f

um|sjón f Aufsicht f; Obhut f; ~**sjónarmaður** m Aufseher m; ~**slag** n (-s, -slög) Briefumschlag m; ~**sókn** f Antrag m, Gesuch n; ~**svifalaust** ohne weiteres; sofort; ~**sýsla** f Verwaltung f; ~**sækjandi** m (-anda, -endur) Antragsteller m, Bewerber m; ~**tal** n Erwähnung f; Gerücht n; ~**önnun** f (-ar) Fürsorge f; Pflege f

unaður m (-ar od. -s) Glück n, Lust f; Genuß m

undan 1. prp. mit dat. von; vor; unter ... hervor; á ~ **mér** vor mir; **undan borðinu** unter dem Tisch hervor; ~**fæti** bergab; 2. adv. weg; voraus; **komast** ~ entkommen; **fara á** ~ vorangehen; ~**brögð** n/pl. Ausflüchte pl.; ~**farandi** in letzter Zeit; ~**hald** n Rückzug m; ~**koma** f Rettung f; ~**látssamur** nachgiebig; willfährig; ~**tekning** f (-ar, -ar) Ausnahme f

undarlegur seltsam, merkwürdig, sonderbar

undir 1. prp. mit dat. unter; ~ **berum himni** im Freien; **það er ~ því komið** es hängt davon ab; *mit acc.* ~ **kvöld** gegen Abend; **2.** *adv.* unter; **verða** ~ unterliegen; ~ **eins** sofort

undir|búa vorbereiten; ~**búningur** m Vorbereitung f; ~**djúp** n Abgrund m; ~**förull** hinterlistig; ~**haka** f Doppelkinn n; ~**hyggja** f Falschheit f; ~**leikur** m Mus. Begleitung f; ~**meðvitund** f Unterbewußtsein n; ~**oka** unterdrücken; ~**okun** f (-un-ar, -anir) Unterdrückung f; ~**réttur** m Amtsgericht n; ~**rita** unterschreiben; ~**ritaður** Unterzeichnete n; ~**róður** m Intrige f; ~**rót** f Ursache f, Wurzel f; ~**skál** f Untertasse f; ~**skrifa** unterschreiben; ~**skrift** f Unterschrift f; Unterzeichnung f; ~**staða** f Grundlage f; Fundament n; ~**tektir** f/pl. Aufnahme f, Anklang m; ~**vitund** f (-ar) Unterbewußtsein n

undra: mig ~r es wundert mich; ~**barn** n Wunderkind n; ~**ndi** erstaunt; ~**st** erstaunen

undrun f (-ar) Erstaunen n

undur n (-s, -) Wunder n

ung|barn n Säugling m; ~**dómur** m Jugend f; ~**frú** f Fräulein n; ~ **i** m (-a, -ar) (Vogel) Junge(s) n; ~**legur** jung aussehend; ~**lingur** m (-s, -ar) Jugendliche m/f; ~**ur** jung

Ungverji m (-a, -ar) Ungar m

ungver|ska f (-u) Ungarisch n; ~**skur** ungarisch

unna lieben; gönnen; ~**st** sich lieben

unnust|a f (-u, -ur) Verlobte f, Braut f; ~ **i** m (-a, -ar) Verlobte(r) m, Bräutigam m

uns cj. bis

unun f (-ar) Lust f, Freude f, Genuß m

upp aufwärts, empor; ~ **aftur** noch einmal; ~ **frá því** von da an; ~ **í loft** auf dem Rücken; **fara** ~ hinaufgehen, nach oben gehen

uppá|stunga f (-u, -ur) Vorschlag m; ~**tæki** n (-s, -) Einfall m, Streich m

upp|boð n Versteigerung f, Auktion f; ~**bót** f Zugabe f; (Gehalt, Lohn) Aufbesserung f; Ersatz m; Subvention f; ~**byggilegur** erbaulich; ~**bygging** f Aufbau m; ~**eldi** n (-s) Erziehung f; ~**eldis-barn** n Pflegekind n; ~**eldis-fræði** f Pädagogik f; ~**eldis-fræðingur** m (-s, -ar) Pädagoge m

upp|finning f (-ar, -ar) Erfindung f; ~**finningamaður** m Erfinder m; ~**fylla** erfüllen; ~**fylling** f Erfüllung f; ~**gefinn** erschöpft; ~**gerð** f Verstellung f, Heuchelei f; **upp|gjöf** f Kapitulation f; ~**gjör** n/pl. Abrechnung f; ~**gröftur** m Ausgrabung f; ~**gufun** f (-unar, -anir) Ver-

dampfung f, Verdunstung f;
~**götva** entdecken; ~**götvun**
f (-unar, -anir) Entdeckung
f; ~**haf** n Ursprung m; Anfang m, Beginn m; ~**hafleg-
ur** ursprünglich; ~**hafsstað-
ur** m Ausgangspunkt m; ~
hafsstafur m Anfangsbuch-
stabe m

upp|hátt laut (sagen); ~**hitun**
f Heizung f; ~**hringing** f
Anruf m; ~**hrópunarmerki**
n Ausrufezeichen n; ~**hæð** f
Summe f, Betrag m; ~
hækkun f Erhöhung f

uppi oben; ~**í sveit** auf dem
Lande; ~**hald** n (-s) Lebens-
unterhalt m

upp|kast n Entwurf m; ~
kominn erwachsen; ~**lag** n
Anlage f; Veranlagung f;
(Buch) Auflage f; ~**lausn** f
Auflösung f; (chemische)
Lösung f; ~**leysanlegur** lös-
lich; ~**litast** (Farbe) verblas-
sen; ~**ljóma** erleuchtet, illuminieren; ~**lýsingar** f/pl.
Auskunft f, Information f;
~**lýstur** aufgeklärt; gebildet;
~**nefni** n (-s, -) Spitzname m;
~**reisn** f (-ar, -ir) Aufruhr m;
Revolte f; ~**reisnarmaður**
m Aufrührer m; ~**réttur** aufrecht; ~**rifinn** aufgeräumt,
heiter; ~**rifjun** f (-unar, -anir)
Auffrischung f; ~**rísa** f (-ú)
Auferstehung f

upp|runi m (-a) Ursprung m;
~**ræta** ausrotten, vertilgen;
~**sala** f Erbrechen n; ~

seldur ausverkauft; (Buch)
vergriffen; ~**skera** 1. f
(-u, -ur) Ernte f; 2. ernten
(a. fig); ~**skeruhátíð** f Ernte-
fest n; ~**skerutími** m Ernte-
zeit f; ~**skipun** f (Schiff) Löschen n; ~**skrift** f (Koch-,
Back-) Rezept n; ~**skurður**
m Med. Operation f; ~**spretta** f Quelle f; fig. Ursprung
m

upp|spuni m (-a) Erdichtung
f, Lüge f; ~**stigning** f (-ar)
Auferstehung f; ~**stigning-
ardagur** m Himmelfahrtstag
m; ~**taka** f (-töku, -tökur)
(Tonband-)Aufnahme f; ~
takari m (-a, -ar) Flaschen-
öffner m; ~**talning** f (-ar, -ar)
Aufzählen n; ~
tekinn sehr beschäftigt;
(Platz) belegt; Tlf. besetzt;
~**tækur: gera ~tækt** beschlagnahmen; ~**vaxtarár**
n/pl. Jugendjahre pl.;
~**þornaður** ausgetrocknet;
~**þot** n (-s, -) Auffahrt f; Krawall m; ~**þurrkun** f (Land-)
Entwässerung f; ~**þvottur** m
Abwaschen n, Spülen n;
~**örva** aufheitern; ermuntern; ~**örvun** f Aufmunterung f; Ermunterung f
úr n (-s, -) (Taschen-, Arm-
band-)Uhr f

úr 1. prp. mit dat. aus; von; ~
gulli aus Gold, golden; ~
hættu außer Gefahr; ~ **sveit**
vom Lande; 2. adv.: **fara** ~
sich ausziehen; **ganga** ~ usn-

úr|eltur veraltet; **~gangur** m Abfall m, Müll m; **~hrak** n (-s, -hrök) Abschaum m; **~klippa** f (-u, -ur) (Zeitungs-)Ausschnitt m; **~koma** f Regen m, Niederschlag m; **~kynjast** entarten; **~lausnarefni** n Aufgabe f

urra (Hund) knurren

úr|ræðagóður einfallsreich; **~ræði** n (-s, -) Rat m; Ausweg m; **~skurða** entscheiden; **~skurður** m Entscheidung f; Urteil n; **~slit** n/pl. Ausgang m, Resultat n, Ergebnis m; **~slitakostir** m/pl. Ultimatum n; **~smiður** m Uhrmacher m; **~val** n Auslese f, Auswahl f; **~vals-** erstklassig

út hinaus; heraus; **~ af engu** ohne Grund; **~ af því** deswegen; **~ um allt** überall; **~ um gluggann** zum Fenster hinaus; **koma ~** herauskommen

utan 1. prp. mit gen.: **~ lands og innan** im In- und Ausland; **2.** adv. von außen, außen, draußen; **fara ~** ins Ausland gehen; **fyrir ~** (draußen) vor dem Hause; **koma að ~** von draußen kommen; aus dem Ausland kommen; **vera ~ við sig** zerstreut sn; **~ að** auswendig; **þar fyrir ~** außerdem

utan|aðkomandi fremd; **~áskrift** f Adresse f; **~bókar**

auswendig; **~ferð** f, **~för** f Auslandsreise f; **~ríkismál** n/pl. Außenpolitik f; **~ríkisráðherra** m Außenminister m; **~verður** nach außen hin; **að ~verðu** äußerlich

út|borg f Vorstadt f; **~borgun** f Auszahlung f; **~brot** n/pl. (Haut-)Ausschlag m; **~búa** ausrüsten; vorbereiten; **~búnaður** m (-ar, -ir) Ausrüstung f; **~býta** verteilen, austeilen; **~dráttur** m Auszug m; **~fjólublár** ultraviolett; **~flutningsbann** n Ausfuhrverbot m; **~flutningur** m Export m, Ausfuhr f; **~flytjandi** m (-anda, -endur) Auswanderer m; Exporteur m; **~fylla** ausfüllen; **~för** f Begräbnis n, Beerdigung f; **~gáfa** f Ausgabe f; **~gáfuréttur** m Verlagsrecht n; **~gefandi** m (-anda, -endur) Verleger m; **~gerð** f Reederei f; **~gerðarmaður** m Reeder m

út|gjöld n/pl. Ausgaben pl.; **~haf** n Ozean m; **~hluta** austeilen, verteilen; **~hverfi** n Vorstadt f

úti draußen; **~bú** n Filiale f; **~dyr** f/pl. Haustür f; **~lega** f (-u, -ur) Camping n; **~loka** ausschließen

út|kljá entscheiden; klären; **~koma** f Ergebnis n; Endsumme f; Resultat n; **~lán** n Darleh(e)n n; (Buch) Ausleihen n; Ausleihe f; **~lánabókasafn** n Leihbücherei f; **~lendingaeftirlit** n Ausländerbehörde f; **~lendingur** m (-s, -ar) Ausländer m; **~lendur** ausländisch, fremd; **~lista** erklären; **~lit** n (-s) Aussehen f; **~lönd** n/pl. Ausland n; **~nefning** f (-ar, -ar) f Ernennung f; **~reið** f Ausritt m; **~reikningur** m Berechnung f; **~rennsli** n (-s, -) (Wasser) Ablauf m; **~rýma** ausrotten; **~sala** f Ausverkauf m; **~saumur** m Stickerei f

út|skorinn geschnitzt; **~skrifast** Abschlußexamen bestehen; **~skurður** m Schnitzerei f; **~skýra** erklären; **~skýring** f Erklärung f; **~slitinn** (Kleid) abgetragen; (Person) abgearbeitet; **~svar** n Gemeindesteuer f; **~sýni** n Aussicht f; Blick m; **~sæði** n Saatgut n; **~sæðiskartöflur** f/pl. Saatkartoffeln pl.; **~**

söluverð n Ausverkaufspreis m

útúrsnúningur m Entstellung f, Verdrehung f

út|valinn ausgewählt; auserlesen

útvarp n (-s, -vörp) Radio n, Rundfunk m; **~a** (Radio) senden; **~sdagskrá** f Radioprogramm n; **~sleikrit** n Hörspiel n; **~sstöð** f Sender m; **~stæki** n Radioapparat m; **~spilur** m Rundfunksprecher m

út|vega besorgen, anschaffen, beschaffen; **~vegun** f (-unar, -anir) Beschaffung f, Anschaffung f; **~vegur** m Fischerei f; **~þensla** f Ausdehnung f; Expansion f; **~þrá** f Fernweh n; **~öndun** f Ausatmen n

ux|ahalasúpa f Ochsenschwanzsuppe f; **~i** m (-a, -ar) Ochse m

V

vað n (-s, vöð) Furt f; **~a** watem; **~mál** n Loden m; **~stígvél** n hohe Gummistiefel pl.

vafa|atriði n Zweifelsfall m; **~samur** zweifelhaft, problematisch

vafla f (vöflu, völfur) Waffel f

vafi m (-a) Zweifel m

vafning|ar m/pl. Umschweife pl.; **~alaust** ohne Umschweife

vagga 1. f (vöggu, vöggur) Wiege f; **2.** wiegen; schaukeln

vagn m (-s, -ar) Fuhrwerk n, Wagen m; **~stjóri** m (-a, -ar) Busfahrer m

vaka 1. f (vöku, vökur) Wachsein n; **2.** wachen, wach sein; **~ndi** wach

vakna erwachen; aufwachen

vakt f (-ar, -ir) Wache f; (Arbeits-) Schicht f; **~avinna** f Schichtarbeit f

val n (-s) Wahl f; Auswahl f
vald n (-s, *völd*) Macht f; Gewalt f; *með* ~ mit Gewalt; *sitja að völdum* herrschen; ~**a** (e-u etw.) verursachen; ~**astaða** f Machtstellung f; ~**hafi** m (-a, -ar) Machthaber m
valdur: *vera* ~ *að e-u* schuld an etw. sein
valinn gewählt
vals m (-a, -ar) Walzer m
valta walzen; ~**ri** m (-a, -ar) Acker-, Straßenwalze f
valtur unstet; wackelig
valur m (-s, -ir) Falke m
vana|bundinn konventionell; ~**fastur** an Gewohnheiten festhalten; ~**legur** gewöhnlich; allgemein
vanda mit Sorgfalt ausführen; ~**ður** solide; von guter Qualität; ehrlich; ~**lítill** nicht schwierig, leicht; ~**mál** n Problem n; ~**samur** schwierig, kompliziert; ~**verk** n schwierige Arbeit od. Aufgabe
vand|i m (-a) Schwierigkeit f; Verantwortung f; Gewohnheit f; *að* ~ wie gewöhnlich
vand|látur anspruchsvoll; wählerisch; verwöhnt; ~**legur** sorgfältig
vandræð|abarn n schwieriges Kind; ~**alegur** verwirrt, verlegen; ~**al** n/pl. Schwierigkeit f, Notlage f
vandvirk|ni f (indekl.) Sorgfalt f; Sorgfältigkeit f, Ge-

nauigkeit f; ~**ur** sorgfältig, gewissenhaft
van|fær schwach; unfähig; schwanger; ~**gá** f (-r) Unachtsamkeit f; *af* ~**gá** aus Versehen
vang|amynd f Profil n; ~**avelta** f Bedenken n; ~**i** m (-a, -ar) Wange f, Backe f
van|heill kränklich, krank; ~**heilsa** f schlechter Gesundheitszustand; ~**helga** entweihen; ~**hirða** 1. f (-u) Verwahrlosung f; 2. verwahrlosen
vani m (-a, -ar) Gewohnheit f; Brauch m
van|kunnandi unwissend; ~**máttarkennd** f (-ar) Minderwertigkeitsgefühl n; ~**meta** unterschätzen; ~**rækja** versäumen; vernachlässigen; ~**ræksla** f (-u) Versäumnis n; ~**skapaður** mißgestaltet; ~**stilltur** unbeherrscht; ~**sæmd** f Schande f, Schmach f
vanta fehlen, mangeln; *mig* ~ *e-ð* mir fehlt etw.
van|traust n Mißtrauen n; ~**syfirlýsing** f Mißtrauensvotum n
van|treysta mißtrauen; ~**trú** f Unglaube m; ~**trúaður** ungläubig
vanur gewohnt; *vera* ~ *að gera e-ð* etw. zu tun pflegen; *vera* ~ *e-u* etw. gewohnt sn
vanþakk|látur undankbar; ~**læti** n Undankbarkeit f

van|þekking f Unwissenheit f; ~þóknun f Mißfallen n, Mißbehagen n; ~þroska (Kind) unterentwickelt; þroskaður unreif

var: verða e-s ~ e-r Sache gewahr werden; verða ~ við e-ð etw. (be)merken; gera ~ við sig sich melden

vara 1. f (vöru, vörur) Ware f; 2. dauern; warnen; ~ sig sich in acht nehmen; ~ e-n við e-u j-n vor etw. warnen; ~ðu þig! Achtung!, Vorsicht!; ~st sich hüten

vara|forði m Reserve f; Notvorrat m; ~formaður m zweite Vorsitzende m/f, Vizepräsident m; ~hlutur m Ersatzteil n; ~litur m Lippenstift m; ~maður m Stellvertreter m; ~nlegur (Wetter) beständig; (Frieden) dauerhaft; (Wirkung) nachhaltig; ~samur bedenklich; gefährlich

varð|a betreffen, angehen; hvað ~ar þig um það? was geht es dich an? ~a við lög strafbar sein; ~eldur m Lagerfeuer n; ~hald n Haft f; setja í ~hald verhaften; ~skip n Küstenwachschiff n, Fischereischutzboot n; ~stjóri m (-a, -ar) Wachtmeister m; ~veita verwahren; (auf)bewahren

var|fær, ~færinn vorsichtig; ~færni f (indekl.) Behutsamkeit f, Vorsicht f; ~huga-

verður bedenklich; ~kár vorsichtig

varla kaum, knapp

varna vorbeugen; verhindern; verwehren; ~rlaus wehrlos, schutzlos

varningur m (-s) Waren pl.

varp n (-s) (Vogel) Brutplatz m; ~a 1. f (vörpu, vörpur) Schleppnetz n; 2. werfen; ~tími m Brutzeit f

var|tappi m El. Sicherung f; ~úð f (-ar) Vorsicht f; ~úðarráðstöfun f Vorsichtsmaßnahme f

vas|abók f Notizbuch n; ~adiskó n (-s, -) Walkman m; ~ahnífur m Taschenmesser n; ~aklútur m Taschentuch n; ~aljós n Taschenlampe f; ~aúr n Taschenuhr f; ~aþjófur m Taschendieb m; ~i m (-a, -ar) Tasche f, Vase f

vask|afat n Waschschüssel f; ~ur 1. m (-s, -ar) Waschbecken n; 2. brav, tapfer

vatn n (-s, vötn) Wasser n; See m; ~a Pferd tränken; ~avextir m/pl. Überschwemmung f; ~safl n Wasserkraft f; ~sból n (-s) Brunnen m; ~sborð n Wasseroberfläche f; ~sdropi m Wassertropfen m; ~sefni n Wasserstoff m

vatns|fall n Fluß m, Strom m; ~fata f Wassereimer m; ~geymir m Wasserbehälter m; Wasserspeicher m; ~glas n ein Glas Wasser; ~heldur wasserdicht; **~kassi** m (Auto) Kühler m; **~krani** m Wasserhahn m; **~leiðsla** f Wasserleitung f; **~litamynd** f Aquarell n

vatns|litur m Wasserfarbe f; **~notkun** f Wasserverbrauch m; **~orka** f Wasserkraft f; **~rennsli** n Wasserlauf m; **~veita** f (-u, -ur) Wasserversorgung f; **~þrýstingur** m Wasserdruck m

vátrygging f Versicherung f; **~arfélag** n Versicherungsgesellschaft f; **~argjald** n Versicherungsprämie f; **~arskírteini** n Versicherungspolice f

vátryggja versichern

vatt n (-s, vött) El. Watt n

vax n (-) Wachs n; **~a** wachsen; zunehmen; **vel ~inn** gut gebaut; **vera ~inn e-u** e-r Sache gewachsen sein; **~mynd** f Wachsfigur f

vaxta|rlag n Körperbau m, Figur f; **~rrækt** f Bodybuilding n; **~vextir** m/pl. Zinseszinsen pl.

veð n (-s, -) Pfand n; **~banki** m Totalisator m, pop. Toto m; **~bréf** n Pfandbrief m

veðja wetten; **~lánari** m (-a, -ar) Pfandleiher m; **~mál** n Wette f

veðr|ast verwittern; **~átta** f (-u) Witterung f; Klima n

veð|reiðar f/pl. Pferderennen n; **~run** f (-ar) Verwitterung f; **~setja** verpfänden

veð|ur n (-s) Wetter n; Sturm m; **gá til ~urs** nach dem Wetter sehen; **láta e-ð í ~ri vaka** Andeutungen über etw. machen; **~rið lægir** der Sturm nimmt ab

veður|athugun f Wetterdienst m; **~far** n (-s) Witterung f; Wetter n; **~fregn** f, **~frétt** f Wetterbericht m; **~fræði** f Wetterkunde f, Meteorologie f; **~fræðingur** m (-s, -ar) Meteorologe m; **~horfur** f/pl. Wetteraussichten pl.; **~spá** f Wettervorhersage f; **~stofa** f Wetterwarte f

vefa weben; **~ri** m (-a, -ar) Weber m

vefja wickeln, umwickeln; **~ inn** f einwickeln; **~ saman** zusammenrollen

vefnaðar|vörur f/pl. Textilien pl.

vefnaður m (-ar) Weben n; Manufaktur f

vef|stóll m Webstuhl m; **~ur** m (-jar, -ir) m Gewebe n

vega wiegen; erwägen; **~bréf** n Reisepaß m; **~bréfaskoðun** f Paßkontrolle f; **~bréfsáritun** f Visum n; **~gerð** f (-ar) Straßenbau m; **~lengd** f Entfernung f; Strecke f; **~mál** n/pl. Straßenverwaltung f; **~málaskrifstofa** f Straßenbauamt n; **~mót** n/pl. Kreuzung f; **~vinna** f Straßenbauarbeit f

veggfóð|ra tapezieren; **~ur** n Tapete f

veggur *m* (-jar, -ir) Wand *f*

veg|leysa *f* (-u, -ur) unwegsame Strecke *f*; **~lyndur** edelmütig

vegna 1. *prp. mit gen.* wegen; um … willen; -halber; auf Grund; **mín ~** meinetwegen; **þess ~** deshalb; **2.** *cj.:* **~ þess að** weil, da

veg|ur *m* (-ar *od.* -s, -ir) Weg *m*, Straße *f*; Möglichkeit *f*; **alla ~a** jedenfalls; **engan ~inn** keineswegs; **koma til ~ fyrir** verhindern; **nokkurn ~inn** einigermaßen; **~vísir** *m* Wegweiser *m*

veið|a fangen, jagen; fischen, angeln; **~i** *f* (-ar, -ar) Fang *m*, Jagd *f*; Fischen *n*, Angeln *f*; **~idýr** *n* Wild *n*; **~iferð** *f*; **~iför** *f* Jagd *f*; **~ileyfi** *n* Angelschein *m*; **~imaður** *m* Jäger *m*; **~istöng** *f* Angelrute *f*; **~iþjófur** *m* Wilddieb, Wilderer *m*

veifa 1. *f* (-u, -ur) Wimpel *m*; Fächer *m*; **2.** winken

veiga|lítill gering; unbedeutend; **~mikill** gewichtig; bedeutend

veigra: **~ sér við að gera e-ð** sich weigern, etw. zu tun

veik|burða schwächlich; **~i** *f* (*indekl.*), **~indi** *n/pl.* Krankheit *f*; **~jast** erkranken; **~ulegur** kränklich; **~ulundaður** willensschwach; **~ur** krank; **verða ~ur** erkranken, krank werden

vein *n* (-s, -) Schrei *m*,

Schmerzensschrei *m*; **~a** schreien; jammern

veira *f* (-u, -ur) *Med.* Virus *m od. n*

veisl|a *f* (-u, -ur) Fest *n*; Bankett *n*; Gesellschaft *f*; **~u- salur** *m* Festsaal *m*

veita (*Beachtung*) schenken; (*Bitte*) gewähren; bewirten; **~ hjálp** Hilfe leisten

veitinga|hús *n* Restaurant *n*, Gaststätte *f*; **~maður** *m* Gastwirt *m*; **~r** *f/pl.* Essen *n* u. Trinken *n*; **~salur** *m* Speisesaal *m*; **~staður** *m* Restaurant *n*

vekja wecken, erwecken; **~ athygli** Aufsehen erregen; **~raklukka** *f* Wecker *m*

vél *f* (-ar, -ar) Maschine *f*; Motor *m*

vel *adv.* gut; wohl; leicht; **gerðu svo ~!** bitte!; **honum líður ~** es geht ihm gut

véla|afl *n* Maschinenkraft *f*; **~maður** *m* Maschinist *m*; Mechaniker *m*; **~rbilun** *f* Motorschaden *m*; **~rhlíf** *f* Motorhaube *f*; **~rúm** *n* Maschinenraum *m*

vél|bátur *m* Motorboot *n*; **~byssa** *f* Maschinengewehr *n*

veldi *n* (-s) Macht *f*; *Math.* Potenz *f*; **~ssproti** *m* Zepter *n*

vélfræði *f* Mechanik *f*; **~ngur** *m* (-s, -ar) Mechaniker *m*

vel|gengni *f* (*indekl.*) Glück *n*; Wohlstand *m*; **~gerðamaður** *m*; Wohltäter

m; **~gerningur** *m (-s, -ar)*
Wohltat *f*

velgja 1. *f (-u)* Übelkeit *f;*
Wärme *f;* **2.** erwärmen; aufwärmen

vélind|a *n (-a, -u),* **~in** *(-s)*
Speiseröhre *f*

velja wählen, auswählen

velkominn willkommen

vell|a brodeln; **~auðugur**
steinreich

vel|líðan *f (-ar)* Wohlbefin-
den *f;* **~megun** *f(-ar)* Wohlstand *m;* **~metinn** angesehen; **~sæld** *f* Wohlstand *m;*
Glück *n*

vél|rita maschineschreiben,
tippen; **~ritun** *f (-ar)* Maschi-
neschreiben *n;* **~rænn**
automatisch; **~stjóri** *m (-a,
-ar)* Maschinist *m*

velsæmi *(-s)* Anständigkeit
f, Anstand *m*

velta 1. *f (-u)* Umsatz *m;* **2.**
rollen; sich überschlagen;
umkippen; **~ e-u fyrir sér**
über etw. grübeln

veltu|fé *n* Betriebskapital *n*

vel|unnari *m (-a, -ar)* Gönner
m; **~vild** *f* Wohlwollen *n;*
~viljaður wohlwollend; wohlgesinnt

vélvirki *m (-ja, -jar)* Maschi-
nenschlosser *m,* Monteur *m*

venja 1. *f (-u)* Brauch *m,*
Sitte *f; að venju* wie gewöhnlich; **2.** gewöhnen; **~
sig á e-ð** sich etw. angewöhnen; **~ sig af e-u** sich etw.

abgewöhnen; **~st** sich gewöhnen

venjulegur gewöhnlich; üblich

vensla|ður verschwägert

ventill *m (-ils, -lar)* Ventil *n*

ver *n (-s, -)* (Bett-)Überzug *m,*
Bezug *m;* Fischfangstation *f*

vera 1. *f (-u, -ur)* Wesen *n,*
Geschöpf *n;* Aufenthalt *m;* **í
raun og veru** tatsächlich; **2.**
sein, sich befinden; sich aufhalten; bleiben; *að e-u* etw.
gerade tun; *hvað er að?* Was
ist los?; *vertu ekki að þessu!*
laß das!; **~ til** existieren; **~ til í
allt** zu allem bereit sein

veraldarsaga *f* Weltge-
schichte *f*

veraldlegur weltlich

verð *n (-s, -)* Preis *m*

verða werden; müssen; geschehen; *að gera e-ð* etw.
tun müssen; *fyrir slysi* verunglücken; **~ til** entstehen; **~
var við e-ð** etw. (be)merken

verð|bólga *f* Inflation *f;*
~bréf *n/pl.* Wertpapiere *pl.;*
~fall *n* Preissturz *m;* **~gildi** *n*
Wert *m;* **~hækkun** *f* Preiser-
höhung *f;* *í* Preislage *f;*
~lagsuppbót *f* Teuerungs-
zulage *f;* **~laun** *n/pl.* Prämie
f; Belohnung *f; vinna fyrstu
~laun* den 1. Preis gewinnen;
~launa prämieren; **~laun-
aður** preisgekrönt; **~laus**
wertlos; **~leikar** *m/pl.* Verdienst *m;* **~listi** *m* Preisliste *f;*
Katalog *m;* **~lækkun** *f* Preis-

senkung f; Preisrückgang m; **~munir** m/pl. Wertsachen pl.; **~munur** m Preisunterschied m; **~mæti** n (-s, -) Wert m; **~mætur** wertvoll; **~skulda** verdienen; **~skuldun** f (-ar) Verdienst n; **~sveifla** Preisschwankung f

verður wert; würdig; *hann er (ekki) ~ vináttu þinnar* er ist deiner Freundschaft (nicht) würdig

verja 1. (-u, -ur) Schutz m; Wehr f; Präservativ n, Kondom n; 2. verteidigen; schützen; anwenden; **~ndi** m (-anda, -endur) Verteidiger m

verk n (-s, -) Werk n, Arbeit f Handlung f; *standa e-n að ~i* j-n auf frischer Tat ertappen; **~a** wirken; putzen; **~afólk** n Arbeiter pl.; **~akona** f Arbeiterin f; **~alaun** n/pl. Arbeitslohn m; **~alýðsfélag** n Gewerkschaft f; **~alýður** m Arbeiter pl.; **~alýðsstétt** f Arbeiterklasse f; **~amaður** m Arbeiter m; **~askipting** f Arbeitsteilung f

verk|bann n Aussperrung f; **~efni** n Aufgabe f; Thema n; **~fall** n Streik m; *gera ~fall* streiken; **~fallsbrjótur** m (-s, -ar) Streikbrecher m; **~fræði** f Technologie f; Ingenieurwesen n; **~fræði(nga)skóli** m technische Hochschule f

fræðingur m (-s, -ar) Ingenieur m; **~færi** n (-s, -) Werkzeug n, Gerät n; Instrument n

verkja: *mig ~r í handlegginn* mir schmerzt der Arm

verk|naður m (-ar, -ir) Handlung f, Tat f; **~smiðja** f Fabrik f; **~stjóri** m (-a, -ar) Werkmeister m; **~stæði** n Werkstatt f; **~taki** m (-a, -ar) (Bau-)Unternehmer m; **~tækni** f Arbeitstechnik f; **~un** f (-ar, -anir) Wirkung f; Reinigung f; (Fisch) Verarbeitung f; **~ur** m (-jar, -ir) Schmerz m

verma wärmen; erwärmen

vernd f (-ar) Schutz m; **~a** (be)schützen; **~un** f (-ar) (Natur-)Schutz m

verpa 1. werfen; 2. Eier legen

vers n (-, -) Strophe f; (Bibel) Vers m

versl|a einkaufen; Handel treiben; *~a með vöru* e-e Ware führen; **~un** f (-unar, -anir) Geschäft n; Laden m; Handel m

verslunar|borg f, **~bær** m Handelsstadt f; **~einokun** f Handelsmonopol n; **~floti** m Handelsflotte f; **~frelsi** n Handelsfreiheit f; **~fyrirtæki** n Firma f; **~jöfnuður** m Handelsbilanz f; **~maður** m Verkäufer m; kaufmännische Angestellte m; **~málaráðherra** m Handelsminister m; **~samband** n Handelsbeziehungen pl.; **~skóli** m Handelsschule f; **~stúlka** f Verkäuferin f; **~vara** f Handelsware f

versna sich verschlimmern *od.* verschlechtern

vertíð f Fischsaison f

veru|legur beträchtlich, wesentlich; wirklich; **~leiki** m (*-a*) Wirklichkeit f; **~staður** m Aufenthaltsort m

veröld f Welt f

vesal|dómur m Elend n, Erbärmlichkeit f; **~ingur** m (*-s, -ar*) Bedauernswürdige m/f, Arme m/f; **~l** elend, erbärmlich

veski n (*-s, -*) Handtasche f; Brieftasche f

vestan vom Westen (her), aus dem Westen; **fyrir ~** in Westisland; in Amerika: **fyrir ~ ána** westlich des Flusses; **~hafs** in Amerika; **~vindur** m Westwind m

vestar weiter gegen Westen

vestfirskur von den Westfjorden (in Island)

vesti n (*-s, -*) Weste f

vestur 1. n (*-s*) Westen m; 2. *adv.* nach dem Westen

Vestur|álfa f, **~heimur** m Amerika n

Vesturland n West-Island n; *pl.* Abendland n, Europa n

vesturströnd f Westküste f

Vesturveldin n/pl. die Westmächte pl.

vesöld f Elend n; Krankheit f

vetfang n Augenblick m

vetni n (*-s*) Wasserstoff m; **~sprengja** f Wasserstoffbombe f

Vetrarbrautin f die Milchstraße

vetrar|dá n Winterschlaf m; **~dagur** m Wintertag m; **~frakki** m Wintermantel m; **~sólhvörf** n/pl. Wintersonnenwende f

vett|lingur m (*-s, -ar*) Fausthandschuh m; **~vangur** m Schauplatz m

vetur m (*-rar, -ur*) Winter m; **á ~na** im Winter

vextir m/pl. Zinsen pl.

við 1. wir; 2. *prp.* mit acc. an; bei; von; mit; **~ vatnið** am Wasser od. See; **~ hendina** bei der Hand; **miða ~ e-ð** mit etw. vergleichen; **vera hræddur ~ e-ð** vor etw. Angst haben; mit dat.: **hafa e-m ~** mit j-m mithalten; **taka ~ e-u** etw. annehmen; 3. *adv.* anwesend, da; **er N. N. ~?** ist N. N. da?; **~ og ~** ab und zu; **bera ~** geschehen, passieren; **bæta ~** hinzufügen; **leitast ~ að gera e-ð** versuchen, etw. zu tun; **líta ~** zurückblicken; **talast ~** miteinander sprechen

víða an vielen Stellen od. Orten

viðar|bolur m Baumstamm m; **~kol** n. Holzkohle f

við|auki m Zusatz m; Ergänzung f; Nachtrag m; **~bára** f Einwand m; Vorwand m; **~bjóðslegur** ekelhaft; **~bjóður** m (*-s*) Ekel m, Abscheu m; **~bót** f Zusatz m,

Zugabe f; **~bragð** n Reaktion f (auf etw.); **~brigði** n/pl. Umstellung f; **~búinn** bereit; **~burður** m (-ar, -ir) Ereignis m; **~bætir** m (-s) Nachtrag m; Anhang m

vídd f (-ar, -ir) Weite f; Ausdehnung f; Umfang m

við|dvöl f Aufenthalt m; **~ eigandi** passend; angebracht; **~fangsefni** n Aufgabe f; Problem n; **~felldinn** sympathisch; liebenswürdig; **~frægur** weitberühmt; **~förull** weit- od vielgereist

við|gerð f Reparatur f; **~gerðarþjónusta** f Kundendienst m; **~hald** n Instandhaltung f; Unterhalt m; Liebschaft f; **~horf** n (-s) Einstellung f; Stellungnahme f; **~koma** f Zwischenstopp m; Aufenthalt m; **~kunnanlegur** gemütlich; **~kvæmur** empfindlich; heikel; **~kynning** f Bekanntschaft f; **~leitni** f (indekl.) Streben n; Versuch m

viðmót n Wesen n; **~sgóður**, **~spýður** liebenswürdig

viðnám n Widerstand m; **~sþrek** n Widerstandskraft f

viðræð|a f Gespräch n, Besprechung f; **~ur** f/pl. Verhandlungen pl., Besprechungen pl.

viðskipta|bréf n Geschäftsbrief m; **~fræði** n Betriebswirtschaft f; **~höft** n/pl. Handelsbeschränkungen pl.;

~ráðherra m Wirtschaftsminister m; **~samband** n Geschäftsverbindung f; **~ vinur** m Kunde m

viðskipti n/pl. Handel m, Geschäfte pl.

við|staddur anwesend, gegenwärtig; **~stöðulaus** ununterbrochen, unaufhörlich

viðsýni n weite Aussicht; fig. Weitblick m; Großzügigkeit f

viðtaka (-töku, -tökur) Empfang m; (Vorschlag) Aufnahme f; **~ndi** m (-anda, -endur) Empfänger m

viðtal n Gespräch n; Interview n; Konsultation f; **~sbil** n Tlf. Gebühreneinheit f; **~stími** m Sprechstunde f

við|tæki n Radioapparat m; **~unandi** zufriedenstellend; **~ur** m (-ar, -ir) Holz n; **sólin gengur til ~ar** die Sonne geht unter

víður weit

viður|kenna anerkennen; zugeben; **~kenning** f Anerkennung f; **~vist** f Anwesenheit f, Gegenwart f; **~væri** n (-s) Kost f

við|utan zerstreut; **~vaningur** m (-s, -ar) Anfänger m; **~víkjandi** betreffend, angehend, hinsichtlich; **~vörun** f (-unar, -varanir) Warnung f

vífilengjur f/pl. Ausflüchte f pl.

víg|búast aufrüsten; **~búnaður** m Aufrüstung f; **~girðing** f Befestigung f; **~n**

(-s, -) Festung f; ~ja einweihen; ~lína f Front f

vigt f (-ar, -ir) Gewicht n; Waage f; ~ (ab)wiegen

vígvöllur m Schlachtfeld n

vik f (-ur, -ur) Bucht f

vika f (-u, -ur) Woche f; ~piltur m Laufbursche m

víking|aferð f Wikingerfahrt f; ~öld f Wikingerzeit f; ~ur m (-s, -ar) Wikinger m

víkja weichen; ~ að e-u auf etw. hindeuten, andeuten; ~e-m frá embætti j-n seines Amtes entheben

vikk|a ausweiten; sich ausweiten; erweitern

vikna gerührt werden

viku|blað n Wochenzeitung f; ~kaup, ~laun n/pl. Wochenlohn m; ~legur wöchentlich

vikur m (-s) Bimsstein m

vild f (-ar): eftir od. að ~ nach Belieben

vilja wollen; mögen; ~ heldur vorziehen; ~ til geschehen, passieren; ef til vill vielleicht; ~fastur willensstark; ~festa f (-u) Willensstärke f; ~lítill willensschwach; ~ndi absichtlich; vorsätzlich; ~sterkur willensstark

vilji m (-a) Wille m

villa 1. f (-u, -ur) Fehler m; Irrtum m; 2. irreführen; ~ um fyrir e-m hinters Licht führen; ~ndi irreführend; ~st sich verlaufen

villi|dýr n Bestie f; ~gata f Irr-

weg m, Abweg m; ~mennska f (-u) Barbarei f

villtur wild; verirrt

víma f (-u) Rausch m

vin f (-jar, -jar) Oase f

vín n (-s, -) Wein m; Alkohol m

vinalegur freundlich

Vín (arborg) f Wien n

vínarbrauð n (Gebäck) Kopenhagener m

vinátta f (-u, -ur) Freundschaft f

vínber n Traube f; ~jasafi m Traubensaft m

vinda 1. f (-u, -ur) Winde f; Schleuder f; 2. wringen; hverju sem fram vindur unter allen Umständen

vind|átt f Windrichtung f; ~hviða f Windstoß m; ~ill m (-ils, -lar) Zigarre f; ~lakassi m Zigarrenkiste f; ~lingur m (-s, -ar) Zigarette f; ~mylla f (-u, -ur) Windmühle f; ~staða f s. ~átt; ~sæng f Luftmatratze f; ~ur m (-s od. -ar, -ar) Wind m

vín|ekra f (-u, -ur) Weinberg m; ~flaska f Weinflasche f; e-e Flasche Wein; ~föng n/pl. Spirituosen pl.

vingjarnlegur freundlich

vínglas n Weinglas n; ein Glas Wein

vin|kona f, ~stúlka f Freundin f

vinna 1. f (-u) Arbeit f; Beruf m; 2. arbeiten; erobern; siegen; gewinnen; ~ að e-u an

etw. arbeiten; **~ fyrir sér** für
seinen Unterhalt sorgen; **~ í
happdrætti** im Lotto gewinnen; **~ sér inn peninga** Geld
verdienen; **~ til e-s** (Lob) verdienen; **~ úr e-u** etw. ausarbeiten; **~ sigur á e-m** j-n besiegen

vinningur m (-s, -ar) Gewinn
m

vinnu|afl n Arbeitskraft f;
~brögð n/pl. Arbeitsweise f;
~dagur m Arbeitstag m; **átta
stunda ~dagur** Achtstun-
dentag m; **~deila** f Arbeits-
konflikt m; **~fær** arbeitsfä-
hig; **~kona** f Hausgehilfin f;
pop. Scheibenwischer m;
~lag n Arbeitsmethode f;
~laun n/pl. Arbeitslohn m;
~laus arbeitslos, erwerbslos;
~maður m Gehilfe m;
~miðlun f (-ar) Arbeitsver-
mittlung f; **~stofa** f Werk-
statt f; **~stúlka** f Hausange-
stellte f; **~tími** m Arbeitszeit
f; **~veitandi** (-anda, -endur)
Arbeitgeber m; **~þegi** m (-a,
-ar) Arbeitnehmer m

vín|rækt f Weinbau m, **~sala**
f Weinhandel m

vinstr|i linke; **~i hönd** (f)die
linke Hand; **~a megin** links;
til ~i nach links

vinsæl|dir f/pl. Popularität f;
~l beliebt

vinur m (-ar, -ir) Freund m

vínviður m Weinstock m,
Weinrebe f

vír m (-s, -ar) Metalldraht m,

Draht m; **~avirki** n Filigran
n; **~girðing** f Drahtzaun m

virð|a achten; schätzen; re-
spektieren; würdigen; **~a e-ð
fyrir sér** etw. betrachten;
~ast erscheinen; **hann virðist vera ánægður** er scheint zufrieden zu sein; **~i** n (-s, -ar)
Wert m; **einskis ~i** wertlos;
(lítils) mikils virði) (wenig)
viel wert; **~ing** f (-ar, -ar)
Achtung f, Respekt m;
~ingarfyllst hochachtungs-
voll; **~ulegur** ehrwürdig; **~u-
uleiki** m (-a) Würde f

virk|i n (-s, -ar) Festung f; **~ur
dagur** m Werktag
m

virtur angesehen, geachtet

vís sicher, unzweifelhaft; **að
~u** gewiß

vís|a 1. f (-u, -ur) Strophe f; 2.
zeigen; **e-m leið** j-m den
Weg zeigen; **~ til e-s** sich auf
etw. beziehen od. berufen;
auf etw. hinweisen

vís|bending f Wink m, Andeu-
tung f; Zeichen n;
~dómstönn f Weisheitszahn
m; **~dómur** m Weisheit f

vísifingur m Zeigefinger m

vísinda|félag n wissenschaftli-
che Gesellschaft f; **~legur**
wissenschaftlich; **~maður** m
Wissenschaftler m; **~rit** n
wissenschaftliche Schrift od.
Arbeit; **~starf** n wissenschaftliche Forschung

vísindi n/pl. Wissenschaft f

visinn welk

vísir *m* (-s, -ar) (Uhr) Zeiger *m*; Keim *m*, Ansatz *m*

vísitala *f* Preisindex *m*

viska *f* (-u) Weisheit *f*

visna (ver)welken

viss sicher; **~a** *f* (-u) Gewißheit *f*; **vita með ~u** genau wissen; **~ulega** *adv.* sicher; gewiß

vist *f* (-ar, -ir) Au-pair-Stelle *f*; *pl.* Proviant *m*; Lebensmittel *pl.*

vistlegur (Zimmer) gemütlich

vísu|ndur *m* (-ar, -ar) Bison *m*; **~orð** *n* Verszeile *f*, Vers *m*

vísvitandi absichtlich, bewußt

vit *n* (-s, -) Verstand *m*; **hafa ~ á e-u** sich auf etw. verstehen; **koma ~i fyrir e-n** j-n zur Vernunft bringen; **missa ~ið** den Verstand verlieren; **vel ~i borinn** sehr begabt; **hann stígur ekki í ~ið** er hat das Pulver nicht erfunden

vita wissen; **~ e-ð fyrir** etw. voraussehen; **~ um e-ð** über etw. Bescheid wissen

vítamín *n* (-s, -) Vitamin *n*

vita|nlega, ~skuld selbstverständlich, natürlich

vita|skip *n* Feuerschiff *n*; **~vörður** *m* Leuchtturmwärter *m*

vit|firring *f* (-ar) Wahnsinn *m*; **~firringur** *m* (-s, -ar) Wahnsinnige *m/f*; **~grannur** beschränkt, einfältig; **~i** *m* (-a, -ar) Leuchtturm *m*; Leucht-

feuer *n*; **það er góðs ~i** das ist ein gutes Zeichen

víti *n* (-s, -) Hölle *f*; Strafe *f*

vitja: **~ læknis** den Arzt konsultieren

vit|laus dumm; verrückt; falsch, verkehrt; **~laust númer** falsche Telefonnummer; **~leysa** *f* (-u, -ur) Unsinn *m*; Dummheit *f*; Fehler *m*; **~leysingur** *m* Idiot *m*

vitna zeugen, aussagen; **~ um** etw. zeugen; **~ í e-ð** etw. zitieren; **~leiðsla** *f* Zeugenvernehmung *f*; **~st** bekannt werden

vitneskja *f* (-u) Kenntnis *f*; **fá ~u um e-ð** etw. erfahren

vitni *n* (-s, -) Zeuge *m*; Augenzeuge *m*; **bera ~ um e-ð** von etw. Zeugnis ablegen, über etw. aussagen; **~sburður** *m* (-ar, -ir) Zeugnis *n*; Beurteilung *f*; Zeugenaussage *f*

vit|orð *n* (-s) Mitwissen *n*; **~ringur** *m* (-s, -ar) Weise *m/f*; **~skertur** geisteskrank, wahnsinnig; **~smunir** *m/pl.* Klugheit *f*; Intelligenz *f*; **~und** *f* (-ar) Bewußtsein *n*; **ekki ~und** kein bißchen; **~ur** weise, klug

víxill *m* (-ils, -lar) Wechsel *m*; **gefa út víxil á e-n** e-n Wechsel auf j-n ziehen

víxl *n* (-s): **á ~** wechselweise; **hafa ~ á e-u** etw. vertauschen; **~áhrif** *n/pl.* Wechselwirkung *f*

voða|legur schrecklich,

fürchterlich; **~i** m (-a, -ar) Gefahr f; **fara sér að ~a** verunglücken

vofa f (-u, -ur) Gespenst n

vog f (-ar, -ir) Waage f; **~a** wagen; riskieren; **~arskál** f Waagschale f; **~arstöng** f Hebel m

vogun f (-unar, -anir) Wagnis n

vogur m (-s, -ar) Bucht f, kleiner Fjord

vol n (-s) Jammern n; **~a** jammern; klagen; heulen

voldugur mächtig; gewaltig

volgur lau(warm)

volt n (-s, -) Volt n

volæði n (-s) Elend n; Armut f

von f (-ar, -ir) Hoffnung f; Erwartung f; Aussichten pl.; **gera sér ~ir** sich Hoffnungen machen; **sem ~ var** wie zu erwarten war; **til ~ar og vara** sicherheitshalber; **upp á ~ og óvon** auf gut Glück, aufs Geratewohl; **~a** hoffen; **~andi** hoffentlich; **~brigði** n/pl. Enttäuschung f

vondur schlecht, schlimm; böse, zornig; **verða ~** böse werden; **vera í vondu skapi** schlechter Laune sein

von|góður voller Hoffnung, hoffnungsvoll; **~laus** ohne Hoffnung, hoffnungslos; **~leysi** n (-s) Hoffnungslosigkeit f; **~ska** f (-u, -ur) Bosheit f; Zorn m, Wut f; **~svikinn** enttäuscht

vopn n (-s, -) Waffe f; **búa e-n**

~um j-n bewaffnen; **grípa til ~a** die Waffen ergreifen; **~aður** bewaffnet; **~ahlé** n Waffenstillstand m; **~laus** unbewaffnet

vor 1. (alt) unser; **Faðir ~** Vaterunser n; **2.** n (-s, -) Frühling m; **að ~i** im nächsten Frühling; **á ~in** im Frühling; **~a: það ~ar** es wird Frühling

vor|blóm n Frühlingsblume f; **~dagur** m Frühlingstag m

vor|kenna Mitleid haben (e-m mit j-m); **~kunn** f (-ar) Mitleid n, Mitgefühl n; **e-m er ~kunn** j. ist zu bedauern

vorkunn|látur nachsichtig; **~samur** mitfühlend

vorleysingar f/pl. Schneeschmelze f

vott|a bescheinigen; bestätigen; bezeugen; **~orð** n Bescheinigung f, Attest n; **~ur** m (-ar od. -s, -ar) Zeuge m; **ekki ~ur af e-u** keine Spur von etw.

vot|ur naß; **~viðri** n Regenwetter n

vægð f (-ar) Gnade f; Schonung f; **~arlaus** schonungslos

vægilegur mild(e); schonend

vægja schonen; nachgeben

væminn fig. süßlich, schmalzig; sentimental; ekelhaft

vændi n (-s) Prostitution f; **~shús** n Bordell n; **~skona** f Straßenmädchen f

vængja|blak n Flügelschlag m; **~hurð** f Flügeltür f

vængur m (-s od. -jar, -ir) Flügel m

vænn brav, wacker; **þykja vænt um e-n** j-n gern haben; **það er ekki seinna ~a** es ist höchste Zeit

vænta erwarten, entgegensehen; **~nlega** wahrscheinlich; **~nlegur** vorgesehen; (ist) zu erwarten

væta 1. f (-u) Regen m; Feuchtigkeit f; **2.** (be)feuchten, anfeuchten

vöðv|amikill muskulös; **~i** m (-a, -ar) Muskel m

vöggu|barn n Säugling m; **~ljóð** n Wiegenlied n

vök f (vakar, vakir) Eisloch n; **~na** naß werden

vökva (Blumen) begießen; **~stýri** n Servolenkung f

vökvi m (-a, -ar) Flüssigkeit f

völ f Wahl f; **sá á kvölina, sem á ~ina** wer die Wahl hat, hat die Qual

völlur m (vallar, vellir) Feld n, Rasenplatz m; Platz m

völundarhús n Labyrinth n

völva f (-u, -ur) Wahrsagerin f

vömb f (vambar, vambir) Bauch m; Ranzen m

vöntun f (-ar) Mangel m

vör f (varar, varir) Lippe f; **efri ~** Oberlippe f; **neðri ~** Unterlippe f

vörður m (varðar, verðir) Wache f; Posten m; Wächter m; **~ laganna** Hüter m des Gesetzes

vörn f (varnar, varnir) Schutz m; Verteidigung f

vöru|bíll m Lastkraftwagen m; **~flutningur** m Warentransport m; **~geymsla** f Lagerhaus n; Schuppen m; **~gæði** n/pl. Qualität f; **~hús** n Warenhaus n; **~merki** n Warenzeichen n; **~miði** m Etikett n; **~r** f/pl. Waren pl.; **~reikningur** m Faktura f; **~sýning** f Warenausstellung f, Messe f; **~sýnishorn** n Warenprobe f; **~tegund** f Artikel m, Warengattung f; **~verð** n Warenpreis m

vöxtur m (vaxtar, vextir) Wuchs m; Wachstum n; Gestalt f; Quantität f; **fara í vöxt** zunehmen; **mikill vexti** großwüchsig; **svo er mál með vexti** die Sache verhält sich so; pl. **vextir** Zinsen pl.

Y

ydda (an)spitzen

yðar Ihr(e)

yfir 1. prp. mit acc. während; **~ daginn** im Laufe des Tages; mit dat. über; **sitja ~ borðum** bei Tisch sitzen; **sofa ~ sig** v/i. verschlafen; **2.** adv.: **þarna ~ frá** da drüben

yfir|boðari m (-a, -ar) Vorgesetzte m/f; **~borð** n Oberfläche f; **~borðslegur** oberflächlich; **~buga** besiegen,

überwinden; **~burði** m/pl.
Überlegenheit f; **~bygging** f
Überbau m; (Wagen) Karosserie f; Mar. Aufbauten
pl.

yfir|dómur m Berufungsgericht m; **~fljótanlegur** reichlich; **~frakki** m Mantel m;
~færa überweisen, transferieren; **~færsla** f (-u, -ur)
Überweisung f, Transfer m;
~gefa verlassen; **~gnæfa**
überragen; **~gnæfandi** überwiegend; **~gripsmikill** umfassend; **~heyra** verhören,
(Zeugen) vernehmen; **~**
heyrsla f (-u, -ur) Verhör n,
Vernehmung f; **~hjúkrunarkona** f Oberschwester f;
~höfn f Mantel m; Jacke f;
~hönd f Oberhand f; **~kennari** m (Gymnasium)
Oberstudienrat m; (Grundschule) Konrektor m; **~leitt**
überhaupt; im allgemeinen;
~lið n Ohnmacht f; **~lit**
(-s, -) Überblick m; **~lýsing** f
Erklärung f; **~lækni r** m
Chefarzt m; **~læti** n (-s)
Überheblichkeit f; **~lætislaus** bescheiden

yfir|maður m Chef m, Vorgesetzte m/f; **~náttúrlegur**
übernatürlich; **~sjón** f Vergehen n, Verstoß m; Versehen n; **~skegg** n Schnurrbart
m; **~skin** n Vorwand m;
~skrift f Überschrift f; **~**
standandi jetzig; **~sterkari**
überlegen; **~stjórn** f Direk-

tion f; Mil. Oberbefehl m;
~sæng f Oberbett n, Deckbett n

yfir|vega bedenken, erwägen; **~vegun** f (-ar) Erwägung f, Überlegung f; **~vigt** f
Übergewicht n; Übergepäck
n; **~vinna 1.** f Überstunden
pl.; **vinna ~vinnu** Überstunden machen; **2.** überwinden; **~vofandi** drohend;
~völd n/pl. Behörde f, Obrigkeit f; **~þyrma** überwältigen

ýkj|a übertreiben; **~ur** f/pl.
Übertreibung f

ykkar euer

ykkur euch

ýktur extrem, übertrieben

ýla heulen

ýlda f (-u, -ur) Fäulnis f; Gestank m

ýlf|ra heulen, pfeifen; **~ur** n
(-s) Geheul n

yl|ur m (-s) (schwache) Wärme f; **~volgur** lau(warm)

ýmis (pl. ýmsir) verschieden
(verschiedene); der eine oder
der andere

ýmist: **~ ... eða** mal ... mal

ympra: **~ á e-u** etw. andeuten

yndi n (-s) Freude f, Lust f; **~ð**
mitt mein Schatz; **~slegur**
lieb, reizend, schön; **~þokki**
m Anmut f

yngja verjüngen

yppta: **~ öxlum** die Achseln
zucken

yrða: **~ á e-n** j-n ansprechen

yrðlingur m (-s, -ar) (Fuchs-) Welpe m

yrkisefni n (Dichtung) Stoff m; Motiv n

yrkja 1. (Boden) bestellen, bebauen; **2.** dichten

ys m (-s) Lärm m

ýsa f (-u, -ur) Schellfisch m

ystur äußerster

ýta 1. f (-u, -ur) Planierraupe f; **2.** schieben; ~ **á takka** Knopf drücken; **~rlegur** ausführlich

---

Þ

þá damals, da; dann

það es; das

þaðan von dort, daher

þágl|a f (-u): **gera e-ð í e-s ~u** etw. in j-s Interesse tun

þagmælsk|a f Verschwiegenheit f; **~ur** verschwiegen

þagna verstummen, schweigen; **~rskylda** f Schweigepflicht f

þágufall n Dativ m

þak n (-s, þök) Dach n; **~gluggi** m Dachfenster m; **~herbergi** n Dachkammer f; **~inn** bedeckt

þakk|a danken; **~a kærlega fyrir!** vielen Dank!; **eiga að ~a** zu verdanken haben; **~arorð** n/pl. Danksagung f; **~látur** dankbar; **~læti** n (-s) Dank m; Dankbarkeit f

þak|ning f (-ar) Dachdecken n; Fußbodenbelag m; **~pappi** m Dachpappe f; **~renna** f Dachrinne f

þang n (-s) Tang m

þangað dahin, dorthin; **~ til** cj. bis

þanki m (-a, -ar) Gedanke m; **vera í þungum þönkum** in

Gedanken versunken sein

þannig so, auf diese Weise, solch

þar dort, da; **~ að auki** außerdem; **~ á meðal** darunter; **~ á ofan** noch dazu; **~ eð** cj. da; **hér og ~** hie(r) und da; **~ til** bis

þarafleiðandi folglich

þarf|laus unnütz; unnötig; **~legur** nützlich; **~nast** brauchen, benötigen; **~ur** nützlich

þari m (-a, -ar) Alge f

þarmur m (-a) Darm m

þarna dort, da; **þessi ~** jener; **~ yfir frá** da drüben

þátíð n Präteritum n

þáttltaka f (-töku) Beteiligung f; **~ndi** m (-anda, -endur) Teilnehmer m, Beteiligte m/f

þáttur m (-ar, þættir) Thea. Akt m; Abschnitt m; Faktor m; **taka þátt í e-u** an etw. teilnehmen, sich an etw. beteiligen

þau (n/pl.) sie pl.; die pl.

þaul|reyndur altbewährt; **~spyrja** ausfragen; **~vanur**, **~æfður** routiniert

þáverandi damalig

þef|a riechen; **~a af e-u** an etw. riechen; **~a uppi** aufspüren; **~dýr** n Stinktier n; **~skyn** n Geruchssinn m; **~ur** m (-jar od. -s) Geruch m

þegar 1. cj. als, wenn; **2.** adv. sofort; **~ í stað** sofort, auf der Stelle

þegja schweigen; **~ndi** schweigend, stumm

þegn m (-s, -ar) Untertan m; Bürger m; **~réttindi** n/pl. Bürgerrechte pl.; **~skapur** m Loyalität f

þei! pst!

þeir (m/pl.) sie; **~ra** pers. pron. (gen.) ihrer; (als poss. pron.) ihr

þekja 1. f (-u, -ur) Dach n; **vera eins og úti á þekju** zerstreut sein; **2.** bedecken

þekk|ing f (-ar) Kenntnis f, Wissen n; **hafa ~ingu á e-u** sich auf etw. verstehen; **~ingarleysi** f, **~ingarskortur** m Unkenntnis f; **~ja** kennen; **~ja aftur** (wieder)erkennen; **~jast: ~ist þið?** kennt Ihr Euch?; **~tur** bekannt

þeldökkur dunkelhäutig

þenja dehnen, ausstrecken; **~nlegur** dehnbar

þensla f (-u, -ur) Ausdehnung f; Expansion f; Spannung f

þér Sie; **~ast** sich siezen

þerna f (-u, -ur) Bedienung f; (Schiff, Flgw.) Stewardeß f

þerr|a trocknen; (Staub) wischen; **~konar** derartig; **~iblað** n, **~ipappír** Löschblatt n; **~ir** m (-s) trockenes Wetter; **til ~is** zum Trocknen

þess: ~ konar derartig; **~vegna** daher, darum, deshalb

þessi dieser; **~ hérna** dieser; **~ þarna** jener

þétt|a abdichten, **~byggður**, **~býll** dicht besiedelt; **~ir** m (-s, -ar) Kondensator m; **~skipaður** dichtbesetzt; **~ur** dicht

þið ihr

þíða 1. f (-u) Tauwetter n; **2.** v/t. Eis schmelzen

þíðna v/i. auftauen, schmelzen

þíðviðri n (-s) Tauwetter n

þiggja (Einladung) annehmen; **~ndi** m (-anda, -endur) (Geschenk) Empfänger m

þil n (-s, -) Holzwand f; **~far** n Deck n

þind f (-ar, -ir) Zwerchfell n; **~arlaus** unermüdlich

þing n (-s, -) Parlament n; Kongreß m; Tagung f; **~bundinn** konstitutionell; **~deild** f (Parlament) Kammer f; **~legur** parlamentarisch; **~lesa**, **~lýsa** ins Grundbuch eintragen; **~maður** m Parlamentsmitglied n; Abgeordnete m/f; **~mannsefni** n (-s) Parlamentskandidat m; **~ræði** n (-s) Parlamentarismus m; **~sköp** n/pl. (Sitzung) Geschäftsordnung f; **~sæti** n Mandat n, Sitz m

þinn (**þín, þitt**) dein(e, -es)

þistill *m* (*-ils, -lar*) Distel *f*

þjá drücken; plagen; **~st** leiden

þjaka drücken, plagen

þjálf|a trainieren; üben; **~ri** *m* (*-a, -ar*) Trainer *m*; **~un** *f* (*-ar*) Training *n*

þjáning *f* (*-ar, -ar*) Leiden *n*; **~arlaus** schmerzfrei

þjappa pressen; feststampfen; **~ saman** zusammenpressen

þjark *n* (*-s*) Zank *m*, Streit *m*; (*Preis*) Feilschen *n*; **~a** sich streiten *od.* zanken

þjóð *f* (*-ar, -ir*) Volk *n*; **~aratkvæði** *n* Volksabstimmung *f*; **~arauður** *m* Volksvermögen *n*

þjóðar|dramb *n* Chauvinismus *m*; **~einkenni** *n* nationaler Charakter; **~tekjur** *f*/*pl.* Nationaleinkommen *n*; Volkseinkommen *n*; **~vilji** *m* Volkswille *m*

þjóð|banki *m* Nationalbank *f*; **~braut** *f* entspr. Bundesstraße *f*; **~búningur** *m* Volkstracht *f*; **~dans** *m* Volkstanz *m*; **~erni** *n* (*-s, -*) Nationalität *f*; **~félag** *n* Pol. Gesellschaft *f*; **~félagsfræði** *f* Soziologie *f*; **~flokkur** *m* Volksstamm *m*; **~flutningur** *m* Völkerwanderung *f*; **~fræði** *f* Völkerkunde *f*; **~garður** *m* Nationalpark *m*; **~hagslegur** volkswirtschaftlich; **~hátíð** *f* Volksfest *n*;

~hátíðardagur *m* Nationalfeiertag *m*; **~hetja** *f* Nationalheld *m*; **~hollur** patriotisch; **~höfðingi** *m* Staatsoberhaupt *n*; **~kirkja** *f* Staatskirche *f*; **~kvæði** *n* Volkslied *n*; **~legur** volkstümlich; patriotisch; **~leikhús** *n* Nationaltheater *n*

þjóð|mál *n*/*pl.* Landespolitik *f*; **~minjasafn** *n* Nationalmuseum *n*; **~nýta** verstaatlichen; **~nýting** *f* (*-ar*) Verstaatlichung *f*; **~rækinn** patriotisch; **~rækni** *f* (*indekl.*) Patriotismus *m*; **~saga** *f* Volkssage *f*; **~sagnafræði** *f* Volkskunde *f*; **~skipulag** *n* Gesellschaftsordnung *f*; **~skjalasafn** *n* Staatsarchiv *n*; **~skjalavörður** *m* Staatsarchivar *m*; **~söngur** *m* Nationalhymne *f*; **~trú** *f* Volksglaube *m*; **~vegur** *m* Landstraße *f*

þjóðverji *m* (*-a, -ar*) Deutsche *m*/*f*

þjóf|alykill *m* Nachschlüssel *m*, Dietrich *m*; **~snautur** *m* (*-s, -ar*) Hehler *m*; **~ur** *m* (*-s, -ar*) Dieb(in *f*) *m*

þjón|a dienen; bedienen, aufwarten; **~n** *m* (*-s, -ar*) Diener *m*; (*Restaurant*) Ober *m*, Kellner *m*; **~usta** *f* (*-u, -ur*) Bedienung *f*; Dienst *m*; Kundendienst *m*; **~ustustúlka** *f* Hausangestellte *f*

þjór|a saufen, zechen; **~fé** *n* Trinkgeld *n*

þjóta fahren, stürzen, rennen; sausen, brausen

þjöl f (_þjalar_, _þjalir_) Feile f

þó 1. _adv._ doch, jedoch; trotzdem; **2.** _cj._: ~ **að** obgleich; wenn auch

þoka 1. f (-u, -ur) Nebel m; **2.** verrücken (**e-u** etw.)

þokkalegur ordentlich; nett; ~**i** m (-a) Anmut f

þóknast gefallen; ~**un** f (-_unar_, -_anir_) Vergütung f, Honorar n; Trinkgeld n; Hdl. Provision f

þokulbakki m Nebelbank f; ~**kenndur** neblig; _fig._ unklar, nebelhaft; ~**lúður** m Nebelhorn n; ~**slæða** f Nebelschleier m

þol n (-s) Ausdauer f; ~**a** vertragen; dulden; aushalten; ~**a ekki e-n** j-n nicht ausstehen können; ~**anlegur** erträglich, leidlich; ~**fall** n Akkusativ m; ~**góður** ausdauernd, beharrlich; ~**gæði** n Ausdauer f; ~**hlaup** n Langstreckenlauf m, Dauerlauf m; ~**inmóður** geduldig; ~**inmæði** f (_indekl._) Geduld f; ~**leysi** n (-s) Mangel m an Ausdauer; ~**mynd** f Passiv n

þor n (-s) Mut m, Kühnheit f; ~**a** wagen; sich (ge)trauen

þorna trocknen, trocken werden

þorp n (-s, -) Dorf n; ~**ari** m (-a, -ar) Bandit m, Schuft m

þorsklalifur f Dorschleber f; ~**alýsi** n Dorsch(leber)tran

m; ~**ur** m (-s, -ar) Dorsch m; Kabeljau m

þorsti m (-a) Durst m

þota f (-u, -ur) Düsenflugzeug n, Jet m

þótt _cj._ obwohl, obgleich; wenn auch

þóttlafullur hochmütig; ~**i** m (-a) Hochmut f; Stolz m

þrá 1. f (-r, -r) Sehnsucht f; Verlangen n; **2.** sich sehnen; (nach etw.) verlangen

þráðlarspotti m ein Stück Faden; ~**laus** drahtlos; ~**ur** m (-ar, þræðir) Faden m, Garn n; Draht m; El. Leitung f; **slá á ~inn** anrufen

þráfaldlegur häufig; wiederholt; ~**hyggja** f fixe Idee; ~**i** m (-a) Trotz m; ~**kálfur** m Trotzkopf m; ~**lyndi** n (-s) Hartnäckigkeit f

þramma stapfen

þránaður ranzig

þrár ranzig; trotzig

þrásinnis wiederholt

þrátt 1. _adv._ oft, ständig; ~ **fyrir allt** trotz allem; **2.** _cj._: ~ **fyrir að** obgleich

þrauka ausharren

þraut f (-ar, -ir) schwere Aufgabe; Pein f; _fig._ Schmerzen _pl._; ~**seigja** f (-u) Zähigkeit f, Ausdauer f; ~**seigur** zäh, beharrlich

þrefalda verdreifachen

þreifa tasten; berühren; ~ **á e-u** etw. anfühlen; ~ **sig áfram** sich vorwärtstasten

þrek n (-s, -) Kraft f, Energie

f; Charakterfestigkeit *f*; **~aður** erschöpft; **~inn** kräftig gebaut; **~laus** kraftlos, schwach; **~leysi** *n* (-s) Kraftlosigkeit *f*; Mutlosigkeit *f*; **~mikill** stark; **~vaxinn** kräftig gebaut, untersetzt; **~virki** *n* große Leistung

þrenging *f* (-ar, -ar) Bedrängnis *f*, Not *f*; **~artíð** *f*, **~artími** *m* schwere Zeiten *pl*.

þrengja einengen; **~st** sich verengen

þrengsli *n/pl*. Enge *f*; Platzmangel *m*

þrennur dreifach; **~s konar** dreierlei; **~ir skór** drei Paar Schuhe

þrep *n* (-s, -) (*Treppe*) Stufe *f*

þreskja dreschen

þrettándi *m* (-a) Dreikönigsfest *n*

þreyta 1. *f* (-u) Müdigkeit *f*, Ermüdung *f*; **2.** ermüden; **~leik** einen Wettkampf austragen; **~ndi** ermüdend

þreyttur müde; erschöpft; abgespannt

þríburar *m/pl*. Drillinge *pl*.

þriðjudagur *m* Dienstag *m*; **~ungur** *m* (-s, -ar) Drittel *m*

þrif *n/pl*. Gedeihen *n*.

þrífa ergreifen; anpacken; (*Wohnung*) saubermachen; **~st** gedeihen

þrífinn reinlich; sauber

þrifnaður *m* (-ar) Sauberkeit *f*

þrífótur *m* Dreifuß *m*; **~fættur** dreibeinig

þríhjól *n*; Dreirad *n*; **~hyrn-**

ingur *m* (-s, -ar) Dreieck *n*; **~litur** dreifarbig

þristur *m* (-s, -ar) (*Kartenspiel*) Drei *f*

þrívíður dreidimensional

þrjóskja *f* (-u) Trotz *m*; **~ur** trotzig

þrjótla versiegen; alle werden; **~ur** *m* (-s, -ar) Schurke *m*

þróast sich entwickeln, sich entfalten

þroskja entwickeln; **~aður** reif; **~askeið** *n* Entwicklungsstadium *n*, -periode *f*; **~ast** sich entwickeln; reifen, heranreifen; **~avænlegur** vielversprechend; **~i** *m* (-a) Reife *f*, Entwicklung *f*

þrotabú *n* Konkursmasse *f*

þrotli *m* (-a) Schwellung *f*, Entzündung *f*; **~laus** unaufhörlich, ununterbrochen; **~na** aufhören, zu Ende gehen

þróttllaus kraftlos, schwach; **~mikill** kräftig, stark; **~ur** *m* (-ar) Kraft *f*, Energie *f*

þróun *f* (-unar, -anir) Entwicklung *f*; **~arkenning** *f* Entwicklungslehre *f*, Abstammungslehre *f*; **~arland** *n* Entwicklungsland *n*

þruma 1. *f* (-u, -ur) Donner *m*; **2.** donnern; krachen

þrumuveður *n* Gewitter *n*

þrýstla drücken; **~iloft** *n* Druckluft *f*; **~ingur** *m* (-s) Druck *m*

þræða (ein)fädeln; **~ veg** dem Weg genau folgen

þræla schuften; (*Schule*) büffeln; **~vinna** f Sklavenarbeit f; Schufterei f

þrældómur m Sklaverei f; Schufterei f

þræll m (-s, -ar) Sklave m

þrælmenni n (-s, -) Schurke m, Schuft m

þræta 1. f (-u, -ur) Streit m, Zank m, Zwist m; **2.** sich streiten **~** zanken; **~ fyrir e-ð** etw. bestreiten

þrætu|epli n Zankapfel m; **~gjarn** rechthaberisch; zanksüchtig

þröng|sýni f Engstirnigkeit f; **~sýnn** engstirnig; **~ur** eng; schmal; **~va: ~va e-m til e-s** j-n zu etw. zwingen

þröskuldur m (-s, -ar) Schwelle f; fig. Hindernis n

þröstur m (þrastar, þrestir) Drossel f

þú du; **~a** duzen; **~ast** sich duzen

þúfa f (-u, -ur) Grashöcker m

þulur m (-, -ir) Ansager m, (Rundfunk-)Sprecher m

þumalfingur m Daumen m

þumlungur m (-s, -ar) (Maß) Zoll m

þunga|iðnaður m Schwerindustrie f; **~miðja** f Schwerpunkt m

þung|búinn düster, finster; **~bær** drückend; **~i** m (-a, -ar) Bürde f; Gewicht m; **~lyndi** n (-s) Schwermut f, Melancholie f; **~lyndur** schwermütig, melancholisch; **~skilinn** schwerver-

ständlich; **~uð** schwanger; **~ur** schwer; schwierig; **vera ~t haldinn** schwer krank sn; **stynja ~an** tief seufzen; **hvað ertu ~ur?** wieviel wiegst du?

þunnur dünn; fig. dumm

þurfa brauchen; bedürfen

þurr trocken; **~ á manninn** kurz angebunden; **upp úr ~u** plötzlich

þurrka 1. f (-u, -ur) Geschirrtuch n, Handtuch n; Fön m; Scheibenwischer m; **2.** (ab-) trocknen; **~ af** Staub wischen; **~ upp** aufwischen; (Geschirr) abtrocknen

þurrkur m (-s, -ar) trockenes Wetter; Dürre f; Trockenheit f

þurrviðri n (-s) trockenes Wetter

þúsundkall m pop. Tausendmarkschein m

þvaðra faseln, dummes Zeug reden, quatschen; **~n** n (-s) dummes Zeug, Quatsch m

þvag n (-s) Urin m, Harn m; **~blaðra** f Harnblase f

þvalur feucht, feuchtkalt

þveginn gewaschen

þver quer; trotzig; **~haus** m Querkopf m; **~mál** n Durchmesser m; **~skurður** m Querschnitt m; **~stæða** f (-u, -ur) Paradox n; **~sum** quer; querüber; **~t á móti** ganz das Gegenteil; **~úðarfullur** widerspenstig

því 1. adv. darum, deshalb; warum; **2.** cj.: **~ að** weil, denn; **~ fyrr ~ betra** je früher, desto besser

þving|a f zwingen; **~un** f (*-un-ar, -anir*) Zwang m

þvo waschen; **~ upp** abwaschen, spülen

þvotta|efni n Waschmittel m; **~fat** n Waschschüssel f; **~hús** n Wäscherei f; Waschküche f; **~klemma** f Wäscheklammer f; **~vél** f Waschmaschine f

þvottur m (*-s, -ar*) Wäsche f; Waschen n

þvættingur m (*-s*) Unsinn m, Quatsch m

þýða bedeuten; übersetzen; **~ndi** m (*-anda,-endur*) Übersetzer m

þýðing f (*-ar, -ar*) Bedeutung f; Übersetzung f; **~arlaus** belanglos, unbedeutend; unwichtig; zwecklos; **~armikill** wichtig, von Bedeutung

þýður sanft, mild(e)

þykja (für etw.) gelten; (als etw.) angesehen *od.* betrachtet werden; sich gekränkt fühlen; **~ gama** sich amüsieren; **~ e-ð gott** etw. gern essen, etw. mögen; **~ vænt um e-n** j-n gern haben; **~st:** **~st vera** tun, als ob ...

þykkna dicker werden; dichter werden; **það ~r í honum** er wird zornig

þykk|t f (*-ar, -ir*) Dicke f; (*Papier*) Stärke f; **~ur** dick; (*Papier*) stark

þylja aufsagen; *fig.* herunterleiern

þyngd f (*-ar, -ir*) Gewicht n; **~arafl** n Schwerkraft f; **~arlögmál** n Gravitationsgesetz n; **~arpunktur** m Schwerpunkt m

þyngja erschweren; **~st** schwerer werden

þynna 1. f (*-u, -ur*) dünne Metallplatte f; Blatt n; Folie f; **2.** verdünnen

þyrla 1. f (*-u, -ur*) Hubschrauber m; **2.** wirbeln, quirlen

þyrlast *v/i.* (umher)wirbeln

þyrma schonen

þyrnir m (*-is, -ar*) Dorn m

þyrnirós f Dornröschen n

þyrpast: ~ að herbeiströmen; **~ saman** sich scharen, zusammenlaufen

þyrsta: mig þyrstir ich habe Durst, ich bin durstig

þyrstur durstig

þys m (*-s*) Lärm m; Geräusch n; (Straßen-)Lärm m

þýska f (*-u*) Deutsch n

Þýskaland n Deutschland n

þýsk|umælandi deutschsprechend; **~ur** deutsch

þytur m (*-s, -ir*) Sausen n, Brausen n

þæfa walken

þægð f (*-ar*) Gehorsam m; Gefallen m; **til ~ar** zuliebe

þægi|leghet n/pl. Liebenswürdigkeit f, Freundlichkeit f; **~legur** bequem; angenehm; liebenswürdig; **~ndi** n/pl. Komfort m

þægur (*Kind*) artig
þær *f/pl.* sie
þögn *f* (*þagnar*) Schweigen *n*
þögull schweigsam

þökk *f* (*þakkar, þakkir*) Dank *m*; ~ **fyrir** danke schön
þörf *f* (*þarfar, þarfir*) Bedarf *m*; Bedürfnis *n*
þörungur *m* (-*s*, -*ar*) Alge *f*

Æ

æ! ach!; oh!
æð *f* (-*ar*, -*ar*) Ader *f*
æða rasen; **~bólga** *f* Venenentzündung *f*; **~hnútur** *m* Krampfader *f*; **~kölkun** *f* Arterienverkalkung *f*
æðar|dúnn *m* Eiderdaunen *pl.*; **~fugl** *m* Eiderente *f*
æðaþrengsli *n/pl.* Kreislaufstörung *f*
æði 1. *n* (-*s*) Wut *f*; Raserei *f*; **2.** *adv.* besonders; ziemlich; **~góður** ziemlich (*od.* ganz) gut
æðis|genginn wütend, rasend; **~kast** *n* Wutanfall *m*
æðr|ast den Mut verlieren; **~ulaus** unerschrocken
æfa üben; (*Sport*) trainieren; **~gamall** uralt
æfi *f s.* ævi
æfing *f* (-*ar*, -*ar*) Übung *f*; Training *n*; (*Theater*) Probe *f*
æfur rasend, wütend
ægilegur furchtbar, schrecklich
æla *pop.* sich übergeben
æpa schreien; ~ **upp yfir sig** aufschreien
ær 1. *f* (*unregelm.*) Mutterschaf *n*; **2.** rasend, verrückt
æra 1. *f* (-*u*) Ehre *f*; **2.** wahn-

sinnig *od.* verrückt machen
ær|andi ohrenbetäubend; **~ast** rasend werden
ærlegur ehrlich; ordentlich; tüchtig
ærslafenginn ausgelassen, übermütig
æru|laus ehrlos; **~leysi** *n* (-*s*) Ehrlosigkeit *f*; **~verður** ehrwürdig
æsa aufhetzen; erregen; **~ndi** aufregend; spannend
æsi|fregn *f* Sensation *f*; **~ng** *f* (-*ar*, -*ar*) Aufhetzung *f*; Aufregung *f*; **~ngamaður** *m* Agitator *m*; Unruhestifter *m*; Fanatiker *m*
æsk|a *f* (-*u*) Jugend *f*; **~ilegur** erwünscht, wünschenswert; **~ja** wünschen
æsku|aldur *m* Jugendjahre *pl.*; Kindheit *f*; **~lýður** *m* (-*s*) Jugend *f*; **~vinkona** *f* Jugendfreundin *f*; **~vinur** *m* Jugendfreund *m*
æstur aufgeregt
ætíð immer, stets
æti|legur eßbar; **~sveppur** *m* Champignon *m*
ætl|a wollen, werden; glauben, annehmen; **við ~um að gera það** wir wollen es (*od.*

hvert **~ar þú?** wohin willst du?, wo gehst du hin?; **ég ~a, að hann hafi skilið mig** ich glaube, daß er mich verstanden hat; **~a sér** beabsichtigen, vorhaben; **~ast fyrir** beabsichtigen; **~ast til e-s** etw. erwarten

ætlun *f* (-unar, -anir) Absicht *f*; Vorhaben *n*; Plan *m*

ætt *f* (-ar, -ir) Geschlecht *n*, Familie *f*; **e-ð gengur í ~ir** etw. ist erblich; **~armót** *n* Familienähnlichkeit *f*; Familientreffen *n*

ættar|nafn *n* Familienname *m*; **~tala** *f* Ahnentafel *f*, Stammbaum *m*

ætterni *n* (-s) Herkunft *f*; Abstammung *f*

ætt|faðir *m* Stammvater *m*; **~fólk** *n* Verwandte *pl.*, Verwandtschaft *f*; **~fræði** *f* Genealogie *f*; **~gengi** *n* Erblichkeit *f*, Vererbung *f*; **~gengur** erblich; **~ingi** *m* (-ja, -jar) Verwandte *m/f*

ættjarðar|ást *f* Vaterlandsliebe *f*; **~kvæði** *n*, **~ljóð** *n* patriotisches Lied; **~vinur** *m* Patriot *m*

ætt|jörð *f* Vaterland *n*; **~leiða** adoptieren; **~leiðing** *f* (-ar, -ar) Adoption *f*; **~liður** *m* Generation *f*; **~menni** *n* (-s, -) Verwandte *m/f*; **~stofn** *m* Geschlecht *n*, Stamm *m*

ætur eßbar

æva|gamall uralt; **~randi** immerwährend, beständig

ævi *f* (*indekl.*) Leben *n*; **~ágrip** *n* kurzgefaßte Biographie; **~atriði** *n/pl.* Personalien *pl.*; **~ferill** *m* (-s) Lebenslauf *m*; **~minning** *f* Nachruf *m*; Lebensbeschreibung *f*

ævintýra|bók *f* Märchenbuch *n*; **~legur** abenteuerlich; **~maður** *m* Abenteurer *m*; **~skáld** *n* Märchendichter *m*

ævintýri *n* (-s, -) Abenteuer *n*; Erlebnis *n*; Märchen *n*

ævi|saga *f* Biographie *f*; **~starf** *n* Lebenswerk *n*; **~söguritari** *m* Biograph *m*

æxl|ast sich fortpflanzen; **~i** *n* (-s, -) Geschwulst *f*, Auswuchs *m*; **~un** *f* (-unar, -anir) Fortpflanzung *f*; **~unarfæri** *n/pl.* Fortpflanzungsorgane *pl.*

Ö

öðlast erreichen; bekommen, kriegen

öðli: *frá alda* **~** seit Menschengedenken, seit jeher

öðru: ~ *hverju,* **~** *hvoru* hin und wieder, dann und wann,

ab und zu; **~** *vísi* anders; *allt* **~** *vísi* ganz anders

öfga|fenginn, **~fullur** zum Übertreiben neigend, fanatisch; **~** *f/pl.* Übertreibung *f*, Extrem *n*; Fanatismus *m*; **~stefna** *f* Extremismus *m*

öfl|ugur mächtig, stark; **~un** *f* (-unar, -anir) Anschaffung *f*, Beschaffung *f*

öftrun *f (-ar)* Verhinderung *f*, Vorbeugung *f*

öfugur rückwärts; verkehrt; falsch; umgekehrt

öfund *f (-ar)* Neid *m*; **~a** beneiden; **~sjúkur** neidisch; **~sverður** beneidenswert

ögn *f (agnar, agnir)* Partikel *f*, Teilchen *n*; **upp til agna** mit Haut und Haar(en)

ögr|a herausfordern; **~un** *f* (-unar, -anir) Herausforderung *f*

ök(k)l|aliður *m* Fußgelenk *n*; **~i** *m (-a, -ar)* Fußknöchel *m*

öku|hraði *m* Fahrgeschwindigkeit *f*; **~kennari** *m* Fahrlehrer *m*; **~maður** *m* Fahrer *m*, Chauffeur *m*; **~próf** Fahrprüfung *f*; **~skírteini** *n* Führerschein *m*; **~skóli** *m* Fahrschule *f*

öl *n (-s)* Bier *n*

öld *f (aldar, aldir)* Jahrhundert *n*; **fyrir allar aldir** morgens in aller Frühe

öldóttur wellenförmig; hügelig

öldu|brjótur *m* Wellenbrecher *m*; **~gangur** *m* Seegang *m*; **~hryggur** *m* Wellenkamm *m*; **~lengd** *f* Wellenlänge *f*

öldunga|deild *f* Gymnasium *n* für Erwachsene; Senat *m*; **~ur** *m* Greis *m*

öldustokkur *m (-s, -ar)* Reling *f*

öl|gerð *f* Bierbrauerei *f*; **~kelda** *f (-u, -ur)* Mineralquelle *f*; **~kolla** *f (-u, -ur)* Bierkrug *m*; **~krá** *f* Bierkeller *m*, Bierstube *f*

ölmus|a *f (-u, -ur)* Almosen *n*; **~umaður** *m* Bettler *m*

ölvaður berauscht; betrunken

öl|víma *f (-u)* Rausch *m*; **~un** *f (-ar)* Rausch *m*, Trunkenheit *f*

ömurlegur traurig; (Gedanken) trübe

önd *f* **1.** *(andar, endur)* Ente *f*; **2.** *(andar)* Seele *f*; **standa á ~inni** keuchen; **varpa ~inni** seufzen; **un** *f (-ar)* Atmung *f*; **~vegi** *n (-s, -)* Ehrenplatz *m*

öng|ull *m (-uls, -lar)* Angel *f*, Angelhaken *m*; **~vit** *n* Bewußtlosigkeit *f*, Ohnmacht *f*; **~þveiti** *n (-s)* Gedränge *n*; Schwierigkeit *f*

önug|lyndur, **~ur** mürrisch, verdrießlich

ör 1. *f (-var, -var)* Pfeil *m*; **2.** *n (-s, -)* Narbe *f*; **3.** *adj.* lebhaft, rasch; freigebig; aufbrausend

ör|birgð *f (-ar)* Armut *f*, Elend *n*; **~bylgjuofn** *m* Mikrowellenherd *m*

öröug|leiki *m (-ar, -ar)* Schwierigkeit *f*; **~ur** schwierig, schwer

öreig|alýður *m* Proletariat *n*; **~i** *m (-a, -ar)* Proletarier *m*

örk f (*arkar*, *arkir*) (Papier-)Bogen m; Arche f; **~in hans Nóa** die Arche Noahs

örkumlamaður m Invalide m

örlaga|gyðja f Schicksalsgöttin f; **~þrunginn** schicksalsschwer, verhängnisvoll

ör|látur freigebig; **~læti** n (*-s*) Freigebigkeit f; **~lög** n/pl. Schicksal n; **~magna** erschöpft; **~magnast** verschmachten

örn m (*arnar*, *ernir*) Adler m

örnefni n (*-s*, *-*) Ortsname m; Flurname m

örorka f Invalidität f, Erwerbsunfähigkeit f

ör|sjaldan äußerst selten; **~skjótur** pfeilschnell; **~smár** sehr klein; **~stuttur** sehr kurz; **~ugglega** sicherlich, bestimmt; **~uggur** sicher

örva aufmuntern, ermuntern, ermutigen; **~ndi lyf** n Aufputschmittel n; **~roddur** m Pfeilspitze f; **~sa** altersschwach; gebrechlich

örvhendur, **örvhentur** linkshändig; **hann er ~** er ist Linkshänder

örviln|aður verzweifelt; **~ast** verzweifeln; **~un** f (*-ar*) Verzweiflung f

örvun f (*-ar*) Aufmunterung f, Ermutigung f, Ermunterung f; Anregung f

örvænt|a verzweifeln; **~ing** f (*-ar*) Verzweiflung f; **~ingarfullur** verzweifelt

öryggi n (*-s*, *-*) Sicherheit f; *El.* Sicherung f; **~sloki** m Sicherheitsventil n; **~snæla** f Sicherheitsnadel f; **~sráðstöfun** f Sicherheitsmaßnahme f

öryrki m (*-ja*, *-jar*) Invalide m

ös f (*-ar*, *-ar*) (*Geschäft*) Gedränge n; Andrang m

öskra schreien; brüllen

ösku|bakki m Aschenbecher m; **~buska** f (*-u*, *-ur*) Aschenbrödel n; **~dagur** m Aschermittwoch m; **~fall** n Aschenregen m

öskur m (*-s*, *-*) Schrei m; Gebrüll n

ösku|reiður rasend, wütend; **~tunna** f Mülltonne f

ösla waten; plätschern

ösp f (*aspar*, *aspir*) Pappel f

ötull unternehmend, betriebsam, tätig

öxi f (*axar*, *axir*) Axt f; Beil n

öxl f (*axlar*, *axlir*) Schulter f; Achsel f

öxull m (*-uls*, *-lar*) Achse f, Welle f

A

A (das große ~), **a** *n* (das kleine **a**); *von ~ bis Z* frá upphafi til enda

Aal *m* áll *m*

Aas *n* hræ *n*

ab frá; *Esb.*, *Mar.*, *Flgw.*: **Hamburg** frá Hamborg; burt; *~ und zu* við og við, endrum og eins; *auf und ~* fram og aftur; *von da ~* þaðan af

ab|ändern breyta, laga; **~arbeiten** *v/r.*: vinna e-ð af sér; vinna sér um megin; **2art** *f* afbrigði *n*; **2bau** *m Bgb.* námugröftur *m*; (*Gebäude*) niðurrif *n*; (*Preis*) lækkun *f*; (*Gehalt*) skerðing *f*, lækkun *f*; (*Arbeiter*) uppsögn *f*; (*Beamte*) skerðing *f*; (*Beamte*) rífa, taka sundur; segja upp, fækka; *Bgb.* reka, stíga; vinna; *Mech.* taka sundur; rífa

Abberufung *f* heimkvaðning *f*, brottkvaðning *f*

ab|bestellen *Zeitung* segja upp; afturkalla; **~biegen** beygja frá, beygja til hliðar; víkja frá; taka á sig bugðu; **~bilden** gera (eftir)mynd af

Abbildung (eftir)myndun *f*; mynd *f*

Abbitte *f* afsökun *f*; *j-m ~ tun für etw.* biðja e-n afsökunar á e-u

ab|blenden *Licht* deyfa, hylja að öllu eða nokkru leyti; **~brausen** skola með sturtu

abbrechen brjóta af; *ein Haus ~* rífa hús; *Gespräch* slíta, hætta

ab|brennen brenna; *Feuerwerk* skjóta; **~bringen** koma burt, ná burt, fjarlægja; *j-n von etw. ~bringen* hafa e-n ofan af e-u; **~bröckeln** mylja, molna; **2bruch** *m* (niður)rif *n*; rof *n*; tjón *n*

ab|bürsten bursta af; **~büßen** afplána

Abc *n* stafróf *n*

abdanken segja upp; segja af sér; **2ung** *f* uppsögn *f*

abdecken afþekja; *den Tisch ~* taka af borðum

ab|dichten þétta; **~drehen** snúa burt, víkja til hliðar; *Gas* slökkva; *Wasser* loka fyrir

Abdruck *m* próförk *f*; afrit *n*, eftirrit *n*; **2en** prenta

Abend *m* kvöld *n*; *gegen ~* undir kvöld; *gestern ~* í gærkveldi; *vorgestern ~* í fyrrakvöld; *heute* 2 í kvöld; *morgen* 2 annað kvöld; *gu-ten ~* gott kvöld; *am Heiligen ~* á aðfangadagskvöld-ið; *zu ~ essen* borða kvöld-verð

Abend|anzug *m* samkvæmis-klæðnaður *m*; **~brot** kvöld-verður *m*; **~land** *n* Vestur-lönd *n/pl.*

Abendmahl *n* altarissakra-menti *n*; *zum ~ gehen* vera, ganga til altaris

abends á kvöldin; um kvöld-ið

Abenteu|er *n* ævintýri *n*; **~rer** *m* ævintýramaður *m*

aber *cj.* en *~ oder* þá

Aberglaube *m* hjátrú *f*

Aberkennung *f* svipting *f*

abfahren aka burt; *Schiff:* sigla burt, fara af stað

Ab|fahrt *f* burtför *f*, brottsigl-ing *f*; **~fall** *m* Müll: rusl *n*

ab|fällig hallandi; niðrandi; **~fangen** stöðva við; ná e-u; **~färben** lita frá sér

abfassen semja

abfertig|en afgreiða; **2ung** *f* afgreiðsla *f*

abfind|en *v/t.* greiða skaða-bætur; *v/r.* sætta sig (*mit etw.* við e-ð); **2ung** *(ssumme) f* sættargjald *n*

ab|flachen slétta, fletja út; **~fliegen** fljúga burt, fljúga af stað; **~fließen** renna burt, streyma burt; **2fluß** *m* afrennsli *n*

abfragen hlýða yfir

Abfuhr *f* brottakstur *m*; **~ er-teilen** synja um e-ð; neita e-m um e-ð

abführ|en leiða burt; hafa hægðir; *Hdl.* greiða; **2mittel** *n* hægðalyf *n*

abfüll|en *Weine* fylla; **2ung** *f* flöskun *f*

abfüttern fóðra vel; gefa kvöldgjöfina

Abgabe *f* skil *n/pl.*, afhending *f*; afgjald *n*, skattur *m*

Abgang *m* burtför, brottför *f*, fráför *f*

ab|geben skila, afhenda; *Urteil* kveða upp; **~gebrannt** brunninn; *fig.* alveg pen-ingalaus; **~gedroschen** *fig.* margtugginn, margbvældur; **~griffen** slitinn

abgehen fara, *Farbe:* fara af; leggja af stað; seljast; **~ von** *Hdl.* víkja frá, slaka til

abge|hetzt þreyttur, ör-magna; **~klärt** skýr, ljós, hreinn; **~kommen** *(vom Weg)* villtur; **~legen** af-skekktur

abgemacht! fínt; o. k.; þá er það ákveðið

abgemessen mældur

abgeneigt mótfallinn, tregur; *j-m ~ sn* vera e-m óvin-veittur

abgenutzt (þraut)slitinn, notaður

Abgeordnet|e *m/f* þing-maður *m*; **~enhaus** *n* fulltrúamálstofa *f*; neðri deild

abgerissen tættur, slitinn; sundurlaus

Abgesandte m/f sendimaður m, sendiherra m

abgeschieden afskekktur; einmana; **2heit** f einvera f, fásinni n

Abgeschlossenheit f einangrun f, einvera f

abgesehen (von) að slepptu

abge|spannt þreyttur; **2- spanntheit** f þreyta f; örmagnan f; **~standen** daufur, bragðlaus; *Bier:* staðinn; **~tragen** slitinn; **~wöhnen:** *j-m etw. ~wöhnen* venja e-n af e-u

ab|gießen hella úr, hella burt; *Form* steypa

Abglanz m endurskin n, ljómi m

abgleiten renna niður (ofan)

Ab|gott m hjáguð m, skurðgoð n; átrúnaðargoð n; **2göttisch** heiðinglegur

abgrenzen takmarka, afmarka; **2ung** f takmörkun f, mörk n/pl.

Abgrund m djúp n, hyldýpi n

abhalten *Sitzung* halda, hafa; (*hindern*) aftra, varna; (*von etw.*) hindra (f e-u)

abhandeln *Preis* þoka niður (verði), þjarka um verð; *Thema* fjalla um

abhanden: ~ *kommen* týnast, glatast

Abhandlung f ritgerð f

Abhang m brekka f, halli m

abhäng|en (von) vera háður; **2igkeit** f ófrelsi n

abhärt|en herða, stæla; **2ung** f herðing f, stæling f

ab|hauen v/t. höggva af; v/i. *fam.* skunda burt, stinga af; **~heben** v/t. taka e-ð af sér; *Karten* draga; *Telefon* taka (símtólið n); *Geld* taka út; v/i. *Flugzeug:* taka á loft; v/r. greinast frá, bera við

abhelfen: *dem ist abzuhelfen* hægt er að bæta úr því, hægt er að ráða bót á þessu

abhetzen v/r. flýta sér; ofreyna sig, ofþreyta sig

Abhilfe f bót f, bætur f/pl.

abhobeln hefla af, hefla

abholen sækja (j-n e-n)

abholzen höggva (skóg), ryðja; **2ung** f skógarhögg n

abhören yfirheyra; *Schüler* hlýða (nemanda) yfir; **2** n yfirheyrsla f

abirren villast (frá); (*vom Weg*) villast

Abitur n stúdentspróf n; **~ient** m stúdentsefni n, stúdent m; **~ientin** f stúdentsefni n, kvenstúdent m

ab|kanzeln segja (j-n e-m) til syndanna; **~kaufen** kaupa (j-m etw. e-ð af e-m)

Abkehr f frávik n, fráhvarf n; **2en** v/r. snúa sér undan

ab|klatschen hreinsa, skíra; **~klingen** fara minnkandi; þverra; **~knöpfen** hafa (j-m etw. e-ð) af e-m, fá (etw. e-ð) lánað (j-m hjá e-m); **~kom-**

mandieren flytja í aðra stöðu

Abkommen n samningur m, samkomulag n

ab|kommen komast burt, sleppa (við), losna (frá); (vom Weg) villast

ab|kömmlich missanlegur; 2**kömmling** m afkomandi m, niðji m, Poet. niður m

ab|kratzen v/t. klóra af; v/i. fig. fam. sálast, deyja; **~küh-len** v/t. kæla, svala; v/i. kólna

Abkunft f ætt f, uppruni m

abkürz|en stytta, minnka; skammstafa; 2**ung** f stytting f, minnkun f; skammstöfun f

abladen afferma, skipa upp; losa, taka af

Ablage f geymslustaður m, birgðahús n

ablager|n v/t. geyma, hafa forða; v/r. setjast á botninn; 2**ung** f dreggjar f/pl., sori m

ablassen (überlassen) láta fá, fá í hendur; Wasser láta renna; (Preis) slaka til; **von etw. ~** hætta við; sleppa (**von j-m** e-m)

Ablauf m afrennsli n; (Zeit) lok n/pl., endir m; 2**en** v/i. Wechsel: falla í gjalddaga; v/t. Schuhe slíta út; **j-m den Rang 2en** verða e-m hlutskarpari

Ablaut m hljóðskipti m

Ableben n dauði m, andlát n

ablegen leggja, setja frá sér; **wollen Sie nicht ~?** viljið þér

ekki fara úr yfirhöfninni?

ablehn|en neita, hafna; fella (tillögu); 2**ung** f neitun f, höfnun f; frávísun f

ableit|bar sem leiða má burt, frá; **~en** leiða burt, frá

ablenk|en leiða burt, bægja frá; 2**ung** f brottleiðing f; dægrastytting f

ableugnen neita, afneita

abliefer|n skila, afhenda; 2**ung** f afhending f; 2**ungs-frist** f afhendingar-, af-greiðslufrestur m

ablös|en leysa (losa) af; taka við af öðrum

abmach|en fig. útklíja; Preis gera út um, koma sér saman um; 2**ung** f samningur m, samkomulag n

abmager|n horast; 2**ung** f megrun f, hor m

Abmarsch m brottganga f, brottför f

abmelden tilkynna burtför od. flutning; afpanta

Abmeldeschein m brott-farar-, flutningstilkynning f

ab|messen mæla, mæla af; **~montieren** taka sundur; taka af; **~mühen** v/r. reyna mjög á sig, gera sér mjög far um; **~mustern** Mar. afskrá

Abnahme f minnkun f, rýrnun f

abnehm|en taka frá, svipta; minnka, þverra; (Gewicht) léttast; 2**er** m kaupandi m, viðskiptavinur

Abneigung f andúð f, óbeit f

abnorm óeðlilegur; afbrigðilegur

abnutz|en nota út, þrautslíta; **2ung** f nýting f, slit n

Abonn|ement n áskrift f; **2ieren** vera od. gerast áskrifandi að e-u

Abordnung f sendinefnd f

Abort m salerni n; Med. fósturlát n

abpassen mæla, hnitmiða; **den rechten Augenblick ~** sitja um rétta augnablikið

Abprall m afturkast n; **2en** hrökkva frá (af), kastast aftur

ab|quälen v/r. þræla, strita; **~rasieren** raka af, raka; **~raten** ráða (j-m von etw.) e-m frá e-u

abräumen rýma burt; **den Tisch ~** taka af borðum

abrechn|en reikna frá, draga frá; gera upp sakir (mit j-m við e-n); **2ung** f frádráttur m; reikningsskil n/pl.; uppgjör n

Abrede f samkomulag n, umtal n; etw. in ~ stellen neita e-u

abreib|en núa af; fága; **2ung** f núningur m, fágun f; fig. ákúrur f/pl.

Abreise f burtför, brottför f; **2n** fara (af stað); leggja af stað; **~tag** m brottfarardagur m

abreiß|en v/t. rífa af, rífa frá; Haus rífa; v/i. losna; slitna; **2kalender** m dagatal n

ab|richten temja; rétta, setja í réttar stellingar; **~riegeln** skjóta slagbrandi fyrir; **2riß** m uppkast n; ágrip n; **~rücken** flytja burt, færa frá; Mil. halda burt, fara burt; fjarlægjast (von j-m von e-n)

Abruf m Hdl.: Waren auf ~ fyrirliggjandi varningur; **2en** kalla burt; kveðja heim

abrunden gera ávalt; jafna

abrüst|en afvopna, draga úr vígbúnaði; **2ung** f afvopnun f; **2ungskonferenz** f afvopnunarráðstefna f

Absage f neitun f, afsögn f; **2n** aflýsa; afþakka

absägen saga af; fig. fam. svipta embætti

Absatz m (Treppe) pallur m; (Schuh) hæll m; Hdl. sala f; (Text) greinaskil n/pl.; (neuer) Absatz! ný lína!; **~gebiet** n sölusvæði n, markaður m

abschaff|en hætta við; Gesetz nema úr gildi; **2ung** f afnám n

abschäl|en flysja, taka hýði af

abschätz|en meta, virða; **~ig** fyrirlitlegur; **2ung** f mat n

Abschaum m fig. afhrak n, úrhrak n

abscheid|en Chem. greina frá; **2ung** f frágreining f

Abscheu m od. f: vor etw. ~ haben andúð hafa á e-u; **2lich** viðbjóðslegur, andstyggilegur

abschicken senda (burt)

abschieben v/t. ýta burt (frá); *(ausweisen)* vísa úr landi

Abschied m skilnaður m, kveðja f; *zum* ~ að skilnaði, *von j-m* ~ *nehmen* kveðja e-n; *den* ~ *nehmen* segja af sér (embætti)

abschießen *Gewehr* hleypa af; *Flugzeug* skjóta niður

abschlachten slátra

Abschlag m synjun f; *Hdl.* afsláttur m; *auf* ~ neð afborgun; **2en** neita, synja

abschlägig: ~ *bescheiden* synja e-m um e-ð

ab|schleifen fága; fægja; slípa; ~**schleppen** draga burt

Abschlepp|seil n dráttartaug f; ~**wagen** m kranabíll m

abschließen læsa; *fig.* gera út um; ljúka; *mit etw.* ~ enda á e-u

Abschluß m lok n/pl.; *bei* ~ *der Bücher* við reikningsskilin; ~*prüfung* f lokapróf n

ab|schmieren *Auto* smyrja; ~**schnallen** spenna af; ~**schneiden** skera af, klippa af; *Gespräch* rjúfa; *gut bei etw.* ~ *schneiden* takast vel á; komast vel áfram

Abschnitt m grein f, kafli m; *(Post)* afklippingur m

ab|schöpfen veiða ofan af; ~**schrägen** skáskera, gera skáhallt; ~**schrauben** skrúfa af; ~**schrecken**

hræða burt, fæla frá; ~**schreiben** afrita

Abschrift f afrit n

abschüssig snarbrattur, þverhníptur

ab|schwächen draga úr, rýra; ~**schweifen:** *vom Thema* ~*schweifen* halda sig ekki að efninu; ~**schwören** sverja fyrir; ~**segeln** sigla burt

absehen: *das Ende ist nicht abzusehen* óséð er enn, hvernig fer; *abgesehen von* að slepptu

abseits á afviknum stað, út úr; *(Sport)* rangstæður

absend|en senda burt; **2er** m sendandi m

absetzen víkja frá

Absicht f tilgangur m, ásetningur m, áform n; *mit* ~ af ásettu ráði; *in der* ~ í þeim tilgangi; *die* ~ *haben* hafa þann ásetning; **2lich** vísvitandi, af ásettu ráði

ab|sitzen afplána, sitja af sér í fangelsi; *(vom Pferd)* fara af baki; ~**sondern** skilja frá, einangra; ~**spannen** v/i. slaka á; v/t. *Pferd* spenna frá

absperr|en girða fyrir, loka; teppa; **2ung** f lokun f; stöðvun f; **2ventil** n stífluloki m, stífluloka f

abspielen v/r. gerast; eiga sér stað; spila, leika

Absprache f samkomulag n; *nach* ~ eftir samkomulagi

absprechen neita um, dæma af

ab|springen stökkva af (úr); hrökkva af (frá); **~spülen** þvo upp; *Mar.* ræsta

abstamm|en vera kominn af, eiga kyn sitt að rekja til; **Ⱡung** *f* ætterni *n*, kyn *n*

Abstand *m* fjarlægð *f*; millibil *n*; **von etw. ~ nehmen** hætta við, hverfa frá e-u

ab|stauben sópa, þurrka ryk af; **~stechen** *v/t. Tiere* stinga, slátra; *v/i.* stinga í stúf við; **~stehen** vera utan við e-ð; hætta (**von** við); **~steigen** fara af baki; (*Hotel*) fara inn á hótel, gistihús

Absteigequartier *n* gististaður *m*, húsnæði *n* (til skamms tíma)

ab|stellen leggja frá sér; *Maschine* stöðva, stoppa; *Heizung* loka fyrir; **~stempeln** stimpla

Abstieg *m* niðurganga *f*; *fig.* hnignun *f*

abstimm|en greiða atkvæði; **Ⱡung** *f* atkvæðagreiðsla *f*

Abstinenzler *m* bindindismaður *m*

ab|stoßen *Boot* ýta frá landi; *fig.* fæla frá sér; *Hdl.* selja; **~strahieren** alhæfa; **~streiten** neita, hafa á móti

Abstufung *f* niðurskipting *f*; blæbrigði *n/pl.*

abstumpfen sljóvga, slæva

Absturz *m* (*Flugzeug*) hrap *n*

abstürzen hrapa; steypa niður

Abteil *n* járnbrautarklefi *m*; **Ⱡen** skilja frá, raða; **~ung** *f* deild *f*; skipting *f*

abtön|en setja blæbrigði í (á) e-ð; **Ⱡung** *f* blæbrigði *n/pl.*; litaskipti *n/pl.*

abtragen bera burt, koma burt; *Bau reifa*; *Kleid* slíta

Abtreibung *f Med.* fóstureyðing *f*

ab|trennen skilja frá; **~treten** (*vom Amt*) láta af (embætti); *j-m etw.* **~treten** láta e-ð af hendi við e-n

Abtritt *m* afsölun *f*; (*Abort*) salerni *n*

abtrocknen *v/t.* þurrka af; *v/i.* þorna

abtrünnig: ~ werden svíkja, bregðast; **Ⱡe** *m* liðhlaupi

abtun útkljá

ab|urteilen fordæma; dæma af; kveða upp lokadóm (*j-n* um e-n); **~verlangen** krefjast, heimta af; **~wägen** vega; *seine Worte* **~wägen** yfirvega mál sitt; **~wandeln** breyta; **~warten** bíða og sjá hvað verður

abwärts niður, niður á við; *fig.*: **es geht ~ mit ihm** það hallar undan fæti fyrir honum; *der Weg führt* **~** leiðin liggur niður á við

abwasch|en þvo (af); afmá; **Ⱡwasser** *n* uppþvottavatn *n*

Abwässer *pl. Tech.* skolp *n*

abwechs|eln breyta til, skiptast á; **~elnd** til skiptis; **♀lung**
f tilbreyting f, dægrastytting f
Abweg m villigata f,
glapstígur m; **auf ~e geraten**
lenda á villigötum; **♀ig** rangur, skakkur
Abwehr f vörn f, viðnám n;
♀en aftra, varna; **~mittel** n
varnarráðstöfun f
abweich|en (vom Thema)
halda sig ekki að efninu;
(verschieden sein) vera frábrugðinn; **♀ung** f frávik n,
ósamræmi n
abweis|en vísa frá; hafna
♀ung f frávísun f; höfnun f
abwerfen Hdl. u. fig. gefa af
sér; Zinsen skila vöxtum
abwert|en Geld verðrýra;
Geld verðrýra; **♀ung** f gengislækkun f
abwesen|d fjarverandi, fjarstaddur; **♀heit** f fjarvera f
abwickeln vefja utan af; fig.
útkljá
abwischen þurrka af, þerra
abzahlen borga af, greiða afborgun (af)
abzählen telja, telja frá
Abzahlung f afborgun f
abzapfen tappa af
abzehr|en v/r. veslast upp;
♀ung f Med. tæring f
Abzeich|en n merki n, einkenni n; **♀en** n/t. teikna (eftir fyrirmynd); marka; v/r.
bera skýrt við
abziehen v/t. draga af (burt)
Fell flá; Schlüssel taka úr;
v/i. fara burt

abzielen miða (auf etw. að
e-u), ætlast til e-s
Abzug m frádráttur m; (Foto)
eftirmynd f
abzüglich (mit gen.) að frádregnum
abzweigen v/t. sveigja
(greiða) frá; v/r. kvíslast,
greinast
ach! ach so! einmitt það!
Achat m (marglitt) kvarts n
Achse f öxull m; ♪f öxl f; mit
den ~n zucken yppta öxlum; **~höhle** f armkriki m
acht: heute in ~ Tagen að
viku liðinni, þennan dag í
næstu viku
Acht f áthygli f; sich in ♀ nehmen vara sig á; außer ♀ lassen skeyta e-u ekki; ♀ (Ächtung) útlegð f; Rel. bannfæring f
achtbar virðingarverður
Achtel n áttundi hluti
achten v/t. virða; v/i. gefa
gaum, skeyta
ächten gera útlægan
Achtersteven m Mar. skutur
m
acht|geben gefa gaum, gæta
að; **~los** gálaus, skeytingarlaus; **~sam** aðgætinn, varkár
Achtstundentag m átta
stunda vinnudagur
Achtung f virðing f; ~!
varúð!, takið eftir!
ächzen stynja, kveina; Gebälk: braka
Acker m akur m; **~bau** m akur-

akut

yrkja *f*, akurrækt *f*; **2n**
plægja
a.D. = außer Dienst, fyrrv.
= fyrrverandi
ADAC *m* samband í þýska
ökumanna
addieren leggja við, leggja
saman
Adel *m* aðall *m*
Ader *f* æð *f*
Adjektiv *n* lýsingarorð *n*
Adler *m* örn *m*; **~horst**
arnarhreiður *n*
adlig aðalborinn, göfugur
adoptieren ættleiða
Adressat *m* viðtakandi bréfs
Adreßbuch *n* bæjarskrá *f*
Adresse *f* heimilisfang *n*,
utanáskrift *f*
adressieren rita utanáskrift
á (e-ð)
Advent *m* adventa *f*; jóla-
fasta *f*
Adverb *n* atviksorð *n*
Advokat *m* málfærslumaður
m
Affe *m* api *m*
afrikanisch afríkanskur
After *m* endaþarmsop *n*; rass
m
AG = *Aktiengesellschaft*
Agent *m* umboðsmaður *m*,
erindreki *m*; **~ur** *f* umboð *n*
aggressiv árásargjarn
aha! einmitt það!
ahnden hegna, refsa
ähneln líkjast
ahnen gruna
Ahnen *pl.* forfeður *m/pl.*; **~ta-
fel** *f* ættartala *f*

ähnlich líkur; **2keit** *f* líking *f*,
svipur *m* (*mit j-m* með e-m)
Ahnung *f* grunur *m*, hugboð
n; **keine ~!** ég hef ekki hugmynd um það; **2slos** grunlaus
Ahorn *m* ahorntré *n*; hlinur *m*
Ähre *f* ax *n*
Aids *n* eyðni *f*, ónæmistæring
f
Akademie *f* listaskóli *m*;
háskóli *m*; vísindafélag *n*;
~ker *m* háskólagenginn
maður, háskólaborgari *m*
akklimatisieren *v/r.* venjast
loftslagi (í öðru landi); *fig.*
aðlagast breyttum aðstæð-
um
Akkord *m* ákvæðisvinna *f*,
samningsvinna *f*; **~arbeit** *f*
ákvæðisvinna *f*
Akku(mulator) *m* rafgeymir
m
Akkusativ *m* þolfall *n*
Akrobat *m* loftfimleikamaður *m*
Akt *m* verk *n*; *Thea.* þáttur *m*
Akten *f/pl.* málskjöl *n/pl.*;
~tasche *f* skjalataska *f*
Aktien|gesellschaft *f* hluta-
félag *n* (*Abk.* h.f.); **~inhaber**
m hluthafi *m*
Aktiv *n* germynd *f*; **2** starfsamur
Aktiva *pl.* eignir *f/pl.*
Aktstudie *f* stellingarmynd *f*,
nektarmynd *f*
Akustik *f* hljómburður *m*;
hljómfræði *f*
akut ákafur, bráður, harður

Akzent m áhersla f; áherslumerki n; hreimur m
akzeptieren samþykkja; Wechsel samþykkja víxil
Alarm m viðvörunarbjalla f; uppþot n; ⊇ieren hringja viðvörunarbjöllu; kalla til vopna eða varnar
albern heimskulegur, flónslegur; ⊇heit f heimska f, flónska f
Album n myndaalbúm n
Alibi n fjarvistarsönnun f
Alkohol m áfengi n; vínandi m
all allur, allt, allir; ~e þrotið, búið; ~e vier Tage fjórða hvern dag; ~e beide báðir tveir; hvorttveggja: ~es in ~em samtals; bei ~edem þrátt fyrir allt; vor ~em um fram allt, framar öllu öðru
All n alheimur m, geimur m
allbekannt alkunnur
Allee f trjávegur m, trjágöng n/pl.
allein (al)einn; nicht ~, sondern auch ekki aðeins, heldur einnig; ⊇berechtigung f einkaréttindi n/pl.; ~stehend einstæður, einn út af fyrir sig; ⊇verkauf m einkasala f; ⊇vertretung f einkaumboð n
allenfalls ef til vill, ef í nauðir rekur
allenthalben alstaðar, alls staðar
aller|dings raunar, reyndar;

~erst: zu ~erst allra fyrst
Allergie f ofnæmi n
aller|hand, ~lei alls konar; ~letzt: zu ~letzt allra síðast; ~meist: am ~meisten allra mest; oftast; ~seits úr öllum áttum, allavega; ⊇weltskerl m heljarkarl m; fam. karl í krapinu
allgemein almennur; allmennt; im ~en yfirleitt; ⊇heit f almenningur m
alljährlich á hverju ári
Allmacht f almætti n
allmählich smátt og smátt; hægfara
allmonatlich á hverjum mánuði
allseitig alhliða; fjölhæfur
All|tag m virkur dagur; ⊇täglich hversdagslegur; ⊇tags hversdagslega; ⊇wöchentlich á hverri viku
allzu allt of
Almosen n ölmusa f
Alpdrücken n martröð f
Alpen pl. Alpafjöll n/pl.; Alpar m/pl.
Alphabet n stafróf n
als þegar; sem; nach comp. en, (heldur) en; ~ ob eins og; sowohl ... ~ auch bæði og; nichts ... ~ ekkert nema
also þannig; því; þá
alt gamall; ~e Leute pl. eldri fólk m/pl.; aldraðir m/pl.
Altar m altari n

Altenheim n elliheimili n
Alter n aldur m; elli f; **von 2s her** frá alda öðli; **2n** eldast; **~sgenosse** m jafnaldri m; **2sschwach** ellirumur; **~tum** n fornöld f; fornminjar f/pl.; **2tümlich** forn; fornhelgur
alt|hergebracht arfgenginn; forn; **~modisch** gamaldags; **~nordisch** fornnorænn
Alt|nordisch n fornnorræna f; **~weibersommer** m síðsumarþræðir m/pl.
am (Datum) hinn; **am 10. (zehnten) August** hinn 10. (tíunda) ágúst; **~ besten** best; bestur; **~ Abend** um kvöldið; **~ Rhein** við Rín
Amateur m áhugamaður m, leikmaður m
Amboß m steðji m
Ameise n f maur m; **~nhaufen** m maurapúfa f
Amerika n Bandaríkin n/pl., Ameríka f; **~ner** m pop. Ameríkani m, Bandaríkjamaður, Ameríkumaður m; **2nisch** amerískur, bandarískur
Amme f barnfóstra f, brjóstmóðir f
amortisieren borga (skuld) smátt og smátt
Ampel f götuljós n/pl.; ljósker n
Ampère n El. straummælieining f, pop. amper n f
Amputation f aflimun f
amputieren taka (lim) af
Amsel f svartþröstur m

Amt n embætti n; opinber skrifstofa; **von ~s wegen** í embættis nafni, samkvæmt embætti; **Auswärtiges ~** utanríkisráðuneyti m; **2Ieren** gegna embætti; **2lich** embættislegur, embættis-
Amts|antritt m embættisviðtaka f; **~bezirk** m hérað n, þinghá f; **~blatt** n lögbirtingablað n; **~gericht** n undirréttur m; héraðsdómur m; **~richter** m undirdómari m, héraðsdómari m
amüs|ant skemmtilegur; **~ie-ren** v/r. skemmta sér
an (mit dat. od. acc.) við; á; í; til; (gegen) um, allt að; **krank ~** veikur af; **Verrat ~** svik við, gegn; **von heute ~** frá deginum í dag
an|bahnen ryðja braut fyrir; undirbúa; **~bändeln** gefa sig að (mit j-m e-m)
Anbau m ræktun f; Haus: viðbótarbygging f; **2en** v/t. Pflanzen rækta; Arch. byggja við
anbehalten fara ekki úr, taka ekki af sér
anbei hér með, innan í
an|beißen bíta í; a. fig. renna á agnið; **~beraumen** Tagung ákvarða, ákveða
anbeten tilbiðja, dýrka
Anbetracht in **~ dessen** vegna þess, með tilliti til þess
anbetreffen snerta, varða
Anbetung dýrkun f, tilbeiðsla f

an|bieten bjóða; **~binden** binda við, binda fast

Anblick *m* sjón *f*, sýn *f*; **2en** líta á

anbrechen: *der Tag bricht an* dagur rennur upp

anbrennen kveikja (í); *Essen ~ lassen* láta mat brenna við

anbringen setja, koma fyrir

Anbruch *m* (*Tages*-) afturelding *f*; dagrenning *f*

An|dacht *f* guðsþjónusta *f*; guðhræðsla *f*; **2dächtig** fjálgur, guðrækislegur; *Stimmung*: hátíðlegur

andauern standa yfir, halda áfram; **~d** stöðugur, þrálátur

Andenken *n* endurminning *f*, minning *f*; *zum ~ an* til minningar um

ander annar; *am ~en Tag* næsta dag, daginn eftir; *unter ~em* (*Abk.* u. a.) meðal annars (*Abk.* m. a.); *unter ~en* (*Abk.* u. a.) meðal annarra (*Abk.* m. a.)

ander|erseits hins vegar; **~mal:** *ein ~mal* öðru sinni

änder|n breyta; **2ung** *f* breyting *f*

andernfalls að öðrum kosti

anders öðruvísi; *wer ~?* hver annar?; **~wo** annars staðar

anderthalbjährig hálfs annars árs

anderweitig öðruvísi, á annan hátt; annars staðar

andeut|en gefa í skyn; **2ung** *f* bending *f*

Andrang *m* aðstreymi *n*, þyrping *f*; mikil eftirspurn *f*

andrehen snúa, skrúfa; *Heizung* setja á; *Licht* kveikja; *Motor* setja í gang, ræsa

androhen hóta, ógna

aneign|en *v/r.* tileinka sér (*etw.* e-ð); **2ung** *f* tileinkun *f*, sérhelgun *f*

aneinander saman; hvor gegn öðrum: **~fügen** skeyta saman; **~geraten** lenda saman

anekeln vekja viðbjóð hjá

Anerbieten *n* tilboð *n*

anerkenn|en meta; viðurkenna; **~enswert** virðingarverður, lofsverður; **2ung** *f* viðurkenning *f*

anfachen blása upp; herða, stæla

anfahr|en aka (á), sigla (á); *fig.* vaða upp á með skömmum; **2t** *f* heimakstur *m*; aðaksturvegur *m*

Anfall *m* kast *n*, hviða *f*; árás *f*; **2en** ráðast á

Anfang *m* upphaf *n*, byrjun *f*; **2en** byrja, hefja

Anfänger *m* byrjandi *m*

anfangs í upphafi, upphaflega; **2geschwindigkeit** *f* byrjunarhraði *m*; **2stadium** *n* byrjunarstig *n*; **2unterricht** *m* byrjendakennsla *f*

anfassen taka á (í), grípa, þrífa í

anfecht|bar rengjanlegur, aðfinnanlegur; **~en** rengja, vefengja; *Jur.* vefengja

Qung f vefenging f, mótmæli n/pl.

an|feinden sýna fjandskap; **~fertigen** búa til, smíða; **~feuchten** væta; **~feuern** kveikja eld; *fig.* hvetja; **~flehen** sárbiðja

anfordern krefjast; **Qung** f krafa f

Anfrage f fyrirspurn f; **Qn** spyrjast fyrir

anfreunden v/r. gerast góður vinur (*mit j-m* e-s)

anfügen bæta við

anfühlen v/r. virða viðkomu

anführen ráða fyrir, stjórna; *fig.* gabba; **Qungszeichen** n tilvitnunarmerki n

Angabe f frásögn f; fyrirmæli n/pl.; upplýsingar f/pl.

angeb|en v/t. færa í; skýra frá; *Jur.* kæra, segja til; v/i. (*prahlen*) grobba, raupa; **Qer** m kærandi m; *fam.* grobbari m; raupari m; **~lich** að sögn

angeboren meðfæddur

Angebot n tilboð n

ange|bracht viðeigandi; **~brannt**: *es riecht ~brannt* það er sviðarykt; **~bunden**: *kurz ~bunden* stuttur í spuna; **~griffen** þreyttur; **~griffen aussehen** vera þreytulegur; **~heitert** kenndur, hýr

angehören heyra til; *(j-m* e-m) til

Angehörige m/f: *meine ~n* vandamenn mínir

Angeklagte m/f kærður m, kærði m, kærða f

Angel f öngull m, dorg f; (*Tür-*) löm f, hjör f

angelegen: *sich etw. ~ sein lassen* láta sér umhugað um e-ð, láta sig e-ð varða; **Qheit** f mál n, málefni n

Angelhaken m agnhald n

angeln veiða, dorga

Angelrute f veiðistöng f

angelsächsisch engilsaxneskur

Angelschnur f færi n

ange|messen viðeigandi, hæfilegur; **~nehm** viðfelldinn, þægilegur; **~nommen**: **~nommen, daß ...** að því tilskildu, að; segjum sem svo; **~sehen** virtur, mikils metinn

Angesicht n andlit n, ásjóna f; **Qs** í viðurvist, augliti til auglitis við; með tilliti til

Angestellte m embættismaður m, starfsmaður m; *pl.* starfslið n

angetrunken drukkinn

ange|wöhnen venja á; **Qwohnheit** f vani m, ávani m

angleichen samlaga, laga eftir

Angler m stangaveiðimaður m

angliedern innlima; tengja við

Anglistik f enskunám n

angreif|bar aðfinnanlegur; **~en** ráðast á; ráðast í

angrenzen liggja að

Angriff m árás f

Angst f hræðsla f, kvíði m; **~**

haben vera hræddur; **~hase** *m* hugleysingi *m*, bleyða *f*
ängst|igen *v/r.* vera hræddur (*vor j-m* við e-n); **~lich** kvíðinn; smeykur
Angstschweiß *m* angistarsviti *m*
anhaben *Kleid* vera í
Anhalt *m* staðnám *m*; stoð *f*; **2en** stöðva; *Zeit* vara, haldast; **~er** *m: pop.* **per ~er fahren** *od.* **reisen** *pop.* ferðast á þumalfingrinum; **~spunkt** *m fig.* átylla *f*; grundvöllur *m*
Anhang *m* viðauki *m*, viðbætir *m*
anhäng|en festa við; hengja á, hengja upp; bæta við; **2er** *m* fylgismaður *m*; (*Wagen*) aukavagn *m*, kerra *f*; **~lich** trúr; **2sel** *n* viðhengi *m*
anhäuf|en safna, hrúga saman; **2ung** *f* hrúga *f*, samsafn *n*
anheften festa; festa við
anheim|fallen hverfa aftur til; verða að bráð; **~stellen** láta sjálfráðan um, setja í sjálfsvald *f*
Anhöhe *f* hæð *f*, hóll *m*
anhör|en hlusta á; heyra á; **2ung** *f* hlustun *f*
Ankauf *m* kaup *n/pl.*; **2en** kaupa
Anker *m* akkeri *n*; **den ~ lichten** létta akkerum; **2n** varpa akkerum, leggjast við akkeri; **~winde** *f* akkerisvinda *f*
anketten fjötra, binda
Anklage *f* ásökun *f*, kæra *f*;

2n kæra; *Jur.* lögsækja (fyrir)
Ankläger *m* kærandi *m*
Anklang *m* endurómur *m*; **~ finden** fá góðar undirtektir
ankleid|en klæða, færa í; **2e- raum** *m* búningsherbergi *n*
anklopfen banka, berja
anknipsen *Licht* kveikja; **~knüpfen** hnýta við; tengja
ankommen koma (til); **es darauf ~ lassen** hætta á það, reyna það
ankündigen tilkynna; kunngera
Ankunft *f* koma *f*
ankurbeln setja í gang, *pop.* starta
Anlage *f* lagning *f*, gerð *f*; mannvirki *n*; (*Brief*) fylgiskjal *n*; (*Geld*) ráðstöfun *f*; **~ zu etw. haben** *fig.* hafa hæfileika *od.* gáfur til e-s
anlangen koma (til)
Anlaß *m* tilefni *n*; **aus ~** í tilefni af
anlass|en setja í gang, *pop.* starta; **2er** *m* ræsir *m*, *pop.* startari *m*
anläßlich í tilefni af
Anlauf *m* tilhlaup *n*; **2en** *v/i.* lenda, leggja (við land); *v/t. Geld* verja í, leggja í; *Kleider* fara í; færa í; *es auf etw.* **~** keppa að e-u, ætla sér það
anlehnen *v/t. Rad* halla (upp) að; *Tür* halla aftur; *v/r.* halla sér (upp að)

Anleihe f lán n
anleit|en leiðbeina; **₂ung** f leiðbeining f
Anliegen n málefni n, erindi n; beiðni f; **₂d** (með)fylgjandi, innan í
anmachen festa á; *Feuer* kveikja
anmaß|en v/r. dirfast; **~end** hrokafullur, drembinn
anmeld|en skýra frá, tilkynna; **₂ung** f tilkynning f; *(polizeiliche)* komutilkynning til lögreglunnar
anmerk|en sjá *(j-m etw.* e-ð á e-m); **₂ung** f athugasemd f
Anmut f yndisleiki m; **₂ig** yndislegur
an|nageln negla á, negla fast; **~nähen** sauma á, sauma við
annähern v/r. nálgast; **~d** hér um bil
Annahme f viðtaka f, *fig.* ætlun f, hyggja f
annehm|bar aðgengilegur; sennilegur; **~en** taka við, þiggja; *(vermuten)* gruna; **₂lichkeit** f þægileiki m; **₂ung** f/pl.
annektieren innlima
Annonce f auglýsing f; **₂le-ren** auglýsa
anomal afbrygðilegur
anonym ónéfndur, ónafngreindur
anordn|en ráðstafa; ákveða, fyrirskipa; **₂ung** f ráðstöfun f; fyrirskipun f
anpassen v/t. máta; laga eftir; v/r. laga sig eftir, semja sig að

anpeilen miða, miða áttir (við)
anpflanz|en gróðursetja; rækta; **₂ung** f gróðursetning f; ræktun f
Anprall m árekstur m; skellir m; **₂en** rekast á
an|preisen hæla, mæla með; **~probieren** máta; **~raten** ráða til (e-s)
anrechnen: *j-m etw. hoch ~* meta e-ð mikils við e-n
Anrecht n réttur m
Anrede f ávarp n; **₂n** ávarpa
anreg|en hvetja, örva; **~end** örvandi; **₂ung** f hvatning f, örvun f
Anrichte f matgagnaborð n; **₂n** bera á borð; veiða; gera
Anruf m kall n, ákall n; *Tlf.* upphringing f; **₂en** kalla til, ákalla; *Tlf.* hringja til *od.* í, síma til
anrühren snerta; *Teig* hræra
Ansage f tilkynning f; **₂n** tilkynna; **₂r** m *(Radio)* (útvarps)þulur m
ansamm|eln safna, hrúga saman; v/r. safnast saman; **₂lung** f *(Menschen)* mannsöfnuður m, *(Dinge)* hrúga f
ansässig búsettur
anschaff|en *Geld* útvega; *Möbel* kaupa; **₂ung** f útvegun f; innkaup n
anschau|en horfa á, líta á; **~lich** greinilegur, skýr; **₂ung** f athugun f; álit n, skoðun f
Anschein m útlit n; *dem ~ nach* að því er virðist

Anschlag m áslǽttur m; (götu)auglýsing f; (Kosten-) áǽtlun f; (auf j-n) launráð n, samsǽri n; 2en slá á; festa upp (auglýsingu); ~säule f auglýsingastaur m

anschließen tengja við; bǽta við; láta fylgja

Anschluß m viðtenging f, sameining f; kunningsskapur m; Esb. samband n

anschnallen spenna á

Anschovis pl. fam. ansjósur f|pl.

anschrauben skrúfa á od. fast

an\schreiben skrifa (upp); skrifa hjá e-m; 2schrift f utanáskrift f

anschuldigen: j-n wegen etw. ~ kenna e-m um e-ð

anschwell|en þrútna, bólgna; 2ung f þrútnun f, bólga f

anseh|en líta á, virða fyrir sér; álíta, telja; 2en n álit n; ~lich álitlegur; talsverður

ansetzen bǽta við; fastsetja, ákveða

Ansicht f skoðun f, álit n; zur ~ til athugunar; ~skarte f (mynda)póstkort n; ~ssache f álitamál n

ansied|eln v/r. setjast að, taka sér bólfestu; 2ler m landnemi m; 2lung f bústsetning f; nýlenda f

Ansinnen n tilǽtlun f, krafa f

anspann|en: alle Kräfte ~en neyta allrar orku; Pferd

spenna fyrir; 2ung f áreynsla f

anspiel|en: auf etw. ~en drepa á e-ð, sveigja að e-u; 2ung f sneið f (auf etw. til e-s)

anspornen hvetja; Pferd keyra sporum

An\sprache f ávarp n; 2sprechen ávarpa; leita til, snúa sér til

anspringen Motor. fara í gang

Anspruch m krafa f, tilkall n; 2slos látlaus; óheimtufrekur; 2svoll heimtufrekur, kröfuharður

Anstalt f stofnun f

An\stand m látprýði f; kurteisi f; 2ständig siðsam(leg)ur; sǽmandi

anstarren stara á

anstatt í staðinn fyrir

ansteck|en nǽla, festa á; Kerze kveikja; Med. smita; ~end smitandi; 2ung f Med. smitun f

an\stehen standa í biðröð; fara vel, sóma sér; 2steigen rísa; hǽkka

anstell|en v/t. ráða í atvinnu; etw. ~en koma e-u af stað, valda e-u; v/r. fara að; látast; 2ung f veiting f (starfs, embǽttis)

anstift|en Unheil valda; j-n tǽla; 2er m hvatamaður m, tilstofnandi m; 2ung f tilstofnun f

anstimmen hefja söng, kyrja f

Anstoß m árekstur m; ~ **nehmen** hneykslast (an á); ~ **erregen** valda hneyksli; 2en hrinda e-m; *mit Gläsern* klingja glösum; skála

anstößig hneykslanlegur

anstreichen mála; strjúka á

Anstreicher m málari m

anstrengen v/r. reyna á sig, gera sér far um; ~**end** erfiður

Anstrengung f áreynsla f, fyrirhöfn f

Anstrich m málun f; *fig.* útlit n, blær m

Ansturm m áhlaup n, árás f

Anteil m hluti m, hlutdeild f; þátttaka f; ~ **nehmen** taka þátt í; ~**nahme** f þátttaka f; hluttekning f

Antenne f loftnet n

Anti|alkoholiker m bindindismaður m; vera á móti áfengi; ~**babypille** f pillan f; ~**biotikum** n fúkalyf n

Antiquar m forn(bóka)sali m

Antlitz n andlit n, ásjóna f

Antrag m tillaga f; umsókn f; *e-n ~ stellen* sækja um; ~**steller** m umsækjandi m

an|treffen hitta; ~**treiben** knýja áfram; herða á; ~**treten:** *ein Amt ~treten* taka við embætti

Antrieb m hvatning f; (véla)orka f; *aus eigenem ~* af sjálfsdáðum

Antritt m (Amts-) viðtaka f n; (Amts-) viðtaka f embættis

Antwort f svar n; 2en svara

anvertrauen fela á hendur, trúa fyrir

anwachsen vaxa, aukast

Anwalt m málfærslumaður m

anwärmen hita, velgja

An|wärter m vonbiðill m; ~**wartschaft** f bið f, eftirvænting f

anweis|en vísa á; ávísa; 2ung f fyrirmæli n/pl.

anwend|en nota, hagnýta; 2ung f notkun f, hagnýting f

anwesen|d viðstaddur; 2heit f viðurvist n, návist f

anwidern bjóða við; *es widert mich an* mér býður við því

Anwohner m nágranni m

Anzahl f tala f; fjöldi m

anzahl|en borga fyrstu afborgun; borga af; 2ung f fyrsta útborgun; afborgun f

anzapfen fara að eyða af; fá lán hjá

Anzeich|en n tákn n; merki n; 2**nen** teikna á; rita hjá sér

Anzeige f (Annonce) auglýsing f; (Bekanntmachung) tilkynning f; (Anklage) kæra f; 2n auglýsa; tilkynna; kæra

anzetteln *fig.* stofna til

anzieh|en fara í, klæða(st); toga í; *Preise:* stíga; ~**end** aðlaðandi, geðfelldur

Anziehungskraft f aðdráttarafl n

Anzug m alfatnaður m, herraföt n/pl.

an|zünden kveikja í; ~**zweifeln** efast um; rengja

Apfel m epli n; **~sine** f appelsína f

Apotheke f lyfjabúð f; **~r** m lyfsali m

Apparat m áhald n, tæki n

Appetit m matarlyst f; **2lich** lystugur, girnilegur

Aprikose f aprikósa f

April m apríl m

Aqua|planing n hætta á sleipri akbraut í rigningu; **~rell** n vatnslitamynd f

Äquator m miðjarðarlína f

Arbeit f vinna f; **an die ~ gehen** taka til vinnu; **2en (an)** vinna (að); **~er** m verkamaður m; **~erbewegung** f verkalýðshreyfing f; **~erschaft** f verkamannastétt f; **~geber** m vinnuveitandi m

Arbeits|amt n ráðningarstofa f; vinnumiðlunarskrifstofa f; **2fähig** vinnufær, starfhæfur; **~leistung** f vinnuafköst n/pl.; **~lohn** m vinnulaun n/pl., kaup n; **2los** atvinnulaus

Arbeits|losenunterstützung f atvinnuleysisstyrkur m; **~losigkeit** f atvinnuleysi m; **~tag** m vinnudagur m; **2unfähig** óvinnufær; **~zeit** f vinnutími m

Arche f örk f; **die ~ Noahs** örkin hans Nóa

Architekt m húsameistari m; **~ur** f húsagerðarlist f

arg slæmur, vondur; hörmulegur

Ärger m gremja f; ergelsi n;

2lich gramur; önugur; **2n** v/t. skaprauna; ergja; v/r. sárna, gremjast; **~nis** n hneyksli n

Arg|list f undirferli n od. f; lævísi f; **2los** grunlaus; trúgjarn; **~wohn** m grunur m; tortryggni f; **2wöhnisch** tortrygginn

arm fátækur; vesall

Arm m armur m, handleggur m; **j-m unter die ~ greifen** fig. rétta e-m hjálparhönd

Armaturenbrett n mælaborð n

Armband n armband n; **~uhr** f armbandsúr n

Armee f her m

Ärmel m ermi f; **~kanal** m Ermarsund n; **~loch** n handvegur m

ärmlich fátæklegur, vesallegur; **2keit** f fátækt f, eymd f

armselig fátækur, aumur

Armut f fátækt f

Art f tegund f, eðli n; háttur m

Arterie f slagæð f

art|ig kurteis, siðprúður; **2igkeit** f kurteisi f, siðprýði f

Artikel m grein f; Gram. greinir m; Hdl. vara f, vörutegund f

Arz|nei f lyf n, læknislyf n; **~t** m læknir m

Asche f aska f; **~nbecher** m öskubakki m; **~rmittwoch** m öskudagur(inn) m

Asien n Asía f

asozial ekki þjóðfélagshæfur

Asphalt m asfalt m, malbik n

Ast m grein f, kvistur m
Aster f astra f
Astronaut m geimfari m
Asyl n hæli n, griðastaður m; gististaður m; **~ant** ~
m pólitískur flóttamaður
Atelier n vinnustofa listamanns
Atem m andardráttur m, andi m; **~beschwerden** pl öndunarörðugleikar m/pl.; **2los** lafmóður, á öndinni
Äther m ljósvaki m
atmen anda, draga andann
Atmosphäre f gufuhvolf n, andrúmsloft n
Atmung f andardráttur m
Atom|bombe f kjarnorkusprengja f, **~forschung** f kjarnorkurannsóknir f/pl.; **~kern** m atómkjarni m; **~spaltung** f kjarnklofi m; s.a. **Kern** ...
Attentat n banatilræði n
Attest n vottorð n
auch einnig, líka; **~ nicht** ekki heldur; **wenn ~** þó að
Audienz f áheyrn f
auf (mit dat. od. acc.) á, ofan á; í; við; **~ die Dauer** þegar til lengdar lætur; **~ etw. zu** í áttina til e-s; **bis ~** allt að; nema; adv. upp; opinn; á fætur; **von klein ~** frá barnsbeini; **~ und ab** fram og aftur
auf|arbeiten ljúka við; Kleider gera við, dubba upp; **~atmen** (mit dat. od. acc.) draga andann djúpt; anda léttara

Aufbau m smíð f, bygging f; viðreisn f
aufbekommen Schularbeit vera sett fyrir
Aufbesserung f (Gehalts-) launahækkun f
auf|bewahren geyma; **~bieten** lýsa með; **~bleiben** vera (áfram) á fótum; **~brechen** brjóta upp; bresta sundur; leggja af stað; **2bruch** m brottför f; **~bügeln** líma með straujárni; **~bürden**: j-m etw. **~bürden** leggja e-m byrði á herðar
aufdecken gera bert, fletta ofan af; fig. leiða í ljós
aufdringlich áleitinn, nærgöngull
aufeinander hver (hvor) ofan á öðrum; hver á fætur öðrum; **2folge** f (rétt) röð f
Aufenthalt m dvöl f, viðstaða f; **~sgenehmigung** f dvalarleyfi n
auferlegen leggja á herðar
Auferstehung f uppstigning f
auffahr|en þjóta upp; aka upp; rekast á; **2t** f uppakstur m; akvegur m upp
auffallen vekja athygli, þykja kynlegt; **~d** kynlegur, áberandi
auffangen grípa; fig. höndla, ná í
auffass|en skilja; **2ung** f skilningur m; álit n
auffinden finna
aufforder|n skora á; **2ung** f áskorun f

auffrischen hressa við; rifja upp

aufführ|en *Thea.* sýna; (*nennen*) nefna; *v/r.* hegða sér; **2ung** *f* leiksýning *f*; hegðun *f*

auffüllen fylla (upp); ausa

Aufgabe *f* verkefni *n*; (*Schule*) lexía *f*, verkefni *n*; (*Post*) afhending *f*; (*Geschäft*) slit *n/pl.*, lokun *f*

Aufgang *m* uppganga *f*; (*Sonne*) uppkoma *f*

aufgeben hætta við; *Amt* láta af; *Brief* afhenda (til flutnings)

aufgebracht reiður

aufgehen ganga upp; fara í loft upp; *Teig:* þrútna, lyfta sér; *Herz:* opnast, ljúkast upp; *Saat:* spretta, koma upp; *Mond:* koma upp

aufgeklärt upplýstur, menntaður

aufge|räumt kátur, uppfirðinn; **~regt** æstur; **~weckt** skyngur

aufgießen hella á (í)

auf|halten *v/t.* halda uppi; halda opnu; tefja; *v/r.* dveljast, vera; **~hängen** *v/t.* hengja upp; *v/r.* hengja sig

aufheben lyfta (upp); taka upp; (*verwahren*) geyma; *Gesetz* afnema, nema úr gildi

auf|heitern *v/t.* gleðja, örva; *v/r.* glaðna til, birta upp; **~hetzen** *fig.* æsa upp; **~horchen** leggja við hlustirnar; bregða; **~hören** hætta; *Regen:* stytta upp

aufklär|en skýra fyrir; fræða; *v/r.* birta upp; **2ung** *f* fræðsla *f*, skýring *f*

auf|kleben líma á, líma upp; **~knöpfen** hneppa upp; **~kochen** láta suðuna koma upp

aufkommen komast á fætur; *fig.* bera ábyrgðast

aufladen hlaða

Auflage *f* skattur *m*; (*Buch*) upplag *n*; skuldbinding *f*

auflass|en skilja eftir opinn; *Jur.* afsala; **2ung** *f* afsal *n*

Auflauf *m* uppþot *n*; (*Essen*) ofnréttur *m*; **2en** hlaupa (í loft) upp

aufleben hressast, lifna við aftur

auflegen leggja á; *Waren* leggja fram; *Karten* leggja upp; *Buch* gefa út

auflehn|en *v/t. Arme* halla að; *v/r.* halla sér að (á); rísa (*gegen* gegn); **2ung** *f* þrjóska *f*; uppreist *f*, uppreisn *f*

auf|lesen tína upp (saman); **~lockern** losa

auflös|en leysa upp; *Versammlung* slíta, rjúfa; **2ung** *f* leysing *f*; slit *n/pl.*

aufmachen ljúka upp; opna; *Rechnung* gera upp, semja

aufmerksam athugull; kurteis; **2keit** *f* athygli *f*, eftirtekt *f*; kurteisi *f*

aufmuntern örva, hvetja

Aufnahme *f* upptaka *f*; viðtaka *f*; (*Foto*) ljósmynd *f*; **~prüfung** *f* inntökupróf *n*

aufnehmen taka upp; taka
við; *Foto* taka mynd af
aufopfern fórna
auf|passen taka eftir; líta
eftir; **~pumpen** dæla upp
auf|raffen v/r. taka rögg á sig,
herða upp hugann; **~räu-
men** *Wohnung* taka til;
ryðja, ryðja til; færa í lag;
~rechnen (*gegen*) gera
gagnreikning
aufrecht uppréttur; hnar-
reistur; **~erhalten** halda
uppi, halda við
aufreg|en æsa upp; **2ung** f
geðshræring f
auf|reiben slíta; gereyða;
~reihen raða; þræða á
band; **~reißen** rífa upp;
rifna; **~reizen** æsa, erta
aufricht|en reisa upp; reisa;
fig. hugga; v/r. rísa upp,
rétta úr sér; **~ig** hreinskilinn;
2igkeit f hreinskilni f
aufrollen vefja saman; rekja
sundur, breiða út
Aufruf m kall n; áskorun f;
2en kalla upp
Auf|ruhr m uppreisn f; **~rüh-
rer** m uppreisnarmaður m
Aufrüstung f vígbúnaður m
aufsässig uppreistargjarn,
þrjóskur
Aufsatz m ritgerð f
auf|saugen sjúga upp;
~schauen líta upp; **~scheu-
chen** styggja, fæla á fætur;
~schieben ýta upp; *Frist*
fresta, draga
Aufschlag m uppbrot n;

(*Preis-*) verðhækkun f; á-
lagning f; **2en** (*auf den Preis*)
hækka; *Buch* fletta upp
aufschließen ljúka upp,
opna
auf|schneiden skera upp;
fig. raupa, ljúga; **2schnitt** m
(*Brotbelag*) álegg n
aufschrecken fæla á fætur
Aufschrei m óp n, hróp n, kall
n
auf|schreiben skrifa upp,
skrifa hjá sér; **2schrift** f
uppritun f, áletrun f
Auf|schub m frestur m,
dráttur m; **~schwung** m
framför f
Aufseh|en n: **~en erregen**
vekja athygli; **~er** m um-
sjónarmaður m
aufsetzen setja á *od.* upp
Aufsicht f umsjón f, eftirlit n;
~srat m stjórn f; fulltrúaráð
n
auf|spannen spenna á *od.*
upp; vinda upp; **~sparen**
spara saman
aufspielen v/i. spila, leika;
v/r. þykjast vera
auf|sprengen sprengja (í
loft) upp; **~springen**
stökkva upp; opnast,
hrökkva upp; *Haut:* springa
Aufstand m uppreist f, uppreisn f
auf|stehen *Tür:* standa
opinn; (*vom Stuhl*) standa
upp; (*aus dem Bett*) fara á
fætur; **~stellen** setja upp;
raða

Aufstieg m uppganga f, flug n upp í loftið; fig. framför f

auf|stoßen reka upp od. í; Essen: ropa; **~streichen** (auf Brot) smyrja; **~suchen** heimsækja, leita uppi; **~tanken** taka eldsneyti od. bensín; **~tauchen** koma upp od. fram; **~tauen** þíða; þiðna

Auftrag m erindi n; umboð n, hlutverk n; skipun f; pöntun f; im ~ j-s fyrir hönd e-s; **2en** bera upp; Kleidung slíta; Farbe bera á; fela (j-m etw. e-m e-ð); **~geber** m umbjóðandi m; umboðsgjafi m; **~sbestätigung** f pöntunarstaðfesting f; **2sgemäß** samkvæmt pöntun

auf|treiben reka upp od. á fætur; Geld útvega; **~trennen** spretta upp

auftreten ganga, stíga; koma fram; Thea. leika

Auftreten n framkoma f; leikatríði n

auf|wachen vakna; **~wachsen** vaxa, alast upp

Aufwand m kostnaður m; óhóf n; neyting f

aufwärmen hita upp

Aufwartefrau f þjónustustúlka f

aufwärts upp, upp á við

Aufwartung f þjónusta f; j-m seine ~ machen heimsækja e-n

aufwaschen þvo upp

auf|wecken vekja; **~weichen** mýkja, bleyta; **~weisen** sýna, leggja fram; **~wenden** eyða, verja; **~werfen** Frage varpa fram

aufwert|en Geld hækka gengi; **2ung** f gengishækkun f

auf|wickeln rekja sundur; vinda af; **~wiegeln** æsa, eggja til uppreistar; **~wiegen** vega upp á móti; **~wirbeln** þyrla(st) upp; **~wischen** þurrka upp; **~wühlen** róta upp; umhverfa

auf|zählen telja upp; **~zäumen** beisla

aufzeichn|en skrifa upp od. hjá sér; **2ung** f athugasemd f til minnis; TV upptaka f

auf|ziehen Uhr draga upp; Kind ala upp; Pflanze rækta; Saite setja á; fig. erta, gera gys að; **2zug** m dráttur m upp; Tracht klæðaburður m, búningur m; Thea. þáttur m; Tech. lyfta f

Augapfel m augasteinn m; eftirlæti n

Auge n auga n; mit bloßem ~ með berum augum; aus den ~n verlieren missa sjónar á; **~narzt** m augnlæknir m; **2nblicklich** tafarlaust; **~nbraue** f augabrún f; **~nentzündung** f augnbólga f; **~nlicht** n sjón f; **~nlid** n augnalok n; **2nscheinlich** augsýnilegur; augsýnilega; **~nzeuge** m sjónarvottur m

August m ágúst m

ausführen

Auktion f uppboð n

aus (mit dat.) prp. úr; út úr; frá; af; adv. út; úti; á enda, liðinn

aus|arbeiten semja, búa til; ljúka við; **~arten** úrkynjast; fara yfir takmörk; **~atmen** anda frá sér

Ausbau m viðbygging f; fig. viðbót f

ausbedingen v/r. setja skilyrði

ausbesser|n gera við, bæta; **2ung** f viðgerð f

Ausbeut|e f arður m, ábati m; **2en** hagnýta; féfletta

aus|bilden mennta; **~bitten** v/r. biðja (etw.) um e-ð **~bleiben** koma ekki; bregðast

Ausblick m útsýn f

ausbrechen v/t. brjóta af od. úr; v/i. brjótast út; skella á

ausbreit|en breiða út; dreifa; **2ung** f útbreiðsla f; dreifing f

Ausbruch m flótti m; upphaf n

aus|brüten unga út; Plan brugga; **~bürsten** bursta úr

Ausdauer f þol n, þolgæði n; **2nd** þolgóður, þolinn

ausdehn|en teygja, þenja; **2ung** f víðátta f; stækkun f, útþensla f

aus|denken hugsa upp, hugsa sér; **~deuten** útskýra; **~drehen** Gasflamme snúa fyrir, slökkva, pop. skrúfa fyrir

Ausdruck m orð n; (Gesicht) svipur m

ausdrück|en láta í ljós; v/r. tala, komast að orði; **~lich** skýr, ótvíræður

ausdrucks|los sviplítill; **~voll** skýr, svipmikill; **2weise** f orðbragð n, orðfæri n

auseinander hver (hvor) frá öðrum; í sundur; **~fallen** fara í sundur, brotna; **~gehen** skiljast; **~nehmen** taka í sundur

auseinandersetz|en gera grein fyrir; **2ung** f skýring f; deila f

auser|lesen ágætur, úrvals-; **~sehen, ~wählen** velja (úr)

Ausfahrt f ökuferð f; (Tor) hlið n

ausfallen detta (út) úr; Unterricht: falla niður; **~ lassen** láta falla niður; **~d** móðgandi

ausfegen sópa, sópa út

ausfertig|en útbúa; semja; **2ung** f afgreiðsla f; eintak n

ausfindig: ~ machen komast að, komast á snoðir um

Ausflucht f undanbrögð n/pl., fyrirsláttur m

Ausflug m skemmtiferð f

Ausfluß m útrennsli m; afrennsli n

aus|forschen grennslast eftir; **~fragen** þráspyrja, spyrja spjörunum úr

Ausfuhr f útflutningur m; útfluttar vörur

ausführ|bar útflytjanlegur; gerlegur; **~en** flytja út;

framkvæma; **~lich** ítarlegur; **⌾ung** f framkvæmd f

Ausfuhr|verbot n útflutningsbann n; **~zoll** m útflutningstollur m

ausfüllen fylla (út), (s-n Platz) skipa

Ausgabe f afhending f; útgjöld n/pl.; (Buch) útgáfa f; (Fahrkarten-) afhendingarstaður m

Ausgang m útganga f; útgangur m, dyr f/pl.

ausgeben afhenda; Geld eyða; **sich ~ für** segjast vera e-r

ausgedehnt umfangsmikill

ausgehen ganga út; enda; Licht: slokkna; **leer ~** fara tómhendur (burt)

ausge|kocht fig. slægur, slunginn; **~lassen** kátur, gáskafullur; **~nommen** n/ undanskildum, nema; **~rechnet** einmitt; **~sprochen** greinilegur, skýr; **~sucht** frábær, úrvals-; **~zeichnet** ágætur

ausgiebig arðsamur; ríkulegur

ausgießen hella út (úr); úthella

ausgleichen jafna; greiða; fig. sætta

ausgleiten skrika fótur, renna til

ausgrab|en grafa upp; grafa innan úr; **⌾ung** f gröftur m, uppgröftur m

Aus|guck m útsjón f;

varðberg n; **~guß** m skólp n; skólpþró f

aus|halten þola, standast; **~händigen** skila, afhenda; kann nærgætt ekki upp; þrauka; **~heben** Graben grafa; Mil. bjóða út; **~helfen** hjálpa úr vandræðum

Aushilf|e f hjálp f, úrræði n/ pl.; **~spersonal** n aukastarfslið n; **⌾sweise** til bráðabirgða; til vara

ausholen sækja að; fig. **zum Schlag ~** reiða til höggs; **weit ~** seilast langt aftur í tímann, hafa langan formála

aus|horchen snúra uppi; **~kehren** sópa (e-u) út; **~kennen** v/r. þekkja sig, átta sig, þekkja e-ð til hlítar

Ausklang m lokatónn m; fig. endir m

auskleiden færa úr fötum, hátta

ausklopfen berja úr

ausklügeln komast að, finna með heilabrotum

auskommen koma út; komast af

Auskommen n afkoma f

auskömmlich nægilegur

aus|kratzen skafa úr; fig. forða sér; **~kundschaften** njósna um, komast að (með njósnum)

Auskunft f upplýsing f; **~sbüro** n upplýsingaskrifstofa f

aus|lachen hlæja að; **~laden** afferma

Auslag|e f gluggaútstilling f;

~en pl. (Geld) kostnaður m, útgjöld n/pl.

Aus|land n útlönd n/pl.; ~länder(in f) m útlendingur m; 2ländisch útlendur, erlendur; ~landsaufenthalt m utanlandsdvöl f; ~landskorrespondent m fréttamaður erlendis

auslassen fella úr, sleppa; Fett bræða

aus|laufen hlaupa út; Farbe renna út; ~leeren tæma

auslegen Ware til að sýnis; skýra; greiða í svipinn; 2ung f sýning f, skýring f, túlkun f

ausleihen leigja (út), lána

Aus|lese f úrval n; úrvals varningur; ~en velja úr; Buch lesa til enda

aus|liefern afhenda; 2lieferung f (Ware) afhending f; (Person) framsal n; ~löschen slökkva; afmá; v/i. slokkna; ~losen velja með hlutkesti; ~lösen kaupa lausan; leysa út

aus|machen útkljá, ákveða; Licht slökkva; fig. das macht nichts aus það gerir ekkert til; ~malen útmála

Ausmaß n ummál m, yfirgrip n

aus|merzen uppræta, nema burt; ~messen mæla út

Ausnahme f undantekning f; 2slos undantekningarlaus; 2sweise sem undantekning, örsjaldan

aus|packen taka upp od. úr;

leysa utan af; ~plaudern kjafta frá; ~polstern troða út, fylla; ~pressen kreista úr od. út; kúga út úr; ~probieren þrautreyna; prófa

Auspuff m (Motor) útblástur m; ~rohr n útblásturspípa f; ~topf m hljóðdempari m

aus|radieren stroka út; ~rauben ræna; ~rechnen reikna (út)

Ausrede f fyrirsláttur m; 2n ljúka máli sínu; j-m etw. 2n telja e-m e-ð

ausreich|en nægja; ~end nægilegur

Ausreise f brottför f; (ins Ausland) för úr landi; ~erlaubnis f fararleyfi n úr landi

ausreißen rífa úr od. upp; strjúka

aus|renken snúa úr lið, skekkja úr lið; ~richten annast, framkvæma

ausrotten uppræta; eyða

Ausruf m hróp n, kall n; ~en hrópa upp, kalla; ~ezeichen n upphrópunarmerki n

aus|ruhen hvíla sig; ~rupfen reyta (rífa) upp

ausrüst|en útbúa, búa út; 2ung f útbúnaður m

ausrutschen renna, skríka fótur

Aus|saat f útsæði n; sáning f; 2säen sá, dreifa

Aussage f Jur. framburður fyrir dómi; ~n segja; Jur. bera vitni

aus|saugen sjúga úr; **~schalten** taka úr sambandi; rjúfa rafstraum; útiloka

Ausschank *m* veiting *f*; veitingaborð *n*

ausscheid|en *v/i.* fara frá einh. úr; *v/t.* greina sundur; gefa frá sér; **2ung** *f* frágreining *f*; *Med.* útrennsli *n*; **2ungskampf** *m* forkeppni *f*

aus|schicken senda út; senda (*nach j-m* eftir e-m); **~schiffen** skipa upp, flytja á land; **~schlafen** (*a. v/r.*) sofa út

Ausschlag *m* útbrot *n/pl.*; **2en** slá, slá úr; *Angebot* hafna; **2gebend** sem ræður úrslitum, mikilvægur

ausschließ|en loka úti; útiloka; **~lich** eingöngu, aðeins

Ausschluß *m* útilokun *f*; burtrekstur *m*

ausschneiden klippa út

Aus|schnitt *m* útdráttur *m*; úrklippa *f*; **~schreitung** *f* afbrot *n*, lögbrot *n*; **~schuß** *m* nefnd *f*

ausschütten hella út *od.* úr; *Dividende* borga út

ausschweifend svallsamur, gjálífur

Ausschweifung *f* svall *n*, slark *n*

aussehen líta út, vera útlits

Aussehen *n* útlit *n*

außen úti, utan á, að utan; *von ~* utan að; að utan; *nach ~* út á við; **2bordmotor** *m* utanborðsmótor *m*; **2handel** *m* utanríkisverslun *f*; **2minister** *m* utanríkisráðherra *m*; **2politik** *f* utanríkis(stjórn)mál *n*; **2seite** *f* úthlið *f*, ytri hlið *f*; **2seiter** *m* vera utanstefju; **2stände** *pl.* ógreiddar skuldir; **2welt** *f* umheimur *m*

außer fyrir utan, úti fyrir auk, nema; *~ sich* (*vor Freude*) frá sér numinn; (*vor Wut*) tapa sér

äußer- útverður, ytri

außer|dem auk þess; **~ehelich** óskilgetinn; **~gewöhnlich** óvenjulegur; **~halb** fyrir utan, úti fyrir

äußerlich ytri, útvortis; **2keit** *f* ytra útlit, yfirborð *n*

äußern segja, láta í ljós

außerordentlich óvenjulegur; frábær

äußerst ákaflega, mjög

außerstande: ~ sein geta ekki

Äußerung *f* orð *n*, ummæli *n/pl.*

aussetzen setja út; *Zahlung* fresta; *v/i. Motor:* stöðvast; *sich e-r Gefahr ~* stofna sér í hættu; *etw. auszusetzen haben* finna að e-u

aussöhnen sætta, friða; *v/r.* sættast

ausspann|en þenja út; *Wagen* spenna frá; (*von der Arbeit*) hvíla sig, taka sér frí; **2ung** *f* þensla *f*; hvíld *f*

aussperr|en glenna upp; útiloka; **2ung** f útilokun f; vinnuteppa f, verkbann n

ausspielen spila od. leika á enda; Karte spila út

Aus|sprache f framburður m; ummæli n/pl.; **2sprechen** v/t. bera fram; v/r. láta uppi álit sitt (über etw. á e-u); **~spruch** m tilvitnun f

aus|spucken spýta út úr sér; **~spülen** hella út; Glas skola

Ausstand m ó(inn)heimt skuld; verkfall n

ausstatt|en búa út; gera að heiman; **2ung** f útbúnaður m; heimanfylgja f

aus|stehen (fehlen) vanta; þola; **~steigen** stíga út úr bíl od. strætisvagni

ausstell|en hafa til sýnis; Wechsel gefa út; **2ung** f útstilling f; útgáfa f (víxils)

aussterben deyja út

Aussteuer f heimanfylgja f

aus|strahlen geisla; **~strecken** breiða út; teygja; **~streichen** strika út; **~suchen** velja úr

Austausch m skipti n/pl.

austeilen skipta; úthluta

Auster f ostra f

austragen bera út od. burt; útkljá; Kind fæða

aus|treten v/t. Treppe slíta; Schuhe skæla; v/i. (aus e-m Verein) segja sig úr; **2tritt** m uppsögn f

aus|trocknen þurrka (upp); þorna upp; **~üben** iðka, stunda

Ausverkauf m útsala f

Aus|wahl f úrval n; **2wählen** velja úr

Auswander|er m sá sem flyst út; **2n** flytjast úr landi

auswärtig utanbæjar; erlendur; **2es Amt** utanríkisráðuneyti n

auswärts úti; út á við; utanbæjar

auswechseln skipta um

Ausweg m úrræði n, ráð n

ausweichen víkja undan; víkja úr vegi

Ausweis m skilríki n; **2en** gera landrækan; v/r. sanna nafn sitt

ausweiten (a. v/r.) víkka út

auswendig utanbókar

aus|werten nota til hlítar; **~wickeln** rekja úr, taka úr umbúðum; **~wirken** v/r. koma til leiðar; afmá; **~wischen** þurrka (burt)

auszahl|en greiða, borga út; **2ung** f útborgun f

auszeichn|en hafa í hávegum; Waren verðmerkja; v/r. skara fram úr; **2ung** f hrós n, orða f

ausziehen v/t. draga út od. úr; Kleider dúga út; (aus einer Wohnung) fara burt; flytjast búferlum

Auszug m brottför f; (Buch etc.) ágrip n; útdráttur m

Auto n bíll m, bifreið f; **~ fahren** keyra bíl; **~bahn** f hraðbraut f; **~ersatzteil** n varahlutur m; **~fähre** f bílferja f; **~fahrer** m bílstjóri m; **~gramm** n eiginhandar áritun f; **~händler** m bílsali m; **~mat** m sjálfsali m; **2matisch** sjálfvirkur

Autor m (rit)höfundur m
Auto|reisezug m járnbrautarlest sem tekur bíla; **~verleih** m, **~vermietung** f bílaleiga f

Axt f öxi f

B

Baby n ungbarn n; kornabarn n
Bach m lækur m; **~stelze** f máríuerla f
Backbord n Mar. bakborði m
Backe f kinn f, vangi m
backen baka
Backenzahn m jaxl m
Bäcker m bakari m; **~ei** f bakarí n
Back|ofen m bakaraofn m; **~stein** m tígulsteinn m; **~ware** f, **~werk** n sætabrauð n
Bad n bað n; baðstaður m
Bade|anstalt f baðhús n; **~anzug** m baðföt n/pl.; sundbolur m; **~gast** m baðgestur m; **~hose** f sundskýla f; **~kappe** f sundhetta f; **~mantel** m sloppur m, baðkápa f; **~meister** m sundvörður m, baðvörður m; 2n baða; v/r. baða sig; **~ort** m baðstaður m; **~tuch** n baðhandklæði n; **~wanne** f baðker n
BAFöG n námslán n (í Þýskalandi)
Bagger m (leðju-) grafa f; 2n dæla upp leðju
Bahn f braut f; (Eisen-) járn-

braut f; (Stoff-) breidd f (efni); 2brechend brautryðjandi; **~brecher** m brautryðjandi m, frumherji m; **~hof** m járnbrautarstöð f; **~steig** m brautarpallur m
Bahre f börur f/pl.; líkbörur f/pl.
Bakterie f sýkill m; gerill m, baktería f
bald brátt, bráðum; (fast) fam. nærri; **~möglichst** eins fljótt og unnt er
Baldrian m garðabrúða f
Balken m bjálki m, biti m
Balkon m svalir f/pl.
Ball m bolti m, knöttur m; (Tanzfest) dansleikur m, ball n
Ballast m kjölfesta f
ballen: die Faust ~ kreppa hnefann
Ballen m (vöru)balli m, vörubaggi m
Ballett n ballett m
Ballon m loftbelgur m, flugbelgur m
Banane f banani m
Band 1. n band n; fig. hlekkur m; **laufendes ~** færiband n; **2.** m (Buch) bindi n

Bande f óaldarflokkur m

bändigen temja

bang(e) f hræddur, kvíðinn

Bank f (Sitz-) bekkur m; durch die ~ hver sem er, undantekningarlaust; Hdl. banki m; ~beamte m bankastarfsmaður m; ~konto n bankareikningur m; ~note f bankaseðill m

Bankrott m gjaldþrot n; ~ machen verða gjaldþrota

Bann m bannfæring f; töfrar m/pl.; 2en bannfæra; töfra, heilla; Geister særa fram

bar út í hönd

Bär m björn m, bjarndýr n; j-m e-n ~en aufbinden telja e-m trú um e-ð, pretta e-n

Baracke f skúr m; Mil. hermannaskýli n, braggi m

barfuß berfættur

Bargeld n reiðupeningar m/pl; reiðufé n

barmherzig miskunnsamur; 2keit f miskunnsemi f

Barometer n loftvog f

Barsch m aborri m

barsch adj. byrstur

Bart m skegg n; (Schlüssel-) lykilskegg n

Barzahlung f borgun f út í hönd; staðgreiðsla f

Basis f grundvöllur m; undirstaða f

Baß m bassi m

basteln dunda við; föndra

Bastler m dútlari m

Batterie f El. rafhlaða f

Bau m smíðar f/pl.; bygging f;

~art f húsagerðarlag n, stíll m

Bauch m kviður m, magi m; ~weh n magaverkir m/pl.; ~weh haben vera illt í maganum

bauen smíða, byggja

Bauer m bóndi m

Bäuerin f bóndakona f

bäuerlich sveitalegur

Bauernhof m bóndabær m

bau|fällig hrörlegur; 2gesellschaft f byggingafélag n; 2gerüst n vinnupallur m; 2holz n smíðaviður m; 2kosten pl. byggingarkostnaður m

Baum m tré n; (Schlag-) vegarslá f

baumeln dingla; róla sér

Baum|schule f trjáreitur m, gróðrarstöð f; ~stamm m trjábolur m

Baumwolle f bómull f, baðmull f

Bausch m; in ~ und Bogen holt og bolt; 2en bunga út, belgjast út

Bau|stelle f hús n í smíðum, byggingarstaður m; ~werk n bygging f; mannvirki n

Bazillus m sóttkveikja f

beabsichtigen hafa í hyggju, ætla

beacht|en gefa gaum; ~lich talsverður; 2ung f athygli f, gaumur m

Beamt|e m embættismaður m, starfsmaður m; ~in f embættiskona f

beängstigend kvíðvænlegur

beanspruchen krefjast, heimta

beanstand|en andmæla; neita; **Qung** f andmæli n/pl., mótmæli n/pl.

beantragen leggja til; sækja um

beantworten svara

bearbeiten útbúa; búa til; (restaurieren) gera upp

beauf|sichtigen hafa umsjón með; **~tragen:** j-n mit etw. **~tragen** fela e-m e-ð

bebauen rækta

beben skjálfa, titra

Becher m bikar m, staup n

Becken n þvottaskál f; Anat. mjaðmagrind f

bedächtig aðgætinn, gætinn

bedanken v/r. þakka fyrir sig; (ironisch) afþakka

Bedarf m þörf f, þarfir pl.

Bedarfsfall m: im ~ ef nauðsyn krefur

bedauer|lich hörmulegur; **~n** harma, þykja leitt; j-n ~n sjá aumur á e-m

Bedauern n harmatölur f/pl.; leiðindi n/pl.

bedeck|en þekja, hylja; **~t:** **~ter Himmel** skýjaður himinn

bedenken íhuga, hugleiða

Bedenken pl. íhugun f; efasemdir f/pl.

bedeut|en þýða, merkja; **~end** talsverður; mikilvægur; **Qung** f þýðing f, merking f; mikilvægi n

bedien|en þjóna til borðs; (Amt) gegna; **bitte, ~en Sie sich** gerið svo vel (að taka til matar); **Qung** f þjónusta f; afgreiðsla f

Bedingung f skilyrði n; **Qslos** skilyrðislaus

bedräng|en þjaka, kvelja; **Qnis** f andstreymi n, þrenging f

bedroh|en ógna; **Qung** f ógnun f, hótun f

bedrücken þjaka

bedürf|en þurfa, þarfnast; **Qnis** n þörf f, þarfir f/pl.; **Q-nisanstalt** f salerni n; **~tig** þurfandi, fátækur

Bedürftigkeit f fátækt f, umkomuleysi n

Beefsteak n nautabauti m

be|eiden sverja; **~eilen** v/r. flýta sér

beeindrucken hafa áhrif á, hrífa

beeinfluss|en hafa áhrif á, móta; **Qung** f áhrif n/pl.

beeinträchtigen gera baga, spilla, rýra, skerða

beendig|en enda, ljúka; **Qung** f endir m, lyktir f/pl.

be|engen þrengja (að); takmarka; **~erben** erfa (e-n)

beerdig|en jarða, greftra; **Qung** f jarðarför f, greftrun f

Beere f ber n

Beet n beð n, reitur m

befähig|en gera hæfan; **~t** hæfur, fær; **Qung** f hæfileiki m, dugnaður m

be|fallen Furcht: grípa;

Krankheit: taka, verða fyrir; **~fangen** feiminn, þvingaður; **~fassen** *v/r.* (*mit etw.*) fást við e-ð

Befehl *m* skipun *f*; fyrirmæli *n/pl.*; **2en** skipa; **~shaber** *m* stjórnandi *m*, foringi *m*

befestig|en festa; víggirða; **2ung** *f* festing *f*; víggirðing *f*

befeuchten væta

befinden álíta, telja; *für gut ~* telja gott; *v/r.* líða (vel *od.* illa)

Befinden *n* álit *n*; líðan *f*

Beflaggung *f* flöggun *f*

befleißigen *v/r.* gera sér far um

beflissen ákafur; **2heit** *f* kapp *n*, ástundun *f*

befolgen fara eftir, hlýða

beförder|n flytja; *Beamte* veita hærra embætti; **2ung** *f* flutningur *m*; hækkun *f* í tign

befragen spyrja

befrei|en (*aus*) frelsa (úr); **~en** (*von*) leysa (undan); **2er**(**in** *f*) *m* bjargvættur *m*

befremden furða, koma á óvart; **~d** kynlegur, óvæntur

befreunden *v/r.* vingast (*mit j-m* við e-n)

befriedig|en fullnægja; gera ánægðan; **2ung** *f* fullnæging *f*; ánægja *f*

befruchten frjóvga; **2ung** *f* frjóvgun *f*

Befugnis *f* heimild *f*; réttur *m*; réttmæti *n*

Befund *m* ásigkomulag *n*; álitsgerð *f*; *Med.* sjúkdómsgreining *f*

befürchten óttast

befürworten mæla með, styðja

begab|t gáfaður; **2ung** *f* gáfur *f*/*pl.*; gáfa *f*; hæfileiki *m*

begatten *v/r.* tímgast, eðla sig

begeben *v/r.* fara; *Ereignis*: koma fyrir; gerast

begegn|en mæta, *fig.* koma fyrir, henda; **2ung** *f* mót *n*, fundur *m*

begehen fremja; *Geburtstag*: halda hátíðlegan

begehren girnast; krefjast

Begehren *n* ósk *f*; krafa *f*

begehrenswert eftirsóknarverður

begeister|n hrífa, heilla; **~t** hrifinn; **2ung** *f* hrifning *f*

Begier(**de** *f*) græðgi *f*; ástríða *f*; **2ig** gráðugur, sólginn

begießen væta, vökva

Beginn *m* byrjun *f*, upphaf *n*; **2en** byrja, byrja á

beglaubig|en votta, staðfesta; **2ung** *f* vottun *f*, staðfesting *f*

begleichen jafna, eyða; *Rechnung* borga

begleit|en verða samferða; fylgja; **2ung** *f* samfylgd *f*; fylgd; (*Musik*) undirleikur *m*

beglückwünschen óska til hamingju; (*zu etw.* með e-ð)

begnadig|en náða; **2ung** *f* náðun *f*

begnügen *v/r.* (*mit etw.*) láta sér (e-ð) nægja

begreif|en skilja; **~lich:** *Jich machen* koma í skilning um e-ð

begrenz|en takmarka; **Qung** *f* takmörkun *f*

Begriff *m* hugtak *n*; skilningur *m*; hugmynd *f*

begründ|en grundvalla; rökstyðja; **Qer** *m* stofnandi *m*; **Qung** *f* stofnsetning *f*; rökstuðningur *m*

begrüß|en heilsa; fagna (*etw.* e-u); **Qung** *f* kveðjuorð *n/pl.*; heilsun *f*

begünstig|en vera hliðhollur; styðja; **Qung** *f* hliðhollusta *f*, ívilnun *f*; stuðningur *m*

begutacht|en meta, segja álit sitt á; **Qer** *m* matsmaður *m*

begütert efnaður, ríkur

behäbig ánægður; makindalegur, þunglamalegur

behalten halda (eftir); muna (e-ð); *recht ~* reynast hafa á réttu að standa

Behälter *m* geymir *m*; hylki *n*

behand|eln: *j-n gut ~eln* fara vel með e-n; **Qlung** *f* meðferð *f*

beharr|en halda (*bei etw.* e-u) áfram; (*auf*) standa fast við; **~lich** þolinn; sífelldur; **Qungsvermögen** *n* aldeyfa *f*, tregða *f*

behaupt|en fullyrða; *das Feld ~en* halda velli; *v/r.*

standast, haldast; **Qung** *f* fullyrðing *f*

Behausung *f* hýsing *f*; húsaskjól *n*

Behelf *m* neyðarúrræði *n*; **Qen** *v/r.* komast af með

behelligen ónáða, ómaka

be|herbergen hýsa; **~herrschen** *v/t.* hafa á valdi sínu; *v/r.* hafa á skapi sínu

beherz|igen íhuga vel; **~t** hugaður

behilflich hjálplegur

behinder|n aftra, varna; **~t** fatlaður; **die Qten** fatlaðir og lamaðir *m/pl.*

Behörd|e *f* yfirvöld *n/pl.*; opinber skrifstofa *f*; **Qlich** af hálfu yfirvaldanna

be|hüten vernda, gæta; **~hutsam** gætinn, varkár

bei (*mit dat.*) við; hjá: *~ sich* sér; *~ Tag* að degi (til)

Beiblatt *n* aukablað *n*

beibringen *Beweise* útvega, *Kenntnisse* koma inn hjá, kenna

Beichte *f* skriftir *f/pl.*; **Qn** skrifta

beide báðir; *die ~n* báðir tveir; *~s* hvorttveggja; *~rseits* beggja megin

beieinander saman

Beifall *m* lófatak *n*, góður undirtektir

beifügen láta fylgja; bæta við

Beil *n* (viðar)öxi *f*

Beilage *f* fylgiskjal *n*; aukablað *n*

beiläufig lauslegur; **~ gesagt** meðal annarra orða

beilegen láta fylgja; *Streit* jafna

Beileid n samhryggð f

beiliegend meðfylgjandi

beimengen blanda saman við

Bein n fót(legg)ur m; *die ~e in die Hand nehmen, lange ~e machen* taka til fótanna

beinah(e) nærri, því nær

Beiname m viðurnefni n; auknefni n

beipflichten; *j-m ~* sam- þykkja; *fallast* á skoðun e-s, taka undir með e-m

beirren trufla, rugla

beisammen saman; **2sein** n samvera f, samvistir f/pl.

Bei|schlaf m samhvíla f; sam- farir f/pl.; **~sein** n návist f

beiseite afsíðis, út úr

beisetzen jarða; **2ung** f jarðarför f

Beispiel n dæmi n; *zum ~* (Abk. **z. B.**) til dæmis (Abk. t. d.); **2sweise** sem dæmi

beispringen skunda til hjálpar

beißen bíta

Bei|stand m hjálp f, aðstoð f; **2stehen** hjálpa, aðstoða

bei|steuern leggja til, greiða tillag; **2trag** m (*Zahlung*) greiðsla f, borgun f; (*Anteil*) hlutdeild f; **~tragen** stuðla (*zu etw.* að e-u), styrkja e-ð

bei|treten ganga í félag, bandalag; **2tritt** m innganga

f í félag *od.* bandalag

Beiwagen m hliðarvagn m, karfa f (bifhjóls); aukavagn m

beizeiten í tæka tíð f

beizen bæsa

bejahen *Frage* játa

bejahrt aldurhniginn

Bejahung f játun f

bekämpf|en berjast gegn; **2ung** f barátta gegn (e-u)

bekannt kunnugur; þekktur; **2gabe** f auglýsing f, birting f; **~geben** kunngera, birta; **~lich** eins og kunnugt er; **~machen** gera kunnugt, birta; kynna; **2schaft** f kunningsskapur m

bekenn|en játa; v/r. játa sig (*zu etw.* e-ð), láta sig fylgjandi e-u; **2tnis** n játning f

beklagen v/r. kvarta

Beklagte f/m hinn ákærði m

Bekleidung f klæðnaður m

Be|klemmung f þjökun f; **2klommen** dapur, kvíðinn

bekommen v/t. fá; (*schlecht od. gut*) koma sér (illa *od.* vel); **~kömmlich** hollur

beköstigen veita (gefa) mat

bekräftig|en staðfesta; **2ung** f staðfesting f

bekreuzigen v/r. krossa sig

bekümmert áhyggjufullur, hryggur

belächeln brosa að

beladen hlaða, ferma; *fig.* þjaka

Belag m lag n, skán f; ofan- álag n; **2ern** setjast um, sitja um

Belang m mikilvægi n; **ohne ~ sn** skipta engu; ♀**en** fig. snerta, koma við; Jur. lögsækja; ♀**los** ómerkilegur, marklaus

belasten hlaða; ferma; þjaka; kæra, saka

belästigen ónáða, þjaka

Belastung f byrði f

belaufen v/r. nema

beleben lífga, fjörga; ♀**t** Straße: fjölfarinn

Beleg m kvittun f; ♀**en** þekja; Platz: tryggja sér; Kolleg: innrita sig sem áheyranda við fyrirlestra; ~**schaft** f (Fabrik, Grube) starfslið n ♀t Platz: uppteikinn; ♀**tes Brot** brauð með áleggi

belehren fræða; ♀**ung** f fræðsla

beleidigen móðga, særa; ♀**ung** f móðgun f, smán f

beleihen taka lán út á; lána út á

belesen lesinn, víðlesinn

beleuchten skína á, lýsa; ♀**ung** f lýsing f; ljós n

beliebig hver sem er; eftir vild; ♀**t** vinsæll; ♀**theit** f hylli f; vinsæld f

bellen gelta

belohnen launa; ♀**ung** f laun n/pl.

Belt m belti n, sund n; der Große, der Kleine ~ Stóra, Litla Beltið

belügen ljúga að; rægja

belustigen skemmta; ♀**ung** f skemmtun f, gaman n

be|mächtigen v/r. ná á sitt vald; ~**mängeln** finna að; ~**mannen** manna, skipa mönnum

bemerken taka eftir; segja; ~**swert** eftirtektarverður

bemitleiden kenna í brjósti um, aumka; ~**swert** aumkunarverður

be|mühen ónáða, ómaka; ♀**ung** f áreynsla f; ómak n, viðleitni f

benachbart nálægur; nágranna ... (in Zssgn., s. a. Nachbar ...)

benachrichtigen skýra frá, láta vita; ♀**ung** f tilkynning f, frétt f, vitneskja f

benachteiligen gera rangt til (j-n e-s); baka tjón

benehmen v/r. hegða sér, koma fram

Benehmen n framkoma f

beneiden öfunda; ~**swert** öfundsverður

benennen nefna, kalla

Bengel m lurkur m, barefli m; fig. sláni m, strákur m

benommen ringlaður, frá sér numinn

benötigen þarfnast, þurfa

benutzen nota, nýta; ♀**ung** f notkun f; not n/pl.

Benzin n bensín n; ~**tank** m bensíntankur m, bensíngeymir m

beobachten taka eftir; gefa gaum; ♀**ung** f athugun f

bequem þægilegur; ~**en** v/r. fá sig (zu etw. til e-s); ♀**lich-**

keit f þægindi n/pl.; makindi n/pl.

berat|en ráðleggja; v/r. ráðgast um; **2er** m ráðgjafi m; **2ung** f ráðlegging f, umræður f/pl.; Med. (læknis-)viðtal n

berauben ræna

berech|nen reikna út, áætla; **2nung** f útreikningur m; **~tigt:** ~tigt sn eiga rétt á; hafa rétt til; **2tigung** f réttur m, heimild f

bered|en ræða; tala sig saman um; **2samkeit** f mælska f; **~t** mælskur

Bereich m (umráða)svið n, fig. viðtæki n, yfirgrip n

bereicher|n auðga, **2ung** f auðgun f, gróði m

Bereifung f hjólbarðar m/pl.

bereisen Land ferðast um

bereit tilbúinn; **~en** útbúa; búa til; **~s** þegar, nú þegar; **~willig** fús, reiðubúinn

bereuen iðrast, sjá eftir

Berg m fjall n, fell n; **2ab** niður í fjallið, niður á við; **2auf** upp, upp á við; **~bau** m námugröftur m, -rekstur m; **2en** bjarga; **2ig** fjöllóttur; **~mann** m námumaður m; **~steiger** m fjallgöngumaður m; **~werk** n náma f

Bericht m skýrsla f; til- kynning f; **2en** skýra frá; til- kynna; **~erstatter** m skýrslugjafi m, fréttaritari m; **~erstattung** f skýrsla f; frásögn f

berichtig|en leiðrétta; **2ung** f leiðrétting f

Bernstein m raf n

bersten bresta; springa

berüchtigt alræmdur, ill- ræmdur

berücksichtig|en taka tillit til; **2ung** f tillit n

Beruf m atvinna f; köllun f; **2en** kalla; stefna; v/r. sich auf etw. **2en** bera eitthvað fyrir sig; **2lich** sem heyrir til atvinnu, starfi; starfs-; **~sbe- ratung** f stöðuvalsleiðbein- ingar f/pl.; **2stätig: 2stätig** sn hafa atvinnu; vinna utan heimilis; **~ung** f köllun f, kvaðning f; Jur. áfrýjun f; **~ung einlegen** áfrýja máli (dómi) til æðra dóms

beruhen stafa af; etw. auf sich **~ lassen** láta e-ð eiga sig

beruhig|en sefa, friða, róa; v/r. róast; **2ung** f friðun f, róun f; **2ungsmittel** n róandi lyf n; róandi meðal n

berühmt frægur, nafntog- aður; **2heit** f frægð f; pop. frægur maður

berühr|en koma við; snerta; **2ung** f snerting f

besag|en skipta máli; **~t** áðurnefndur, umgetinn

besänftigen sefa, blíðka

Besatzung f Mil. setulið n; skipshöfn f; **~smacht** f her- námsveldi n

beschädig|en skemma; **~t** meiddur; skemmdur, **2ung** f skemmd f

beschaffen útvega

beschäftig|en veita atvinnu, láta starfa; **2ung** *f* atvinna *f*, starf *n*

beschäm|en gera sneyptan; **gera skömm til;** ~**end** auðmýkjandi; ~**t** sneyptur, skömmustulegur

beschatten skyggja; **j-n** ~ njósna um e-n

beschaulich djúphugull, íhugull; **2keit** *f* djúphygli *f*, íhygli *f*

Bescheid *m* svar *n*; upplýsingar *f/pl.*; **j-m** ~ **sagen (geben)** láta vita; ~ **wissen** vera kunnugur (e-u), kunna skil á; **2en 1.** *v/r.* vera ánægður, sætta sig við; **2. adj.** hæverskur; lítillátur; ~**enheit** *f* hæverska *f*; lítillæti *n*

bescheinig|en votta, kvitta fyrir; **2ung** *f* vottun *f*, vottorð *n*

beschenken gefa (**j-n mit etw.** e-m e-ð)

bescher|en gefa; úthluta; **2ung** *f* (jóla)gjöf *f*; úthlutun *f*

beschießen skjóta

beschimpf|en smána, móðga; **2ung** *f* svívirðing *f*, móðgun *f*

beschirmen vernda

Beschlag *m* málmlegging *f*

beschlagen 1. *v/t.* leggja, þekja; *Pferd* járna; **2. adj.:** in **etw. gut** ~ **sein** vera vel að sér í e-u

beschlagnahmen leggja löghald á

beschleunig|en flýta, hraða; **2ung** *f* hröðun *f*

be|schließen taka ákvörðun; **2schluß** *m* ákvörðun *f*, samþykkt *f*

beschmutzen óhreinka

beschönigen fegra, prýða

beschränk|en takmarka; ~**t** takmarkaður; *fig.* vitgrannur

beschreib|en lýsa; **2ung** *f* lýsing *f*

beschuldig|en saka um; **2ung** *f* ákæra *f*, ásökun *f*

beschützen vernda

Beschwerde *f* erfiðleiki *m*; kvörtun *f*

beschwer|en *v/t.* (of)þyngja; **gera óþægindi;** *v/r.* kvarta; ~**lich** erfiður

beschwichtigen róa, stilla, sefa

beschwindeln svíkja, pretta

beschwören sverja; sárbiðja

beseitig|en fjarlægja; **2ung** *f* útrýming *f*

Besen *m* sópur *m*

besessen óður, viti sínu fjær

besetz|en ákveða; ~**t** *Platz:* upptekinn; *Saal:* fullskipaður

besichtig|en skoða; **2ung** *f* skoðun *f*

besied|eln byggja, nema (land); **2lung** *f* landnám *n*

besiegeln innsigla; staðfesta

besinn|en *v/r.* muna, átta sig; **2ung** *f* umhugsun *f*; meðvitund *f*; ~**ungslos** meðvitundarlaus

Besitz *m* eign *f*; **2en** eiga,
hafa; **~ergreifung** *f* eignar-
taka *f*; eignarnám *n*

besoffen *fam.* drukkinn

besohlen sóla

besold|en greiða kaup *od.*
laun; **2ung** *f* kaupgreiðsla *f*;
kaup *n*

besonder- sérstakur; *ins.~e*
sérstaklega; *nichts 2es* ekkert sérstakt; **~s** sérstaklega;
einkum

besonnen gætinn, rólegur

besorg|en annast, sjá um;
2nis *f* áhyggja *f*, ótti *m*; **~t**
áhyggjufullur; **2ung** *f* sendi-
ferð *f*; erindi *n*; innkaup *n/pl.*

besprech|en tala um, ræða;
Buch rita um, ritdæma; **2ung**
f umræða *f*; ritdæming *f*

bespritzen gusa á (yfir),
sprauta á

besser betri; betur

besser|n bæta, laga; **2ung** *f*
bati *m*; betrun *f*; *gute 2ung!*
góðan bata!

best- bestur; best; *am ~en*
best; *zum ~en haben* gera
gabb (*j-n* að e-m); *zum ~en*
geben skemmta

Bestand *m* ending *f*; birgðir
f/pl.; (*Kasse*) sjóður *m*;
~saufnahme *f* birgðataln-
ing *f*; sjóðtalning *f*

beständig stöðugur; staðfastur; *adv.* sífellt, stöðugt

Bestandteil *m* hluti *m*

bestärken styrkja, styðja

bestätig|en staðfesta, sanna;
2ung *f* staðfesting *f*

bestech|en múta; **~ung** *f*
mútur *f/pl.*

Besteck *n* Mar. leiðarmiðun
f; (*Eβ-*) mataráhöld *n/pl.*;
hnífapör *n/pl.*

bestehen haldast; standast;
krefjast (*auf etw.* e-s); **~ aus**
vera samsettur úr e-u; **~**
anstanda af e-u

bestehlen stela frá

bestell|en panta; *Land*
rækta; *Gruß* bera, færa; *Brief*
skila; *Vormund* skipa; **2ung** *f*
pöntun *f*; ræktun *f*; **2zettel**
m pöntunarseðill *m*

besten|falls í hæsta lagi; **~s**
sem best, kærlega

besteuern skattleggja

Bestie *f* villidýr *n*

bestimm|en ákveða; **~t**
ákveðinn; *adv.* ábyggilega;
2ung *f* ákvörðun *f*; **2ungs-**
ort *m* ákvörðunarstaður *m*

bestrafen hegna

Bestrahlung *f* Med. geislun *f*,
geislalækningar *f/pl.*; **~sthe-**
rapie *f* geislun *f*

Bestrebung *f* tilraun *f*,
viðleitni *f*

bestreiten vefengja; *Kosten*
greiða, bera

bestürz|t agndofa; **2ung** *f*
felmtur *m*

Besuch *m* heimsókn *f*; *e-n ~*
machen heimsækja, fara í
heimsókn; **2en** heimsækja

betagt hníginn að aldri, aldurhniginn

betasten þreifa á; þukla (á)

betätig|en *v/r.* starfa, taka

þátt í; 2**ung** f starfsemi f, þátttaka f

betäub|en deyfa, svæfa; 2**ung** f deyfing f, svæfing f; ringl n, svimi m

beteilig|en v/r. taka þátt (**an etw.** í e-u); 2**te** m/f þátttakandi m; 2**ung** f þátttaka f

beten biðja, biðjast fyrir

beteuern fullvissa

Beton m steinsteypa f

beton|en leggja áherslu á; 2**ung** f áhersla f

Betracht m: **in ~ ziehen** taka tillit til, taka til íhugunar

betrachten skoða, horfa á; athuga

beträchtlich talsverður

Betrachtung f athugun f, skoðun f

Betrag m upphæð f; 2**en** v/i. nema; vera að upphæð; v/r. hegða sér, koma fram; **~en** n framkoma f

betrauen fela (**j-n mit etw.** e-m e-ð)

betrauern syrgja, harma

betreff|en fig. snerta, koma við; ~**s** viðvíkjandi, varðandi

betreiben hraða; Geschäft reka

betreten 1. v/t. ganga (inn) í od. (upp) í; **2.** adj. forviða

betreuen annast, sjá um

Betrieb m starfsemi f; (Unternehmen) rekstur m; fyrirtæki n; **außer ~** ekki í gangi; 2**sam** starfsamur, atorkusamur

Betriebs|kapital n starfsfé n;

~**kosten** pl. reksturskostnaður m; ~**leitung** f framkvæmdastjórn f; ~**rat** m framkvæmdaráð n; ~**sicherheit** f rekstursöryggi n; ~**unfall** m slys n á vinnustað

betrinken v/r. drekka sig fullan

betroffen hissa; vandræðalegur; 2**heit** f undrun f; vandræði n/pl.

betrüb|en hryggja; 2**nis** f hryggð f, sorg f

Betrug m svik n/pl., blekking f

betrügen svíkja, blekkja; **j-n um etw. ~** pretta, hafa e-ð af e-m

Betrüger m svikari m

betrunken ölvaður, drukkinn

Bett n rúm n, hvíla f; (Deck-) (yfir)sæng f; **das ~ hüten** liggja rúmfastur; **das ~ machen** búa um rúmið; **zu ~ gehen** hátta, ganga til hvílu; **im ~ liegen** liggja rúmfastur; ~**bezug** m rúmföt n/pl.; ~**decke** f rúmábreiða f

Bettelei f betl n

betteln betla, sníkja (**um** um)

bett|en leggja í rúmið; ~**lägerig** rúmfastur

Bettler m betlari m

Bett|uch n lak n; ~**vorlage** f smáteppi n við rúm; ~**zeug** n rúmföt n/pl.

beugen beygja

Beule f kúla f; beygla f, dæld f

beunruhigen gera órólegan

beurkunden sanna með skilríkjum, staðfesta

beurlauben gefa heimfararleyfi, gefa frí

beurteil|en dæma um; 2ung *f* dómur *m*; gagnrýni *f*

Beute *f* bráð *f*, fengur *m*, veiði *f*

Beutel *m* budda *f*; poki *m*

bevölker|n byggja fólki; 2ung *f* íbúar *m/pl.*, landslýður *m*

bevollmächtig|en gefa umboð; 2te *m/f* umboðsmaður *m*, fulltrúi *m*

bevor áður (en), fyrr en; **~munden** gera ósjálfstæðann; **~rechtigt** sem hefur forréttindi; **~stehen** vera í vændum; **~zugen** kjósa heldur, draga taum (e-s)

bewach|en gæta, hafa vörð á; 2ung *f* gæsla *f*

bewaffn|en vopna; 2ung *f* vopnun *f*

bewahren vernda, vernda (**vor** fyrir); (*hüten*) geyma

bewähr|en *v/r.* reynast vel; **~t** brautreyndur; 2ungsfrist *f* skilorðsbundin frestun (hegningar)

bewaldet skógi vaxinn

bewältigen sigrast á, anna

bewandert vel að sér, leikinn

bewässer|n vökva; 2ung *f* vökvun *f*, áveitur *f/pl.*

beweg|en hreyfa, færa; *fig.* fá til, koma til; 2grund *m* ástæða *f*, hvöt *f*; **~lich** hreyfanlegur; fjörlegur; 2ung *f*

hreyfing *f*; 2ungslos hreyfingarlaus

beweinen gráta, harma

Beweis *m* sönnun *f*; 2bar sannanlegur; 2en sanna; auðsýna; **~führung** *f* rökleiðsla *f*; **~stück** *n* sönnunargagn *n*

bewerb|en *v/r.* sækja (**um etw.** um e-ð); 2ung *f* umsókn *f*; bónorð *n*; 2ungsschreiben *n* umsókn *f* um atvinnu

bewerkstelligen framkvæma

bewerten meta, áætla

bewillig|en veita; leyfa; 2ung *f* veiting *f*, leyfi *n*

bewirken koma til leiðar

bewirt|en veita; 2ung *f* veitingar *f/pl.*

bewohn|bar byggilegur; **~en** búa í, byggja; 2er *m* íbúi *m*

bewölk|en *v/r.* þekja skýjum; þykknast upp; **~t** skýjaður; 2ung *f* skýjafar

bewunder|n dást að; 2ung *f* aðdáun *f*

bewußt vitandi; vísvitandi; *die* **~e** *Sache* hið umrædda mál; **~los** meðvitundarlaus; 2losigkeit *f* meðvitundarleysi *n*; 2sein *n* meðvitund *f*

bezahl|en borga; *es macht sich bezahlt* það borgar sig; 2ung *f* borgun *f*

bezähmen *v/r.* stilla sig

bezaubern heilla, töfra

bezeichn|en merkja; nefna; **~end** sérkennandi, einkennandi; 2ung *f* táknun *f*; nafn *n*, heiti *n*

bezeugen votta
bezichtig|en saka um; **2ung** *f* sökun *f* (um e-ð), væning *f*
beziehen *v/t.* þekja; *Wohnung* flytja; *Gehalt* hafa, fá; *Ware* kaupa, fá; heimfæra (**auf** upp á); *v/r.* skírskota (**auf j-n** til e-s)
Beziehung *f* samband *n*; tillit *n*; **in** ~ **treten** komast í samband við; **in dieser** ~ í þessu sambandi; **2sweise** (*Abk. bzw.*) hlutfallslega; eða, sem sé
Bezirk *m* hérað *n*, lögsagnarumdæmi *n*
Bezug *m* (*Möbel-*) áklæði *n*, fóður *n*; **mit** ~ **auf** með tilliti til
bezüglich sem heyrir til; viðvíkjandi, hvað snertir
be|zwecken ætla, áforma, miða að; **~zweifeln** efa, efast um; **~zwingen** buga, sigra
Bibel *f* biblía *f*
Biber *m* bifur *m*, bjór *m*
Bibliothek *f* bókasafn *n*; **~ar** *m* bókavörður *m*
bieder heiðarlegur, ráðvandur
bieg|en beygja, sveigja; *v/r.* bogna, svigna; **~sam** sveigjanlegur; **2ung** *f* bugða *f*, bugur *m*
Biene *f* býfluga *f*; **~nkorb** *m* býflugnabú *n*; **~nwabe** *f* vaxkaka *f*
Bier *n* öl *n*, bjór *m*; **~brauer** *m* ölbruggari *m*; **~faß** *n* öltunna

f; **~krug** *m* bjórkrús *f*, bjórkolla *f*
bieten bjóða
Bilanz *f* reikningsjöfnuður *m*; **die** ~ **ziehen** gera jafnaðarreikning
Bild *n* mynd *f*
bilden mynda; mennta; *v/r.* myndast; mennta sig, menntast
Bilder|bogen *m* myndaörk *f*; **~buch** *n* myndabók *f*
Bild|hauer *m* myndhöggvari *m*; **2lich** myndrænn; myndhverfur; **~nis** *n* mynd *f*; **~schirm** *m* sjónvarpsskermur *m*; **~ung** *f* (*Entstehung*) myndun *f*; (*Kenntnisse*) menntun *f*
Billard *n* billjarður *m*; knattborðsleikur *m*
Billett *n* aðgöngumiði *m*
billig ódýr; sanngjarn; **~en** samþykkja; **2ung** *f* samþykki *n*
Bimsstein *m* vikur *m*, vikurkol *n/pl.*
Bind|e *f* band *n*; umbúðir *f/pl.*; (*Damen-*) dömubindi *n*; **2en** binda; **~faden** *m* seglgarn *n*; **~ung** *f* (*Verhältnis*) samband *n*; (*Zusammenhalt*) samheldni *f*; (*Ski*) bindingar *f/pl.*
binnen innan
bio|logisch líffræðilegur; **2top** *m* lífríki *n*
Birke *f* birki *n*
Birnbaum *m* perutré *n*
Birne *f* pera *f* (*a. El.*)

bis uns, þangað til; ~ **auf**
nema; ~ **dahin** þangað,
þangað til þá
Bischof m biskup m
bisher hingað til; ~**ig** sem
hingað til
Biß m bit n
bißchen: **ein** ~ dálítið, svo
lítið
Biss|en m (munn)biti m; ögn
f; 2**ig** grimmur; fig. mein-
yrtur
Bistum n biskupsdæmi n
bisweilen stundum, við og
við
Bitte f bón f; 2 **sehr!** gerið svo
vel! gerðu svo vel!; **wie** 2?
ha? hvað segir þú?; 2**n** biðja
(**um** um)
bitter beiskur; ~**böse** sár-
reiður; hranalegur; ~**kalt**
nístandi kaldur
Bitt|gesuch n, ~**schrift** f
bænarskjal n; ~**steller** m
beiðandi m, umsækjandi m
bläh|en v/r. þenjast út;
2**ungen** pl. vindgangur m
blamieren v/r. óvirða; verða
sér til skammar
blank (glänzend) gljáandi;
(entblößt) ber, auður
Blankovollmacht f hand-
hafaumboð n
Blas|e f bóla f; Anat. blaðra f;
~**ebalg** m físibelgur m,
smiðjubelgur m
blasen blása
Blas|enleiden n blöðrubólga
f; ~**instrument** n blásturs-
hljóðfæri n

blaß bleikur, fölur
Blässe f fölvi m
Blatt n blað n
blätter|n blaða (í bók); 2**teig**
m smjördeig n
blau blár; ins 2**e hinein** út í
bláinn; ~**er Fleck** marblettur
m; 2**beere** f bláber n
bläulich bláleitur
Blazer m stakur jakki m
Blech n blikk n; (Schutz-)
aurbretti n; ~**dose** f blikk-
dós f
Blei n (Metall) blý n
bleiben vera, vera kyrr; haldast; **laß das** ~ láttu það
ógert, vertu ekki að þessu
bleich bleikur, fölur; ~**en**
bleikja; v/i. blikna
bleiern blý; bjakandi
Bleistift m blýantur m
Blende f ljósop n; 2**n**
blinda; valda ofbirtu
Blick m (augna)tillit n; augna-
ráð n; **auf den ersten** ~ við
fyrsta tillit; 2**en** horfa, líta;
sich 2**en lassen** láta sjá sig;
~**feld** n sjónarsvið n
blind blindur; (Spiegel) döggv-
aður, með móðu; ~**er Passagier** laumufarþegi m; 2**darm**
m botnlangi m; 2**darmentzündung** f botnlangabólga
f; 2**heit** f blinda f; ~**lings** í
blindni
blink|en blika, glampa,
skína; 2**feuer** n blossaviti m
blinzeln depla augunum
Blitz m elding f, leiftur n; ~**ab-
leiter** m eldingavari m;

2**blank** fagurgljándi; 2**en**
leiftra; blika; ~**licht** n flass n;
2**schnell** örskjótur; ~**würfel**
m flasskubbur m

Block m drumbur m; (Haus)
húsaröð f; ~**ade** f hafnbann
n; ~**flöte** f blokkflauta f; 2**ie-
ren** setja hafnbann á; stöðva

blöd|(e) uppburðarlítill;
aulalegur; heimskur; 2**sinn**
m heimska f; rugl n; ~**sinnig**
fábjánalegur; heimskulegur

blond ljóshærður

bloß adj. eintómur; nakinn;
Auge: ber; adv. aðeins

Blöße f nekt f; höggstaður m;
sich e-e ~ geben gefa högg-
stað á sér

bloßstellen afhjúpa, koma
upp um

blühen blómgast; dafna

Blume f blóm n; (Bier) froða
f; ~**kohl** m blómkál n; ~**n-
strauß** m blómvöndur m;
~**ntopf** m blómapottur m

Bluse f blússa f

Blut n blóð n; 2**arm** blóðlítill;
bláfátækur; ~**bad** n blóðbað
n; ~**druck** m blóðþrýstingur
m

Blüte f blómgun f; blómi m

blut|en blæða (a. fig.); 2**ge-
fäß** n æð f; 2**gruppe** f
blóðflokkur m; ~**ig** blóð-
ugur; 2**rache** f blóðhefnd f;
2**schande** f sifjaspell n;
2**spender** m blóðgjafi m;
2**verwandtschaft** f blóð-
skyldleiki m; 2**ung** f blæðing
f; 2**vergießen** n blóðsút-

hellingar f/pl.; 2**vergiftung** f
blóðeitrun f; 2**verlust** m
blóðmissir m

Bö f stormhviða f; stormskúr
f

Bock m geithafur m; (Fehler)
skyssa f; 2**ig** þrjóskur

Bockshorn: j-n ins ~ jagen koma e-m í bobba

Boden m botn m; jarðvegur
m; (Fuß-) gólf n; (Haus-
(háa)loft n; 2**los** botnlaus;
afskaplegur; ~**schätze** pl.
verðmæti í jörð, málmar í
jörð; 2**ständig** rótfastur

Bodybuilding n vaxtarrækt f

Bogen m bogi m; bugða f,
beygja f; (Papier-) örk f

Bohle f planki m

Bohne f baun f; ~**nkaffee** n
baunakaffi n

bohner|n bóna; 2**wachs** n
bónaburður m

bohr|en bora; 2**er** m bor m

böig með storm- og regn-
hviðum

Boje f dufl n

Bollwerk n varnarvirki n

Bolzen m stór nagli, bolti m

bombardieren gera stór-
skotahríð á (e-ð)

Bombe f sprengja f; sprengikúla f; ~**nerfolg** m stórsigur
m, stórkostlegur árangur

Bomber m sprengjuflugvél f

Bonbon(s pl.) m(n) brjóst-
sykur m

Boot n bátur m; ~**smann** m
bátstjóri m, bátsmaður m;
~**sverleih** m bátaleiga f

Bord m (Schiffs-) borðstokkur m; **an ~** á skipsfjöl f; **von ~ gehen** stíga af skipsfjöl

Bordstein m jaðarsteinn m

borgen lána; fá lánað

Borke f börkur m

Börse f peningabudda f; Hdl. kauphöll f; **~nmakler** m kauphallarmiðlari m

Borste f (Schweins-) burst f

Borte f brydding f, borði m; veggræma f

bösartig Med. illkynjaður; illkvittinn

Böschung f brekka f, halli m

böse illur, vondur; reiður; **wicht** m illmenni n, óþokki m

bos|haft meinyrtur, illkvittnislegur; **heit** f illska; meinyrði n

Bote m boðberi m, sendiboði m

Botschaft f boð n, skilaboð n/pl.; sendiráð n; **er** m sendiherra m; **ssekretär** m sendiráðsritari m

Bowle f púns n

box|en boxa, leika hnefaleik; **er** m boxari m, hnefaleikamaður m; **kampf** m hnefaleikur m

boykottieren gera samtök um að hætta afskiptum od. viðskiptum af e-u

brach: ~liegen liggja ósáinn od. óræktaður

Branche f atvinnugrein f, svið n

Brand m bruni m

brand|en brima; **stiftung** f íkveikja f; **ung** f brim n; **wunde** f brunasár n

Branntwein m brennivín n

brat|en v/t. steikja; v/i. steikjast, stikna; **en** m steik f; **hähnchen** n steiktur kjúklingur m; **kartoffeln** pl. brúnaðar (steiktar) kartöflur; **pfanne** f steikarpanna f

Brauch m siður m; **bar** nýtilegur, nothæfur; **en** þurfa, þarfnast; nota

Braue f augabrún f

brau|en brugga; **erei** f ölgerð f

braun brúnn; Pferd: jarpur

bräunen v/t. gera brúnt, brúna; v/r. verða brúnn

Braunkohle f brúnkol n/pl.; surtarbrandur m

Brause f steypibað n; (Getränk) gosdrykkur m; **n** ólga

Braut f brúður f; unnusta f

Bräutigam m brúðgumi m; unnusti m

Brautpaar n brúðhjón n/pl.

brav góður, þægur

Brech|eisen n járnkarl m; **en** brjóta; brotna; **mittel** n uppsölulyf n

Brei m grautur m

breit breiður; **e** f breidd f; **engrad** m breiddargráða f, breiddarstig n; **treten** fig. þvæla (um) e-ð

Brems|belag m hemlaborði m, bremsuborði m; **e** f hemill m, bremsa f; **en**

hemla, bremsa; ~weg m hemlavegalengd f

brenn|en brenna; **2erei** f brennsla f; **2essel** f brenninetla f; **2glas** n brenngler n; **2holz** n brenni m; **2punkt** m brennidepill m; **2stoff** m eldsneyti n; **2weite** f brennivídd f

brenzlig sviðinn, viðbrunninn; fig. pop. grunsamlegur, ískyggilegur; ~ **aussehen** vera varhugaverður

Brett n fjöl f; (Bücher-) hilla f; **am schwarzen** ~ á auglýsinga-, tilkynningatöflunni; **bei j-m e-n Stein im** ~ **haben** vera inn undir hjá e-m; **~spiel** n tafl n

Brezel f kringla f

Brief m bréf n, sendibréf n (**an mich** til mín); **~beschwerer** m bréfapressa f; **~bogen** m pappírsörk f; **~kasten** m póstkassi m, bréfakassi m; **2lich** bréflega; **~marke** f frímerki n; **~tasche** f seðlaveski n, bréfaveski n; **~träger** m bréfberi m; **~umschlag** m umslag n; **~waage** f bréfavog f

Brille f gleraugu n/pl.

bringen færa, flytja; **mit sich** ~ hafa í för með sér; **j-n um etw.** ~ svipta e-n e-u; **es zu etw.** ~ verða e-ð, ná e-u marki

Brit|e m Breti m; **2isch** breskur

Brocken m moli m; biti m

brodeln sjóða, ólga

Brombeere f brumber n

Bronchitis f lungnakvef n

Bronzezeit f bronsöld f

Brosche f næla f

broschiert heft(ur)

Brot n brauð n; (Schwarz-) rúgbrauð n; (Weiß-) hveitibrauð n; franskbrauð n

Brötchen n brauðsnúður m; brauðhnúður m, rúnstykki n; **belegtes** ~ brauðsnúður með áleggi

Brot|schnitte f brauðsneið f; **~suppe** f brauðsúpa f

Bruch m brot n; sprunga f; Med. kviðslit n; (Zahl-) brot n/pl.

brüchig rifinn, sprunginn; brothættur

Bruch|rechnung f brotareikningur m; **~stück** n brot n (af e-u), moli m

Brücke f brú f

Bruder m bróðir m

brüderlich bróðurlegur

Brüderschaft f: ~ **trinken** drekka dús

Brüh|e f seyði n, soð n; **2en** sjóða; skálda; sjóða

brüllen öskra

brummen rymja; nöldra; **~ig** önugur, önuglyndur

brünett jarpur; dökkhærður

Brunft f fengitími m

Brunnen m brunnur m; ölkelda f

Brunst f losti m, ástríða f

brünstig lostafullur; ofsafullur

Brust f brjóst n; bringa f; **~bild** n brjóstmynd f

brüsten v/r. stæra sig
Brust|fell n brjósthimna f;
~korb m brjóstkassi m
Brut f ungahópur m; (Fisch-)
seyði n; **~apparat** m útung-
unarvél f
brüten Vogel: liggja á
brutto brúttó
Bube m drengur m; (Kartenspiel) gosi m
Buch n bók f; **~binder** m
bókbindari m; **~deckel** m
spjald n (á bók); **~drucker** m
prentari m
Buche f beyki n, beykitré n
buchen Hdl. bóka, bókfæra
Bücher|abschluß m uppgjör
n, reikningsjöfnuður m;
~brett n bókahilla f; **~ei** f
bókasafn n; **~schrank** m
bókaskápur m
Buchfink m bókfinka f
Buch|führung f bókhald n,
bókfærsla f; **~halter** m
bókhaldari m; **~handlung** f
bókaverslun f
Buchsbaum m sortulyngs-
viður m
Büchse f baukur m, dós f;
(Flinte) byssa f, riffill m; **~en-
fleisch** n dósakjöt m, niður-
soðið kjöt n; **~enöffner** m
dósalykill m, dósaopnari m
Buchstabe m bókstafur m;
2ieren stafa
buchstäblich bókstaflega
Bucht f vík f; flói m
Buchung f bókun f
Buckel m kryppa f; herðakistill m

bücken v/r. beygja sig
bucklig með herðakistil
Bückling m reykt síld f; fig.
hneiging f
Bude f búð(arhola f) f;
smáherbergi n
Budget n fjárhagsáætlun f
Büfett n matgagnaskápur m,
framreiðsluborð n; **kaltes ~**
kalt borð
Büffel m villinaut n, buffall m;
~ei f strit n
Bug m Mar. kinnungur m
Bügel m stað n; herðatré n;
~eisen n straujárn n, strau-
bolti m; **2n** Kleider pressa,
strauja
bugsieren draga (skip)
Bühne f leiksvið n; (ræðu-)
pallur m; **~nbild** n leiktjöld
n/pl; **~ndichter** m leikritaskáld n
Bullauge n Mar. skipsljóri m;
fam. kýrauga n
Bulle m naut n, boli m
Bummel m skemmtiganga f;
slark m; **~ei** f slæpingsskapur
m, slark m; **2n** ganga sér til
skemmtunar
Bund 1. m böggull m; knippi
n; 2. m bandalag n; sáttmáli
m
Bündel n böggull m, baggi m
Bundes|genosse m banda-
maður m; **~kanzler** m
kanslari m; **~präsident** m
forseti m; **~republik** f sambandslýðveldi n; **~staat** m
sambandsríki n; **~tag** m sam-
bandsþing n

Bündnis n samband n, bandalag n

Bungalow m einlyft hús n

Bunker m (Schiff) kolageymsla f; Mil. skothelt byrgi

bunt marglitur; fig. sundurleitur; meir en nóg bústir; **2druck** m litprentun f; **2stift** m trélitur m

Bürde f byrði f, þyngsli n/pl.

Bürg|e m ábyrgðarmaður m; **2en** ábyrgjast

Bürger m borgari m; **~krieg** m borgarastyrjöld f; **~meister** m borgarstjóri m; **~schaft** f borgarastétt f, borgarar m/pl.; **~steig** m gangstígur m, gangstétt f

Bürgschaft f ábyrgð f; **~leisten** ganga í ábyrgð (**für j-n** fyrir e-n)

Büro n skrifstofa f; **~angestellte** m/f skrifstofumaður m; **~stunden** pl. skrifstofutími m

Bursche piltur m, unglingur m

Bürste f bursti m

Bus m strætisvagn m; **~**ætlunarbíll m; **~bahnhof** m strætisvagnamiðstöð f; torg n

Busch m runnur m, runni m, kjarr n

Büschel n klasi m; skúfur m

buschig skúfmyndaður; runnum vaxin

Busen m barmur m; brjóst n; (Meer-) flói m; **~freund** m tryggðavinur m

Bus|haltestelle f stoppustöð f; **~reise** f ferð með ætlunarbíl

Buße f iðrun f, yfirbót f; (Geld-) fébætur f/pl.

büßen iðrast, gera yfirbót; bæta

Buß|geld n fésekt f; **~tag** m iðrunardagur m, bænadagur m

Büste f brjóstmynd f, brjóstlíkan n; **~nhalter** m brjóstahaldari m

Butter f smjör n; **~brot** n smurt brauð; **~faß** n strokkur m; **~milch** f áfir f/pl.; **2n** strokka

C

Café n kaffihús n

Camping n viðlega f; **~ausrüstung** f viðleguútbúnaður m; **~platz** m húsvagnastæði n

Cello n knéfiðla f

Champagner m kampavín n

Champignon m ætisveppur m

Chance f möguleiki m, tækifæri n

Chaos n ringulreið f; hrærigrautur m

Charakter m persónuleiki m; innræti n; **2isieren** persónugreina

Charterflug m leiguflug n

Chaussee f þjóðvegur m;
~graben m vegarskurður
m
Chef m forstjóri m, yfirmaður
m
Chemie f efnafræði f; ~ker m
efnafræðingur m
Chiffre n leyniletur n; (Zei-
tung) auglýsingaþjónusta f
China n Kína n; ~ese m
Kínverji m
Chinin n kínín n
Chirurg m skurðlæknir m
Cholera f kólera f
Chor m kór m, söngflokkur

m; ~al m sálmur m, kórall m
Christ m kristinn maður;
~entum n kristindómur m,
kristni f; ~kind n jesúbarn n;
2lich kristilegur, kristinn;
~us m Kristur m
Chronik f annáll m, árbók f
circa (Abk. ca.) um það bil
(Abk. u. þ. b.)
Compaktdisk f (Abk. CD)
geisladiskur m
Computer m tölva f
Couch f dívan m, legubekkur
m
Creme f krem n

D

da þar, þarna; hér, hérna;
(anwesend) við, viðstaddur;
(damals) þá, á þeim tíma;
hier und ~ hér og hvar; óður
hvoru; **von ~** (**ab, an**) frá
þeirri stundu, upp frá því;
(weil) þar eð, úr því að
dabei við það; um leið; samt
sem áður; ~**sein** vera að e-u;
vera viðstaddur
dableiben vera kyrr, vera þar
Dach n þak n; ~**boden** m loft
n, háaloft n; ~**decker** m
(flísa)þakasmiður m; ~**fenster** n þakgluggi m; ~**first** m
mænir m; ~**geschoß** n
þakhæð f; ~**kammer** f
þakherbergi n; ~**pappe** f
þakpappi m; ~**rinne** f
þakrenna f
Dachs m greifingi m
Dachziegel m þaksteinn m

dadurch gegnum það; við
það; með því
dafür fyrir það; í staðinn fyrir; hins vegar; **ich kann
nichts ~** ég get ekki gert að
því
dagegen þar á móti; á móti
því; í samanburði við það;
etw. ~ haben, ~ sn vera á
móti e-u
daheim heima, hér heima,
þar heima
Daheim n heimili n, heim-
kynni n
daher þaðan; hingað; (deswegen) þess vegna
dahin þangað; farinn, horfinn; **bis ~** þangað til, til þeirr-
ar stundar
dahingestellt: ~ **sein lassen**
segja ekkert (**etw.** um e-ð),
láta óútkljáð

dahinten þar(na) á bak við, fyrir aftan

dahinter bak við; *es steckt etw.* ~ hér býr e-ð undir; **~kommen** komast að e-u

damal|ig þáverandi; **~s** þá, á þeim tímum

Dame f kona f; hefðarkona f, **~nbinde** f dömubindi n; **~ntoilette** f kvennaklósett n; **~spiel** n dammtafl n

damit með það, með því; (*so daß*) til þess að

dämlich *pop.* kjánalegur, heimskulegur

Damm m stífla f, flóðgarður m; (*Fahr-*) akbraut f

dämmer|ig rokkinn, hálf-dimmur; **~n** birta; skyggja, húma; *es* ~*t* það birtir; (*abends*) það húmar; 2ung f dögun f; rökkur n, húm n

Dampf m gufa f; **~bad** n gufu-bað n; 2en gufa; **~er** m gufuskip n; **~heizung** f gufuupphitun f; **~kessel** m gufuketill m; **~maschine** f gufuvél f

danach á eftir því; samkvæmt því; *es sieht nicht* ~ *aus* ekki lítur út fyrir það

Däne m Dani m

daneben við hliðina á því; (*außerdem*) þar að auki

Dänemark n Danmörk f

dänisch danskur

Dänisch n danska f

dank: ~ *seiner Hilfe* vegna hjálpar hans

Dank m þökk f, þakklæti n;

besten ~! kærar þakkir!; *Gott sei* ~! guði sé lof!

dank|bar þakklátur; **~en** þakka; afþakka; *nichts zu* ~*en!* ekkert að þakka!; ~ *end: Betrag* ~*end erhalten!* Greitt!; 2sagung f þakklæti n, þakkargerð f

dann þá; því næst, svo, síðan; ~ *und wann* við og við, öðru hvoru

daran á það *od.* því; um *od.* við það

darauf á það *od.* því, við því; svo; því næst; seinna

daraus úr *od.* af því

dar|bieten rétta fram; bjóða; 2bietung f skemmtun f; sýning f; **~bringen** færa, flytja

darin því, þar í

dar|legen útskýra; 2leh(e)n n lán n

Darm m þarmur m

darstell|en *Thea.* leika; *Bild:* sýna, tákna; 2er m leikari m; 2ung f tilbúningur m; leikur m; sýning f

darüber yfir það *od.* því; út af því

darum um það; þess vegna

darunter undir það *od.* því; þar á meðal

Dasein n tilvera f, líf n

daß að; svo að; *auf* ~ til þess að; *ohne* ~ án þess að

Dat|en f (*Computer*) upp-lýsingar f/pl.; 2ieren dagsetja; **~iv** m þágufall n

Dattel f daðla f

Datum n dagsetning f, mánaðardagur m

Dauer f varanleiki m, tímalengd f; *auf die ~* til lengdar; **2haft** endingargóður; traustur; **2n** v/i. endast; haldast; **~welle** f varanleg hárliðun, pop. permanent n

Daumen þar þumalfingur m, þumlungur m

Daune f dúnn m; **~ndecke** f dúnsæng f

davon þar frá, þaðan; af því; um það; burt, af stað; **~bleiben** koma ekki nærri því; **~fliegen** fljúga burt; **~laufen** hlaupa burt, strjúka

davor fyrir framan (það), þar fyrir utan; (*vorher*) áður

dazu til þess; *noch* ~ þar að auki; auk þess; **~gehören** tilheyra

dazwischen þar á milli; á milli þeirra; **~kommen** hindra; **~reden** grípa fram í

Debatte f umræður f/pl.

Deck n þilfar n, þiljur f/pl.; **~bett** n yfirsæng f

Decke f ábreiða f; yfirbreiðsla f; teppi n; (*Zimmer-*) loft n

Deckel m lok n; (*Buch*) spjald n, band n

decken *Tisch* breiða dúk á; *Dach* þekja

defekt bilaður

defi|**nieren** skilgreina; **2ni**-**tion** f skilgreining f; **2zit** n tap n

Degen m sverð n, korði m

dehn|**bar** teygjanlegur, þenjanlegur; **2barkeit** f teygjanleiki m; **~en** teygja, þenja; **2ung** f teyging f, lenging f; útþennsla f

Deich m díki n, flóðgarður m

Deichsel f vagnstöng f

dein þinn; **~erseits** af þinni hálfu; **~etwegen** þín vegna

dekli|**nieren** fallbeygja; **2na**-**tion** f fallbeyging f

dementieren bera aftur, bera (e-ð) af sér

dem|**entsprechend** samkvæmt því; svarandi til þess; **~gegenüber** þar á móti; **~gemäß** samkvæmt því; **~nach** þess vegna; **~nächst** bráðlega; því næst

Demokrat|**ie** f lýðræði n; **2isch** lýðfrjáls

demonstr|**ieren** (*aufzeigen*) sýna; (*protestieren*) mótmæla; **2ation** f kröfuganga f

Demut f auðmýkt f

demütig auðmjúkur; **~en** auðmýkja; **2ung** f auðmýking f

demzufolge samkvæmt því, þess vegna

Denk|**art** f hugsunarháttur m; **2bar** hugsanlegur; **2en** (*an*) hugsa um; halda; **~mal** n minnismerki n; **~schrift** f minningarrit n; (*Memorandum*) álit n, skýrsla f

denn því að; (*als*) heldur en; *mehr ~ je* meir en í nokkru sinni; *es sei ~, daß* nema því aðeins að

dennoch samt (sem áður), þó
der (**die, das,** pl. **die**) best.
  Artikel hinn, -(i)nn (hin,
  -(i)n; hið, -ið pl. hinir, -nir;
  hinar, -nar; hin, -in); dem.
  pron. sá (sú, það; pl. þeir
  (þær, þau); rel. pron. sem, er
derart(ig) þannig, svo mjög;
  slíkur
derb (Stoff) sterk(leg)ur,
  grófgerður; (Wort) óhefl-
  aður, ruddalegur
dergleichen þess konar,
  slíkur; **und ~** og því um líkt
der-, die-, dasjenige,
  diejenigen sá, sú, það, pl.
  þeir, þær, þau
derselbe sá hinn sami; **die ~**
desgleichen slíkur; slíkt hið
  sama; sömuleiðis
deshalb þess vegna
desinfizieren sótthreinsa
dessen þess; **~ungeachtet**
  þrátt fyrir það, samt
desto því, þeim mun; **je ... ~**
  því ... þeim mun ...
deswegen þess vegna
Detail n einstakt atriði
deut|en skýra, útskýra; Träu-
  me ráða; auf j-n ~en benda á
  e-n; auf etw. ~en benda til
  e-s; ~lich greinilegur; 2lich-
  keit f greinileiki m; 2ung f
  skýring f; ráðning f
deutsch þýskur
  Deutsch n þýska f; ins 2e
  ~ übersetzen þýða á þýsku;
  2e m Þjóðverji m; 2land n
  Þýskaland n
Devise f orðtak n; pl. Hdl.

erlendur gjaldeyrir
Dezember m desember m
dgl. s. **dergleichen**
Dia|lekt m mállýska f; ~log m
  samtal n; viðræða f
Diät f sjúkrafæði n; strenge ~
  halten fylgja ströngum regl-
  um í matarhæfi
dicht þéttur; alveg, rétt; ~ be-
  völkert þéttbyggður; ~ dabei rétt þar hjá; 2e f þéttleiki
  m; ~en þétta; (Literatur)
  yrkja; 2er m skáld n; 2kunst
  f skáldskaparlist f; 2ung f
  þétting f; (Literatur) skáldskapur m, skáldverk n
dick þykkur; gildur, feitur
Dickicht n (skógar)þykkni m
Dickmilch f súrmjólk f
Dieb m þjófur m; ~stahl m
  þjófnaður m
Diele f fjöl f; anddyri m
dien|en þjóna; Mil. gegna
  herþjónustu; 2er m þjónn m;
  2erin f þjónustustúlka f
Dienst m þjónusta f; greiði m;
  außer ~ (Abk. a. D.) fyrrverandi (Abk. fyrrv.), upp-
  gjafa-
Dienstag m þriðjudagur m
Dienst|bote m hjú n; 2frei frí
  úr vinnu; ~mädchen n þjónustustúlka f; 2stelle f skrifstofa f; ~stunden pl.
  starfstími m; ~verhältnis
  n þjónusta f; ~wohnung f
  vinnubústaður m, embættis-
  bústaður m; ~zeit f
  starfstími m; herskyldutími
  m

diesbezüglich viðvíkjandi þessu

diese, **~r**, **~s**, *pl.* **~** þessi (hérna), þetta; *pl.* þessir, þessar, þessi; **~ Nacht** í nótt; **~s Jahr** á þessu ári; **am ersten ~s Monats** hinn fyrsta þessa mánaðar

dies|jährig þessa árs; **~mal** í þetta skipti; **~seits** hérna megin

Dietrich *m* þjófalykill *m*

Differenz *f* mismunur *m*

Diktat *n* upplestur *m*; stafsetningarpróf *n*; **~or** *m* einræðisherra *m*; **~ur** *f* einræði *n*

diktieren lesa fyrir

Dilettant *m* leikmaður *m*

Ding *n* hlutur *m*; *fam.* telpa *f*; **vor allen ~en** umfram allt

Diphtherie *f* barnaveiki *f*

direkt *adv.* beint

Direkt|or *m* forstjóri *m*; **~übertragung** *f* bein útsending *f*

Dirigent *m* hljómsveitarstjóri *m*

Dirne *f* (*Straßen-*) skækja *f*; mella *f*

Diskont *m* fyrirfram greiddir lánsvextir; *afföll n/pl.;* **~ieren** kaupa verðbréf með afföllum; forvaxta

Diskothek *f* diskótek *n*; dansstaður *m*

diskret varkár; þagmælskur; háttvís

Disku|ssion *f* umræður *f/pl.;* **~tieren** ræða (*über etw.* um e-ð)

dispensieren veita lausn (*von* frá)

Dissertation *f* doktorsritgerð *f*

distanzieren *v/r.* hverfa (*von etw.* frá e-u); vera á annarri skoðun

Distel *f* þistill *m*

Divid|ende *f* hluti *m*, hlutgróði *m*; **2ieren** deila

doch þó, samt (sem áður); (*nach Verneinung*) jú; **nicht ~** nei!

Docht *m* kveikur *m*

Dock *n* (*Schiffs-*) skipakví *f*

Dokument *n* skjal *n*

Dolch *m* rýtingur *m*

dolmetsch|en túlka; **2er** *m* túlkur *m*; skjalaþýðari *m*, skjalaþýðandi *m*

Dom *m* dómkirkja *f*

Donner *m* þruma *f*; **~stag** *m* fimmtudagur *m*; **~wetter!** hver fjandinn!

Doppel *n* afrit *n*; **~decker** *m* tvíþekja *f*; **~punkt** *m* tvípunktur *m*, tvídepill *m*; **2t** tvöfaldur; **~zentner** *m* 100 kg; **~zimmer** *n* tveggja manna herbergi *n*

Dorf *n* þorp *n*

Dorn *m* þyrnir *m*; gaddur *m*; **2ig** þyrnóttur

dörren þurrka

Dorsch *m* þorskur *m*

dort þar, þarna; **~her** þaðan; **~hin** þangað

Dose *f* dós *f*, dósir *f/pl.;*

~**nöffner** m dósahnífur m; dósaopnari m

Dotter m (n) eggjarauða f

Dozent m dósent m

Drache m dreki m

Draht m vír m; ~**seilbahn** f vírkaðalabraut f

Drama n leikrit n; ~**tiker** m leikritaskáld n

Drang m hvöt f; þröng f

drängen ýta, stjaka; leggja fast að; *die Zeit drängt* það liggur á

Draufgänger m þjarkur m, þjósni m, jarðvöðull m, sá, er gengur að með oddi og egg

draußen þarna úti, fyrir utan; *von* ~ að utan

drech|seln renna; 2**sler** m rennismiður m

Dreck m óþverri m; skítur m; 2**ig** óhreinn, skítugur

Dreh|bank f rennibekkur m; ~**bleistift** m skrúfblýantur m; ~**buch** n kvikmynda- handrit n; 2**en** snúa; vinda; *Film* taka (kvikmynd)

Dreh|orgel f pop. lírukassi m; ~**ung** f snúningur m

Drei|eck n þríhyrningur m; ~**einigkeit** f þrenning f

drei|fach þrefaldur; ~**mal** þrisvar (sinnum)

dreist djarfur; hrokafullur

dresch|en þreskja; lúberja; 2**maschine** f þreskivél f

Drilling m þríburi m.

dringen ryðjast; *auf etw.* ~ krefjast; ~**d!** áríðandi (að berist fljótt)!

dringlich innilegur; brýnn; 2**keit** f brýn nauðsyn;

drinnen þar inni, inni

Dritte|I n þriðjungur m; 2**ns** í þriðja lagi

Droge f eiturlyf n, vímuefni n, fíkniefni n; 2**nabhängig** eiturlyfjasjúkur

Drogen|abhängige m eitur- lyfjasjúklingur m; ~**einnah- me** f eiturlyfjaneysla f; ~**konsument** m eiturlyfja-, vímuefnaneytandi m; ~**miß- brauch** m misnotkun f eitur- lyfja, lyfjabúð f

Drogerie f lyfja(efna)verslun f

drohen ógna

Drohung f ógnun f, hótun f

dröhnen drynja, dynja

drollig skrítinn, skringilegur

drosseln kyrkja; *Einfuhr* draga úr

drüben fyrir handan, hinum megin

Druck m prentun f; 2**en** prenta

drücken v/t. þrýsta; þjá; v/r. kinoka sér við (e-ð), koma sér hjá e-u

Drucker|ei f prentsmiðja f; ~**schwärze** f prentsverta f

Druck|fehler m prentvilla f; ~**knopf** m þrýstihnappur m; ~**sache** f prentað mál, prent n

Drüse f eitill m, kirtill m

du þú

Duell n einvígi n

Duett n tvísöngur m

Duft *m* ilmur *m*; 2**en** ilma
duld|en þola; umbera; 2**er** *m*
píslarvottur *m*; **~sam** um-
burðarlyndur
dumm heimskur; **~es Zeug**
bull *n*, þvaður *n*; 2**heit** *f*
heimska *f*; 2**kopf** *m* heimskingi *m*
dumpf dimmur; sljór;
drungalegur
Düne *f* sandhóll *m*, sandalda *f*
Dung *m* áburður *m*, mykja *f*
Dünge|mittel *n* efni *n* til
áburðar, áburður *m*; 2**n** bera
á
dunkel dimmur; óljós; 2**heit** *f*
myrkur *n*
dunkeln *v/i.* dimma; sortna
dünn þunnur; grannur, mjór
Dunst *m* móða *f*; gufa *f*; **~ab-
zugshaube** *f* eldhúsvifta *f*;
2**ig** svælumikill; þokumikill
dünsten gufusjóða
Dünung *f* undiralda *f*; brim *n*
durch (*mit acc.*) gegnum;
milli; með; **~ und ~** algerlega,
að öllu leyti
durchaus algerlega; endi-
lega; **~ nicht** alls ekki
durch|blättern blaða í, fletta
2**blick** *m* útsýni *m* (gegnum
e-ð); skilningur *m*, yfirsýn *f*
**durch|blicken: ~blicken las-
sen** láta e-ð skiljast *od.*
á sér skilja; **~brechen**
brjótast gegnum; brotna
sundur; brjóta sundur; **~-
brennen** *fig.* strjúka; **~drin-
gen** komast *od.* ryðjast
gegnum

durcheinander ringlaður,
ruglaður; 2 *n* ruglingur *m*;
óreiða *f*
Durch|fahrt *f* akstur *m od.*
sigling *f* um (e-ð); hlið *n*;
sund *n*; **~fall** *m* niðurgangur
m; *Examen:* fall *n*; 2**fallen**
detta gegnum; falla
durchführen framkvæma
Durch|gang *m* gegnumgang-
ur *m*; umferð *f*; leið *f*, vegur
m; 2**gängig** venjulegur,
(undantekningarlaus) að
jafnaði; án hlés
durch|gefroren sárkaldur,
gegnumkaldur; **~gehen** fara
od. komast í gegnum; *fig.*
strjúka; **~greifen** *fig.* gera
öflugar ráðstafanir; **~halten**
þrauka; gefast ekki upp;
~kommen *fig.* komast gegnum; (*Examen*) standast;
~kreuzen *Pläne* koma í veg
fyrir; **~lesen** lesa alveg;
lesa lauslega; **~leuchten**
Med. gegnumlýsa; **~löchert**
gataður, settur götum;
2**messer** *m* þvermál *n*;
~näßt gagndrepa, gegnum-
blautur
durch|queren fara (þvert)
yfir; **~rechnen** reikna yfir,
yfirfara; 2**reise** *f* ferðalag *n*
um e-n stað; **~ringen: sich
~ringen** komast loks (á e-a
skoðun); **~schauen** sjá í
gegnum; sjá (e-n) út;
~schauen sjá (e-n) út;
2**schlag** *m* (ritvélar-)samrit
n; **~schlagen: sich ~schla-
gen** bjargast; ryðja sér

braut; 2**schnitt** *m*: *im*
2*schnitt* að meðaltali *n*;
~setzen *v/t.* koma fram
(*etw.* e-u); *v/r.* láta ekki á sig
ganga, gera sig gildandi
Durchsicht *f* athugun *f*,
skoðun *f*; *zur* ~ til athugunar
od. skoðunar
durch|sickern sytra *od.* vætla
í gegnum; *fig.* berast út;
~sieben sálda; **~sprechen**
ræða; **~stöbern** snuðra *od.*
róta í e-u; **~streichen** strika
út; **~streifen** sveima *od.*
flakka um; **~suchen** leita
vandlega um, rannsaka ítarlega; 2**suchung** *f* leit *f*,
rannsókn *f*; **~trieben** slægur, slunginn; **~wachsen**:
~wachsener Speck *m* flesk
með kjöttægjum; **~weg** alveg; að öllu leyti; yfirleitt;
~weichen gera gegnum-

blautt *od.* mjúkt; **~wühlen**
róta í; 2**zug** *m* (*Luft*) súgur
m; **~zwängen** *v/r.* troða sér
gegnum
dürf|en mega; **~tig** fátækur;
fátæklegur; aumur; 2**tigkeit**
f, þörf *f*, þurft *f*; fátækleiki
m; fátækt *f*
Durst *m* þorsti *m*; 2*e* *f* þurrkur *m*
dursten þyrsta; *ich habe* ~
ég er þyrstur
dürsten þyrsta (*nach etw.* eftir e-u)
Dusche *f* steypibað *n*, sturta
f
Düse *f* píputota *f*; **~nflug-
zeug** *n* þota *f*; **~njäger** *m*
orustuþota *f*
düster dimmur; dapur
Dutzend *n* tylft *f*
duzen þúa; *sich mit j-m* ~ þúa
e-n
D-Zug *m* hraðlest *f*

E

Ebbe *f* fjara *f*; ~ *und Flut* flóð
og fjara
eben jafn, flatur, sléttur; *zu*
~*er Erde* á stofuhæð *od.*
neðstu hæð; *adv.* einmitt
Ebene *f* slétta *f*; flötur *m*
ebenfalls sömuleiðis
Ebenholz *n* íbenviður *m*
ebenso jafnt, einnig
Eber *m* (villi)göltur *m*;
~esche *f* reynir *m*, reyni-
viður *m*
ebnen jafna, slétta
Echo *n* bergmál *n*, endurómur

m; **~lot** *n* bergmálsdýptar-
mælir *m*
echt ósvikinn, ekta
Eck|e *f* horn *n*; **~haus** *n* horn-
hús *n*; 2**platz** *m* hornsæti *n*;
2**zahn** *m* (*Mensch*) augntönn *f*; (*Tier*)
vígtönn *f*
edel göfugur; aðalborinn;
2**mut** *m* göfuglyndi *n*, veg-
lyndi *n*; 2**stein** *m* gimstein
m
Efeu *n* vafningsviður *m*
Effekt *m* áhrif *n/pl.*, afleiðing *f*

egal: ~ *sn* vera sama
Egge *f* herfi *n*
ehe áður en, fyrr en
Ehe *f* hjónaband *n*; **2brechen** halda framhjá; **~bruch** *m* framhjáhald *n*; **~frau** *f* (eigin)kona *f*; **~gatte** *m* (eigin)maður *m*; **~leute** *pl.* hjón *n/pl.*; **2lich** hjónabands-, hjúskaparlegur; **2liche Kinder** hjónabandsbörn *n/pl.*; **2malig** fyrrverandi; **2mals** *adv.* forðum, fyrrum; 2-**mann** *m* eiginmaður *m*; **~paar** *n* hjón *n/pl.*
eher áður; fremur
ehern úr málmi; *fig.* strangur, ósveigjanlegur
Ehe|scheidung *f* hjónaskilnaður *m*; **~trennung** *f* skilnaður að borði og sæng; **~vertrag** *m* kaupmáli *m*
ehrbar heiðvirður
Ehre *f* sæmd *f*; *j-m zu ~n* e-m til sæmdar; 2n heiðra; virða mikils
Ehren|amt *n* virðingarstaða *f*; **2amtlich:** *~e Arbeit* góðgerðarstarfssemi *f*; **2haft** heiðarlegur, heiðvirður; 2-**halber** fyrir heiðurs sakir; **~mann** *m* sæmdarmaður *m*; **~mitglied** *n* heiðursfélagi *m*; **2rührig** ærumeiðandi; **~sache** *f* drengskaparmál *n*, sjálfsögð skylda; **2voll** heiðarlegur; **~wort** *n* drengskaparorð *n*
ehr|erbietig lotningarfullur; **2furcht** *f* lotning *f*; **2gefühl** *n*

sómatilfinning *f*; **2geiz** *m* metnaðargirni *f*; **~lich** heiðarlegur, vandaður; **2lichkeit** *f* ráðvendni *f*, heiðarleiki *m*; **~los** ærulaus
Ei *n* egg *n*
Eiche *f* eik *f*, eikartré *n*; **~l** *f* Bot. akarn *n*
eichen löggilda (mæli og vog)
Eichhörnchen *n* íkorni *m*
Eichung *f* löggilding *f* (mæli- og vogartækja)
Eid *m* eiður *m*; *e-n ~ leisten* vinna eið (auf etw. að e-u); *an ~es Statt* að viðlögðum eiði; **2brüchig** eiðrofa, meinsærinn
Eidechse *f* sandeðla *f*
eidesstattlich: *~e Erklärung* yfirlýsing *f* að viðlögðum eiði
Eier|becher *m* eggjabikar *m*; **~kocher** *m* eggjasuðutæki *n*; **~kuchen** *m* eggjakaka *f*; pönnukaka *f*
Eifer *m* ákafi *m*, kapp *n*; **~sucht** *f* afbrýði(ssemi) *f*; **2süchtig** afbrýðissamur
eifrig ákafur; kappsamur
Eigelb *n* eggjarauða *f*
eigen eiginn; sérstakur; undarlegur; *auf ~e Faust* af eigin rammleik, upp á eigin spýtur; **~artig** einkennilegur; **~händig** eiginhandar-, með eigin hendi; **2lob** *n* sjálfshól *n*; **2name** *m* eiginnafn *n*; **2nutz** *m* sérplægni *f*, eigingirni *f*; **~s** sérstaklega; beinlínis; **2schaft** *f* eiginleiki

m, eðli *n*; ~**sinnig** einþykkur; ~**tlich** eiginlega; 2**tum** *n* eign *f*; 2**tümer** *m* eigandi *m*; ~**tümlich** einkennilegur; 2**tumsrecht** *n* eignarréttur *m*

eignen: *sich zu etw.* ~ vera vel fallinn til e-s

Eilbote *m* hraðboði *m*; *durch* ~*n* með hraðboða

Eilbrief *m* hraðbréf *n*, expressbréf *n*

Eile *f* hraði *m*, flýtir *m*; 2**n** fara hratt; flýta sér; *es eilt* það liggur á

Eilfracht *f* hraðflutningur *m*

eilig skjótur; sem liggur á; *es* ~ *haben* flýta sér, liggja á

Eilzug *m* hraðlest *f*

Eimer *m* fata *f*

ein (*eine, ein*) *unbest. Artikel* (*im Isländischen kaum vorhanden*) nokkur, nokkurt; ~ *Mann* maður nokkur; *num.* einn, ein, eitt; *ein für allemal* (í) eitt skipti fyrir öll

einander hvor annan, hvor annan, hvor *od.* hver öðrum

ein|arbeiten *v/r.* setja sig inn í; ~**armig** einhendur, einarma; ~**äschern** brenna til kaldra kola; *Leiche* brenna, gera bálför (e-s); ~**atmen** anda að sér; 2**bahnstraße** *f* einstefnuakstursbraut *f*, einstefnugata *f*

Ein|band *m* band *n* (á bók); 2**begriffen** 2**metalinn**; 2**bilden** *v/r.* ímynda sér e-ð

Ein|bildung *f* ímyndun *f*; ~**blick** *m* skilningur *m*

einbrechen brjótast inn

Einbrecher *m* innbrotsþjófur *m*

einbringen *Geschäft* gefa af sér; *Versäumtes* vinna upp

Einbruch *m* innbrot *n*; ~ *der Nacht* koma næturinnar

ein|bürgern veita borgararétt; ~**büßen** missa, tapa

ein|deutig án efa, óefað; ~**dringen** troðast *od.* ryðjast inn; ~**dringlich** ákafur; ~**hrifamikill**

Ein|druck *m* áhrif *n*/*pl.*; *guten* ~*druck machen* bjóða af sér góðan þokka, falla vel í geð; 2**engen** þrengja að; 2**erlei** sams konar; *es ist mir* ~**erlei** mér stendur á sama um það; 2**erseits** annars vegar

ein|fach einfaldur; *adv.* blátt áfram, beinlínis; ~**fädeln** *Nadel* þræða; 2**fahrt** *f* innkeyrsla *f*; 2**fall** *m* hugmynd *f*; ~**fallen** hrynja; (*Gedanke*) detta í hug; *Mus.* taka undir; ~**fältig** einfaldur; ~**farbig** einlitur; ~**finden**: *sich ~finden* koma; ~**flößen** *fig.* *Angst* valda; 2**fluß** *m* áhrif *n*/*pl.*; ~**förmig** tilbreytingarlaus; 2**fuhr** *f* innflutningur *m*; ~**führen** flytja inn; *Sitten* innleiða; 2**fuhrerlaubnis** *f* innflutningsleyfi *n*; 2**fuhrzoll** *m* innflutningstollur *m*; ~**füllen** fylla

Ein|gabe *f* inngjöf *f*; umsókn *f*; ~**gang** *m* inngangur *m*; (*Briefe*) koma *f*; ~**gangs-**

bestätigung f viðtökustaðfesting f; **~geben** Arznei
gefa inn; Gedanken blása í
brjóst; **~gebildet** yfirlætis-
legur, montinn; **~geboren**
innfæddur, innlendur; **~ge-
bung** f fig. illustur m
eingehen ganga inn; Post:
berast, koma; Verpflichtung
gangast undir e-ð; **~d**
nákvæmur, ítarlegur
Ein|gemachte n sulta f; **~ge-
ständnis** n játning f
eingestehen játa, viður-
kenna
Eingeweide n innyfli n/pl.
eingießen hella í; **~gleisig**
einspora; **~graben** grafa í
jörð
eingreifen v/i. taka í taum-
ana
Eingreifen n afskipti n/pl.
ein|halten stöðva; efna (etw.
e-ð); hætta (mit etw. e-u);
~heimisch innlendur; **~heit**
f eining f; **~heitlich** a sama
tagi; **~holen** Erlaubnis fá, ná
sér í; (kaufen) kaupa inn;
Mar. draga inn; **~hüllen**
hjúpa, hylja
einig sammála; **~en** sameina;
sich über etw. **~en** koma sér
saman um e-ð; **~e** (-r, -s)
nokkur, nokkurt; pl. nokkrir, nokkrar, nokkur; **~erma-
ßen** nokkurn veginn; **2keit** f
samlyndi n, eining f; **2ung** f
sátt f; sameining f
einjährig eins árs; einær
einkassieren innheimta

Ein|kauf m innkaup n/pl.;
2kaufen kaupa inn; **2keh-
ren** (im Gasthaus) koma sem
gestur; **2klammern** setja í
sviga; **2klang** m samhljómur
m, samræmi n; im **~klang
stehen mit** vera í samræmi
við; **2kochen** sjóða niður;
2kommen koma inn; berast; **~kommen** n tekjur f/pl.;
~kommensteuer f tekjuskattur m; **~künfte** pl. tekjur
f/pl.

ein|laden bjóða heim; **2la-
dung** f heimboð n; **2lage** f
(skó-)ílag n; (Sparguthaben)
innstæða f; (im Geschäft)
framlag n; **~lassen** hleypa
inn; sich **lassen mit j-m**
gefa sig að e-m; **2laßkarte** f
aðgöngumiði m; **~leben** v/r.
venjast nýju umhverfi, átta
sig; **~leiten** leiða inn; Buch
rita inngang (að e-u); **2lei-
tung** f inngangur m; **~len-
ken** fig. láta undan síga;
semja; **~leuchtend** auðsær;
~liefern skila, afhenda; **~lö-
sen** Wechsel innleysa,
greiða; sein Wort efna; **2lö-
sung** f greiðsla f; efndir f/pl.

ein|machen sjóða niður;
~mal einu sinni; auf **~mal**
allt í einu, í senn; nicht **~mal**
ekki einu sinni; **2maleins** n:
das kleine, große **~s** hin
stóra margföldunartaflan;
~malig einstæður; **~mi-
schen** v/r. skipta sér af,
blanda sér (in etw. í e-ð);

₂mischung f afskipti n/pl.;
~mütig einróma

Ein|nahme f tekjur f/pl.; Mil.
hertaka f; ₂nehmen taka
inn; Frühstück neyta; Mil.
hertaka; ₂nicken dotta;
~öde f auðn f; ₂ölen smyrja,
olíusmyrja; ₂ordnen setja á
sinn stað

ein|packen láta niður, búa
um; ~pflanzen gróðursetja;
innræta; ~pökeln salta
(niður); ~prägen móta;
innræta

einquartieren koma fyrir (til
vistar od. dvalar)

ein|rahmen   innramma;
~räumen játa; láta fá; Möbel koma fyrir, hagræða;
~reiben núa inn í; ~reichen
senda, afhenda; ~reihen
raða od. skipa inn í; ~reihig
einhnepptur; ₂reisegeneh-
migung f fararleyfi n inn í
land; ~renken kippa í lið;
~richten koma fyrir; útbúa;
~richtung f tilhögun f;
útbúnaður m

Eins f (talan) einn; (Schule)
ágætiseinkunn f

ein|salzen salta; ~sam ein-
mana; ₂samkeit f einmana-
leiki m; ~sammeln safna;
₂satz m skerfur m; framlag
n; það, sem sett er að veði
ein|schalten skjóta inn í;
tengja við; Licht kveikja;
Gang ~schalten (Auto) setja
í gír; ~schärfen brýna fyrir;
~schenken hella í; ~schla-

fen sofna; ~schläfern
svæfa; ~schlagen reka inn
(í); brjóta; Blitz: ljósta
niður; ~schlägig lútandi að;
viðkomandi; ~schleichen
v/r. læðast inn; ~schleppen
draga inn; Seuchen bera með
sér

einschließ|en loka inni; ná
yfir; ~lich meðtalinn

ein|schmieren smyrja; bera
krem á; ~schmuggeln
smygla inn; ~schneidend
fig. áhrifamikill; ₂schnitt m
skora m; skurður m;
~schränken takmarka; v/r.
færa saman kvíarnar;
₂schränkung f takmörkun
f; fyrirvari m

Einschreibe|brief m ábyrgð-
arbréf n; ~gebühr f skrá-
setningargjald n; ábyrgðar-
gjald n; ₂n skrá, innrita; ~n!
í ábyrgð!

ein|schreiten taka í tauma-
ana; ~schüchtern hræða,
skjóta skelk í bringu

ein|segnen (Kirche) ferma;
₂segnung f ferming f; ~se-
hen skilja, sjá fram á; ~sei-
fen bera sápu á; ~seitig ein-
hliða; ~senden senda inn;
~setzen v/i. byrja; v/t. Ausschuß skipa; setja að veði,
hætta e-u; ₂sicht f athugun
f; skilningur m; ~sichtig
skilningsgóður; ₂siedler m
einsetumaður m; ~silbig fig.
fámáll; ~sitzig með einu sæti
ein|spannen Pferde spenna

fyrir; **~sperren** setja í
varðhald; læsa inni; 2-
spruch m (Protest) mótmæli
n/pl.; kvörtun f

ein|stecken stinga á sig,
stinga í vasann; **~stehen: für
j-n ~stehen** ábyrgjast fyrir
e-n; **~steigen** stíga inn í;
~stellen v/t. ráða (í vinnu);
láta inn; Radio stilla á; (aufgeben) stöðva; v/r. búa sig
undir; 2**stellung** f innstilling
f; stöðvun f; **~stimmen**
fallast á, samþykkja; **~stim-
mig** samróma, samhljóða;
~stöckig einlyftur

Ein|sturz m hrun n; 2**stürzen**
hlaupa inn; hrynja

einstweil|en, **~ig** bráða-
birgða-, sem er um stundar-
sakir

ein|tauchen dýfa í; **~teilen**
skipta; raða niður; **~tönig**
tilbreytingarlaus; 2**topfge-
richt** n pottaréttur m; 2-
tracht f eindrægni f; **~tragen**
bera inn; bóka, skrá; gefa af
sér; **~träglich** arðsamur;
~treffen koma; **~treten**
ganga inn; koma inn; gerast;
~treten fyr taka málstað e-s,
styðja; 2**tritt** m inngangur;
2**trittskarte** f aðgöngumiði m; 2**trittspreis**
m aðgangseyrir m

einver|standen samþykkur;
2**ständnis** n samkomulag n;
samlyndi n

Einwand m mótbára f;
mótmæli n/pl.

einwandern flytjast inn
einwandfrei óaðfinnanlegur,
gallalaus
einwärts inn á við
ein|wechseln fá í skiptum;
~weihen vígja; 2**weihung** f
vígsla f; **~wenden** finna að,
hafa á móti; **~wickeln** vefja
inn í; **~willigen** samþykkja,
fallast á; 2**willigung** f
samþykki n; 2**wirkung** f
áhrif n/pl.

Einwohner m íbúi m; **~mel-
deamt** n manntalsskrifstofa f;
~schaft f íbúatala f

Einwurf m (Brief-) bréfaloka
f; póstkassarifa f

Ein|zahl f eintala f; 2**zahlen**
borga (inn á); 2**zäunen**
girða; 2**zeichnen** skrá, bóka
Einzel|handel m smásala f;
~heit f smáatriði n; 2n einstakur; einn og einn; **~ver-
kauf** m smásala f, lausasala
f; **~wesen** n einstaklingur
m; **~zimmer** n eins manns
herbergi n, einkaherbergi n
einzieh|en draga inn; Ruder
leggja upp; Mil. innkalla;
(Wohnung) flytja(st) inn í

einzig einn, eini, einka-; **~es**
Kind einkabarn; **~ und allein**
eingöngu; **~artig** einstæður,
frábær

Einzug m innreið f; flutningur m

Eis n ís m; **~bahn** f skauta-
braut f; **~bär** m ísbjörn m;
~brecher m ísbrjótur m;
~diele f ísbar m

Eisen n járn n; ∼**bahn** f járnbraut f; ∼**bahnfahrkarte** f
járnbrautarfarmiði m; ∼**beton** m járnbent steinsteypa;
∼**warenhandel** m járnvöru-
verslun f

eisern járn-, úr járni; járn-
harður

eis|gekühlt ískældur; ∼**ig,
∼kalt** ískaldur, nístandi;
2lauf n skautahlaup n;
2meer n íshaf n; **2scholle**
f ísjaki m; **2schrank** m
ísskápur m; **2würfel** m ís-
moli m; **2zapfen** m klaka-
dröngull m, grýlukerti n

eitel hégómlegur; eintómur;
2keit f hégómleiki m

Eiter m gröftur m; **2n** grafa (í)

Eiweiß n eggjahvíta f

Ekel m viðbjóður m; velgja f;
∼**haft** viðbjóðslegur; **2n** v/r.
bjóða við, hafa andstyggð á

elastisch fjaðurmagnaður;
teygjanlegur

Elch m elgur m, elgsdýr m

Elektriker m rafmagnsmaður
m

elektrisch rafmagns-, raf-
magns-; ∼**er Schlag** raf-
magnshögg n; ∼**er Stuhl** raf-
magnsstóll m

elektrisieren rafmanga; raf-
knýja; fig. örva

Elektr|izität f rafmagn n;
∼**izitätswerk** n rafveita f

Elektro|ingenieur m raf-
magnsverkfræðingur m;
∼**monteur** m rafvirki m;
∼**technik** f rafmagns-

verkfræði f; rafvirkjun f;
∼**techniker** m rafmagns-
iðnfræðingur m

Element n frumefni n; frum-
atriði n; höfuðskepna f

elend aumur

Elend n eymd f, neyð f

Elfenbein n fílabein n

Ell(en)bogen m olnbogi m

Elster f skjór m

Eltern pl. foreldrar m/pl.;
∼**haus** n æskuheimili n, for-
eldrahús n/pl.

Empfang m viðtaka f, mót-
taka f; **2en** v/t. taka við, taka
á móti; v/i. Frau: verða
þunguð od. ófrísk

Empfäng|er m viðtakandi m;
viðtökutæki n; **2lich** næmur;
∼**nis** f getnaður m

Empfangs|bestätigung f
viðtökustaðfesting f, kvittun
f; ∼**zimmer** n móttökuherb-
ergi n

empfehl|en mæla með; v/r.
kveðja; **2ung** f meðmæli n
pl.; kveðja f

empfind|en finna (til); ∼**lich**
viðkvæmur; tilfinnanlegur;
∼**lich gegen Kälte** kulvís;
2lichkeit f viðkvæmni f; til-
finnanleiki m; **2ung** f tilfinning f; ∼**ungslos** til-
finningarlaus

empor upp

empör|en espa, æsa (upp);
vekja andstyggð; v/r. gera
uppreisn (**gegen** gegn);
2ung f uppreisn f; gremja f

emsig iðinn, kappsamur

End|e n endir m, endalok n/pl.; endi m; **~e März** í marslok; **am ~e** að lokum; þegar à allt er liðið; **am ~e sn** búinn að vera; **2en** enda, lykta; **2gültig** fullkominn, óbreytanlegur; **2lich** loks, að síðustu; **2los** óendanlegur; **~punkt** m endi m; endapunktur m; **~station** f endstöð f; **~ung** f ending f

Energie f (Mensch) táp n; orka f; **~einsparung** f orkusparnaður m; **~verschwendung** f orkueyðsla f

eng þröngur; þéttur; **~e Freundschaft** náin vinátta; **im ~eren Sinn** í þrengra skilningi; **2e** f þrengsli n/pl.; öngvegi n

Engel m engill m

Eng|länder m Englendingur m; **2lisch** enskur

Engpaß m einstigi n; fig. Hdl. útvegunartregða f

Enkel m barnabarn n, sonarsonur m, dóttursonur m; **~in** f barnabarn n, sonardóttir f, dótturdóttir f

entbehr|en reina án; sakna; **2ung** f skortur m, vöntun f; **~lich** missanlegur, sem vera má án

entbind|en leysa undan od. frá; Med. hjálpa við barnsburð; **2ung** f undanlausn f, lausn undan od. frá (e-u); barnsburður m

entblößen gera beran; afhjúpa

entdeck|en uppgötva; skýra frá; **2ung** f uppgötvun f; tilkynning f; **2ung Amerikas** fundur m (Ameríku)

Ente f önd f

ent|eignen taka eignarnámi; **2eignung** f eignarnám n; **~erben** svipta arfi

entfallen detta od. falla úr od. af; fig. gleyma

entfalt|en breiða út; fletta sundur (a. fig.); v/r. opnast; **2ung** f útbreiðsla f

entfern|en v/t. fjarlægja; v/r. fara; **2ung** f fjarlægð f; fjarlægð f; **~t** fjarri, fjarlægur; **weit ~t** langt í burtu, í fjarska; fjarri sanni

ent|fliehen flýja (undan); **~führen** reina (e-m); nema burt; **2führung** f mannrán n, brottnám n

entgegen á móti; andstæður; **~gehen** ganga á móti (j-m e-m); **~gesetzt** mótsetður; **~kommen** koma til móts við; Wünsche: greiða við; **2kommen** n greiðvikni f; **~nehmen** taka á móti, taka við; **~sehen** búast við, vænta; **~treten** ganga til móts við; aftra

ent|gegnen svara; **~gehen** komast undan; **2gelt** n endurgjald n, þóknun f; **~gleisen** renna út af teinunum; gera glappaskot; **~halten** v/t. hafa að geyma, innihalda; v/r. forðast, sneiða hjá; **~haltsam** hófsamur bindindissamur; **~haupten** hálshöggva; **~hüllen** afhjúpa; **~kommen** sleppa, komast undan; **~kräften** veikja; hrekja, ósanna, afsanna

ent|laden afferma; 2**ladung** f afferming f; **~lang** fram með; eftir; **~larven** koma upp um; **~lassen** sleppa, láta lausan; (Amt) reka, víkja burt; Mil. veita heimfararleyfi; 2**lassung** f brottvikning f; heimfararleyfi n; **~laufen** strjúka; komast undan; **~legen** afskekktur, fjarri; **~lehnen** fá að láni; **~locken** véla út úr; **~lohnen** borga; **~mutigen** draga kjark úr; 2**mutigung** f/kjarkleysi n; **~nehmen** taka úr; taka frá; fig. álykta; ráða (af e-u)

ent|rätseln ráða gátu; skýra; **~reißen** rífa od. hrifsa frá; **~richten** greiða, gjalda; (Gruß skila; **~rinnen** sleppa (við); **~rüsten** v/r. reiðast; **~rüstet** reiður, sár; 2**rüstung** f reiði f; **~sagen** Welt hafna; Thron afsala sér; **~schädigen** bæta tjón e-s; 2**schädigung** f skaðabætur f/pl.; endurgjald n; **~scheiden** úrskurða; skera úr; 2**scheidung** f úrskurður m; úrslit n/pl.; Jur. dómur m

ent|schieden útkljáður; ákveðinn; 2**schiedenheit** f festa f, einbeitni f; **~schlafen**

sofna; deyja; **~schließen** v/r. afráða, ákveða; **~schlossen** ákveðinn; einbeittur; **~schlüpfen** sleppa frá; 2**schluß** m ásetningur m, ákvörðun f; **~schuldigen** afsaka; 2**schuldigung** f afsökun f

entsenden senda frá sér, senda burt

entsetz|en v/r. skelfast; 2**en** n skelfing f, hræðsla f; **~lich** skelfilegur, hræðilegur

ent|sinnen v/r. muna (eftir); 2**sorgung** f útrýming kjarnorkuúrgangs; 2**spannung** f hvíld f, afslöppun f; **~sprechen** samsvara; Wunsch verða við; **~sprechend** samsvarandi, viðeigandi; **~springen** Fluß: eiga upptök sín; **~stehen** verða til, hefjast; 2**stehung** f upphaf n, upptök n/pl.; **~stellen** afmynda; afbaka; 2**stellung** f afmyndun f, afbökun f; **~täuschen** v/t. valda vonbrigðum; 2**täuschung** f vonbrigði n/pl.

ent|waffnen afvopna; **~wässern** þurrasa, þurrka; **~weder: ~ ... oder** annaðhvort ... eða; **~weichen** strjúka, komast undan; **~weihen** vanhelga, saurga; **~wenden** stela od. ná frá; **~werfen** gera uppkast að; **~werten** rýra (gildi e-s); ógilda; 2**wertung** f verðfall n, verðfelling f; ógilding f; **~wickeln**

þroska; *Fot.* framkalla; 2-**wicklung** *f* þroskun *f*, framfarir *f/pl.*; framköllun *f*; **~wirren** greiða úr, laga; **~wöhnen** venja af; *ein Kind* **~wöhnen** venja barn af brjósti; **~würdigen** rýra, óvirða; 2**wurf** *m* uppkast *n*; **~wurzeln** rífa upp með rótum; **~wurzelt** *fig.* rótlaus; 2**ziehen** *v/t.* draga burt; neita um; *v/r.* forðast e-ð, skjóta sér undan e-u; **~ziffern** lesa úr, skýra

entzück|en hrífa; 2**en** *n* hrifni(ng) *f*, fögnuður *m*; **~end** hrífandi; **~t** hrifinn

entzünd|en kveikja; *v/r. Med.* grafa í, bólgna; **~et** bólginn; 2**ung** kveiking *f*, bólga *f*

entzwei í sundur, brotinn; **~en** *v/t.* gera ósátta; *v/r.* verða ósáttur (*mit j-m* við e-n); **~reißen** taka af með valdi

Epidemie *f* faraldur *m*

Epoche *f* tímabil *n*; aldahvörf *n/pl.*

er hann

erachten *v/t.* álíta, hyggja

Erachten: *n:* **m-s ~s** (*Abk. m. E.*) að minni hyggju

er|barmen *v/r.* sjá aumur á, miskunna sig yfir; 2**barmen** *n* meðaumkun *f*, miskunn *f*; **~bärmlich** brjóstumkennanlegur; aumur; **~bauen** reisa; upbyggja; 2**bauer** *m* húsagerðarmeistari *m*

Erbe 1. *m* erfingi *m*; **2.** *n* arfur *m*

erbeben titra, skjálfa

erb|en erfa; 2**folge** *f* röð *f* erfingja; 2**in** *f* (kven)erfingi *m*

er|bitten biðja um; **~blassen** blikna, fölna

Erb|lasser *m* arfleiðandi *m*; 2**lich** arf- *od.* ættgengur

er|blicken koma auga á, sjá; **~blinden** verða blindur; **~brechen** *v/t.* brjóta upp; *v/r.* selja *od.* kasta upp; 2**brechen** *n* uppsala *f*, uppköst *n/pl.*

Erb|recht *n* erfðaréttur *m*; **~schaft** *f* arfur *m*

Erbse *f* erta *f*, baun *f*; **~nsuppe** *f* ertu- *od.* baunasúpa *f*

Erbteil *n* arfur *m*, erfðahluti *m*

Erd|anschluß *m* (*Radio*) jarðsamband *n*; **~beben** *n* jarðskjálfti *m*; **~beere** *f* jarðarber *n*; **~boden** *m* jarðvegur *m*; jörð *f*

Erde *f* jörð *f*; mold *f*; jarðvegur *m*; 2**n** setja í jarðsamband

erdenklich hugsanlegur

Erd|gas *n* jarðgas *n*; **~geschoß** *n* stofuhæð *f*; **~kugel** *f* jarðarhnöttur *m*; **~kunde** *f* landafræði *f*; **~nuß** *f* jarðhneta *f*; **~öl** *n* jarðolía *f*

er|drosseln kyrkja; **~drücken** buga; kreista til bana; **~drückend** þjakandi

Erdteil *m* heimsálfa *f*

erdulden þola, bera

ereign|en *v/r.* koma fyrir bera við; 2**nis** *n* viðburður *m*, atburður *m*

erfahr|en 1. v/t. frétta, komast að; *Undank* verða fyrir; **2.** adj. reyndur; **⸰ung** f reynsla f

er|fassen *Unruhe:* grípa; skilja; **⸰finden** finna við; **⸰finderisch** hugvitssamur; **⸰findung** f uppfinning f

Erfolg m árangur m; gengi n; velgengni f; **⸰en** verða, gerast; **⸰los** árangurslaus; **⸰reich** árangursmikill

erforder|lich nauðsynlegur; **⸰lichenfalls** ef nauðsyn krefur; **⸰n** þurfa, krefjast; **⸰nis** f þörf f, krafa f

erforsch|en rannsaka; **⸰ung** f rannsókn f

erfreu|en v/r. gleðjast; *(Gesundheit)* njóta; **⸰lich** gleðilegur; **⸰t** glaður

er|frieren helfrjósa; stirðna af kulda; **⸰frischen** hressa; **⸰frischung** f hressing f; **⸰füllen** uppfylla; **⸰füllung** f uppfylling f, fullnæging f

ergänz|en fullgera; bæta við; **⸰ung** f viðbót f; viðauki m

ergeb|en v/r. gefast upp, sætta sig við; koma í ljós; *Ihr ⸰ener* yðar einlægur; **⸰enheit** f einlægni f; virðing f; **⸰nis** n árangur m, úrslit n/pl.; **⸰nislos** árangurslaus

er|giebig frjósamur; arðsamur; **⸰greifen** hræra, koma við; **⸰greifend** átakanlegur; **⸰griffenheit** f geðshræring f; **⸰gründen** rannsaka; **⸰guß** m úthelling f

er|haben tignarlegur, háfleygur; **⸰haben über etw.** hafinn yfir e-ð; **⸰halten** fá; varðveita; **⸰hältlich** fáanlegur; **⸰hängen** hengja; **⸰härten** harðna; staðfesta, sanna

erheb|en v/t. lyfta (upp); *Steuern* innheimta; *Klage gegen j-n ⸰en* stefna e-m, höfða mál gegn e-m; v/r. rísa á fætur, standa upp; **⸰lich** talsverður, allmikill; **⸰ung** f hóll m; *(Steuern)* innheimta f

er|hellen v/i. sjást, verða ljóst; **⸰hitzen** v/t. (sjóð)hita; espa; v/r. æsast; **⸰hoffen** vona; vonast til um e-ð, vonast eftir e-u; **⸰höhen** hækka, auka; **⸰höhung** f hækkun f; hæð f; **⸰holen** v/r. ná sér, hressast; **⸰holung** f hressing f, hvíld f; **⸰holungsheim** n hvíldar-, hressingarhæli n; **⸰hören** bænheyra

erinner|n j-n an etw. ⸰n minna e-n á (um) e-ð; v/r. muna, minnast; **⸰ung** f endurminning f, minning f

er|kalten kólna; **⸰kälten** v/r. kvefast, verða innkulsa; **⸰kältung** f kvef n

erkenn|bar þekkjanlegur; sýnilegur; **⸰en** þekkja; endurþekkja; *Jur.* dæma; **⸰tnis** f viðurkenning f; skilningur m

Erker m útskot n (á húsi)

erklär|bar skýra, lýsa (yfir); **⸰lich** skiljanlegur, skýranlegur; **⸰ung** f yfirlýsing f; skýring f

erklingen hljóma
erkrank|en verða veikur, veikjast (*an etw.* af e-u); **2ung** *f* veikindi *n/pl.*
erkundig|en *v/r.* grennslast eftir, spyrjast fyrir; **2ung** *f* eftirspurn *f*
er|langen öðlast, hljóta; **2laß** *m* (stjórnar)skipun *f*: **lassen** *Verordnung* gefa út, birta; *Strafe* gefa upp *od.* eftir
erlaub|en leyfa; **2nis** *f* leyfi *n*; **t** leyfður
erläuter|n skýra *od.* skýring *f*
Erle *f* elri(tré) *n*
erleb|en lifa; reyna; **2nis** *n* atburður *m*
erled|igen ljúka, útkljá; afgreiða; **2igung** *f* afgreiðsla *f*, lyktir *f/pl.*; *in* **2igung Ihres Schreibens** sem svar við bréfi yðar
er|leichtern létta; auðvelda; **2leichterung** *f* léttir *m*; auðveldun *f*; **leiden** þola, verða fyrir; **lesen** *adj.* valinn, úrvals-; **liegen** bíða lægri hlut; **2lös** *m* söluverð *n*; arður *m*; **löschen** slokkna; líða undir lok; *Firma*: hætta; *Liebe*: hverfa; **lösen:** *von etw.* **lösen** leysa undan e-u; frelsa; **2lösung** *f* lausn *f*
er|mächtigen heimila, veita vald *od.* umboð; **2mächtigung** *f* heimild *f*, umboð *n*; **mahnen** áminna; vara við;

mäßigen lækka, færa niður; **2mäßigung** *f* lækkun *f*, niðurfærsla *f*; **matten** þreytast; **2messen** *n* mat *n*, ætlun *f*; **mitteln** uppgötva; rannsaka; **2mittlung** *f* uppgötvun *f*; rannsókn *f*
er|möglichen gera fært *od.* kleift; **morden** myrða; **2mordung** *f* morð *n*; **müden** þreytast; þreyta; **muntern** hvetja; gleðja; **mutigen** hughreysta, hvetja, telja kjark í; **2mutigung** *f* uppörvun *f*; hvatning *f*
er|nähren fæða, ala önn fyrir; **2nährung** *f* næring *f*, framfærsla *f*; **nennen** útnefna, skipa; **2nennung** *f* útnefning *f*, skipun *f*; **neuern** endurnýja; **2neuerung** *f* endurnýjun *f*; **niedrigen** óvirða, auðmýkja; **2niedrigung** *f* óvirðing *f*, auðmýking *f*
Ernst *m* alvara *f*; *im* **** í alvöru; **2(haft)** alvarlegur
Erober|er *m* sigurvegari *m*; **2n** vinna, leggja undir sig; **ung** *f* (her)taka *f*
er|öffnen opna; *fig.* skýra frá; **2öffnung** *f* opnun *f*, byrjun *f*; *fig.* skýrsla *f*; **örtern** ræða; **2örterung** *f* umræða *f*
erpress|en kúga; **2ung** *f* fjárkúgun *f*
erproben reyna, þaulreyna
erraten geta, ráða
erreg|bar viðkvæmur; **en** *Aufsehen* vekja; æsa; **2er** *m*

sóttkveikja f; **2ung** f
geðshræring f; æsing f
erreich|bar hægt að ná í;
fáanlegur; **~en** ná í; Ziel ná;
Stadt komast til
er|retten bjarga, frelsa (**von**
frá); **~richten** reisa; stofna;
~röten roðna; **2rungen-
schaft** f sigurvinning f,
árangur m
Ersatz m uppbót f,
skaðabætur f/pl.; **~reifen** m
varahjólbarði m; **~teil** m
varahlutur m
ersäufen drekkja

er|schaffen skapa; **~schei-
nen** koma í ljós, birtast;
koma; Buch: koma út;
~schießen skjóta (til bana);
~schlaffen linast, sljóvgast;
~schlagen drepa; **~schlie-
ßen** opna, gera aðgengilegt
er|schöpfen tæma; þreyta;
2schöpfung f tæming f,
þreyta f; **~schrecken** v/r.
hræðast, skelfast; v/t. hræða,
skelfa; **~schüttern** hrista;
fig. fá á; **2schütterung** f
hristingur m, hrelling f;
~schweren torvelda
ersetzen bæta, endurgjalda;
koma í staðinn fyrir
er|sichtlich sjáanlegur, sýni-
legur; greinilegur; **~sparen:**
j-m etw. **2sparnis** f sparn-
aður m; **2sparnisse** pl.
sparifé n
erst fyrst, ekki fyrr en; ekki
nema

er|starren stirðna; **~statten**
endurgreiða, bæta; Bericht
gefa; **2stattung** f endur-
greiðsla f; tilkynning f;
2staunen n undrun f; **in**
2staunen setzen gera hissa;
~staunlich furðulegur;
~staunt hissa
erste (der, die, das) (hinn)
fyrsti, (hin, hið) fyrsta
erstechen drepa
Erste Hilfe hjálp f í viðlögum;
skyndihjálp f
ersteigen klífa, klifrast upp á
ersten|mal: zum ~mal í
fyrsta sinn; **~s** í fyrsta lagi
er|sticken kafna; v/t. kæfa;
~streben keppa eftir;
~strecken v/r. teygja sig, ná;
~suchen biðja, fara (e-s) á
leit; **2suchen** n beiðni f;
~teilen úthluta, veita; **~tö-
nen** hljóma, óma
Ertrag m arður m; **2en** þola;
gefa arð
erträglich þolanlegur
er|tränken drekkja; **~trinken**
drukkna; **~tüchtigen** stæla,
herða, gera dugandi; **~übri-
gen** hafa afgangs; **es**
~übrigt sich það er óþarfi
er|wachen vakna; **~wachsen**
1. v/i. vaxa upp; (**aus**
etw.) hljótast (af e-u); **2.** adj.
fullorðinn; **~wägen** íhuga,
hugleiða; **2wägung** f; **in 2-
wägung ziehen** taka til
athugunar; **~wähnen** minnast á; **~wärmen** hita, verma;
~warten eiga von á, búast

við; 2**wartung** f eftirvænting
f; von f

er|**weisen** v/r. reynast, koma
í ljós; ~**weitern** víkka,
stækka, færa út; 2**weiterung**
f víkkun f, stækkun f
erwerb|en afla, ávinna sér;
~**sfähig** atvinnufær; ~**slos**
atvinnulaus; 2**szweig** m at-
vinnuvegur m
er|**widern** svara; endur-
gjalda; 2**ung** f svar n; endur-
gjald n
er|**wirken** koma til leiðar;
~**würgen** kyrkja
Erz n málmgrýti n; málmur
m
erzähl|en segja frá; 2**ung** f
frásaga f, saga f
Erz|bischof m erkibiskup m;
~**bistum** n erkibiskupsdæmi
n
er|**zeugen** framleiða; geta (af
sér); ~**ziehen** ala upp; 2**zie-
hung** f uppeldi n; ~**zielen** fá,
bera úr býtum, ná; ~**zürnen**
v/t. gera reiðan; v/i. reiðast;
~**zwingen** knýja fram
es pað
Esche f askur m, eskiviður m
Esel m asni m; ~**sohr** n asna-
eyra n (í bók)
Espe f ösp f
eßbar ætur, ætilegur
essen borða
Essen n matur m; át n
Essig m edik n
Eß|löffel m matskeið f; ~**tisch**
m matborð n; borðstofu-

bord n; ~**zimmer** n borð-
stofa f
Etage f hæð f (í húsi); ~**nwoh-
nung** f íbúðarhæð f
Etat m fjárhagsáætlun f; 2**mäßig** samkvæmt fjárhags-
áætlun; ~**jahr** n fjárlagaár n
etliche nokkrir
etwa ef til vill; hér um bil; ~**ig**
hugsanlegur
etwas eitthvað; dálítið (af)
euch acc. u. dat. ykkur
euer poss. pron. ykkar; pers.
pron. gen. ykkar
Eule f ugla f
Europ|a n Evrópa f; ~**äer** m
Evrópubúi m; 2**äisch**
evrópskur
Euter n júgur n
evangelisch lútherstrúar,
lúterskur
ewig eilífur; sífelldur; auf ~
að eilífu; 2**keit** f eilífð f
Examen n próf n; ein ~ machen taka próf; durchs ~ fallen falla á prófi
Ex|empel n dæmi n; ~**emplar**
n eintak n
exerzieren æfa, þjálfa
Exil n bannfæring f
Exist|enz f tilvera f; 2**ieren**
vera til
explo|dieren springa; 2**sion**
f sprenging f
Export m útflutningur m;
~**eur** m útflytjandi m; 2**ie-
ren** flytja út
extra aukalega; sérstaklega
extrem ýktur

F

Fabel f dæmisaga f; fábúla f;
2haft ótrúlegur; stórkostlegur, ágætur

Fabrik f verksmiðja f; **~ar-
beiter** m verksmiðjuverka-
maður m; **~at** n framleiðsla
f; framleidd vara

fabrizieren framleiða

Fach n hólf n; bás m; hilla f;
(Schub-) skúffa f; fig. náms-
grein f; sérgrein f; **~arbeiter**
m faglærður verkamaður;
~arzt m sérmenntaður
læknir

fächeln veifa; **2er** m
blævængur m

Fachlgebiet n sérgreinarsvið
n, sérfræðisvið n; **~hoch-
schule** f sérfræðiháskóli m;
~kenntnisse pl. sérfræði-
háþekking f; **~mann** m
sérfræðingur m; iðnlærður
maður; **~schule** f sérfræði-
skóli m; iðnskóli m

Fackel f blys n; **~zug** m blys-
för f

Faden m þráður m; **2schei-
nig** lóslitinn; fig. (Lüge) sem
auðvelt er að sjá í gegnum

fähig hæfur; vel gefinn; **2keit**
f hæfileiki m, gáfa f

fahl bleikur; fölur

fahnden leita að, elta

Fahne f fáni m, flagg n

Fahrlbahn f, **~damm** m akbraut f; **2bar** fær; skipgengur

Fähre f ferja f

fahren aka; sigla; ferðast;
þjóta; Auto **~en** keyra bíl,
aka bíl; Schlitten: renna
sér á sleða; erster Klasse
~en ferðast á fyrsta farrými;
2er m ökumaður m; bílstjóri
m; **2gast** m farþegi m; **2geld**
n fargjald n; **2karte** f farmiði m, farseðill m; **2karten-
schalter** m farmiðasala f; **~
lässig** hirðulaus; gálaus; **2-
plan** m ferðaáætlun f; **~plan-
mäßig** samkvæmt (ferða)á-
ætlun; **2preis** m ökutaxti m;
2prüfung f ökupróf n; **2rad**
n reiðhjól n; **2schein** m farseðill m; **2schule** f ökuskóli
m; **2stuhl** m lyfta f

Fahrt f ferð f; sigling f; sjóferð
f; **~richtung** f ökustefna f

Fahrzeug n ökutæki n; Mar.
skip n

Falke m fálki m, valur m

Fall m fall n; tilfelli n; Jur. mál
n; auf jeden ~ hvernig sem
fer; auf keinen ~ með engu
móti

Falle f gildra f

fallen falla; detta; lækka; ~
lassen missa; hætta við

fälllen fella; **~ig** fallinn í
gjalddaga m; Schiff: vera
væntanlegur

falls ef

Fallschirm m fallhlíf f; **~ab-
sprung** m fallhlífarstökk n

falsch falskur; svikinn; rangur, skakkur

fälschen falsa, svíkja

Falschheit f fals n, fláræði n

Fälschung f fölsun f

Falt|boot n sambrotsbátur m; ~e f felling f; hrukka f; 2en brjóta saman; *Stirn* hrukka; ~er m fiðrildi n; 2ig felldur; með fellingum; *Stirn:* hrukkóttur

Falz m gróp n, fals n; 2en grópa, falsa

Familie f fjölskylda f; ~nname m ættarnafn n

Fang m veiði f, fengur m

fangen v/t grípa, höndla; *Feuer* ~ taka eld, kvikna (í); v/r festast, ná tökum á skapi sínu

Farb|band n ritvélarband n; ~e f litur m

färben lita m

Farb|film m litkvikmynd f; 2ig litaður, mislitur; ~ige m/f þeldökkur maður, þeldökk kona; ~stift m litblýantur m; ~ton m litblær m

Färbung f litun f; litblær m

Farnkraut n burkni m

Fasan m fasani m

Fasching m föstuinngangur m; kjötkveðjuhátíð f

faseln rugla, þvaðra

Faser f trefja f; 2ig trefjóttur

Faß n tunna f, áma f

Fassade f framhlið f

fassen grípa, þrífa; *fig.* skilja; v/r. átta sig

Fassung f umgerð f; stilling f; (*Wortlaut*) orðalag n; die ~ **verlieren** missa stjórn á sér; 2slos frá sér (numinn); vanstilltur; ~svermögen n skilningur m; rúmtak n

fast nærri, því nær; ~en fasta; 2enzeit f fasta f; 2nacht f föstuinngangur m

fatal örlagaþrunginn, hrapalegur

fauchen hvæsa

faul skemmdur; lélegur; latur; ~en rotna; ~enzen slæpast; 2enzer m letingi m, slæpingi m; 2heit f leti f

Fäulnis f fúi m; rotnun f

Faulpelz m húðarletingi m

Faust f hnefi m; *auf eigene* ~ af eigin rammleik; ~handschuh m belgvettlingur m

Februar m febrúar m

fechten skylmast

Feder f fjöður f; penni m; ~bett n fiðursæng f; ~gewicht n (*Sport*) fjaðurvigt f; 2n fjaðra, vera fjaðurmagnaður; ~vieh n alifuglar m/pl.; ~zeichnung f pennateikning f

Fee f álfkona f, dís f

Fegefeuer n hreinsunareldur m

fegen sópa; hreinsa

Fehl|betrag m tap n, sjóðþurrð f; 2en vanta; yfirsjást; syndga; ~er m villa f, yfirsjón f; galli m; 2erhaft gallaður; 2erlos gallalaus; ~geburt f fósturlát n;

óburður *m*; **~griff** *m* röng
ráðstöfun *f*; handaskol *n/pl.*;
2schlagen misheppnast,
bregðast; **~tritt** *m* fótaskort-
ur *m*; yfirsjón *f*

Feier *f* hátíð *f*; veisla *f*;
~abend *m* **~abend machen**
ljúka dagsvinnu; **2lich**
hátíðlegur; **2n** hvílast; halda
hátíðlegan; **~tag** *m* frídagur
m; helgidagur *m*

feige ragur

Feige *f* fíkja *f*

Feigheit *f* ragmennska *f*;
~ling *m* ragmenni *n*, bleyða *f*

Feile *f* þjöl *f*

feilschen þjarka, þrefa (**um**
verð)

fein fínn

Feind *m* fjandmaður *m*,
óvinur *m*; **2lich** fjandsamlegur; **~schaft** *f* óvinátta *f*,
fjandskapur *m*

fein|fühlig næmgeðja, við-
kvæmur; nærgætinn; **2ge-
fühl** *n* nærgætni *f*, næmlyndi
n; **2heit** *f* fínleiki *m*;
2schmecker *m* sælkeri *m*

feist feitur, spikaður

Feld *n* akur *m*, *Mil.* vígvöllur
m; **~bett** *n* ferðarúm *n*, (her-
manna)beddi *m*; **~herr** *m*
hershöfðingi *m*; **~marschall**
m yfirhershöfðingi *m*;
~maus *f* hagamús *f*

Feld|messer *m* landmæl-
ingamaður *m*; **~stecher** *m*
sjónauki *m*, kíkir *m*; **~weg** *m*
engjavegur *m*; **~zug** *m* herför
f

Felge *f* felgja *f*

Fell *n* skinn *n*, húð *f*

Fels|(en) *m* klettur *m*; bjarg
n; **2ig** klettóttur; **~wand** *f*
hamraveggur *m*

Fenster *n* gluggi *m*; **~brett** *n*
gluggakista *f*; **~flügel** *m*
gluggavængur *m*; **~kreuz** *n*
gluggastólpi *m*; **~laden** *m*
gluggahleri *m*; **~rahmen** *m*
gluggagrind *f*; **~scheibe** *f*
gluggarúða *f*

Ferien *pl.* leyfi *n*, frí *n*; **~haus**
n sumarbústaður *m*

Ferkel *n* grís *m*

fern fjarlægur, fjarri; **2amt** *n*
landsími(nn) *m*, langlínu-
stöð *f*; **2e** *f* fjarlægð *f*,
fjarski *m*; **~er** fjær; frekari;
ennfremur; **2gespräch** *n*
landsímtal *n*; **2glas** *n*, **2rohr**
n sjónauki *m*; **2ruf** *m* síma-
númer *n*, sími *m*; **2schreiber**
m (síma)telex *n*; **~sehen**
horfa á sjónvarp; **2sehen** *n*
sjónvarp *n*; **2sehzuschauer**
m sjónvarpsáhorfandi *m*;
2sicht *f* fjarsýni *n*, útsýni *n*

Fernsprech|amt *n* talsíma-
stöð *f*; **~anschluß** *m*
talsímasamband *n*; **~er** *m*
talsími *m*; **~teilnehmer** *m*
talsímahafi *m*; **~zelle** *f*
símaklefi *m*

Fernzug *m* langferðalest *f*

Ferse *f* hæll *m* (á fæti)

fertig tilbúinn; reiðubúinn;
~bringen ná að gera e-ð;
klára að gera e-ð; **2fabrikat**
n verksmiðjuvara *f*; varning-

ur *m* tilbúinn til sölu; ꭥ**keit** *f* leikni *f*; hæfni *f*; **~machen** (*beenden*) ljúka

Fessel *f* fjötur *m*; ꭥn fjötra; *fig.* heilla, hrífa; ꭥnd *fig.* áhrifamikill

fest fastur

Fest *n* veisla *f*; hátíð *f*; **~essen** *n* veisla *f*, veislumatur *m*; hátíðamatur *m*; ꭥ**halten** halda (e-u) föstu; **an etw.** ꭥ**halten** halda fast við e-ð; **~igkeit** *f* (stað)festa *f*; **~land** *n* meginland *n*; ꭥ**nehmen** handtaka, taka fastan; **~setzen** ákveða; ꭥ**stellen** ákveða; sannreyna; **~tag** *m* hátíðardagur *m*; helgidagur *m*; **~ung** *f* kastali *m*; **~zug** *m* skrúðganga *f*

fett feitur

Fett *n* fita *f*; **~fleck** *m* fitublettur *m*; ꭥ**ig** fitugur

Fetzen *m* snepill *m*; tuska *f*

feucht rakur, þvalur; ꭥ**igkeit** *f* raki *m*

Feuer *n* eldur *m*; eldsvoði *m*; bál *n*; (*Leucht-*) viti *m*; **~bestattung** *f* bálför *f*; ꭥ**fest** eldfastur, eldtraustur; ꭥ**gefährlich** eldfimur; **~löscher** *m* slökkvitæki *n*; **~melder** *m* brunaboði *m*; ꭥn skjóta; **~sbrunst** *f* eldsvoði *m*; **~schiff** *n* vitaskip *n*; **~ung** *f* kynding *f*; eldsneyti *n*; **~versicherung** *f* brunatrygging *f*; **~waffe** *f* skotvopn *n*; **~wehr** *f* bruna- *od.* slökkvilið *n*; **~wehrmann** *m* bruna-

liðs- *od.* slökkviliðsmaður *m*; **~werk** *n* flugeldar *m/pl.*; **~zeug** *n* kveikjari *m*

feurig glóandi; fjörugur

Fichte *f* (rauð)greni *n*

Fieber *n* hitasótt *f*; ꭥ**haft** *fig.* ákaflega; ꭥn hafa hitasótt; hafa óráð; **~thermometer** *n* hitamælir *m*

Fiedel *f* fiðla *f*

Figur *f* mynd *f*; vaxtarlag *n*

Filiale *f* út(i)bú *n*

Film *m* kvikmynd *f*; filma *f*; **~atelier** *n* kvikmyndunarvinnustofa *f*; ꭥ**en** gera kvikmynd; **~regisseur** *m* kvikmyndaleikstjóri *m*; **~schauspieler** *m* kvikmyndaleikari *m*; **~star** *m* kvikmyndastjarna *f*

Filter *m* sía *f*; **~zigarette** *f* filtersígaretta *f*

Filz *m* flóki *m*; **~hut** *m* flókahattur *m*

Finanzamt *n* skattstofa *f*.

Finanzen *pl.* fjármál *n/pl.*; fjármálaráðherra *m*; **~ministerium** *n* fjármálaráðuneyti *n*

find|en finna; hitta; virðast; **~ig** hugvit(s)samur

Finger *m* fingur *m*; ꭥ**fertig** handlaginn; **~hut** *m* fingurbjörg *f*; **~nagel** *m* fingurnögl *f*; **~zeig** *n* bending *f*

Fink *m* Zo. finka *f*

Finne *m* Finni *m*, Finnlendingur *m*

finster (nið)dimmur; ꭥ**nis** *f* (niða)myrkur *n*

Firma f firma n, fyrirtæki n

Firnis m fernis m, gljákvoða f

Fisch m fiskur m; ~ **auf Eis** ísaður od. ísvarinn fiskur; **~bein** n (hval-) skíði m; **2en** fiska, veiða; **~erboot** n fiskibátur m; **~erdorf** n fiskiþorp n; **~fang** m fiskveiðar f/pl.; fiskafli m; **~gräte** f fiskbein n; **~trawler** m togari m

Fjord m fjörður m

flach flatur

Fläche f flötur m; **~ninhalt** m flatarstærð f

Flachland n láglendi n, sléttlendi n

Flachs m hör m

flackern blakta, flökta

Flagge f flagg n, fáni m; **2n** flagga

Flamme f logi m, blossi m; **~nwerfer** m eldkastari m

Flanell m flúnel n

Flasche f flaska f; **~nbier** n flöskubjór m, flöskuöl n; **~nöffner** m upptakari m, **~nzug** m hjólavinda f

flatter|haft hverflyndur; **~n** flögra; vera hverflyndur

flau máttlaus; **Geschäfte:** daufur

Flaum m dúnn m; hýjungur m

Flecht|e f (Zopf) flétta f; Bot. skóf f; Med. útbrot n/pl.; **2en** flétta

Fleck m blettur m; staður m; pjatla m, bót f; **2en** bletta; saurga; **2ig** blettóttur

Fledermaus f leðurblaka f

Flegel m þreskibarefli m;

þorpari m; **~ei** f þorparaháttur m od. -bragð n

flehen sár- od. grátbæna

Fleisch n kjöt n; **~brühe** f kjötsúpa f od. -seyði n; **~er** m slátrari m; **2ig** kjötmikill; holdugur

Fleiß m iðni f; **2ig** iðinn

flicken bæta, gera við

Flicken m bót f, pjatla f

Flieder m sýringur m; (Holunder) yllir m

Fliege f fluga f

fliegen fljúga

Fliegenklappe f flugnaskella f

Flieger m flugmaður m

fliehen flýja

Fliese f hella f, flaga f

Fließ|band n færiband n; **2en** fljóta, renna; **2end** fljótandi; reiprennandi

flimmern glitra, blika

flink röskur, hvatur

Flinte f byssa f; **die ~ ins Korn werfen** leggja árar í bát

Flirt m daður n; **2en** daðra

Flitter m glingur n, glys n; **~wochen** pl. hveitibrauðsdagar m/pl.

Flock|e f flygsa f, hnoðri m; **2ig** flygsóttur

Floh m fló f

Flor m blómi m; **2ieren** blómstra, dafna

Floß n (timbur)fleki m

Flosse f uggi m; bægsl(i) n

Flöte f flauta f

flott glæsilegur; ríkmannlegur

Flotte f floti m; **~nbasis** f flotabækistöð f

Fluch *m* bölvun *f*; bölbænir *f/pl.*; blótsyrði *n*; **2en** bölva; formæla

Flucht *f* flótti *m*

flücht|en *v/i.* forða; *v/r.* flýja; **~ig** á flótti; lauslegur, yfirborðslegur; **~ling** *m* flóttamaður *m*

Flug *m* flug *n*; (*Vogel-*) flokkur *m*; **~blatt** *n* flugrit *n*

Flügel *m* vængur *m*; álma *f*, armur *m*; *Mus.* flygill *m*; **~tür** *f* vængjahurð *f*

Fluggast *m* flugfarþegi *m*

flügge fleygur

Flug|hafen *m* flugvöllur *m*; **~platz** *m* flugvöllur *m*; **~verkehr** *m* flugumferð *f*; **~wesen** *n* flugmál *n/pl.*; **~zeug** *n* flugvél *f*; **~zeugführer** *m* flugmaður *m*; **~zeugträger** *m* flugvélamóðurskip *n*; **~zeugunglück** *n* flugslys *f*

Flunder *f* skarkoli *m*

Flur 1. *f* akur *m*; engi *n*; **2.** *m* forstofa *f*, anddyri *n*

Fluß *m* fljót *n*, á *f*; **~bett** *n* árfarvegur *m*

flüssig fljótandi; **2keit** *f* vökvi *m*

flüstern hvísla

Flut *f* flóð *n*; *Poet.* alda *f*; **2en** falla að; flæða; **~licht** *n* flóðljós *n*; **2lösung** *f* flóðlýsing *f*

Fohlen *n* folald *n*

Föhre *f* fura *f*

Folge *f* afleiðing *f*; ályktun *f*; röð *f*; **~ leisten** hlýða (e-m), verða við óskum (e-s); **2n** fylgja, koma á eftir; **2nder-**

maßen á eftirfarandi hátt; **2richtig** rétt ályktaður, samkvæmur

folg|ern álykta; **2erung** *f* ályktun *f*; **~lich** því, þess vegna; **~sam** fylgisamur, hlýðinn

Folter *f* pynding *f*, kvöl *f*; **~gerät** *n* pyndingartæki *n*

foltern kvelja, pynda

Fön *m* hárþurrka *f*, hárblásari *m*

Fonds *m* sjóður *m*; *pl.* verðbréf, ríkisskuldabréf *n/pl.*

Förde *f* fjörður *m*, vík *f*

Förderband *n* færiband *n*

fordern krefjast, heimta

fördern efla, styðja; *Bgb.* ná upp (úr jörðu)

Forderung *f* krafa *f*

Förderung *f* efling *f*; *Bgb.* framleiðsla *f*

Forelle *f* silungur *m*

Form *f* form *n*; lögun *f*, mynd *f*; {á} formlegur; **~alität** *f* formsatriði *n*; **~at** *n* stærð *f*; mynd *f*; **~el** *f* regla *f*, formúla *f*; **2en** mynda, móta

förmlich formlegur; greinilegur

form|los óformlegur; **2losigkeit** *f* formleysi *n*; ókurteisi *f*; **2ular** *n* eyðublað *n*; **~ulieren** komast að orði

forsch|en rannsaka; þaulspyrja; **2er** *m* könnuður *m*, vísindamaður *m*; **2ung** *f* rannsókn *f*; **2ungsreise** *f* rannsóknarleiðangur *m*

Forst m skógur m; **~amt** n skóggæslusvæði n

Förster m (yfir)skógarvörður m

Forstwirtschaft f skógrækt f

fort bort; af stað; farinn; **in einem ~** stöðugt, í sífellu; **und so ~** og svo framvegis

fort|bestehen standa _od._ haldast áfram; **~bewegen** flytja burt _od._ áfram; **~bilden** v/r. stunda framhaldsnám n; **2bildungsschule** f framhaldsskóli m; **~dauern** haldast, halda áfram; **~fahren** _fig._ halda áfram; **~gehen** fara í burtu; **~geschritten** _fig._ lengra kominn; **2kommen** n velgengni f; **~laufend** _fig._ óslitinn; **~schreiten** _fig._ taka framförum; **2schritt** m framfarir f/pl.; **~setzen** láta áfram; **2setzung** f framhald n; **~während** sífelldur, stöðugur; **~ziehen** v/t. draga í burtu; v/i. fara; flytjast

Foto n ljósmynd f; **~apparat** m ljósmyndavél f; **~graf** m ljósmyndari m; **~grafie** f ljósmynd f; **2grafieren** taka (ljós)mynd f; **~kopie** f ljósrit n

Fracht f farmgjald n; farmur m; **~brief** m farmskrá f; **~dampfer** m vöruflutningaskip n; **~gut** n flutningur m; **~satz** m flutningataxti m

Frack m kjólföt n/pl., kjóll m og hvítt

Frage f spurning f; mál f; fyrirspurn f; e-e ~ **stellen** beina spurningu (til); _das kommt nicht in_ ~ það kemur ekki til mála; **~bogen** m spurningaeyðublað n

frage|n: nach etw. ~n spyrja um e-ð; _j-n um Rat_ **~n** spyrja e-n ráða; **2zeichen** n spurningarmerki f; spurningarmerki n

fraglich umræddur; vafasamur

frankieren borga undir (bréf)

Frankreich n Frakkland n

Franse f kögur n

Franz|ose m Frakki m; **~ösin** f frönsk kona, Frakki m; **2ösisch** franskur; **~ösisch** n franska f

Fratze f skrípamynd f; gretta f

Frau f kona f; (_Ehe-_) eiginkona f, húsfreyja f; **gnädige ~** (kæra) frú; **~ Hansen** frú Hansen; **~enarzt** m kvensjúkdómalæknir m; **~enbewegung** f kvenfrelsishreyfing f; **~enrechtlerin** f kvenréttindakona f; **~enstimmrecht** n kosningaréttur kvenna

Fräulein n fröken f

frech ósvífinn; blygðunarlaus; **2heit** f ósvífni f

frei frjáls; frjálsmannslegur; ~ **Haus** flutt ókeypis heim; **2bad** n útisundlaug f; **~bleibend** óbundinn; **2denker** m fríhyggjumaður m; **~en:** um *ein Mädchen* **~en** biðja sér konu; **2er** *m* biðill *m*; **~geben** láta lausan, sleppa; **~gebig** örlátur; **2gebigkeit** *f* örlæti *n*; **2gepäck** *n* farangur fluttur ókeypis; **2hafen** *m* fríhöfn *f*; **~halten** halda auðnum; borga fyrir; **2handel** *m* frjáls verslun *f*; **2heit** *f* frelsi *n*; **2heitsberaubung** *f* frelsissvipting *f*; **2heitsstrafe** *f* fangelsishegning *f*; **2herr** *m* barón *m*; **2karte** *f* ókeypis aðgöngumiði; **~lassen** sleppa; **~lich** reyndar, að vísu; vissulega; **2lichtbühne** *f* leiksvið *n* undir berum himni; **~machen** losa, leysa; *Brief* borga undir (bréf); **2maurer** *m* frímúrari *m*; **~mütig** frjálslegur; hreinskilinn; **2mütigkeit** *f* einurð *f*, frjálsleiki *n*; **~schwimmen** *v/r.* taka próf í sundi; **~sinnig** frjálslyndur; **~sprechen** sýkna; **2spruch** *m* sýknun *f*; **2staat** *m* lýðveldi *n*; **~stehen** *fig.* vera frjálst *od.* leyfilegt

Frei|tag *m* föstudagur *m*; **~übungen** *pl.* leikfimi (án áhalda); **~umschlag** *m* umslag með álímdu frímerki; **2willig** sjálfviljugur; **~zeit** *f* frístundir *f/pl.*

fremd framandi, ókunnugur, erlendur; **2e** *m/f* ókunnug(ur maður) kona; útlendingur *m*; **2enführer** *m* leiðsögumaður *m*; **2enverkehr**

m ferðamannaaðsókn *f*; **2sprache** *f* erlent tungumál; **~sprachlich: ~sprachlicher Unterricht** *m* tungumálakennsla *f*; **2wort** *n* útlent orð

fressen éta; *(Rost)* brenna

Freud|e *f* gleði *f*; **2ig** glaður; gleðilegur

freuen *v/r.* gleðjast *(über* yfir, af, *auf* hlakka til)

Freund *m* vinur *m*; **~in** *f* vinkona *f*; **2lich** vingjarnlegur *(gegen, zu* við); **2schaft** *f* vinátta *f*; **2schaftshalber** fyrir vináttu sakir

Frevel *m* glæpur *m*; **2haft** glæpsamlegur

Frieden *m* friður *m*; **~sbruch** *m* friðarrof *n*; **~sschluß** *m*, **~svertrag** *m* friðarsamningur *m*

fried|fertig friðsam(leg)ur; **2hof** *m* kirkjugarður *m*; **~lich** friðsam(leg)ur

frieren frjósa; *es friert* það *m* frost; *ich friere (es friert mich)* mér er kalt

frisch nýr, ferskur; frískur; **~e** *Butter* nýtt smjör; *auf ~er Tat ertappen* standa (e-n) að verki; **~gestrichen** nýmálaður; **2e** *f* nýleiki *m*, ferskleiki *m*; fjör *n*

Fris|eur *m* hárgreiðslumaður *m*; **~euse** *f* hárgreiðslukona *f*; **2ieren** greiða

Frist *f* frestur *m*; tími *m*; **2en** fresta; **~gewährung** *f* frestveiting *f*

Frisur f (hár)greiðsla f, hárbúnaður m

froh glaður, gleðilegur

fröhlich glaður, gleðilegur; **2keit** f kæti f; gleði f

Frohsinn m gleði f, glaðværð f

fromm guðhræddur; heiðarlegur

Frömmigkeit f guðhræðsla f

Fron f kvaðarvinna f

Fronleichnam m líkami m Krists; Dýridagur m

Front f fylkingarbrjóst n; vígvöllur m; (Häuser-) framhlið f

Frosch m froskur m

Frost m frost n

frösteln kenna kuldahrolls, skjálfa

frostig kaldur; kuldalegur

frottieren nudda

Frottiertuch n baðhandklæði n

Frucht f ávöxtur m; (Leibes-) fóstur n

frucht|bar frjósamur; **~los** árangurslaus

früh tímanlegur; snemma; **heute ~** í morgun; **morgen ~** í fyrramálið

Frühaufsteher m árrisull maður

früh|er fyrr, áður; **~estens** í fyrsta lagi

Früh|jahr n vor n; **~ling** m vor n

frühreif bráðþroska (-ður)

Früh|schoppen m morgunbjór m; **~stück** n morgunma-

tur m od. -verður m

früh|stücken borða morgunverð; **~zeitig** tímanlegur od. -lega

Frühzug m morgunlest f

Fuchs m refur m; (Pferd) rauður m; **~pelz** m refaskinnskápa f; **~schwanz** m (Säge) stingsög f

Fug: mit ~ und Recht með fullum rétti

Fuge f felling f, samskeyti n/pl.; Mus. fúga f

fügen v/r. sæta sig við; vilja til

fügsam eftirlátur

Fügung f ráðstöfun f, tilhögun f

fühl|bar áþreifanlegur; **~en** finna (til), verða var við

Fühler m Zo. fálmari m; fig. **seine 2er ausstrecken** þreifa fyrir um

Fuhre f vagnhlass n

führen leiða; stjórna

Führ|er m fylgdarmaður m; leiðtogi m; **~erschein** m ökuskírteini n

Führung f leiðsaga f; stjórn f; hegðun f; **~szeugnis** n hegðunar- od. (polizeiliches) hegningarvottorð n

Fuhrwerk n vagn m, ökutæki n

Fülle f gnægð f; fyrirferð f; **in Hülle und ~** í ríkum mæli

füllen fylla

Füllen n folald n

Füll|federhalter m lindarpenni m; **~horn** n nægtahorn

Fund m fundur m; **~ament** n undirstaða f; **~büro** n skrifstofa fyrir óskilamunir; **~sachen** pl. óskilamunir m/pl.
fünisch fjónskur
Funke m neisti m; **2ln** leiftra
funken senda loftskeyti
Funker m loftskeytamaður m
Funk|spruch m loftskeyti n; **~station** f loftskeytastöð f; **2tionieren** starfa, virka
für fyrir; **das ist ~ dich** þetta er fyrir þig od. handa þér
Fürbitte f fyrirbæn f
Furche f far n, skora f; (Runzel) hrukka f
Furcht f ótti m; **2bar** hræðilegur
fürcht|en óttast; v/r. óttast; **~erlich** ógurlegur
furcht|los óhræddur; **~sam** hræðslugjarn
Furnier n (Holz) spónn m
Fürsorge f umönnun f; **~amt** n framfærslumálaskrifstofa f

Fürsprache f fyrirbæn f
Fürst m fursti m; **~in** f furstafrú f; **2lich** furstalegur; stórrausnarlegur
Furt f vað n
Furunkel m blóðkýli n
Fuß m fótur m; **zu ~** fótgangandi; **~ fassen** ná fótfestu; **~ball** m fótbolti m; **~ballspiel** n knattspyrna f; **~ballspieler** m knattspyrnumaður m; **~bank** f skemill m; **~boden** m gólf n; **2en: auf etw. 2en** fig. styðjast við e-ð; **~gänger** m gangandi maður m; **~gängerampel** f gönguljós n; **~gängerunterführung** f undirgöng n/pl. fyrir gangandi fólk; **~gestell** n fótstallur m; **~weg** m troðningur m, stígur m
Futter n fóður n (a. Stoff); **~al** n hylki n; **~pflanze** f fóðurjurt f
füttern Tier fóðra (a. Kleider)
Futur n Gram. framtíð f

G

Gabe f gjöf f; gáfa f
Gabel f gaffall m; **2n** v/r. skiptast, greinast; **~ung** f (tví)skipting f
gackern kvaka, gagga
gaff|en gapa; glápa; góna; **2er** m forvitinn áhorfandi
Gage f laun n/pl.
gähnen geispa
galant kurteis, fagurmáll
Galerie f gangsvalir f/pl.;

galerí n; (Kunst) myndasafn n
Galgen m gálgi m; **~frist** f skammgóður vermir
Galle f gall n; **~nstein** m gallsteinn m
Gallert n hlaup n, mauk n
Galopp m stökk n
Gang m ganga f; göngulag n; (Mahlzeit) réttur m; (Auto) gír m

gang: ~ *und gäbe* (mjög) almennt

Gans f gæs f

Gänse|blume f mura f; **~braten** m gæsa(r)steik f; **~füßchen** pl. gæsalappir f/pl.; **~marsch** m gæsagangur m; halaröfa f; **~rich** m gæsarsteggur m

ganz heill; *im* 2es heild f; num. einn heill; *im* ~*en* alls, samtals; *im* ~*en genommen* yfirleitt

gänzlich algerður; algerlega

Ganztagsbeschäftigung f heilsdagsvinna f

gar fullsoðinn od. -steiktur; ~ *nicht* alls ekki; ~ *nichts* alls ekkert; *ganz und* ~ alveg

Garage f bílskúr m

Garantie f ábyrgð f; 2ren ábyrgjast; **~schein** m ábyrgðarskírteini n

Garderobe f fatageymsla f; fatnaður m; Thea. búningsherbergi n; **~(n)frau** f fatageymslukona f; **~(n)marke** f fatageymslumiði m od. -merki n; **~(n)ständer** m fatasnagi m

Gardine f gluggatjald n; gardína f

gären ólga

Garn n band n, garn n

Garnele f rækja f

Garnison f setulið n

Garnknäuel n band- od. garnhnykill m

garstig óhreinn; andstyggilegur

Garten m garður m; **~bau** m garðyrkja f

Gärtner m garðyrkjumaður m; **~ei** f garðyrkjustöð f

Gärung f ólga f, gerjun f

Gas n gas n; ~ *geben* (Auto) stíga bensínið í botn; ~ *wegnehmen* minnka bensíngjöfina; **~heizung** f gashitun f, gaskynding f; **~herd** m gaseldavél f; **~leitung** f gasleiðsla f; **~maske** f gasgríma f; **~pedal** n bensíngjafi m

Gasse f (mjó) gata f; öngstræti n

Gast m gestur m

Gästezimmer n gestaherbergi n

Gast|freund m tíður gestur m; 2freundlich gestrisinn; **~freundlichkeit** f, **~freundschaft** f gestrisni f; **~geber** m gestgjafi m; **~haus** n veitingahús n; **~hof** m gistihús n; **~mahl** n veisla f; ~spiel n gestaleikur m; **~stätte** f veitingahús n; **~wirt** m gestgjafi m; **~wirtschaft** f veitingahús n

Gatte m maki m, eiginmaður m

Gatter n grind f

Gattin f eiginkona f

Gattung f tegund f, kynstofn m

Gau m hérað n, sveit f

Gaukler m sjónhverfingamaður m

Gaul m (áburðar)hestur m

Gaumen m gómur m

Gauner m þorpari m, bófi m;

~erei f þorparabragð n; svik n/pl.

Gaze f sáralín n; grisjungur m

Gebäck n kökur f/pl.; sætabrauð n

Gebälk n stórviðargrind f

Gebärde f látbragð n; **2n** v/r. hegða sér

Gebaren n hegðun f, framkoma f

gebär|en fæða; **2mutter** f Anat. leg n

Gebäude n bygging f, hús n

Gebell n gelt n

geben gefa; rétta; Thea. sýna, leika; **in die Lehre ~** koma fyrir til iðnnáms; **zu Protokoll ~** láta bóka; **sich Mühe ~** gera sér far (um); **sich zufrieden~** láta sér lynda; **es gibt ...** til er(u)..., það er(u) til ...

Gebet n bæn f; **~buch** n bænabók f

Gebiet n svið n, svæði n; **2en** skipa; **2en über** ráða yfir (fyrir); **~er** m drottnari m; húsbóndi m; **2erisch** ráðríkur; höstugur

Gebilde n mynd f; **2t** menntaður

Gebirg|e n fjöll n/pl.; **2ig** fjöllóttur

Gebiß n tennur f/pl.; (künstlich) gervitennur; (Zaum) járnmél n/pl.

geblümt Stoff: rósóttur

geboren: **~ werden** fæðast

geborgen hólpinn, óhultur

Gebot n boðorð n; **die Zehn**

~e boðorðin tíu

Gebrauch m notkun f; siður m; **2en** nota; **~sanweisung** f notkunarreglur f/pl.; **2sfähig** nothæfur

Gebrauchtwagen m notaður bíll m

Gebrech|en n galli m; lýti n/pl.; **2lich** hrumur; vanheill

Gebrüder pl. (Firma) Bræðurnir

Gebrüll n öskur n

Gebühr f gjald n; **nach ~** fig. að verðleikum

gebühren bera, eiga tilkall til; **~d** skyldur; sæmandi; **~frei** ókeypis

Geburt f fæðing f; **~enrege-lung** f takmörkun barneigna; **~enziffer** f fæðingartala f; **~sdatum** n fæðingardagur m; **~shelfer** m yfirsetumaður m; **~shelferin** f yfirsetukona f; **~sjahr** n fæðingarár n; **~sort** m fæðingarstaður m; **~sschein** m fæðingarvottorð n; **~stag** m afmælisdagur m

Gebüsch n kjarr n

Geck m spjátrungur m; kjáni m

Gedächtnis n minni n; minning f; **aus dem ~** eftir minni; **zum ~ des Mannes** til minningar um manninn

Gedank|e m hugsun f; **~enfreiheit** f hugsanafrelsi n; **2enlos** hugsunarlaus; **~enstrich** m þankastrik n; **~enübertragung** f hugskeyti n,

hugsanaflutningur *m*; 2**en-
voll** hugsandi, hugsi

Gedärme *pl.* þarmar *m/pl.*,
innýfli *n/pl.*

Gedeck *n* borðáhöld *n/pl.*
(handa einum)

gedeihen þrífast, dafna

gedenken muna, minnast;
hafa í hyggju

Gedenken *n* (endur)minning
f

Gedicht *n* kvæði *n*

gediegen (*Metall*) skír,
hreinn; *fig.* traustur

gedörrt þurrkaður

Gedränge *n* þrengsli *n*,
þröng *f*; *fig.* vandræði *n/pl.*;
2**t** þéttur; stuttorður

gedrungen þéttur, stuttur;
fig. samanrekinn

Geduld *f* þolinmæði *f*; 2**en**
v/r. vera þolinmóður; 2**ig**
þolinmóður

geehrt hróðraður; *sehr ~e(r)
Herr/Frau ...* háttvirti herra, háttvirta frú (*im Isländ.
sind Geschäftsbriefe ohne
Anrede*)

geeignet viðeigandi, vel fallin (*für etw.* til e-s)

Gefahr *f* hætta *f*, áhætta *f*; ~
laufen hætta á, eiga á hættu

gefähr|den stofna í hættu;
~**lich** hættulegur; 2**t** vange
m; farartæki *n*; 2**te** *m* föru-
nautur *m*, félagi *m*

Gefälle *n* halli *m*, fall *n*

gefallen falla í geð, geðjast;
es gefällt mir mér líst vel á
það, mér líkar það vel; *sich*

etw. ~ lassen láta sér e-ð vel
líka; láta bjóða sér e-ð

Gefallen *m: an etw. ~ finden*
hafa ánægju af e-u, líka e-ð
vel; *j-m e-n ~ tun* gera e-m
greiða

gefällig alúðlegur, greiðvik-
inn; þægilegur; 2**keit** *f* alúð *f*,
greiðvikni *f*

gefangen fangaður, *sich ~
geben* gefast upp; 2**e** *m/f*
fangi *m*; 2**nahme** *f* handtaka
f; ~**nehmen** taka höndum
2**schaft** *f* fangavist *f*

Gefängnis *n* fangelsi *n*;
~**strafe** *f* fangelsisrefsing *f*;
~**wärter** *m* fangavörður *m*

Gefäß *n* ílát *n*; æð *f*

gefaßt stilltur; *auf etw. ~ sn*
vera viðbúinn e-u

Gefecht *n* bardagi *m*;
or(r)usta *f*

Gefieder *n* fjaðrir *f/pl.*;
fjaðurhamur *m*

Geflecht *n* flétta *f*

gefleckt blettóttur, flekkóttur

geflissentlich af ásettu ráði

Geflügel *n* alifuglar *m/pl.*;
~**zucht** *f* alifuglarækt *f*

Gefolge *n* fylgdarlið *n*

Gefolgschaft *f* fylgilið *n*; ~
leisten fylgja, fara eftir

gefräßig gráðugur

Gefreite *m* undirforingi *m*

gefrier|en frjósa; 2**fach** *n*
frystihólf *n*; 2**fisch** *m* fred-
fiskur *m*; 2**fleisch** *n* fryst
kjöt *n*; 2**punkt** *m* frostmark
n; 2**schrank** *m* frystiskápur
m; 2**truhe** *f* frystikista *f*

geigen

Gefrorene *n* ís *m*
gefügig eftirlátssamur; liðugur
Gefühl *n* tilfinning *f*; **2los** tilfinningarlaus; **2voll** tilfinningaríkur
gegebenenfalls ef svo fer
gegen (*mit acc.*) gegn, á móti; allt að, hér um bil; (*im Vergleich zu*) í samanburði við; **~bar** gegn staðgreiðslu
Gegend *f* sveit *f*; hérað *n*
Gegen|gewicht *n* mótvægi *n*; **~gift** *n* móteitur *n*; **~liebe** *f* endurgoldin ást; **~mittel** *n* ráð *n* (við e-u); móteitur *n*; **~rede** *f* andsvar *n*; mótbára *f*; **~satz** *n* andstæða *f*; **~satz zu** andstætt; **2seitig** gagnkvæmur; **~stand** *n* hlutur *m*; viðfangsefni *n*; **~stück** *n* hliðstæða *f*; **~teil** *n* mótsetning *f*; andstæða *f*; **im ~teil** þvert á móti; **2über** andspænis; **~über** *n* andbýlingur *m*; sá sem situr á móti; **~überstellung** *f* samanburður *m*; **~vorschlag** *m* móttillaga *f*; **~wart** *f* viðurvist *f*; nútíð *f*; **2wärtig** viðstaddur; núverandi; **~wert** *m* andvirði *n*; **~wind** *m* mótvindur *m*; **2zeichnen** meðundirrita
Gegner *m* andstæðingur *m*; **2isch** fjandsamlegur; **~schaft** *f* mótspyrna *f*, fjandskapur *m*
Gehalt 1. *m* innihald *n*; gildi *n*; **2.** *n* kaup *n*, laun *n/pl.*;

2voll efnismikill; **~szulage** *f* launaviðbót *f*
gehässig heiftúðlegur; **2keit** *f* heiftúð *f*
Gehäuse *n* hylki *n*; fræhylki *n*
Gehege *n* girðing *f*, gerði *n*
geheim leynilegur; **2dienst** *m* leyniþjónusta *f*; **2fach** *n* leynihólf *n*; **2nis** *n* leyndarmál *n*; **2polizei** *f* leynilögregla *f*
Geheiß *n* skipun *f*
gehen ganga, fara; *Teig*: lyfta sér; *schlafen* ~ fara að sofa
geheuer: nicht ~ ekki allt með felldu, lítast ekki á blikuna
Geheul *n* öskur *n*, ýlfur *n*
Gehilf|e *n* aðstoðarmaður *m*; **~in** *f* aðstoðarstúlka *f*
Gehirn *n* heili *m*; **~erschütterung** *f* heilahristingur *m*
Gehöft *n* búgarður *m*
Gehölz *n* skógur *m*, lundur *m*
Gehör *n* heyrn *f*; áheyrn *f*; **sich ~ verschaffen** afla sér áheyrnar
gehorchen hlýða
gehör|en *v/i.* tilheyra, vera eign (e-s); *v/r.* sæma, eiga við; **~ig** *fig.* viðeigandi, rækilegur
gehorsam hlýðinn
Gehorsam *m* hlýðni *f*
Gehsteig *m* gangstétt *f*, gangstígur *m*
Geier *m* gammur *m*
Geifer *m* slefa *f*; froða *f*
Geige *f* fiðla *f*; **2n** leika á

fiðlu; **~nbogen** *m* fiðlubogi *m*

geil lostafullur

Geisel *f* gísl *m*

Geißel *f* svipa *f*; **2n** hýða, berja

Geist *m* andi *m*; *der Heilige ~* heilagur andi; **2erhaft** draugalegur; **2esabwesend** annars hugar; **~esgegenwart** *f* snarræði *n*; **2esgegenwärtig** snarráður; **2eskrank** geðveikur; **2esschwach** vitsmunaljór; **2ig** andlegur

geistlich prestlegur, kirkjulegur; **2e** *m* prestur *m*, klerkur *m*; **2keit** *f* klerkastétt *f*

geist|los andlaus; **~reich** andríkur; **~voll** andríkur

Geiz *m* níska *f*; **2en** vera nískur; **~hals** *m* nirfill *m*; **2ig** nískur

Gekritzel *n* hrafnaspark *n*

Gelächter *n* hlátur *m*

Gelage *n* gildi *n*, drykkjuveisla *f*

gelähmt lamaður; máttvana

Gelände *n* svæði *n*; landslag *n*; **~lauf** *m* víðavangshlaup *m*; **~r** *n* handrið *n*; **~spiele** *pl.* víðavangsleikir *m/pl.*; **~wagen** *m* hálendisbíll *m*

gelangen koma(st); *zur Reife ~* ná þroska

gelassen rólegur, stilltur

geläufig lipur; reiprennandi

gelaunt fyrirkallaður; *gut ~* í góðu skapi

Geläute *n* hringing *f*, bjölluhljómur *m*

gelb gulur; **~lich** gulleitur; **2sucht** *f* gula *f*

Geld *n* peningar *m/pl.*; *bares ~* reiðupeningar; *etw. zu ~ machen* koma úr í peninga; **~beutel** *m* (peninga-) budda *f*; **~entwertung** *f* gengislækkun *f*; **~schein** *m* peningaseðill *m*; **~schrank** *m* peningaskápur *m*; **~strafe** *f* peningasekt *f*; **~stück** *n* mynt *f*, **~wechsel** *m* gjaldeyrisskipting *f*

Gelee *n* hlaup *n*, þykkni *n*

gelegen staðsettur; *fig.* þægilegur; **2heit** *f* tækifæri *n*; *bei 2heit* við tækifæri; *i tilefni af;* **2heitskauf** *m* tækifæriskaup *n/pl.*; **~tlich** við tækifæri, þegar svo ber undir

gelehr|ig námfús; **2samkeit** *f* lærdómur *m*, þekking *f*; **~t** lærður; **2te** *m/f* lærður maður, vísindamaður *m*

Geleise *n* hjólfar *n*; brautarteinar *m/pl.*; **ins ~ bringen** koma í lag

Geleit *n* fylgd *f*; grið *n/pl.*; **2en** fylgja, segja til vegar

Gelenk *n* liður *m*, liðamót *n/pl.*; **2ig** sveigjanlegur, liðugur; **~rheumatismus** *n* liðagigt *f*

geliebt elskaður; **2e** *m/f* elskhugi *m*, unnusti *m*; ástmær *f*, unnusta *f*

gelind mjúkur; vægilegur

gelingen heppnast; **~loben**

heita, lofa; **2löbnis** n heit n

gelt|en gilda; **~en als** vera metinn sem; **~end: etw. ~end machen** leggja áherslu á e-ð; gera tilkall til e-s; **2ung** f gildi n; **zur 2ung kommen** njóta sín

Gelübde n heit n

gelungen vel heppnaður

Ge|mach n herbergi n; **2mächlich** rólegur, makindalegur

gemacht tilbúinn; **ein 2er Mann** sjálfbjarga (od. sjálfstæður) maður

Gemahl n eiginmaður m; **~in** f eiginkona f

Gemälde n málverk n; **~galerie** f málverkasafn n

gemäß samkvæmt; **~igt** hóflegur; tempraður

Gemäuer n múrar m/pl., veggir m/pl.

gemein sameiginlegur; venjulegur; (**zu j-m**) leiðinlegur við e-n; auðvirðilegur; svívirðilegur; **2de** f sveitarfélag n; sókn f; **2devorsteher** m hreppstjóri m; **~gefährlich** hættulegur samfélagi manna; **2heit** f ódrengskapur m; **~nützig** almennt gagnlegur; **~sam** sameiginlegur; **2schaft** f sameining f; samfélag n; (**eheliche**) hjónaband n; **~verständlich** auðskilinn; **2wesen** n þjóðfélag n, samfélag n; **2wohl** f almenningsheill f (a. n/pl.)

Ge|menge n sambland n; **2messen** mældur; **~metzel** n manndráp n; **~misch** n sambland n, blanda f

Gemse f gemsa f

Gemurmel n taut n

Gemüse n grænmeti n; **~garten** m matjurtagarður m, kálgarður m; **~händler(in** f) m matjurtasali m, grænmetissali m

Gemüt n geð n, skap n; **2lich** huggulegur, vistlegur; (Person) geðugur; **~sart** f/undarfar n; **~sbewegung** f geðshræring f; **2skrank** þunglyndur; geðbilaður; **~sverfassung** f skap n

genau nákvæmur; **2igkeit** f nákvæmni f

genehmig|en samþykkja; leyfa; **2ung** f viðurkenning f; samþykki n; leyfi n

General|stab m herforingjaráð n; **~streik** m allsherjarverkfall n; **~vollmacht** f einkaumboð n

genesen batna, frískast; **2ung** f (aftur)bati m

genial snjall, andríkur

Genick n hnakki m; háls m; (**sich**) **das ~ brechen** hálsbrotna

Genie n snillingur m; **2ren** v/r. vera feiminn

genießen: etw. ~ njóta e-s

Genitiv m eignarfall n

Genosse m félagi m; **~nschaft** f kaupfélag n

genug nógur, nægilegur; *von etw. ~ haben* vera orðinn leiður á e-u

Genüge f nægð f; fullnæging f; ~**tun** fullnægja (e-m); *zur ~* nægilega; 2n nægja; *das genügt* þetta nægir; *sich 2n lassen* láta sér (e-ð) nægja; *s-r Pflicht ~* rækja skyldu sína; 2nd nægilegur

genügsam nægjusamur; 2keit f nægjusemi f

Genugtuung f fullnæging f; ánægja f

Genus n kyn n

Genuß m neysla f; nautn f; 2süchtig nautnasjúkur

Geo|graphie f landafræði f; ~metrie f flatarmálsfræði f

Gepäck n farangur m; ~**abfertigung** f farangursafgreiðsla f; ~**aufbewahrung** f Esb. farangursgeymsla f; ~**ausgabe** f afhending farangurs; ~**schein** m farangursskírteini n; ~**träger** m burðarkarl m; (Fahrrad) bögglaberi m

Gepflogenheit f venja f

Ge|plapper n raus n; þvaður n; ~**plauder** n skraf n; ~**polter** n hávaði m, skarkali m; ~**präge** n einkenni n, blær m

gerade beinn; uppréttur; fig. blátt áfram; adv. einmitt

Gerade f bein lína; 2**aus** beint áfram; 2**zu** beinlínis

Gerät n áhald n; tæki n

geraten lenda m; *in Brand ~* kvikna í; *in Streit ~* lenda í

deilu; *in Vergessenheit ~* falla í gleymsku; *in Wut ~* verða ofsalega reiður; *gut ~* vel heppnaður; *schlecht ~* misheppnaður

Geratewohl: *aufs ~* út í bláinn

Geräumig rúmgóður

Geräusch n hávaði m; þrusk n; 2los hávaðalaus; 2voll hávaðasamur

gerben súta; 2**säure** f sútunarsýra f

gerecht réttlátur; 2**igkeit** f réttlæti n

Gerede n þvaður n; *ins ~ kommen* verða fyrir illu umtali

gereizt æstur, æfur; 2**heit** f æsing f

Gericht n réttur m (a. Essen); dómstóll m; *das Jüngste ~* dómsdagur m; *zu ~ sitzen über* kveða upp dóm yfir; 2**lich** lagalegur; 2**liches Verfahren** n dómsmál n; málarekstur m

Gerichts|barkeit f dómsvald n; lögsagnarumdæmi n; ~**beschluß** m dómsúrskurður m; ~**diener** m réttarþjónn m; ~**hof** m dómstóll m; ~**kosten** pl. málskostnaður m; ~**sitzung** f réttarhald n; ~**vollzieher** m (borgar)fógeti m; ~**zeuge** m dómsvitni n

gerieben slunginn

gering lítilfjörlegur; lítill; *nicht im ~sten* ekki vitund; ~**fügig** lítilmótlegur; smá-

vegis, smávægilegur; **2fügig-
keit** f smámunir m/pl.; ~
schätzen meta lítils; ~**schät-
zig** lítilsvirtur; **2schätzung**
f lítilsvirðing f
gerinnen storkna; **geronnen**
storkinn; (Milch) ystur
Gerippe n beinagrind f; **2t**
rifjaður; gáróttur
gerissen fig. slunginn, viðsjáll
gern gjarna; **j-n ~ haben**
þykja vænt um e-n; **etw. ~
essen** þykja e-ð gott
Geröll n hnullungagrjót n;
möl f
Gerste f bygg n; ~**nkorn** n
byggkorn n; Med. vogrís m
Gerte f tág f; keyri n
Geruch m lykt f; **2los** lyktar-
laus
Gerücht n orðrómur m
geruhen þóknast; ~**sam** n
rólegur
Gerümpel n rusl n, drasl n
Gerüst n pallur m, grind f
Gesamt|**ausgabe** f (Bücher)
heildarútgáfa f; ~**betrag** m
heildarupphæð f; ~**eindruck**
m heildaráhrif n/pl.; ~**heit** f
heild f
Gesandt|e m/f fulltrúi m
ríkis erlendis; ~**schaft** f
sendinefnd f
Gesang m söngur m; ~**verein**
m söngfélag n
Gesäß n sitjandi m, rass m
Geschäft n viðskipti n/pl.;
verslun f; **2ig** starfsamur;
2lich viðskiptalegur; versl-
unar-, viðskipta-

Geschäfts|**bericht** m versl-
unarskýrsla f; ~**brief** m
verslunarbréf n; ~**führer** m
verslunarstjóri m; ~**inhaber**
m verslunareigandi m; ~
mann m kaupsýslumaður
m; ~**ordnung** f vinnutil-
högun f; þingsköp n/pl.;
~**reise** f viðskiptaferð f;
~**schluß** m lokun f verslunar;
~**stelle** f skrifstofa f; ~**träger** m sendifulltrúi m
geschehen bera við, gerast;
2nis n viðburður m, atburður m
gescheit hygginn; dugandi
Geschenk n gjöf f
Geschichte f saga f; e-e
schöne ~! ljóta sagan!
Geschick n (Schicksal) örlög
n/pl., forlög n/pl.; (~lichkeit)
dugnaður m; lagni f; **2t**
dugandi; laginn, fimur
geschieden skilinn (um
hjón)
Geschirr n leirtau n; ílát n;
(Pferde-) aktygi n/pl.
Geschlecht n kyn n; kynslóð
f; **2lich** holdlegur, kyn-
ferðilegur
Geschlechts|**krankheit** f
kynsjúkdómur m; ~**verkehr**
m samfarir f/pl.
geschliffen slípaður, fágaður
(a. fig.)
Geschmack m smekkur m,
bragð n; **an etw. ~ finden**
geðjast að e-u; **2los** fig.
ósmekklegur; ónærgætinn;
2voll smekklegur

Geschmeid|e n skartgripur m; 2ig fimur

Geschöpf n vera f; manneskja f

Geschoß n kúla f, byssukúla f, skot n; (Stockwerk) hæð f

Geschrei n óp n, hróp n

Geschütz n fallbyssa f

Geschwader n flota-, flugvéladeild f

Geschwätz n þvaður n, rugl n; 2ig málugur; ~igkeit f mælgi f

geschwind fljótur, skjótur; 2igkeit f hraði m, flýtir m; 2igkeitsbeschränkung f takmörkun hámarkshraða; 2igkeitsmesser m hraðamælir m

Geschwister pl. systkin n/pl.

Geschworene m/f eiðsvari m, kviðdómari m

Geschwulst f bólga f, kýli n

Geschwür n ígerð f, kýli n

Gesell|e m iðnsveinn m; félagi m; 2ig félagslyndur; das 2ige Leben samkvæmislífið n; ~schaft f samkvæmi n; félag n; Pol. þjóðfélag n; ~schaftsreise f hópferðalag n

Gesetz n lög n/pl.; ~buch n lögbók f; Bürgerliches ~buch einkamálalögbók f; ~entwurf n lagafrumvarp n; ~gebung f lagasetning f; 2lich lagalegur; löglegur

gesetzt ráðsettur; ~ den Fall, daß ... setjum svo, að ...

gesetzwidrig ólöglegur

Gesicht n andlit n

Gesichts|ausdruck m andlitssvipur m; ~kreis m sjóndeildarhringur m; ~punkt m sjónarmið n

Gesinde n vinnuhjú n/pl.; ~l n skríll m, hyski n

Gesinnung f hugarfar n; 2slos stefnulaus, kærulaus; ~swechsel m sinnaskipti n/pl.

gesittet siðaður, kurteis; 2ung f siðmenning f

Gespann n eyki n

gespannt spenntur, eftirvæntingarfullur; 2heit f órói m, spenna f, ofvæni n

Gespenst n draugur m; 2isch draugalegur

Gespinst n spuni m; vefur m; (Gedanke) þrauthugsað mál

Gespött n háð n; athlægi n

Gespräch n samtal n, 2ig ræðinn; ~sstoff m umtalsefni n, umræðuefni n

Gestade n strönd f, bakki m

Gestalt f vöxtur m; mynd f; 2en mynda, móta; v/r. taka á sig svip, verða, þróast; 2ung f sköpun f, myndun f

gestanden: offen ~ í hreinskilni sagt

geständ|ig: ~ig sein játa (e-ð); 2nis n játning f

Gestank m stækja f, fíla f

gestatten leyfa, heimila

Geste f látbragð n, hreyfing f

gestehen játa

Gestein n grjót n, urð f; ~skunde f steinafræði f

Gestell n pallur m; (fót-)stallur m

gestern í gær; **~ abend** í gærkvöldi; **~ morgen** í gærmorgun; **~ nacht** síðustu nótt

Gestirn n stjarna f; stjörnumerki n; **2t** (al)stirndur

Gestöber n snjókoma f, fjúk n

gestreift röndóttur

Gestrüpp n kjarr m

Gestüt n stóð n

Gesuch n umsókn f; **2t** eftirsóttur

gesund heilbrigður, heill; **~en** halur, verða heilbrigður; **2heit** f heilsa f, heilbrigði n; **auf j-s 2heit trinken** drekka minni e-s; **2heitsamt** n heilbrigðisráð n; heilbrigðiseftirlit n; **2heitspflege** f heilsugæsla f; **~heitsschädlich** heilsuspillandi

Getöse n hávaði m, gnýr m

Getränk n drykkur m; **~esteuer** f áfengisskattur m

getrauen v/r. þora, dirfast

Getreide n korn n

Getriebe n drifhjól m; **~schaden** m bilun f á drifhjóli

Getümmel n hávaði m, ys m

Gewächs n jurt f, gróður m; **~haus** n gróðurhús n

Gewähr f ábyrgð f, trygging f; **~ bieten** veita ábyrgð

gewahren taka eftir, koma auga á

gewähr|en leyfa, heimila; veita; **j-n ~en lassen** láta

e-n afskiptalausan; **~leisten** ábyrgjast; heimila

Gewahrsam m varðveisla f; varðhald n

Gewalt f vald n; ofbeldi n; **~antun** beita ofbeldi; **2ig** feikilegur; **2sam** ofsalegur; með ofbeldi; **2tätig** ofbeldisfullur, árásargjarn

Gewand n klæðnaður m

gewandt lipur, fimur

Gewässer n vatn n; sjór m; skipaleið f

Gewebe n vefnaður m; vefur m

Gewehr n byssa f; **~kolben** m byssuskefti n; **~lauf** m byssuhlaup n

Geweih n hjartarhorn n

Gewerbe n atvinna f; iðn f; **~eschein** n atvinnuleyfi n; **~eschule** f iðnskóli m; **2lich**, **2smäßig** iðnaðarlegur, iðnaðar-; atvinnu-

Gewerkschaft f iðnfélag n, stéttarfélag n, verkalýðsfélag n; **2lich** verkalýðsfélagslega

Gewicht n vigt f, þyngd f; þungi m; (Uhr) lóð n

Gewimmel n sægur m, urmull m

Gewinde n skrúfugangur m

Gewinn m gróði m; vinningur m; **2bringend** árðbærsamur; **2en** græða; Wette: vinna; **~liste** f vinningaskrá f; **~sucht** f gróðafíkn f

Gewirr n ringulreið f, hrærigrautur m

gewiß viss, áreiðanlegur

Gewissen n samviska f;
2haft samviskusamur; **2los**
samviskulaus; **~sbisse** pl.
samviskubit n
gewissermaßen að vissu
leyti
Gewißheit f (full)vissa f
Gewitter n þrumuveður n;
2schwül molluheitur
gewogen hliðhollur
gewöhnen venja
Gewohnheit f venja f, siður
m; **~srecht** n hefð f
gewöhnlich venjulegur; til-
komulítil
gewöhn|t vanur (e-u); **2ung** f
venja f
Gewölbe n hvelfing f
gewunden (Rede) tilgerðarlegur; (Erklärung) loðinn,
óljós
Gewürz n krydd n; **~gurken**
pl. sultaðar agúrkur
Gezänk n rifrildi n, deila f
Gezeiten pl. sjávarföll n/pl.
geziemend sæmandi, viðeigandi
geziert tilgerðarlegur
Gezwitscher n kvak n, tíst n
gezwungen tilneyddur; fig.
þvingaður
Gicht f gigt f
Giebel m gafl m
Gier f græðgi f; **2ig** gráðugur
gieß|en hella; Blumen vökva;
Form steypa; **2erei** f
steypa; **2erei** f
steypismiðja f; **2kanne** f
vökvunarkanna f
Gift n eitur n; **2ig** eitraður
Gilde f iðnfélag n, gildi n

Gipfel m tindur m; hámark n;
~konferenz f, **~treffen** n
fundur m þjóðarleiðtoga
Gips m gips n; **~verband** m
gipsumbúðir f/pl.
Giro n gíro n, milliskrift f
(Wechsel) ábeking f
Gischt n froða f, löður n
Gitarre f gítar m
Gitter n grind f
Glanz m ljómi m, glampi m
glänzen glampa, glóa; **~d**
glæsilegur, ljómandi
Glas n (Material) gler n; glas
n; **~er** m glerskeri m
gläsern úr gleri, gler-
Glas|hütte f glersmiðja f; **2ig**
glerkenndur; **~scheibe** f
(gler)rúða f
glatt háll; sléttur; adv.
auðveldlega
Glätte f hálka f; sléttleiki m
Glatteis n ísing f, svell n
glätten slétta; fægja
Glatz|e f skalli m; **2köpfig**
sköllóttur
Glaub|e m trú f; auf Treu 2
en upp á æru og trú; **~ens-
bekenntnis** n trúarjátning f;
~ensfreiheit f trúfrelsi n
glaubhaft trúlegur
gläubig trúaður; **2e** m/f
trúmaður m; **2er** m Hdl.
lánardrottinn m
gleich eins, jafn; der gleiche
sá sami, die gleiche sú
sama; zu **~er** Zeit á sama
tíma; es ist mir **~** mér er
sama; **~ groß** jafnstór;
wenn **~** þó að, enda þótt;

~altrig jafnaldra; ~artig sams konar; ~bedeutend sömu merkingar; **2berechtigung** f jafnrétti n; **2en** líkjast; ~falls sömuleiðis, einnig; ~förmig tilbreytingarlaus; **2gewicht** n jafnvægi n; ~gültig hirðulaus, kærulaus; **2heit** f jöfnuður m; ~mäßig með jöfnu millibili, **2mut** m jafnlyndi n; ~mütig jafnlyndur; **2nis** n líking f; **2strom** m rakstraumur m; **2ung** f Math. líking f, jafna f; ~viel jafn mikið; ~wertig jafnverðmætur; ~wohl samt sem áður, þó; ~zeitig samtímis

Gleis n hjólfar n; brautarteinar m/pl.; s. *Geleise*

gleit|en renna; **2flug** m svifflug n

Gletscher m jökull m; skriðjökull m

Glied n liður m; *Anat.* limur m

gliedern raða, skipa niður

Gliederung f niðurröðun f; sundurliðun f

glimmen lifa í glóðum; glóa

glimpflich án verulegs tjóns; mildur

glitzern glitra, glampa

Glock|e f klukka f, bjalla f; **2enzug** m klukku-, bjöllustrengur m

glotzen glápa, góna

Glück n gæfa f, gengi n; *j-m* ~ **wünschen** óska e-m heilla; *auf gut* ~ upp á von og óvon; ~ **haben** vera heppinn; hafa heppnina með sér

Glucke f varphæna f

glück|en heppnast; ~**lich** hamingjusamur; heppinn; ~**selig** sæll; unaðssæll; **2fall** m slembilukka f, happ n; **2spilz** m gæfumaður m; **2wunsch** m heillaósk f; *herzlichen* **2wunsch!** hjartanlega til hamingju!

Glüh|birne f rafmagnspera f; **2en** glóa; vera glóandi; ~**wein** m toddý n, púns n; ~**würmchen** n ljósbjalla f

Glut f glóð f; eldur m; **2rot** eldrauður

GmbH f (= *Gesellschaft mit beschränkter Haftung*) hlutafélag n með takmarkaðri ábyrgð

Gnade f náð f; ~**brot** n náðarbrauð n, gustukagjafir f/pl.; ~**ngesuch** n náðunarbeiðni f; ~**nstoß** m líknarhögg n, banahögg n; banastunga f

gnädig náðugur, miskunnsamur

Gold n gull n

golden gullinn, úr gulli; ~**e** *Hochzeit* f gullbrúðkaup n

goldig gullinn; *fig.* elskulegur

Gold|schmied m gullsmiður m; ~**stück** n gullpeningur m; ~**währung** f gullgengi n, gullmyntarfótur m

Golf 1. m flói m; **2.** n (*Sport*) golf n; ~**jacke** f golftreyja f

gönn|en unna (e-s); **2er** m velunnari m

Gosse f göturæsi n

Gott m guð m; *der liebe ~*
góður guð; *du lieber ~!*
hamingja góða!; *weiß ~*
það veit guð; *~ bewahre!*
guð komi til; *um ~es willen!*
í guðanna bænum!; *leider
~es* því miður

Gottes|dienst m guðsþjónusta f; **~lästerung** f guðlast
n; **~leugner** m trúleysingi m,
guðsafneitari m

Gottheit f guðdómur m;
guðdómleiki m

gott|los guðlaus, óguðlegur;
2vertrauen n guðstraust n

Götze m hjáguð m, goð n

Grab n gröf f; **2en** grafa; **~en**
m skurður m; **~hügel** m leiði
n; haugur m; **~mal** n legsteinn m; **~stein** m legsteinn
m

Grad m gráða f; stig n; **~messer** m stigmælir m, mælikvarði m

Graf m greifi m

Gräfin f greifafrú f

Gram m sorg f, miklar áhyggjur f/pl.

grämen v/r. hryggjast, vera
hryggur

Gramm n (Abk. g) gramm n

Grammat|ik f málfræði f;
2isch málfræðilegur

Granate f sprengikúla f

Graphik f grafík f, svartlist f

Gras n gras n; strá n; **2en** vera
á beit, bíta

gräßlich skelfilegur, óskapleg-
ur

Grat m fjallsegg f; brún f

Gräte f (fisk)bein n

gratis ókeypis

gratulieren óska til hamingju

grau grár; gráhærður

grauen elda aftur; *mir graut
vor ihm* mig hryllir við honum

Grauen n afturelding f; hryllingur m

grauenhaft hryllilegur

Graupe f grjón n; **2ln: es
graupelt** það er haglhríð

graus|am grimmur; **~ig**
skelfilegur

gravieren stinga letur, krota

gravitätisch hátíðlegur

Grazi|e f yndisleiki m; **2ös**
yndislegur

Green Peace grænfriðungar
m/pl.

Greis m öldungur m; **2enhaft**
ellilegur; **~in** f gömul kona

grell Laut: hvellur; Licht:
skær, skellibjartur

Grenze f landamæri n/pl.;
takmörk n/pl.; **2n an** liggja
að; *fig.* jaðra við

Grenz|fall m tilfelli n, sem er á
mörkum; **~übergang** m leið
f yfir landamæri

Greuel m skelfing f, andstyggð f; **~tat** f ódæðisverk n

greulich andstyggilegur,
ógurlegur

Grieche m Grikki m; **~nland**
n Grikkland n

griesgrämig önugur, geðillur

Griff m tak n; handarhald n

Grill|e f duttlungur m; **2en** glóðarsteikja; grilla, grill-steikja; **2enhaft** duttlunga-fullur

grinsen glotta

Grippe f inflúensa f, flensa f

grob grófur

Grog m (heit) rommblanda f; grogg n

Groll m reiði f, fæð f; **2en:** *j-m* **2en** bera kala til e-s

Grön|land n Grænland n; **2länder** m Grænlendingur m

groß stór; *der* **2e Belt** Stóra-beltið n; **~artig** stórkostleg-ur; ágætur

Größe f stærð f; *fig.* tign f

Großeltern *pl.* afi m og amma f

Größenwahn m mikilmenns-ku(brjál)æði n

Groß|handel m heildsala f; heildverslun f; **~industrie** f stóriðnaður m; **~industrie-le** m stóriðjuhöldur m; **~kaufmann** m stórkaup-maður m, heildsali m; **~macht** f stórveldi n; **2mäu-lig** *fig.* raupsamur; **2mü-tig** göfuglyndur; **~mutter** f amma f; **~onkel** m afa-, ömmubróðir m; **~stadt** f stórborg f; **~tante** f afa-, ömmusystir f

größtenteils að mestu leyti

Groß|vater m afi m; **2ziehen** ala upp; **2zügig** stórbrotinn; f. rausnarlegur

Grübchen n spékoppur m

(*am Kinn*) pétursspor n

Grube f gryfja f; *Bgb.* náma f

grübeln brjóta heilann (*über etw.* um e-ð)

Gruft f grafhvelfing f

grün grænn; *ein ~er Junge* græningi m; **2anlage** f tún n; garður m

Grund m botn m; grundvöllur m; ástæða f; *auf ~ von* vegna; *e-r Sache auf den ~ gehen* athuga mál frá rótum; **~be-griff** m aðalhugtak n; **~be-sitz** m jarðeign f; **~buch** f jarðabók f, afsalsbók f

gründen stofna, setja á stofn; **2er** m stofnandi m

Grund|gedanke m grund-vallar-, aðalhugmynd f, frumhugsun f; **2lage** f grundvöllur m, undirstaða f; **2legend** mikilvægast

gründlich rækilegur

grundlos botnlaus; ástæðu-laus

Gründonnerstag m skírdag-ur m

Grund|riß m ágrip f; **~satz** m meginregla f; **2sätzlich** grundvallarlegur, grundvall-ar-; **~schule** f barnaskóli m; **~stück** n lóð f; **~stücksmak-ler** m fasteignasali m

Gründung f stofnun f; stofn-setning f

grün|en grænka; **2futter** n grængresisfóður m; **2kohl** m grænkál n

grunzen rýta

Gruppe f hópur m, flokkur m

gruseln hrylla

Gruß m kveðja f

grüßen: *j-n* ~ skila kveðju til e-s

Grütze f grjón n/pl.; (*Brei*) grautur m

guck|en gægjast; 2**loch** n gægjugat n

gültig gildur; gildandi

Gummi m gú(m)mí n; barði m; ~**band** n teygjuband n; ~**knüppel** m gúmmíkylfa f; ~**stiefel** m. gúmmístígvél n/pl.

Gunst f hylli f

günst|ig hagstæður; 2**ling** m uppáhald n; eftirlæti n

Gurgel f kverkar f/pl.; 2**n** skola (kverkarnar); ólga

Gurke f gúrka f, agúrka f

Gurt m belti n

Gürt|el m belti n; 2**en** spenna belti

Guß m (*Regen*-) skúr f; steypa f; ~**eisen** n steypujárn n; ~**stahl** m steypustál n

gut góður; vel; ~**er An-zug** m fallegur klæðnaður; **sei so** ~ vertu svo elskulegur; ~**er Dinge** sn vera í góðu skapi; **schon** ~! allt í lagi!

Gut n gæði n/pl.; eigur f/pl.; jarðeign f; ~**achten** n mat n, álitsgerð f; 2**artig** vægur; góðlátur; Med. góðkynjaður; ~**dünken** n geðþótti m

Güte f gæska f; gæði n/pl.

Güter|abfertigung f varn-ingsafgreiðsla f; ~**gemein-schaft** f sameign f; ~**tren-nung** f fjárskilnaður m; ~**verkehr** m vöruflutningar m/pl.; ~**wagen** m varnings-vagn m

Gut|haben n innstæða f, inneign f; 2**haben** samþykkja; 2**herzig** hjartagóður, vænn

güt|ig góðfús, vingjarnlegur; ~**lich** í bróðerni; **sich an etw.** ~**lich tun** gæða sér á e-u

gut|mütig góðlát(leg)ur; 2**sbe-sitzer** m stórjarðareigandi m; 2**schein** m innstæða f; nóta f; 2**schreiben** skrifa tekjumegin (hjá e-m); 2**schrift** f innritun tekju-megin

Gymnasium n menntaskóli m

Gymnastik f leikfimi f

Gynäkologe m kvensjúk-dómalæknir m

H

Haar n hár n; **sich die** ~**e schneiden lassen** láta klippa sig, láta klippa á sér hárið; ~**ausfall** m hárlos n; ~**bürste** f hárbursti m; ~**fe-stiger** m lagningarvökvi m; ~**locke** f hárlokkur m; ~**na-del** f hárnál f; ~**netz** n hárnet n; ~**schneiden** n klipping f; ~**spray** m hárlakk n; 2**sträu-bend** hræðilegur; ~**trockner** m hárþurrka f; ~**waschmit-**

tel n hárþvottlögur m; sjampó n; **~wurzel** f hársrætur f/pl.

Habe f eign f, eigur f/pl.

haben hafa; eiga; **was hast du?** hvað er að þér?; **j-n gern ~** þykja vænt um e-n; **es eilig ~** liggja á

Habenichts m fátæklingur m

hab|gierig ágjarn; **~haft: e-r Sache ~haft werden** ná í e-ð

Habicht m haukur m

Hab|seligkeiten f/pl. pjönkur f/pl.; **~sucht** f ágirnd f

hack|en höggva; 2**fleisch** n hakk n, hakkað od. saxað kjöt

Hafen m höfn f

Hafer m hafrar m/pl.; **~brei** m hafragrautur m; **~flocken** pl. hafragrjón n/pl., haframjöl n

Haff n lón n

Haft f varðhald n, fangelsi n; 2**bar** ábyrgur; 2**en** vera fastur, loða við; 2**en** bera ábyrgð á e-u; **~pflicht** f ábyrgðarskylda f; **~pflichtversicherung** f ábyrgðartrygging f; **~ung** f ábyrgð f; **mit beschränkter ~ung** (Abk. **mbH**) með takmarkaðri ábyrgð

Häftling m fangi m

Hagel m hagl n; 2**n: es hagelt** það er haglél

hager magur, horaður

Hahn m hani m

Hai(fisch) m hákarl m

häkeln hekla

Haken m krókur m; agnhald

n; (Kleider-) snagi m

halb hálfur; adv. að hálfu leyti; **~ und ~** hálft í hvoru

Halb|heit f hálfvelgja f; 2**ieren** helminga; **~insel** f skagi m, nes n; 2**jahr** n misseri n; **~kugel** f hálfkúla f; 2**mast:** 2**mast flaggen** flagga í hálfa stöng; **~mond** m hálft tungl; hálfmáni m; **~pension** f hálft fæði n; **~schuh** m lágskór m; **~tagsarbeit** f hálfdagsvinna f; 2**wegs** hálfvegis; **~zeit** f (Sport) hálfleikur m

Hälfte f helmingur m

Halle f salur m, skáli m; 2**n** hljóma, óma

Hallen|bad n sundhöll f; **~tennis** n tennisleikur m (innanhúss)

hallo halló

Halm m strá n

Hals m háls m; **~ über Kopf laufen** hlaupa sem fætur toga; **~band** n hálsband n; 2**brecherisch** hálsbrjótur; **~schmerzen** pl. hálsbólga f; **~schmerzen haben** vera með hálsbólgu; 2**starrig** þrár, þrjóskur; **~tuch** n hálsklútur m

Halt m stans m; stoð f, festa f; 2**bar** haldgóður, endingargóður; 2**en** halda; rúma; álíta; **es mit j-m** 2**en** draga taum e-s; **was hältst du da-von?** hvað heldur þú um það?

Halte|stelle f stoppistöð f;

~**verbot** n bannað að stöðva
ökutæki

halt|los festulaus, reikull;
~**machen** nema staðar,
stansa

Haltung f fas n, framkoma f;
stelling f

Hammel m sauður m; ~**braten** m kindakjötssteik f;
~**keule** f sauðarlæri f

Hammer m hamar m

hämmern hamra

Hand f hönd f; **rechter** ~ til
hægri; **an** ~ **von** með aðstoð
(gen.); **zur** ~ við höndina, til
taks; **zu Händen von** afhendist ... persónulega

Hand|arbeit f handavinna f;
~**ball** m handbolti m;
~**bremse** f handbremsa f;
~**buch** n handbók f

Händedruck m handtak n

Handel m verslun f

Händel pl. deila f; handalögmál n/pl.

handeln breyta; versla; **es
handelt sich um etw.** um e-ð
er að ræða

Handels|beziehungen pl.
verslunarsamband n; ~**kammer** f verslunarráð n; ~
schiff n kaupskip n; ~**schule**
f verslunarskóli m; ~**stadt** f
verslunarborg f; ~**vertrag** m
verslunarsamningur m

Hand|fertigkeit f handlagni f;
~**gelenk** n úlnliður m; ~**gepäck** n handfarangur m;
~**griff** m handtak n; handfang n; 2**haben** handleika;

~**koffer** m handtaska f

Händler m kaupmaður m

handlich handhægur

Hand|lung f athöfn f; breytni
f; verslun f; ~**lungsreisende**
m/f sölumaður m; ~**schelle** f
handjárn n/pl.; ~**schrift** f
handrit n; ~**schuh** m hanski
m; ~**tasche** f handtaska f;
~**tuch** n handklæði n; ~**voll** f
handfylli f; ~**werk** n handiðn
f; ~**werker** m iðnaðarmaður
m; ~**werkzeug** n verkfæri
n, smíðatól n/pl.

Hanf m hampur m

Hang m hneigð f; (Abhang)
brekka f, hlíð f

Hänge|brücke f hengibrú f;
~**matte** f hengirúm n, hengikoja f

hängen v/i. hanga; v/t.
hengja; láta lafa

hänseln stríða, erta

hantieren handleika

Happen m biti m, munnbiti m

Harfe f harpa f

Harke f hrífa f; 2n raka

harmlos meinlaus, saklaus

Harmon|ie f samhljómur m;
samræmi m; ~**ika** f harmóníka f

Harn m þvag n

harren bíða

hart harður; ~ **am Abgrund**
rétt hjá hyldýpinu

Härte f harka f; strangleiki m

härten v/t. herða; v/i. harðna

Hart|geld n skiptimynt f;
2**herzig** harðbrjósta; 2**näkig** þrjóskur

Harz 1. *m Geogr.* Harsfjöll *n/pl.*; **2.** *n* viðarkvoða *f*
haschen grípa, hrifsa
Haschisch *n* hass *n*
Hase *m* héri *m*
Hasel|nuß *f* heslihneta, heslihnot *f*; **~strauch** *m* heslirunnur *m*
Haß *m* hatur *n*
hassen hata
häßlich ljótur, herfilegur
Hast *f* flýtir *m*; **2en** flýta sér; **2ig:** *nicht zu 2ig!* hægan!
hätscheln gæla við
Haube *f* hetta *f*; kappi *m*; (*Motor-*) vélarhlíf *f*
Hauch *m* andvari *m*; **2en** anda, blása
hauen höggva; berja, lemja
Hauer *m* (*Zahn*) vígtönn *f*
Haufen *m* hrúga *f*, haugur *m*; (*Menschen*) hópur *m*, fjöldi *m*; *über den ~ schießen* skjóta niður
häuf|en *v/t.* hrúga saman; *v/r.* safnast saman; fjölga; **~ig** tíður; *adv.* oft; **2ung** *f* hrúgun *f*, aukning *f*, vöxtur *m*
Haupt *n* höfuð *n*; *fig.* foringi *m*; **~bahnhof** *m* aðaljárnbrautarstöð *f*; **~gewinn** *m* aðalvinningur *m*
Häuptling *m* höfðingi *m*
Haupt|mann *m* höfuðsmaður *m*; **~sache** *f* aðalatriði *n*; **2sächlich** aðallega; **~stadt** *f* höfuðborg *f*; **~straße** *f* aðalgata *f*; **~verkehrszeit** *f* aðalumferðartími *m*; **~ver-**

sammlung *f* aðalfundur *m*
Haus *n* hús *n*; heimili *n*; *nach ~e* heim; *zu ~e* heima; *von ~ aus* upprunalega; **~ange-stellte** *f* vinnukona *f*; **~arzt** *m* heimilislæknir *m*; **~aufgaben** *pl.* heimaverkefni *n*; **2en** búa; **~flur** *m* anddyri *n*; **~frau** *f* húsmóðir *f*, húsfreyja *f*; **~halt** *m* heimilishald *n*; fjárlög *n/pl.*; **2halten** fara sparlega með e-ð; **~hälterin** *f* ráðskona *f*; **~haltsplan** *m* fjárlagafrumvarp *n*; **~herr** *m* húsbóndi *m*, heimilisfaðir *m*; **2ieren** ganga á milli húsa og bjóða varning sinn; **~ierer** *m* farandsali *m*
häuslich heimilislegur
Haus|mädchen *n* heimilishjálp *f*; **~meister** *m* húsvörður *m*; **~nummer** *f* húsnúmer *n*; **~ordnung** *f* húsreglur *f/pl.*; **~rat** *m* húsbúnaður *m*; **~schlüssel** *m* húslykill *m*; **~schuhe** *pl.* inniskór *m/pl.*; **~suchung** *f* húsrannsókn *f*; **~tier** *n* húsdýr *n*; **~tür** *f* útidyr *f/pl.*; **~verwalter** *m* ráðsmaður *m*; **~wirt** *m* húseigandi *m*
Haut *f* húð *f*, skinn *n*; (*Milch*) skán *f*; **~ausschlag** *m* útbrot *n/pl.*
häuten *v/r.* hafa hamskipti
Hautpflege *f* húðsnyrting *f*
Havarie *f* sjótjón *n*
Hebamme *f* ljósmóðir *f*
Hebel *m* lyftistöng *f*, vogarstöng *f*; stillir *m*

hebe|n hefja, lyfta; **2r** *m* lyftir *m*

hebräisch hebreskur

Hebräisch *n* hebreska *f*

Hecht *m* gedda *f*

Heck *n* aftasti hluti búks

Hecke *f* limgerði *n*

Heckenrose *f* glitrós *f*

Heer *n* her *m*; **~esdienst** *m* herþjónusta *f*

Hefe *f* ger *n*

Heft *n* stílabók *f*; (*Werkzeug*) handfang *n*; (*Messer*) skaft *n*, skefti *n*

heft|en hefta, festa; þræða; **2faden** *m* þráður *m*; **~ig** ákafur; ofsalegur; **2pflaster** *n* heftiplástur *m*; **2zwecke** *f* teiknibóla *f*

hegen girða; annast; **~ und pflegen** leggja rækt við

Hehl *n*: **kein ~ aus etw. machen** draga enga dul á e-ð; **~er** *m* hilmari *m*, þjófsnautur *m*; **~erei** *f* hilming *f*

Heide 1. *f* heiði; **2.** *m* heiðingi *m*; **~kraut** *n* lyng *n*

Heidelbeere *f* bláber *n*

heidnisch heiðinn

heikel flókinn, erfiður

Heil *n* blessun *f*; velferð *f*; frelsun *f*; **~and** *m* frelsari *m*; **~anstalt** *f* hressingarhæli *n*; **2bar** læknanlegur, læknandi

Heilbutt *m* flyðra *f*, lúða *f*

heilen lækna(st), græða(st)

Heilgymnastik *f* sjúkraleikfimi *f*

heilig heilagur, helgur; **der 2e Abend** aðfangadags-

kvöld *n*; **der 2e Geist** heilagur andi; **~en** helga; **2enschein** *m* dýrðarbaugur *m*; **~halten** halda heilagt; **~sprechen** taka í dýrlingatölu; **2tum** *n* helgidómur *m*

heil|los óskaplegur, svívirðilegur; **2mittel** *n* læknislyf *n*; **2quelle** *f* heilsulind *f*; **~sam** læknandi; hollur; **2sarmee** *f* Hjálpræðisherinn *m*; **2ung** *f* lækning *f*

heim *adj.* heim; **2** *n* heimili *n*; **2arbeit** *f* heimavinna *f*; **2at** *n* föðurland *n*; **~atlos** án átthaga; **2atvertriebene** *m*/*pl.* maður, rekinn úr ættlandi sínu; **~isch** heimalegur; vistlegur; **2kehr** *f* heimkoma *f*; **~lich** leynilegur; *adv.* leynilega; **2reise** *f* heimferð *f*; heimleið *f*; **2suchung** *f* áfall *n*; heimsókn *f*; **~tückisch** fláráður; **~wärts** heimleiðis; **2weg** *m* heimleið *f*; **2weh** *n* heimþrá *f*

Heirat *f* gifting *f*; **2en** giftast; **~santrag** *m* hjúskaparboð *n*; **2sfähig** gjafvaxta; **~svermittler** *m* hjúskaparmiðlari *m*

heiser hás; **2keit** *f* hæsi *f*

heiß heitur; **sich ~ laufen** *Tech.* hita sig; **~blütig** blóðheitur, geðríkur

heißen *v/t.* kalla, nefna; skipa; *v/i.* heita; þýða; **willkommen ~** bjóða velkominn; **wie heißt du?** hvað heitir þú?; **das heißt** (*Abk.*

d. h.) það er (að segja) (þ. e.),
(þ.e.a.s.)

heiß|geliebt ástfólginn; **~hungrig** sársvangur

heiter (*Wetter*) heiður, bjartur; kátur; **2keit** f kæti f; heiðríkja f

Heiz|anlage f hitaveita f; **2bar** hitanlegur; **2en** hita, kynda; **~er** m kyndari m; **~kissen** n El. hitapúði m; **~körper** m (miðstöðvar-) ofn m; **~öl** n kyndingarolía f; **~ung** f hitun f, kynding f

Held m hetja f; **~entat** f þrekvirki n; **~entum** n hetjuskapur m

helfen hjálpa; **2er** m aðstoðarmaður m; sá sem hjálpar

hell bjartur; skær; **~blond** glóbjartur, alveg ljóshærður

hell|hörig heyrnargóður; (*Haus*) hljóðbær; **2igkeit** f birta f; **2seher** m skyggn maður

Helm m hjálmur m

Hemd n skyrta f; **~särmel** m skyrtuermi f; **in ~särmeln** snöggklæddur

hemm|en stöðva; hindra; **2nis** n hindrun f; **2schuh** m hömlur f/pl.

Hengst m graðhestur m

Henkel m handarhald n

Henker m böðull m

Henne f hæna f

her (hingað); **komm ~!** komdu hingað!; **wo kommt ihr ~?** hvaðan komið þið?; **wie lan-**

ge ist es ~? hve langt er síðan?; **hinter etw. ~ sein** elta e-ð á röndum; **hin und ~** fram og aftur; **nicht weit ~ sein** vera skammt að kominn; *fig.* kveða lítið að

herab (hingað) niður; niður eftir; **~lassend** lítillátur; **~setzen** *Preise* lækka; *Person* rýra, níða

heran (hingað (að)); nær; **~kommen** koma nær; **~wachsen** vaxa (upp); **~ziehen** kveðja til; draga að sér

herauf (hingað) upp, upp eftir; **~beschwören** særa fram

heraus (hingað) út, fram; **~bekommen** ná út; komast að; *Geld* fá til baka; **~bringen** færa út; koma *od.* stynja upp; **~finden** komast að; **~fordern** ögra; skora á hólm; **~geben** *Buch* gefa út; láta af hendi; *Geld* gefa til baka; hleypa út; **~nehmen:** *sich etw.* **~nehmen** leyfa sér e-ð

herb beiskur; *fig.* strangur; fráhrindandi

herbei (hingað (að)); **~bringen** koma með; útvega; **~eilen** skunda að *od.* til; **~führen** koma með; koma til leiðar; **~holen** ná í hingað; sækja

Herberge f gistihús n

Herbst m haust n; **2lich** haustlegur

Herd m eldstæði n; eldavél f; fig. heimili n

Herde f hjörð f

herein (hingað) inn; **~!** kom inn!; **~brechen** brjótast inn; *Nacht:* skella á; **~fallen:** **~** fara ófarir; **~lassen** hleypa inn

herfallen: **~** über vaða upp á; ráðast á

Her|gang m gangur málsins; **2geben** rétta, afhenda; **2gebracht** arftekinn, forn; **2gehen: es ging lustig her** það var glatt á hjalla; **2holen** sækja

Hering m síld f; **gesalzener ~** saltsíld f; **~sfabrik** f síldarverksmiðja f; **~sfang** m síldveiðar f/pl.

her|kömmlich venjulegur; **2-kunft** f uppruni m; **2leiten** fig. leiða af, rekja; **~nehmen** fá, ná í

Heroin n heróín n

Herr m herra m; húsbóndi m; **~ Hansen** hr. Hansen; **2enlos** húsbóndalaus; **2gott** m drottinn

Herr|in f drottning f, frú f; **2isch** ráðríkur; **2lich** dýr(ð)legur; **~schaft** f yfirráð n/pl.; fyrirfólk n

herrsch|en drottna, ríkja; **2er** m drottnari m; **2sucht** f drottnunargirni f

her|rühren stafa af; **~sagen** segja fram; **~stammen** rekja ætt sína til; **~stellen** framleiða; **wieder ~gestellt sn**

vera orðinn frískur aftur

Herstellung f framleiðsla f

herüber hingað yfir, yfir um

herum kringum um; **um diese Zeit ~** um þetta leyti; **~drehen** snúa; **~irren** ráfa um; **~schlagen** v/r. berjast (mit); **~sprechen** v/r. berast út; **~treiben** v/r. rangla iðjulaus

herunter (hingað) niður, niður eftir; **~kommen** koma niður, fig. hnigna fjárhagslega (siðferðislega); **~lassen** hleypa niður, **~machen** fig. níða, rægja; **~reißen** rífa niður; fig. rægja

hervor fram, út; **~brechen** brjótast fram; **~bringen** framleiða; leiða í ljós; **~gehen** sannast, vera ljóst af e-u; **~nehmen** taka fram; **~ragend** framúrskarandi; **~rufen** kalla fram; vekja; **~tun** v/r. skara fram úr

Herz n hjarta n; **sich etw. zu ~en nehmen** taka sér e-ð nærri; **sich ein ~ fassen** taka í sig kjark; **~anfall** m hjartaáfall n; **~beklemmung** f kvíði m; **~brechend** átakanlegur

herzensgut innilega góður

Herzenslust f: **nach ~** eftir vild

Herzfehler m hjartabilun f

herz|haft hugaður; kræfilegur; (*Geschmack*) bragðmikill, **~ig** indæll; innilegur; **2infarkt** m hjartaslag n;

₂klopfen n hjartsláttur m; **~lich** hjartanlegur; **~los** miskunnarlaus

Herzog m hertogi m; **~in** f hertogafrú f

Herz|schlag m hjartaslag n; **~verpflanzung** f hjarta- aðgerð f, að fá nýtt hjarta

Hetz|e f áróður m, ofsókn f; **₂en** æsa, ofsækja; f Hund siga; Pol. reka áróður, æsa upp; **~jagd** f eltingaveiðar f/pl.

Heu n hey m; **~boden** m hey- loft n

Heuchel|ei f hræsni f; **₂n** hræsna

Heuchler m hræsnari m; **₂isch** hræsnisfullur

Heuer f sjómannskaup n; skipsleiga f; **₂n** leigja, taka á leigu

Heugabel f heykvísl f

heulen ýlfra, væla

Heuschrecke f engispretta f

heute í dag; **~ früh**, **~ morgen** í morgun; **~ abend** í kvöld

heutzutage nú á dögum

Hexe f (galdra)norn f

hexen galdra

Hexenschuß m Med. þursa- bit n

Hieb m högg n

hier her; **bis ~** hingað; **von ~** héðan; **~auf** hingað upp; svo; **~aus** af þessu; **~bei** við þetta; af þessu; **~durch** með þessu; **~für** fyrir þetta; **~her** hingað; **~in** í þessu; **~mit** hér með; með þessu;

~von frá þessu; um þetta; héðan; **~zu** hingað; til þessa; **~zulande** hérlendis, í þessu landi

hiesig héðan ættaður; hér- lendur

Hilfe f hjálp f; **Erste ~** f hjálp í viðlögum, skyndihjálp f; **mit j-s ~** með aðstoð e-s; **zu ~ kommen** koma til hjálpar

Hilf|eruf m neyðaróp n; **₂los** hjálparvana; Essen f hjálp- samur; **₂sbedürftig** hjálp- þurfi; **₂sbereit** hjálpfús; **~smittel** n hjálpargagn n

Himbeere f hindber n

Himmel m himinn m; **am ~** á himninum; **~fahrtstag** m uppstigningardagur m; **~reich** n himnaríki n; **~sgegend** f (heims)átt f; **~srich- tung** f átt f

himmlisch himneskur

hin þangað; burt; horfinn; liðinn; **~ und wieder** við og við; **~ und zurück** fram og til baka; **~ und her** fram og aftur; **wo denkst du ~!** að þér skuli koma slíkt til hugar!; **auf die Gefahr ~** með þeirri áhættu

hinab niður, niður eftir; **~las- sen** hleypa niður; **~steigen** ganga niður; stíga niður

hinauf upp, upp eftir, upp á við

hinaus út; út eftir; **darüber ~** auk þess; **zur Tür ~** út um dyrnar; **~gehen** ganga od. fara út; **die Fenster gehen**

auf die Straße ~ gluggarnir snúa út að götunni; **~schieben** fresta; **~ziehen** *fig.* fara *od.* halda út; **~zögern** hika við nokkra stund

Hinblick *m: im* ~ *auf etw.* til e-s

hinbringen fara með

hinder|lich bagalegur; til tálmunar; **~n** hindra, aftra (*an* að); **2nis** *n* hindrun *f*

hindurch í gegnum

hinein inn *od.* niður í; *bis tief in die Nacht* ~ langt fram á nótt; **~finden:** *sich in etw.* **~finden** fara að kunna við e-ð; fara að skilja e-ð

Hinfahrt *f* ferð *f* til e-s staðar

hinfällig hrumur; hrörlegur

Hingabe *f fig.* auðsveipni *f*

hingeben *v/t.* afsala sér; *v/r.* gefa sig á vald; **~** fórna sér

hingehen í e-n stað; *fig.* *etw.* ~ *lassen* láta e-ð viðgangast

hingezogen: *sich* ~ *fühlen* finna sig dreginn að

hinhalten *fig.* draga (e-n) á (e-u)

hinken haltra, vera haltur

hinlegen *v/t.* leggja frá sér; *v/r.* leggjast (fyrir)

hinnehmen taka við; *fig.* taka e-u

hinreißen *fig.* hrífa; **~d** hrífandi

hinricht|en taka af lífi; **2ung** *f* líflát *n*

hinsetzen *v/t.* setja frá sér; *v/r.* setjast

Hinsicht *f* tillit *n*; **2lich** (*mit gen.*) með tilliti til

hinstellen setja (frá sér)

hintansetzen láta sitja á hakanum

hinten fyrir aftan, bak við; **von** ~ aftan frá; **~über** aftur á bak

hinter aftur fyrir, fyrir aftan; **~bein** *n* afturfótur *m*; **2bliebene** *m/f* eftirlifandi náinn ættingi; **~einander** hvað eftir annað, í röð; **2grund** *m* baksýn *f*, bakgrunnur *m*; **2halt** *m* launsátur *n*; **2haus** *n* bakhús *n*; **~her** á eftir, síðar; **~lassen** láta að baki sér; láta eftir sig; **~legen** láta (fé) í vörslu; setja sem tryggingu; **~listig** undirförull; **2n** *m* rass *m*; **2rad** *n* afturhjól *n*; **~rücks** aftan frá; aftur á bak; *fig.* lymskulega; **2teil** *n od.* *m* afturhluti *m*; sitjandi *m*; **~treiben** koma í veg fyrir; **2tür** *f* bakhurð *f*

hinüber yfir (um); fyrir handan

Hin- und Rückfahrkarte *f* farmiði *m* fram og til baka

hinunter niður, niður á við

Hinweg *m* leiðin þangað

hinweg burt; **~kommen:** *über etw.* **~kommen** komast yfir e-ð; **~setzen:** *sich über etw.* **~setzen** láta e-ð ekki á sig fá

Hinweis *m* tilvísun *f*; skírskotun f; ~en vísa, skírskota (auf etw. til e-s)

hinwerfen kasta burt; fig. hripa lauslega

hinziehen draga þangað od. áfram; draga á langinn

hinzu til; í viðbót; ~fügen bæta við; ~kommen ganga að od. nær; ~bætast við; ~ziehen kveðja til, ráðfæra sig við

Hippie m hippi m

Hirn n heili m

Hirsch m hjörtur m; ~kuh f hind f; ~leder n hjartarskinn n

Hirt m hirðir m, smali m

hissen Flagge vinda upp

historisch sögulegur; sagnfræðilegur

Hitze|e f hiti m; fig. æsing f; ~ig uppstökkur; ~schlag m hitaslag n

Hobel m hefill m; 2n hefla (a. fig.)

hoch hár; auf hoher See á rúmsjó; 2 n (Wetterkunde) hæð f (Hochruf) húrrahróp n; ~achtungsvoll virðingarfyllst; ~druck m háþrýstingur m; ~ebene f háslétta f; ~frequenz f hátíðni f; ~gebirge n hálendisfjöll n/pl.; ~genuß m mikil nautn; ~gradig afarmikill; ~haus n skýjakljúfur m, háhýsi n; ~leben: j-n ~leben lassen hrópa húrra fyrir e-m; 2mut m dramb n, hroki m; 2ofen m (málm)bræðsluofn m

2saison f aðalferðamannatími m; 2schule f háskóli m; technische 2schule tækniháskóli; 2sommer m hásumar n; 2spannung f háspenna f; 2sprung m hástökk n; 2stapler m fjárglæframaður m, svikari m

höchst hæstur; adv. mjög; ~ens í hæsta lagi; 2geschwindigkeit f hámarkshraði m; 2preis m hámarksverð n

Hoch|verrat m landráð n/pl.; ~wasser n háflæði n, flóð n; ~zeit f brúðkaup n; 2zeitsgeschenk n brúðargjöf f; ~zeitsreise f brúðkaupsferð f

hocken sitja á hækjum sér

Hocker m skemill m

Höcker m herðakistill m; þúfa f

Hoden m eista n

Hof m búgarður m; (Königs-) hirð f; bei ~ við hirðina; j-m den ~ machen reyna að koma sér í mjúkinn hjá e-m; ~besitzer m óðalsbóndi m

hoff|en vona; ~entlich vonandi; 2nung f von f; guter 2nung sein vera með barni; ~nungslos vonlaus; ~nungsvoll vongóður

höflich kurteis

Höhe f (An-) hóll m, hæð f; in die ~ upp (í loft)

Hoheit f mikilleiki m; tign f

Höhensonne f háfjallasól f

Höhepunkt m hámark n

höher hærri; *adv.* hærra

hohl holur

Höhle *f* hellir *m*; hola *f*

Hohl|heit *f* hvilft *f*; tómleiki *m*; **~raum** *m* holrými *m*; **~saum** *m* gatasaumur *m*; **~spiegel** *m* holspegill *m*

Hohn *m* háð *n*

höhn|en hæða; **~isch** háðslegur

holen sækja; **Atem ~** draga andann; kasta mæðinni

Holland *n* Holland *n*

holländisch hollenskur

Hölle *f* helvíti *n*; **~nmaschine** *f* vítisvél *f*

höllisch djöfullegur

holprig ósléttur

Holunder *m* yllir *m*

Holz *n* viður *m*, timbur *n*; (*Brenn-*) eldiviður *m*

hölzern úr tré; *fig.* klunnalegur

Holz|fäller *m* skógarhöggsmaður *m*; **~handel** *m* trésmiðja *f*, timburverslun *f*; **~kohle** *f* viðarkol *n/pl.*; **~scheit** *n* eldiviðarbútur *m*; skíði *n*; **~schnitt** *m* tréskurður *m*; **~schnitzer** *m* myndskeri *m*; **~schuh** *m* tréskór *m*; **~stoß** *m* skíðahlaði *m*; **~weg** *m*: **auf dem ~weg sein** *fig.* vera á villigötum; **~wolle** *f* tréull *f*

Honig *m* hunang *n*

Honorar *n* þóknun *f*; ritlaun *n/pl.*

Hopfen *m* humall *m*

hopsen hoppa

hörbar heyranlegur

horchen hlusta, hlera

Horde *f* flokkur *m*; óaldarflokkur *m*

hören heyra; *fig.* **auf j-n ~** hlýða e-m; **2sagen** *n*: **vom 2sagen** af afspurn

Hörer *m* áheyrandi *m*; útvarpshlustandi *m*; *Tlf.* heyrnartól *n*; **~schaft** *f* áheyrendur *m/pl.*

Hör|funk *m* útvarp *n*; **~gerät** *n* heyrnartæki *n*; **2ig** háður, ánauðugur

Horizont *m* sjóndeildarhringur *m*; **2al** láréttur

Horn *n* horn *n*; lúður *m*; **~haut** *f* hornhúð *f od.* -himna *f*

Hornisse *f* geitungur *m*

Horoskop *n* stjörnuspá *f*

Hör|saal *m* fyrirlestrarstofa *f*; **~spiel** *n* útvarpsleikrit *n*

Horst *m* ránfuglshreiður *n*; *Mil.* flugmannabækistöð *f*

Hörweite *f* heyrnarsvið *n*

Hose(n) *f(pl.)* buxur *f/pl.*

Hosen|anzug *m* buxnadragt *f*; **~schlitz** *m* buxnaklauf *f*; **~tasche** *f* buxnavasi *m*; **~träger** *m* axlabönd *n/pl.*

Hospital *n* sjúkrahús *n*, spítali *m*

Hotel *n* hótel *n*

hübsch snotur, laglegur; *adv.* vel, alveg

Hubschrauber *m* þyrla *f*

Huf *m* hófur *m*; **~eisen** *n* skeifa *f*; **~schmied** *m* járningasmiður *m*

Hüfte f mjöðm f
Hügel m hæð f, hóll m; **~kette** f hæðadröð n/pl.
hüglig hæðóttur
Huhn n hæna f
Hühner pl. hænsni n/pl.; **~auge** n líkþorn n; **~leiter** f hænsnastigi m; **~stall** m hænsnahús n
huldigen hylla
Hülle f hjúpur m; slæða f
Hülse f hýði n; fræhús n; **~nfrucht** f hýðisávöxtur m
Humbug m svik n/pl., tál n
Hummel f humalfluga f
Hummer m humar m
Humor m kímni f, glettni f; **2istisch** fyndinn
humpeln haltra, staulast
Hund m hundur m; **junger ~** hvolpur m; **~ehütte** f hundakofi m
Hündin f tík f
Hüne m risi m, kappi m
Hunger m hungur n, sultur m; **~ haben** vera svangur; **2n** hungra; **~snot** f hungursneyð f, sultur m
hungrig hungraður, soltinn
Hupe f bílflauta f; **2n** Auto: flauta

hüpfen hoppa
Hürde f kvíar f/pl.; grind f; **~nlauf** m grindahlaup n; **~nrennen** n hindrunarveðhlaup n
Hure f mella f, hóra f, skækja f
hüsteln smáhósta
husten hósta; fig. pop. **auf etw. ~** fussa við e-u
Husten m hósti m
Hut 1. m hattur m; **2.** f varðveisla f; **auf der ~ sn** vera á varðbergi
hüten gæta, vakta, varðveita; v/r. vara sig; **das Bett ~** liggja rúmfastur
Hütte f kofi m, hreysi m; Bgb. málmbræðsluhús n, náma f
Hygiene f heilsufræði f; hreinlæti n
Hymne f helgisöngur m
Hypno|se f dáleiðsla f; **2tisieren** dáleiða
Hypothek f veðskuld f; **~enbank** f veðlánabanki m; **~enbrief** m veðskuldabréf n
Hypothese f vísindaleg hugmynd; tilgáta f
hysterisch móðursjúkur, ímyndunarveikur

I

ich ég; **~ bin es** það er ég
Idee f hugmynd f; hugsjón f
ident|ifizieren endurþekkja; **sich mit j-m ~ifizieren** sama sig e-m; **~isch** eins; sömu merkingar

Idiot m fáviti m; asni m
Idol n hjáguð n; átrúnaðargoð n
Idyll n sveitasæla f, friðsæld f; **2isch** friðsældarlegur
Igel m broddgöltur m

ignorieren virða ekki viðlits; hafa að engu

ihr (*in der Anrede*) þið

ihr; Ihr hennar, þeirra, sinn, sín, sitt; yðar; *Zssg. s. unter dein*

illegal ólöglegur

Illusion *f* tálvon *f*

Illustr|ation *f* mynd *f*, myndskreyting *f*; **~ierte** *f* tímarit *n*

Imbiß *m* snarl *n*

immatrikulieren innrita sig í háskóla

immer alltaf, sífellt; **~ mehr** meira og meira; **wer ~** hver sem; **was ~** hvað sem; **~fort** stöðugt; **~hin** samt, þó; **~zu** alltaf; áfram!

immun ónæmur; **2ität** *f* ónæmi *n*

impf|en bólusetja; **2schein** *m* bólusetningarvottorð *n*; **2ung** *f* bólusetning *f*

imponieren vekja aðdáun

Import *m* innflutningur *m*; **2ieren** flytja inn

imprägnieren gera vatnshelt; fúaverja

imstande: ~ sein geta

in í, inn(i) í; innan í; út(i) í; niður í, upp(i) í; eftir

Inanspruchnahme *f* annríki *n*

Inbegriff *m* meðtalning *f*; ímynd *f*; **2en** meðtalinn

indem um leið og; þar eð

indes(sen) á meðan; samt

individu|ell sérkennilegur, einstaklingsbundinn; **2um** *n* einstaklingur *m*

Industrie *f* iðnaður *m*

ineinander hver í annan; hver innan um annan

infam svívirðilegur, skammarlegur

Infanterie *f* fótgöngulið *n*

Infektion *f* sýking *f*

infizieren smita, sýkja

Inflation *f* verðbólga *f*, gjaldeyrishrun *n*

infolge (*mit gen.*) eftir; vegna; **~dessen** þess vegna, samkvæmt því

Inform|ation *f* upplýsingar *f/pl.*; fregn *f*; fyrirspurn *f*; **2ieren** láta vita; skýra frá

Ingenieur *m* verkfræðingur *m*

Inhaber *m* eigandi *m*; handhafi *m*

Inhalt *m* innihald *n*; **~sverzeichnis** *n* efnisskrá *f*

Inland *n* heimaland *n*; uppland *n*

inländ|er *m* innlendur maður *m*; **2isch** innlendur

Inlett *n* sængurver *n*

inmitten (*mit gen.*) í miðjum; mitt á meðal

innehaben hafa, eiga; *Amt* gegna

innehalten hætta (um stund)

innen inni í, innan í, að innanverðu; *an* ~ að innan; **nach ~** inn á við; **2minister** *m* innanríkisráðherra *m*; **2ministerium** *n* innanríkisráðuneyti *n*; **2politik** *f* innanríkis(stjórn)mál *n*; **2seite** *f* innri hlið

Innere(s) n (Land) miðbik n

inner|halb (mit gen.) fyrir innan; innan; ~lich innilegur; innanverður

innig innilegur, ástúðlegur

Innung f iðnfélag n

Insasse m íbúi m; (Gefängnis-) fangi m

insbesondere sérstaklega, einkum

Inschrift f áletrun f

Insekt n skordýr n

Insel f eyja f

Inserat n auglýsing f

ins|geheim í leyni; ~gesamt samtals, alls

inso|fern að svo miklu leyti (sem); svo framarlega sem; ~weit að svo miklu leyti (sem)

Inspektion f skoðun f

instand|halten halda (e-u) við; 2haltung f viðhald m, ~setzen gera við

Instinkt m eðlishvöt f

Institut n rannsóknarstofnun f, -stofa f; (Uni.) deild f

inszenieren sviðsetja

intelligent gáfaður

interess|ant hillandi, hrífandi; 2e m áhugi m; hagsmunir m/pl.; ~ieren v/r. hafa áhuga (für á)

international alheims

interpret|ieren túlka; 2ation f túlkun f

Interpunktion f greinarmerki n/pl.; setning f greinarmerkja

Interview n viðtal n

intolerant óumburðarlyndur

Intrige f brögð n/pl., undirferli n/pl.

Invalide m örkumlamaður m; öryrki m

investieren fjárfesta

inwendig innanverður, innri

inwieweit að hve miklu leyti, að svo miklu leyti sem

inzwischen á meðan

irdisch jarðneskur

Ire m Írlendingur m; Íri m

irgend|ein (-e, -er) einhver; ~etwas** eitthvað; ~wann** einhvern tíma; ~wie** einhvern veginn; ~wo** einhvers staðar; ~wohin** á einhvern stað

irisch írskur

Irisch n írska f

ironisch háðslegur

irr villtur; hvarflandi; 2e m/f geðsjúklingur m, brjálæðingur m

irre|führen villa, leiða á villigötur; ~führend** villandi; ~gehen** villast; ~machen** trufla, rugla

irren v/r. skjátlast

Irrfahrt f villuráf n; flakk n

Irr|licht n hrævareldur m; ~sinn** m geðveiki f; 2sinnig** vitskertur; ~tum** m villa f; 2tümlich** rangur

Ischias m od. n þjótak n

Isländer m Íslendingur m; ~erin** f íslensk kona f; 2isch** íslenskur; ~isch** n íslenska f

isolieren einangra

Italien|er m Íali m; ~erin** f ítölsk kona f; 2isch** ítalskur; ~isch** n ítalska f

J

ja já; jú

Jacht f lystisnekkja f

Jacke f jakki m, treyja f

Jackett n stuttur jakki m

Jagd f veiðar f/pl.; **~flinte** f veiðibyssa f

jagen veiða

Jäger m veiðimaður m

jäh snöggur, skyndilegur; snarbrattur

Jahr n ár n; **dieses ~** þetta ár; á þessu ári; **voriges ~** í fyrra; **in drei ~en** (nach) eftir þrjú ár; (während) á þremur árum; **er war drei ~e hier** hann var hér í þrjú ár; **alle drei ~e** þriðja hvert ár; **ein Mann von dreißig ~en** þrítugur maður m; **2elang** árum saman

Jahres|abschluß m Hdl. árs-reikningslok n/pl.; **~anfang** m ársbyrjun f; **~einnahme** f árstekjur f/pl.; **~tag** m þremur árminningardagur m; **~zahl** f ártal n; **~zeit** f árstíð f

Jahrhundert n öld f

jährlich árlegur

Jahr|markt m tívolí n, árs-markaður m; **~tausend** n þúsund ár n; **~zehnt** n árat-ugur m

Jähzorn m bráðlyndi n

Jalousie f rimlagluggatjöld n/pl.

Jammer m eymd f; sorg f; **2n** kveina

jämmerlich aumur

Januar m janúar m

Japan n Japan n; **~er** m jap-ani m

jäten reyta (illgresi)

Jauche f haugvatn n

jauchzen hrópa af gleði

Jawort n jáyrði n, já n

je nokkru sinni, nokkurn tíma; **für ~ zehn Worte** fyrir hver tíu orð; **~ nachdem** eftir því hvernig á er litið; **~ ... desto** því ... þeim mun

jede (-r, -s) sérhver, (sér-hvert); **ohne ~n Einfluß** án nokkurra áhrifa

jedenfalls að minnsta kosti

jeder|mann sérhver; **~zeit** hvenær sem er

jedesmal í hvert skipti

jedoch þó, samt sem áður

jeher: von ~ frá fornu fari, frá upphafi, alltaf

je|mals nokkru sinni; **~mand** einhver

jene (-r, -s) þessi (þetta) þarna

jenseit|ig hinum megin; **~s** hinum megin; **2s** n annað líf

jetzig núverandi

jetzt nú; **bis ~** hingað til; **von ~ an** upp frá þessu

Joch n ok n; sameyki n; (Berg-) fjallshryggur m

jodeln jóðla

Joghurt m od. n jógúrt, yógúrt m od. n

Johannis|beere f ribsber n; yngri; (*Superlativ*) yngstur;
  schwarze ~beere sólber n; **der Jüngste Tag** dómsdagur
  ~tag m Jónsmessudagur m m
Journalist m blaðamaður m **Junge** m drengur m
Jubel m fögnuður m; **2n** **Jünger** m lærisveinn m
  fagna **Jungfrau** f ungfrú f; (hrein)
Jubiläum n afmælisár n; mey
  fagnaðarhátíð f **Junggeselle** m piparsveinn m
jucken klæja **Jüngling** m unglingur m
Jude m gyðingur m **Juni** m júní m
jüdisch gyðinglegur **Jurist** m lögfræðingur m;
Jugend f æska f; **2isch** lögfræðilegur
  barnaverndarráð n; **~her-** **Justiz** f dómgæsla f, réttarfar
  berge f farfuglaheimili n; n
  2lich ungur, unglegur; **Jüt|land** n Jótland n; **~länder**
  ~liche m/f unglingur m; m Jóti m; **2ländisch** jóskur
  ~streich m æskubrek n **Juwel** n gimsteinn m; **~ier** m
Juli m júlí m skartgripasali m
jung ungur; (*Komparativ*) **Jux** m pop. spaug n, glens n

K

Kabel n kapall m; sæ- *od.* **Kahn** m bátur m; prammi
  jarðsímastrengur m; **~fern-** m
  sehen n kapalsjónvarp m **Kai** m bryggja f
Kabeljau m þorskur m **Kaiser** m keisari m
kabeln símrita **Kajüte** f káeta f
Kabine f káeta f, farþegaklefi **Kakao** m kakó n
  m; (*Ankleide-*) búningsklefi **Kalb** n kálfur m; **~fleisch** n
  m kálfakjöt m; **~sbraten** m
Kachel f flís f; **~ofen** m kak- kálfasteik f
  alofn m **Kalender** m almanak n
Käfer m *Zo.* bjalla f **Kaliber** n hlaupvídd f
Kaffee m kaffi m; **~bohne** f **Kalorie** f hitaeining f
  kaffibaun f; **~haus** n kaffi- **kalt** kaldur; **~blütig** kjark-
  hús n; **~maschine** f kaffivél mikill, óttalaus, kaldrifjaður
  f; **~tasse** f kaffibolli m **Kälte** f kuldi m; *fig.* kaldlyndi
Käfig m búr n n
kahl nakinn; gróðurlaus; **Kamel** n úlfaldi m; **~haar** n
  ~köpfig sköllóttur úlfaldahár n

Kamera f ljósmyndavél f; (Film-) kvikmyndatökuvél f

Kamerad m félagi m; **~schaft** f félagsskapur m

Kameramann m kvikmyndatökumaður m

Kamin m arinn m, eldstó f; **~sims** f arinhilla f

Kamm m greiða f, kambur m

kämmen v/r. greiða sér

Kammer f herbergi n, kompa f

Kampf m bardagi m

kämpf|en berjast; **2er** m bardagamaður m

kampfunfähig óvígur

Kanal m skurður m; skipaskurður m; síki n; **~isation** f ræsing f, framræsla f

Kanarienvogel m kanarífugl m

Kaninchen n kanína f

Kanne f kanna f

Kanone f fallbyssa f

Kant|e f brún f, rönd f; faldur m; **2ig** strendur

Kantine f mötuneyti m

Kanzel f prédikunarstóll m

Kanz|lei f stjórnarskrifstofa f; **~ler** m forsætisráðherra m, kanslari m

Kap n höfði m

Kapell|e f bæn(a)hús n, kapella f; (instrumental) hljómsveit f; **~meister** m hljómsveitarstjóri m

kapern hertaka

Kapital n höfuðstóll m; fjármagn n; **~anlage** f fjárfesting f; **~ist** m kapitalisti

m; auðjöfur m

Kapitän m skipstjóri m; **~ zur See** herskipstjóri m

Kapitel n kafli m

Kaplan m aðstoðarprestur m

Kappe f hetta f; húfa f

Kapsel f hylki n

kaputt ónýtur; **~gehen** eyðileggjast; **~machen** eyðileggja

Kapuze f hetta f

Karaffe f karafla f

Karfreitag m föstudagurinn langi

karg, kärglich naumur, af skornum skammti

kariert köflóttur

Karotte f gulrót f

Karren m kerra f; handvagn m; hjólbörur f/pl.

Karriere f frami m; framabraut f

Karte f spil n; bréfspjald n

Kartei f spjaldskrá f

Kartenausgabe f miðasala f

Kartoffel f kartafla f; **~puffer** m kartöflukaka f

Karussell n hringekja f

Karwoche f páskavika f, dymbilvika f

Käse m ostur m

Kaserne f hermannabúðir f/pl.

Kasse f peningakassi m; bei **~** sn hafa peninga; **~nbestand** m sjóðforði m; **~npatient** m sjúkrasamlagssjúklingur m

Kassette f snælda f, spóla f; **~nrecorder** m kassettutæki n; (Walkman) vasadiskó n

kassier|en innheimta; _Jur._ ógilda; **2er** _m_ gjaldkeri _m_

Kasten _m_ kassi _m_; kistill _m_

Kasus _m_ fall _n_

Katalog _m_ bókaskrá _f_; verðlisti _m_

Katarrh _m_ slímhimnubólga _f_

Katastrophe _f_ ógæfa _f_; eyðilegging _f_; hörmulegur atburður

Kater _m_ fress _m_; högni _m_; _fig._ timburmenn _pl._

Kathedrale _f_ dómkirkja _f_

katholisch kaþólskur

Katze _f_ köttur _m_; **nsprung** _m fig._ örstuttur spölur

Kauderwelsch _n_ hrognamál _n_

kauen tyggja

Kauf _m_ kaup _n/pl._; **2en** kaupa

Käufer _m_ kaupandi _m_

Kaufhaus _n_ vöruhús _n_

käuflich falur; _fig._ mútanlegur

Kaufmann _m_ kaupmaður _m_

kaufmännisch kaupmanns-, verslunar-

Kaugummi _m_ tyggigúmm(í) _n_; _pop._ tyggjó _n_

kaum varla, tæplega

Kautabak _m_ munntóbak _n_

Kaution _f_ ábyrgð _f_

Kautschuk _m_ (_a. n_) togleður _n_, harðgúmmí _n_

Kauz _m_ ugla _f_; _fig._ sérvitringur _m_

keck djarfur

Kegel _m_ keila _f_; **bahn** _f_ keilubraut _f_; **n** _n_ keiluleikur _m_

Kehl|e _f_ barki _m_; kverkar _f/pl._, háls _m_; **kopf** _m_ barkakýli _n_

kehren snúa; sópa; _sich an etw._ ~ fást um e-ð; _in sich gekehrt_ dulur

Kehr|icht _m_ (_a. n_) sorp _n_, rusl _n_; **reim** _m_ viðkvæði _n_; **seite** _f_ úthverfa _f_; bakhlið _f_; _fig._ skuggahlið _f_; **2tmachen** snúa (sér) við

keifen rífast; gjamma

Keil _m_ fleygur _m_; **erei** _f_ áflog _n/pl._

Keim _m_ kím _n_, frjó _n_, frjóangi _m_; **drüse** _f_ kynkyrtill _m_; **2en** frjóvgast; gróa; **2frei** sótthreinsaður

kein (**-e, -er, -es**) enginn, ekkert (engin, enginn, ekkert); **(e)s von beiden** hvorugt; **esfalls** eins fyrir neinn mun; **eswegs** engan veginn, alls ekki

Keks _m_ kex _n_

Kelch _m_ bikar _m_; _krch._ kaleikur _m_

Kelle _f_ ausa _f_

Keller _m_ kjallari _m_; **ei** _f_ stór vínkjallari _m_; **meister** _m_ kjallaravörður _m_

Kellner _m_ veitingaþjónn _m_; **in** _f_ veitingaþjónn _m_; **in** _f_ veitingastúlka _f_

Kelter _f_ vínpressa _f_

kennen þekkja

kennenlernen: _j-n_ ~ kynnast e-m

Kenn|er _m_ sérfræðingur _m_; **2tlich** þekkjanlegur; **tnis** _f_ þekking _f_; **zur tnis nehmen**

lýsa yfir að hafa fengið að vita e-ð; **~wort** n einkunnarorð n; **~zeichen** n einkenni n, auðkenni n; **2zeichnen** einkenna, auðkenna; lýsa

kentern hvolfa(st)

Keramik f leirkerasmíð f

Kerbe f skora f

Kerker m fangelsi n

Kerl m náungi m

Kern m kjarni m; **~energie** f kjarnorka f; **2gesund** stálhraustur; **~kraftwerk** n kjarnorkuver n; **~waffen** pl. kjarnorkuvopn n/pl.

Kerze f (vax)kerti n; Tech. (Auto) kerti n; **2ngerade** þráðbeinn

Kessel m ketill m; pottur m

Kette (Fahrrad) keðja f; (Hals-) festi f; **an die ~ legen** hlekkja

Ketzer m trúvillingur m

keuch|en masa, stynja; **2husten** m kíghósti m

Keule f kylfa f

keusch skírlífur

kichern flissa

Kiebitz m vepja f

Kiefer 1. m kjálki m, skoltur m; **2.** f fura f

Kiel m Mar. kjölur m; **~wasser** n kjölfar n

Kieme f tálkn n/pl.

Kies m möl f; **~el** m kísill m, steinvala f

Kilo|(gramm) n (Abk. **kg**) kíló n; **~meter** m (Abk. **km**) kílómetri m; **~watt** n kílóvatt n

Kind n barn n; **an ~es Statt annehmen** ættleiða

Kinder|arzt m barnalæknir m; **~garten** m barnaheimili n, leikskóli m; **2lähmung** f mænuveiki f; **2leicht** lauflétur; **~mädchen** n barnfóstra f; **2reich** barnmargur; **~wagen** m barnavagn m; **~zimmer** n barnaherbergi n

Kind|heit f bernska f; **2isch** barnalegur; **2lich** barnslegur; **~taufe** f barnsskírn f

Kinn n haka f; **~haken** m hökuhögg n

Kino n bíó n, kvikmyndahús n

kipp|en vega salt; fara um koll; **2lader** m vörubíll m

Kirche f kirkja f; **zur ~ gehen** sækja kirkju; **~nlied** n sálmur m; **~nmusik** f kirkjutónlist f; **~nsteuer** f kirkjugjald n

Kirch|gänger m kirkjugestur m; **~hof** m kirkjugarður m; **2lich** kirkjulegur; **~turm** m kirkjuturn m

Kirsch|baum m kirsiberjatré n; **~e** f kirsiber n; **2rot** kirsiberjarauður; **~wasser** n kirsiberjabrennivín n

Kissen n koddi m, púði m

Kiste f kassi m

Kitsch m ómynd f, lélegt listaverk; **2ig** ósmekklegur

Kitt m kítti n; 2en kítta

Kitz|el m kitlur f/pl.; **2eln** kitla; **2lig** kitligjarn

kläffen gelta, gjamma

Klage f kvörtun f; Jur. kæra

f; **2n** kvarta; *gegen j-n* **2n** kæra e-n

Kläg|er *m* kærandi *m*; *Jur.* saksóknari *m*; **2lich** aumkunarlegur

klamm þröngur; rakur; *pop.* af skornum skammti

Klammer *f* klemma *f*; svigi *m*; **2n** *v/r.* halda dauðahaldi (*an etw.* í e-ð)

Klang *m* hljómur *m*; **2voll** hljómmikill

Klappe *f* flugnaskella *f*; ventill *m*; (*Luke*) hlemmur *m*; *zwei Fliegen mit einer ~ schlagen* slá tvær flugur í einu höggi; **2n** skella(st); (*gelingen*) *pop.* heppnast; **2rn** skrölta; *pop.* bulla

Klappstuhl *m* klappstóll *m*, sambrotsstóll *m*

klar skær; tær; heiður; augljós; *klipp und ~* altilbúið; skýrt og greinilegt

klären *v/t.* skíra; hreinsa; *v/r.* létta upp; verða ljóst

Klarheit *f* skærleiki *m*; skírleiki *m*; vissa *f*

klarmachen skýra; *Mar.* gera tilbúið

Klass|e *f* flokkur *m*; stétt *f*; bekkur *m*; *erster ~e* fyrsta flokks; *erster ~e reisen* ferðast á fyrsta farrými; *~enkampf* *m* stéttabarátta *f*; **2isch** sígildur

Klatsch *m* *fig.* þvaður *m*, slúður *n*; **2en** skella; *fig.* segja gróusögur; **2naß** rennvotur

Klaue *f* kló *f* (*a. fig.*)

Klausel *f* skilyrði *n*

Klavier *n* píanó *n*

kleb|en loða við; líma; *~rig* límkenndur; **2stoff** *m* lím (*-efni*) *n*

Klecks *m* klessa *f*; **2en** bletta

Klee *m* smári *m*; *~blatt* *n* smárablað *n*; *vierblättriges ~blatt* fjögralaufasmári *m*

Kleid *n* (*Damen-*) kjóll *m*; **2en** klæða; búa; *~erbügel* *m* herðatré *n*; *~erbürste* *f* fatabursti *m*; *~erschrank* *m* fataskápur *m*; *~erständer* *m* fatahengi *m*; *~ung* *f* búningur *m*, fatnaður *m*

klein lítill; *der* **2e** *Belt* Litlabeltið *n*; *von ~ auf* frá barnæsku; *ein ~ wenig* ofurlítið; *~ beigeben* láta undan; **2geld** *n* smápeningar *m/pl.*; **2handel** *m* smásala *f*; **2igkeit** *f* smámunir *m/pl.*; **2kind** *n* smábarn *n*; *~laut* hnugginn, kjarklaus; *~lich* smámunalegur; **2stadt** *f* smáborg *f*

Kleister *m* hveitilím *n*

klemmen klemma

Klempner *m* blikksmiður *m*

klettern klifra

Klima *n* loftslag *n*

Klinge *f* brandur *m*; (*Messer*) blað *n*

Klingel *f* bjalla *f*, klukka *f*; **2n** hringja

klingen hljóma, óma

Klinik *f* sjúkrahús *n*

Klinke *f* klinka *f*; handfang *n*

Klippe f klettur m; sker n
klirren glamra, skrölta
Klischee n myndamót n
klobig klunnalegur
klopfen berja, klappa
Klops n kjötsnúður m, kjöt-
bolla f
Klo(sett) n klósett n, salerni n;
~**papier** n klósettpappír m,
salernispappír m
Kloß m köggull m; bolla f;
(im Hals) kökkur m (í
hálsinum)
Kloster n klaustur n; ~**gang**
m klausturgangur m
Klotz m trédrumbur m;
klunni m; fig klunnalegur
Kluft f gjá f
klug hygginn; aus etw. ~ werden botna í e-u; 2**heit** f
hyggindi n/pl.
Klumpen m drengur m
knabbern naga
Knabe m drengur m
Knäckebrot n hrökkbrauð n
knacken v/i. braka, brotna;
v/t. brjóta
Knacks m brestur m; sprunga
f; fig áfall m
Knall m hvellur m, smellur m;
~ und Fall skyndilega; 2**en**
smella; skjóta
knapp naumur; af skornum
skammti; (wortkarg) stuttorður
knarren marra, braka
knattern snarka, smella
Knäuel m (a. n) hópur m,
þvaga f; (Garn) hnykill m

knauserig nískur
Knebel m barefli n; ginkefli n;
2**n** kefla; berja
Knecht m vinnumaður m;
þræll m
kneif|**en** klípa; 2**zange** f
naglbítur m
Kneipe f drykkjukrá f
Knete f leir m; 2**n** hnoða,
nudda; leira
knicken v/t. brjóta; v/i.
brotna
Knickerbocker f/pl. poka-
buxur f/pl.
knicksen hneigja sig
Knie n hné n, kné n; 2**n** krjúpa
á kné; ~**gelenk** n hnéliður m;
~**kehle** f hnésbót f; ~**scheibe** f hnéskel f; ~**strumpf** m
hnésokkur m
Kniff m klip n; fig bragð n;
2**lig** örðugur
knipsen Foto taka ljósmynd;
Billett gata
Knirps m snáði m, hnokki
m
knirschen marra; mit den
Zähnen ~ gnísta tönnum
knistern snarka, braka
knitter|**frei** sem ekki krump-
ast, krumpufrír; ~**n** snarka,
skrjáfa; böggla; v/i. krump-
ast
knobeln leika að od. kasta
teningum
Knoblauch m geirlaukur m
Knöchel m hnúi m; ökkli m
Knochen m bein n; ~**bruch** m
beinbrot n; ~**splitter** m bein-
flís f

knochig stórbeinóttur
Knopf *m* hnappur *m*; tala *f*;
  ~loch *n* hnappagat *n*
knöpfen hneppa
Knorpel *m* brjósk *n*
knorrig kvistóttur; hnýttur
Knospe *f* blómhnappur *m*;
  2n blómgast
knoten hnýta; **2** *m* hnútur *m*;
  Mar. sjómíla *f*; **2punkt** *m*
  vegamót *n/pl.*, járnbrauta-
  mót *n/pl.*
knüllen bögla
knüpfen hnýta; tengja saman
Knüppel *m* barefli *n*
knurren urra; nöldra
knusprig (*Gebäck*) stökkur
knutschen *pop.* faðma að sér,
  kyssa
Kobold *m* búálfur *m*
Koch *m* matsveinn *m*; **~buch**
  n matreiðslubók *f*; **2en**
  sjóða; búa til mat; **~er** *m*
  suðuvél *f*; **~geschirr** *n*
  matreiðsluáhöld *n/pl.*; **~**
  nische *f* eldunaraðstaða *f*;
  ~topf *m* pottur *m*
Köder *m* beita *f*; **2n** (*Angel*)
  beita
Koffer *m* ferðataska *f*; **~raum**
  m farangursgeymsla *f*; *pop.*
  skott *n*
Kognak *m* koníak *n*
Kohl *m* kál *n*
Kohle *f* kol *n/pl.*; **~nberg-**
  werk *n* kolanáma *f*; **~nsäu-**
  re *f* kolsýra *f*; **~papier** *n*
  kalkipappír *m*
Köhler *m* kolagerðarmaður
  m

Koje *f* hengirúm *n*
kokett ástleitinn
Koks *m* koks *n*
Kolben *m* byssuskefti *n*; kylfa
  f; *Tech.* bulla *f*
Kolleg *n* fyrirlestur *m* (í
  háskóla); **~e** *m* vinnufélagi
  m; starfsbróðir *m*; **~in** *f*
  starfssystir *f*
kollidieren rekast á; vera í
  mótsögn (*mit* við)
Kolonie *f* nýlenda *f*
Komet *m* halastjarna *f*
Komfort *m* þægindi *n/pl.*
komisch skoplegur, skringilegur
Komma *n* komma *f*
kommand|ieren stýra;
  skipa; **2itgesellschaft** *f*
  samlagsfélag *n* með óvirkum
  félagsmönnum; *Jur.* hjáfélag
  n; **2obrücke** *f* stjórnpallur
  m, brú *f*
kommen koma; *gelaufen ~*
  koma hlaupandi; *ihm kam
  der Gedanke* honum datt í
  hug
Komment|ar *m* yfirlýsing *f*;
  skýringarrit *n*; **2ieren** skýra
Kommunis|mus *m* komm-
  únismi *m*; **~t** *m* kommúnisti
  m
Komödie *f* gamanleikur *m*
Komparativ *m* miðstig *n*
Kompaß *m* áttaviti *m*
komplett með öllu; full-
  kominn
kompliziert flókinn, erfiður
Komplott *n* samsæri *n*
Komponist *m* tónskáld *n*

Kompott n ávaxtamauk n
Kondensmilch f dósamjólk f
Konditor m kökubakari m; ~ei f kökubúð f; kaffihús n
Kon|ferenz f fundur m; ~fession f trúarjátning f; ~firmation f ferming f; ~fitüre f sulta f; ~flikt m deila f
König m konungur m; ~in f drottning f; 2lich konunglegur; ~reich n konungsríki n
Konjugation f beyging f
Konjunktur f horfur f/pl.; markaðshorfur f/pl.; hágengi n
Konkurrenz f samkeppni f
Konkurs m gjaldþrot n/pl.
können geta
kon|sequent (logisch) rökréttur; (Person) sjálfum sér samkvæmur; ~servativ hægrisinnaður; vanafastur
Konserve f niðursoðin vara; ~ierungsmittel n rotvarnarefni n
Konsul m ræðismaður m, konsúll m; ~at n ræðismannsskrifstofa f
Kontakt m snerting f; El. tengill m; ~linse f snertilinsa f
Konto n (viðskipta) reikningur m; ~korrent n hlaupareikningur m
Kontrolle f eftirlit n
konzentrieren v/r. (körperl.) neyta allrar orku v/r.; (geist.) beita sér; beita huganum að
Konzert n hljómleikar m/pl.;

samsöngur m; söngskemmtun f
Kopenhagen n Kaupmannahöfn f; ~er m Kaupmannahafnarbúi m; (Gebäck) vínarbrauð n
Kopf m höfuð n; den ~ hängen lassen vera niðurlútur; den ~ schütteln hrista höfuðið; ~hörer m heyrnartól n; ~kissen n koddi m; ~schmerzen pl. höfuðverkur m; 2über á höfuðið; ~zerbrechen n heilabrot n/pl.
Kopie f afrit n; 2ren afrita
Koralle f kórall m
Korb m karfa f; ~sessel m körfustóll m
Kork m korkur m; ~en m korktappi m; ~enzieher m tappatogari m
Korn n korn n; útsæði n; ~blume f kornblóm n; ~feld n kornakur m
Körper m líkami m, búkur m; ~bau m líkamsbygging f; ~lich líkamlegur; 2los óefnislegur, líkamslaus; ~pflege f líkamsrækt f; ~schaft f (sam)félag n
korpulent feitur
Korrespondenz f bréfaviðskipti n/pl.
korrigieren leiðrétta
kosten (Geld) kosta; (probieren) bragða á
Kosten pl. kostnaður m; auf meine ~ á minn kostnað; ~(vor)anschlag m kostn-

aðaráætlun f; **2los** kostnaðarlaus

köstlich dýr(ð)legur

Kostüm n (grímu-, leikara-, þjóð)búningur m; (Damen-) jakkakjóll m, drakt f

Kotelett n rifjasteik f

Kotflügel m aurbretti n

krabbeln skríða

Krach m brak n, brestur m; pop. rifrildi n

krächzen garga

Kraft f kraftur m, afl n; **~fahrer** m bílstjóri m; **~fahrzeug** n bifreið f, bíll m

kräftig sterkur, öflugur

kräftigen styrkja (sich sig)

Kragen m kragi m; flibbi m

Krähe f kráka f; **2n** gala

Kralle f kló f

Kram m smávara f, fig. skran n; **2en** róta (í)

Krampf m krampi m, sinadráttur m; **~ader** f æðahnútur m; **2haft** krampakenndur, krampa-

Kran m lyftikrani m

Kranich m Zo. trana f

krank sjúkur

kränkeln vera lasinn

kranken: an etw. ~ þjást af e-u

kränken móðga

Kranken|haus n sjúkrahús n; **~kasse** f sjúkrasamlag n; **~pflege** f sjúkrahjúkrun f; **~schwester** f hjúkrunarkona f; **~wagen** m sjúkrabíll m

krank|haft sjúklegur; **2heit** f

sjúkdómur m; **~heitshalber** af sjúkdómsástæðum

Kränkung f móðgun f

Kranz m sveigur m, krans m

kratzen klóra; krafsa

kraus ýfður; hrokkinn

kräuseln ýfa; skrýfa, liða

Kraut n jurt f; kál n

Krawall m uppþot n

Krawatte f hálsbindi n

Krebs m krabbi m; Med. krabbamein n

Kredit m lán n; **~brief** m úttektarheimild f

Kreide f krít f

Kreis m hringur m; flokkur m

kreischen æpa, hljóða

Kreisel m skopparakringla f

kreisen fara í hring

Kreis|lauf m hringrás f (blóðsins); **~verkehr** m hringtorg n

Krempe f hattbarð n

Kreuz n kross m, krossmark n; 2 und quer þvert og endilangt; **2en** krossleggja; Mar. slaga; **~fahrt** f skemmtiferðasigling f; **2igen** krossfesta; **~igung** f krossfesting f; **~worträtsel** n krossgáta f

kriechen skríða

Krieg m stríð n, styrjöld f; **2en** fá; **~sbeschädigte** m stríðsörkumlamaður m; **~sgefangene** m/f herfangi m; **~sschauplatz** m ófriðarstöðvar f/pl.; **~sschiff** n herskip n

Kriminal|polizei f rann-

sóknarlögregla f; **~roman** m
glæpareyfari m
kriminell glæpsamlegur;
saknæmur
Krippe f jata f
Kristall m kristall(ur) m
Krit|ik f gagnrýni f, ritdómur
m; **~iker** m gagnrýnandi m;
2isch vandlátur; gagn-
rýninn; **2isieren** gagnrýna
krön|en krýna; **2ung** f
krýning f
Kröte f froskpadda f
Krücke f hækja f
Krug m krukka f, kolla f;
(Schenke) krá f
Krume, **Krümel** m brauð-
moli m
krumm boginn
krümmen beygja
Krüppel m krypplingur m;
örkumlamaður m
Kruste f skorpa f, hrúður n
Kübel m bali m, stampur m
Küche f eldhús n
Kuchen m kaka f
Küchen|herd m eldavél f;
~schrank m eldhússkápur m
Kuckuck m gaukur m
Kugel f kúla f; **2lager** m kúlu-
leg(a f) n; **2n** velta; **~schrei-
ber** m kúlupenni m
Kuh f kýr f
kühl svalur; **2e** f svali m; **~en**
kæla; **2er** m kælir m;
2schrank m kæliskápur m,
ísskápur m; **2ung** f kæling f
kühn djarfur
Küken n kjúklingur m
Kulisse f leiktjald n

Kultur f menning f; **2ell**
menningarlegur; **~film** m
fræðslumynd f
Kümmel m kúmen n;
(Schnaps) kúmenbrennivín
n
Kummer m áhyggjur f/pl.,
sorg f
kümmern skipta, varða; v/r.
láta sig (um etw. e-ð) varða
kündbar uppsegjanlegur
Kunde 1. m viðskiptavinur m;
2. f frétt f; **~ndienst** m
viðgerðarþjónusta f
Kundgebung f tilkynning f;
kröfuganga f
kündig|en segja upp; **2ung** f
uppsögn f
Kundschaft f viðskiptavinir
m/pl.
künftig komandi; tilvonandi;
framvegis
Kunst f list f; **~ausstellung** f
listasýning f; **~dünger** m
gerviáburður m; **~gewerbe**
n listiðnaður m
Künst|ler m listamaður m;
2lich tilbúinn, gervi-
Kunst|stoff m gerviefni n;
~werk n listaverk n
Kupfer n kopar m; **~stich** m
eirstunga f
Kuppe f tindur m
kuppeln (Auto) stíga kúppl-
inguna í botn
Kupplung f Tech. tengsl n/pl.,
kúpling f
Kur f dvöl f á heilsuhæli m
Kurbel f sveif f; **2n** snúa
Kur|gast m baðgestur m; **~ort**

m heilsuhæli *n*, hressingarhæli

Kurs *m* (*Schiff*) stefna *f*;
(*Geld*) gengi *n*; ~**bericht** *m*
gengisskýrsla *f*

Kürschner *m* loðskinnasali *m*

Kurtaxe *f* ferðamannaskattur
m

Kurve *f* boglína *f*; (*Straße*)
beygja *f*

kurz stuttur; *und gut* í stuttu
máli sagt; ~ *angebunden*
stuttur í spuna; *vor* ~*em*
fyrir stuttu; *über* ~ *oder*
lang fyrr eða síðar

kürzen stytta

Kurzgeschichte *f* smásaga *f*

kürzlich fyrir skömmu

Kurz|schluß *m* El. skamm-
hlaup *m*; ~**schrift** *f* hraðritun
f; 2**sichtig** nærsýnn; *fig.*
skammsýnn; ~**waren** *pl.*
smávarningur *m* fyrir
saumaskap *m*

Kuß *m* koss *m*

küssen kyssa

Küste *f* strönd *f*

Küster *m* meðhjálpari *m*

Kutscher *m* ekill *m*, ökumaður *m*

Kutter *m* skúta *f*; björgunarbátur *m*

L

Labor(atorium) *n* rann-
sóknardeild *f*, -stofa *f*

lächeln brosa; 2 *n* bros *n*

lachen hlæja; *über j-n* ~ hlæja
að e-m

lächerlich hlægilegur

Lachs *m* lax *m*

Lack *m* lakk *n*

laden hlaða, ferma; (*Gewehr*)
hlaða; *Jur.* stefna

Laden *m* búð *f*; ~**schluß** *m*
lokunartími *m* búða; ~**tisch**
m búðarborð *n*

Ladung *f* hleðsla *f*, farmur *m*;
Jur. stefna *f*

Lage *f* lega *f*; aðstaða *f*; *in der*
~ *sn* vera í aðstöðu til að

Lager *n* bół *n*; herbúðir *f/pl.*;
(*Waren-*) vörubirgðir *f/pl.*

lahm máttlaus; haltur; ~**en**
haltra

lähm|en lama; 2**ung** *f* lömun
f

Laib *m* hleifur *m*

Laie *m* leikmaður *m*

Laken *n* lak *n*

Lamm *n* lamb *n*; ~**braten**
m lambasteik *f*; ~**fleisch** *n*
lambakjöt *n*

Lampe *f* lampi *m*

Land *n* land *n*; jörð *f*; *an* ~
gehen ganga á land; *auf*
dem ~ í sveitinni; ~**ebahn** *f*
lendingarbraut *f*; flugbraut
f; 2**einwärts** inn(ar) í land-
ið; 2**en** lenda (*a. Flugzeug*)

Länderkampf *m* landskeppni
f

Land|esfarben *pl.* fánalitir
m/pl.; ~**esgrenze** *f* landamæri *n/pl.*; ~**eskirche** *f*

þjóðkirkja f; **~esverrat** m
landráð n/pl.; **~haus** n
sveitabústaður m; sumar-
bústaður m; **~karte** f lands-
uppdráttur m
ländlich sveitalegur; óbrotinn
Land|schaft f landslag n;
~smann m landi m; **~straße**
f þjóðvegur m; **~streicher** m
flakkari m
Landung f lending f; **~sbrük-
ke** f (lendingar-)bryggja f
Landwirt m bóndi m; **~schaft**
f landbúnaður m
lang langur; adv. lengi
Länge f lengd f; **in die ~ ziehen** draga á langinn
Langeweile f leiðindi n/pl.
langfristig fyrir lengri tíma
länglich aflangur, langur
längs fram með
langsam hægur, seinn
Langspielplatte f (Abk. LP)
breiðskífa f
längst fyrir löngu
langweil|en gera leiðindi;
v/r. leiðast; **~ig** leiðinlegur
Lappen m pjatla f, tuska f
Lärm m hávaði m, háreysti n;
~ machen hafa hátt; **2en**
hafa hátt
lassen láta; (sein~) láta ógert;
(weg~) sleppa; (erlauben)
leyfa; **laß das!** hættu þessu
lässig latur; hirðulaus
Last f byrði f; (Auto) afgjald m,
skattur m; (Ladung) farmur
m; **j-m zur ~ fallen** ver(ð)a
e-m byrði; **~wagen** m
vörubíll m

Laster 1. n löstur m; **2.** m pop.
(Auto) vörubíll m
lästern tala illa (über um)
lästig erfiður, hvimleiður
Latein n latína f; **2isch** latn-
eskur
Laterne f ljósker n; **~npfahl**
m ljós(ker)astaur m
Latte f rimill m
Laub n lauf n; **~baum** m lauf-
tré n
Laube f laufskáli m
Lauch m púrlaukur m
lauern liggja í leyni; standa á
hleri
Lauf m hlaup n; rennsli n;
~bahn f hlaupabraut f; fig.
æviskeið n; **2en** hlaupa;
(Film, Motor) ganga; **2ende
Nummer** skrártala f, töluröð
f
Läufer m hlaupari m;
(Schach) biskup m; (Tischdecke) löber m
Lauge f lútur m
Laun|e f skap n; duttlungar
m/pl.; **guter (schlechter)
~ sein** vera í góðu (vondu)
skapi; **2isch** mislyndur
Laus f lús f
lauschen hlusta
laut 1. prp. (mit gen.)
samkvæmt; **2.** adj. hár;
hávær
Laut m hljóð n; **2en** hljóma,
hljóða
läuten hringja
lauter (rein) hreinn; (bloß)
eintómur
läutern hreinsa, skíra

Laut|sprecher m hátalari m; **~stärke** f hljóðstyrkleiki m
lauwarm volgur
Lava f hraun n
Lawine f skriða f; snjóflóð n
leben lifa
Leben n líf n; **am ~ sn** vera á lífi; **2dig** lifandi; fjörlegur
lebens|fähig lífvænlegur; **2gefahr** f lífshætta f; **~gefährlich** háskalegur, banvænn; **~länglich** ævilangur; **2lauf** m æviferill m; **2mittel** pl. matvæli n/pl.; **2versicherung** f líftrygging f
Leber f lifur f
Lebewesen n lífvera f
Lebewohl n kveðja f
lebhaft fjörugur, fjörlegur
leck lekur
lecken sleikja
Leckerbissen m sælgæti n
Leder n leður n; skinn n
ledig ógiftur, auður; **~lich** eingöngu, aðeins
leer tómur, auður; **2e** f tóm n, auðn f; **tómleiki** m; **~en** tæma; **2lauf** m lausagangur (vélar) f
legen leggja; **sich schlafen ~** leggjast til svefns
Lehm m leir m; **2boden** m leirjörð f; **2ig** leirblandinn
Lehne f (stól)bak m, stólbrík f; **~en** hallast; v/r. halla sér **(an od. gegen etw.** upp að e-u); **~stuhl** m hægindastóll m; **~wort** n tökuorð n
Lehr|buch n kennslubók f; **~e** f kenning f; lærdómur m;

2en kenna; **~er** m kennari m; **~fach** n kennslugrein f; **~ling** m iðnnemi m; **~plan** m námsskrá f; **~stuhl** m kennaraembætti n
Leib m líkami m, kroppur m; **(Bauch)** magi m; **~eskräfte: aus ~eskräften** allt hvað af tekur; **~gericht** n uppáhaldsréttur m; **mein ~licher Bruder** skilgetinn bróðir minn; **~schmerzen** pl. magaverkir m/pl.; **~wärmer** m mittisband n; **~wäsche** f nærföt n/pl.
Leiche f lík n
leicht léttur; auðveldur; **2athletik** f léttar íþróttir; **~gläubig** auðtrúa; **2gläubigkeit** f auðtrú f; **~sinn** m gagnrýnisleysi f; **2igkeit** f léttleiki m; **~sinnig** léttúðugur
leid: es tut mir ~ mér þykir leitt; **2** n sorg f; **~en** þjást; þola; láta sér lynda; **2en** n þjáning f; **2enschaft** f ástríða f
leid|er því miður; **~lich** þolanlegur
Leih|bücherei f útlánabókasafn n; **2en** lána; fá lánað; **~wagen** m bílaleigubíll m; **2weise** að láni
Leim m lím n; **2en** líma
Leine f band n; fiskilína f
leinen úr líni, lín-; **2** n léreft n
Lein|öl n línolía f; **~wand** f léreft n; kvikmyndatjald n
leise hljóður, lágur
Leiste f Med. nári m; **2n** af-

kasta, inna af hendi; *v/r.*:
sich etw. ~ können hafa ráð
od. efni á e-u
Leistung *f* afrek *n*, afköst
n/pl.; greiðsla *f*; **2sfähig** af-
kastamikill; vinnufær *f*
Leit|artikel *m* ritstjórnar-
grein *f*, leiðari *m*; **2en**
stjórna; leiða; **~er 1.** *m* foringi *m*, forstöðumaður *m*; **2.**
f stigi *m* **~faden** *m* leiðarvísir
m; **~ung** *f* handleiðsla *f*;
stjórn *f*; *El.* leiðsla *f*
Leitzordner *m* mappa *f*
Lende *f* lend *f*
lenk|bar stýranlegur; **~en**
stýra, stjórna; (*Gespräch*)
beina; **2rad** *n* stýri *n*; **2stan-
ge** *f* stýrisstöng *f*
Lerche *f* lævirki *m*
lernbegierig námfús
lernen læra; *j-n kennen~*
kynnast e-m
Lese|buch *n* lestrarbók *f*; **2n**
lesa; (*sammeln*) tína; **~r** *m*
lesandi *m*
letzte (der, die, das ~) hinn
síðasti, hin, hið síðasta
leucht|en lýsa; **2er** *m* kerta-
stjaki *m*; **2turm** *m* viti *m*
leugnen (af)neita
Leute *pl.* fólk *n*
Lexikon *n* orðabók *f*
liberal frjálslyndur
Licht *n* ljós *n*; **~bild** *n* mynd *f*;
2empfindlich ljósnæmur;
2en *Wald* grisja; *Anker* létta;
~maschine *f* ljósavél *f*;
~schalter *m* slökkvari *m*;
~ung *f* rjóður *n*

Lid *n* augnalok *n*
lieb ljúfur; kær; **2e** *f* ást *f*; **~en**
elska; **~haben** þykja vænt
um; **2haber** *m* elskhugi *m*;
áhugamaður *m*; **~lich** yndislegur; **2ling** *m* uppáhald *n*;
2schaft *f* ástamök *n/pl.*
Lied *n* ljóð *n*; söngur *m*
liederlich druslulegur; svallsamur
Liefer|ant *m* birgðasali *m*;
~frist *f* afhendingarfrestur
m; **2n** afhenda, senda; **~ung**
f afhending *f*, sending *f*;
~wagen *m* vöru- *od.* sendi-
(ferða)bíll *m*
liege|n liggja; **2stuhl** *m*
hvíldarstóll *m*; **2wagen** *m*
svefnvagn *m*
Lift *m* lyfta *f*
Limonade *f* gosdrykkur *m*
Linde *f* linditré *n*
lindern sefa, draga úr
linke(r, -s) vinstri; **~e Seite**
(*Gewebe*) ranghverfa *f*; **2e** *f*
vinstri hönd
linkisch klaufalegur
links til vinstri; **~händig** örvhendur
Linse *f* linsa *f*
Lippe *f* vör *f*; **~nstift** *m* vara-
litur *m*
lispeln hvísla
List *f* blekkingarbragð *n*; **mit
~ und Tücke** með brögðum
Liste *f* listi *m*
listig slunginn
Liter *m* lítri *m*
litera|risch bókmenntalegur;
2tur *f* bókmenntir *f/pl.*

Litfaßsäule f auglýsingasúla f

Lob n lof n; hrós n; 2en lofa, hrósa

Loch n gat n, hola f; 2en gata; ~er m gatari f

Locke f lokkur m; 2n lokka; liða (hár); ~nwickler m rúllur f

locker laus; ~n losa; slaka á

lockig hrokkinhærður

Löffel m skeið f

Loge f Thea. stúka f

logisch rétt ályktað; auðvitað

Lohn m laun n/pl.; kaup n; 2en launa; v/r.: **es 2t sich nicht** það borgar sig ekki; ~erhöhung f launahækkun f; ~steuer f tekjuskattur m

Lokal n húsnæði n; veitingastofa f

Lokomotive f eimreið f

Lorbeer m lárviður m

Los n hlutskipti n; (Lotterie) happdrættismiði m; **das große** ~ stóri vinningurinn

los laus, laus við; **was ist** ~? hvað gengur á?

Lösch|blatt n þerriblað n; 2en slökkva; afmá; Schiff losa, afferma

losen varpa hlutkesti

lösen leysa; losa; (Rätsel) ráða

losfahren fara af stað

loslassen sleppa, láta lausan

lossagen v/r. segja skilið (**von etw.** við e-ð); afsala sér e-u

Losung f Mil. einkennisorð n

Lösung f leysing f; lausn f

Lot n lóð n; sakka f; 2en mæla dýpi

löten lóða, kveikja

Lotse m hafnsögumaður m

Lotterielos n happdrættismiði m

Löwe m ljón n

Lücke f skarð n; eyða f

Luft f loft n; ~ schöpfen draga andann; **an die** ~ **gehen** ganga út undir bert loft; 2dicht loftþéttur; 2druck m loftþrýstingur m

lüften lyfta; Hut lyfta

Luft|fahrt f flugumferð f; ~kissenboot n svifnökkvi m; ~matratze f vindsæng f; ~post f flugpóstur m; ~pumpe f loftdæla f; ~verkehr m loftsamgöngur f/pl.; ~waffe f flugher m; ~zug m loftrás f

Lüge f lygi f; 2n ljúga

Lügner m lygari m

Luke f lúkugat n; hleri m, hlemmur m

Lümmel m sláni m

Lump m ræfill m; þorpari m; ~en m tuska f; 2ig tötralegur, vesall

Lungenentzündung f Med. lungnabólga f

Lupe f stækkunargler n

Lust f löngun f; fýsn f, unaður m

lüstern fíkinn, sólginn

lustig kátur, skemmtilegur

Luther|aner m lúterstrúarmaður m; 2isch lúterskur

Luxus m munaður m

Lyrik f ljóðlist f; ljóðrænn skáldskapur m

M

machen gera; búa til; *sich auf den Weg ~* leggja af stað; *sich aus dem Staub ~* hlaupa burt, forða sér; *wieviel macht das?* hvað er þetta mikið?; *das macht nichts* það gerir ekkert til

Macht *f* vald *n*

mächtig voldugur; heljarmikill

machtlos magnlaus; áhrifalaus

Mädchen *n* stelpa *f*; stúlka *f*

Mad|e *f* maðkur *m*, vía *f*; **2ig** maðkaður

Magd *f* vinnukona *f*

Magen *m* magi *m*; **~schmerzen** *pl.* magaverkir *m/pl.*

mager magur

Magnet *m* segull *m*

Mahagoni *n* rauðviður *m*, mahóní *n*

mähen *v/t.* slá (gras)

mahl|en mala; **2zeit** *f* máltíð *f*; *(gesegnete)* **2zeit!** verði þér (ykkur) að góðu!

Mähne *f* fax *n*, makki *m*

mahn|en minna á; áminna; rukka; **2ung** *f* áminning *f*; rukkun *f*

Mai *m* maí *m*; **~glöckchen** *n* maílilja *f*; **~käfer** *m* aldinbori *m*

Mais *m* maís *m*

Makel *m* blettur *m*, galli *m*; **2los** flekklaus, gallalaus

Makler *m* (verslunar)miðlari

m, *(Immobilien)* fasteignasali *m*

Mal *n* skipti *n*, sinn *n*; *mit e-m* ~ allt í einu

mal|en mála; **2er** *m* málari *m*

Malz *n* malt *n*; **~bier** *n* maltöl *n*

manch|er, **~e**, **~es** margur, mörg, margt; **~erlei** margs konar; **~mal** oft; stundum

Mandel *f* mandla *f*; *Med.* hálskirtill *m*; **~entzündung** *f* kirtlabólga *f*

Mangel 1. *m* skortur *m*; galli *m*; **2.** *f pop.* taurúlla *f*; **2haft** gallaður, ófullkominn; **2n** *(Wäsche)* rúlla (þvott); vanta; **2s** *(mit gen.)* vegna vöntunar (á)

Manieren *pl.* mannasiðir *m/pl.*

Maniküre *f* handsnyrting *f*

Mann *m* (karl)maður *m*

Männchen *n* *(Tier)* karldýr *n*

männlich karlmannlegur, karlmanns-; *Gram.* karlkyns

Mannschaft *f* skipshöfn *f*; *(Sport)* lið *n*

Manöver *n* heræfingar *f/pl.*

Mansarde *f* kvistur *m*, kvisthæð *f*

Manschette *f* líning *f*, *pop.* mansétta *f*; **~knopf** *m* manséttuhnappur *m*

Mantel *m* kápa *f*, yfirhöfn *f*

Manuskript *n* handrit *n*

Mappe *f* bréfataska *f*, skjalataska *f*

Märchen *n* ævintýri *n*

Marder *m* mörður *m*

Margarine *f* smjörlíki *n*

Marine *f* sjóher *m*

Mark 1. *f* landamæraland *n*; *Hdl.* mark *n*; **2.** *n* (*Knochen*) mergur *m*

Marke *f* merki *n*; vörumerki *n*; **~nartikel** *m* vönduð vara

Markt *m* markaður *m*; (sölu)torg *n*

Marmelade *f* aldinmauk *n*, sulta *f*

Marsch 1. *m* herganga *f*; (her)göngulag *n*; **2.** *f* merski *n*, flæðiland *n*; **~all** *m* marskálkur *m*; **2ieren** ganga hergöngu; ganga rösklega

martern kvelja, pynda

Märtyrer *m* píslarvottur *m*

März *m* mars *m*

Marzipan *n* marsipan *n*

Masche *f* möskvi *m*, lykkja *f*

Maschine *f* vél *f*; **~ngewehr** *n* vélbyssa *f*

Masern *pl.* mislingar *m/pl.*

Maskenball *m* grímudansleikur *m*

Maß *n* mælikvarði *n*; **über die ~en** fram úr (öllu) hófi

Massage *f* nuddlækningar *f/pl.*, nudd *n*

Masse *f* fjöldi *m*, feikn *n/pl.*; **~nandrang** *f* gífurleg aðsókn; **2nhaft** feikna mikill

maßgebend sem sker úr; sem ræður mestu

massig efnismikill, þungur

mäßig hófsamur; hóflegur; **~en** *v/r.* hafa taumhald á sér

maß||los hóflaus; **2nahme** *f* ráðstöfun *f*; **2stab** *m* mælikvarði *m*

Mast *m* siglutré *n*

Mastdarm *m* endaþarmur *m*

Material *n* efni *n*; hráefni *n*

Mathematik *f* stærðfræði *f*

Matratze *f* dýna *f*

Matrose *m* háseti *m*

matt máttfarinn; daufur; (*Schach*) mát; **2e** *f* (*Geflecht*) motta *f*

Mauer *f* (múr)veggur *m*; **2n** múra

Maul *n* kjaftur *m*; **halts ~!** *pop.* haltu kjafti!; **~korb** *m* munnkarfa *f*; **~wurf** *m* Zo. moldvarpa *f*

Maurer *m* múrari *m*

Maus *f* mús *f*; **~efalle** *f* músagildra *f*

mechanisch vélrænn; véla-

Medien *pl.* fjölmiðill *m*

Medikament *n* lyf *n*; meðal *n*

Medizin *f* læknisfræði *f*; læknislyf *n*

Meer *n* haf *n*, sjór *m*; **~esspiegel** *m* sjávarflötur *m*, sjávarmál *n*; yfirborð *n* sjávar; **2grün** hafgrænn; **~rettich** *m* piparrót *f*; **~schweinchen** *n* naggrís *m*; marsvín *n*

Mehl *n* mjöl *n*

mehr meir(a), meiri; fleiri; **um so ~** því meir; **~ere** margir; **2heit** *f* meiri hluti *m*; **2kosten** *pl.* aukakostnaður *m*; **~mals** þráfaldlega; **2wertsteuer** *f* söluskattur *m*

⁓zahl f meirihluti m; *Gram.* fleirtala f

meiden forðast, varast

Meile f míla f; **⁓nstein** m mílnasteinn m

mein(-e, -es) minn (mín, mitt)

Meineid m meinsæri n

meinen ætla, halda

mein⁓erseits af minni hálfu; **⁓etwegen** mín vegna; sama er mér!

Meinung f skoðun f, álit n; *nach meiner ⁓* að mínu áliti; mín skoðun er

Meißel m meitill m

meist mestur; flestur; **⁓ens, ⁓enteils** aðallega, einkum; venjulega

Meister m (iðn)meistari m; listsnillingur m; **⁓haft** meistaralegur, frábær; **⁓schaft** f meistaramót n

Melde⁓amt n manntalsskrifstofa f; **⁓n** tilkynning f

Meldung f tilkynning f

melken mjólka

Melodie f lag n

Membrane f himna f

Menge f fjöldi m, sægur m, feikn n/pl.; **⁓n** blanda f

Mensch m maður m; manneskja f; **⁓enrechte** pl. mannréttindi n/pl.; **⁓enscheu** mannfælinn; **⁓enverstand** m: *gesunder ⁓verstand* m heilbrigð skynsemi f; **⁓heit** f mannkyn n; **⁓lich** mannlegur; mannúðlegur; **⁓lichkeit** f mannúð f

merk⁓en setja á sig; taka eftir; *sich etw. ⁓en* leggja á minnið; **⁓blatt** n minnisblað n; **⁓lich** greinilegur, greinanlegur; **⁓mal** n auðkenni n, kennimerki n; **⁓würdig** merkilegur; fágætur

Messe f messa f; *Hdl.* kaupstefna f

messen mæla

Messer n hnífur m; **⁓schneide** f hnífsegg f

Messing n messing n, látún n

Metall n málmur m

Meter n metri m

Methode f aðferð f

Mettwurst f hangipylsa n

Metzger m slátrari m

Meuter⁓ei f uppreisn f; **⁓n** gera uppreisn

Miene f svipur m

Miet⁓e f leiga f; **⁓en** leigja; **⁓er** m leigjandi m; **⁓vertrag** m leigusamningur m; **⁓wagen** m bílaleigubíll m; **⁓wohnung** f leiguíbúð f

Mikro⁓fon n hljóðnemi n; **⁓skop** n smásjá f; **⁓welle** f örbylgjuofn n

Milch f mjólk f; **⁓straße** f vetrarbraut f; **⁓zahn** m barnatönn f

mild mildur; þýður; **⁓ern** milda, lina; **⁓ernde Umstände** pl. málsbætur f/pl.

Milieu n umhverfi n; *pop.* miljó n

militär⁓isch hernaðarlegur; **⁓pflicht** f herskylda f

Milliarde f milljarður m

Millimeter m millímetri m

Million f milljón f; **~är** m milljónamæringur m

Milz f milti n

minder minni; **2heit** f minnihluti m; **2jährig** ófullveðja; **~wertig** rýrari, gildisminni; **2wertigkeitsgefühl** n vanmáttarkennd f

mindest|ens að minnsta kosti; **nicht im ~** ekki vitund

Mine f náma f, (Sprengstoff) tundurdufl n

Minute f mínúta f

mir mér; **~ nichts, dir nichts** umsvifalaust

Misch|ehe f blendingshjónaband n; **2en** blanda; **~ling** m kynblendingur m; **~rasse** f blendingskyn n; **~ung** f blanda f, sambland n

miß|billigen vera mótfallinn; **2brauch** m misnotkun f

missen sakna, vera án

Miß|erfolg m illur árangur, árangursleysi n; **~ernte** f uppskerubrestur m

miß|fallen mislíka (j-m e-m); **2geburt** f vanburður m; **2geschick** n ólán n, óhapp n; **~glücken** misheppnast; **~gönnen** unna ekki (j-m etw. e-m e-s); **2handlung** f misþyrming f

Mission f (christl.) kristniboð n; (Auftrag) erindi n

miß|lingen misheppnast; **~mutig** hnugginn; **2stimmung** f þykkja f, gremja f;

~trauen vantreysta; **2verständnis** n misskilningur m

Mist m tað n, áburður m, mykja f; F (reden) bulla f

mit með; **2arbeiter** m samstarfsmaður m; **~bringen** koma með handa; **2bürger** m meðborgari m; **~einander** með hvor öðrum; saman; **2gift** f heimanmundur m; **2glied** n meðlimur m; **~kommen** koma með, verða samferða; **~laufen** hlaupa með; fig. fylgja (að málum); **2leid** n meðaumkun f, vorkunn f

Mitleidenschaft f: **in ~ ziehen** skemma

mit|leidig brjóstgóður; **~machen** taka þátt í; **~nehmen** taka með sér; fig. þreyta; **~reden** leggja orð í belg; **~reißen** hrífa með sér; **2schüler** m skólabróðir m

Mittag m hádegi n; **morgen** 2 um hádegi að morgni; **~essen** n hádegisverður m; **2s** með

Mitte f miðja f; **~ Januar** um miðjan janúar

mitteil|en tilkynna; **2ung** f tilkynning f

Mittel n ráð n, úrræði n/pl.; **~alter** n miðaldir f/pl.; **~ding** n sambland n; **~finger** m langatöng f; **~meer** n Miðjarðarhaf n; **2mäßig** í meðallagi; lélegur; **~punkt** m miðdepill m; **2s** með; **~stand** m millistétt f; **~stufe** f miðþrep n; meðalstig n; (Schule) millibekkir m/pl.; **~stürmer** m miðframherji m; **~welle** f (Radio) miðbylgjur f/pl.

mitten mitt; **~ auf der Straße** á miðri götunni

Mitternacht f miðnætti n

mittler|e (der, die, das) sem er í miðið; **von ~er Größe** meðalstór **~weile** á meðan

Mittwoch m miðvikudagur m

Mobiliar n húsgögn n/pl.

möbliert: **~es Zimmer** herbergi með húsgögnum

Mode f tíska f

Modell n uppkast n; fyrirmynd f; (Mannequin) fyrirsæta f, sýningarstúlka f

Moder m ýlda f; mygla f; rotnun f; **2ig** fúinn, úldinn; **2n** rotna

modern adj. nýtískulegur, nýr; **~ernisieren** endurnýja; **~isch** í tísku; samkvæmt nýjustu tísku

Mofa n skellinaðra f

mögen falla í geð; þykja gott; vilja; nenna

möglich mögulegur

möglichst: **~st früh** eins snemma og unnt er

Mohn m draumsóley f

Möhre f gulrót f

Molkerei f mjólkurbú n

Moment n augnablik n

Monat m mánuður m; **im ~ Mai** í maímánuði; **2lich** mánaðarlega; **~sbinde** f dömubindi n

Mönch m munkur m

Mond m tungl n; **~fähre** f geimfar n til tunglsins; tunglferja f; **~finsternis** f tunglmyrkvi m; **~landung** f lending f á tunglinu

Monolog m eintal n

Montag m mánudagur m

Montage f uppsetning (véla) f; útbúnaður m

Monteur m vélvirki m

Moor n mýri f, **~bad** n leðjubað n

Moos n mosi m; **Isländisches ~** fjallagrös n/pl.

Moped n skellinaðra f

moralisch siðferðilegur, siðgæðilegur

Morast m fen n

Mord m morð n; **2en** myrða

Mörder m morðingi m

morgen adv. á morgun; **~ früh** í fyrramálið; **~ nachmittag** síðdegis á morgun; **2 m** morgunn m; **2dämmerung** f dögun f; **2land** n Austurlönd n/pl.; **~s** á morgnana; um morguninn; **2zeitung** f morgunblað n

Morphium n morfín n

morsch fúinn; kominn að hruni

Motiv n hvöt f; grundvallarhugmynd f; mótíf n

Motor m vél f; **~rad** n mótorhjól n; **~schaden** m vélarbilun f; **~schiff** n vélskip n

Motte f melur m, mölur m

Möwe f máfur m

Mücke f mýfluga f, mý n

müd|e þreyttur; **2igkeit** f
þreyta f

muffig myglaður, með fúkkalykt

Mühe f erfiði n; ómak n; **mit ~
und Not** með herkjumunum;
2los fyrirhafnarlaus, erfiðislaus; **2n:** v/r. gera sér far
(um); **2voll** erfiður, örðugur

Mühle f mylla f

mühsam erfiður

Mull m hýjalín n, pop. moll m

Müll m mylsna f; rusl n; **~abfuhr** f sorphreinsun f; **~eimer** m ruslafata f, sorpílát n

Müller m malari m

Mülltonne f ruslatunna f

multiplizieren margfalda

Mund m munnur m; **j-m den ~
verbieten** stinga upp í e-n;
~art f mállýska f

Mündel m od. n skjólstæðingur m

münd|en renna út í; **~ig**
myndugur; fullveðja; **~lich**
munnlega; **2ung** f mynni n

Munition f skotfæri n/pl.

munkeln hjala á bak við
tjöldin

Münster n dómkirkja f

munter kátur, fjörugur

Münz|e f mynt f; **~fernsprecher** m myntsími m

mürbe meyr; auðmjúkur

murmeln muldra; urra

Mus n stappa f, mauk n

Muschel f skel f; skelfiskur m

Musik f tónlist f; **2alisch**
tónlistarnæmur; músíkalskur; **~instrument** n hljóðfæri
n

Muskel m vöðvi m; **~kater** m
harðsperrur f/pl.

Muße f tómstundir f/pl.

müssen verða, hljóta

müßig iðjulaus; athafnalaus;
2gang m iðjuleysi n

Muster n sýnishorn n; fyrirmynd f; **~ ohne Wert**
verðlaust sýnishorn; **2n** skrá
(sem háseta od. hermann);
~ung f skráning f; liðskönnun f

Mut m kjarkur m; **j-m ~
machen** telja kjark í e-n; **guten
~s sn** vera í góðu skapi; **2maßen**
hyggja, gruna; **2maßlich**
sennilegur

Mutter f móðir f; **~ Gottes**
guðsmóðir f, María mey

mütterlicherseits í móðurætt

Mutter|mal n fæðingarblettur
m; **~sprache** f móðurmál n;
~witz m heilbrigð skynsemi

Mutwille m gáski m; **2ig**
gáskafullur

Mütze f húfa f

mysteriös dularfullur

Mythos m goðsaga f, goðsögn
f

N

Nabe f hjólnöf f; **~l** m nafli m
nach eftir; til (um staði); (á)
eftir; **fünf Minuten ~ eins**
(klukkan) fimm mínútur yfir
eitt; **~ Berlin** til Berlínar;
dem Namen ~ að nafni; **~**
etw. fragen spyrja um e-ð; **~**
und ~ smátt og smátt; **~ wie**
vor eins og áður
nach|ahmen herma od. líkja
eftir; **2ahmung** f eftirlíking
f; eftirherming f; **2bar** m
nágranni m; **~bestellen**
panta síðar (til viðbótar);
~dem eftir það; cj. eftir að;
~denken velta fyrir sér;
~denklich íhugandi; **2druck**
m eftirprentun f; fig. áhersla
f; **~eifern** keppa eftir,
líkjast; **~einander** hvor od.
hver od. hverjir á eftir
öðrum; adv. hvað því eftir
annað; **~erzählen** endur-
segja; **2folge** f það sem við
tekur, afleiðing f; **2folger** m
eftirmaður m; **~forschen**
grennlast eftir, rannsaka;
2forschung f eftirgrennslan
f, rannsókn f; **2frage** f eftirspurn f; **~geben** láta undan;
~gehen (Uhr) seinka sér; **s-n**
Geschäften ~gehen gegna
störfum sínum; **~giebig**
eftirlátur, langvinn-
ur; **~her** síðan, síðar; **2hilfe-**
stunde f aukatími m; **~ho-**
len vinna upp; **~jagen** elta;

2komme m afkomandi m;
2kommenschaft f niðjar
m/pl.; afkomendur m/pl.; **2-**
laß m (Erbe) eftirlátnar eigur,
arfur m; (Rabatt) afsláttur
m; **~lässig** hirðulaus; **~lau-**
fen hlaupa á eftir; **~machen**
líkja eftir; **das soll mir e-r**
~machen þetta getur enginn
leikið eftir mér; **~mittags**
síðdegis; **2nahme** f eftir-
krafa f; **~prüfen** rannsaka;
~rechnen reikna aftur; **2re-**
de f: üble **2rede** söguburður
m; **2richt** f frétt f; **2ruf** m
eftirmæli n/pl.; **~schicken**:
bitte ~schicken! sendist
áfram!; **~schlagen** fletta
upp í; **2schrift** f eftirmáli m;
2schub m liðsauki m; **~se-**
hen gæta að; líta eftir;
endurskoða; **2sehen:** das
2sehen haben vera gabb-
aður; **~senden** senda
áfram; **2sicht** f umburðar-
lyndi n; **~sinnen** velta fyrir
sér; **2spiel** n eftirleikur m
nächst næst á eftir; **mein 2er**
bibl. náungi minn
nach|stehend eftirfarandi;
~stellen: j-m **~stellen** sitja
um e-n
Nächst|enliebe f náunga-
kærleikur m; **2ens** mjög
bráðlega
Nacht f nótt f; heute **2** í nótt
(sem var eða kemur); **über ~**

næturlangt; á einni nóttu;
gute ~ góða nótt

Nachteil m tjón n, óhagur m

Nacht|frost m næturfrost n;
~**hemd** n náttskyrta f; (Da-
men-) náttkjóll m

Nachtigall f næturgali m

Nachtisch m eftirmatur m

Nachtlokal n næturstaður m

Nachtrag m viðauki m; **2en**
bæta v/b; fig. j-m etw. **2en**
erfa e-ð við e-n

nachträglich viðbótar-; síð-
ari; síðar

nachts á næturnar; um nóttina

Nacht|schicht f næturvakt f;
~**tisch** m náttborð n;
~**wächter** m næturvörður m

Nachweis m tjón n,
tilvísun f; **2en** sanna; vísa á

Nachwelt f komandi kyn-
slóðir

nach|wirken verka eftir á;
2wirkung f áhrif eftir á,
afleiðing f; **2wort** n eftirmáli
m; **2wuchs** m æska f;
ungviði m; ~**zählen** endur-
telja; **2zahlung** f viðbótar-
greiðsla f; **2zügler** m sá sem
kemur of seint

Nack|en m hnakki m; háls m;
2t nakinn; ~**theit** f nekt f

Nadel f nál f; ~**baum** m barr-
tré n, grenitré n; ~**öhr** n nál-
arauga n

Nagel m nögl f; nagli m;
~**bürste** f naglabursti m;
~**feile** f naglaþjöl f; ~**lack** m
naglalakk n; ~**lackentfer-**

ner m naglalakkaeyðir m;
2n negla; **2neu** glænýr

nage|n naga; **2tier** n nagdýr n

nah(e) nálægur; adv. nálægt;
~ **daran sein** vera að því
kominn

Nähe f nánd f, nálægð f

nahen nálgast

näher nær

nähern v/r. nálgast (j-m e-n)

nahezu nærri

Näh|garn n tvinni m; ~**ma-**
schine f saumavél f; ~**nadel**
f saumnál f

nahrhaft saðsamur, kjarn-
góður

Nahrung f næring f, fæða f;
~**smittel** pl. matvæli n/pl.,
matvara f

Nährwert m næringargildi n

Nähseide f silkitvinni m

Naht f saumur m

Nähzeug n saumadót n

naiv barnalegur

Name m nafn n; im ~**n von**
fyrir hönd; **2nlos** nafnlaus;
~**nsvetter** m nafni m; **2nt-**
lich einkum; með nafnakalli

namlich nefnilega

Napf m pottur m, skál f; ~**ku-**
chen m (jóla)kaka f

Narbe f ör f; (Leder-) hár-
svörður m

Narkose f svæfing f

Narr m heimskingi m

närrisch kjánalegur

nasch|en narta í, borða
sælgæti n; **2katze** f sætinda-
belgur m

Nase f nef n; ~nloch n nös f
naß votur, blautur

Nässe f væta f
naßkalt hráslagalegur

Nation f þjóð f; ~alhymne f
þjóðsöngur m; ~alität f
þjóðerni n

Natter f naðra f, höggormur
m

Natur f náttúra f; 2getreu
sannur, réttur; ~kunde f
(Schulfach) náttúrufræði f
natürlich eðlilegur; adv.
auðvitað

Natur|schutz m náttúru-
vernd f; ~schutzgebiet n
náttúruverndarsvæði n; 2-
widrig óeðlilegur, ónáttúru-
legur; ~wissenschaften pl.
náttúruvísindi n/pl.; ~wun-
der n náttúruundur n

Nebel m þoka f; ~horn n
þokulúður m; 2ig þokufull-
ur

neben hjá, við hliðina á; 2be-
deutung f aukamerking f;
~bei að auk þess; ~einander
hvor við annars hlið f; hvað
með öðru; 2fach n aukagr-
ein f; 2fluß m þverá f; 2ge-
bäude n útihús n; 2ge-
räusch n aukahljómur m;
~her nálægt; ~her gehen
ganga við hliðina á; 2kosten
pl. aukakostnaður m; 2sa-
che f aukaatriði n; ~säch-
lich sem er aukaatriði; 2satz
m aukasetning f; 2straße f
hliðargata f

necken stríða, erta

Neffe m bróður- od. systur-
sonur m

Neger m negri m; svertingi
nehmen taka; etw. auf sich ~
taka e-ð á sig
Neid m öfund f; 2isch
öfundsjúkur

neigen f. hallast; hneigja
sig; ~ zu hafa tilhneiging(u)
til

nein nei

Nelke f nellika f

nennen nefna, kalla; beim
Namen ~ nefna með nafni;
sich ~ heita, nefnast; ~swert
sem teljandi sé

Nenn|er m nefnari m; ~wert
m nafnverð n

Nerv m taug f; ~enheilan-
stalt f taugahæli n; ~enzu-
sammenbruch m taugaáfall
n; 2ös taugaveiklaður;
taugaóstyrkur

Nessel f (brenni)netla f

Nest n hreiður n; ~häkchen n
eftirlæti n

nett snotur; geðugur

netto nettó

Netz n net n

neu nýr; was gibt's 2es?
hvað er að frétta?; von ~em
á nýjan leik; 2bau m nýbygg-
ing f; ~erdings nýlega, upp
á síðkastið; 2erung f nýjung
f, breyting f; 2gestaltung f
gjörbreyting f; 2gier f for-
vitni f; 2heit f nýjung f; 2ig-
keit f nýjung f, frétt f; 2jahr
n nýár n; prosit 2jahr!
gleðilegt nýár! ~lich nýlega;

2ling m byrjandi m; ~modisch nýtískulegur; 2mond m nýtt tungl

Neureiche m/f nýríkur maður m od. kona

neutral hlutlaus

Neuzeit f nútími m; nýja öldin

nicht ekki; **durchaus ~** alls ekki; **~ mehr** ekki lengur; **~ wahr?** er ekki svo?; **~ doch** nei, nei

Nichte f bróður- od. systurdóttir f

Nicht|einmischung f afskiptaleysi n; **~ig** fánýtur

Nichtraucher m tóbaksbindindismaður m

nichts ekkert, ekki neitt; **~nutzig** gagnslaus; **~sagend** ómerkilegur; **~würdig** einskisverður

Nickel n nikkel n

nicken kinka kolli

nie aldrei

nieder niður; 2gang m fig. hnignun f; **~geschlagen** dapur; niðurdreginn; 2geschlagenheit f dapurleiki m; 2kunft f barnsburður m, fæðing f; 2lassung f bólfesta f; nýlenda f; 2schlag m úrkoma f; Chem. botnfall n; **~schlagen** (sig. bæla niður; fig. **~setzen** v/r. setjast; 2ung f dæld f, dalur m

nied|lich snotur, indæll; **~rig** lágur; fig. au(ð)virðilegur

nie|mals aldrei; **~mand** enginn

Niere f nýra n

niesen hnerra

Niete f núll n (í hlutaveltu); hnoðnagli m

nirgend(s) hvergi

Nische f veggskot n

nisten byggja od. hafa hreiður

Nixe f hafmey f

noch: weder ... ~ hvorki ... né; adv. ennþá, enn; **~ etwas?** eitthvað meir?; **~ einmal** aftur, í annað sinn, öðru sinni

Nominativ m nefnifall n

Nonne f nunna f

Nord|en m norður n; Norðurlönd n/pl.; **~isch** norrænn, skandinavískur

nördlich norðlægur; **~ von** fyrir norðan; adv. norður frá

Nordpol m norðurpóll m

Nordsee f Norðursjór m

nörgeln nöldra; setja út á

Norm f regla f, fyrirmynd f; **2al** (üblich) venjulegur; (geistig) eðlilegur

Norweg|en n Noregur m; **~er** m Norðmaður m; **~erin** f norsk kona f; 2isch norskur; **~isch** n norska f

Not f neyð f, þröng f

Notar m skjalaritari m

Not|ausgang m neyðarútgangur m od. neyðarútgöngudyr f/pl.; **~behelf** m neyðarúrræði n/pl.; **~brem-**

se f neyðarhemill m; 2**dürftig** ófullnægjandi

Note f (Diplomatie) milliríkjaorðsending f; (Schule) einkunn f; Mus. nóta f; (Geld) (banka-)seðill m

not|falls ef í nauðir rekur; **~gedrungen** tilneyddur

nötig nauðsynlegur; etw. ~ **haben** þurfa e-ð, þarfnast e-s

nötigen neyða; ganga eftir

Notiz f athugasemd f; gaumur m; **~buch** f minnisbók f

Not|lage f neyðarástand n; 2**landen** nauðlenda; **~landung** f nauðlending f; 2**leidend** bágstaddur; **~ruf** m Tlf. neyðarsími m; **~stand** m bágindi n/pl.; **~wehr** f neyðarvörn f; 2**wendig** nauðsynlegur

Novelle f smásaga f, saga f, stutt skáldsaga

November m nóvember m

nüchtern algáður, ódrukkinn; fig. raunsær, rólegur, skynsamlegur

Nudel f núðla f; 2**n** fita

Null f núll n

Nummer f númer n; **~nschild** n númerskilti n, (-spjald n)

nun nú; von ~ an upp frá þessu

nur aðeins, eingöngu, bara

Nuß f hnot f, hneta f; **~baum** m hnottré n; (Holz) hnotviður m; **~knacker** m hnetuod. hnotbrjótur m

nutz|bar gagnlegur, **~en** gagna, þýða; 2**en** m (Gewinn) hagnaður m; (Vorteil) gagn n

Nutzholz n smíðaviður m

nützlich gagnlegur

nutz|los gagnslaus; 2**nießer** m notandi m

Nylon n nælon n; **~strumpf** m nælonsokkur m

O

Oase f vin f

ob hvort; als ~ eins og

Obacht f gæsla f; athygli f; ~ **geben** vara sig

Obdach n skjól n, húsaskjól n; 2**los** heimilislaus

oben uppi; von ~ (her) að ofan; nach ~ upp; **~drein** í ofanálag; **~erwähnt** ofannefndur

Ober m (veitinga)þjónn m; Herr ~! þjónn!

obere: der, die ~ hinn, hin

efri; das ~ hið efra

Ober|fläche f yfirborð n; 2**flächlich** yfirborðslegur; 2**halb** fyrir ofan; **~hemd** n herraskyrta f; **~in** f yfirhjúkrunarkona f; **~kellner** m yfirþjónn m; **~leutnant** m yfirlautinant m; **~lippe** f efri vör; **~schenkel** m læri n; **~schule** f menntaskóli m

oberste: der, die, das ~ efstur, hæstur; hinn efsti od.

hæsti; efst, hæst; hin, hið efsta

obgleich þó að, þótt

Obhut f vernd f, eftirlit n

objektiv hlutlægur

Obrigkeit f yfirvöld n/pl.

Obst n ávextir m/pl.; **~bau** m aldinrækt f; **~baum** m aldintré n

obwohl þó að, þótt

Ochse m uxi m

Öde f tómleiki m; auðn f

oder eða; **entweder ... ~** annaðhvort ... eða

Ofen m ofn m

offen opinn; **~bar** augljós; **~baren** opinbera, **~kundig** alkunnur; **~sichtlich** augljós

öffentlich opinber; **~er Dienst** hið opinbera; **2keit** f almenningur m

offer|ieren bjóða (til kaups); **2te** f (kaup)boð n

offiziell opinber

Offizier m liðsforingi m

öffn|en opna; **2ung** f op n, gat n; opnun f

oft oft

öfter(s) oft; við og við

ohne (mit acc.) án; **~hin** auk þess, hvort sem er

Ohnmacht f vanmáttur m; yfirlið n; **in ~ fallen** falla í ómegin od. yfirlið

ohnmächtig (machtlos) meðvitundarlaus; (machtlos) vanmáttugur

Ohr n eyra n; **~enarzt** m eyrnalæknir m

Öhr n (nálar)auga n; lykkja f

Ohr|feige f löðrungur m; **~läppchen** n eyrnasnepill m; **~ring** m eyrnalokkur m

Oktober m október m

Öl n olía f; **~druckmesser** m olíuþrýstimælir m; **2en** olíubera; **~gemälde** n olíumálverk n; **~heizung** f olíukynding f

Ölstandsanzeiger m olíumælir m

Olympi|ade f; **~sche Spiele** pl. Olympíuleikar(nir) m/pl.

Omelett n eggjakaka f

Omnibus m strætisvagn m; langferðabíll m

Onkel m föður- od. móðurbróðir m

Oper f ópera f; **~ette** f söngleikur m, óperetta f; **~nglas** n leikhúskíkir m od. leikhússjónauki m

Operation f aðgerð f; Med. uppskurður m; **2ieren** skera upp

Opfer n fórn f; fórnarlamb n; **2n** fórna

opponieren andmæla

Opposition f Pol. stjórnarandstaða f

Optiker m gleraugnafræðingur m; gleraugnaverslun f

Orange f appelsína f

Orchester n hljómsveit f

Orden m heiðursmerki n, orða f

Ord|er f skipun f; pöntun f; **2nen** raða od. skipa niður, laga, ganga frá (e-u); ráðstafa (e-u); **~nung** f regla f;

skipulag *n*; **~nungsstrafe** *f*
refsing *f* fyrir agabrot
Organ *n* líffæri *n*; málgagn *n*
Organisation *f* skipulag *n*;
(*Verband*) stjórn *f*
Orgel *f* orgel *n*
orientieren leiðbeina, skýra
fyrir; *v/r.* átta sig, glöggva
sig á
origin|al frumlegur; upp-
runalegur; **~ell** sérkenni-
legur; frumlegur
Orkan *m* fárviðri *n*
Ort *m* staður *m*; **an ~ und Stelle** á réttum stað, á staðnum
orten *Flgw.* miða, gera
staðarákvörðun
örtlich staðar-, staðbundinn
Ortschaft *f* þorp *n*, (lítill bær
m)
Orts|gespräch *n* innan-
bæjarsímtal *n*; **2kundig**
kunnugur

Öse *f* lykkja *f*
Osten *m* austur *n*
Oster|montag *m* annar í
páskum; **~n** *n od. pl.* páskar
m/pl.; **fröhliche ~n!** gleðilega
páska!
Österreich *n* Austurríki *n*;
~er *m* Austurríkismaður
m; **~erin** *f* austurrísk kona
od. stúlka; **2isch** austurrískur
Ostersonntag *m* páskadagur
m
östlich austlægur, austur-;
fyrir austan
Ost|see *f* Eystrasalt *n*; **~wind**
m austanvindur *m*
Otter 1. *m* otur *m*; **2.** *f* höggormur *m*
Ouvertüre *f* forleikur *m*
Ozean *m* úthaf *n*; **der Atlanti-
sche ~** Atlantshafið; **der
Stille ~** Kyrrahafið

P

paar: ein ~ nokkrir
Paar *n* tvennt af e-u
paaren *v/r.* maka sig, tímgast
Pacht *f* leiga *f*; (*Zins*) leigu-
gjald *n*; **2en** taka á leigu
Päckchen *n* (bréfa)böggull *m*
packen láta niður (í tösku),
pakka; **~d** hrífandi, áhrifamikill
Pack|er *m* pakkhúsmaður *m*;
~papier *n* umbúðapappír *m*;
~ung *f* umbúðir *f/pl.*; pakki
m
Paket *n* böggull *m*; **~annah-**

me *f* bögglaviðtaka *f*; **~aus-
gabe** *f* bögglaafhending *f*
Pakt *m* sáttmáli *m*
Palast *m* höll *f*
Palme *f* pálmi *m*
Panik *f* ofsahræðsla *f*
Panne *f* óhapp *n*; (*Auto*)
vélarbilun *f*
Panther *m* pardusdýr *n*,
hlébarði *m*
Pantoffel *m* inniskór *m*
Panzer *m* skriðdreki *m*;
~schrank *m* peningaskápur
m

Papagei m páfagaukur m
Papier n pappír m; **~e** pl.
(Ausweis) skilríki n/pl.; (Auto) pappírar m/pl.; **~geld** n
peningaseðlar m/pl.; **~korb**
m pappírskarfa f
Papp|e f pappi m; **~el** f ösp f;
~karton m pappakassi m
Papst m páfi m; **~tum** n
páfadæmi n
Parade f hersýning f;
skrúðfylking f
Paradies n paradís f
paradox þverstæður
Paragraph m grein f
parallel (zeitl.) samtímis;
(örtl.) hlið við hlið
Parfüm n ilmvatn n
Park m trjágarður m
park|en leggja bifreið; **2ett** n
parketgólf n, tiglagólf n;
2gebühr f stöðugjald n;
2haus n bílageymsla f;
2platz m bifreiðastæði n;
2uhr f stöðumælir m; **2verbot** n bannað að leggja bílum
Parlament n þing n
Partei f (stjórnmála)flokkur
m; **2isch** hlutdrægur
Parterre n neðsta hæð (í
húsi), stofuhæð f
Partisan m skæruliði m
Partizip n lýsingarháttur m
Partner m hluthafi m; (Mitspieler) leiknautar m.
Paß n vegabréf n; Geogr.
skarð n; **~abfertigung** f
vegabréfaskoðun f
Passagier m farþegi m
Passant m vegfarandi m

passen hæfa; vera mátulegur; Anzug: fara vel
passiv hlutlaus, aðgerðarlaus
Passiv n Gram. þolmynd f
Pat|e m guðfaðir m; **~enkind**
n skírnar- od. guðbarn n; **~in**
f guðmóðir f
Patient m sjúklingur m
Patriot m föðurlandsvinur m
Patrone f skothylki n
Pauke f bumba f
Pauschalsumme f heildarupphæð f
Pause f hlé n; (Schule) frímínútur f/pl.
Pech n tjara f; fig. óhapp n,
slys n
peil|en miða (áttir); **2gerät** n
miðunartæki n; **2ung** f
miðun f
peinlich vandræðalegur
Peitsche f svipa f; **2n** berja,
hýða
Pell|e f hýði n; **2en** skræla,
flysja; **~kartoffeln** pl. kartöflur f/pl. soðnar í hýðinu
Pelz m skinn n; loðkápa f
Pendel m hengill m (í klukku);
2n sveiflast; **~verkehr** m
samgöngur f/pl. fram og
aftur (með sama farartæki)
Pension f (Rente) eftirlaun
n/pl.; (Gästehaus) gistiheimili n; **2ieren**: sich 2ieren lassen fara á eftirlaun
Periode f tímabil n; Med.
blæðingar f/pl.
Perlmutt n skelplata f
Personal n starfsfólk n;

~ausweis m nafnskírteini n, nafnnúmer n

Personenzug m fólksflutningalest f

persönlich persónulegur; sjálfur; **2keit** f persónuleiki m

Perücke f hárkolla f

Petersilie f steinselja f

Petroleum n steinolía f

Pfad m stígur m, gata f; **~finder** m skáti m

Pfahl m staur m, stólpi m

Pfand n veð n; **~brief** m veðbréf n

pfänden taka að veði

Pfandleihe f veðlánahús n; **~r** m veðlánamangari m

Pfann|e f panna f; **~kuchen** m pönnukaka f

Pfarr|e f prestakall n; **~ei** f kirkjusókn f; prestssetur n; **~er** m prestur m; **~haus** n prestssetur n

Pfau m páfugl m

Pfeffer m pipar m; **~minze** f piparmynta f; **2n** pipra

Pfeife f pípa f; **2n** blístra; blása (í pípu)

Pfeil m ör f; **~er** m stólpi m, súla f

Pfennig m eyrir m

Pferd n hestur m; **~erennen** n veðreiðar f|pl.; **~estärke** f (Abk. PS) hestafl n (Abk. ha, hö pl.)

Pfiff m blístur n; bragð n

Pfifferling m ætisveppur m

pfiffig slunginn; sniðugur

Pfingsten n od. pl. hvíta-

sunna f; *frohe ~en!* gleðilega hvítasunnuhátíð!; **~montag** m annar í hvítasunnu; **~sonntag** m hvítasunnudagur m

Pfirsisch m ferskja f

Pflanz|e f jurt f, planta f; **2en** gróðursetja; **~ung** f gróðursetning f; gróðurekra f

Pflaster n steinbrú f, steinstræti n; Med. plástur m; **2n** steinleggja; plástra

Pflaume f plóma f

Pfleg|e f hjúkrun f; umönnun f; **2leicht** auðvelt umhirðu; **2n** hjúkra; *etw. zu tun* **2n** vera vanur e-u

Pflicht f skylda f; **~bewußtsein** n skyldurækni f; **2vergessen** óskyldurækinn

Pflock m tjóðurhæll m

pflücken tína, reyta

Pflug m plógur m

pflügen plægja

Pforte f hlið n

Pförtner m dyravörður m

Pfosten m stólpi m

Pfote f löpp f, hrammur m

Pfropfen m tappi m

pfui! svei!

Pfund n pund n; **2weise** í pundatali

pfuschen káka, klastra

Pfütze f pollur m, pyttur m

Phantasie f ímyndunarafl n

Phase f (þroska)stig n

Philo|loge m málvísindamaður m; **~soph** m heimspekingur m

Physik f eðlisfræði f

Pickel *m* Med. (graftar-)bóla *f*

picken narta í, kroppa; pikka

Pille *f* pilla *f*

Pilot *m* flugmaður *m*

Pilz *m* sveppur *m*

Pinsel *m* pensill *m*

Pinzette *f* smátöng *f*; sáratöng *f*

Pistole *f* skammbyssa *f*

Plage *f* kvöl *f*; **2n** kvelja, þjaka

Plakat *n* veggspjald *n*, plakat *n*; götuauglýsing *f*

Plan *m* áform *n*; uppkast *n*; **2en** ráðgera; gera áætlun; **~et** *m* pláneta *f*; reikistjarna *f*

Planke *f* planki *m*

plan|**los** ráðalaus; skipulagslaus; **~mäßig** samkvæmt áætlun; **2wirtschaft** *f* áætlunarbúskapur

plappern rausa, bulla

Plastik 1. *f* stytta; **2.** *n* plast *n*

platt flatur; **2deutsch** *n* lágþýska *f*; **2e** *f* flötur *m*; plata *f*; **2enspieler** *m* plötuspilari *m*

Platz *m* staður *m*; sæti *n*; torg *n*; **~anweiser(in** *f)* *m* maður (kona), sem vísar til sætis; **2en** springa; **~karte** *f* Esb. frátekið sæti; sætismiði *m*

plaudern masa, rabba

Plomb|**e** *f* tannfylling *f*; **2ieren** fylla tönn

plötzlich skyndilegur

plump luralegur, kauðalegur

plündern ræna, rupla

Plural *m* fleirtala *f*

Plüsch *m* flos *n*

pochen banka, berja; *Herz*: slá

Pocken *pl.* kúa- *od.* stóra bóla *f*; **~schutzimpfung** *f* kúabólusetning *f*

Poesie *f* ljóðlist *f*

Pökelfleisch *n* saltkjöt *n*

pökeln salta

Pol *m* póll *m*

Pole *m* Polverji *m*

polieren fægja, skyggja

Politi|**k** *f* stjórnmál *n*/*pl.*; **~ker** *m* stjórnmálamaður *m* **2sch** stjórnmála-

Polizei *f* lögregla *f*; **2lich** lögreglu-, af hálfu lögregluunnar; **2lich verboten!** bannað af lögreglunni!; **~revier** *n* lögreglustöð *f*

Polizist *m* lögregluþjónn *m*

polnisch pólskur

Polster *n* hægindi *n*, sessa *f*; **~möbel** *pl.* sófasett *n*; **2n** bólstra

poltern skarka, gera háreysti

Pommes frites *pl.* steiktar (franskar) kartöflur *f*/*pl.*

Portemonnaie *n* peningabudda *f*

Portier *m* dyravörður *m*

Portion *f* skammtur *m*

Porto *n* burðargjald *n*; **2frei** burðargjaldslaust

Porzellan *n* postulín *n*

Posaune *f* básúna *f*

Post® *f* póstur *m*; póststöð *f*; **~amt** *n* póststöð *f*, pósthús *n*; **~anweisung** *f* póstávísun *f*; **~bote** *m* bréfberi *m*

Posten *m* vörður *m*, varðstaða *f*; (*Rechnungs-*) liður *m*

Post|fach *n* pósthólf *n*; **~karte** *f* póstkort *n*, bréfspjald *n*; **2lagernd** afgreiðist sem biðpóstur; **~leitzahl** *f* póstnúmer *n*; **~schalter** *n* afgreiðslustaður *m* (í pósthúsi); **~scheck** *m* póstávísun *f*; **~stempel** *m* bréfstimpill *m*; **2wertzeichen** *n* frímerki *n*

Pottasche *f* pottaska *f*

Pracht *f* skraut *n*, viðhöfn *f*; skart *n*

prächtig skrautlegur, ágætur

Prägung *f* mótun *f*; (*Münze*) slátta *f*

prahlen raupa, gorta

praktisch hentugur; hagsýnn; **~er Arzt** *m* heimilislæknir *m*

Praline *f pop.* konfekt *n*

prall stinnur, þrýstinn

Prämie *f* verðlaun *n*/*pl.*; **2ren** verðlauna

präparieren undirbúa

Präposition *f* forsetning *f*

Präsens *n* nútíð *f*

Präsident *m* forseti *m*; formaður *m*

prasseln snarka, skrölta

Präteritum *n* þátíð *f*

Praxis *f* framkvæmd *f*; venja *f*; (*Arzt*) læknisstofa *f*

predig|en prédika; **2er** *m* prestur *m*; **2t** *f* prédikun *f*

Preis *m* verð *n*; verðlaun *n*/*pl.*; **~ausschreiben** *n*

verðlaunasamkeppni *f*; **~elbeere** *f* týtuber *n*; **2en** lofa, hrósa; **~liste** *f* verðlisti *m*; **~nachlaß** *m* afsláttur *m*; **~richter** *m* verðlaunadómari *m*; **~träger** *m* verðlaunahafi *m*; **2wert** ódýr

Premiere *f* frumsýning *f*

Presse *f* blöð *n*/*pl.*; **2en** lofa, hrósa; **~freiheit** *f* prentfrelsi *n*; **2n** pressa

Priester *m* (kaþólskur) prestur *m*

Primel *f* maríulykill *m*

prinzipiell grundvallar-; samkvæmt *od.* eftir grundvallarreglu

privat einka-, einstaklings-

Probe *f* æfing *f*; sýnishorn *n*; **auf die ~ stellen** reyna (e-n); **2weise** til reynslu

probieren reyna; (*kosten*) bragða

Problem *n* vandamál *n*

Professur *f* prófessorsembætti *n*

Profil *n* hliðarmynd *f*

Prognose *f* spá *f*, útlit *n*

Programm *n* leikskrá *f*; stefnuskrá *f*

Projekt *n* verkefni *n*

Prokurist *m* umboðsmaður *m*; *pop.* prókúruhafi *m*

Proletarier *m* öreigi *m*

Promille *n* prómill *n*

prompt skjótur, greiður

Pronomen *n* fornafn *n*

Propeller *m* flugvélarskrúfa *f*; skipsskrúfa *f*

prophezei|en spá; **2ung** *f* spádómur *m*

Prosa f óbundið mál
prosit! skál!
Prospekt m bæklingur m
Protest m mótmæli n/pl.
Protokoll n gerðabók f; þingbók f; **ein ~ aufnehmen** bóka fundarskýrslu; bóka framburð fyrir rétti
protzen gorta, raupa
Proviant m nesti n; vistir f/pl.
Provision f umboðslaun n/pl.; þóknun f
Prozent n hundraðshluti m, prósenta f
Prozeß m mál n, málaferli n/pl.; þrúnarferill m
prozessieren: mit j-m ~ eiga í máli við e-n
prüf|en reyna (e-n), rannsaka; prófa; **2ung** f raun f, rannsókn f; próf n
Prügel m barefli n; pl. a. barsmíð f; **2n** berja
Psalm m sálmur m
Psychologe m sálfræðingur m
Publikum n almenningur m; (Zuhörer) áheyrendur m/pl.; (Zuschauer) áhorfendur m/pl.
Pudding m búðingur m

Puder n (andlits)púður n; **~dose** f púðurdós f; **2n** púðra
Pullover m peysa f
Puls m púls m, slagæð f; **~schlag** m æðaslag n, æðasláttur m
Pult n púlt n
Pulver n duft n; (Schieß-) púður n
pump|en dæla; fig. pop. fá lánað; lána
Punkt m punktur m; fig. atriði n; **~ zwölf (Uhr)** nákvæmlega klukkan tólf
pünktlich stundvís; nákvæmur
Punsch m púns n
Pupille f augasteinn m
Puppe f brúða f; Zo. púpa f
Purzel|baum m kollhnís m; **2n** velta kollhnís; detta
pusten blása
Pute(r m) f kalkúnshæna f (kalkúni m)
Putsch m uppþot n, smáuppreisn f; **2en** gera uppþot
putzen hreinsa; Schuhe bursta
Pyjama n náttföt n/pl.
Pyramide f pýramídi m

Q

Quacksalber m skottulæknir m
Quadrat n ferningur m
Quai m hafnargarður m
quaken kvaka
Qual f pína f, kvöl f

quälen kvelja, pína
Qualität f gæði n/pl.; **erste ~** fyrsta flokks
Qualle f marglitta f
Qualm m svækja f, svæla f; **2en** (bei Rauchern) reykja, svæla

Quantität f mergð f, magn n
Quark m mjólkurhlaup n;
ystingur m; *ung.* skyr n
Quartal n ársfjórðungur m
Quartier n gististaður m;
setustaður m (herliðs)
Quatsch m vitleysa f
Quecksilber n kvikasilfur n
Quelle f uppspretta f, lind f;
heimild f; **Qn** vella fram,
spretta upp; bólgna
quer þver; þversum; *kreuz*

und **~** þvert og endilangt,
fram og aftur; **Qstraße** f
þvergata f
quetschen lemstra; merja;
Qung f lemstrun f; mar n
quietschen ískra
Quirl m þeytari m; þyrill m;
Qen hræra, þeyta
quittieren kvitta; *Dienst*
segja af sér, hætta; **Qung** f
kvittun f
Quote f hlutfallshluti m

R

Rabatt m afsláttur m
Rabe m hrafn m
Rache f hefnd f; **~n** m kok n,
barki m
rächen hefna; endurgjalda;
v/r. hefna sín (*an j-m* á e-m)
Rachenmandel f nefkirtill
m
Rad n hjól n; (*Fahr-*) reiðhjól
n; (*Steuer-*) stýrishjól n; **Qeln**
hjóla; **~fahrer** m hjólreiða-
maður m; **~fahrweg** m
hjólreiðabraut f
radieren skafa *od.* stroka út;
Qgummi m strokleður n;
Qung f ætimynd f
Radieschen n radísa f
Radio n útvarp n; **Qaktiv**
geislavirkur
Rahm m rjómi m
Rahmen m rammi m; (*Tür,
Fenster*) umbúningur m
(dyra *od.* glugga)
Rakete f eldflaug f
Rampe f (*Bühne*) sviðsljós

n/pl.; (*Auffahrt*) skáhallur
uppakstur
Rand m rönd f, brún f
Rang m metorð n/pl., tign f;
Thea. svalir f/pl., hæð f; *ersten* **~es** fyrsta flokks
Ranke f vafteinungur m;
vafningsjurtargrein f
Ranzen m vömb f; skóla-
taska f; **Qig** þrá(naður)r
Rappe(n) m svartur hestur m
rar sjaldgæfur
rasch röskur, fljótur
rasen æða, geisa
Rasen m grasflötur m
rasend æðisgenginn; bálreiður
Rasenmäher m sláttuvél f
Rasierapparat m rakvél f;
Qen raka; **Qklinge** f rakblað
n; **~messer** n rakhnífur m;
~pinsel m rakbursti m; **~sei-
fe** f raksápa f; **~wasser** n
rakspíri m; **~zeug** n rakst-
ursáhöld n/pl.

Rasse f kynþáttur m; **2ln** skrölta, hringla

Rast f hvíld f; **2en** hvílast; **2los** eirðarlaus; **~platz** m áningarstaður m við hraðbraut; **~stätte** f veitingahús n við hraðbraut

Rat m ráð n; ráðgjafi m

Rate f afborgun f; *in ~n zahlen* borga með afborgunum

raten ráðleggja

Rat|haus n ráðhús n; **2sam** ráðlegur; **~schlag** m ráð n

Rätsel n gáta f; **2haft** dularfullur

Ratte f rotta f

Raub m rán n; ránsfengur m; **~bau** m rányrkja f

rauben ræna

Raub|tier n rándýr n; **~überfall** m ræningjaárás f; **~vogel** m ránfugl m

Rauch m reykur m; **2en** reykja; **~er** m reykingamaður m

räuchern *Fleisch* reykja

raufen v/r. flúgast á

Rauferei f áflog n/pl.

rauh ósléttur; hrjúfur; *fig.* hryssingslegur

Rauhreif m hrím n, héla f

Raum m pláss n; (*Welt-*) geimur m; (*Zimmer*) herbergi n

räumen rýma burt; ryðja til

Raum|fahrt f geimferðir f/pl.; **~schiff** n geimfar n

Raupe f lirfa f; kálormur m; **~nschlepper** m beltistraktor m

Rausch m víma f, ölæði n; **2en** þjóta; skrjáfa; **~gift** n eiturlyf n

räuspern v/r. ræskja sig

reagieren: auf etw. ~ bregðast við e-u

real raunverulegur; **~istisch** raunsær

Rebe f (vínviðar)teinungur m; vínviður m

Rebhuhn n akurhæna f

Rechen m hrífa f; **~fehler** m reikningsskekkja f; **~schaft** f reikningsskil n/pl.

rechnen reikna

Rechnen n (*Schulfach*) reikningur m

recht rétt(ilega); **2** n réttur m; lög n/pl.; **2eck** n rétthyrningur m; **~eckig** rétthyrndur; **2fertigung** f réttlæting f; **~haberisch** þrætugjarn; **~lich** heiðarlegur; lögmætur; **~los** réttlaus; **~mäßig** réttmætur

rechts til hægri; **~ von** hægra megin við; **von ~** frá hægri; **2anwalt** m málfærslumaður m; **2außen** m (*Fußball*) hægri útherji

recht|schaffen heiðarlegur; **2schreibung** f réttritun f, stafsetning f; **~sgültig** löggildur; **~skräftig** lögmætur; **2sprechung** f dómsuppsögn f, **2sstreit** m mál n, málaferli n/pl.; **~swidrig** ólöglegur; **~winklig** rétthyrndur; **~zeitig** á réttum tíma, réttstundis

Reck n slá f; **2en** rétta, teygja;
v/r. teygja sig

Redakteur m ritstjóri m

Rede f ræða f; **2n** tala; **2ge-
wandt** tungulipur; **∼nsart** f
talsháttur m, orðatiltæki n

Red|lichkeit f ráðvendni f;
∼ner m ræðumaður m; **2se-
lig** skrafhreifur, málgefinn

Reede f skipalægi n; **∼r** m
útgerðarmaður m; **∼rei** f
útgerð f

Referat n skýrsla f; fyrirlestur
m

Referendar m kandidat m;
embættismannsefni m; að-
stoðardómari m

Referent m skýrslugjafi m

Referenz f meðmæli n/pl.

reflektieren endurgeisla; fig.
íhuga

Reform f endurbót f; **∼ation** f
siðaskipti n/pl., siðbót f;
∼ator m siðbótarmaður m;
2ieren (erneuern) endurnýja; (verbessern) endurbæta

Regal n bókahilla f, bókaskápur m

Regel f regla f; fyrirsögn f;
Med. blæðingar f/pl.

regelmäßig reglulegur

regeln raða, skipa niður;
koma skipan á

regen hreyfa, hræra

Regen m regn n; rigning f;
∼bogen m regnbogi m; **∼guß**
m steypiregn n; **∼mantel** m
regnkápa f; **∼schirm** m
regnhlíf f

Regie f leikstjórn f

regier|en stjórna; **2ung** f
ríkisstjórn f; **2ungsbezirk** m
hérað n, sýsla f

Regisseur m leikstjóri m

regne|n rigna; **∼risch** rign-
ingasamur; rigningar-

regulieren tempra, stilla;
skipa niður

Regung f hræring f

Reh n rádýr n; **∼bock** m
rádýrshafur m; **∼braten** m
rádýrasteik f

reib|en núa, nudda; **2ung** f
núningur m; fig. deilur f/pl.

Reich n ríki n; **2** ríkur;
auðugur; **2en** rétta; ná;
nægja; **2haltig** mikill;
fjölbreyttur; **2lich** ríkulegur,
ríflegur; **∼tum** m auður m

reif þroskaður; **∼ werden**
þroskast; **2** m héla f; gjörð f;
hringur m; **2e** f þroski m

reifen þroska(st)

Reifen m (tunnu-)gjörð f,
hjólgjörð f; (Auto) hjólbarði
m; **∼panne** f: ich hatte eine
∼panne það sprakk á bílnum

Reifeprüfung f stúdentspróf
n

Reihe f röð f; lína f; ich bin
an der **∼** röðin er komin að
mér; der **∼** nach eftir röð;
∼nfolge f rétt röð; **2nweise** í
röðum

Reiher m hegri m

Reim m rím n; **2en** ríma

rein hreinn; **2emachefrau** f
ræstingarkona f; **∼igen**
hreinsa; etw. von etw. **∼igen**
losa e-ð við e-ð; **2igung** f

hreinsun f; **~lich** hreinlegur, þrifinn

Reis m hrísgrjón n/pl.

Reise f ferð f; **~büro** n ferða-skrifskofa f; **~führer** m ferðabæklingur m; **~gepäck** n farangur m; **~koffer** m ferðataska f; **~leiter** m far-arstjóri m

reisen ferðast

Reise|paß m vegabréf n; **~ziel** n áætlunarstaður m

Reisig n kjarr m; hrís n

Reißbrett n teikniborð n

reißen rífa; v/r. berjast (um etw. um e-ð)

Reiß|nagel m teiknibóla f; **~verschluß** m rennilás m; **~zeug** n teiknihöld n/pl.

reit|en ríða; Ʒer m reiðmaður m; Ʒ**pferd** n reiðhestur m; Ʒ**weg** m reiðvegur m

Reiz m espun f; yndisleiki m; Ʒ**bar** uppstökkur, fyrtinn; Ʒen erta; espa; hrífa; Ʒ**end** yndislegur

Reklame f auglýsing f; Ʒie-ren kvarta

Rekord m met n

relativ hlutfallslegur

Religi|on f trú f; Ʒös trúaður

Ren n hreindýr n

Renn|bahn f veðreiða-, kappreiðabraut f; Ʒen hlaupa, renna; **~en** n veðreiðar f/pl., kappreiðar f/pl.; **~fahrer** m (Auto) kappakst-ursmaður m

rentabel arðsamur

Rent|e f eftirlaun n/pl.; líf-

eyrir m; **~ner** m lífeyris-þegi m

Repar|atur f viðgerð f; Ʒie-ren gera við

Report|age f skýrsla f (í útvarpi, blöðum); **~er** m fréttaritari m

Republik f lýðveldi n

Reserve f varaforði m; vara-lið n; **~rad** n varahjól n

reservieren taka frá

Residenz f aðsetursstaður m

Respekt m virðing f, lotning f

Rest m afgangur m, eftir-stöðvar f/pl.; **~bestand** m vöruleifar f/pl.; Ʒlos allur; alveg

Resultat n árangur m, niðurstaða f; úrslit n/pl.

retten bjarga

Rettich m hreðka f

Rettung f björgun f; **~sboot** n björgunarbátur m; **~sgürtel** m björgunarbelti n; **~sring** m björgunarhringur m

Reue f iðrun f; Ʒn iðrast; es reut mich ég iðrast þess; Ʒ**voll** iðrunarfullur

revidieren endurskoða

Rezept n Med. lyfseðill m; (Koch-) uppskrift f

Rhabarber m rabarbari m

Rhein m Rín f

Rheuma(tismus m) n gigt f

Rhythmus m hrynjandi f, hljómfall n

richt|en beina; (urteilen) dæma; **zugrunde ~en** eyðileggja; Ʒer m dómari m; Ʒ**fest** n reisugildi n; **~ig**

réttur; **~igstellen** leiðrétta, færa í lag; **2linie** f meginregla f, stefna f; **2ung** f átt f, stefna f

Richtungsanzeiger m (Auto) stefnumerki n

riechen þefa, finna lykt; **nach etw. ~** vera e-r lykt af

Riegel m slá f, slagbrandur m

Riemen m reim f, ól f; (Ruder) ár f

Riese m risi m, tröll m; **2n** niða; sáldrast; **2ngroß** risavaxinn

Riff n rif n, grynning f

Rille f skora f, rauf f

Rind n nautgripur m; **~e** f börkur m; (Brot) skorpa f; **~erbraten** m nautasteik f; **~fleisch** n nautakjöt n

Ring m hringur m; **2eln** liða; hringa; v/r. liðast; **2en** glíma; berjast; Hände fórna; **~er** m glímumaður m; **~finger** m baugfingur m; **~kampf** m glíma f

rings umhverfis, hringinn í kring

Rinn|e f renna f; rák f, dæld f; **2en** streyma; **~stein** m steinræsi m, göturæsi m

Rippe f rif n; **~nfellentzündung** f brjósthimnubólga f

Risiko n áhætta f

riskant áhættusamur

Riß m rifa f, rauf f

rissig rifinn, sprunginn

Ritt m reið f; **~er** m riddari m

Ritze f rifa f; rispa f; **2n** rispa; rista

Rizinusöl n laxerolía f

Robbe f selur m

röcheln korra

Rock m pils m

rodeln renna sér á sleða

roden ryðja (land)

Rogen m hrogn n

Roggen m rúgur m

roh hrár; **2kost** f hrámeti m; **2köstler** m hrámetisæta f

Rohr n rör n, pípa f; Bot. sef n

Röhre f pípa f, hólkur m; (Radio) lampi m

Rohrzucker m reyrsykur m

Rohstoff m hráefni n

Roll|e f vinda f; valta f, pop. rúlla f; **2en** velta; **~feld** n flugbraut f; **~schuh** m hjólaskauti; **~treppe** f rennistigi m; **~lustigi** m rúllustigi m

Roman m skáldsaga f

romantisch rómantískur

röntgen röntgenmynda; **2aufnahme** f röntgenmynd f

Rose f rós f; **~nkohl** m rósakál n

rosig rósrauður

Rosine f rúsína f

Roß n hross n, hestur m; **~haar** n hrosshár n

Rost m ryð n; **~braten** m glóðarsteik f; **2en** ryðga

rösten steikja á rist; brúna

rost|frei ryðfrír; **~freier Stahl** ryðfrítt stál; **~ig** ryðgaður

rot rauður; **~ werden** roðna

Röte f roði m

rotieren (hring)snúast

Rot|käppchen n Rauðhetta f;

~kehlchen n rauðbrystingur m; **~kohl** m rauðkál n; **~wein** m rauðvín n; **~wild** n krónhirtir m/pl.

Rübe f rófa f; næpa f; **gelbe ~** gulrót f; **rote ~** rauðrófa f

Rubin m roðasteinn m

Ruck m rykkur m, kippur m

Rück|antwort f (and)svar n; **~blick** m litið til baka, litið aftur

rücken færa; færa sig

Rücken m hryggur m; **~lehne** f stólbak n; **~mark** n mæna f

Rück|fahrkarte f farseðill m báðar leiðir; **~fahrt** f heimferð f; **~fall** m afturkippur m, hnignun f

rückgängig: ~ machen af-nema; fella úr gildi

Rück|halt m bakhjallur m; **~kaufsrecht** n endurkaups-réttur m; **~schlag** m aftur-kippur m; afturkast m; **~schritt** m afturför f, aftur-kippur m; **~seite** f bakhlið f; **~sicht** f tillit n; **~sicht nehmen auf etw.** taka tillit til e-s; **~sitz** m aftursæti n; **~sprache** f: **~sprache nehmen** ráðgast (**mit j-m** við e-n) **~stand** m eftirstöðvar f/pl.; **~ständig** gamaldags; **~strahler** m afturljós n; **~tritt** m afsögn f (embættis); **~trittbremse** f (Fahrrad) afturhjólsbremsa f; **2wärts** aftur á bak; **~wärtsgang** m (Auto) bakgír m; **~wirkung** f

afturverkun f; **~zug** m und-anhald f

Rudel n flokkur m, hópur m

Ruder n (Boot) ár f; (Steuer-) stýri m; **~er** m ræðari m; **2n** róa

Ruf m kall n; köllun f; **guter ~** gott mannorð; **2en** kalla, hrópa

rügen ávíta, vanda um

Ruhe f ró f, kyrrð f; **j-n in ~e lassen** láta e-n í friði; **2en** hvílast; **~estörung** f truflun f; **~etag** m hvíldardagur m; **2ig** rólegur, kyrrlátur

Ruhm m frægð f, orðstír m

rühm|en hrósa; **~lich** lofs-verður

Rühr|ei n þeytt egg, eggja-hræra f; **2en** snerta; hreyfa; hræra; **~ung** f hreyfing f; (mental) viknun f

Ruin|e f rúst f; **2ieren** gera gjaldþrota; eyðileggja

Rum m romm n

Rumpf m skrokkur m, bolur m

rund kringlóttur; sívalur; **2e** f hringur m, hringför f; (Rennen) hringur m; (Boxen) lota f; **2fahrt** f hringferð f; **2funk** m útvarp n; **2funkgebühr** f útvarpsgjald n; **2funkgerät** n útvarpstæki n; **2funkspre-cher** m útvarpsþulur m; **~lich** ávalur; bústinn; **2rei-se** f hringferð f; **2schreiben** n umburðarbréf n; **2ung** f ávölun f; hringlögun f

rupfen reyta, plokka
Ruß m sót n
Russ|e m Rússi m; **2isch**
rússneskur
Rüssel m rani m, trýni n
Rußland n Rússland n
rüst|en búa út; **~ig** röskur,

hraustur; **2ung** f (út)búnaður m; *Mil.* herbúnaður m;
(*Ritter*) brynja f, pansari m
Rute f tág f; svipa f
Rutsch|**bahn** f rennibraut f;
2en bruna, renna; skríka
rütteln hrista, skaka

S

Saal m salur m
Saat f (út)sæði n; fræ n;
sáning f
Säbel m sverð n
Sabotage f skemmdarverk n
Sach|**e** f hlutur m, mál n; *Jur.*
mál n, dómsmál n; **2lich** sem
heldur sér við efnið; efnislegur
sächlich hvorugkyns
Sach|**kenntnis** f fagþekking
f; **~register** n efnisyfirlit n;
~schaden m eignatjón n; **2t**
hægur, kyrrlátur; **~verständige** m/f sérfræðingur m;
~wert m raunverulegt
verðmæti
Sack m poki m, sekkur m;
~gasse f blindgata f
säen sá
Saft m safi m; saft f (n)
Sage f þjóðsaga f, sögn f
Säge f sög f
sagen segja
säge|**n** saga; **2späne** pl. sag m
Sahne f rjómi m
Saison f árstíð f; aðalviðskiptatími m
Saite f strengur m
Salat m salat n

Salbe f áburður m, smyrsl n/pl.
Salz n salt; **2en** salta; **2ig**
saltur; **~wasser** n saltvatn n
Same(n) m fræ n; sæði n
samm|**eln** safna; **2lung** f safn n
Samstag m laugardagur m
Samt m flauel n
sämtlich allir
Sand m sandur m
Sandale f ilskór m, sandali m
Sand|**bank** f sandrif n; **2ig**
sendinn; **~stein** m sandsteinn m
sanft blíður, mildur
Sänger m söngvari m
Sardelle f, **Sardine** f sardína f
Sarg m líkkista f
Satan m satan m, djöfull m
Satellit m gervihnöttur m,
gervitungl n
Satire f ádeilurit n
satt saddur; *fig.* leiður á
Sattel m hnakkur m; **2n**
söðla, leggja á
Satz m setning f; (*Sprung*)
stökk n; (*Boden-*) grugg n,
dreggjar f/pl., botnfall n;

(*Druck*) leturspilda f; (*Geschirr*) samstæða f; **~ung** pl. tilskipun f; félagslög n/pl.; **~zeichen** n setningarmerki n

Sau f gylta f

sauber þrifinn, þrifalegur; **2keit** f hreinleiki m, þrifni f

säubern hreinsa

sauer súr; **2kraut** n súrkál n

säuerlich súr

Sauerstoff m súrefni n

Sauerteig m súrdeig n

saufen drekka, svolgra; *fam.* svalla

Säufer m drykkjumaður m

saugen sjúga

säugen hafa á brjósti

Säug|etier n spendýr n; **~ling** m brjóstbarn n, hvítvoðingur m

Säule f súla f; stólpi m

Saum m saumur m; faldur m, jaðar m

säum|en brydda; **~ig** hægfara

Sauna f gufubað n; sána f

Säure f sýra f

sausen suða, þjóta

schaben skafa; klóra

schäbig fátæklegur; nískur

Schablone f sniðmát n

Schach n tafl n; **~brett** n taflborð n; **2matt** (skák og) mát n

Schacht m náma f; gryfja f; **~el** f skja f; öskja f/pl.

schade: *es ist ~* það er leitt; leiðinlegt

Schädel m hauskúpa f; **~bruch** m höfuðkúpubrot n

schaden skemma, spilla

Schaden m tjón n; **~ersatz** m skaðabætur f/pl.; **~freude** f meinfýsi f

schadhaft skemmdur

schäd|igen skemma, skadda; **~lich** skaðlegur

Schaf n (sauð)kind f

Schäfer m hirðir m, smali m

schaff|en útvega; hafast að; (*er~*) skapa; yrkja; **2ner** m vagnvörður m

Schaft m skaft n; skefti n

schal daufur; andlaus

Schal m sjal n, trefill m

Schale f skál f; hýði n; skurn f (*a. n*)

schälen flysja, afhýða; v/r. flagna

Schall m hljómur m, hljóð n; **~dämpfer** m hljóðdeyfir m; **2en** hljóma, gjalla; **~mauer** f hljóðmúr m; **~platte** f hljómplata f; **~welle** f hljóðalda f

Schalt|brett n El. skiptiborð n; (*Auto*) mælaborð n; **2en** skjóta inn í; El. setja í samband; (*Auto*) skipta um gír; **~er** m farmiðasala f, sölugluggi m; El. slökkvari m; **~hebel** m (*Auto*) gírstöng f; El. straumrofi m; **~jahr** n hlaupár n

Scham f blygðun f, sneypa f; ófrumpæerna f

schämen v/r. skammast sín

scham|haft blygðunarsamur; feiminn; **~los** blygðunarlaus

Schande f skömm f; smán f
schänden svívirða; saurga
Schandfleck m smánarblettur m
schändlich skammarlegur
Schanze f vígigirðing f, vígi n
Schar f skari m, hópur m; 2en v/r. safnast saman
scharf beittur; strangur; 2blick m skarpskyggni f
Schärfe f harka f, strangleiki m; 2en skerpa, brýna
Scharfsinn m skarpskyggni f
Scharlach m skarlat n; Med. skarlatssótt f
Scharnier n (Türangel) hjarir f/pl., lamir f/pl.
Schärpe f lindi m
scharren krafsa, skafa
Schatt|en m skuggi m; ~ierung** f skygging f; lit- od. skuggabrigði n/pl.; 2ig skuggasæll
Schatz m fjársjóður m; pop. elskan f
schätz|en meta; hafa mætur á; hyggja; 2ung f mat n, virðing f; ágiskun f, áætlun f
Schau f sýning f; athugun f
Schauder m hryllingur m, hrollur m; 2haft hryllilegur
schau|en sjá; líta; skoða; 2er m (regn)skúr f (a. m)
Schaufel f skófla f; 2n skófla, moka
Schaufenster n búðargluggi m
Schaukel f róla f; 2n róla, rugga
Schaum m froða f, löður m

schäumen freyða
Schaum|gummi m frauðgúmmí n; ~stoff** m froðuefni n
Schau|platz m vettvangur m, sjónarsvið n; ~spiel** n leikrit n; sjónleikur m; ~spieler** m leikari m; ~spielerin** f leikkona f
Scheck m (banka)ávísun f; ~buch** n ávísanahefti n
Scheibe f kringla f, skífa; (Fenster-) rúða f; ~nwischer** m (Auto) gluggaþurrka f, fam. vinnukona f
Scheid|e f slíður n; Med. leggöng n/pl.; 2en skilja (við); kveðja; fara; ~ung** f (að)-skilnaður m; Jur. hjónaskilnaður m
Schein m skin n; vottorð n; (Geld-) seðill m; 2bar sem virðist vera; sennilegur; 2en skína; virðast; es scheint mir mér virðist
Scheinwerfer m kastljós n, (Auto) bílljós n
Scheitel m hvirfill m; skipting f (í hári)
scheitern stranda; misheppnast
Schellfisch m ýsa f
Schelm m skálkur m; gárungi m
Schelte f skammir f/pl.; 2n skamma
Schema n fyrirmynd f; eyðublað n
Schemel m skemill m
Schenk|e f krá f/pl.; ~el** m læri n; 2en gefa; ~ung** f gjöf f

Scherbe f glerbrot n
Schere f skæri n/pl.; (Hummer-) griptengur f/pl.; Չn klippa; fig. koma (e-ð) við; **~rei** f ónæði n, skapraun f
Scherz m spaug n; gaman n; Չn gera að gamni sínu; Չhaft gamansamur
scheu feiminn
Scheu f feimni f; hræðsla f
scheuchen fæla burt
scheuen forðast
scheuern ræsta, þvo
Scheune f hlaða f
Scheusal n viðurstyggð f, ófreskja f
scheußlich andstyggilegur
Schi m s. **Ski**
Schicht f lag n; (Arbeits-) vaktavinna f; Չn hlaða, stafla
schick snotur, glæsilegur
schicken senda; v/r. semja sig að; hæfa, sama
Schicksal n örlög n/pl.
Schieb|edach n topplúga f; Չn ýta; okra með; **~ung** f brask n, svik n/pl.
Schieds|gericht n gerðardómur m; **~richter** m gerðardómari m; **~spruch** m gerðardómsúrskurður m
schief skakkur, skáhallur
Schiefer m flögusteinn m; **~tafel** f (reiknings)tafla f
schiefgehen misheppnast
schielen Med. vera rangeygur; skjóta hornauga til
Schienbein n sköflungur m
Schiene f spöng f; Esb. spor

n, járnbrautarteinn m
schießen skjóta
Schiff n skip n; Չbar skipgengur; Չbrüchig skipreika; **~er** m skipstjóri m; farmaður m; **~spapiere** n skipsskjól n/pl.
schikanieren áreita, erta, ónotast við
Schild 1. m skjöldur m; **2.** n skilti n; **~drüse** f skjaldkirtill m; Չern lýsa; **~erung** f lýsing f; **~kröte** f skjaldbaka f
Schilf n sef n, reyr m
Schimmel m mygla f; (Pferd) (hélu)grár hestur; Չn mygla
Schimmer m skíma f; glampi m; Չn blika, glampa
schimpf|en skamma(st); Չwort n skammaryrði n
schinden flá; kvelja
Schinken m (svíns)læri n; fig. pop. stór, gömul bók; stórt málverk n
Schirm m skermur m; fig. vernd f; Չen vernda, skýla
Schlacht f orusta f, bardagi m; Չen slátra
Schlächter m slátrari m
Schlacht|feld n vígvöllur m; **~hof** m sláturhús n
Schlacke f gjall n, sori m
Schlaf m svefn m; **~anzug** m náttföt n/pl.; **~couch** f svefnsófi m
Schläfe f gagnauga n
schlafen sofa; **~ gehen** fara að hátta, fara að sofa
schlaff slappur, linur

Schlafmittel n svefnmeðal n, svefnlyf n

schläfrig syfjaður

Schlaf|sack m svefnpoki m; **~wagen** m svefnvagn m; **~zimmer** n svefnherbergi n

Schlag m högg n; **~ader** f slagæð f; **~anfall** m heilablóðfall n; **Qartig** skyndilega; **Qen** slá; *Sahne* þeyta; *aus der Art* Qen slá; *Sahne* þeyta; ólíkjast; **~er** m dægurlag n

Schläger m (*Tennis*) tennisspaði m

schlag|fertig orðsnar, orðheppinn; **Qsahne** f þeyttur rjómi; **Qwort** n vígorð n; **Qzeile** f yfirskrift f

Schlamm m leðja f, for f; **Qig** gruggugur, forugur

Schlange f naðra f, höggormur m; **~ stehen** standa í biðröð

schlängeln v/r. liðast, bugðast

schlank grannur, spengilegur

schlapp linur, slappur

schlau slægur, munngur

Schlauch m slanga f; **~boot** n gúm(mí)bátur m

schlecht vondur, lélegur; **Qigkeit** f vonska f, illmennska f

schleichen laðast

Schleier m slör n, blæja f

Schleife f slaufa f, lykkja f

schleif|en slípa; **Qstein** m hverfisteinn m, brýni n

Schleim m slím n; **Qig** slímugur

schlemmen háma í sig

schlenkern rugga, reika, riða

Schlepp|dampfer m dráttarskip n; **~e** f (kjól)slóði m; **Qen** draga; rogast með

schleuder|n slöngva, kasta; selja gjafverði; **Qpreis** m gjafverð n

schleunig fljótur

Schleuse f flóðgátt f

schlicht sléttur; óbrotinn

schließen loka; ljúka, enda; *eine Ehe* ~ ganga í hjónaband

Schließ|fach n læst (póst)hólf n; **Qlich** loks(ins), að síðustu

schlimm slæmur, vondur; lasinn; **~stenfalls** ef verst lætur, ef allt fer sem verst

Schlinge f snara f; **~l** m þorpari m; **Qn** slöngva, vefja; **Qrn** rugga

Schlingpflanze f vafningsjurt f

Schlips m (háls)bindi n

Schlitten m sleði m

Schlittschuh m skauti m; **~ laufen** renna sér á skautum; **~läufer** m skautamaður m

Schlitz m rifa f, rauf f; rispa f

Schloß n lás m, höll f

Schlosser m lásasmiður m; járnsmiður m

schlottern riða, skjögra; dingla

Schlucht f gjá f, gil n

schluchzen snökta

Schluchzen n snökt n

Schluck m sopi m, teygur m;

~auf m hiksti m; **2en** gleypa, kingja

Schlummer m blundur m; **2n** blunda

Schlund m gin n; hyldýpi n

schlüpf|en skjótast, smeygja sér; **~rig** sleipur, háll; *fig.* dónalegur, ósiðsamlegur

Schlupfwinkel m fylgsni n

schlürfen sötra

Schluß m endir m; ályktun f; lokun f; **~ machen** hætta

Schlüssel m lykill m; **~bein** n viðbein n; **~bund** lyklakippa f; **~loch** n skráargat n

Schlußfolgerung f rökrétt niðurstaða f

schlüssig ákveðinn; **~ werden** taka ákvörðun

schmächtig grannur

schmackhaft ljúffengur

schmäh|en smána; **~lich** smánarlegur

schmal mjór; ónógur

schmälern draga úr, rýra

Schmal|film m mjófilma f; **2spurig** *Esb.* spormjór

Schmalz n feiti f

Schmarotzer m sníkjudýr n

schmatzen smjatta; kyssa

Schmaus m veisla f, gildi n

schmecken bragða á; bragðast

Schmeichel|ei f skjall n; gullhamrar m/pl.; **2haft** skjallandi; **2n** skjalla, smjaðra

schmeißen pop. kasta

Schmelz m glerungur m; gljái m; **2en** bráðna; bræða;

~ofen m bræðsluofn m

Schmerz m sársauki m; **2en** kenna til; **2haft** sár; **2lich** sár; sárgrætilegur

Schmetterling m fiðrildi n

Schmied m járnsmiður m; **~e** f smiðja f; **~eeisen** n smíðajárn n; **2en** smíða, hamra

schmieg|en: *sich an j-n* **~en** hjúfra sig upp að e-m; **~sam** sveigjanlegur; eftirlátur

schmier|en smyrja; **2gelder** pl. fig. mútufé n; **~ig** fitugur; sóðalegur; **2seife** f grænsápa f

Schminke f andlitsfarði m; **2n** v/r. mála sig

schmollen vera fýldur

schmoren steikja; stikna

schmuck fallegur

Schmuck m skartgripur m

schmuggeln smygla

schmunzeln brosa í kampinn

Schmutz m óhreinindi n/pl., sorp n, saur m; **2ig** óhreinn; sóðalegur

Schnabel m (fugls)nef n

Schnalle f spenna f; **2n** spenna

schnapp|en glefsa; smella; **2schloß** n skellilás m, smekklás m; **2schuß** m (Foto) augnabliksmynd f

Schnaps m brennivín n; **~glas** n brennivínsstaup n

schnarchen hrjóta

schnattern garga; fig. blaðra

schnauben, schnaufen blása, frýsa

Schnauze f trýni n; trantur m

Schnecke f snigill m

Schnee m snjór m; **~glöckchen** n snjóklukka f; **~ketten** pl snjókeðjur f/pl.; **~mann** m snjókarl m; snjókerling f; **~sturm** m hríðarbylur m; **~treiben** n snjókoma f, hríð f

Schneide f (hnífs)egg f; **2en** skera; mit der Schere klippa; **~r** m klæðskeri m; **~rin** f saumakona f; kvenklæðskeri m; **2rn** klæðskerasauma; **~zahn** m framtönn f

schneidig röskur m; (Aussehen) karlmannlegur, glæsilegur; (verbal) orðhvatur

schneien snjóa; **es schneit** það snjóar

schnell fljótur, skjótur; **2hefter** m bréfamappa f; **2igkeit** f hraði m, flýtir m; **2zug** m hraðlest f

schnippisch afundinn

Schnitt m skurður m; klipping f; (Ernte) uppskera f; **~e** f sneið f, brauðsneið f; **~lauch** m graslaukur m; **~muster** n (fata)snið n

Schnitze|l n svínalærissneið f; **2n** skera út; **~r** m tréskeri m, myndskeri m; fig. skyssa f

schnüffeln snuðra

Schnuller m snuð m, tútta f

schnupfen Tabak taka í nefið

Schnupfen m kvef n

Schnur f snúra f, band n

schnüren binda, reyra

Schnurr|bart m yfirskegg n;

2en Katze: mala

Schnürsenkel m skóreim f

Schokolade f súkkulaði n

Scholle f (Erde) moldarköggull m; bújörð f; (Eis-) (ís)jaki m; (Fisch) skarkoli m, rauðspretta f

schon nú þegar, þegar; vissulega; bara; **wenn ~** þó að

schön fallegur, fagur; góður; **bitte ~!** gerðu (pl. gerið) svo vel!

Schonen n Geogr. Skánn m

schonen hlífa; **2d** vægilegur, vægilega

Schönheit f fegurð f; falleg kona (stúlka)

Schonung f (Forst) friðaður skógur, nýgræðslusvæði n; hlífni f

schöpf|en ausa; **Atem ~en** draga andann, kasta mæðinni; **2er** m skapari m; **2ung** f sköpun f; (sköpunar)verk n

Schorf m hrúður n

Schornstein m reykháfur m; **~feger** m sótari m

Schoß m skaut n, kelta f

Schote f hýði n, belgur m

Schotte m Skoti m

schräg skáhallur

Schramme f skráma f

Schrank m skápur m; **~e** f vegaslá f; fig. takmörk n/pl.

Schraube f skrúfa f; **2n** skrúfa; **~nschlüssel** m skrúflykill m

Schraubstock m skrúfstykki n

Schreck|(en) m hræðsla f; Qen hræða; Qhaft hræddur; ógurlegur; Qlich hræðilegur, skelfilegur

Schrei m óp n

schreiben skrifa

Schreiben n bréf n

Schreib|er m penni m; ∼heft n stílabók f; ∼maschine f ritvél f; Qtisch m skrifborð n

schreien æpa

Schrift f skrift f; rit n; ∼führer m ritari m; ∼leiter m ritstjóri m; ∼leitung f ritstjórn f; Qlich skriflegur; ∼sprache f ritmál n; ∼steller(in f) m rithöfundur m; ∼wechsel m bréfaviðskipti n/pl.

schrill skrækur, hvellur

Schritt m skref n, spor n

schroff (snar)brattur; fig. hranalegur

Schrot m hagl n; (Korn) grófmalað korn; ∼brot n kjarnabrauð n

Schrott m járnarusl n

Schrubber m gólfbursti m

Schub|karren m hjólbörur f/pl.; ∼lade f skúffa f

schüchtern feiminn, óframfærinn

Schuft m þorpari m

Schuh m skór m; ∼anzieher m skóhorn m; ∼kóáburður m skósmiður m; ∼sohle f skósóli m

Schul|arbeit f heimaverkefni n; ∼bildung f (skóla)menntun f; ∼buch n skólabók f

Schuld f skuld f; sök f; ∼en machen safna skuldum; Qen skulda; Qenfrei skuldlaus; Qig skuldugur; sekur; Qlos saklaus; ∼ner m skuldunautur m; ∼schein m skuldabréf n

Schule f skóli m

Schüler m nemandi m; skóladrengur m; ∼in f skólastelpa f

Schul|ferien pl. skólaleyfi n; ∼freund m skólafélagi m; ∼mappe f skólataska f

Schulung f kennsla f, æfing f

Schund m rusl n; sorp n

Schuppe (Fische) hreistur n; (Haar-) flasa f; Qn v/t. afhreistra; v/r. flagna; ∼n m skúr m, hjallur m

schüren skara í

Schurke m þorpari m, bófi m

Schürze f svunta f

Schuß m skot n

Schüssel f skál f, fat n

Schuß|waffe f skotvopn n; ∼weite f skotmál n

Schutt m möl f; ∼abladeplatz m öskuhaugar m/pl.

Schüttel|frost m kuldahrollur m; Qn hrista; den Kopf Qn hrista höfuðið

schütten hella

Schutz m vernd f; skjól n, hlé n; ∼blech n aurbretti n; ∼brille f hlífðargleraugu n/pl.

Schütze m skytta f; Qn vernda; ∼ngraben m skotgröf f

Schutzimpfung f bólusetning f

schutz|los verndarlaus, óvarinn; **2polizist** m lögregluþjónn m

schwach veiklaður, veill

Schwäche f veikleiki m; **2n** veikja, veikla

schwach|sinnig vangefinn; **2strom** m lágspennustraumur m

Schwager m mágur m

Schwägerin f mágkona f

Schwalbe f svala f

Schwamm m svampur m

Schwan m svanur m, álft f

schwanger ófrískur, barnshafandi

Schwank m gamanleikur m; **2en** riða, rugga; *fig.* vera óviss; **2end** reikull, óstöðugur

Schwanz m (*Katze*) rófa f; (*Hund*) skott n; (*Kuh*) hali m; (*Pferd*) tagl n; (*Vogel*) stél n; (*Fisch*) sporður m

Schwarm m sægur m

schwärmen sveima; dreyma (um e-ð)

schwarz svartur; **2brot** n rúgbrauð n; **2handel** m svartamarkaðsverslun f; **2seher** m bölsýnismaður m

schwatzen rausa; kjafta

Schwätzer m kjaftaskúmur m

schwatzhaft málugur; lausmáll

Schwebe|bahn f svifbraut f; **2n** svífa

Schwed|e m Svíi m; **~in** f sænsk kona (stúlka); **~en** n Svíþjóð f; **2isch** sænskur

Schwefel m brennisteinn m; **~säure** f brennisteinssýra f

Schweif m rófa f, hali m; **2en** ráfa, flakka

schweig|en þegja; **2en** n þögn f; **~end** þegjandi; **~sam** þögull

Schwein n svín n; **~ebraten** m svínasteik f; **~efleisch** n svínakjöt n; **~erei** f sóðaskapur m; **~** svínari n; **~eschmalz** n svínafeiti f

Schweiß m sviti m; **2en** Tech. sjóða saman (járn)

Schweiz f Sviss land n, Sviss f; **~er** m Svisslendingur m; **~erin** f svissnesk kona (stúlka); **2erisch** svissneskur

schwelgen svelgja, gleypa

Schwelle f þröskuldur m

schwellen þrútna, svella

schwenken sveifla; *v/i.* snúa sér

schwer þungur; erfiður; **2e** f þyngd f; þungi m; *fig.* harka f; **~fällig** þunglamalegur, stirðbusalegur; **2gewicht** n þungavigt f; **~hörig** heyrnarsljór; **2industrie** f þungaiðnaður m; **2kraft** f þyngdarafl n; **2mut** f þunglyndi n; **2punkt** m þungamiðja f

Schwert n sverð n

Schwester f systir f; (*Kranken-*) hjúkrunarkona f

Schwieger|eltern pl. tengdaforeldrar *m/pl.*; **~mutter** *f* tengdamóðir *f*; **~vater** *m* tengdafaðir *m*

Schwiel|e *f* sigg *n*, þrymill *m*; **2ig** siggborinn, skinnþykkur

schwierig erfiður; **2keit** *f* erfiðleiki *m*

Schwimm|bad *n* sundlaugar *f/pl.*; **2en** synda; fljóta; **~er** *m* sundmaður *m*; *Tech.* flotholt *n*; **~gürtel** *m* sundbelti *n*; **~wettbewerb** *m* sundmót *n*

Schwind|el *m* svimi *m*; *fig.* prettir *m/pl.*; **2eln** *fig.* pretta, svíkja; **2ig**: *mir ist 2ig* mig svimar

schwind|en hverfa; **2sucht** *f* tæring *f*

schwing|en sveifla(st); **2ung** *f* sveifla *f*

Schwips *m* (létt) ölvíma *f*

schwitzen svitna

schwören sverja

schwül mollulegur; **2e** *f* molla *f*, molluhiti *m*

Schwulst *m* bólga *f*

schwülstig íburðarmikill, ofhlaðinn

Schwung *m* sveifla *f*; fjör *n*

Schwur *m* eiður *m*; **~gericht** *n* kviðdómur *m*

See 1. *m* stöðuvatn *n*; **2.** *f* haf *n*, sjór *m*; **~fisch** *m* sjófiskur *m*; **~gang** *m* sjógangur *m*, hafrót *n*; **~hund** *m* selur *m*; **~krankheit** *f* sjóveiki *f*

Seeland *n* Geogr. Sjáland *n*

Seel|e *f* sál *f*; **2isch** sálarlegur, sálar-

See|mann *m* sjómaður *m*; **~meile** *f* sjómíla *f*; **~reise** *f* sjóferð *f*; **~wolf** *m* steinbítur *m*; **~zeichen** *n* siglingarmerki *n*

Segel *n* segl *n*; **~boot** *n* seglbátur *m*; **~flieger** *m* svifflugmaður *m*; **~flugzeug** *n* svifflugvél *f*; **2n** sigla; **~tuch** *n* segldúkur *m*

Seg|en *m* blessun *f*; **2nen** blessa

sehen sjá; **2swürdigkeit** *f* það, sem markverðast er að sjá

Sehn|e *f* sin *f*; bogastrengur *m*; **2en** *v/r.* þrá (*nach etw.* e-ð)

Sehnerv *m* sjóntaug *f*

Sehnsucht *f* þrá *f*

sehr mjög

Seh|schärfe *f* sjónskerpa *f*; **~weite** *f* sjónarsvið *n*, sjónvídd *f*

seicht grunnur; *fig.* yfirborðslegur

Seid|e *f* silki *n*; **~enpapier** *n* silkipappír *m*; **2ig** silkimjúkur

Seife *f* sápa *f*

Seil *n* kaðall *m*, taug *f*; **~bahn** *f* kláfur *m*; **~tänzer** *m* línudansari *m*

sein vera; **2** *n* tilvera *f*

sein (-e, -es) sinn, sitt, hans, þess; sínir, sínar, sín

seiner|seits af hans (sinni) hálfu; **~zeit** á sínum tíma

seinesgleichen hans (þess, sinn) líki; eins og hann

seit síðan; ~ **wann** síðan hvenær; ~ **langem** lengi, um langt skeið

Seite f hlið f; (Blatt) blaðsíða f; ~en á hálfu (e-s); ~nsprung m framhjátak n

seit|lich til hliðar, hliðar-; ~**wärts** til hliðar; á hlið

Sekretär m ritari m

Sekt m kampavín n

Sekunde f sekúnda f

selbst sjálfur; **von** ~ af sjálfu sér

selbständig sjálfstæður

Selbst|bedienung f sjálfssala f; ~**beherrschung** f sjálfsstjórn f; ~**bestimmungsrecht** n sjálfsákvörðunarréttur m; 2**bewußt** drjúglátur, sjálfbirgingslegur; 2**gebacken** heimabakaður; ~**gespräch** n eintal n; ~**kostenpreis** m innkaupsverð n; ~**mord** m sjálfsmorð n; 2**sicher** sn hafa sjálfstraust n; ~**sucht** f eigingirni f; 2**verständlich** sjálfsagður; ~**verwaltung** f sjálfræði n

selig sæll, 2**keit** f sæla f, hamingja f

Sellerie f selja f, seljurót f

selten sjaldgæfur; sjaldan

Selterswasser n sódavatn n

seltsam undarlegur

Semester n önn f

Seminar n (Institut) deild f

Semmel f hveitibrauðssnúður m

send|en senda; (Radio) útvarpa; (Fernsehen) sjónvarpa; 2er m útvarpsstöð f; 2**ung** f sending f; (Radio) útvarpssending f; (Fernsehen) sjónvarpssending f

Senf m sinnep n

sengen svíða, brenna

Senk|el m skóreim f; 2en sökkva; ~**fuß** m ilsig n; 2**recht** lóðréttur; ~**ung** f lækkun f; Geogr. dæld f

Sensation f stórviðburður m; æsifregn f

Sense f ljár m

September m september m

Serviette f servíetta f, munnþurka f

Sessel m hægindastóll m

seßhaft heimilisfastur

setz|en v/t. setja; v/r. setjast; 2er m setjari m

Seuche f (landfar)sótt f, faraldur m

seufz|en andvarpa; 2er m andvarp n

sexuell kynferðislegur

sezieren kryfja

sich (refl.) sig, sér; (einander) hvor annan, hverir aðra

Sichel f sigð f

sicher öruggur; viss, áreiðanlegur; 2**heitsgurt** m öryggisbelti n; ~**heitshalber** til öryggis; 2**heitsnadel** f öryggisnæla f; ~**lich** áreiðanlega; ~n tryggja; 2**ung** f trygging f; El. öryggi n, vartappi m

Sicht f sýn f; augsýn f; 2**bar** sýnilegur; 2en fá í augsýn,

koma auga á; sía; **2lich**
(aug)sýnilegur; **~vermerk** *m*
vegabréfsáritun *f*

sickern seytla

sie hún; *pl.* þeir, þær, þau; **2**
(*Anrede*) þér

Sieb *n* sía *f*; sáld *n*; **2en** sía,
sálda

siedeln setjast að

sied|en sjóða; **2epunkt** *m*
suðumark *n*

Siedlung *f* íbúðarhverfi *n*,
nýbýli *n*; nýrækt *f*; nýlenda *f*

Sieg *m* sigur *m*

Siegel *n* innsigli *n*; **2n** innsigla

sieg|en sigra; **2er** *m* sigur-
vegari *m*

Signal *n* merki *n*

Silbe *f* atkvæði *n*

Silber *n* silfur *n*; **~besteck** *n*
silfurborðbúnaður *m*

Silvesterabend *m* gamlárskvöld *n*

singen syngja

Singular *m* eintala *f*

sinken sökkva; hníga

Sinn *m* hugur *m*; skilningarvit
n; skilningur *m*; merking *f*;
~bild *n* mynd *f*; **2en** velta
fyrir sér; **2lich** munaðarleg-
ur; **2los** meiningarlaus, tilgangslaus

Sintflut *f* syndaflóð *n*

Sippe *f* fjölskylda *f*, ætt *f*

Sitte *f* siður *m*, venja *f*; **~n-**
sigkeit *f* siðspilling *f*

sittlich siðsamur

Sitz *m* sæti *n*; *fig.* aðsetur *n*;
2en sitja; **2enbleiben** sitja

kyrr; (*Schule*) sitja eftir í
bekk; **~platz** *m* sæti *n*; **~ung**
f fundur *m*

Skala *f* tónstigi *m*; einkunna-
stigi *m*

Skandal *m* hneyksli *n*

Skelett *n* beinagrind *f*

Ski *m* skíði *n*; **~ laufen** fara á
skíðum; **~läufer** *m* skíða-
maður *m*

Skizze *f* frumdrættir *m/pl.*,
drög *n/pl.* (til e-s); rissmynd *f*
(*a. fig.*)

Sklave *m* þræll *m*

Skonto *n* afsláttur (við
greiðslu út í hönd) *m*

Skorbut *m* skyrbjúgur *m*

Smogalarm *m* viðvörun *f* við
mengun

so þannig, svo(na); **~bald** *cj.*
jafnskjótt og

Socke *f* sokkur *m*; háleistur
m

Sockel *m* fótstallur *m*

sodann svo, því næst

Soda(wasser) *n* sódavatn *n*

Sodbrennen *n* brjóstsviði *m*

soeben rétt áðan, rétt í þessu

Sofa *n* sófi *m*, legubekkur *m*

so|fern ef, svo framarlega
sem; **~fort** strax, þegar í stað;
~gar meira að segja; **~ge-**
nannt svonefndur; **~gleich**
undir eins

Sohle *f* sóli *m*; il *f*

Sohn *m* sonur *m*

solange: **~ wie** svo lengi sem,
á meðan

solch slíkur

Soldat *m* hermaður *m*

solid(e) traustur; áreiðanlegur

Soll n skuldadálkur m, skuld f; ~ **und Haben** skuldir og eignir; ~**einnahme** f áætlaðar tekjur; 2**en** skulu, eiga

somit því, þess vegna

Sommer m sumar n; **diesen** ~ (nú) í sumar; ~**schlußverkauf** m sumarútsala f; ~**sprosse** f frekna f

Sonder|angebot n sértilboð n; 2**bar** kynlegur; ~**ling** m sérvitringur m; 2**n** cj. heldur (á eftir neitun); ~**zug** m Esb. aukalest f

Sonnabend m laugardagur m

Sonne f sól f; **die** ~ **geht auf** (**unter**) sólin kemur upp (sest); 2**n** v/r. sóla sig; ~**blume** f sólblóm n; ~**brand** m sólbruni m; ~**brille** f sólgleraugu n/pl.; ~**nöl** n sólolía f; ~**nschein** m sólskin n; ~**nschirm** m sólhlíf f; ~**nstich** m sólstunga f; ~**nwende** f sólstöður f/pl., sólhvörf n/pl.

Sonntag m sunnudagur m

sonst annars

Sorg|e f áhyggja f; **inhyggja** f; **für etw.** ~**e tragen** hugsa um e-ð; 2**en** (**für**) annast (um); 2**enfrei** áhyggjulaus; 2**envoll** áhyggjufullur; ~**falt** f umhyggja f; nákvæmni f; 2**los** áhyggjulaus; fyrirhyggjulaus

Sort|e f tegund f; 2**ieren** (ordnen) raða niður, skipa niður;

(auslesen) velja úr

Soße f ídýfa f, sósa f

Souvenir n minjagripur m

so|weit cj. að svo miklu leyti sem; ~**wie** cj. jafnskjótt sem; ~**wieso** hvort sem er; ~**wohl**: ~**wohl ... als** (**auch**) bæði ... og

Sowjetunion hist. Sovétríkin n/pl.

sozial (þjóð)félagslegur; 2**ismus** m jafnaðarstefna f, sósíalismi m

spähen skima, rýna; njósna

Spalt m sprunga f, rifa f; ~**e** f sprunga f; (Zeitung) dálkur m; 2**en** kljúfa; ~**ung** f klofning f

Span m spónn m, flís f

Spange f spöng f, spenna f

Spann n rist f (á fæti); 2**end** spennandi; ~**ung** f spenna f; eftirvænting f

Spar|buch n bankabók f; sparisjóðsbók f; ~**büchse** f sparibaukur m; 2**en** spara

Spargel m spergill m

Sparkasse f sparisjóður m

spärlich naumur, rýr, af skornum skammti

sparsam sparsamur; 2**keit** f sparsemi f

Spaß m gaman n, spaug n; **aus** ~ til gamans; 2**en** spauga; 2**ig** skemmtilegur

spät adv. seint; **wie** ~ **ist es?** hvað er klukkan?

Spaten m skófla f, spaði m

spät|er seinni; adv. seinna; ~**estens** í síðasta lagi

Spatz m spör(fugl) m
spazier|engehen ganga sér
til skemmtunar; **≈gang** . m
skemmtiganga f
Specht m spæta f
Speck m flesk n; spik n
Spediteur m flutninga-
miðlari m od. -þjónusta f
Speer m spjót n
Speiche f hjólteinn m, spæll
m
Speichel m munnvatn n, slefa
f; hráki m
Speicher m vörugeymsluhús
n
speien spýta
Speise f matur m; matar-
réttur m; **≈karte** f matseðill
m; **≈n** borða; **≈saal** m
borðsalur m; **≈wagen** m
veitingavagn m
Spekulant m braskari m
Spende f gjöf f, úthlutun f
Sperre f lokun f, bann n;
(Bahnhof) farmiðaskoðun f;
≈n loka; Mar. setja hafnbann á
Spesen pl. kostnaður m
speziell sérstakur, einka-
Spiegel m spegill m; **≈ei** n
spælegg n, steikt egg; **≈n**
spegla(st)
Spiel n leikur m; **≈bank** f
spilavíti n; **≈en** leika; leika
sér; Instrument leika á, spila
á; **≈feld** n leikvöllur m; **≈film**
m kvikmynd f; **≈karte** f spil
n; **≈platz** m leikvöllur m;
≈raum m svigrúm n; **≈sa-
chen** pl. leikföng n/pl.;

≈zeug n leikfang n
Spieß m spjót n; steikarteinn
m
Spinat m spínat n
Spindel f snælda f
Spinn|e f könguló f; **≈en**
spinna; **≈(en)gewebe** n,
≈webe f köngulóarvefur m
Spion m njósnari m; **≈age** f
njósnir f/pl.; **≈agewehr** f
njósnavarnir f/pl.
Spirituosen pl. áfengir
drykkir
Spiritus m vínandi m; **≈ko-
cher** m sprittsuðuvél f
spitz oddhvass
Spitz|e f oddur m; toppur m;
(Turm) spíra f; (Stoff)
knipplingar m/pl.
Spitzel m (lögreglu)njósnari
m
Spitz|enleistung f metafköst
n/pl.; metframmistaða f;
≈findig hártogunargjarn;
≈hacke f haki m; **≈name** m
uppnefni n
Splitter m flís f
Sport m íþróttir pl.; **≈art** f
íþrótt f; **≈lich** íþróttalegur,
íþrótta-; **≈platz** m íþróttavöllur m
Spott m háð n, spott n; **≈en**
hæða
spöttisch hæðnislegur
Sprache f mál n; tungumál
n; **≈führer** m tungu-
málabæklingur m; **≈ge-
brauch** m málvenja f
Spray m od. m úðari m
sprech|en tala; **≈er** m fram-

sögumaður *m* (nefndar); (*Radio*) útvarps̓þulur *m*; (*Fernsehen*) sjónvarpsþulur *m*; 2stunde *f* viðtalstími *m*, 2zimmer *n* viðtalsherbergi *n*

spreizen glenna sundur

spreng|en sprengja; (*Wasser*) sprauta (vatni) á; 2stoff *m* sprengiefni *n*

Sprichwort *n* málsháttur *m*

sprießen spretta, skjóta frjóöngum

Spring|brunnen *m* gosbrunnur *m*, 2en stökkva; ~er *m* (*Schach*) riddari *m*

Spritz|e *f* dæla *f*, sprauta *f*; 2en dæla, sprauta

spröde stökkur, brothættur; *fig.* teprulegur

Sprosse *f* rim *f*; þrep *n*

Sprößling *m* afkomandi *m*, niður *m*

Spruch *m* spakmæli *n*; *Jur.* úrskurður *m*

Sprudel *m* gos *n*

sprudeln vella, spretta upp

sprüh|en skvettast; (*Funken*) sindra; 2regen *m* úðarigning *f*

Sprung *m* stökk *n*; rifa *f*, sprunga *f*; ~brett *n* stökkpallur *m*; ~schanze *f* skíðastökkpallur *m*

Spucke *f* hráki *m*; 2n spýta, hrækja

spuken: *es spukt in diesem Zimmer* það er reimt að. draugagangur í þessu herbergi

Spule *f* spóla *f*; snælda *f*

spül|en skola(st); þvo upp; 2mittel *n* uppþvottalögur *m*

Spur *f* spor *n*; *pl.* vegs- od. verksummerki *n*/*pl.*

spür|en verða var við, finna; 2sinn *m* ratvísi *f*

Staat *m* ríki *n*; (*Putz*) skart *n*; 2lich ríkis-; ~sangehörigkeit *f* þjóðerni *n*; ~sanwalt *m* saksóknari *m* ríkisins; ~sexamen *n* embættispróf *n*; ~skosten *pl.*: *auf* ~ á kostnað ríkisins; ~smann *m* stjórnmálamaður *m*

Stab *m* stafur *m*, prik *n*; *Mil.* herforingjaráð *n*; ~hochsprung *m* stangarstökk *n*

Stachel *m* broddur *m*; þyrnir *m*; ~beere *f* stikilsber *n*; ~draht *m* gaddavír *m*

stachelig göddóttur, broddóttur

Stadion *n* íþróttavöllur *m*, leikvangur *m*

Stadt *f* borg *f*; ~bahn *f* od. S-Bahn *f* sporvagn *m*

Städt|er *m* bæjar- od. borgarbúi *m* 2isch borgar- od. kaupstaðar-

Stadt|mitte *f* miðbær *m*, ~plan *m* bæjarkort *n*; borgarkort *n*; ~teil *m* borgarhluti *m*; ~viertel *n* bæjarhverfi *n*

Staffel *f* (stiga)þrep *n*; *Flgw.* sveit *f*, deild *f*; (*Sport*) riðill *m*; ~lauf *m* boðhlaup *n*

Stahl *m* stál *n*

Stall *m* (*Kuh*) fjós *n*, (*Schaf*) fjárhús *n*, (*Pferd*) hesthús *n*

Stamm m stofn m; ætt f;
~baum m ættartala f
stammeln stama
stamm|en vera kominn af;
2gast m daglegur gestur
stämmig sterk(leg)ur
stampfen stappa, þjappa
Stand m stétt f; staða f; ~bild
n líkneski n
Ständchen n mansöngur m
Ständer m fatahengi n; grind
f; statíf n
Stand|esamt n hjúskapar-
skrifstofa f; 2fest staðfastur
ständig sífelldur
Standpunkt m sjónarmið n
Stange f stöng f
stanzen stappa, þjappa
Stapel m stafli m; ~lauf m
Mar. sjósetning f
Star m star(r)i m; Med. star-
blinda f; (Film-) kvikmyndastjarna f
stark sterkur
Stärk|e f styrkur m, kraftur
m; linsterkja f; 2en styrkja;
(Wäsche) stífa (lín)
Starkstrom m háspennu-
straumur m
Stärkung f styrking f; efling f
starr stífur, ósveigjanlegur;
~en stara
starten v/t. hefja, stofna; v/i.
halda af stað
Station f (Haltestelle) stoppi-
stöð f; (Kranken-)
(sjúkra)deild f
Statist m pop. statisti m
Statistik f skýrsla f, yfirlit n
statt prp. í staðinn fyrir; **an**

meiner 2 í minn stað
Stätte f staður m
statt|finden eiga sér stað; ger-
ast; ~haft leyfilegur, löglegur; ~lich myndarlegur, veg-
legur
Staub m ryk n, duft n; 2en
fjúka, þyrlast; 2ig rykugur;
~sauger m ryksuga f; ~tuch
n rykþurrka f
Stau|damm m stífluverk n;
2en stífla; Mar. hlaða
staunen undrast
stech|en stinga; 2fliege f bit-
fluga f
Steck|brief m strokumanns-
lýsing f; ~dose f tengill m,
tengildós f; 2en stinga, setja
(í); 2enbleiben sitja fastur;
~er m tengikló f; ~nadel f
títuprjónn m
Steg m stígur m; fjalabrú f
stehen standa; Kleid: fara
(vel od. illa); ~bleiben
standa kyrr; nema staðar
Stehlampe f standlampi m
stehlen stela
Stehplatz m stæði n
steif stinnur, stífur
Steig m stígur m, gata f
steigen stíga; hækka, vaxa
steiger|n auka, hækka;
Gram. stigbreyta; 2ung f
hækkun f; stigbreyting f
Steigung f halli m, brekka f
steil brattur
Stein m steinn m; ~butt m Zo.
sandhverfa f; 2ig grýttur;
~kohle f steinkol n/pl.
Stelldichein n stefnumót n

Stell|e f staður m; staða f, starfi m; 2en setja; **~vermittlung** f ráðningarskrifstofa f; 2enweise sums staðar; **~ung** f staða f; **~vertreter** m staðgengill m

Stemm|eisen n sporjárn n; 2en v/t. stífla; v/r. spyrna (**gegen etw.** á móti e-u)

Stempel m stimpill m; 2n stimpla; 2n **gehen** ganga undir atvinnuleysisskráningu, vera atvinnulaus

Stengel m stöngull m, jurtarleggur m

Steno|graphie f hraðritun f; **~typistin** f hrað- og vélritunarstúlka f

Steppdecke f vattteppi n

sterb|en deyja; **~lich** dauðlegur

Stern m stjarna f; **~schnuppe** f stjörnuhrap n

stets stöðugt, ávallt, alltaf

Steuer 1. n stýri m; **2.** f skattur m, afgjald n; **~erklärung** f framtal n; 2en stýra; **~rad** n stýrishjól n; **~zahler** m skattgreiðandi m

Stich m stunga f; nálspor n; **im ~ lassen** skilja útundan

stick|en sauma e-ð út; **~ig** kæfandi; 2stoff m köfnunarefni n

Stiefel m stígvél n

Stief|mutter f stjúpmóðir f; **~mütterchen** n Bot. þrenningarfjóla f; **~vater** m stjúpfaðir m

Stiel m skaft m; Bot. stöngull m

Stier m naut n, tarfur m

stift|en stofna; gefa; **2ung** f stofnun f; gjöf f

Stil m stíll m; málfar n

still hljóður; kyrr; hæglátur; 2e f kyrrð f; **~en** (Säugling) hafa á brjósti, láta sjúga; **2schweigen** n þagmælska f; **~schweigend** þagmæltur; **~stehen** standa kyrr; nema staðar

Stimme f rödd f; fig. atkvæði n; 2n standa heima; fig. greiða atkvæði

Stimm|gabel f tónkvísl f; **~recht** n atkvæðisréttur m; **~ung** f (Gefühlslage) hugblær m; (Begeisterung) hrifning f; **~zettel** m kjörseðill m

stinken vera vond lykt af

Stipendium n námsstyrkur m

Stirn f enni n; **j-m die ~ bieten** sporna við e-m

Stock m stafur m, prik n; (Etage) hæð f; 2en reka í vörður; stansa; **~ung** f stöðvun f; **~werk** n hæð f (í húsi)

Stoff m efni n (a. fig.); **~wechsel** m efnaskipti n/pl.

stöhnen stynja

Stollen m Bgb. lárétt námugöng n/pl.; (þýsk) jólakaka f

stolpern staulast; hrasa

stolz stoltur, mikillátur

Stolz m stolt n, mikillæti n

stopf|en troða; stoppa; 2nadel f stopp(u)nál f

Stoppel f stúfur m, stubbur m

stopp|en stöðva(st); **2uhr** f
skeiðklukka f
Stöpsel m tappi m
Storch m storkur m
stören trufla
störrisch þrjóskur, þrár
Störung f truflun f
Stoß m högg n; hrinding f;
stafli m; **~dämpfer** m högg-
deyfir m; **2en** hrinda;
stinga; **~stange** f stuðari m
stottern stama
Straf|anstalt f tugthús n,
fangelsi n; **~e** f hegning f;
(**Geld-**) fjársekt f; **2n** hegna;
sekta
straff strengdur; stinnur
Sträfling m fangi m
Straf|prozeß m sakamál n;
~stoß m vítaspyrna f
Strahl m geisli m; **2en** geisla
Strähne f hárlokkur m;
hárstrengur m; **~n** (**Frisur**)
strípur f/pl.
strampeln sprikla, iða
Strand m strönd f; **2en**
stranda; **~gut** n reki m;
~korb m strandkörfustóll m
Strang m strengur m; snara f
Strapaze f strit n; hrakningar
m/pl.
Straße f stræti n, gata f;
~nbahn f sporvagn m; **~n-
pflaster** n steinlögð gata
sträuben v/r. rísa upp, standa
út í loftið; fig. færast undan
Strauch m runnur m, kjarr n;
2eln hrasa (a. fig.)
Strauß m blómvöndur m; Zo.
strútur m

streben leitast við, keppa
eftir
Streben n viðleitni f
Strecke f spölur m; vega-
lengd f; ætlunarleið f
Streich m högg n; grikkur m;
2eln strjúka, klappa; **2en**
Bart strjúka; strika; (Liste)
strika út; Brot smyrja; Farbe
mála; **~holz** n eldspýta f
streifen (herum~) flakka;
snerta
Streifen m rák f; ræma f;
~wagen m lögreglubíll m
Streik m verkfall n; **2en** gera
verkfall
Streit m deila f; **2en** deila;
rífast; **~kräfte** pl. herafli m
streng strangur
Streß m streita f
streuen strá, dreifa
Strich m strik n; lína f
Strick m band n; snara f; **2en**
prjóna; **~jacke** f prjóna-
peysa f (hneppt); **~nadel** f
(band)prjónn m; **~zeug** n
prjónadót n
Striemen m rák f; rönd f
Stroh m hálmur m; **~halm** m
hálmstrá n
Strolch m flakkari m, flækingur m
Strom m straumur m; á f;
2ab, **2abwärts** niður eftir
ánni; **2aufwärts** upp eftir
ánni; **~schalter** m straum-
rofi m; **~schnelle** f árstreng-
ur m; hringiða f
Strömung f straumur m; fig.
stefna f

Strophe *f* vers *n*
strotzen vera þrunginn af
Strudel *m* hringiða *f*
Strumpf *m* sokkur *m*; **~hose** *f* sokkabuxur *f*/*pl*.
struppig úfinn, stríður
Stube *f* stofa *f*; **~nmädchen** *n* stofustúlka *f*
Stück *n* biti *m*, stykki *n*; hluti *m*
Student *m* stúdent *m*; **~in** *f* kvenstúdent *m*
Studienrat *m* menntaskólakennari *m*
studieren stunda nám
Studium *n* háskólanám *n*
Stufe *f* þrep *n*; stig *n*
Stuhl *m* stóll *m*; **~gang** *m* hægðir *f*/*pl*.
stumm þögull; mállaus
Stummel *m* stubbur *m*
Stümper *m* klastrari *m*, klaufi *m*; **2haft** klaufalegur
stumpf sljór; bitlaus; **~sinnig** sljór; heimskur
Stunde *f* klukkustund *f*; kennslustund *f*; **2n** veita greiðslufrest; **~nkilometer** *m* (*Abk. kmh*) kílómetrar á klukkustund (*Abk.* km á klst.); **2nlang** klukkustundum saman; **~nplan** *m* stundatafla *f*
Sturm *m* stormur *m*; *fig.* áhlaup *n*
stürm|en gera áhlaup *m*; **2er** *m* (*Fußball*) framherji *m*; **~isch** hvass; ofsafenginn
Sturz *m* fall *m*; hrun *n*; skriða *f*
stürzen steypa(st); velta; detta

Sturz|flug *m* steypiflug *n*; **~helm** *m* hjálmur *m*
Stute *f* hryssa *f*
Stütze *f* stoð *f*, stytta *f*
stutzen (*sich wundern*) undrast; (*verkürzen*) stytta, klippa
stützen styðja, hjálpa
stutzig hissa
Suche *f* leit *f*; **2n** leita; **~r** *m* leitandi *m*; (*Kamera*) leitari *m*, leitsjá *f*
Sucht *f* sýki *f*, sjúkdómur *m*
süchtig (*eitur*)lyfjasjúkur, vímuefnasjúkur
Süden *m* suður; Suðurlönd *n*/*pl*.; **~er** *m* suður á bóginn
süd|lich suðlægur; suðrænn; **~lich von** fyrir sunnan; **2osten** *m* suðaustur *m*; **2west** *m* sunnanvindur *m*
Sühne *f* afplánun *f*; **2n** afplána
Sülze *f* kryddsúrs *n*; sulta *f*
Summe *f* upphæð *f*, summa *f*; **2n** suða; *Lied* raula
Sumpf *m* mýri *f*; fen *n*; **2ig** mýrlendur; fenjóttur
Sund *m* sund *n*
Sünde *f* synd *f*
Superlativ *m* hástig *n*; **~markt** *m* vörumarkaður *m*
Suppenwürfel *m* súputeningur *m*
süß sætur; **~en** sæta; **2igkeiten** *pl*. sælgæti *n*, sætindi *n*/*pl*.; **2stoff** *m* gervisykur *m*; **2wasser** *n* ferskt vatn
Symbol *n* táknmynd *f*; **2isch** myndrænn

sympathisch geðfelldur
Symphonie f hljómkviða f
synthetisch gervi-
System n skipulag n; (*Regierungsform*) stjórnarmynd f;

T

Tabak m tóbak n
Tabelle f tafla f, skrá f
Tablett n (bolla) bakki m; **~e** f tafla f, pilla f
Tachometer m hraðamælir m
Tadel m álas n; galli m; (*Schule*) athugasemd f, áminning f; **2los** lýtalaus, gallalaus; ágætur; **2n** lasta; ávíta
Tafel f tafla f, (*Tisch*) borð n; (*Schokolade*) plata f
Täfelung f þiljun f
Tag m dagur m; **bei ~e** á daginn; **~ebuch** n dagbók f; **2elang** dögum saman; **2en** daga; *fig.* halda fund, þinga; **~esgespräch** n umræðuefni líðandi stundar; **~eskurs** m daggengi n; **~esordnung** f dagskrá f; **~espresse** f dagblöðin n/pl.; **~ewerk** n dagsverk n
täglich daglegur
Tagung f (þing)fundur m; (þing)samkoma f; ráðstefna f
Taille f mitti n
taktlos ónærgætinn
Tal n dalur m
Talar m síðhempa f
Tank m geymir m; **2en** taka

bensín; **~stelle** f bensínsölustöð f
Tanne f greni n; **~nbaum** m grenitré n; jólatré n; **~nzapfen** m greniköngull m
Tante f frænka f; föður- od. móðursystir f
Tanz m dans m; **2en** dansa
Tänzer(in f) m dansmaður m (dansmær f)
Tanz|kapelle f danshljómsveit f; **~stunde** f dansskóli m; **~vergnügen** n dansskemmtun f
Tape|te f veggfóður m; **2zieren** veggfóðra
tapfer kjarkmikill; hraustur; **2keit** f hugprýði f; hreysti f
Tarif m verðskrá f
tarn|en fela, hylja; fara dult með; **2ung** f feluútbúnaður m; hulning f
Tasche f vasi m; veski n, taska f; **~nbuch** n vasaútgáfa f; **~ndieb** m vasaþjófur m; **~ngeld** n vasapeningur m; **~nlampe** f vasaljós n; **~nmesser** n vasahnífur m; **~ntuch** n vasaklútur m; **~nuhr** f vasaúr n
Tasse f bolli m
Tast|e f nóta f (á hljóðfæri);

Szene f leiksvið n; atburður m; **~nwechsel** m leiksviðsbreyting f, leiktjaldaskipti pl.

~en snerta; þreifa; **~sinn** m þreifiskynjun f

Tat f dáð f; verk n

Tät|er m verknaðarmaður m; **2ig** starfsamur, atorkusamur; starfandi; **~igkeit** f starf, starfsemi f

tat|kräftig orkufullur; **2sache** f staðreynd f; **~sächlich** raunverulegur

Tatze f loppa f, löpp f; (*Pranke*) hrammur m

Tau 1. m kaðall m; **2.** m dögg f

taub heyrnarlaus

Taube f Zo. dúfa f

tauchen kafa

Tauf|becken n skírnarfontur m od. -skál f; **~e** f skírn f; **2en** skíra; **~name** m skírnarnafn n; **~schein** m skírnarvottorð n

taug|en duga, gagna, vera nýtur; **2enichts** m ónýtjungur m; **~lich** nýtur; nýtilegur

Taumel m svimi m; hrifning f; **2n** skjögra, reika í spori

Tausch m skipti n/pl.; **2en** hafa skipti á

täusch|en blekkja, gabba; **2ung** f blekking f

Tauwetter n hláka f, þíða f

Tax|e f verðlag n, lögverð n; **~i** n leigubíll m

Technik f tækni f; **~er** m tæknimaður m

Tee m te n; **~kanne** f tepottur m; **~löffel** m teskeið f

Teer m tjara f; **2en** tjarga

Teig m deig n

Teich m tjörn f

Teil m hluti m, partur m; **zum ~** að nokkru leyti; **2bar** skiptanlegur; **2en** skipta; deila; **~haber** m hluthafi m; **~nahme** f þátttaka f; **2nehmen:** **2nehmen an** taka þátt í; **~nehmer** m þátttakandi m

teils: **~s ... ~s** ýmist ... eða

Teilzahlung f afborgun f

Telefax n myndbréf n, fax n; **~simabréf** n; **~gerät** n myndsendir m, faxtæki n

Tele|gramm n símskeyti n; **~fon** n sími m s. *Fernsprecher;* **~fonbuch** n símaskrá f

Teller m diskur m

Temperament n skaplyndi n, lunderni n; áköflyndi n, skaphiti m

Temperatur f hitastig n; **~ haben** vera með hita

Tempo n hraði m

Tennis n tennis m; **~platz** m tennisvöllur m; **~schläger** m tennisspaði m

Teppich m (gólf)teppi n

Termin m tiltekinn od. pantaður tími; *Hdl.* gjalddagi m

Terrasse f hjalli m; (am *Haus*) verönd f

Terrine f súpuskál f

Terror m ofbeldi m; hryðjuverk n; **~ist** m ofbeldismaður m, hryðjuverkamaður m

Testament n erfðaskrá f

testen prófa

teuer dýr; **2ung** f dýrtíð f

Teuf|el m djöfull m, fjandi m; **2lisch** djöfullegur

Text m texti m
Theater n leikhús n; **~pro-
gramm** n leikskrá f; **~stück**
n leikrit n
Theo||logie f guðfræði f; **~rie**
f fræðikenning f
Thermometer n hitamælir m
Thermosflasche f hitabrúsi
m
Thron m hásæti n; **~folger** m
ríkiserfingi m, ríkiserfi m
ticken tifa
tief djúpur; **2e** f djúp n; **dýpt**
f; **2gang** m Mar. djúprista f;
2kühltruhe f frystikista f
Tiegel m deigla f; panna f
Tier n dýr n; **~arzt** m
dýralæknir m; **~garten** m
dýragarður m; **2isch**
dýrslegur
tilg|en afmá; greiða að fullu;
2ung f afmáning f; greiðsla f
(skuldar að fullu); afborgun
f (skuldar)
Tinte f blek n
tippen vélrita
Tisch m borð n; **zu ~ gehen**
setjast að borðum; **~ler** m
húsgagnasmiður m, tré-
smiður m; **~tuch** n borð-
dúkur m
Titel m titill m; nafnbót f;
~blatt n forsíða f
Toastbrot n ristað brauð n
tob|en hamast, æða; drynja;
2sucht f æði n, tryllingur m
Tochter f dóttir f
Tod m dauði m; **~esanzeige** f
dánartilkynning f; **~esstra-
fe** f dauðarefsing f; **~feind**

svarinn óvinur; **2krank**
fárveikur
tödlich banvænn
Toilette f snyrting f; búningur
m; (Abort) salerni m; **~npa-
pier** n salernispappír m
toll óður, trylltur; **~en** ólm-
ast; **2wut** f æði n; hundaæði
n
Tölpel m klunni m
Tomate f tómatur m od.
tómati m
Ton n tónn m; (Lehm) leir m;
~abnehmer m hljóðdós f;
~band n upptökutæki m;
hljómband f
tönen hljóma
Ton|film m tal- od. hljóm-
kvikmynd f; **~leiter** f tónstigi
m
Tonne f tunna f; (Gewicht)
tonn n
Topf m pottur m; krukka f
Töpfer m leirkerasmiður m
Tor 1. m heimskingi m; 2. n
hlið n; (Sport) mark n
Torf m mór m, svörður m
Torheit f heimska f; heimsku-
par n
töricht heimskulegur
Torte f terta f
Torwart m markvörður m
tosen drynja, duna
tot dauður
töten drepa
Totenschein m dánarvottorð
n
Toto n a. m veðmálastofa (við
veðhlaup) f; (im) **~ spielen**
veðja

Totschlag m manndráp n
Tour f skemmtiferð f; snúningur m; **~ist** m ferðamaður m
Trab m brokk n
Tracht f búningur m; **2en**: nach etw.**2en** keppa eftir e-u
trächtig (Tier) með fangi, kviðu(ur)
Tradition f siðvenja f; **2bar** beranlegur
Tragbahre f börur f/pl.; **2bar** beranlegur
träge tregur; latur
tragen bera; Kleid vera í
Träger m berandi m; Tech. stólpi m, biti m; (Gepäck-) burðarmaður m
Tragfähigkeit f; burðarþol n
Trägheit f leti f, tregða f
tragisch sorglegur
Tragödie f sorgarleikur m
Tragweite f seilingarsvið n, yfirgrip n
train|ieren þjálfa, æfa; **2ingsanzug** m íþróttabúningur m, pop. jogginggalli m
Traktor m traktor m
trampeln þramma, traðka
Träne f tár n
Trank m drykkur m
Transport m flutningur m; **2ieren** flytja
Traube f vínberjaklasi m; vínber n; **~nsaft** m vínberjasaft f; **~nzucker** m þrúgusykur m
trauen v/t. Brautleute gefa saman, gifta; (ver**~**) trúa, treysta; v/r. dirfast, þora
Trauer f sorg f; (Kleidung)

sorgarbúningur m; **~fall** m mannslát n; **2n** syrgja (um j-n e-n)
Traum m draumur m
träum|en dreyma; **~erisch** draumlyndur; dreymandi
trau|rig hryggur, dapur; **2ring** m giftingarhringur m; **2schein** m hjúskaparvottorð m; **2ung** f hjónavígsla f; **2zeuge** m hjúskaparvottur m; svaramaður m
Trawler m togari m
Trecker m dráttarvél f, traktor m
treffen hitta; hæfa; v/r. hittast
Treffen n mót n, fundur m
Treff|er m markskot n; heppni f; **~punkt** m fundarod. stefnumótsstaður m
Treib|eis n rekís m; **2en** reka; verka á; Bot. fá blöð od. brum; **~haus** n gróðurhús n; **~jagd** f fæliveiðar f/pl.; **~mine** f rekduði m; **~stoff** m eldsneyti n
trenn|en skilja; Naht spretta sundur od. upp; v/r. skilja(st); **2ung** f aðgreining f, skilnaður m; (Naht) uppspretting f
Treppe f stigi m, tröppur f/pl.; drei **~n** hoch á fjórðu hæð; **~nabsatz** m stigapallur m; **~ngeländer** n stigarið n, handrið n; **~nhaus** n stigagöng n/pl.
treten ganga; sparka
treu tryggur, trúr; **2e** f tryggð

Trichter m trekt f
Trickfilm m teiknimynd f
Trieb m frjóangi m; (*Natur*) hvöt f; **~feder** f aflfjöður f; **~rad** n ganghjól n
triefen drjúpa, leka; renna
trink|en drekka; **2er** m drykkjumaður m; **2geld** n þjórfé n, ómakslaun n/pl.; **2wasser** n drykkjarvatn n
trippeln trítla
Tritt m spor n, skref n; (*Fuß-*) spark n; **~brett** n þrep n
trocken þurr; **2heit** f þurrkur m; **2legung** f framræsla f; **2platz** m þurrkunarstaður m
trocknen þurrka; þorna
tröd|eln dunda; **2ler** m skransali m
Trog m trog n
Trommel f bumba f; **~fell** n hljóðhimna f
Trompete f trompet m, lúður m
Tropen pl. hitabelti n
tropfen drjúpa, leka
Tropfen m dropi m
Trost m huggun f; **2los** óhuggandi; ömurlegur
trösten hugga
trotz þrátt fyrir; **~dem** þrátt fyrir það
trübe óskír, gruggugur; fig. dapur
trübselig hryggur; dapurlegur
Trug m blekking f, svik n/pl.
trügerisch sviksamlegur, blekkjandi
Trugschluß m falsályktun f

Truhe f kista f
trunken drukkinn, ölvaður; fig. gagntekinn; **2heit** f ölæði n; fig. hrifning f
Trunksucht f ofdrykkja f, drykkjusýki f
Truppe f flokkur m
Truthahn m kalkúni m
Tuch n dúkur m; klútur m
tüchtig duglegur; adv. rækilega
Tück|e f illvilji m, lævísi f; **2isch** fláráður, lævís
Tugend f dyggð f; **2haft** dyggðugur
Tüll m slæðudúkur m; **~e** f pípa f, rör n; túða f
Tulpe f túlípani m
Tumor m æxli n
Tümpel m pollur m, pyttur m
tun gera; **~, als ob** láta sem ...
Tunichtgut m ónýtjungur m, mannleysa f
tunlich gerlegur, mögulegur
Tunnel m jarðgöng n/pl.
Tür f dyr f/pl.; hurð f; **~angel** f hurðarlöm f; **~drücker** m hurðarhandfang n
Türke m Tyrki m; **~i** f Tyrkland n
Turm m turn m; **~spitze** f turnspíra f
Turn|anzug m leikfimisbúningur m; **~en** n leikfimi f; **2en** vera f i od. stunda leikfimi; **~er** m leikfimismaður m; **~halle** f leikfimissalur m; **~verein** m leikfimisfélag n
Türschild m dyraskilti n

Tusche *f* túss *n*; 2n tússa
Tüte *f* poki
Typ *m* (*Mensch*) manngerð *f*;
(*Marke*) tegund *f*; (*KFZ*)
gerð *f*

Typhus *m* taugaveiki *f*
typisch einkennandi
Tyrann *m* harðstjóri *m*; ~**ei** *f*
harðstjórn *f*; 2**isieren** kúga,
þrælkúga

U

U-Bahn *f s. Untergrundbahn*
übel illur, slæmur; *mir wird ~*
mér verður illt, ég fæ velgju;
2 *n* mein *n*, skaði *m*; 2**keit** *f*
velgja *f*; ~**nehmen** misvirða;
2**täter** *m* illræðismaður *m*
üben æfa, iðka; *Gnade* sýna
über *prp.* (*mit dat. u. acc.*)
yfir, fyrir handan; við; *adv.*
meira *n*; ~ *etw. reden* tala
um e-ð
über|all alls staðar; ~**arbei-
ten** *v/r.* vinna sér um megn;
v/t. endurvinna; ~**aus** ákaflega; ~**belichten** *Film*
oflýsa; 2**bevölkerung** *f* of-
mikið þéttbýli; ~**bieten**
bjóða betur; *fig.* skara fram
úr; 2**bleibsel** *n* leifar *f/pl.*,
eftirstöðvar *f/pl.*; ~**blicken**
líta yfir; ~**bringen** færa,
flytja
über|dauern standa lengur
en; ~**dies** auk þess; ~**drüs-
sig** leiður á; ~**eilen** flýta sér
um of; ~**einander** hvað ofan
á annað; í kross; ~**einkommen** koma sér saman um;
2**einkommen** *n* samkomulag *n*; ~**einstimmen** (*Meinung*) vera á sömu skoðun;
vera eins

über|fahren aka yfir *od.* á
(e-n); 2**fahrt** *f* yfirferð *f*,
sjóferð *f*; 2**fall** *m* árás *f*; 2**fluß**
m gnægð *f*; ~**flüssig** of
mikið; ónauðsynlegur; ~**flu-
ten** streyma yfir; ~**führen**
fig. sanna á; 2**führung** *f* leið
yfir; flutningur yfir; *fig.*
sönnun *f*; 2**gabe** *f* afhending
f; framsal *n*; 2**gang** *m* leið *f*
yfir; *fig.* tímamót *n/pl.*, tíma-
breyting *f*; 2**geben** *v/t.* afhenda; *v/r.* kasta upp; ~**gehen** hverfa yfir til; (*überflie-
ßen*) renna, streyma út í;
(*nicht beachten*) gefa engan
gaum, fara ekki yfir; 2**gewicht** *n* yfirvigt *f*; ~**greifen**
grípa út yfir; breiðast út yfir
über|handnehmen fara í
vöxt, verða yfirgnæfandi;
~**haupt** yfirleitt; ~**holen**
sækja yfir; *Auto* fara fram
úr; (*ausbessern*) gera við;
~**kochen** sjóða upp úr; ~**lassen** láta (e-m e-ð) eftir;
~**laufen** hlaupa yfir; flóa
yfir; ~**leben** lifa (e-n); ~**legen** íhuga; *adj.* yfirsterkari,
fremri; 2**legenheit** *f* yfir-
burðir *m/pl.*; 2**legung** *f*
íhugun *f*; yfirvegun *f*; 2**liefe-**

rung f frásagnarheimild f;
2**macht** f ofurefli n; ~**mäßig**
geysilegur; óhóflegur; ~**mit-**
teln afhenda, senda; *Grüße*
skila; ~**morgen** ekki á morgun, heldur hinn daginn;
2**mut** m hroki m; gáski m;
~**nachten** gista; ~**nehmen**
taka við; ~**queren** fara
(þvert) yfir
über|**ragen** gnæfa upp yfir;
skara fram úr; ~**raschen**
koma á óvart; ~**reden** telja
um fyrir e-m; ~**reichen**
rétta, afhenda; ~**reizt** æstur
über|**schätzen** ofmeta; ~
schlagen fella úr; áætla
lauslega; *v/r. Auto:* velta;
~**schreiten** ganga yfir; *Ge-*
setz brjóta; 2**schrift** f yfir-
skrift f, titill m; 2**schuß** m
afgangur m; gróði m;
2**schwemmung** f flóð n;
~**schwenglich** ákaflegur;
öfgafullur
Übersee f handanhafsland n
über|**setzen** flytja yfir; *Spra-*
che þýða; 2**setzung** f þýðing
f; 2**sicht** f yfirlit n; yfirsýn f;
~**sichtlich** skýr; glöggur;
~**siedeln** flytjast búferlum;
~**spannt** ofspenntur; ~**ste-**
hen gnæfa *od.* skaga út *od.*
upp; *fig.* standast, afbera;
~**steigen** stíga yfir; *fig.* fara
~**stimmen** bera
(e-n) atkvæðum; 2**stunden**
pl. yfirvinna f, eftirvinna f;
2**stunden machen** vinna
fram yfir *od.* eftirvinnu;

~**stürzen** *v/t.* flýta sér um
of
übertrag|bar flytjanlegur
(yfir); þýðanlegur; ~**en** fela
(e-m e-ð); þýða; *Summe*
flytja; *Radio/Fernsehen:*
senda, útvarpa; 2**ung** f afhending f; flutningur m;
útsending f; þýðing f
über|**treffen** taka (e-m) fram;
~**treiben** ýkja; ~**treten**
ganga yfir; *Gesetz* brjóta,
óhlýðnast; 2**tretung** f brot n;
~**trieben** ýktur; 2**tritt** m
liðhlaup n, snúningur m;
~**vorteilen** narra; pretta
über|**wachen** hafa umsjón
með, vaka yfir; ~**wältigen**
yfirbuga; ~**weisen** afhenda;
Geld ávísa; 2**weisung** f afhending f; ávísun f; ~**werfen**
v/t. verða ósáttur (*mit j-m*
við e-n); ~**wiegen** vega
meira en; mega sín meira;
~**wiegend** aðallega; ~**win-**
den *v/t.* komast yfir; *v/r.*
pína sig til (að gera e-ð);
~**zeugen** sannfæra; 2**zeu-**
gung f sannfæring f;
üblich venjulegur
U-Boot n kafbátur m
übrig sem eftir er; afgangs; *im*
~**en** annars; ~**ens** annars;
~**bleiben** vera eftir, ganga af
Übung f æfing f
Ufer n ár- *od.* sjávarbakki m;
strönd f; 2**los** bakkalaus;
ótakmarkaður
Uhr f klukka f, úr n; *wieviel ~*
ist es? hvað er klukkan?;

2macher *m* úrsmiður *m*;
2zeiger *m* vísir *m*

Uhu *m* (horn)ugla *f*

Ulk *m* glettur *f/pl.*, glens *n*; 2ig glettinn; skemmtilegur

Ulme *f* álmviður *m*

Ultimo *m* síðasti dagur mánaðarins

um kringum, hringinn í kringum; 2e: um; (*zu Ende*) á enda, liðinn; ~ *Mittag* um hádegi; ~ *4 Uhr* klukkan fjögur; ~ *so mehr* þeim mun heldur; ~ *zu* til þess að

um|ändern breyta; ~**arbeiten** gera upp aftur; ~**armen** faðma að sér; 2**armung** *f* föðmun *f*; ~**binden** binda utan um; ~**blättern** fletta; ~**bringen** drepa, svipta lífi; 2**drehung** *f* (hring-)snúningur *m*

um|fallen detta um koll; 2**fang** *m* ummál *n*; yfirgrip *n*; ~**fassend** víðtækur, yfirgripsmikill; 2**frage** *f* fyrirspurn *f*, skoðanakönnun *f*; 2**gangssprache** *f* talmál *n*, daglegt mál; ~**geben** umlykja; 2**gebung** *f* umhverfi *n*; 2**gegend** *f* umhverfi *n*, nágrenni *n*; ~**gehen** ganga um; *mit j-m* ~**gehen** umgangast e-n; koma fram við; *fig.* komast hjá, forðast; ~**gehend** undir eins; ~**gekehrt** öfugt; ~**hängen** hengja utan um; fara í; ~**her** fram og aftur

Umhüllung *f* hjúpur *m*

Umkehr *f* heimför *f*; afturhvarf *n*; 2**en** *v/i.* snúa við, hverfa aftur; *v/t.* snúa e-u við

um|kippen hvolfa; 2**kleide-kabine** *f* búningsklefi *m*; ~**kleiden** *v/r.* hafa fataskipti; ~**kommen** farast, deyja; ~**laden** endurferma; 2**leitung** *f* bráðabirgðavegur *m*

um|rechnen umreikna; ~**rennen** velta um koll; ~**ringen** umkringja; 2**riß** *m* útlínur *f/pl.*; ~**rühren** hræra í; 2**satz** *m* viðskiptavelta *f*

um|schalten stilla á aðra rás; breyta (straumi); ~**schiffen** sigla umhverfis; 2**schlag** *m* (*Brief*) umslag *n*; *Med.* kompressa *f*; ~**schlagen** pakka lauslega inn; snúa; *Wetter*: breytast; ~**schnallen** gyrða sig (e-u); ~**schreiben** innrita; umrita (*a. Math.*); skýra með öðrum orðum; 2**schwung** *m* breyting *f*

um|sehen *v/r.* sjá sig um; lítast um; 2**setzen** *Hdl.* selja; 2**sicht** *f* aðgætni *f*; ~**sonst** ókeypis; árangurslaust; 2**stand** *m* kringumstæður *f/pl.*; *unter* 2**ständen** ef svo stendur á; *in anderen* 2**Ständen** *sn* vera barnshafandi; ~**ständlich** (of) nákvæmur, margorður; ~**steigen** skipta um vagn *od.* lest; ~**stellen** færa, færa til; ~**sturz** *m* bylting *f*; hrun *n*; 2**tausch** *m* skipti *n/pl.*; ~**tauschen** skipta

um|wälzen kollvarpa; ~**wandeln** breyta; 2**wandlung** f breyting f; ~**wechseln** skipta; 2**weg** m krókur m; 2**welt** f umhverfi n; 2**weltschutz** m umhverfisvernd f; 2**weltverschmutzung** f mengun f; ~**wickeln** vefja utan um (e-ð); ~**zäunung** f girðing f; ~**ziehen** flytja(st); ~**zingeln** umkringja; 2**zug** m bústaðaskipti n/pl., flutningar m

un- ... ó- ...

un|abhängig óháður; ~**absehbar** óútreiknanlegur; ~**absichtlich** óvart, óviljandi; ~**achtsam** ógætinn; ~**ähnlich** ólíkur; ~**anfechtbar** óvéfengjanlegur; ~**angenehm** óþægilegur; ~**annehmbar** óaðgengilegur, ótækur; ~**artig** óþekkur; ~**auffällig** óáberandi; ~**aufmerksam** óaðgætinn; eftirtektarlaus; ~**ausstehlich** óþolandi

unbarmherzig miskunnarlaus

unbe|dingt skilyrðislaus; ~**fangen** hispurslaus; ~**friedigt** óánægður; ~**fugt** heimildarlaus; óviðkomandi; 2**fugten Zutritt verboten!** óviðkomandi bannaður aðgangur!; ~**greiflich** óskiljanlegur; ~**grenzt** ótakmarkaður; 2**hagen** n óþægindi n/pl., vanþóknun f; ~**holfen** klaufalegur; úrræðalaus;

~**kannt** óþekktur; ókunnugur; ~**liebt** óvinsæll; ~**quem** óþægilegur; ~**schränkt** ótakmarkaður; ~**schreiblich** ólýsanlegur; ~**sonnen** óforsjáll; ~**stimmt** óákveðinn; ~**stritten** tvímælalaus; ~**wußt** óvitandi

unbrauchbar ónothæfur

Undank m vanþakklæti n; 2**bar** vanþakklátur

un|denkbar óhugsandi; ~**deutlich** ógreinilegur; 2**ding** n fjarstæða f; ógerningur m; ~**durchdringlich** (Wald) ófær; ~**echt** svikinn; ófekta; gervi; stældur; ~**ehelich** utan hjónabands; ~**ehrlich** óheiðarlegur; ~**empfindlich** óviðkvæmur; tilfinningarlaus; ~**endlich** óendanlegur; ~**entbehrlich** ómissandi; ~**entgeltlich** ókeypis; ~**entschieden** óútkljáður; ~**erbittlich** ósveigjanlegur; ~**erfahren** óreyndur; ~**erhört** óheyrilegur, óheyrður; ~**erklärlich** óskýranlegur; ~**erlaubt** bannað, óleyft; ~**ermeßlich** óskaplegur; ~**ermüdlich** óþreytandi; ~**erreichbar** ekki hægt að ná í; ófáanlegur; ~**erträglich** óþolandi; ~**erwartet** óvæntur; ~**erwünscht** óæskilegur, óvelkominn

un|fähig óhæfur, ekki fær um; 2**fall** m óhapp n, slys n; 2**fallstation** f slysavarðstofa f; ~**fehlbar** óskeikull; ~**fran-**

kiert ófrímerktur; **~freund-
lich** óvingjarnlegur; **2fug** m
óhæfa f

unge|achtet prp. (mit gen.)
þrátt fyrir; **~ahnt** óvæntur;
~bräuchlich óvenjulegur;
~bunden óbundinn; **~dul-
dig** óþolinmóður; **~fähr** adv.
hér um bil; **~fällig** óvingjarnlegur; **~heuer** afskaplegur; **2heuer** n ófreskja f;
~künstelt tilgerðarlaus; **~le-
gen** óhentugur, bagalegur;
~lernt ófaglærður; **~mütlich**
óvisttlegur; **~rade** óbeinn;
~rade Zahl f oddatala f;
~raten illa uppalinn;
misheppnaður; **~recht**
ranglátur; **~setzlich** ólöglegur; **~sund** óhollur; óheil-
brigður; **2üm** n ófreskja f;
~wiß óviss; **~wöhnlich**
óvenjulegur; **2ziefer** n
smákvikindi n/pl.; **~zogen**
illa uppalinn; **~zwungen**
óþvingaður, frjálslegur

Unglaube m trúleysi n, van-
trú f; **2lich** ótrúlegur

ungleich ójafn; ójafn; **~mä-
ßig** ójafn, ósamræmur

Unglück n óhamingja f; slys
n; **2licherweise** til allrar
óhamingju; **~sfall** m slys n

ungültig ógildur

Unheil n ógæfa f; **2bar**
ólæknandi

unheimlich óhuggulegur,
óhugnanlegur

unhöflich ókurteis

Universität f háskóli m

un|kenntlich óþekkjanlegur;
2kenntnis f vankunnátta f;
2kosten pl. kostnaður m;
2kraut n illgresi n; **~lauter:**
~lauterer Wettbewerb m
óheiðarleg samkeppni; **~le-
serlich** ólæsilegur; **~
menschlich** ómannúðlegur;
~mittelbar milliliðalaus; taf-
arlaust; **~möglich** ómögulegur; **2mut** m óánægja f; **~nah-
bar** óaðgengilegur; **~natür-
lich** óeðlilegur; **~nötig**
ónauðsynlegur; **~nütz**
gagnslaus; ónýtur; **~ordent-
lich** druslulegur; **~partei-
isch** óhlutdrægur; **~päßlich**
lasinn; **~recht** rangur,
skakkur; im **2recht** sn
hafa rangt fyrir sér; **~regel-
mäßig** óreglulegur; **~reif**
óþroskaður; **~rentabel**
arðlítill; **2ruhe** f órói m

uns okkur

un|sagbar ósegjanlegur;
~sauber óhreinn; **~schäd-
lich** óskaðlegur; **~scharf**
óskýr; **~schlüssig** óákveðinn; **2schuld** f sakleysi n;
~schuldig saklaus

unser okkar; **~erseits** af
okkar hálfu; **~twegen** okkar
vegna

unsicher óvís, óöruggur

unsichtbar ósýnilegur

Un|sinn m rugl n, vitleysa f;
~sitte f ósiður m; **2sterblich**
ódauðlegur; **2stet(ig)** ó-
stöðugur, hvarflandi; **~stim-
migkeit** f ósamræmi n; **2-**

streitig tvímælalaus; **~sum-
me** f afskapleg upphæð;
2sympathisch ógeðfelldur;
~tat f ódæði n; **2lätig** athafnalaus; **~tauglich** ónothæfur, ónýtur

unten niðri, fyrir neðan; **nach**
~ niður; **von** ~ að neðan,
neðan frá

unter prp. (mit dat. u. acc.)
undir; meðal; **~ anderem**
meðal annars; **~ uns** okkar á
milli; **was versteht man ~
...?** hvað er átt við með ...?;
der ~e neðri

Unterarm m framhandleggur
m

Unter|bewußtsein n undir-
meðvitund f; **2bleiben** farast fyrir; **2brechen** rjúfa;
taka fram í fyrir; **~brechung**
f hlé n; rof n; **2breiten**
leggja fyrir, bera upp fyrir;
2bringen hýsa, vista, koma
fyrir; **2dessen** á meðan;
~drückung f kúgun f; **2ein-
ander** sín á milli; **~ernäh-
rung** f vaneldi n, vannæring
f; **~führung** f undirgöng
n/pl.; **~gang** m hrun n,
tortíming f; (der Sonne)
sólsetur n; **~gebene** auð-
þegn m, undirmaður m; **2ge-
hen** tortímast, farast; Sonne: ganga til viðar; **~grund-
bahn** f neðanjarðar(járn)-
braut f

Unter|grundbewegung f
neðanjarðarhreyfing f;
2halb fyrir neðan; **~halt** m

lífsframfæri n; **2halten** v/t.
(ernähren) sjá fyrir; v/r. (ver-
gnügen) skemmta sér; (sprechen) ræðast við; **~haltung** f
samtal n; skemmtun f;
~hemd n nærskyrta f; **~holz**
n undirskógur m; **~hose** f
nærbuxur f/pl.; **2kommen**
komast í húsaskjól; **~kunft** f
húsaskjól n, gisting f; **~la-
gen** pl. skjöl n/pl.; **2lassen**
láta hjá líða, sleppa; **2legen**
leggja undir; adj. minni
máttar; **2liegen** fara halloka, bíða ósigur; **es 2liegt
keinem Zweifel** það er eng-
um vafa undirorpið; **~mie-
te: in ~miete wohnen** hafa
herbergi á leigu; **~mieter** m
leigjandi m

unternehm|en takast á hend-
ur; hefja; **~end** fram-
kvæmdasamur; **2ungsgeist**
m atorka f

Unteroffizier m undirforingi
m

Unter|redung f viðræða f,
samtal n; **~richt** m kennsla f;
~rock m nærpils n, **2sagen**
banna; **2scheiden** aðgreina,
þekkja sundur; **~schied** m
(mis)munur m; **2schiedlich**
frábrugðinn; mismunandi

unter|schlagen fig. draga sér
fé; **2schlupf** m skýli n, hæli
n; **2schrift** f undirskrift f;
2seeboot n kafbátur m;
~setzt samanrekinn; **~st: zu
~st** neðst; **der ~ste** hinn
neðsti; **2stand** m Mil. skýli

n; ~**stehen** dirfast; (j-m)
vera (e-m) háður; ~**stützen**
styðja; 2**stützung** *f* aðstoð *f*;
2**suchung** *f* rannsókn *f*,
skoðun *f*; 2**suchungshaft** *f*
gæsluvarðhald *n*; 2**tasse** *f*
undirskál *f*; ~**tauchen** kafa
niður, stinga sér; 2**wäsche** *f*
nærföt *n/pl.*; ~**wegs** á
leiðinni; 2**welt** *f* undirheim-
ar *m/pl.*; glæpamannaheim-
ur *m*; ~**werfen** *v/r.* sýna enga
mótspyrnu; ~**würfig** auðmjúkur; ~**zeichnen** undir-
rita; ~**ziehen** *v/r.* (*Arbeit*)
taka að sér; (*Mühe*) leggja á
sig; (*Operation*) gangast
undir

Un|treue *f* ótryggð *f*, svik-
semi *f*; ~**tugend** *f* ódyggð *f*;
2**überlegt** gálaus; 2**über-
setzbar** óþýðanlegur; 2**übertrefflich** framúrskarandi; 2**umgänglich** óþjáll,
óþýður; 2**unterbrochen**
sífelldur

unver|änderlich óbreytileg-
ur; ~**ändert** óbreyttur; ~**ant-
wortlich** ábyrgðarlaus;
~**besserlich** óbetranlegur;
~**bindlich** óbindandi; ~**dau-
lich** ómeltanlegur; ~**dros-
sen** ótrauður; ~**einbar**
ósamræmanlegur; ~**heiratet**
ógiftur; ~**hofft** óvæntur;
~**käuflich** óseljandi; ~**kenn-
bar** óljóslegur; ~**meidlich**
óhjákvæmilegur; ~**mittelt**
skyndilegur; ~**nünftig**
óskynsamur; ~**richtet**:

~**richteter Dinge** árang-
urslaust, (fara) erindisleysu
f; ~**schämt** ósvífinn; ~**ständig** ókynsamur; ~**ständlich**
óskiljanlegur; ~**züglich** tafarlaus

unvoll|kommen ófullkom-
inn; ~**ständig** ófullkominn,
sem vantar í

unvor|hergesehen óvæntur;
~**sichtig** óvarkár

un|wahr ósannur; ~**wahr-
scheinlich** ósennilegur;
~**wesentlich** óverulegur;
2**wetter** *n* óveður *n*; ~**wichtig** ómikilvægur; ~**wirsch**
önugur; ~**wissend** fáfróð-
ur; óvitandi; ~**würdig** ekki
hægt að trúa; ~**zählig** ótelj-
andi; ~**zeit**: *zur* 2**zeit** á ótíma

un|zertrennlich óaðskiljan-
legur; 2**zucht** *f* saurlifi *n*;
~**zufrieden** óánægður; ~**zu-
länglich** ónógur; ~**zuverlässig** óáreiðanlegur

üppig (*Person*) feitlaginn;
(*Landschaft*) gróskumikill;
frjósamur; (*Essen*) matmikill

ur|alt eldgamall; 2**auffüh-
rung** *f* frumsýning *f*; ~**bar**:
~**bar machen** rækta; 2**enkel**
m barnabarnabarn *n*; 2**he-
berrecht** *n* höfundarréttur
m

Urin *m* þvag *n*

Urkunde *f* skjal *n*, skilríki
n; ~**nfälschung** *f* skjala-
fölsun *f*

Urlaub *m* orlof *n*, leyfi *n*; ~**er**
m (sumar)gestur *m*

Ur|sache f orsök f; **~sprung**
m uppruni m; **2sprünglich**
upprunalegur

Urteil n dómur m; dómgreind

f; **2en** dæma

Urwald m frumskógur m

USA pl. Bandaríkin n/pl.

Utensilien pl. áhöld n/pl.

V

Vampir m blóðsuga f; (Fledermaus) leðurblaka f

Vanille f vanilla f

Varieté n fjölleikahús n

Vase f blómavasi m

Vater m faðir m; **~land** n
föðurland n

väterlich föðurlegur; föður-;
~erseits í föðurætt

Vater|schaft f faðerni n; **~un-
ser** n faðirvor m

Vegetarier m jurtaæta f
(maður, sem lifir á jurta-
fæðu)

Veilchen n fjóla f

Venenentzündung f æða-
bólga f

Ventil n ventill m, loki m;
~ator m vifta f

verab|reden binda fast-
mælum; **2redung** f fastmæli
n/pl.; stefnumót n;
~scheuen hafa viðbjóð á;
~schieden v/r. kveðja (von
j-m e-n)

ver|achten fyrirlíta; **~ächt-
lich** fyrirlitlegur; **2achtung** f
fyrirlitning f; **~allgemei-
nern** alhæfa; **~altet** úreltur;
~änderlich breytilegur;
óstöðugur; **2anlagung** f
(Steuer) álagning f; hæfileiki
m; **~anlassen** gefa tilefni til;

leiða af sér; **2anlassung** f
tilefni n; **~anschaulichen**
gera ljóst, skýra; **~anstalten**
stofna til, gangast fyrir; **2an-
staltung** f tilhlutun f;
skemmtun f, athöfn f

verantwort|en ábyrgjast;
~lich ábyrgur; **2ung** f
ábyrgð f

ver|arbeiten vinna úr; **2ar-
mung** f örbirgð f; **~äußern**
selja

Ver|band m (sára)umbúðir f/
pl.; (Bund) samband n;
~bandkasten m (sára)um-
búðakassi m; **~bandzeug** n
(sára)umbúðir f/pl.; **2ban-
nen** gera útlægan; bann-
færa; **2bannung** f útlegð
(ardómur m) f; bannfæring
f; **2bergen** fela, leyna;
2bessern bæta; leiðrétta;
2beugen v/r. hneigja sig;
2biegen beygja; **2bieten**
banna

verbind|en binda um; sam-
eina; Tlf. gefa símasam-
band; ich bin falsch verbun-
den ég hef fengið skakkt
(síma-) númer; **~lich** skuld-
bindandi; vingjarnlegur;
2ung f sameining f; (viðskipta)samband n

ver|bitten v/r. biðjast undan (*etw.* e-u); 2**bitterung** f beiskja f; ~**blassen** blikna; upplitast; ~**blüffen** gera agndofa; ~**blühen** visna, fella blóm; ~**bluten** blæða út; ~**borgen** v/t. lána; adj. leyndur, falinn; 2**bot** n bann n; ~**boten** bannaður; 2**brauch** n eyðsla f, neysla f; ~**brechen:** etw. ~**brochen haben** hafa brotið e-ð af sér; 2**brechen** n glæpur m, afbrot n; 2**brecher** m glæpamaður m; ~**brecherisch** glæpsamlegur; ~**breitern** breikka; 2**breitung** f útbreiðsla f; ~**brennen** brenna; 2**brennung** f brennsla f; ~**bringen** dvelja(st), eyða; ~**brühen** v/r. brenna sig (á heitu vatni)

ver|bünden v/r. sameinast; 2**bürgen** v/r. (**für**) ganga í ábyrgð (fyrir)

Ver|dacht m grunur m; **j-n in** ~**dacht haben** gruna e-n (um e-ð); 2**dächtig** grunsamlegur; 2**dächtigen** gruna, tortryggja; gera grunsamlegan; 2**dammen** sakfella; bölva

ver|dampfen gufa upp; ~**danken** eiga (e-m e-ð) að þakka; ~**dauen** melta; 2**dauung** f melting f; 2**deck** n þilfar n; ~**derben** spilla(st), eyðileggja(st); 2**derben** n eyðilegging f, glötun f; ~**dienen** vinna sér inn, græða; eiga skilið; 2**dienst**

1. m gróði m; **2.** n verðleikar m/pl.; ~**doppeln** tvöfalda; ~**dorren** þorna upp, skrælna; ~**drängen** ýta frá sér; ~**dreht** skældur; öfugur; vitlaus

verdrieß|en gremjast; ~**lich** gramur; gremjulegur

Ver|druß m gremja f; skapraun f; 2**dunkeln** myrkva; 2**dünnen** þynna; 2**dunsten** gufa upp; 2**dunstung** f gufugufun f; 2**dursten** deyja úr þorsta; ~**dutzt** agndofa

ver|ehren heiðra; dýrka; 2**ehrer** m aðdáandi m; 2**ehrung** f lotning f; dýrkun f

vereidig|en eiðfesta; ~**t** eiðsvarinn; löggiltur; 2**ung** f eiðfesting f

Verein m félag n; 2**bar** sameinanlegur; 2**baren** koma sér saman um; ~**barung** f samkomulag n; 2**fachen** einfalda; 2**igen** sameina; 2**t:** ~**te Nationen** f/pl. Sameinuðu þjóðirnar f/pl.

vereinzelt einstakur, einn og einn

ver|eiteln ónýta, kollvarpa; ~**enden** drepast; ~**engen** þrengja; ~**erben** arfleiða; 2**erbung** f erfðir f/pl.; ættgengi n

ver|fahren haga sér, (*vorgehen*) fara að; 2**fahren** n aðferð f; málflutningur m; 2**fall** m hnignun f; ~**fallen** hnigna; 2**fallstag** n gjalddagi m; ~**fälschen** falsa; ~

fänglich lævís; hættulegur; **~färben** v/r. fölna; upplitast

verfass|en semja; **2er** m (rit)höfundur m; **2ung** f (Zustand) ásigkomulag n; (Schrift) samning f; (Staat) stjórnarskrá f

ver|faulen rotna; **~fehlen** Weg fara götuvillt; **j-n ~fehlen** hitta e-n ekki; **~fluchen** bölva; **~flüssigen** breyta í vökva; **~folgen** elta; ofsækja; **2folgung** f eftirför f, ofsókn f; **~frachten** senda (vörur)

verfüg|bar handbær; **~en** ráðstafa; hafa til umráða; **2ung** f ráðstöfun f; umráð n/pl.

ver|führen tæla; **2gangenheit** f fortíð f, liðnir tímar pl.; **~gänglich** fallvaltur; **2gaser** m (Auto) blöndungur m

vergeb|en gefa (burt); Schuld fyrirgefa; **~ens**, **~lich** árangurslaust; **2ung** f fyrirgefning f

vergehen (Zeit: líða; líða hjá; **sich an j-m ~** gera á hluta e-s Vergehen n yfirsjón f; afbrot n

vergelt|en endurgjalda; **2ung** f endurgjald n; hefnd f

vergess|en gleyma; **2enheit** f; **in 2enheit geraten** gleymast

vergeßlich gleyminn

ver|geuden eyða, sóa; **~gewaltigen** nauðga; beita of-

beldi; **2gewaltigung** f ofbeldi n; nauðgun f

ver|gewissern fullvissa; **~giften** byrla eitur; **2gißmeinnicht** n gleymmérei n; **2gleich** m samanburður m; Jur. sáttargerð f; **~gleichen** bera saman; sætta; **~gnügen** v/r. skemmta sér; **2gnügen** n skemmtun f; **~gnügt** ánægður; glaður; **~golden** gylla

ver|graben grafa (niður); **~greifen** v/r. taka feil; taka (an etw. e-ð) traustataki; **~griffen** uppseldur; **~größern** stækka; **2größerungsglas** n stækkunargler n; **2günstigung** f hlunnindi n/pl.; tilslökun f; **~güten** bæta upp, bæta; **2gütung** f uppbót f; greiðsla f

ver|haften handtaka; **2haftung** f handtaka f; **~halten** v/r. haga sér; **2hältnis** n (ástar-) samband n; hlutfall n; **~hältnismäßig** hlutfallslegur; **~handeln** ræða (e-ð); selja

ver|haßt óvinsæll, hataður; **~heerend** eyðileggjandi; hræðilegur; **~heimlichen** dylja, halda leyndu; **~heiraten** v/r. giftast; **2heißung** f loforð n; **~hindern** hindra; **2hör** n yfirheyrsla f; **~hören** v/t. yfirheyra; v/r. misheyrast; **~hüllen** hylja; leyna; **~hungern** svelta í hel; **~irren** v/r. villast; **~jährt** fyrnd-

ur; 2**jährung** f fyrning f;
~jüngen yngja
Verkauf m sala f; 2**en** selja
Verkäufer m seljandi m;
(Laden2) búðarmaður m;
~in f sölukona f;
búðarstúlka f
Verkehr m samgöngur f/pl.;
umferð f; 2**en** fara fram og
aftur; 2**en mit** umgangast
Verkehrs|ampel f umferðar-
ljós n; **~flugzeug** n áætlun-
arflugvél f; **~mittel** n sam-
göngutæki n; **~störung** f
samgöngutruflun f, um-
ferðarteppa f; **~unfall** m um-
ferðarslys n; **~zeichen** n
umferðarmerki n
verkehrt öfugur; rangur
ver|kennen misvirða, van-
meta; **~klagen** f kæra; stefna;
~kleiden dulbúa; 2**kleidung** f dulbúningur m;
~kleinern minnka; 2**kleine-
rung** f minnkun f, smækkun
f; **~kommen** hnigna; adj. illa
út leikinn, hrakinn; **~kör-
pern** (í)klæða holdi; **~krüp-
pelt** kyrkingslegur; bækl-
aður; **~künden** boða, tilkynna; 2**künd(ig)ung** f
boðun f, kürzen stytta;
2**kürzung** f stytting f;
skerðing f, 2**lag** m forlag n,
bókaútgáfa f
verlangen krefjast; biðja um;
~ nach þrá; 2 n krafa f; þrá f
ver|längern (fram)lengja;
~langsamen hægja á; **~las-
sen** v/t. yfirgefa; v/r. (auf

j-n, etw.) treysta (e-m, e-u);
~laufen v/r. villast; **~lauten**
kvisast, fréttast
ver|legen gefa út (bók);
leggja á óvísan stað; adj.
vandræðalegur; **~leiden:
j-m etw. ~leiden** gera e-n
leiðan á e-u; **~leihen** lána;
úthluta; **~leiten** afvegaleiða;
~lernen gleyma; **~letzen**
særa; fig. móðga; 2**letzung** f
sár n; móðgun f, **~leugnen**
afneita; 2**leumdung** f rógur
m; **~lieben** v/r. verða ást-
fanginn; 2**liebtheit** f
hrifning f, pop. skot n; **~lie-
ren** glata, týna; Menschen
missa; **~loben** v/r. trúlofast;
2**lobte** m/f unnusta f (unnusti m); **~losung** f hlutave-
ta f; 2**lust** m missir m, tjón
n; tjón n; **~machen** arfleiða;
2**mählung** f gifting f; **~meh-
ren** auka; fjölga; v/r. eignast
afkvæmi; **~meiden** forðast;
~mengen blanda saman;
2**merk** m athugasemd f;
~merken gera athugasemd;
~messen mæla (út); adj.
(fífl)djarfur; **~mieten** selja á
leigu, leigja; Zimmer zu
~mieten herbergi til leigu;
~mischen blanda; **~missen**
sakna; 2**mißte** m/f kona f
(maður m), sem saknað er
vermitt|eln miðla; 2**ler** m
miðlari m, milligöngumaður
m; 2**lung** f miðlun f
vermodern rotna, fúna
vermögen geta, megna; 2 n

eigur f/pl.; efni n/pl.; auður m; ~d efnaður, ríkur

vermut|en búast við, gruna; ~**lich** sennilega; 2**ung** f grunur m

ver|nachlässigen vanrækja; ~**nehmen** heyra, greina; Jur. yfirheyra; 2**nehmung** f yfirheyrsla f; ~**neigen** v/r. hneigja sig; ~**neinen** neita; 2**neinung** f neitun f; ~**nichten** ónýta, tortíma; 2**nunft** f skynsemi f, vit n; ~**nünftig** skynsamlegur; ~**öffentlichen** birta, opinbera; 2**öffentlichung** f birting f; ~**ordnen** fyrirskipa; 2**ordnung** f fyrirskipun f, tilskipun f

ver|pachten selja á leigu; ~**packen** búa um, láta niður; 2**packung** f umbúðir f/pl.; ~**passen** Zug missa af; ~**pfänden** veðsetja; ~**pflanzen** gróðursetja á öðrum stað, flytja; ~**pflegen** veita fæði; 2**pflegung** f fæði n; ~**pflichten** skuldbinda; 2**pflichtung** f skuldbinding f; 2**rat** m svik n/pl.; ~**raten** svíkja; koma upp um; ~**rechnen** v/t. reikna út; v/r. reikna skakkt; ~**reisen** fara í ferðalag; ~**renken** v/t. færa úr liði; v/r. fara úr liði; 2**renkung** f liðhlaup n; ~**richten** framkvæma, inna af hendi; ~**ringern** minnka, rýra; ~**rosten** ryðga, rúðkt vitlaus; 2**ruf** m: in 2**ruf bringen** koma óorði á

Vers m ljóðlína f; vers n

ver|sagen neita; bregðast; Motor: bila; ~**sammeln** v/r. safnast saman, halda fund; 2**sammlung** f samkoma f, fundur m; 2**sand** m sending f; (út)flutningur m; ~**säumen** vanrækja; Zug missa af; ~**schaffen** útvega; ~**schärfen** skerpa, herða; ~**schenken** gefa; ~**schieben** færa til; fresta; ~**schieden** frábrugðinn; ýmis; ~**schiffen** flytja með skipi; ~**schimmeln** mygla; ~**schlafen** sofa yfir sig; adj. syfjulegur; ~**schlechtern** spilla, rýra; v/r. lifa við lélegri aðstæður; ~**schließen** loka, læsa; ~**schlimmern** gera verra; ~**schlossen** lokaður; fig. dulur; ~**schlucken** v/t. gleypa; v/r. svelgjast á; 2**schluß** m lokun f; lás m

ver|schmähen smá, hafna; ~**schmutzen** skíta út; 2**schmutzung** f óhreinindi n/pl.; (Umwelt) mengun f; ~**schnupft: schnupft sein** vera kvefaður; fig. vera móðgaður; ~**schonen** hlífa; ~**schönern** fegra; ~**schreiben** v/t. skrifa upp á; v/r. misrita; ~**schrotten** bræða upp (gamla málmhluti); Schiff rífa

verschuld|en hlaða skuldum; 2**en** n sök f, yfirsjón f

ver|schütten hella niður;

moka ofan á; ~**schweigen** þegja yfir; ~**schwenden** eyða, sóa; ~**schwengen** þagmælskur; ~**schwinden** hverfa; ~**schwommen** óskýr; ~**schwören** v/r. gera samsæri (**gegen j-n** gegn e-m); 2**schwörung** f samsæri n; ~**sehen** búa út; Dienst gegna, rækja; 2**sehen** n yfirsjón f, skyssa f; ~**sehentlich** í ógáti

ver|**senden** senda; ~**sengen** svíða, brenna; ~**senken** sökkva (e-u); 2**setzen** færa, flytja; veðsetja, 2**setzung** f flutningur m; veðsetning f; ~**sichern** vátryggja; fullvissa; 2**sicherung** f (vá-)trygging f, (vá-)trygging f; ~**siegeln** innsigla; ~**siegen** þrjóta, þorna upp; ~**silbern** silfra; ~**sinken** sökkva; ~**söhnen** f sætta; v/r. sættast; 2**söhnung** f birgja, sjá fyrir; ~**späten** v/r. verða of seinn, koma of seint; 2**spätung** f seinkun f; ~**sperren** loka; ~**spotten** hæða

ver**sprechen** lofa, heita (e-u); v/r. mismælast; Ver**sprechen** n loforð n; ver|**sprochen** lofaður; ~**staatlichen** þjóðnýta; Ver**stand** m vit n, skilningur m; ver**ständ|igen** v/t. tilkynna, gera kunnugt (von um); v/r. koma sér saman (**mit j-m über etw.** við e-n um e-ð);

2**igung** f tilkynning f, samkomulag n; ~**lich** skiljanlegur; greinilegur; 2**nis** n skilningur m; samkomulag n ver**stärk|en** auka, hækka, styrkja; 2**ung** f styrking f, aukning f

ver**stauchen** v/r.: **den Fuß** ~ snúast í fæti

ver**stecken** felustaður m; 2**stecken** v/t. fela; v/r. fela sig; 2**stehen** skilja; ~**steigerung** f uppboð n

ver**stellen** v/t. færa, flytja; v/r. vera með ólíkindalæti ver**stimm|t** niðurdreginn, leiður; 2**ung** f (Magen) ógleði f; mislyndi n, leiði m ver|**stohlen** leynilegur; 2**stopfung** f teppa f; hægðaleysi n; ~**storben** dáinn; 2**stoß** m yfirsjón f, glappaskot n; ~**stoßen**: **gegen etw.** ~ stöðast brjóta í bág við; ~**streichen** Zeit: líða; ~**stümmeln** limlesta; ~**stummen** þagna; 2**such** m tilraun f; ~**suchen** smakka; prufa, reyna; **Essen** ~ freista; 2**suchung** f freisting f

ver|**tagen** fresta (fundi); ~**tauschen** hafa skipti á; skipta um í misgripum; ~**teidigen** verja; 2**teidiger** m verjandi m; (Sport) bakvörður m; 2**teidigung** f vörn f; ~**teilen** úthluta; skipta; ~**tiefen** dýpka; ~**tilgen** eyða; má út; 2**tilgung** f uppræting f, eyðing f; ~**tip-**

pen v/r. vélrita skakkt; **Qtrag** m samningur m; **~tragen** v/r. koma sér saman; **~trauen** treysta (e-m); **Qtrauen** n traust n; **~traulich** alúðlegur; trúnaðar-; **~treiben** reka burt; Hdl. selja; **Qtreibung** f brottrekstur m; sala f

vertret|en koma í staðinn fyrir (e-n); halda uppi vörn fyrir; **Qer** m staðgengill m; umboðsmaður m; **Qung** f staðgengill m; umboð n

Vertrieb m sala f

ver|trocknen þorna, skrælna; **~üben** fremja, drýgja; **~unglücken** slasast, farast af slysi; **~unreinigen** óhreinka; saurga; **~untreuen** draga sér, stela; **~ursachen** valda, hafa í för með sér; **~urteilen** dæma; **Qurteilung** f dómfelling f

ver|vielfältigen margfalda; fjölrita; **~vollkommnen** fullkomna; **~vollständigen** gera heilt; fullgera; **~wahren** v/t. geyma, varðveita; v/r. (gegen etw.) andmæla (e-u); tryggja sig (gegn e-u); **Qwahrung** f geymsla f; in **Qwahrung** nehmen taka til geymslu

verwalt|en hafa umsjón með; stjórna; **Qung** f (umboðs)stjórn f; umsjón f

verwand|eln breyta; **Qlung** f breyting f

verwandt skyldur; **Qe** f/m

fränke f, frændi m; **Qschaft** f skyldleiki m; skyldfólk n

ver|wechseln villast á; taka í misgripum; taka feil á; **Qwechslung** f mistök n/pl.; **~wegen** fífldjarfur; **~weigern** neita um; **Qweis** m ákúrur f/pl.; **Qweisen** v/t (til); **~welken** visna; **~wenden** nota; **Qwendung** f notkun f; **~werfen** fig. hafna; **~werten** hagnýta, koma í peninga; **~wesen** rotna; **Qwicklung** f flækja f; vandræði n/pl.; **~wirklichen** framkvæma; **~wirrt** truflaður, ringlaður; **~wittert** veðraður; **~wöhnen** dekra við; **~wunden** særa; móðga; **Qwunderung** f undrun f; **Qwundung** f sár n, meiðsli n

ver|wünschen bölva (e-m); **~wüsten** eyðileggja; **Qwüstung** f eyðilegging f

ver|zagen missa kjarkinn; **~zaubern** töfra, heilla; **~zehren** neyta (e-s); tæra; **~zeichnen** skrá, skrifa upp; **Qzeichnis** n skrá f, listi m

ver|zeihen fyrirgefa, afsaka; **Qzeihung** f fyrirgefning f, afsökun f; **~zerren** skæla, afmynda; **Qzicht** m afsal n; **~zichten** afsala (auf etw.) sér (e-u); **~zieren** skreyta; **~zinsen** ávaxta; **Qzinsung** f vextir m/pl.; **~zögern** fresta, draga á langinn; **~zollen** greiða toll af

verzweif|eln örvænta; **2lung** f örvænting f

verzweigen v/r. greinast

verzwickt flókinn, erfiður

Veto n synjunarvald n, neitunarvald n; ~ **einlegen** neita, synja, mótmæla; **~recht** n synjunarvald n, synjunarréttur m

Vetter m bræðrungur m, systrungur m, frændi m

Videokassette f myndband n

Vieh n kvikfé n; **~zucht** f kvikfjárrækt f

viel mikill; margir; ~ **lieber** miklu heldur; **~erlei** margs konar; **~es** margt; **~fach** margfaldur; **~leicht** ef til vill; **~mals** oft; **~mehr** þvert á móti; **~sagend** íbygginn; mikilsverður; **~seitig** marghliða(ður); fjölhæfur; **~sprachig** á mörgum tungumálum

Vier|eck n ferhyrningur m; **2eckig** ferhyrndur; **~tel** n fjórði hluti (partur) m; **~teljahr** n ársfjórðungur m; **~telstunde** f stundarfjórðungur m; **2tens** í fjórða lagi

Villa f einbýlishús n, pop. villa f

Violine f fiðla f

Visitenkarte f nafnspjald n

Visum n vegabréfsáritun f

Vitamin n fjörefni n, bætiefni n

Vogel m fugl m; **~bauer** n

fuglabúr n; **~scheuche** f fuglahræða f

Vokabel f orð n

Vokal m hljóðstafur m; sérhljóði m

Volk n þjóð f

Völker|bund m þjóðabandalag n; **~recht** n þjóðaréttur m

Volks|entscheid n þjóðaratkvæði n; **~herrschaft** f lýðræði n; **~hochschule** f alþýðuskóli m; **~lied** n þjóðkvæði n; þjóðvísa f; **~schule** f barnaskóli m; **2tümlich** þjóðlegur; alþýðlegur; **~wirtschaft** f þjóðarbúskapur m; (Fach) hagfræði f; **~zählung** f manntal n

voll fullur; **~auf** í fullum mæli; **2bart** m alskegg n; **2blut** m kyngæðingur m; **~bringen** framkvæma; **~enden** fullgera; **~endet** fullgerður; alger

völlig alger; adv. algerlega

voll|jährig fullveðja, myndugur; **~kommen** fullkominn; **2macht** f umboð n; **2milch** f nýmjólk f; **2mond** m fullt tungl; **2pension** f fullt fæði n; **~ständig** fullkominn, alger; **~strecken** framkvæma; **~zählig** með tölu, allir

Volontär m starfsnemi m án kaups; nemi í atvinnugrein

Volt n volt n

von (mit dat.) frá; af; úr; ~ **außen** að utan; ~ **hier aus**

héðan; ~ *mir aus* mín vegna; ~ *neuem* að nýju; ~ *nun an* upp frá þessu; ~ *oben* að ofan; ~ *vorn* að framan; frá upphafi; ~ *wo?* hvaðan?; ~einander hvor (hver) af öðrum; hvor (hver) frá öðrum

vor fyrir, fyrir framan, frammi fyrir; *Zeit:* fyrir, á undan; ~ *allem* framar öllu (öðru); ~ *Hunger sterben* deyja úr hungri; ~ *vier Tagen* fyrir fjórum dögum; *nach wie* ~ framvegis; eins og áður

Vor|abend *m* kvöldið áður; ~ahnung *f* hugboð *n*; 2an á undan; áfram; ~anschlag *m* (kostnaðar-)áætlun *f*; ~arbeit *f* undirbúningsvinna *f*; 2aus á undan; *im* ~ fyrir fram; ~gesetzt *, gesetzt, daß* segjum sem svo að; ~sagen, segja fyrir; ~setzung *f* skilyrði *n*, forsenda *f*; ~sichtlich sennilegur; *adv.* væntanlega

Vorbe|dacht *m* íhugun *f*; ~halt *m:* *mit* ~halt með fyrirvara

vorbei fram hjá; liðinn; ~gehen: *an j-m* ~gehen ganga fram hjá e-m; ~lassen hleypa fram hjá

vor|bereiten undirbúa; 2bereitung *f* undirbúningur *m*; ~bestraft sem áður hefur verið refsað; ~beugen koma í veg fyrir; 2bild *n* fyrirmynd

f; ~bildlich til fyrirmyndar; 2bildung *f* undirbúningsmenntun *f;* 2bote *m* fyrirboði *m*

Vorder|ansicht *f* framhlið *f;* ~grund *m* forgrunnur *m;* ~haus *n* framhús *n;* ~seite *f* framhlið *f;* ~sitz *m* framsæti *n;* 2ste: *der (die, das)* 2ste hinn fremsti (hin, hið fremsta)

vor|dringen ryðjast fram; 2druck *m* eyðublað *n;* ~eilig vanhugsaður; ~enthalten halda e-u eftir óleyfilega; ~erst fyrst og fremst; í bráðina; ~erwähnt áðurnefndur

Vor|fahr *m* fyrirrennari *m; pl.* forfeður *m/pl.;* ~fahrtsstraße *f* aðalbraut *f;* ~fall *m* atburður *m;* 2führen sýna; ~führer *m (Kino)* sýningarmaður *m;* ~führung *f* sýning *f;* ~gang *m* atburður *m;* ferli *n;* fordæmi *n;* ~gänger *m* fyrirrennari *m;* ~garten *m* forgarður *m;* 2gehen ganga á undan; gerast; *Uhr:* flýta sér; ~gehen *n* háttalag *n;* aðferð *f;* ~gesetzte *m/f* yfirmaður *m;* 2gestern í fyrra dag

vor|haben fram í huga; 2haben *n* fyrirætlun *f;* ~handen fyrir hendi; 2hang *m* gluggatjald *n; Thea.* tjald *n;* 2hängeschloß *n* hengilás *m*

vorher áður; *am Abend* ~ kvöldið áður; ~gehend

undanfarandi, undangenginn
vorherrschen bera mest á,
ráða mestu

vorhin áðan; fyrir skemmstu
vorig|e: *~es Jahr* í fyrra; *~en
Freitag* á föstudaginn var
Vor|kenntnis *f* undir-
búningsþekking *f*; **2kom-
men** koma fyrir; **~ladung** *f*
stefna *f*; **~lage** *f* fyrirmynd *f*;
(*Gesetz*) lagafrumvarp *n*;
2lassen láta e-n fara fram
úr; veita aðgang; **2läufig**
bráðabirgða-; í bili; **2laut**
framhleypinn, hávær; **2le-
ben** *n* fyrra líf; **2legen** leggja
fyrir (til úrlausnar); **~lege-
schloß** *n* hengilás *m*; **2lesen**
lesa upp fyrir; **~lesung** *f*
háskólafyrirlestur *m*; **2letz-
ter** næstsíðastur; **~liebe** *f*
dálæti *n*; **2liegen** liggja fyrir,
vera fyrir hendi; **2machen**
sýna; *fig.* blekkja; **2mals**
áður fyrr; **~marsch** *m* fram-
ganga *f*; **2merken** skrifa hjá
sér; **~mittag** *m* fyrri hluti
dags; *heute* **2mittag** fyrir
hádegi í dag; **2mittags**
árdegis; **~mund** *m* fjárhalds-
maður *m*

vorn fyrir framan, fremst;
nach ~ hinaus út að götunni; *nach ~ fram* á við; *von
~* að framan

Vor|name *m* fornafn *n*,
skírnarnafn *n*; **2nehm** tíg-
inn; (*Benehmen*) fyrirmann-
legur; **2nehm tun** vera fínn
með sig

vornehmen *v/r.* taka sér e-ð
fyrir hendur
vornherein: *von ~* frá upphafi
vorüber fram; fram yfir sig
Vorort *m* útborg *f*, úthverfi *n*
Vor|rang *m*: *~rang haben*
sitja í fyrirrúmi; **~rat** *m*
birgðir *f/pl.*; **2rätig** fyrirliggjandi; **~recht** *n* forréttindi
n/pl.; **~rede** *f* formáli *m*
Vor|richtung *f* útbúnaður *m*;
2rücken halda áfram; **~satz**
m áform *n*; **~schlag** *m*
uppástunga *f*; **2schlagen**
stinga upp á; **2schreiben**
fyrirskipa; **~schrift** *f* fyrirmæli *n/pl.*
Vor|schuß *m* fyrirfram-
greiðsla *f*; **2schützen** bera
við, afsaka sig með; **2sehen**
v/r. fara varlega; **~sehung** *f*
forsjón *f*; **2setzen**: *j-m etw.*
2setzen bera e-ð fram fyrir
e-n; **~sicht** *f* varúð *f*; **2sich-
tig** varkár
Vorsitz *m*: *den ~ führen* vera
formaður (forseti *m*); **~ende**
m/f formaður *m*, forseti *m*;
zweite(r) **~ende(r)** varafor-
maður *m*
Vor|sorge *f* forsjá *f*, umönn-
un *f*; **~speise** *f* forréttur *m*;
~spiel *n* forleikur *m*;
~sprung *m* Geogr. snös *f*;
forskot *n*; **~stadt** *f* úthverfi
n; **~stand** *m* stjórn *f*; forstöðumaður *m*; **~standssit-
zung** *f* stjórnarfundur *m*
vorsteh|en standa fram; ((lei-

ten) stjórna; **2er** *m* forstöðumaður *m*

vorstell|en kynna; **2ung** *f* kynning *f*; *Thea.* (leik)sýning *f*

Vor|stoß *m* árás *f*; **2strecken** teygja fram; látna; **studien** *pl.* undirbúningsnám *n*

Vorteil *m* hagnaður *m*; **2haft** hagkvæmur; klæðilegur

Vortrag *m* fyrirlestur *m*, erindi *n*; **2en** flytja, lesa upp

vor|trefflich ágætur; **treten** ganga fram; **2tritt:** *j-m den* **2tritt lassen** láta e-n ganga á undan sér

vorüber fram hjá; um garð genginn; **gehen** ganga fram hjá; líða hjá; **gehend** tímabundinn; skammvinnur

Vor|urteil *n* hleypidómur *m*;

verkauf *m* forsala *f*; **2vorgestern** í hittifyrradag; **wand** *m* yfirskin *n*, átylla *f*

vorwärts áfram

vorwegnehmen taka fyrir fram

vorwerfen: *j-m etw.* ~ álasa e-m fyrir e-ð

Vor|wort *n* formáli *m*; **wurf** *m* álösun *f*; **zeichen** *n* fyrirboði *m*; *Mus.* formerki *n*; **2zeigen** sýna; **2zeitig** of snemma; **2ziehen** kjósa heldur; **zimmer** *n* biðherbergi *n*, forherbergi *n*; **zug** *m* kostur *m*; **2züglich** ágætur; *adv.* **2zugsweise** einkanlega, öðru framar

Vulkan *m* eldfjall *n*; **2isch** eldfjalla-

W

Waage *f* vog *f*, vogarskál *f*; **2recht** láréttur

Waagschale *f* vogarskál *f*

Wabe *f* vaxkaka *f*; **nhonig** *m* vaxkökuhunang *n*

wach vakandi; ~ **werden** vakna

Wache *f* vörður *m*; varðstofa *f*; ~ **stehen** standa vörð

wachen vaka

Wachs *n* vax *n*

wachsam árvakur, aðgætinn

wachsen vaxa; aukast; *Bot.* gróa; (*Wachs*) vaxbera; (*Fußboden*) bóna

Wachs|tuch *n* vaxdúkur *m*; **tum** *n* vöxtur *m*

Wächter *m* (nætur)vörður *m*

wackeln riða

Wade *f* kálfi *m*

Waffe *f* vopn *n*

Waffel *f* vafla *f*

Waffenstillstand *m* vopnahlé *n*

wagen þora, voga

Wagen *m* vagn *m*; bíll *m*; **heber** *m pop.* tjakkur *m*; **ladung** *f* vagnhlass *n*; **papiere** *pl.* bílapappírar *m/pl.*; **schlag** *m* vagnhurð *f*

Waggon *m* járnbrautar- (vöru)vagn *m*

Wahl *f* val *n*, kosning *f*

wähl|bar kjörgengur; **~en**
velja; kjósa; **~erisch** vandlátur
Wahl|fach n valfag n; **~kampf**
m kosningabarátta f; **~**
recht n kosningaréttur m;
~spruch m kjörorð n; **~zet-**
tel m kjörseðill m
Wahn m villa f, hugarórar
m/pl.; **~sinn** m vitfirring f;
2sinnig vitstola
wahr sannur; **nicht ~?** er ekki
svo?
währen vara, standa, haldast
während Zeit: á meðan e-ð
stendur; **~ des Krieges**
meðan á stríðinu stendur
(stóð); **~ der Nacht** um
nóttina; cj. (á) meðan; **~des-**
sen á meðan
Wahrheit f sannleikur m
wahrnehm|bar skynjanleg-
ur; **~en** skynja; taka eftir;
Gelegenheit nota; **2ung** f
eftirtekt f
wahrsag|en spá; **2er** m
spámaður m; **2ung** f
spádómur m
wahrscheinlich sennilegur;
adv. sennilega
Währung f gjaldeyrir m,
gjaldmiðill m
Waise f munaðarleysingi m;
~nhaus n munaðarleys-
ingjahæli n
Wal m hvalur m; **~fang** m
hvalveiðar f/pl.
Wald m skógur m
Wall m (virkis)veggur m,
garður m; **2fahren** fara

pilagrímsför; **~fahrer** m
pílagrímur m; **~fahrt** f
pílagrímsför f
Walnuß f valhnot f od. -hneta
f
walten ráða, drottna; (Amt)
gegna, rækja
Walze f valtari m; **2n** valsa
Walzer m (Tanz) vals m
Wand f veggur m; skilrúm n
Wandel m hegðun f, lifnaður
m; breyting f; **2bar** breytilegur; **2n** v/i. ganga, reika;
v/t. breyta; v/r. breytast
Wander|er m göngumaður
m, vegfarandi m; **2n** ganga,
ferðast; **~preis** m farand-
bikar m; **~ung** f gönguför f;
ferðalag n
Wandlung f breyting f, þróun
f
Wand|malerei f veggmynd f;
~tafel f vegg- od. skólatafla f
Wange f vangi m, kinn f
wankelmütig hverflyndur,
reikull
wanken reika, riða
wann? hvenær?; **dann und ~**
við og við; **seit ~?** síðan
hvenær?
Wanne f baðker n, bali m
Wanze f veggjalús f
Wappen n skjaldarmerki n
Ware f vara f, varningur m;
~nbestand m vöruforði m;
~nhaus n vöruhús n; **~pro-**
be f vörusýnishorn n; **~nzei-**
chen n vörumerki n
warm hlýr; heitur
Wärm|e f hiti m; hlýja f; **zehn**

Grad ~*e* tíu stiga hiti; 2en
hita; ~*flasche* f hitapoki m
Warmwasserheizung f hita-
veita f
Warn|dreieck n viðvörunar-
merki n; 2en aðvara, vara
við; ~*ung* f viðvörun f,
aðvörun f
warten bíða;   *(pflegen)*
hjúkra; *Tech.* hirða
Wärter m varðmaður m,
vörður m
Warte|saal m *Esb.* biðsalur
m; ~*zimmer* n biðstofa f
warum? hvers vegna?
Warze f varta f
was *interr. pron.* hvað?; *rel.
pron.* það, sem; sem
Waschbecken n vaskur m
Wäsche f þvottur m; *(Bett-)*
rúmfatnaður m;   nærfatn-
aður m
waschecht þvottheldur
Wäsche|klammer f þvotta-
klemma f; ~*korb* m þotta-
karfa f; ~*leine* f þvottasnúra
f
waschen þvo
Wäscherei f þvottahús n
Wasser n vatn n; 2dicht
vatnsþéttur; ~*fall* m foss m;
~*flasche* f vatnsflaska f;
~*flugzeug* n sjóflugvél f;
~*hahn* m vatnskrani m; ~*leitung* f vatnsleiðsla f
wässern væta, veita vatni
yfir
Wasser|nixe f hafmær f;
~*stoff* m vetni n, vatnsefni n;
~*stoffbombe** f vetnis-

sprengja f; ~*strahl* m vatns-
bogi m; ~*waage* f halla-
mælir m; ~*weg* m sjóleið f;
~*werk* n vatnsveita f; ~*zeichen* n vatnsmerki n
waten vaða
Watt n *El.* vatt n; *Geogr.
(Nordsee)* leira f
Watte f bómull m *od.* f
web|en vefa; 2*stuhl* m vef-
stóll m
Wechsel m breyting f; *Hdl.*
víxill m; 2*geld* n skiptimynt
f; ~*kurs* m (víxil)gengi n; 2n
skipta, hafa skipti; 2*seitig*
til skiptis; gagnkvæmur;
~*strom* m rióstraumur m
weck|en vekja; 2er m vekj-
araklukka f
wedeln veifa;   *mit dem
Schwanz* ~ dingla rófunni
weder: ~ . . . *noch* hvorki . . .
né
weg burt; farinn; *weit* ~ langt
í burtu
Weg m vegur m
wegbleiben koma ekki
wegen *(mit gen.)* vegna; *von
Amts* ~ í embættis nafni
weg|fallen falla burt; ~*ge-
ben* gefa burt; ~*gehen*
ganga *od.* fara burt; ~*lassen*
sleppa; fella undan; ~*legen*
leggja frá sér; ~*nehmen*
taka burt; taka af
Wegweiser m vegvísir m
wegwerfen kasta burt
weh sár, viðkvæmur; *der
Kopf tut mir* ~ mér er illt í
höfðinu; ~*en* blása; 2en *pl.*

Med. hríðir *f*|*pl.*; 2mut *f* angurblíða *f*

Wehr 1. *f* vörn *f*; vopn *n*; 2. *n* varnar- *od.* flóðgarðar *m*; ~dienst *m* herþjónusta *f*; 2en *v*/*t.* verja, vernda; varna; *v*/*r.* verjast; spyrna á móti; 2fähig vopnfær; 2los varnarlaus; ~macht *f* þýski ríkisherinn (1933–1945); ~pflicht *f* herskylda *f*

Weib *n* kona *f*, kvensnift *f*; ~chen *n* kvendýr *n*; kvenfugl *m*; 2isch kvenmannlegur; 2lich kvenlegur; kven-; kvenkyns

weich mjúkur, linur; ~es Ei linsoðið egg

Weiche *f* nári *m*; *Esb.* skiptispor *n*

weich|en víkja; ~lich lingerðður

Weide *f* víðir *m*, pílviður *m*; (*Vieh-*) hagi *m*; 2n *v*/*i.* vera á beit; *v*/*r.* gleðjast (*an* við e-ð)

weiger|n *v*/*r.* færast undan; 2ung *f* undanfærsla *f*, neitun *f*

weihen vígja; helga; *dem Tode geweiht* feigur

Weiher *m* (fiski)tjörn *f*

Weihnacht|en *pl.* (*od.* *n*) jól *n*|*pl.*; ~abend *m* aðfangadagskvöld *n*; ~sbaum *m* jólatré *n*; ~sgeschenk *n* jólagjöf *f*; ~smann *m* jólasveinn *m*

Weihrauch *m* reykelsi *n*

weil af því að; 2e *f* stundarkorn *n*; ~en dveljast

Wein *m* vín *n*; vínviður *m*; ~bau *m* vínrækt *f*; ~beere *f* vínber *n*

weinen gráta

Wein|ernte *f* vínuppskera *f*; ~flasche *f* vínflaska *f*; ~geist *m* vínandi *m*; ~glas *n* vínglas *n*; ~keller *m* vínkjallari *m*; ~lese *f* vínuppskera *f*, vínberjatínsla *f*; ~traube *f* vínber *n*; vínberjaklasi *m*

weis|e vitur; 2e *f* háttur *m*; þjóðlag *n*; 2heit *f* viska *f*, speki *f*; ~machen: *j-m etw.* ~machen telja e-m trú um e-ð

weiß hvítur

weissagen spá, segja fyrir

Weiß|brot *n* hveitibrauð *n*, franskbrauð *n*; ~kohl *m* hvítkál *n*; ~wein *m* hvítvín *n*

Weisung *f* fyrirmæli *n*|*pl.*, skipun *f*

weit víður, víðáttumikill; langur; *adv.* langt; ~aus langsamlega; 2e *f* vídd *f*; lengd *f*; ~en *v*/*t.* víkka; ~er lengri; frekari; *adv.* enn fremur; ~eres: *bis auf ~eres* fyrst um sinn; *ohne ~eres* umsvifalaust; ~gehend víðtækur; ~läufig víðáttumikill; ~schweifig langorður, margorður; ~sichtig fjarsýnn; 2sprung *m* langstökk *n*

Weizen *m* hveiti *n*

welch|er (~e, ~es) *rel. pron.* sem, er; *interr. pron.* hver (hver, hvaða, hvaða)?; *indef.*

pron. nokkur (nokkur, nokkurt)

welk visinn; ~ **werden** visna; ~**en** visna, blikna (*a. fig.*)

Wellblech *n* bárujárn *n*

Well|e *f* bylgja *f*, alda *f*; *Tech.* ás *m*, öxull *m*; ~**enbrecher** *m* öldubrjótur *m*, brimbrjótur *m*; ~**enlänge** *f* bylgjulengd *f*; **2ig** bylgjaður

Welt *f* heimur *m*, veröld *f*; ~**all** *n* geimur *m*; alheimur *m*; ~**anschauung** *f* lífsskoðun *f*; **2berühmt** heimsfrægur; ~**geschichte** *f* mannkynssaga *f*; ~**handel** *m* heimsverslun *f*; ~**herrschaft** *f* heimsyfirráð *n*/*pl.*; ~**karte** *f* heimskort *n*; ~**krieg** *m* heimsstyrjöld *f*; **2lich** veraldlegur; ~**literatur** *f* heimsbókmenntir *f*/*pl.*; ~**macht** *f* stórveldi *n*; ~**markt** *m* heimsmarkaður *m*; ~**meister** *m* heimsmeistari *m*; ~**raum** *m* geimur *m*; ~**raumforscher** *m* geimvísindamaður *m*; ~**raumstation** *f* geimstöð *f*

wem? hverjum?

wen? hvern?

Wende *f* snúningur *m*; hvarfdepill *m*; tímamót *n*/*pl.*; ~**kreis** *m* hvarfbaugur *m*; ~**ltreppe** *f* vindustigi *m* *v*/*t.* snúa; *v*/*r.*: **2n an** *j-n* snúa sér til e-s

wenig lítill; *pl.* fáir *pl.*; **ein** ~ dálítið, svolítið; **die** ~**sten** fæstir, hinir fæstu; **viel** ~**er** miklu minna; **nichts** ~**er als**

allt annað en; ~**stens** að minnsta kosti

wenn ef; (*Zeit*) þegar; **selbst** ~ jafnvel þó að; **als** ~ eins og; ~ **möglich** ef mögulegt er

wer *interr. pron.* hver?; *rel. pron.* sá sem, hver sem

werb|en sækjast (**um etw.** eftir e-u); biðla (**um ein Mädchen** til stúlku), biðja (sér) konu (*gen.*); *Hdl.* auglýsa; **2ung** *f* bónorð *n*, biðlun *f*; *Hdl.* auglýsing *f*

werden verða; (*Hilfsverb*) munu, ætla

werfen kasta

Werft *f* skipasmíðastöð *f*

Werk *n* verk *n*, starf *n*; rit *n*; verksmiðja *f*; ~**meister** *m* verkstjóri *m*; ~**statt** *f* verkstæði *n*; ~**tag** *m* virkur dagur; ~**zeug** *n* verkfæri *n*

wert verður; kær; virður

Wert *m* verð *n*, verðmæti *n*; virði *n*; **keinen** ~ **auf etw. legen** hirða ekkert um e-ð; ~**brief** *m* verðbréf *n*; **2los** verðlaus; ~**papier** *n* verðbréf *n*; ~**sachen** *pl.* verðmætir munir; **2voll** verðmætur, dýrmætur

Wesen *n* vera *f*; eðli *n*; fas *n*; **2tlich** mikilvægur, verulegur; helstur

weshalb? hvers vegna?

Wespe *f* pop. vespa *f*; geitungur *m*

wessen? hvers?

Weste *f* vesti *n*

West|en m vestur n; **2wärts** til vesturs, vestur

Wett|bewerb m samkeppni f; **~e** veðmál n; **~eifer** m keppni f; **2eifern** keppa; **2en** veðja

Wetter n veður n; **~bericht** m veðurskýrsla f, veðurfréttir f/pl.; **~leuchten** n rosaljós n

Wett|kampf m kappleikur m, keppni f; **~rennen** n kappreiðar f/pl.; **~streit** m keppni f

wichtig mikilvægur; **2keit** f mikilvægi n

wickeln vefja; reifa

wider á móti, gegn; **2haken** m agnhald n; **2hall** m bergmál n; **~legen** hrekja; **~lich** viðbjóðslegur; **~rechtlich** ólöglegur; **~rede** f andmæli n/pl.; **2ruf** m afturköllun f; **2sacher** m andstæðingur m; **2schein** m endurskin n, **~setzen** v/r. rísa gegn (e-u); **~sinnig** fráleitur; **~spenstig** þrjóskur; **~sprechen** mæla á móti; fara í bága við; **2spruch** m mótmæli n/pl.; mótsögn f; **2stand** m mótspyrna f; andspyrna f; **2standsbewegung** f andspyrnuhreyfing f; **~streben** spyrna á móti; **~wärtig** andstæður; andstyggilegur; **2wille** m óbeit f; ógeð n; **~willig** tregur

widm|en v/t. tileinka; helga; v/r. helga sig; **2ung** f tileinkun f; helgun f

wie hvernig?; hve?, hversu?; en hvað?; **~ heißt du?** hvað heitir þú?; **~ bitte?** hvað segir þú?; cj. eins og

wieder aftur, að nýju; hins vegar; **immer ~** aftur og aftur; hin og við og við; **2aufbau** m endurreisn f, uppbygging f; **2aufrüstung** f endurvígbúnaður m; **~beleben** endurlífga; **~erkennen** þekkja aftur; **2gabe** f upplestur m; eftirmynd f; **~gutmachen** bæta (tjón); **~herstellen** koma aftur í lag; endurreisa; **~holen** endurtaka; **~holt** hvað eftir annað; **2käuer** m jórturdýr n; **2kehr** f afturkoma f, heimkoma f; **2sehen: auf 2sehen!** vertu sæll m, sæl f; verið þið sælir m/pl., sælar f/pl.; **~um** aftur, að nýju; hins vegar

Wiege f vagga f; **2n** vagga, rugga; (abwiegen) vega, vigta

wiehern hneggja; fig. skellihlæja

Wiese f engi n

wie|so? hvernig þá?; **~viel?** hve mikill, mikil, mikið (pl. margir, margar, mörg)?; **~weit** að hve miklu leyti, hvort

Wikinger m víkingur m

wild villtur, hrikalegur; óræktaður; **2** n veiðidýr n; **2braten** m villibráð f; **2ente** f villiönd f; **2e** m/f villimaður m; **2leder** n rúskinn n

Qnis f auðn f, óbyggð f;
Qschwein n villisvín n

Wille|(n) m vilji m; um Gottes
Qn! í guðanna bænum!;
Qnlos viljalaus

Willens|freiheit f frjálsræði
n, frelsi viljans; ~kraft f
viljaþrek n

will|ig reiðubúinn; ~kommen velkominn; j-n ~kommen heißen bjóða e-n velkominn

Willkür f geðþótti m, gjörræði
n; Qlich gjörræðislegur;
handahófslegur

wimmeln úa og grúa

wimmern kjökra, kveina

Wimpel m oddveifa f, veifa f

Wimper f augnahár n

Wind m vindur m, stormur m;
~beutel m vindbelgur m; ~e
f Tech. vinda f, dráttarvinda
f; Bot. vafningsjurt f; ~el f
bleyja f; Qen v/t. vefja,
vinda; reifa; v/r. vindast;
bugðast; Qig hvass; fig.
ótraustur; ~mühle f
vindmylla f; ~pocken pl.
hlaupabóla f; Qschief und
-inn, rammskakkur; ~
schutzscheibe f framrúða f
bíl; ~stille f logn n; ~stoß m
vindhviða f

Wink m bending f

Winkel m krókur m, skot n;
Math. horn n; Qig krókóttur

winken veifa

Winter m vetur m; im ~ á
veturna; diesen ~ í vetur;

~schlußverkauf m vetrar-
útsala f

Winzer m vínræktarmaður m

winzig örlítill

Wipfel m trjátoppur m

wir við; ~ sind es það erum við

Wirbel m hringiða f, Anat.
hryggjarliður m; Qn
þyrla(st); ~säule f hryggur
m; ~sturm m fellibylur m

wirk|en starfa, verka; ~lich
raunverulegur; Qlichkeit f
raunveruleiki m; ~sam
áhrifamikill; ötull; Qung f
afleiðing f; verkun f; ~ungs-
los áhrifalaus

wirr flókinn; ruglingslegur;
Qwarr m ringulreið f

Wirt m veitingamaður m;
húsráðandi m; ~in f veitinga-
kona f; húsmóðir f; ~schaft f
fjárrekstur m, rekstur m;
búrekstur m (Gasthaus)
veitingahús m; Qschaften
stjórna heimili; ~schafterin
f ráðskona f; Qschaftlich
sparsemdar-, sparsamur;
~schaftlichkeit f sparsemi f;
hagnýtni f

wischen þurrka

Wissen n þekking f, vitund f;
Q vita; kunna; weißt du
noch? manstu?; ~schaft f
vísindi n/pl.; ~schaftler m
vísindamaður m; Qschaftlich
vísindalegur; Qlich
sjálfráður; að ásettu ráði

witter|n viðra; þefa; Qung f
þefur m; (Wetter) veður n,
veðrátta f

Witwe f ekkja f; **~r** m ekkill m

Witz m skrítla f, fyndni f; **2eln** segja brandara

wo hvar?; relat. pron. þar sem, sem; **~anders** einhversstaðar annarsstaðar; **~bei?** í hvaða sambandi?, í því sambandi?

Woche f vika f; **~nende** n helgi f; helgarfrí n; **2nlang** vikum saman; **~ntag** m virkur dagur, vikudagur m

wöch|entlich vikulegur; adv. vikulega; **2nerin** f sængurkona f

wo|durch hvernig?; cj. á þann hátt; **~für?** fyrir hvað?

Woge f bylgja f, alda f; **2n** ólga, streyma

wo|her? hvaðan?; **~hin?** hvert?

wohl adv. vel; víst; að vísu; **2 n** velferð f, heill f; **auf Ihr 2!** yðar skál!; **~behalten** heill á húfi; **2ergehen** n velliðan f, **2fahrt** f velferð f; **2fahrtsamt** n framfærsluskrifstofa f; **~habend** efnaður; **~ig** notalegur; **~schmeckend** bragðgóður; **2stand** m velmegun f, **2tat** f góðverk n; **2täter** m velgerðamaður m, **2tätigkeit** f góðgerða-(starf)semi f; **2wollen** n velvild f; **~wollend** góðviljaður

wohn|en búa; **~haft** búsettur, heimilisfastur; **2haus** n íbúðarhús n; **2sitz** m heim-

ilisfang n; **2ung** f íbúð f; **2ungsmangel** m húsnæðisskortur m; **2wagen** m húsvagn m; **2zimmer** n dagstofa f

wölb|en v/r. hvelfast; **2ung** f hvelfing f

Wolf m úlfur m

Wolk|e f ský n; **~enbruch** m skýfall n, steypiregn n; **~enkratzer** m skýjakljúfur m; **2ig** skýjaður

Wolle f ull f

wollen (Hilfsverb) ætla, vilja

woll|en úr ull, ullar-; **2kleid** n ullarkjóll m

wo|mit? með hverju?; **~nach?** eftir hverju?

wor|an? á hverju?; **~auf?** á hverju, um hvað?; eftir hverju?; **~aus?** úr hverju?; **~in?** í hverju?, með hverju?

Wort n orð n; **2brüchig** orðheldinn

Wörterbuch n orðabók f

wort|getreu orðréttur; **~karg** orðfár; **2laut** m orðalag n

wörtlich orðréttur, bókstaflegur

Wort|spiel n orðaleikur m; **~wechsel** m orðaskipti n/pl.; orðasenna f

wo|rüber? um hvað?; **~rum?** um hvað?; **~runter?** undir hverju?, meðal hvers (hverra)?; **~von?** um hvað?; **~vor?** við hvað?

Wrack n skipsflak n

wringen vinda

Wucher m okur n; **~er** m

okrari *m*; **2n** okra; vaxa ört;
~zins *m* okurvextir *m/pl.*

Wuchs *m* vöxtur *m*

Wucht *f* þungi *m*, farg *n*; **2ig**
þungur

wühlen róta, grafa

wund sár, særður; *sich ~ laufen* verða fótsár

Wunde *f* sár *n*

Wunder *n* undur *n*; kraftaverk *n*; **2bar** dásamlegur;
~kind *n* undrabarn *n*; **2lich**
undarlegur; **2n** *v/r.* undrast;
2schön undurfagur; **2voll**
dásamlegur

Wunsch *m* ósk *f*

wünschen óska; **~swert**
æskilegur

Würd|e *f* tign *f*; virðuleiki *m*;
2ig verður; **2igen** virða
(e-s); *j-n keines Blickes
2igen* virða e-n ekki viðlits

Wurf *m* kast *n*; **~speer** *m*
kastspjót *n*

Würfel *m* teningur *m*; **~be-
cher** *m* teningabikar *m*; **2n**
kasta teningum; **~zucker** *m*
molasykur *m*

würgen kyrkja

Wurm *m* ormur *m*; *fig.* angi
m; **2stichig** ormsmoginn

Wurst *f* pylsa *f*, pulsa *f*, bjúga
n

Würze *f* krydd *n*

Wurzel *f* rót *f*; **2n** festa rætur

würz|en krydda; **~ig** krydd-
aður

wüst auður, eyðilegur;
óræktaður; *fig.* viðbjóðslegur; **2e** *f* eyðimörk *f*; auðn *f*

Wut *f* æði *n*, ofsareiði *f*; **~an-
fall** *m* æðiskast *n*

wüten æða, vera æðisgenginn; **~d** bálreiður

X, Y

X-beinig kiðfættur
x-beliebig hver sem vera skal
x-mal ótal sinnum

Yacht *f* lystiskip *n*

Z

Zack|e(n *m*) *f* gaddur *m*, tind-
ur *m*; **2ig** tindóttur; *fig.* snar

zaghaft kvíðinn, hikandi

zäh seigur; þrautseigur;
~flüssig þykkur, sem rennur
dræmt

Zahl *f* tala *f*; **2bar** sem greiða
ber, sem fallin er í gjalddaga

zahlen borga, greiða

zählen telja; *auf j-n ~* reiða
sig á e-n

Zähler *m* teljandi *m*; *Math.*
teljari *m*

Zahlkarte *f* póstávísun *f*

zahl|los óteljandi; **~reich**
margur; **2tag** *m* greiðslu-
dagur *m*

Zahlung *f* greiðsla *f*, borgun *f*

Zählung f talning f
Zahlungs|aufschub m greiðslufrestur m; **~fähigkeit** f greiðslufærni f
zahm taminn; spakur
zähm|en temja; **2ung** f tamning f
Zahn m tönn f; **~arzt** m tannlæknir m; **~bürste** f tannbursti m; **~fleisch** n tannhold n; **~geschwür** n tannkýli n; **~paste** f tannkrem n; **~rad** n tannhjól n; **~radbahn** f tannhjólsbraut f; **~schmerzen** pl. m tannpína f; **~stocher** m tannstöngull m
Zange f töng f; naglbítur m
Zank m þræta f, rifrildi n; **2en** rífast
zapfen (af)tappa
Zapfen m tappi m
zappeln sprikla
zart fíngerður; grannur; viðkvæmur
zärtlich ástúðlegur
Zauber m töfrar m/pl.; galdrar m/pl.; **~er** m töframaður m; galdramaður m od. -karl; **~erin** f galdrakona f od. -kerling; **~haft** heillandi; **~stab** m töfrasproti m
zaudern hika
Zaum m taumur m
Zaun m girðing f, limgarður m
Zebrastreifen m göngubraut f
Zeche f samdrykkja f; Bgb. náma f; **2n** drekka, svalla

Zehe f tá f
zehren neyta; tæra
Zeichen n merki n, bending f; tákn n; **~lehrer** m teiknikennari m; **~setzung** f greinarmerkjasetning f; **~sprache** f fingramál n; **~trickfilm** m teiknimynd f
zeichn|en teikna; afmynda; **2ung** f teikning f
Zeige|finger m vísifingur m; **2n** benda (á); sýna; **~r** m vísir m; **großer (kleiner) ~r** stóri (litli) vísirinn
Zeile f lína f
Zeit f tími m; **zur ~** sem stendur; **~abschnitt** m tímabil n; **~alter** n tími m, öld f; **2gemäß** eftir kröfum tímans; **~genosse** m samtímamaður m; **2genössisch** samtíma; **2ig** tímanlegur; tímabær; **2lebens** alla ævi, **2lich** tímabundinn; **~mangel** m tímaskortur m; **~punkt** m tími m, stund f; **2raubend** tímafrekur; **~raum** m tímabil n, tímaskeið n; **~schrift** f tímarit n
Zeitung f dagblað n; **~sstand** m blaðsölubúð f, blaðsöluturn m
Zeit|verlust m tímatap n; tímaeyðsla f; **~vertreib** m dægrastytting f; **2weilig** um stundarsakir, bráðabirgða-; **2weise** við og við; **~zeichen** n tímamerki n
Zelle f klefi m; Anat. fruma f
Zellstoff m sellulósi m; tréni n

Zelt n tjald n; ~en tjalda;
~platz m tjaldstæði n
Zement m sement n
Zensur f ritskoðun f; vitnisburður m (í skóla)
Zentimeter m sentimetri m
Zentner m vætt f, 50 kg
zentral miðsvæðis; 2heizung f miðstöðvarhitun f
Zentrum n miðbær m
Zepter n veldissproti m
zer|brechen v/t. brjóta; v/i.
brotna; ~brechlich brothættur; ~fallen sundrast
hrynja; ~fetzen rífa (í tætlur); ~fließen renna
sundur, bráðna; ~gehen
leysast sundur, bráðna;
~gliedern lima sundur;
rekja sundur; ~kleinern
mylja, hluta í smátt;
~knirscht yfirbugaður af
iðrun; ~knüllen böggla;
~lassen: 2lassene Butter f
brætt smjör; ~legen greina
sundur; hluta sundur; ~platzen springa; rifna; ~quetschen kremja sundur, mylja
zer|reißen v/t. rífa (sundur);
v/i. rifna sundur, slitna; ~ren
toga
zer|rinnen renna sundur,
hverfa; ~rüttet ruglaður, á
ringulreið; ~schellen brotna (í spón); ~schlagen brjóta; v/i. brotna; ~schmettern v/t. brjóta v/i. brotna; ~setzen leysa upp od. sundur;
~splittern v/t. kljúfa; v/i.
klofna sundur; ~stören eyðileggja;

2störung f eyðing f,
tortíming f; skemmdir f/pl.;
~streuen dreifa; ~streut fig.
annars hugar, viðutan;
~streuung f dreifing f;
skemmtun f; ~stückeln
hluta sundur; ~trümmern
mölva, eyðileggja; ~zausen
ýfa
Zettel m seðill m, miði m
Zeug n efni m, dúkur m; áhöld
n/pl.; **dummes ~** þvættingur
m, bull n
Zeug|e m vitni n; 2en v/i.
bera vitni (**von** um); v/t. geta
(afkvæmi); ~enaussage f
vitnisburður m; ~enis n vitni
n; vottorð n; (Schule) einkunn f, vitnisburður m;
~ung f getnaður m; 2ungs-
fähig getnaðarfær
Ziege f geit f
Ziegel m tígulsteinn m; ~ei f
tígulsteinaverksmiðja f
Ziegenpeter m hettusótt f
zieh|en draga, toga; (groß-
ziehen) ala upp; Hut taka
ofan; Wechsel gefa út víxil (á
e-n); es zieht það er súgur;
2harmonika f harmónika f;
2ung f (Lotterie) dráttur m
Ziel n takmark n; 2bewußt
stefnufastur; ~scheibe f
skotkringla f; skotspónn m
ziemlich adv. tiltölulega,
sæmilega, all-
Zier|at m skraut n; ~de f
prýða f, skraut n; 2en v/t.
prýða, skreyta; v/r. vera með
tilgerð; ~garten m blóma-

garðður m; **2lich** fíngerðður; snotur

Ziffer f tala f, tölustafur m; **~blatt** n úrskífa f

Zigar|ette f sígaretta f, vindlingur m; **~illo** m smávindill m; **~re** f vindill m

Zigeuner m tatari m, flökkumaður m, sígauni m

Zimmer n herbergi n; **~arrest** m stofufangelsi n; **~decke** f loft n; **~mädchen** n herbergisþerna f; **~mann** m trésmiður m; **2n** smíða (úr timbri)

zimperlich kvíðinn; teprulegur

Zimt m kanill m

Zink n sink n

Zinn n tin n; **~e** f þakstallur m; þak n

Zins m skattur m; afgjald m; (Miete) leiga f; **~en** pl. vextir m/pl.; **~fuß** m vaxtastofn m

Zipfel m sepi m; tota f, horn n

Zirkel m sirkill m; fig. hópur m

Zirkus m fjölleikahús n

zischen hvissa; hvæsa

Zit|at n tilvitnun f; **2ieren** vitna í, vísa til

Zitrone f sítróna f; **~limonade** f sítrónudrykkur m

zitt|ern titra, skjálfa; **~rig** skjálfandi

Zivil n: **in ~** óeinkennisklæddur; **~isation** f siðmenning f

Zofe f þerna f

zögern hika, dunda

Zögling m nemandi m; fósturbarn n

Zoll m tollur m; (Maß) þumlungur, tomma f; **~abfertigung** f tollafgreiðsla f; **~amt** n tollstofa f; **~beamte** m tollþjónn m; **~(inhalts)erklärung** f tollskýrsla f; **2frei** tollfrjáls; **2pflichtig** tollskyldur; **~schein** m tollmiði m; **~stock** m tommustokkur m

Zone f (jarð)belti n; (Gegend) svæði n

Zoo m dýragarður m

Zopf m flétta f

Zorn m reiði f; **2ig** reiður

zu (mit dat.) til; í; á; að; **zur See** á sjó, pop. til sjós; **~ Hunderten** hundruðum saman; **~ zweien** tveir og tveir; **~ meinen Füßen** til fæta mér; **~ der Zeit, als** á þeim tíma, er; **gut ~ j-m sn** vera góður við e-n; **die Tür ist ~** dyrnar eru lokaðar; **auf- und ~machen** opna og loka; **~ groß** of stór; **auf etw. ~** í áttina til e-s; **ab und ~** við og við; **Tür ~!** lokaðu dyrunum!; (vor Infinitiv) að; **um ~** til þess að

Zu|behör n allt sem fylgir, varahlutir m/pl.; **2bereiten** tilbúa; elda, sjóða; **2billigen** leyfa, veita; **2binden** binda fyrir

Zucht f (Pflanze) ræktun f, (Tier) eldi n; siðsemi f

züchten rækta

Zuchthaus n hegningarhús n;
  lebenslängliches ~ ævilöng
  fangelsisvist
Züchtung f (*Pflanze*) ræktun
  f; (*Tier*) undaneldi n
Zuchtvieh n kynbótafé n,
  kynbótagripir m/pl.
zucken titra; kippast við
Zucker m sykur m; **~krank-
  heit** f sykursýki f; **~n** sykra;
  ~rohr n sykurreyr m; **~rübe** f
  sykurrófa f
Zuckung f kippur m
zu|decken breiða yfir; þekja;
  fela; **~dringlich** áleitinn;
  ~erkennen úthluta; dæma
  (*etw.* e-ð); **~erst** fyrst; fyrst
  og fremst; **~fall** n tilviljun f;
  ~fällig af tilviljun; **2flucht** f
  hæli, athvarf n; **2fluß** m
  aðstreymi n; **~folge** samkvæmt; **~frieden** ánægður;
  2friedenheit f ánægja f; **~-
  friedenstellen** gera ánægð-
  an; **~frieren** frjósa, leggja;
  ~fügen (*etw.*) bæta (e-u) við;
  j-m Leid ~fügen gera e-m
  mein; **~fuhr** f aðflutningur
  m, aðflutt m/pl.
Zug m (*Gesicht*) dráttur m;
  Esb. (járnbrautar)lest f;
  (*Charakter*) einkenni n;
  (*Luft*) gustur m; súgur m
Zu|gabe f viðbót f; **~gang** m
  aðgangur m; inngangur m;
  2gänglich aðgengilegur;
  alúðlegur
Zugbrücke f vindubrú f
zu|geben játa; láta í
  kaupbæti; **~gegen** viðstadd-

ur; **~gehen**: *auf j-n ~gehen*
  ganga (í áttina) til e-s; *das
  Fenster geht nach der Straße ~* glugginn snýr út að
  götunni; **~gehörig** sem
  fylgir e-u; sem er eign e-s
Zügel m taumur m; **2n** beisla;
  fig. hafa taumhald á
Zuge|ständnis n leyfi n; til-
  slökun f; **2stehen** láta til
  um; láta í té; **2tan** vinneittur;
  hollur (e-m)
Zugführer m lestarstjóri m
zugig: *es ist ~* það er súgur
Zug|kraft f dráttarafl n;
  2kräftig áhrifamikill
zugleich jafnframt; samtímis
Zugluft f súgur m
zugreifen taka til hendinni
zugrunde: **~ gehen** tortímast, verða að aumingja; **~ legen** (*~ liegen*) leggja (liggja)
  til grundvallar; **~ richten**
  eyðileggja
zugunsten (*von* od. *mit gen.*)
  e-m í hag, til málsbóta fyrir
  e-n
zugute: **~ kommen** vera
  (e-m) til góðs od. að gagni
Zugvogel m farfugl m
zuhalten halda e-u lokuðu;
  auf etw. ~ halda í áttina til
  e-s
zu|hören hlusta á; **2hörer** m
  hlustendur m/pl.; **~kleben**
  líma saman; **~knöpfen**
  hneppa (saman)
Zukunft f framtíð f; *in ~* í
  framtíðinni
zukünftig framtíðar-

Zu|lage f launaviðbót f; **2langen** seilast til, taka til matar sins; **2lassen** fig. leyfa (e-m e-ð); **2lässig** leyfilegur; **2lassung** f leyfi n

Zulauf m aðsókn f; **2en:** auf j-n **2en** hlaupa (í áttina) til e-s

zu|legen bæta við; **~lernen** læra til viðbótar; **~letzt** að síðustu; nicht **~letzt** ekki síst; **~liebe:** j-m **~liebe** e-m til geðs

zu|machen loka, læsa; **~mindest** að minnsta kosti; **~muten** ætlast til af, vænta að; **2mutung** f tilætlun f, krafa f

zu|nächst fyrst og fremst; fyrst um sinn; **~nageln** negla aftur; **2nahme** f aukning f, vöxtur m; **2name** m ættarnafn n

zünd|en kveikja; **2holz** n eldspýta f; **2kerze** f rafkerti n; **2schlüssel** m ræsir m; pop. startari m; **2ung** f kveiking f

zu|nehmen aukast, vaxa; **~neigen** v/r. laðast (j-m að e-m); **2neigung** f hneigð f, velvild f, ást f

Zunft f gildi n, iðnfélag n

Zunge f tunga f

zunichte: ~ machen ónýta

zuoberst efst

zupfen toga í; pop. plokka

zu|raten ráðleggja; **~rechnungsfähig** sakbær; ábyrgur gerða sinna

zurecht í lag(i); sich **~finden** átta sig; **~machen** v/t. koma

í lag; v/r. snirta sig; **~weisen** ávíta; **2weisung** f ávítur f/pl.

zu|reden hvetja, eggja; áminna; **~richten** útbúa, búa til; j-n **~richten** leika e-n illa; **~riegeln** loka með slagbrandi

zürnen reiðast, vera (e-m) reiður

zurück aftur, til baka; **~behalten** halda eftir; **~datieren** dagsetja aftur í tímann; **~denken** (an) minnast (e-s); **~erstatten** endurgreiða, bæta upp; **~fordern** endurkrefja; **~führen:** ~ führen auf etw. kenna e-u um; **~gehen** snúa við; víkja aftur á bak; minnka; hnigna; **~gezogen** einangraður; **~haltend** óframgjarn; dulur; **~kehren** snúa aftur, halda heim; **~legen** Geld spara; Weg fara, leggja að baki sér; **~nehmen** taka aftur; Versprechen afturkalla; **~prallen** hrökkva til baka; **~schlagen** slá(st) til baka; **~schrecken** v/i. hrökkva skelfdur frá; **~setzung** f lítilsvirðing f, hjásetning f; **~stellen** Uhr seinka; **~stoßen** hrinda til baka; hrekja frá sér; **~treten** hörfa aftur, víkja; draga sig í hlé (vom Amt), láta af embætti; segja af sér; **~weichen** víkja til baka, hörfa; **~weisen** hafna, synja; **~zahlen** endurgreiða;

ziehen v/r. draga sig í hlé; víkja

Zu|ruf m kall (til e-s) n; **~sage** f samþykki n, loforð n

zusammen saman; alls; **2arbeit** f samvinna f; **~brechen** hníga niður; **2bruch** m hrun n; gjaldþrot n; **~falten** brjóta saman; **~fassen** taka saman; innibinda; **~fügen** fella saman; **~gehörig** sem á saman, samstæður; **~gesetzt** samsettur; **2hang** m samhengi n; atvik n/pl.; **2kunft** f mót n, fundur m; **~nehmen** v/r. taka rögg á sig, herða upp hugann; **~rufen** kalla saman; **2sein** n samvera f; **2spiel** n samleikur m; **~setzen** setja saman; **2spiel** n samleikur m; **~stellen** setja saman; **2stoß** m árekstur m; **~stoßen** rekast á; **~treffen** n samkoma f, fundur m; **~ziehen** draga saman; **2zug** m hrökkva við

Zu|satz m viðbót f, viðauki m; **2sätzlich** viðbótar-, auka-, til viðbótar

zu|schauen horfa á; **~schauer** m áhorfandi m; **2schauerraum** m áhorfendasvæði n; **~schicken** senda; **~schlag** m viðbót f; aukagreiðsla f; **~schlagen** skella aftur, berja; **~schließen** loka, læsa; **~schneiden** sníða, klippa (til); **~schnüren** reyra saman; **~schreiben** fig. eigna, kenna; **2schrift** f bréf n; tilkynning f;

~schulden: sich etw. ~schulden kommen lassen gera sig sekan um e-ð; **~schuß** m tillag n, viðbót f; **~schütten** moka yfir, fylla moldu

zusehen horfa á; **~ds** greinilega; á svipstundu

zu|senden senda; **~setzen** bæta við; leggja (fast) að; j-m mit Fragen **~setzen** þráspyrja e-n; **~sichern** tryggja, ábyrgjast; **~spitzen** v/r. Lage versna; **2spruch** m uppörvun f, huggun f

Zustand m ástand n, ásigkomulag n

zustande: ~e bringen koma í lag; ~e kommen komast í framkvæmd

zu|ständig réttbær, réttur; **~ständig** sn hafa með e-ð að gera; **~stehen** heyra til; **~stimmen** fallast á, vera samþykkur; **2stimmung** f samþykki n; **~stoßen** Tür skella aftur; verða fyrir (slysi); **2strom** m aðstreymi n; **2tage:** ~tage treten koma í ljós; **2taten** pl. (Kochen) innihaldsefni n/pl.; **~tragen** v/r. gerast; **~träglich** gagnlegur; heilsusamlegur; **~trauen** treysta til, búast við af; **2trauen** n traust n; **~traulich** fullur trúnaðartrausts; einlægur; **~treffend** viðeigandi; réttur; **~trinken** skála við (e-n); **2tritt** m aðgangur m; **2tun** n aðstoð f

zu|verlässig áreiðanlegur; 2**versicht** f trúnaðartraust n; ~**versichtlich** vongóður; áreiðanlegur

zuviel of mikill; *pl.* of margir

zuvor áður; á undan

zuvorkommen verða fyrr til; ~**d** alúðlegur, hjálpsamur; 2**heit** f alúð f

Zuwachs m vöxtur m, fjölgun f

zu|weilen stundum; ~**wenden** snúa að; útvega; 2**wendung** f gjöf f; 2**werfen** kasta (e-u) til (e-s); *Tür* skella aftur

zuwider á móti; **es ist mir ~** e-ð er mér á móti skapi; ~**handeln** breyta á móti; (*Gesetz*) brjóta; 2**handlung** f afbrot n

zu|zahlen borga í viðbót; ~**zählen** telja með; ~**ziehen** v/t. draga að; kveðja til; v/r. baka sér e-ð; 2**zug** m (viðbótar) innflutningur m; liðsaukinn m; ~**züglich** að viðbættu

Zwang m þvingun f; **sich ~ antun** þvinga sjálfan sig

zwängen þvinga, pressa, troða

zwanglos óþvingaður

Zwangs|arbeit f þvingunarvinna f; ~**jacke** f spennitreyja f; 2**läufig** óhjákvæmilegur; ~**versteigerung** f nauðungaruppboð n; ~**vollstreckung** f fjárnám n; aðför f

zwar að vísu; raunar; **und ~** og það, nefnilega

Zweck m tilgangur m, markmið n; 2**los** tilgangslaus; 2**mäßig** hentugur, hagkvæmur; 2**s** *prp.* (*mit gen.*) vegna

zwei *zu* ~**en** tveir go tveir (í einu); ~**beinig** tvífættur; 2**bettzimmer** n tveggja manna herbergi n; ~**deutig** tvíræður

Zweifel m efi, efasemd f, vafi m; 2**haft** vafasamur; 2**los** vafalaus

zweifeln efast

Zweig m kvistur m, smágrein f; *fig.* (atvinnu)grein f

zweigleisig tvísporaður

Zweig|linie f hliðarlína f (í ættartölu); ~**stelle** f útibú n, deild f

zwei|händig tvíhentur; 2**kampf** m einvígi n, hólmganga f; ~**mal** tvisvar sinnum; 2**rad** n reiðhjól n; ~**seitig** tvíhliða(ður); ~**sitzig** tveggja sæta; ~**sprachig** jafnvígur á tvö tungumál; ~**stöckig** tveggja hæða

Zwerchfell n þind f

Zwerg m dvergur m

Zwetschge f sveskja f

Zwieback m tvíbaka f

Zwiebel f laukur m

Zwiegespräch n tvítal n, samtal n

Zwielicht n ljósaskipti n/pl.; rökkur n

Zwietracht f sundurþykki n

Zwilling m tvíburi m

zwingen neyða, kúga
zwinkern: mit den Augen ~ depla augunum
Zwirn m tvinni m
zwischen (á) milli; ♀**deck** m milliþilfar n; **~durch** út á milli; við og við; ♀**fall** m atburður m; ♀**glied** n milliliður m; ♀**landung** f millilending f; ♀**pause** f hlé n; ♀**raum** m millibil n; ♀**stock** m millihæð

f; ♀**wand** f milliveggur m; ♀**zeit** f millibil n, hlé n; **in der** ♀**zeit** á meðan
Zyklon m hvirfilvindur m
Zylinder m Tech. sívalningur m; strokkur m; (Hut) pípuhattur m; (Lampe) lampaglas n
zynisch óskammfeilinn; bituryrtur
Zypresse f kýprusviður m

Zahlwörter – Töluorð

Grundzahlen – Frumtölur

0	núll *n* Null *f*	30	þrjátíu *dreißig*
1	einn, ein, eitt *eins*	40	fjörutíu *vierzig*
2	tveir, tvær, tvö *zwei*	50	fimmtíu *fünfzig*
3	þrír, þrjár, þrjú *drei*	60	sextíu *sechzig*
4	fjórir, fjórar, fjögur *vier*	70	sjötíu *siebzig*
5	fimm *fünf*	80	áttatíu *achtzig*
6	sex *sechs*	90	níutíu *neunzig*
7	sjö *sieben*	100	(eitt) hundrað
8	átta *acht*		(*ein*)*hundert*
9	níu *neun*	200	tvöhundruð
10	tíu *zehn*		*zweihundert*
11	ellefu *elf*	572	fimm hundruð
12	tólf *zwölf*		sjötíu og tveir
13	þrettán *dreizehn*		*fünfhundert-*
14	fjórtán *vierzehn*		*zweiundsiebzig*
15	fimmtán *fünfzehn*	1000	(eitt) þúsund
16	sextán *sechzehn*		(*ein*)*tausend*
17	sautján *siebzehn*	1991	nítján hundruð
18	átján *achtzehn*		níutíu og eitt
19	nítján *neunzehn*		*neunzehnhundert-*
20	tuttugu *zwanzig*		*einundneunzig*
21	tuttugu og einn *ein-undzwanzig*	1 000 000	ein milljón *eine Million*
22	tuttugu og tveir *zwei-undzwanzig*		

Ordnungszahlen – Raðtölur

f und *n* enden auf -a

1.	fyrsti (fyrsta) *erste*	6.	sjötti *sechste*
2.	annar (önnur, annað) *zweite*	7.	sjöundi *sieb(en)te*
3.	þriðji *dritte*	8.	áttundi *achte*
4.	fjórði *vierte*	9.	níundi *neunte*
5.	fimmti *fünfte*	10.	tíundi *zehnte*
		11.	ellefti *elfte*

12.	tólfti *zwölfte*		100.	hundraðasti *hundertste*
13.	þrettándi *dreizehnte*		200.	tvöhundruðasti *zweihundertste*
14.	fjórtándi *vierzehnte*			
15.	fimmtándi *fünfzehnte*			
16.	sextándi *sechzehnte*		572.	fimm hundruð sjötugasti og annar *fünfhundertzweiundsiebzigste*
17.	sautjándi *siebzehnte*			
18.	átjándi *achtzehnte*			
19.	nítjándi *neunzehnte*			
20.	tuttugasti *zwanzigste*			
21.	tuttugasti og fyrsti *einundzwanzigste*		1000.	þúsundasti *tausendste*
22.	tuttugasti og annar *zweiundzwanzigste*		1991.	nítján hundruð nítugasti og fyrsti *neunzehnhunderteinundneunzigste*
30.	þrítugasti *dreißigste*			
40.	fertugasti *vierzigste*			
50.	fimmtugasti *fünfzigste*			
60.	sextugasti *sechzigste*			
70.	sjötugasti *siebzigste*			
80.	áttugasti *achtzigste*		1 000 000.	milljónasti *millionste*
90.	nítugasti *neunzigste*			

Bruchzahlen – Brot

½	hálfur, hálf, hálft	*ein Halb(es)*
⅓	einn þriðji, þriðji hluti	*ein Drittel*
¼	einn fjórði, fjórði hluti	*ein Viertel*
¹⁄₂₀	einn tuttugasti (hluti)	*ein Zwanzigstel*
¾	þrír fjórðu (hlutar)	*drei Viertel*

1½	hálfur annar	*anderthalb*	=	einn og hálfur
2½	hálfur þriðji	*zweieinhalb*	=	tveir og hálfur
3½	hálfur fjórði	*dreieinhalb*	=	þrír og hálfur *usw.*

eitt pund (*od.* hálft kíló)	*ein Pfund*
einn fjórðungur úr pundi	*ein Viertelpfund*
einn mílufjórðungur	¼ *Meile*
einn ársfjórðungur	*ein Vierteljahr*

Uhrzeit – Upplýsingar um klukku og tíma

Klukkan er (kl. er):   Es ist:
8 ¾, 8⁴⁵ kortér fyrir níu,   *drei Viertel neun, Viertel vor*
   átta fjörutíu og fimm   *neun, acht Uhr fünfundvierzig*
8 ¼, 8¹⁵ kortér yfir átta,   *Viertel neun, Viertel nach*
   átta fimmtán   *acht, acht Uhr fünfzehn*
fimm stundarfjórungar   *1 ¼ Stunden*
þrír stundarfjórðungar   *¾ Stunden, eine ¾ Stunde*
stundarfjórðungur   *Viertelstunde*
kl. hálf sjö   *um halb sieben (Uhr)*

sólarhringur = *24 Stunden* = *1 Tag (und 1 Nacht)*

Andere Verbindungen mit Zahlen
Önnur talnasambönd

1	einu sinni	*einmal*	
2	tvisvar (sinnum)	*zweimal*	} *usw.*
3	þrisvar (sinnum)	*dreimal*	
4	fjórum sinnum	*viermal*	

1.	í fyrsta lagi	*erstens*	
2.	í öðru lagi	*zweitens*	} *usw.*
3.	í þriðja lagi	*drittens*	
4.	í fjórða lagi	*viertens*	

eins konar	*einerlei*	
tvenns konar	*zweierlei*	} *usw.*
þrenns konar	*dreierlei*	

tvöfaldur	*zweifach*	
fimmfaldur	*fünffach*	} *usw.*
tífaldur	*zehnfach*	

níu stafa	*9stellig*
þriggja stafa tölur	*3stellige Zahlen*